Los geht's ...

Zum 1. August 2009 hat das Bundesministerium für Bildung und Forschung eine neue Ausbilder-Eignungsverordnung (AEVO) für die gewerbliche Wirtschaft und alle anderen Bereiche, in denen Berufsausbildung stattfindet, erlassen. Damit verbunden ist auch die Aufhebung des Beschlusses der Bundesregierung vom 28. Mai 2003 mit dem die AEVO für fünf Jahre aufgehoben wurde. Konkret heißt das, dass Ausbilder zum Ausbilden nun wieder die ADA-Urkunde benötigen.

Ausbilder qualifizieren sich nun in vier praxisbezogenen Handlungsfeldern und erlangen damit in einer schriftlichen und praktischen Prüfung die Ausbilder-Eignung.

Inhalte der neuen Verordnung sind:

1. Ausbildungsvoraussetzungen prüfen und Ausbildung planen
2. Ausbildung vorbereiten und bei der Einstellung von Auszubildenden mitwirken
3. Ausbildung durchführen
4. Ausbildung abschließen

Der Verlag und das Autorenteam haben sich entschlossen, das von Paul Alef begründete und seit der sechsten Auflage von Helmut Stein betreute Standardwerk vor diesem Hintergrund komplett neu zu gestalten, um seinen Einsatz als Arbeitsmittel zur Unterstützung der Vorbereitung auf die ADA-Prüfung und für die Praxis zu optimieren und im Sinne von Helmut Stein weiterzuführen.

Im ersten Kapitel werden in Abfolge des Rahmenstoffplans des Deutschen Industrie- und Handelskammertages (DIHK) und der Handwerksordnung die vier Handlungsfelder anschaulich und unmittelbar praxisbezogen dargestellt. Dabei wird auch ersichtlich, wo sich Einzelinhalte in den vorgegebenen Strukturen überschneiden. Wir haben diese durch Hinweise auf die korrespondierenden Abschnitte des Rahmenstoffplans jeweils gekennzeichnet.

Kapitel 2 beschäftigt sich ausführlich mit der Prüfung der »Ausbildung der Ausbilder«. Sie finden ausführliche Informationen zum schriftlichen und praktischen Teil der bundeseinheitlichen Prüfungsteile. Dies dient Ihnen als Lernerfolgskontrolle und gibt Sicherheit bei der Prüfungsvorbereitung. Übung macht den Meister!

Als Ergänzung zu diesem Buch laden Sie sich bitte unter www.bmbf.de/pub/ausbildung_und_beruf.pdf das Büchlein »Ausbildung und Beruf« herunter. Es enthält u. a. das Berufsbildungs- und das Jugendarbeitsschutzgesetz und darf in der ADA-Prüfung mit seinem unkommentierten Teil als Hilfsmittel eingesetzt werden.

Als Ausbilder, Trainer und Prüfer haben wir festgestellt, dass ausbilden Freude bereiten kann, soll und muss. Wir wünschen Ihnen bei Weiterbildungsprüfungen und in der Praxis viel Erfolg und Befriedigung! Denken Sie aber auch daran: »Ein Ausbilder kann immer noch besser werden!«

Wolfram Küper und Amaya Mendizábal

Weitere Auskünfte finden Sie auf unserer Homepage www.ausbildungfuerausbilder.de – über Kontaktaufnahme unter info@ausbildungfuerausbilder.de freuen wir uns!

Bedeutung der im Buch verwendeten Symbole

(§) Bezug auf Gesetzestexte/Abdruck von Gesetzestexten

(?) Leitfragen, die zum Nachdenken anregen und Orientierungshilfen geben

(!) Kernaussagen und Handlungsanweisungen

(+) Sinnvolle Handlungsmöglichkeiten und positive Beispiele

(−) Problembereiche und negative Beispiele

(T) Praxistipp

(✓) Checkliste

Bedeutung der im Buch verwendeten Abkürzungen

ADA	Ausbildung der Ausbilder
AEVO	Ausbildereignungsverordnung
BBiG	Berufsbildungsgesetz
BetrVG	Betriebsverfassungsgesetz
EQ	Einstiegsqualifizierung
IHK	Industrie- und Handelskammer
JArbSchG	Jugendarbeitsschutzgesetz
JAV	Jugend- und Auszubildendenvertretung
Kap.	Kapitel

 Die Ausbilder-Eignung © FELDHAUS VERLAG Hamburg

Inhaltsverzeichnis

Das Bemühen einer punktgenauen Abfolge des Rahmenplans wurde angestrebt. Wegen der zahlreichen Redundanzen, dem mangelnden strukturierten Aufbau, und vielfach fehlender Transparenz und Logik, wurde zur besseren Anwendbarkeit und Verständlichkeit in den Untergliederungspunkten an manchen Stellen bewusst abgewichen.

1 Die Ausbildung der Ausbilder in vier Handlungsfeldern

1.1	**Ausbildungsvoraussetzungen prüfen und Ausbildung planen**	**11**
1.1.1	Vorteile und Nutzen betrieblicher Ausbildung darstellen und begründen	11
1.1.2	Mitwirkung bei den Planungen und Entscheidungen hinsichtlich des betrieblichen Ausbildungsbedarfs auf der Grundlage der rechtlichen, tarifvertraglichen und betrieblichen Rahmenbedingungen	14
1.1.2.1	Grundlagen des Rechts bzw. des Arbeits- und Berufsbildungsrechts	14
1.1.2.2	Zu den wichtigsten Gesetzen und Rechtsnormen	18
1.1.2.2.1	Das Berufsbildungsgesetz (BBiG)	18
1.1.2.2.2	Das Jugendarbeitsschutzgesetz (JArbSchG)	21
1.1.2.2.3	Weitere zu beachtende Gesetze	22
1.1.2.2.4	Weitere zu beachtende Rechtsnormen	24
1.1.3	Strukturen des Berufsbildungssystems und seine Schnittstellen darstellen	25
1.1.3.1	Überblick über das Schulwesen in Deutschland	25
1.1.3.2	Strukturdarstellung des Berufsbildungssystems	25
1.1.3.2.1	Innerhalb des Dualen Systems	26
1.1.3.2.2	Hochschulbereich	29
1.1.3.3	Beteiligte und Mitwirkende außerhalb des Ausbildungsbetriebes	30
1.1.3.3.1	Gesetzliche Vertreter des Auszubildenden	30
1.1.3.3.2	Zuständige Stelle	31
1.1.3.3.3	Bundesinstitut für Berufsbildung (BiBB)	31
1.1.3.3.4	Gewerkschaften und Arbeitgeberverbände	32
1.1.4	Ausbildungsberufe für den Betrieb auswählen und dies begründen	33
1.1.5	Eignung des Betriebes für die Ausbildung in dem angestrebten Ausbildungsberuf prüfen sowie ob und inwieweit Ausbildungsinhalte durch Maßnahmen außerhalb der Ausbildungsstätte (Ausbildung im Verbund, überbetriebliche Ausbildung oder andere geeignete Maßnahmen) vermittelt werden können	36
1.1.5.1	Eignung des Ausbildungsbetriebes	36
1.1.5.2	Überbetriebliche Ausbildung	37
1.1.5.3	Verbundausbildung	37
1.1.5.4	Teilzeitausbildung	37
1.1.6	Möglichkeiten des Einsatzes von auf die Berufsausbildung vorbereitenden Maßnahmen einschätzen	38
1.1.6.1	Einstiegsqualifizierung (EQ)	38
1.1.6.2	Berufsvorbereitende Bildungsmaßnahmen (BvB)	40
1.1.6.3	Berufsvorbereitungsjahr (BVJ)	41
1.1.6.4	Berufsgrundbildungsjahr (BGJ)	41
1.1.6.5	Berufsausbildungsvorbereitung für behinderte Menschen	41
1.1.6.6	Berufsfachschule	42
1.1.6.7	Chancen und Abwicklung vor Praktika	43
1.1.7	Im Betrieb die Aufgaben der an der Ausbildung Mitwirkenden unter Berücksichtigung ihrer Funktionen und Qualifikationen abstimmen	44

1.2	**Ausbildung vorbereiten und bei der Einstellung von Auszubildenden mitwirken**	**49**
1.2.1	Auf der Grundlage einer Ausbildungsordnung einen betrieblichen Ausbildungsplan erstellen, der sich insbesondere an berufstypischen Arbeits- und Geschäftsprozessen orientiert	49
1.2.1.1	Ausbildungsordnung	49
1.2.1.2	Ablauf der Ausbildungsplanung und betrieblicher (individueller) Ausbildungsplan	54
1.2.1.3	Ausbildungsnachweis (Berichtsheft)	58
1.2.2	Möglichkeiten der Mitwirkung und Mitbestimmung der betrieblichen Interessenvertretungen in der Berufsbildung berücksichtigen	58
1.2.2.1	Das Betriebsverfassungsgesetz (BetrVG)	58
1.2.2.2	Der Betriebsrat	59
1.2.2.3	Die Jugend- und Auszubildendenvertretung (JAV)	61
1.2.3	Kooperationsbedarf ermitteln und sich inhaltlich sowie organisatorisch mit den Kooperationspartnern, insbesondere der Berufsschule, abstimmen	62
1.2.3.1	Lernorte und Kooperationspartner während der Ausbildung	63
1.2.3.1.1	Zuständige Stelle	64
1.2.3.1.2	Berufsschule	64
1.2.3.1.3	Agentur für Arbeit	65
1.2.3.1.4	Überbetriebliche Ausbildung	66
1.2.3.1.5	Verbundausbildung	67
1.2.3.1.6	Berufsakademie	67
1.2.3.1.7	Externe Bildungsträger	68
1.2.4	Kriterien und Verfahren zur Auswahl von Auszubildenden auch unter Berücksichtigung ihrer Verschiedenartigkeit anwenden	69
1.2.4.1	Auswahlkriterien aufstellen/Anforderungs- und Fähigkeitsprofil	70
1.2.4.2	Formen des Ausbildungsmarketings	72
1.2.4.3	Chancen und Abwicklung von Praktika	74
1.2.4.4	An Einstellungen mitwirken	74
1.2.4.5	Eignungsfeststellung	75
1.2.4.5.1	Analyse der Bewerbungsunterlagen	75
1.2.4.5.2	Eignungstests	76
1.2.4.5.3	Das Vorstellungsgespräch	78
1.2.4.5.4	Assessment Center (AC)	84
1.2.5	Berufsausbildungsvertrag vorbereiten und die Eintragung des Vertrages bei der zuständigen Stelle veranlassen	85
1.2.5.1	Die Begründung des Ausbildungsverhältnisses	85
1.2.5.2	Möglichkeiten der Verkürzung der Ausbildungszeit	85
1.2.5.3	Vertragsinhalte	87
1.2.5.4	Rechte und Pflichten der Vertragspartner	92
1.2.5.5	Eintragungen und Anmeldungen vornehmen	94
1.2.5.6	Ärztliche Bescheinigungen	94
1.2.6	Möglichkeiten prüfen, ob Teile der Berufsausbildung im Ausland durchgeführt werden können	97
1.3	**Ausbildung durchführen**	**99**
1.3.1	Lernförderliche Bedingungen und eine motivierende Lernkultur schaffen, Rückmeldungen geben und empfangen	99
1.3.1.1	Rund um das Lernen	99
1.3.1.1.1	Förderung und Formen des Lernens	101
1.3.1.1.2	Grundlagen und Rolle der Motivation	106
1.3.1.1.3	Didaktik	110
1.3.1.1.4	Bedingungsfelder der Ausbildung und des Lehr-Lern-Prozesses	112
1.3.1.2	Arbeitsplätze bzw. Lernorte auswählen und aufbereiten	113
1.3.1.3	Auf Veränderungen der Arbeitsorganisation vorbereiten	115
1.3.1.4	Führungsverhalten und Führungstile	116

Die Ausbilder-Eignung © FELDHAUS VERLAG Hamburg

1.3.1.5	Die Rolle der Rückmeldung (Feedback)	119
1.3.2	Probezeit organisieren, gestalten und bewerten	126
1.3.2.1	Rechtliche Grundlagen der Probezeit	126
1.3.2.2	Inhaltliche und organisatorische Gestaltung sowie Durchführung der Probezeit	127
1.3.2.3	Auswertung und Konsequenzen der Probezeit	129
1.3.3	Aus dem betrieblichen Ausbildungsplan und den berufstypischen Arbeits- und Geschäftsprozessen betriebliche Lern- und Arbeitsaufgaben entwickeln und gestalten	130
1.3.3.1	Lernziele, Lerninhalte und Lernbereiche	130
1.3.3.1.1	Lernziele und Lerninhalte	130
1.3.3.1.2	Lernbereiche	131
1.3.3.2	Berufliche Handlungsfähigkeit	138
1.3.3.2.1	Kompetenzen und Schlüsselqualifikationen	138
1.3.3.2.2	Handlungsorientierung	141
1.3.4	Ausbildungsmethoden und -medien zielgruppengerecht und situationsspezifisch auswählen und einsetzen	143
1.3.4.1	Auswahl und Einsatz von Methoden	144
1.3.4.1.1	Ausbilderzentrierte Methoden	145
1.3.4.1.1.1	Kurzvorträge	145
1.3.4.1.1.2	Präsentationen	147
1.3.4.1.2	Auszubildendenzentrierte Methoden	148
1.3.4.1.2.1	Selbstunterweisung	148
1.3.4.1.2.2	Computer Based Training (CBT)	149
1.3.4.1.2.3	Projektmethode	149
1.3.4.1.2.4	Modell der vollständigen Handlung/Leittextmethode	151
1.3.4.1.2.5	Fallmethode	157
1.3.4.1.2.6	Rollenspiel	157
1.3.4.1.2.7	Planspiel	159
1.3.4.1.2.8	Juniorfirma, Übungsfirma, Lernbüro, Übungswerkstatt	160
1.3.4.1.3	Kooperative/moderierende Methoden	161
1.3.4.1.3.1	Moderationsmethode	161
1.3.4.1.3.2	Lehrgespräche/Lehr-Lern-Gespräche	163
1.3.4.1.3.3	Brainstorming	165
1.3.4.1.3.4	Kartenabfrage	166
1.3.4.1.3.5	Blitzlicht	167
1.3.4.1.3.6	Mind-Mapping	167
1.3.4.1.3.7	Nachbereitung von Moderationen	170
1.3.4.1.3.8	(Vier)-Stufen-Methode	170
1.3.4.1.4	Gegenüberstellung der Methoden	173
1.3.4.2	Aktives Lernen in Gruppen fördern	173
1.3.4.2.1	Grundlagen der Gruppenarbeit	173
1.3.4.2.2	Rollen der Gruppenmitglieder	177
1.3.4.2.3	Entwicklungsphasen einer Gruppe	178
1.3.4.3	Medien und Ausbildungsmittel	180
1.3.4.3.1	Funktionen von Medien und Formen der Visualisierung	180
1.3.4.3.2	Einteilung der Medien	182
1.3.4.3.2.1	Der Overheadprojektor	183
1.3.4.3.2.2	Tafel/Whiteboard	184
1.3.4.3.2.3	Pinnwand/Meta-Plan-Wand/Moderationswand	185
1.3.4.3.2.4	Flip-Chart	186
1.3.4.3.2.5	Videorekorder/Videofilm/Videokamera/Digitalkamera	187
1.3.4.3.2.6	Fachbücher und aktuelle Berichte	187
1.3.4.3.2.7	Computer/Notebook	187
1.3.4.3.2.8	Beamer	188
1.3.4.3.2.9	Informations- und Arbeitsblätter	189

1.3.5	Auszubildende bei Lernschwierigkeiten durch individuelle Gestaltung der Ausbildung und Lernberatung unterstützen, bei Bedarf ausbildungsunterstützende Hilfen einsetzen und die Möglichkeit zur Verlängerung der Ausbildungszeit prüfen	190
1.3.5.1	Lernschwierigkeiten und Verhaltensauffälligkeiten erkennen und unterscheiden	190
1.3.5.2	Lernberatung bei Lernschwierigkeiten und Verhaltensauffälligkeiten	193
1.3.6	Auszubildenden zusätzliche Angebote z. B. in Form von Zusatzqualifikationen machen und die Möglichkeit der Verkürzung der Ausbildungsdauer und die der vorzeitigen Zulassung zur Abschlussprüfung prüfen	195
1.3.6.1	Zusatzqualifikationen	195
1.3.6.2	Möglichkeiten der Verkürzung der Ausbildungsdauer und vorzeitige Zulassung zur Abschlussprüfung	195
1.3.7	Soziale und persönliche Entwicklung von Auszubildenden fördern, Probleme und Konflikte rechtzeitig erkennen sowie auf eine Lösung hinwirken	197
1.3.7.1	Soziale Instanzen und Sozialisation bzw. Persönlichkeitsentwicklung	197
1.3.7.2	Konfliktmanagement	198
1.3.8	Leistungen feststellen und bewerten, Leistungsbeurteilungen Dritter und Prüfungsergebnisse auswerten, Beurteilungsgespräche führen, Rückschlüsse für den weiteren Ausbildungsverlauf ziehen	199
1.3.8.1	Lernerfolgskontrollen	199
1.3.8.1.1	Grundlagen der Beurteilung	199
1.3.8.1.2	Beurteilungssystem festlegen	200
1.3.8.1.3	Beurteilungsgespräche führen	210
1.3.8.2	Leistungsfeststellung und Bewertung durch die zuständige Stelle	212
1.3.8.3	Leistungsfeststellung und Bewertung durch die Berufsschule	213
1.3.9	Interkulturelle Kompetenzen fördern	213
1.3.9.1	Sozialisationsprozess in verschiedenen Kulturen	213
1.3.9.2	Fähigkeit, mit Menschen anderer Kulturkreise zu agieren	214
1.4	**Ausbildung abschließen**	215
1.4.1	Auszubildende auf die Abschluss- oder Gesellenprüfung unter Berücksichtigung der Prüfungstermine vorbereiten und die Ausbildung zu einem erfolgreichen Abschluss führen	215
1.4.1.1	Die Zwischenprüfung/Teil 1 der »gestreckten« Abschlussprüfung	215
1.4.1.2	Die Abschlussprüfung und Prüfungsanforderung gemäß Verordnung des Berufsbildes	216
1.4.1.3	Maßnahmen zur Sicherung des Lernerfolges und betriebliche Prüfungsvorbereitung	220
1.4.1.4	Zusammensetzung und Aufgaben von Prüfungsauschüssen und an Prüfungen mitwirken	221
1.4.2	Für die Anmeldung der Auszubildenden zu Prüfungen bei der zuständigen Stelle sorgen und diese auf durchführungsrelevante Besonderheiten hinweisen	223
1.4.2.1	Zulassungsvoraussetzungen für die Abschlussprüfung und Prüfungsanmeldung	223
1.4.2.2	Ausbildung beenden	230
1.4.2.2.1	Bestehen der Abschlussprüfung und das (formale) Ende der Ausbildung	230
1.4.2.2.2	Formen der Kündigung	233
1.4.2.2.2.1	Kündigung während der Probezeit	234
1.4.2.2.2.2	Kündigung nach Beendigung der Probezeit	234
1.4.2.2.3	Abmahnung	239
1.4.2.2.4	Ausbildung verlängern	239
1.4.2.2.4.1	Gründe der Vertragsverlängerung	239
1.4.2.2.4.2	Wiederholung der Prüfung und Verlängerung der Ausbildungszeit	240
1.4.3	An der Erstellung eines schriftlichen Zeugnisses auf der Grundlage von Leistungsbeurteilungen mitwirken	243
1.4.3.1	Betriebliches Ausbildungszeugnis	243
1.4.3.1.1	Gesetzliche und betriebliche Vorgaben sowie Inhalte eines Zeugnisses	243

1.4.3.1.2	Betriebliche Beurteilungen für das Zeugnis	244
1.4.3.1.3	Möglichkeiten des Widerspruchs	247
1.4.3.2	Zeugnis der zuständigen Stelle	247
1.4.3.3	Zeugnis der Berufsschule	247
1.4.4	Auszubildende über betriebliche Entwicklungswege und berufliche Weiterbildungsmöglichke ten informieren und beraten	248
1.4.4.1	Die verschiedenen Formen und Stellenwerte der Fort- bzw. Weiterbildung	248
1.4.4.2	Berufsbildbezogene Weiterbildungsmöglichkeiten	251
1.4.4.3	Betriebliche und staatliche Aus- und Fortbildungsförderung	253

2 Die Prüfung der Ausbilder

2.1	**Die schriftliche Prüfung**	257
2.1.1	Beispiele für gebundene (programmierte) Aufgabensätze	259
2.1.1.1	Beispiele für Multiple-Choice-Aufgaben	259
2.1.1.2	Beispiele für Zuordnungsaufgaben	353
2.1.1.3	Beispiele für Reihenfolgeaufgaben	354
2.1.1.4	Beispiele für Freifelderaufgaben	354
2.1.2	Beispiele für offene Aufgaben	355
2.2	**Lösungshinweise**	360
2.2.1	Lösungshinweise für gebundene (programmierte) Aufgabensätze	360
2.2.1.1	Lösungshinweise für Multiple-Choice-Aufgaben	360
2.2.1.2	Lösungshinweise für Zuordnungsaufgaben	361
2.2.1.3	Lösungshinweise für Reihenfolgeaufgaben	361
2.2.1.4	Lösungshinweise für Freifelderaufgaben	362
2.2.2	Lösungshinweise für offene Aufgaben	362
2.3	**Die praktische Prüfung**	367
2.3.1	Präsentation der Ausbildungseinheit und Prüfungsgespräch	368
2.3.2	Praktische Durchführung der Ausbildungseinheit und Prüfungsgespräch	391
Stichwortverzeichnis		408

1 Die Ausbildung der Ausbilder in vier Handlungsfeldern

1.1 Ausbildungsvoraussetzungen prüfen und Ausbildung planen

1.1.1 Vorteile und Nutzen betrieblicher Ausbildung darstellen und begründen

Die berufliche Ausbildung ist neben Praktika, Traineeprogrammen für Hochschulabgänger, Job-rotation, Projektgruppen und Seminaren ein bedeutender strategischer Bereich jedes zukunfts-orientierten Unternehmens, welches nicht nur reaktiv, sondern aktiv seine Entwicklung gestalten will. Dabei ist die betriebliche Ausbildung ein Teilbereich der Personalentwicklung, die wiederum Teil der Organisationsentwicklung ist.

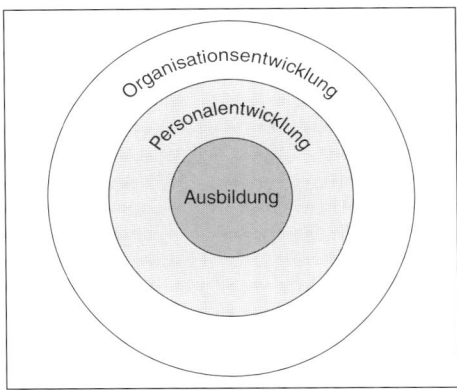

Die Ausbildung stellt im Rahmen der Personalent-wicklung die Sockelqualifikation dar, auf der alle weiteren Personalentwicklungsmaßnahmen auf-bauen.

Das Ziel der Personalentwicklung ist grundsätz-lich, dass das Personal

- zur richtigen Zeit
- in der richtigen Menge
- am richtigen Ort
- zu angemessenen Kosten
- mit den notwendigen Qualifikationen

bereitgestellt und gehalten werden kann.

Vor diesem Hintergrund beginnt Personalentwicklung mit der Suche von Auszubildenden und der Ausbildung. Alle anderen Maßnahmen können sich erst anschließen, sobald die Auszubildenden im Ausbildungsbetrieb sind.

Dem Personalmanagement stehen dabei eine Reihe von Maßnahmen zur Verfügung. Ziel ist es immer, die Handlungskompetenz des Auszubildenden bzw. Mitarbeiters zu fördern.

Hierzu zählen:

- Praktika
- Assessment Center
- Tests
- Projektarbeiten
- Seminare
- Innerbetrieblicher Unterricht
- Auslandsentsendungen
- Ausbildung
- Fortbildung

Die Gründe betrieblicher Ausbildung sind vielfältig, werden aber unterschiedlich wahrgenommen. Grundlage für Ausbildungsaktivitäten ist die Entscheidung, als Ausbildungsbetrieb aktiv zu werden, und die Festlegung auf einen passenden Ausbildungsberuf.

Zu den Gründen für betriebliche Ausbildung und das damit verbundene Ausbildungsplatzangebot zählen:

* »Billige« Arbeitskräfte/Produktiver Einsatz der Auszubildenden
* »Preiswerte« Übernahme qualifizierter Auszubildender nach der Ausbildung
* Positives Unternehmensimage
* Gesellschaftliche Verpflichtung
* Tradition in der Ausbildung
* »Maßschneiderung« der jungen Menschen, bezogen auf betriebliche Belange
* Sicherung des zukünftigen Fachkräftebedarfs
* Verjüngung der Belegschaft
* Unabhängigkeit vom Arbeitsmarktangebot
* Weniger Fluktuation und Fehlbesetzungen
* Geringere Personalrekrutierungskosten

Die Entscheidung für die Ausbildung wird i. d. R. primär nach rein betriebswirtschaftlichen Kriterien getroffen. Damit verbunden sind auf der einen Seite Kosten und auf der anderen Erträge/Nutzen, die je nach Branche, Beruf, Unternehmensgröße und Unternehmenszielen variieren und teilweise schwer quantifizierbar sind. So ist es oftmals problematisch, die Kosten und Erträge der Ausbildung zu berechnen und gegenüberzustellen.

Zu den Bruttokosten der Ausbildung zählen:

* Ausbildungsvergütung
* Lohnnebenkosten/Sozialleistungen
* Ausbildungsmaterialien
* Anwerbungskosten
* Ausfallzeiten der Ausbilder und Ausbildungsbeauftragen
* Kammergebühren (u. a. für die Vertragseintragung und die Prüfungen)
* Evtl. innerbetrieblicher Unterricht/Prüfungsvorbereitung

Diese Kosten stellen eine Investition dar und sollen sich mittel- und langfristig auszahlen!

Zu den Erträgen, bzw. zum Nutzen zählen:

* Produktiver Einsatz der Auszubildenden
* Potenzielle Übernahme nach der Ausbildung/Nachwuchssicherung an branchenspezifischen Fachkräften
* Imageverbesserung des Ausbildungsbetriebes
* Konkurrenzvorsprung
* Unabhängigkeit vom Arbeitsmarkt

Da die Ausbildung wie alle anderen Maßnahmen der Personalentwicklung mit Kosten und Aufwand verbunden ist, geht es letztlich um einen »Return-On-Invest«, d. h. um einen höheren Ausbildungsnutzen als den damit verbundenen Aufwand.

Dementsprechend gilt es, die anfallenden Kosten und Erträge/Nutzen zu sammeln, zu analysieren, gegenüberzustellen und daraus Schlüsse zu ziehen (Ausbildungscontrolling).

Trotz der langjährigen Diskussion um die Ausbildungsplatzabgabe: Kein Unternehmen ist zur Ausbildung verpflichtet. Das heißt, die Unternehmen entscheiden autonom, ob, in welchem Beruf und wie viele Ausbildungsplätze sie bereitstellen. Sofern der Nutzen der Ausbildung höher ist als die damit verbundenen Kosten, werden Betriebe i. d. R. umfangreich ausbilden.

Beim Personalbedarf wird bezogen auf die Anzahl der Auszubildenden zwischen einer qualitativen und quantitativen Betrachtung unterschieden.

Qualitativ bedeutet, dass die Qualität der Ausbildung dafür sorgen muss, dass die Auszubildenden eines Tages den Anforderungen der Stellenbeschreibungen im Betrieb gerecht werden. Es geht dabei um die Festlegung der Qualifikationsmerkmale, denen die Auszubildenden später gerecht werden müssen.

Quantitativ bedeutet, dass betriebliche Planstellen durch die Auszubildenden nach Ausbildungsende in ausreichendem Maße innerbetrieblich besetzt werden, damit die Unternehmensziele erreicht werden können und der Personalbestand keinen Engpass darstellt.

Den Bedarf – sowohl qualitativ, als auch quantitativ – legt jedes Unternehmen nach eigenen Vorstellungen fest. Letzlich geht es darum, dass die Auszubildenden später gezielt im Unternehmen eingesetzt werden können.

Ferner gilt es sich auch darüber bewusst zu sein, warum Auszubildende eine Ausbildung anstreben und sich dementsprechend einen passenden Ausbildungsberuf und -betrieb suchen.

Gründe, warum Auszubildende eine Ausbildung anstreben:

- Interesse an dem Beruf und/oder an der Branche
- Tradition (man »macht halt« nach der Schule erstmal eine Ausbildung)
- Rolle der Eltern (»Solange Du Deine Füße unter meinen Tisch stellst…«)
- Fehlende Alternativen (bspw. kein Zugang zum Studium)
- Finanzielle Gründe (die Ausbildungsvergütung ist zumeist höher als das Taschengeld)
- Chance als Berufseinstieg

Darüber hinaus sind mit der betrieblichen Ausbildung weitere Funktionen auf einer eher überbetrieblichen Ebene verbunden.

Hierzu zählen:

- Qualifikationsfunktion (in der Ausbildung werden Grundlagen für das gesamte Berufsleben gelegt).
- Erziehungsfunktion/Integrationsfunktion (durch die Ausbildung werden zahlreiche Schlüsselqualifikationen erworben).
- Selektionsfunktion (nicht alle Bewerber kommen in die Ausbildungsberufe, die sie sich wünschen: Der Ausbildungsmarkt regelt sich durch Angebot und Nachfrage).
- Aufbewahrungsfunktion (manche Ausbildungsmaßnahmen sind staatlich gefördert, damit junge Menschen nicht auf der Straße stehen, sondern stattdessen eine Qualifikation erhalten).

Zum 30.09.2009 wurden 566.004 Ausbildungsverträge neu abgeschlossen.

1.1.2 Mitwirkung bei den Planungen und Entscheidungen hinsichtlich des betrieblichen Ausbildungsbedarfs auf der Grundlage der rechtlichen, tarifvertraglichen und betrieblichen Rahmenbedingungen

1.1.2.1 Grundlagen des Rechts bzw. des Arbeits- und Berufsbildungsrechts

Betrachtet man die rechtlichen Rahmenbedingungen der Ausbildung, gilt es sich zunächst mit den Formen des Rechts und den Rechtsquellen zu beschäftigen.

Formen des Rechts (im Bereich der Ausbildung)/**Rechtsquellen**:

Unterscheidungskriterium:	Privatrecht	Öffentliches Recht (im Bereich der Berufsausbildung)
Stellung der Beteiligten:	Gleichstellung	Über- und Unterordnung von Staat bzw. Bürger
Gesetze, die entsprechendes Recht repräsentieren:	• Bürgerliches Gesetzbuch (BGB)	• Berufsbildungsgesetz • Jugendarbeitsschutzgesetz • Betriebsverfassungsgesetz
Konsequenzen bei Verstößen:	• Auf Vertragserfüllung bestehen • Kündigungsrecht • Schadensersatz	• Keine Eintragung in das Verzeichnis der Ausbildungsverträge • Geld- oder Freiheitsstrafe • Untersagung der Ausbildung
Überwachung:	• Betroffene Vertragspartner selber	• Zuständige Stelle • Schulamt

Das Arbeitsrecht – und somit das Berufsbildungsrecht – umfasst sowohl Inhalte des privaten als auch des öffentlichen Rechts.

Zur Unterscheidung Privatrecht und öffentliches Recht:

Das Privatrecht regelt die rechtlichen Beziehungen von untereinander gleichgestellten Personen, bspw. zwischen Auszubildenden und Ausbildenden. Es betrifft also Individualinteressen, dabei gilt der Grundsatz der Gleichordnung.

Das öffentliche Recht regelt die Rechtsbeziehungen des Einzelnen zu Gesellschaft und Staat, bspw. des Ausbildenden und der zuständigen Stelle. Es betrifft also Sozialinteressen. Der Einzelne ist untergeordnet, der Staat ist übergeordnet.

Zu beachten ist, dass sich sowohl hinter dem öffentlichen als auch privaten Recht eine Reihe anderer Gesetze verbergen und diese beiden Begriffe nur Oberbegriffe sind.

Werfen wir einen Blick auf ausgewählte Sachverhalte und ordnen diese in einem ersten Schritt dem öffentlichen oder privaten Recht zu:

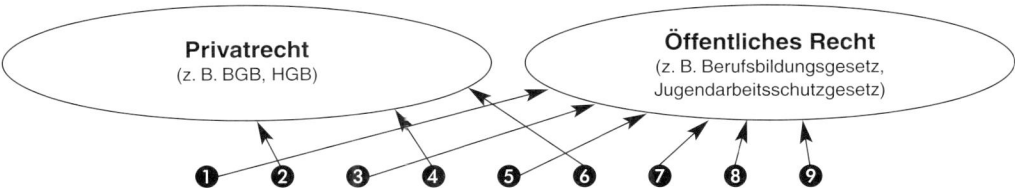

❶ Tägliche Arbeitszeit
❷ Wahl der Ausbildungsvertragspartner
❸ Führen des Ausbildungsnachweises
❹ Wahl des Ausbildungsberufs
❺ Mindestens zu regelnde Vertragspunkte
❻ Beginn der Berufsausbildung
❼ Freistellung zur Abschlussprüfung
❽ Vorlage des Vertrags zwecks Eintragung in das Verzeichnis der Ausbildungsverträge
❾ Freistellung zur Berufsschule

Das Recht der Berufsausbildung ist demnach dadurch gekennzeichnet, dass öffentliches und privates Recht ineinanderfließen. So sind z. B. die zwingenden Normen des Berufsbildungsgesetzes und des Jugendarbeitsschutzgesetzes öffentliches Recht mit der Wirkung, dass diese von den Vertragspartnern nicht (negativ) abgewandelt werden dürfen, während in den Bereich des Privatrechts die frei gestaltbaren Regelungen der Beziehungen zwischen Ausbildenden und Auszubildenden fallen.

Testen wir – auf der nächsten Seite – ein weiteres Mal unser Rechtsgefühl, diesmal aber nicht nur auf die Unterscheidung zwischen privatem und öffentlichem Recht bezogen, sondern auf konkrete Gesetze.

Welches Gesetz bzw. welche Verordnung regelt die genannten Sachverhalte im Berufsausbildungsverhältnis?

Sachverhalt	Gesetz/Verordnung
1. Dauer der Probezeit	Berufsbildungsgesetz
2. Beschäftigungsverbote bei Schwangerschaft	Mutterschutzgesetz
3. Diskriminierungsverbot aufgrund sexueller Orientierung	Allgemeines Gleichbehandlungsgesetz
4. Maximale tägliche Arbeitszeit eines Jugendlichen	Jugendarbeitsschutzgesetz
5. Maximale Wochenarbeitszeit von Volljährigen	Arbeitszeitgesetz
6. Maximale wöchentliche Arbeitszeit bei Minderjährigen	Jugendarbeitsschutzgesetz
7. Ordentliche (fristgemäße) Kündigung	Berufsbildungsgesetz
8. Auszubildender beschädigt fahrlässig eine Maschine	Berufsbildungsgesetz
9. Es sind nur ausbildungsbezogene Weisungen zu erteilen	Berufsbildungsgesetz
10. Pausenregelungen für volljährige Auszubildende	Arbeitszeitgesetz
11. Pausenregelung für Jugendliche	Jugendarbeitsschutzgesetz
12. Bußgeldvorschriften bei Verstößen des Ausbildenden	Berufsbildungsgesetz
13. Berufsschulpflicht für Auszubildende	Berufsbildungsgesetz, Schulpflichtgesetz des Landes
14. Widerspruch gegen ein Prüfungsergebnis	Prüfungsordnung der zuständigen Stelle
15. Höhe der Ausbildungsvergütung	Berufsbildungsgesetz und ggf. Tarifvertrag oder Betriebsvereinbarung
16. Verkürzung der Ausbildungsdauer	Berufsbildungsgesetz
17. Sachliche und zeitliche Gliederung der Ausbildung	Ausbildungsordnung bzw. Ausbildungsrahmenplan
18. Schadenersatz bei Verstoß gegen die Pflichten des Ausbildenden	Berufsbildungsgesetz
19. Urlaubsanspruch einer 20-jährigen Auszubildenden	Bundesurlaubsgesetz und ggf. Tarifvertrag oder Betriebsvereinbarung
20. Urlaubsanspruch eines 17-jährigen Auszubildenden	Jugendarbeitsschutzgesetz und ggf. Tarifvertrag oder Betriebsvereinbarung
21. Unterschrift des Erziehungsberechtigten bei Abschluss des Ausbildungsvertrages eines Minderjährigen	Bürgerliches Gesetzbuch, Berufsbildungsgesetz
22. Anspruch auf Elternzeit einer Auszubildenden	Bundeselterngeld- und Elternzeitgesetz
23. Regeln zur Vermeidung von Betriebsunfällen	Unfallverhütungsvorschriften
24. Höhe der Vergütungsfortzahlung	Berufsbildungsgesetz
25. Verbot der Beschäftigung mit gefährlichen Arbeiten bei Minderjährigen	Jugendarbeitsschutzgesetz
26. Durchführung der Betriebs-, Jugend- und Auszubildenden-Versammlung	Betriebsverfassungsgesetz
27. Verbot der Abgabe von Branntwein an Jugendliche bei der Weihnachtsfeier	Jugendschutzgesetz

Zur Hierarchie der Rechtsvorschriften

Die Grundlage der Rechtsordnung in Deutschland bilden die Rechtsquellen mit folgender Rangordnung (Hierarchie):

Liegen keine schriftlichen Rechtsquellen vor, so greift das sogenannte »**Richterrecht**«. Hierbei gelten Gerichtsurteile mit Grundsatzcharakter als verbindliche Rechtsquellen. Ein Beispiel hierzu ist die Entscheidung des Bundesarbeitsgerichts zur Mindestausbildungsvergütung für nicht tarifgebundende Ausbildungsbetriebe vom 10.4.1991. Hintergrund ist die mangelnde Aussagekräftigkeit des BBiG (§ 17: »Die Ausbildungsvergütung muss angemessen sein und jährlich steigen«). Durch die Festlegung, dass bei fehlender Tarifbindung die Ausbildungsvergütung an den Tarifvertrag angelehnt werden muss, wurde Klarheit geschaffen. So gilt nach dem Richterspruch, dass Ausbildungsbetriebe ohne Tarifbindung mindestens 80 % der tarifvertraglichen Vergütung zu zahlen haben.

Die zahlreichen arbeitsrechtlichen Rechtsvorschriften gelten, wenn sie Auszubildende ausdrücklich einbeziehen (z. B. Bundesurlaubsgesetz) oder dem Auszubildendenschutz dienen (z. B. Jugendarbeitsschutzgesetz, Mutterschutzgesetz). Auszubildende sind dementsprechend Arbeitnehmer in einem besonderen Verhältnis und werden besonders geschützt.

Zu beachten gilt:

- Höherrangiges Recht (z. B. Tarifvertrag) geht vor niederrangigem Recht (z. B. Betriebsvereinbarung)!
- Gesetzesrecht geht i. d. R. über Vertragsrecht!
- Regeln zwei gleichrangige Vorschriften (z. B. Gesetze) den gleichen Sachverhalt, so gilt die Vorschrift, die dem Sachverhalt am nächsten ist (z. B. Kündigungsfristen sind im BGB und im BBiG unterschiedlich geregelt. Es gilt hier das BBiG)

und/oder

- dem Auszubildenden den größeren Schutz bietet (z. B.: Eine Auszubildende wird während der Probezeit schwanger. Das BBiG erlaubt in der Probezeit eine Kündigung ohne Angaben von Gründen und Einhaltung einer Frist. Das Mutterschutzgesetz hingegen verbietet grundsätzlich die Kündigung von Schwangeren.).

Man muss die Rechtsquellen nicht immer auswendig kennen. Allerdings muss man wissen, in welcher Rechtsquelle welcher Sachverhalt geregelt ist. Wer etwa Sachverhalte des Jugendschutzgesetzes im Jugendarbeitsschutzgesetz sucht, wird seine Zeit verschwenden.

 Zwei weitere Grundregeln zum Arbeits- und Berufsbildungsrecht:

- Wo kein Kläger ist, ist auch kein Richter!
- Arbeitsrecht ist (nahezu) immer Arbeitnehmerschutzrecht!

Zu Risiken und Nebenwirkungen von rechtlichen Problemen fragen Sie stets Ihren Ausbildenden oder die Rechtsabteilung des Unternehmens!

1.1.2.2   Zu den wichtigsten Gesetzen und Rechtsnormen

1.1.2.2.1 Das Berufsbildungsgesetz (BBiG)

Das Berufsbildungsgesetz von 1969 ist die »Mutter« aller Gesetze im Bereich der Berufs(aus)bildung. Es regelt im Rahmen des Dualen Systems vor allem den betrieblichen Teil der Ausbildung. Das Gesetz verfolgt das Ziel, eine umfassende bundeseinheitliche Regelung für die berufliche Bildung zu schaffen.

Zum 1.4.2005 wurde das Gesetz in einem Reformprozess überarbeitet und neu verabschiedet. Ziel der Reform war es, mehr jungen Leuten eine berufliche Erstausbildung zu ermöglichen, die internationale Wettbewerbsfähigkeit des Systems zu sichern, die regionale Verantwortung zu stärken, die Durchlässigkeit zwischen den Bildungssystemen zu erhöhen, eine Verschlankung der Gremien bzw. Bürokratieabbau zu unterstützen sowie die Kooperation der Lernorte Schule und Betrieb zu verbessern. Das Gesetz besteht aus 105 Paragrafen.

Zunächst klärt das BBiG in § 1 die grundsätzliche Frage, was unter beruflicher Bildung zu verstehen ist.

Berufsbildung lässt sich in vier Bereiche gliedern:

- Berufsausbildungsvorbereitung
- Berufsausbildung
- Berufliche Fortbildung
- Berufliche Umschulung

Das Gesetz heißt deshalb nicht Berufs**aus**bildungsgesetz. Der Prozess der beruflichen Bildung ist nie abgeschlossen, solange ein Mensch im Arbeitsleben steht! Lebenslanges lernen und dessen gesetzliche Regelungen sind somit eng mit dem Berufsbildungsgesetz verbunden.

Die wesentlichen inhaltlichen Bereiche des BBiG für die Berufsausbildung sind:

Teil 1: Allgemeine Vorschriften
§ 1 Ziele und Begriffe der Berufsbildung
§ 2 Lernorte der Berufsbildung
§ 3 Anwendungsbereich

Teil 2: Berufsbildung

Kapitel 1: Berufsausbildung

Ordnung der Berufsausbildung; Anerkennung von Ausbildungsberufen
§ 4 Anerkennung von Ausbildungsberufen
§ 5 Ausbildungsordnung
§ 6 Erprobung neuer Ausbildungsberufe, Ausbildungs- und Prüfungsformen
§ 7 Anrechnung beruflicher Vorbildung auf die Ausbildungszeit
§ 8 Abkürzung und Verlängerung der Ausbildungszeit
§ 9 Regelungsbefugnis

Begründung des Ausbildungsverhältnisses
§ 10 Vertrag
§ 11 Vertragsniederschrift
§ 12 Nichtige Vereinbarungen

Pflichten des Auszubildenden
§ 13 Verhalten während der Ausbildungszeit

Pflichten des Ausbildenden
§ 14 Berufsausbildung
§ 15 Freistellung
§ 16 Zeugnis

Vergütung
§ 17 Vergütungsanspruch
§ 18 Bemessung und Fälligkeit der Vergütung
§ 19 Fortzahlung der Vergütung

Beginn und Beendigung des Ausbildungsverhältnisses
§ 20 Probezeit
§ 21 Beendigung
§ 22 Kündigung
§ 23 Schadensersatz bei vorzeitiger Beendigung
§ 24 Weiterarbeit

Eignung von Ausbildungsstätte und Ausbildungspersonal
§ 27 Eignung der Ausbildungsstätte
§ 28 Eignung der Ausbildenden und Ausbilder oder Ausbilderinnen
§ 29 Persönliche Eignung
§ 30 Fachliche Eignung
§ 31 Europaklausel
§ 32 Überwachung der Eignung
§ 33 Untersagung des Einstellens und Ausbildens

Verzeichnis der Berufsausbildungsverhältnisse
§ 34 Einrichten, Führen
§ 35 Eintragen, Ändern, Löschen
§ 36 Antrag

Prüfungswesen
§ 37 Abschlussprüfung
§ 38 Prüfungsgegenstand
§ 39 Prüfungsausschüsse
§ 40 Zusammensetzung, Berufung
§ 41 Vorsitz, Beschlussfähigkeit, Abstimmung
§ 42 Beschlussfassung, Bewertung der Abschlussprüfung
§ 43 Zulassung zur Abschlussprüfung
§ 44 Zulassung zur Abschlussprüfung bei zeitlich auseinanderfallenden Teilen
§ 45 Zulassung in besonderen Fällen
§ 46 Entscheidung über die Zulassung
§ 47 Prüfungsordnung
§ 48 Zwischenprüfungen
§ 49 Zusatzqualifikationen
§ 50 Gleichstellung von Prüfungszeugnissen

Interessenvertretung
§ 51 Interessenvertretung
§ 52 Verordnungsermächtigung

Kapitel 2: Berufliche Fortbildung
§ 53 Fortbildungsordnung
§ 54 Fortbildungsregelungen der zuständigen Stelle
§ 55 Berücksichtigung ausländischer Vorqualifikation
§ 56 Fortbildungsprüfungen
§ 57 Gleichstellung von Prüfungszeugnissen

Kapitel 3: Berufliche Umschulung (§§ 58–63)

Teil 3: Organisation der Berufsbildung (§§ 71–83)
§ 71 Zuständige Stellen
§ 76 Überwachung, Beratung

Teil 4: Berufsbildungsforschung, Planung und Statistik (§§ 84–88)

Teil 5: Bundesinstitut für Berufsbildung (§§ 89–101)

Teil 6: Bußgeldvorschriften (§102)

Teil 7: Übergangs- und Schlussvorschriften (103–105)

Wenn Vorschriften des Gesetzes nicht eingehalten werden, liegt eine Ordnungswidrigkeit vor, die mit Geldbußen (durch die zuständige Stelle) oder Schadensersatzleistungen (durch das Arbeitsgericht) belegt werden kann.

1.1.2.2.2 Das Jugendarbeitsschutzgesetz (JArbSchG)

Der Geltungsbereich des Gesetzes betrifft vor allem die Beschäftigung von Personen, die noch nicht 18 Jahre alt sind (§ 1). Allerdings gibt es eine Ausnahme. Diese betrifft die Regelungen über das Beschäftigungsrecht an Berufsschultagen, die auch für volljährige Auszubildende gelten (§ 9).

Die Inhalte des Gesetzes sollen – wie es der Name bereits andeutet – vor allem dem Schutz der Jugendlichen vor Überbeanspruchung und Gesundheitsbeeinträchtigung dienen.

Das Gesetz enthält im Wesentlichen wichtige Bestimmungen über:

- Dauer der Arbeitszeit (§ 8)
- Berufsschule (§ 9)
- Prüfungen und außerbetriebliche Maßnahmen (§ 10)
- Ruhepausen, Aufenthaltsräume (§ 11)
- Schichtzeit (§ 12)
- Tägliche Freizeit (§ 13)
- Nachtruhe (§ 14)
- Fünf-Tage-Woche (§ 15)
- Samstagsruhe (§ 16) / Sonntagsruhe (§ 17) / Feiertagsruhe (§ 18)
- Urlaub (§ 19)
- Gefährliche Arbeiten (§ 22)
- Akkordarbeit, tempoabhängige Arbeiten (§ 23)
- Behördliche Anordnungen und Ausnahmen (§ 27)
- Züchtigungsverbot; Verbot der Abgabe von Alkohol und Tabak (§ 31)
- Gesundheitliche Betreuung (Erstuntersuchung (§ 32), Erste Nachuntersuchung (§ 33), Weitere Nachuntersuchungen (§ 34))

Zur Gegenüberstellung des Jugendarbeitsschutzgesetzes und des Arbeitszeitgesetzes (dieses betrifft volljährige Auszubildenden und volljährige Arbeitnehmer):

	Vor dem 18. Lebensjahr	**Nach dem 18. Lebensjahr**
Rechtsgrundlage	Jugendarbeitsschutzgesetz	Arbeitszeitgesetz
Arbeitszeit	Zeit zwischen Beginn und Ende der täglichen Beschäftigung ohne die Ruhepausen	Zeit zwischen Beginn und Ende der täglichen Beschäftigung ohne die Ruhepausen
Höchstarbeitszeit	Arbeitstäglich: 8,5 Stunden Wöchentlich: 40 Stunden Bei Verkürzung der Arbeitszeit an einzelnen Arbeitstagen auf weniger als 8 Stunden, an den übrigen Werktagen derselben Woche bis zu 8,5 Stunden	Werktäglich: 10 Stunden Wöchentlich: 48 Stunden Verlängerung der werktäglichen Arbeitszeit bis zu 10 Stunden, wenn innerhalb von 6 Kalendermonaten oder 24 Wochen im Durchschnitt 8 Stunden nicht überschritten werden
Verteilung der Arbeitszeit	Auf 5 Arbeitstage in der Woche/ 5-Tage-Woche	Auf bis zu 6 Werktage in der Woche/ 6-Tage-Woche
Schichtzeit	Tägliche Arbeitszeit darf einschließlich der Ruhepausen i. d. R. 10 Stunden nicht überschreiten	Keine Regelungen

Ruhepausen während der Arbeitszeit	Bei einer Arbeitszeit bis zu 6 Stunden: 30 Minuten täglich Bei mehr als 6 Stunden: 60 Minuten täglich	30 Minuten täglich; Bei einer Arbeitszeit über 9 Stunden: 45 Minuten
Zeitpunkt der Ruhepausen	Spätestens nach einer Arbeitszeit von 4,5 Stunden. Dementsprechend darf maximal 4,5 Stunden ohne Pause gearbeitet werden. Eine explizite Mittagspause muss es nicht geben.	Ab einer Arbeitszeit von mehr als 6 Stunden
Freizeit bzw. Ruhezeit nach Beendigung der täglichen Arbeitszeit	Mindestens 12 Stunden	Mindestens 11 Stunden
Nachtarbeitsverbot	Von 20 bis 6 Uhr	Keine Regelungen
Sonn- und Feiertagsarbeit	Verbot mit Ausnahmen	Verbot mit Ausnahmen

1.1.2.2.3 Weitere zu beachtende Gesetze

Neben dem BBiG, JArbSchG und dem Betriebsverfassungsgesetz (Kap. 1.2.2) gilt es eine Reihe anderer Gesetze und Verordnungen im Bereich der Berufs(aus)bildung zu beachten. Hierzu zählen:

- **Grundgesetz**
  In Artikel 12 (1) regelt das Grundgesetz, dass alle Deutschen das Recht haben, Beruf, Arbeitsplatz und Ausbildungsstätte frei zu wählen.

- **Bürgerliche Gesetzbuch (BGB)**
  Der Geltungsbereich des Bürgerlichen Gesetzbuches im Bereich der Berufsausbildung bezieht sich vor allem auf das Vertragswesen mit minderjährigen Auszubildenden. Da diese nicht vollgeschäftsfähig sind, müssen die Erziehungsberechtigten den Ausbildungsvertrag mit unterschreiben. Vergleiche hierzu BBiG § 11 (Vertragsniederschrift).

- **Jugendschutzgesetz (JUSchG)**
  Das Jugendschutzgesetz ist nicht mit dem Jugendarbeitsschutzgesetz zu verwechseln. Es betrifft weniger die Arbeitszeit, sondern regelt u. a. den Verkauf und die Abgabe von Alkohol, Tabak, Computerspielen, Filmen sowie den Aufenthalt in Gaststätten und Diskotheken.

- **Allgemeines Gleichbehandlungsgesetz (AGG)**
  Nach diesem Gesetz soll eine Benachteiligung aus Gründen der ethnischen Herkunft, des Geschlechts, der Religion bzw. der Weltanschauung, einer Behinderung, des Alters oder der sexuellen Identität verhindert bzw. beseitigt werden.

- **Berufsbildungsförderungsgesetz (BerBiFG)**
  Dieses Gesetz regelt u. a.:
  – Ziele der Berufsbildungsplanung
  – den Berufsbildungsbericht durch das zuständige Ministerium
  – Zweck und Durchführung der Berufsbildungsstatistik
  – Erhebungen
  – Aufgaben des Bundesinstitutes für Berufsbildung. Alle natürlichen und juristischen Personen sowie Behörden, die Berufsbildung durchführen, sind gegenüber dem Bundesinstitut für Berufsbildung (BiBB) auskunftpflichtig.

- **Berufsausbildungsförderungsgesetz (BaföG)**
  Ziel dieses Gesetzes ist die Förderung, die Erhöhung der Chancengleichheit im Bildungswesen sowie die Mobilisierung von Bildungsreserven in einkommensschwachen Bevölkerungsschichten.

- **Sozialgesetzbuch (SGB)**
  Hier werden u. a. die Umschulung sowie die speziellen Rechte von Behinderten (Zusatzurlaub, Diskriminierungsverbot) geregelt.

- **IHK-Gesetz**
  Als Kammerzwangsmitglied ist für die Ausbildungsbetriebe eine ständige Kooperation mit der zuständigen Stelle zwingend notwendig. Das Gesetz regelt die Aufgaben der Industrie- und Handelskammern.

- **Bundesurlaubsgesetz**
  Dieses Gesetz regelt vor allem den Mindesturlaub volljähriger Auszubildender und Arbeitskräfte. Der Mindesturlaub beträgt jährlich 24 Werktage bzw. 20 Arbeitstage.

- **Tarifvertragsgesetz**
  Dieses Gesetz legt die rechtlichen Rahmenbedingungen für Tarifverhandlungen fest. Tarifverträge regeln die Rechte und Pflichten der Tarifvertragsparteien und enthalten Rechtsnormen, die den Inhalt, den Abschluss und die Beendigung von Arbeits- bzw. Ausbildungsverhältnissen sowie betriebliche und betriebsverfassungsrechtliche Fragen klären. Besteht Tarifbindung, sind abweichende Vereinbarungen zu Ungunsten des Auszubildenden unwirksam.

  Nach einem Grundsatzurteil des Bundesarbeitsgerichtes aus dem Jahre 1984 dürfen Auszubildende an befristenden Arbeitsniederlegungen teilnehmen, wenn Forderungen durchgesetzt werden sollen, die auch sie betreffen (wie z. B. eine Verbesserung der Ausbildungsvergütung).

- **Mutterschutzgesetz (MuSchG) & Co.**
  Alle Frauen, die in einem Arbeitsverhältnis stehen (und damit auch weibliche Auszubildende), genießen während der Schwangerschaft und nach der Geburt einen besonderen Schutz (Mutterschutz).

  Von besonderer Bedeutung ist dabei die Anzeigepflicht (§ 5 (1–3)). Hiernach soll die werdende Mutter dem Arbeitgeber bzw. Ausbildenden ihre Schwangerschaft und den mutmaßlichen Tag der Entbindung mitteilen, sobald ihr der Zustand bekannt ist. Auf Verlangen des Arbeitgebers ist hierzu ein Zeugnis vorzulegen.

  Zu beachten sind:

  – Freistellungen zu Untersuchungen während der Arbeitszeit (§ 16).
  – Es sind keine schwangerschaftsgefährdenden Arbeiten, keine Akkordarbeit und keine Nachtarbeit erlaubt (§§ 3, 4, 8).
  – Gelockertes Beschäftigungsverbot: Werdende Mütter dürfen in den letzten sechs Wochen vor dem erwarteten Entbindungstermin nicht beschäftigt werden, es sein denn, dass sie sich zur Arbeitsleistung ausdrücklich bereit erklären. Diese Erklärung kann allerdings jederzeit widerrufen werden (§ 3).
  – Absolutes Beschäftigungsverbot: Mütter dürfen bis zum Ablauf von acht, bei Früh- und Mehrlingsgeburten zwölf Wochen nach der Entbindung nicht beschäftigt werden (§ 6).
  – Kündigungsverbot: Eine Kündigung gegenüber einer Frau während der Schwangerschaft und bis zum Ablauf von vier Monaten nach der Entbindung ist unzulässig, wenn dem Arbeitgeber zur Zeit der Kündigung die Schwangerschaft oder Entbindung bekannt war oder innerhalb von zwei Wochen nach Zugang der Kündigung mitgeteilt wird (§ 9).
  – Ist die Frau in der gesetzlichen Krankenversicherung, erhält sie während der Schutzfrist Mutterschaftsgeld von ihrer Krankenkasse (§ 13).

- **Bundeselterngeld- und Elternzeitgesetz** (früher Erziehungsurlaub)
  Für den Anspruch auf Elternzeit für Kinder ab dem Geburtsjahr 2001 gelten folgende Regelungen:

  – Die Eltern können, sofern sie es wollen, die Elternzeit bis zum dritten Geburtstag des Kindes gemeinsam nutzen.

- Mit Zustimmung des Arbeitgebers ist eine Übertragung von einem Jahr Elternzeit auf die Zeit zwischen dem dritten und achten Geburtstag des Kindes möglich.
- Die Anmeldefrist (schriftlich) der Elternzeit beträgt sechs Wochen, wenn die Elternzeit nach der Geburt oder nach der Mutterschutzfrist beginnen soll. In anderen Fällen acht Wochen.
- Während der Elternzeit ist eine Teilzeitbeschäftigung bis zu 30 Stunden, bei gemeinsamer Elternzeit von zusammen bis zu 60 Stunden wöchentlich zulässig. In Betrieben mit mehr als 15 Beschäftigten gilt ein Anspruch auf Verringerung der arbeitsvertraglichen Arbeitszeit im Rahmen von 15 bis 30 Wochenstunden, es sei denn, dass dem dringende betriebliche Gründe entgegenstehen.
- Da gemäß Bundeserziehungsgeldgesetz die Elternzeit nicht auf die Ausbildungszeit angerechnet wird, verlängert sich diese um die Dauer der Elternzeit.

Darüber hinaus regelt das Gesetz Grundsätze für den Anspruch auf Erziehungsgeld:

- Erziehungsgeld wird auf Anspruch für jedes Kind gewährt, welches nach dem 1.1.2007 geboren ist.
- Das Elterngeld ist eine Lohnersatzleistung.
- Der Staat zahlt auf Antrag 67 % des früheren Nettolohns, mindestens aber 300 €.
- Maximale Höhe: 1.800 €.
- Gewährungsdauer zwölf Monate. Wenn beide Elternteile ihre Erwerbstätigkeit zugunsten des Kindes einschränken, wird die Dauer um zwei Monate verlängert.

- **Schulgesetze**
  Neben den beschriebenen Bundesgesetzen gilt es auch das Schulrecht der Länder zu beachten. In Deutschland zählt das Schulrecht zu den Hoheitsrechten der Bundesländer. Im Schulrecht werden u. a. die berufsqualifizierenden Bildungsgänge, die Berufsschulpflicht, Freistellungen, die pädagogischen Maßnahmen und Ordnungsmaßnahmen geregelt.

1.1.2.2.4 Weitere zu beachtende Rechtsnormen

Verordnungen
Verordnungen werden von der Regierung, einem Minister oder einer Behörde auf Grundlage eines Gesetzes oder einer gesetzlichen Ermächtigung erlassen.

Zum Bereich Berufsschule:
Nach den Verfassungen der Länder sind diese für die Gesetzgebung auf dem Gebiet des Schulwesens zuständig. Der Bereich der Berufsschule ist somit Ländersache. Eine Abstimmung erfolgt über die Kultusministerkonferenz (KMK). Verordnungen für die Berufsschule erlässt der jeweilige Landeskultusminister.

Zum Bereich Betrieb:
Das jeweilige Fachministerium des Bundes bzw. des Landes erlässt Verordnungen im Bereich der Berufsausbildung.

Wichtige Verordnungen sind:

- Ausbildungs(ver)ordnung (Bundesebene)
- Ausbildereignungsverordnung (AEVO). Sie ist Grundlage dieses Buches und der Ausbildereignungsprüfung (Bundesebene)

Betriebsaushänge
Zur Unterrichtung der Beschäftigten und zur Beachtung der Arbeitsschutzvorschriften sind verschiedene Aushänge im Betrieb an sichtbarer Stelle anzubringen oder auszulegen.

Zu diesen Aushängen zählen:

- Arbeitszeitgesetz, wenn mindestens ein Auszubildender über 18 Jahre beschäftigt wird.
- Jugendarbeitsschutzgesetz und Anschrift des Gewerbeaufsichtsamts, wenn regelmäßig ein Jugendlicher beschäftigt wird.
- Mutterschutzgesetz, wenn mindestens vier Frauen beschäftigt werden.
- Ladenschlussgesetz in Verkaufsstellen.
- Gesetz zum Schutz der Beschäftigten vor sexueller Belästigung am Arbeitsplatz.
- Unfallverhütungsvorschriften samt Adresse der zuständigen Berufsgenossenschaft.
- Entgelt- und Rahmentarifvertrag, wenn der Betrieb tarifgebunden ist.

Darüber hinaus sind zu beachten:

- Prüfungsordnung der zuständigen Stelle (Kammer)
- Gewerbeordnung
- Ausbildungsvertrag

1.1.3 Strukturen des Berufsbildungssystems und seine Schnittstellen darstellen

1.1.3.1 Überblick über das Schulwesen in Deutschland

Die schulische Bildung spielt für den Ausbildungsbetrieb bei der Festlegung der Auswahlkriterien und der Bewerberauswahl eine gewichtige Rolle. Um die schulische Vorbildung der Bewerber – im Hinblick auf die Anforderungen des jeweiligen Ausbildungsberufes – einzuschätzen, ist es notwendig, die verschiedenen Schultypen zu kennen. Dies ist umso problematischer, da wegen der Kulturhoheit die Zuständigkeit für das Schul- und Hochschulwesen in Deutschland bei den Bundesländern liegt. So können Teile des Bildungssystems unterschiedlich gestaltet und benannt sein.

Die Stufen des allgemeinbildenden Schulwesens umfassen i. d. R. folgende Schulformen:

Primärstufe: Die ersten vier Schuljahre in der Grundschule (oder bereits in der Förderschule)

Sekundarstufe I: Die Schulstufen der mittleren Bildung, Hauptschule, Realschule, die verbundene Haupt- und Realschule, Gesamtschule (bis einschließlich Klasse 10), das Gymnasium (bis einschließlich Klasse 10, im verkürzten Bildungsgang (G8) bis einschließlich Klasse 9

Sekundarstufe II: Die gymnasiale Oberstufe, die berufsbildenden Schulen

Tertiärer Bereich: Universität, Fachhochschule, Berufsakademie.
Dieser Bereich beginnt nach Erwerb der Hochschulzugangsberechtigung

1.1.3.2 Strukturdarstellung des Berufsbildungssystems

Für die Organisation der Ausbildung hat es bedeutende Auswirkungen, dass in einem dualen System ausgebildet wird. Die wesentlichen Aspekte des Dualen Systems sind die Zusammenarbeit zwischen dem jeweiligen Ausbildungsbetrieb und der Berufsschule. Dabei stellt die Berufsschule eine Form des beruflichen Schulwesens dar.

Die wichtigsten rechtlichen Grundlagen für den Berufsschulbesuch von Auszubildenden sind sowohl das Berufsbildungsgesetz als auch die Schulpflichtgesetze der Bundesländer.

Berufsausbildung findet in Deutschland in vielfältiger Weise statt. Es wird unterschieden nach:

- Anerkannten Ausbildungsberufen. Diese besitzen eine Ausbildungsordnung und sind im Verzeichnis der anerkannten Ausbildungsberufe aufgelistet (zzt. rund 370).

- Fachschulberufen. Diese Ausbildungsberufe werden weitgehend staatlich durchgeführt bzw. überwacht. Hierzu zählen der Beruf des Erziehers oder des Krankenpflegers.

- Hochschulberufen. Hochschulen sind keine Fort-, sondern Ausbildungsstätten. Eine Vielzahl von Berufen wird ausschließlich über Hochschulen ausgebildet. Hierzu zählen u. a.: Rechtsanwalt (Jura), Lehrer (Pädagogik), Ärzte (Medizin) oder Ingenieure.

- Spezialberufen. Für diese gibt es keine auf gesetzlichen Grundlagen aufbauende Ausbildung. Hierzu zählen z. B. Detektiv, Journalist oder Fußballer.

Hintergrund dieser Vielfalt ist, dass das Duale System nicht alle Bereiche abdecken kann und es auch Interessenvertretungen gibt, die bestimmte Ausbildungssysteme prägen. Zudem tut dem Ausbildungsmarkt eine gesunde Konkurrenz gut.

1.1.3.2.1 Innerhalb des Dualen Systems

Grundlage für die Ausbildung im Dualen System bilden die anerkannten Ausbildungsberufe.

Definiert werden Sie im BBiG:

> **§ 4 Anerkennung von Ausbildungsberufen**
>
> (1) »Als Grundlage für eine geordnete und einheitliche Berufsausbildung kann das Bundesministerium für Wirtschaft und Arbeit oder das sonst zuständige Fachministerium in Einvernehmen mit dem Bundesministerium für Bildung und Forschung durch Rechtsverordnung, die nicht der Zustimmung des Bundesrates bedarf, Ausbildungsberufe staatlich anerkennen und hierfür Ausbildungsordnungen nach § 5 erlassen.«
>
> (2) »Für einen anerkannten Ausbildungsberuf darf nur nach der Ausbildungsordnung ausgebildet werden.«
>
> (3) »In anderen als anerkannten Ausbildungsberufen dürfen Jugendliche unter 18 Jahren nicht ausgebildet werden, soweit die Berufsausbildung nicht auf den Besuch weiterführender Bildungsgänge vorbereitet.«

Zu den wesentlichen Merkmalen des Dualen Systems

Das BBiG definiert darüber hinaus:

§ 2 Lernorte der Berufsbildung

(1) »Berufsbildung wird durchgeführt
1. in Betrieben der Wirtschaft, in vergleichbaren Einrichtungen außerhalb der Wirtschaft, insbesondere des öffentlichen Dienstes, der Angehörigen freier Berufe und in Haushalten (betriebliche Berufsbildung),
2. in berufsbildenden Schulen (schulische Berufsbildung) und
3. in sonstigen Berufsbildungseinrichtungen außerhalb der schulischen und betrieblichen Berufsbildung (außerbetriebliche Berufsbildung).«

(2) »Die Lernorte nach Absatz 1 wirken bei der Durchführung der Berufsbildung zusammen (Lernortkooperation).«

(3) »Teile der Berufsausbildung können im Ausland durchgeführt werden, wenn dies dem Ausbildungsziel dient. Ihre Gesamtdauer soll ein Viertel der in der Ausbildungsordnung festgelegten Ausbildungsdauer nicht überschreiten.«

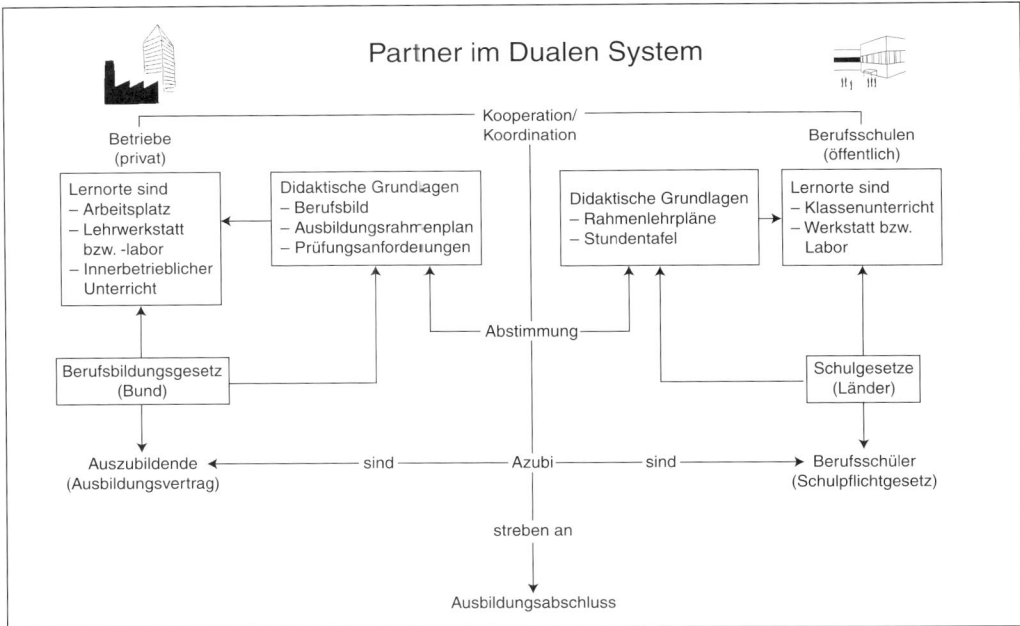

Das Duale System steht für die Zusammenarbeit von Betrieb und Berufsschule. Angestrebt wird letztlich eine **didaktische Parallelität**, d. h. Betrieb und Berufsschule arbeiten als Lernorte aufgrund ihrer organisatorischen Möglichkeiten und didaktischen Grundlagen (Ausbildungsordnung bzw. Rahmenlehrplan) eng und koordiniert zusammen. Die Inhalte des Ausbildungsrahmenplans und der Rahmenlehrpläne sind aufeinander abgestimmt. Der missverständliche Begriff steht dabei für eine Vielzahl von Dualitäten, wie sie nachfolgend dargestellt werden:

Lernort:	Betrieb	Berufsschule
Gesetzgebung:	Bund	Bundesland
Inhalte/Schwerpunkte:	Betriebsbezogene Ausbildung	Berufsbezogene Ausbildung
Vorherrschende Lernorganisation:	Praxisausrichtung	Primär Theorieausrichtung
Überwachungsinstanz:	Zuständige Stelle (z. B. IHK, Handwerkskammer)	Schulamt
Träger/Finanzierung:	Primär Eigenfinanzierung	Mischfinanzierung (Land und Kommune)
Rechtsstellung und Rolle der Auszubildenden:	Arbeitnehmer mit besonderen Rechten und Pflichten	Schüler

Wichtiges Unterscheidungsmerkmal der Lernorte ist, dass im Betrieb betriebsbezogene konkrete Fertigkeiten und Kenntnisse auf der Grundlage des Ausbildungsrahmenplanes vermittelt werden:

Beispiel: Bürokauffrau/-mann: »Entgeltformen im Ausbildungsbetrieb erläutern«

In der Berufsschule werden dazu betriebsunabhängige grundlegende berufsbezogene Fertigkeiten und Kenntnisse auf der Grundlage des Rahmenlehrplans vermittelt:

Beispiel: Bürokauffrau/-mann: »Grundzüge der Entgeltformen unterscheiden und die Problematik der gerechten Abstufung erörtern.«

Während der Auszubildende im Betrieb in Bezug auf die konkret anfallenden Entgeltformen des Betriebes, z. B. Lohn, Gehalt (Zeitlohn) unterwiesen wird, ist es Aufgabe der Berufsschule, auch andere Entgeltformen wie Akkordlohn oder Prämienlohn zu unterrichten.

Noch deutlicher wird der betriebsunabhängige Lernauftrag der Berufsschule – im Gegensatz zum Lernort Betrieb – durch die Festlegung der Vermittlung von Wirtschaftspolitik, Ethik, Fremdsprachen oder Sport im Rahmenlehrplan.

Darüber hinaus muss die Kooperation mit überbetrieblichen Lernorten beachtet werden. Ist der Betrieb zu stark spezialisiert, um alle notwendigen Kenntnisse des Ausbildungsberufs vermitteln zu können, wird er von überbetrieblichen Bildungsträgern unterstützt. Außerdem können Teile der Ausbildung von anderen Betrieben – in Form der Verbundausbildung – übernommen werden (vgl. Kap. 1.1.5.3 und 1.2.3.1.5).

Ansätze beruflicher Ausbildung weltweit

Weltweit werden unterschiedliche Formen der beruflichen Ausbildung angewandt. Zentrales Unterscheidungsmerkmal ist jeweils die historisch gewachsene Rolle des Staates in diesem Bereich.

Mögliche Rollen des Staates:

- Duales System/Kooperatives Staat-Betriebe-Modell:
  Hier gibt der Staat in seiner legislativen Rolle durch Gesetze den Rahmen für die Ausbildung vor, so dass die Festlegung über Umfang und Inhalt der Ausbildung für die beteiligten Lernorte (Betriebe und Berufsschule) erfolgt (Beispiel: Deutschland).

- Marktmodell: Hier lässt der Staat den Betrieben weitgehend freie Hand, was Ausbildungsdauer, Prüfungen und Inhalte betrifft. Die Verantwortung geht an die Betriebe über. Eine übergreifende, systematische und/oder normierte Ausbildung und Kontrollinstanzen sind grundsätzlich nicht vorhanden (Beispiel: USA).

- Schulmodell: Hier übernimmt der Staat die Organisation und Verantwortung der beruflichen Ausbildung in weitgehend eigener Regie (Beispiel: Frankreich).

1.1.3.2.2 Hochschulbereich

Vor dem Hintergrund lebenslangen Lernens ist die Ausbildung oftmals eine Alternative zu einem Studium oder auch die Grundlage zur Fortbildung bzw. für den Übergang in ein Studium. Für viele Berufe ist ein Berufseinstieg nur über ein Studium möglich, wie z. B. Arzt, Berufsschullehrer, Jurist oder Ingenieur.

Derzeit werden an nahezu allen Hochschulen in Deutschland die Studienabläufe und -abschlüsse umgestellt. Dies geschieht im Rahmen des Bologna-Prozesses. In Bologna wurde 1999 durch die europäischen Bildungsminister beschlossen, das europäische Hochschulsystem zu vereinheitlichen, um vergleichbare Abschlüsse zu schaffen und somit die Mobilität der Studierenden und Absolventen innerhalb Europas zu fördern.

Die wesentlichen Ziele dabei sind:

- Vergleichbarkeit von Abschlüssen
- Gestuftes Studiensystem mit den Abschlüssen Bachelor und Master
- Bachelor als erster berufsqualifizierender Abschluss
- Leistungspunktesystem (»Credit Points«) zur internationalen Vergleichbarkeit von Studienleistungen
- Mobilität der Studierenden, Hochschullehrer und Wissenschaftler
- Zusammenarbeit zwischen europäischen Hochschulen
- Europaweite Qualitätssicherung für Lehre und Studium

Anstelle des einstufigen Diplom-Studiums wird es künftig ein zweistufiges System geben. Die erste Stufe endet mit dem Abschluss Bachelor, die zweite Stufe mit dem Abschluss Master.

Das neue zweistufige System gliedert sich wie folgt:

Der **Bachelor** befähigt zum Beruf.	Der **Master** vertieft die akademische Ausbildung.
Das Bachelor-Studium führt in einer Regelstudienzeit von sieben Semestern zu einem ersten berufsqualifizierenden Hochschulabschluss.	Das Master-Studium führt nach einer Regelstudienzeit von drei Semestern zu einem forschungs- oder anwendungsorientierten zweiten Hochschulabschluss. Voraussetzung ist der Abschluss eines ersten Hochschulstudiums. Die Qualifikationsanforderungen im Einzelnen werden von der Hochschule festgelegt.
Studienziel ist der Erwerb grundlegender Kenntnisse und Fähigkeiten für einen schnelleren Berufseinstieg und gezieltere Arbeitsmarktfähigkeit.	Studienziel ist eine Vertiefung, Spezialisierung oder Verbreitung des im bisherigen Studium – und ggf. in der Berufspraxis – erworbenen Wissens und Könnens.
Bachelor-Abschlüsse können durch ein Master-Studium forschungs- oder anwendungsorientiert ergänzt werden.	Masterabschlüsse an Fachhochschulen eröffnen den Zugang zum höheren Dienst, wenn dies im Rahmen der Akkreditierung festgestellt wurde. Master-Abschlüsse berechtigen grundsätzlich zur Promotion an einer Universität.

1.1.3.3 Beteiligte und Mitwirkende außerhalb des Ausbildungsbetriebes

Zwar kommt dem Ausbilder eine besondere Bedeutung in der Ausbildung zu, aber auch andere Personen und Stellen außerhalb des Betriebes sind in unterschiedlichem Ausmaß an der Ausbildung beteiligt und erfolgsrelevant.

1.1.3.3.1 Gesetzliche Vertreter des Auszubildenden

Die Eltern sind wichtige Partner des Ausbildenden und der Ausbilder bei der Berufsausbildung. Dies gilt vor allem für minderjährige Auszubildende, bei denen sie als Vertragspartner auftreten. Aber auch bei Volljährigen kann der Kontakt mit den Eltern ggf. eine wesentliche Unterstützung bei der Berufsausbildung bedeuten.

Bei minderjährigen Auszubildenden regelt das BBiG die Rolle der gesetzlichen Vertreter wie folgt:

> **§ 11 Vertragsniederschrift**
>
> (2) »Die Niederschrift ist von den Ausbildenden, den Auszubildenden und deren gesetzlichen Vertretern und Vertreterinnen zu unterzeichnen.«
>
> (3) »Ausbildende haben den Auszubildenden und deren gesetzlichen Vertretern und Vertreterinnen eine Ausfertigung der unterzeichneten Niederschrift unverzüglich auszuhändigen«.

Neben der Vertragsunterzeichnung sollten die Eltern des Auszubildenden – unabhängig davon, ob es sich um einen jugendlichen Auszubildenden handelt – vor und während der Ausbildung mit einbezogen werden, um die Bemühungen um eine gute Berufsausbildung nachhaltig zu unterstützen. Dabei muss der Ausbilder sich der Spannungen, die in dieser Entwicklungsphase oft zwischen Eltern und Kindern bestehen, bewusst sein.

Der Ausbilder sollte

- schon bei der Einstellung den Kontakt zu den Eltern minderjähriger Bewerber suchen,
- die Eltern minderjähriger Auszubildender zu einer Einführungsveranstaltung und darüber hinaus in den Betrieb (z. B. Tag der offenen Tür) einladen,
- die Mitverantwortung der Eltern minderjähriger Auszubildender durch Information über die Beurteilungen deutlich machen,
- durch regelmäßige Sprechstunden oder gezielte Einladungen den Eltern minderjähriger Auszubildender die Kontaktaufnahme erleichtern.

Der Ausbilder sollte sich jedoch der Tatsache bewusst sein, dass er mehr Zeit mit dem Auszubildenden verbringt als mit dessen Eltern und damit zwangsläufig auf die Entwicklung des Auszubildenden achten muss.

Das BBiG klärt die Fürsorgepflicht des Ausbildenden gegenüber dem Auszubildenden:

> **§ 14 Berufsausbildung** (Auszug)
>
> (1) »Ausbildende haben
> 5. dafür zu sorgen, dass Auszubildende charakterlich gefördert sowie sittlich und körperlich nicht gefährdet werden.«

Treten im Laufe der Berufsausbildung Schwierigkeiten auf, sollten die Eltern minderjähriger Auszubildender vom Ausbilder unverzüglich informiert werden. Wenn jugendliche Auszubildende eine Abmahnung und/oder Kündigung erhalten, muss diese auch den Eltern zugestellt werden.

In Fällen geschiedener oder getrennt lebender Eltern sollten Ausbildende die Regelungen des Sorgerechts beachten, um nicht in Streitigkeiten zwischen den Elternteilen hineingezogen zu werden. Zu diesem Zweck sollte eindeutig geklärt sein, wer im Zweifelsfall über das Sorgerecht verfügt und Ansprechpartner des Ausbildenden ist.

1.1.3.3.2 Zuständige Stelle

Für die Einhaltung von Qualitätsstandards in der Berufsausbildung, aber auch für die Beratung von Ausbildern und Auszubildenden, sind nach dem BBiG die zuständigen Stellen (Industrie- und Handelskammer (IHK), die Handwerkskammern (HWK), die Rechtsanwaltskammern oder – je nach Branche – andere Kammern) verantwortlich. Die Ausbildungsbetriebe sind Zwangsmitglieder der jeweiligen Kammern und auf deren Kooperation angewiesen.

---

§ 9 Regelungsbefugnis

»Soweit Vorschriften nicht bestehen, regelt die zuständige Stelle die Durchführung der Berufsausbildung im Rahmen dieses Gesetzes.«

---

§ 32 Überwachung der Eignung

(1) »Die zuständige Stelle hat darüber zu wachen, dass die Eignung der Ausbildungsstätte sowie die persönliche und fachliche Eignung vorliegen.«

(2) »Werden Mängel der Eignung festgestellt, so hat die zuständige Stelle, falls der Mangel zu beheben und eine Gefährdung Auszubildender nicht zu erwarten ist, Ausbildende aufzufordern, innerhalb einer von ihr gesetzten Frist den Mangel zu beseitigen. Ist der Mangel der Eignung nicht zu beheben oder ist eine Gefährdung Auszubildender zu erwarten oder wird der Mangel nicht innerhalb der gesetzlichen Frist beseitigt, so hat die zuständige Stelle dies der nach Landesrecht zuständigen Behörde mitzuteilen.«

Daraus ergeben sich folgende Aufgaben und Schnittstellen mit dem Ausbildungsbetrieb. Sie

- überwacht die Durchführung der Berufsausbildung und die berufliche Umschulung,
- führt das Verzeichnis der Berufsausbildungsverhältnisse,
- errichtet Prüfungsausschüsse und erlässt Prüfungsordnungen,
- führt Zwischen- , Abschluss- und Meisterprüfungen durch,
- berät Ausbildende, Auszubildende (Ausbildungsberatung),
- betreibt Lobbyarbeit.

Kommt es während der Ausbildung zu Konflikten im Betrieb, kann der Betrieb oder der Auszubildende sich bei der zuständigen Stelle beraten lassen bzw. ein Schlichtungsverfahren beantragen. Beides (Beratung und Schlichtungsverfahren) ist für die Betriebe und Auszubildenden kostenlos.

1.1.3.3.3 Bundesinstitut für Berufsbildung (BiBB)

Das Bundesinstitut für Berufsbildung übernimmt Verwaltungsaufgaben des Bundes auf dem Gebiet der beruflichen Bildung. Diese umfassen nach BBiG § 90 (Aufgaben) u. a.:

- Vorbereitung und Überarbeitung der Aus- und Fortbildungsordnungen
- Prüfung berufsbildender Fernlehrgänge
- Förderung überbetrieblicher Ausbildungsstätten
- Mitwirkung an der internationalen Zusammenarbeit in der beruflichen Bildung
- Betreuung von Modellversuchen
- Berufsbildungsforschung

- Mitwirkung bei der Berufsbildungsstatistik
- Führung des Verzeichnisses anerkannter Ausbildungsberufe
- Mitwirkung an der Erstellung des Berufsbildungsberichts

Der Berufsbildungsausschuss der zuständigen Stelle (BBiG §§ 70–80) und der Landesausschuss für Berufsbildung (BBiG §§ 82 und 83) sowie der Hauptausschuss des Bundesinstitutes für Berufsbildung (BBiG § 92) achten zu dem auf die stetige Entwicklung der Qualität in der beruflichen Bildung.

Ziele der Forschungs-, Entwicklungs- und Beratungsarbeit des BiBB sind:

- Zukunftsaufgaben der Berufsbildung zu identifizieren
- Innovationen in der nationalen wie internationalen Berufsbildung zu fördern
- Neue praxisorientierte Lösungsvorschläge für die berufliche Aus- und Weiterbildung zu entwickeln

Das BiBB liefert außerdem Antworten auf relevante Fragen, die wichtige Hinweise für die Ausbildungsarbeit der Ausbildungsbetriebe aufzeigen, z. B.:

- Wie wird sich die Nachfrage nach einer dualen Berufsausbildung in den nächsten Jahren entwickeln?
- In welche Berufe die meisten Ausbildungsverträge bei jungen Männern und Frauen abgeschlossen werden?

1.1.3.3.4 Gewerkschaften und Arbeitgeberverbände

In einem komplizierten und langwierigen Verfahren werden Ausbildungsordnungen vom Bundesministerium für Wirtschaft oder dem sonst zuständigen Fachministerium im Einvernehmen mit dem Bundesministerium für Bildung festgelegt. Daran beteiligt sind (als Verordnungsgeber) u. a. die Gewerkschaften und die Arbeitgeberverbände, die außerdem bei der Vorbereitung von Gesetzen und anderen Rechtsvorschriften ihre Einflüsse geltend machen.

Das Betriebsverfassungsgesetz regelt die Kooperation der Sozialpartner:

> **§ 2 Stellung der Gewerkschaften und Vereinigungen der Arbeitgeber**
>
> (1) »Arbeitgeber und Betriebsrat arbeiten unter Beachtung der geltenden Tarifverträge vertrauensvoll und im Zusammenwirken mit den im Betrieb vertretenen Gewerkschaften und Arbeitgebervereinigungen zum Wohl der Arbeitnehmer und des Betriebs zusammen.«

Tarifverträge werden in der Regel zwischen einer Gewerkschaft (nicht Betriebsräte!) und einem Arbeitgeberverband einer Region abgeschlossen. Sie heißen deshalb auch Verbandstarifverträge und gelten für die Mitglieder beider Tarifvertragsparteien, also für die Gewerkschaftsmitglieder und die tarifgebundenen Unternehmen (und deren Mitarbeiter), die Mitglied des Arbeitgeberverbandes sind. Tarifverträge mit einzelnen Unternehmen bezeichnet man als Haus- oder Firmentarifverträge (z. B. Volkswagen, Lufthansa).

Tarifverträge enthalten i. d. R. Bestimmungen und Mindeststandards zu folgenden – für die Auszubildenden wichtigen – Punkten:

- Ausbildungsentgelt
- Wöchentliche und tägliche Ausbildungszeit
- Ausbildungsmaßnahmen außerhalb der Ausbildungsstätte
- Schutzkleidung, Ausbildungsmittel
- Familienheimfahrten
- Urlaubsanspruch
- Übernahme von Auszubildenden

Arbeitgeberverbände und Gewerkschaften arbeiten bei folgenden Aufgaben und in folgenden Gremien mit:

- Erarbeitung/Überarbeitung von Ausbildungsordnungen
- Hauptausschuss des BiBB
- Landesausschuss für Berufsbildung
- Berufsbildungsausschuss der zuständigen Stelle
- Prüfungsausschüssen bei den zuständigen Stellen (über ihre Vertreter)

Fazit:
Eine gute Zusammenarbeit der Schnittstellen sollte kontinuierlich und dynamisch angelegt sein, um flexibel auf die sich wandelnden Anforderungen zu reagieren und Lösungen zu erarbeiten:

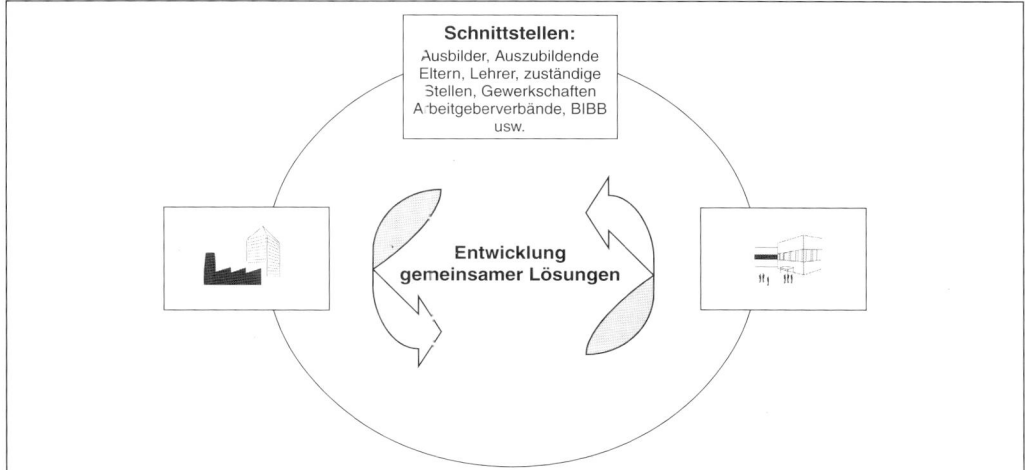

1.1.4 Ausbildungsberufe für den Betrieb auswählen und dies begründen

Um von Ausbildungsberufen zu sprechen, muss man sich zunächst mit dem Berufsbegriff beschäftigen, denn Ausbildung erfordert Ausbildungsberufe. Es handelt sich bei Beruf und Ausbildung um zwei Seiten einer Medaille, denn Ausbildung findet in und für einen Beruf statt.

Berufe werden nicht am Reißbrett entworfen, sondern haben Wurzeln, entwickeln und verändern sich ständig. Wirft man einen Blick in die Geschichte der Berufe und damit der Ausbildungsberufe, zeigt sich, dass alles mehr oder weniger mit den »Ur-Berufen« Jäger und Sammler begonnen hat. Seitdem hat sich im Bereich der Berufe und Ausbildung vieles geändert.

Der historische Ausgangspunkt des Berufsprinzips liegt im Mittelalter. Somit kann man von einer mehr oder weniger organisierten Ausbildung erst seit dieser Zeit sprechen. In dieser Epoche entstanden zahlreiche neue Berufe, deren Ausbildung von Standesorganisationen wie Gilden oder Zünften organisiert und überwacht wurde. Ab 1897 erhielten die Handwerkskammern die notwendigen Befugnisse zur Regelung des »Lehrlingswesens«. Ab etwa 1900 begann auch in der Industrie eine verbreitete spezialisierte Ausbildung. In der Zeit des Nationalsozialismus wurde ab 1939 die allgemeine Berufsschulpflicht eingeführt und somit das Duale System erstmals – allerdings mit einem anderen Hintergund – verankert. Mit der ersten Verabschiedung des

Berufsbildungsgesetzes wurden 1969 die Grundlagen des seitdem verbreiteten Ausbildungs-
wesens in Ausbildungsberufen in Deutschland gelegt.

Heute wirken zahlreiche Einflussgrößen auf die Ausbildung, Ausbildungsplanung und Ausbildungsberufe. Ausbildung ist somit nicht autonom, sondern Teil unseres gesellschaftlichen und
wirtschaftlichen Systems.

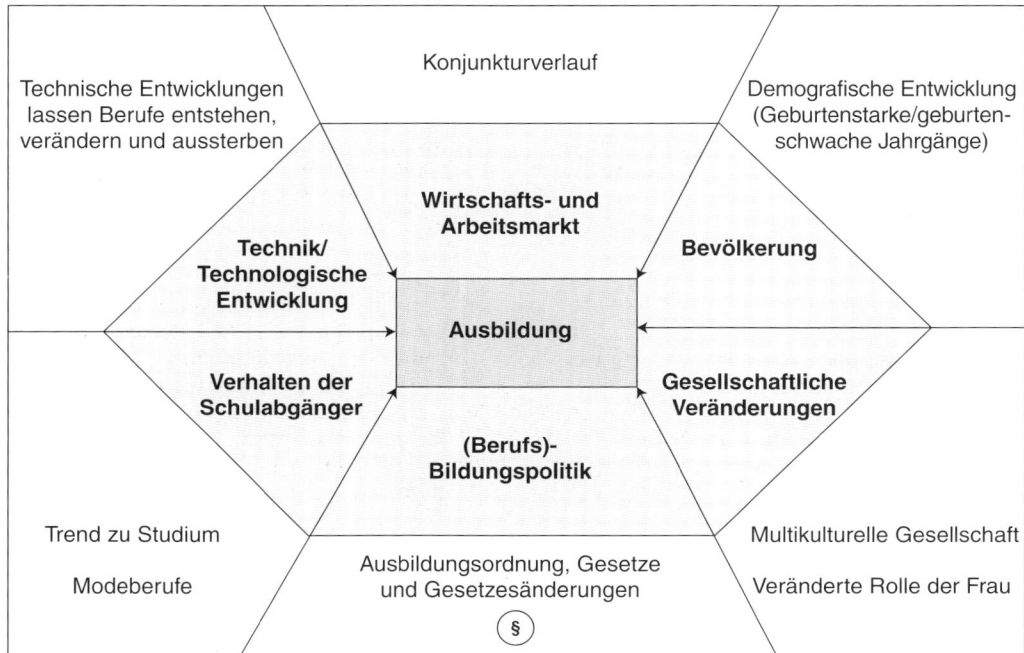

Vor diesem Hintergrund sind im BBiG die Ziele der Berufsbildung festgelegt:

> **§ 1 Ziele der Berufsbildung**
>
> (3) »Die Berufsausbildung hat die für die Ausübung einer qualifizierten beruflichen Tätigkeit in
> einer sich wandelnden Arbeitswelt notwendigen beruflichen Fertigkeiten, Kenntnisse und Fä-
> higkeiten (berufliche Handlungskompetenz) in einem geordneten Ausbildungsgang zu vermit-
> teln. Sie hat ferner den Erwerb der erforderlichen Berufserfahrung zu ermöglichen.«

Beruf ist jede auf Dauer angelegte und nicht nur vorübergehende, der Schaffung und Erhaltung
einer Lebensgrundlage dienende Beschäftigung.

Kennzeichen von Berufen sind:

• Existenzgrundlage: Bereits mit dem Ausbildungsberuf wird Geld verdient. Der Auszubildende
  kann sich durch die Ausbildungsvergütung Dinge leisten, die er sich während der Schulzeit
  nicht leisten konnte.
• Heimat: Die meiste Zeit der Woche (abgesehen vom Schlaf) verbringt der Auszubildende im
  Ausbildungsbetrieb.
• Prägung: Der (Ausbildungs-)Beruf und der Ausbildungsbetrieb prägen den Auszubildenden
  zwangsläufig.

- Arbeitsteilung: Kaum jemand kann oder will sich um alles kümmern, so stehen Berufe für die Arbeitsteilung (z. B. Bäcker, Metzger, Steuerberater).
- Tradition: Viele (insbesondere handwerkliche) Berufe sind mit gewachsener Tradition verbunden.
- Langfristigkeit: Einen Beruf übt man oftmals lebenslang aus.
- Image: Mit Berufen sind immer auch Assoziationen bzw. Klischees verbunden (z. B. Friseur, Buchhalter oder Metzger).

Betrachtet man die Gegenwart und Zukunft von Berufen, fällt auf, dass sich Auflösungserscheinungen der bisher bekannten Beruflichkeit ausmachen lassen. Es gibt Merkmale, die zeigen, wie neue Entwicklungen zu Veränderungen in Berufen und zu einer neuen Beruflichkeit führen.

Hierzu zählen u. a.:
- Zunehmende Spezialisierung der Arbeitswelt, welche nicht immer »klassische« Berufe benötigt.
- Wachsende Bedeutung der Zeitarbeitsbranche (Hier finden sich oftmals Mitarbeiter einerseits ohne eine grundlegende Ausbildung und andererseits mit großer Spezialisierung).
- Wachsende Bedeutung der Fortbildung, welche nicht immer eine passende Ausbildung als Grundlage benötigt.

Für jeden Betrieb gilt es, den zu ihm passenden Ausbildungsberuf zu finden und auszuwählen. Die Frage, was Ausbildungsberufe sind, klärt das BBiG in den §§ 4 und 5. Aufgelistet sind die staatlich anerkannten Ausbildungsberufe im Verzeichnis der Ausbildungsberufe. Das vom Bundesinstitut für Berufsbildung geführte Verzeichnis enthält die Auflistung aller in Deutschland mit einer Ausbildungsordnung versehenen Ausbildungsberufe (zzt. rund 370) – geordnet nach Berufsgruppen, Ausbildungsbereichen (Industrie und Handel, Handwerk, Landwirtschaft, öffentlicher Dienst, Hauswirtschaft und freie Berufe) und Dauer in Monaten. Im Verzeichnis finden sich auch die neu hinzukommenden Berufe wie Bergbautechnologe, Automatenfachmann, Industrieelektriker oder Werkfeuerwehrmann.

Die Vielzahl bietet einerseits ein weites Spektrum für die Bewerber, den für sie passenden/gewünschten Beruf zu finden, und andererseits für den Betrieb, den gewünschten Beruf anzubieten und hierfür Bewerber zu finden.

Die Wahl des Ausbildungsberufes der Betriebe orientiert sich vor allem daran, welche Produkte, bzw. Dienstleistungen sie anbieten bzw. welche Kundenbedürfnisse der Betrieb befriedigen möchte. Ausbildung ist also kein Selbstzweck, sondern eine notwendige Aktivität, die Unternehmensziele zu erreichen bzw. den Unternehmensfortbestand zu gewährleisten.

So gilt es genau zu differenzieren, welcher Beruf der passende bzw. notwendige ist. Dabei ist die Trennschärfe zwischen den einzelnen Berufen wie bspw. im kaufmännischen Bereich zwischen Bürokaufmann, Kaufmann für Bürokommunikation, Fachangestellter für Bürokommunikation oder Industriekaufmann gering. Der Blick in die Ausbildungsordnungen und dort insbesondere in die Berufsbilder hilft die Unterschiede zu erkennen und somit den passenden Beruf zu finden.

1.1.5 Eignung des Betriebes für die Ausbildung in dem angestrebten Ausbildungsberuf prüfen sowie ob und inwieweit Ausbildungsinhalte durch Maßnahmen außerhalb der Ausbildungsstätte (Ausbildung im Verbund, überbetriebliche Ausbildung oder andere geeignete Maßnahmen) vermittelt werden können

1.1.5.1 Eignung des Ausbildungsbetriebes

 Damit ausgebildet werden kann, müssen eine Reihe von Voraussetzungen erfüllt sein. Hierzu zählen die Eignung des Ausbildungspersonals (vgl. Kap. 1.1.7) und der Ausbildungsstätte (Betrieb).

Das BBiG macht hierzu Vorgaben:

> **§ 27 Eignung der Ausbildungsstätte**
>
> (1) »Auszubildende dürfen nur eingestellt und ausgebildet werden, wenn
> 1. die Ausbildungsstätte nach Art und Einrichtung für die Berufsausbildung geeignet ist und
> 2. die Zahl der Auszubildenden in einem angemessenen Verhältnis zur Zahl der Ausbildungsplätze oder zur Zahl der beschäftigten Fachkräfte steht, es sein denn dass andernfalls die Berufsausbildung nicht gefährdet wird.«
>
> (2) »Eine Ausbildungsstätte, in der die erforderlichen beruflichen Fertigkeiten nicht im vollen Umfang vermittelt werden können, gilt als geeignet, wenn diese durch Ausbildungsmaßnahmen außerhalb der Ausbildungsstätte vermittelt werden.«

Konkret heißt dies, dass es nicht möglich ist, eine beliebig hohe Zahl an Auszubildenden als »billige« Arbeitskräfte einzusetzen. Die Kammern definieren das angemessene Verhältnis i. d. R. mit 3 zu 1. Auf drei Fachkräfte sollte also nicht mehr als ein Auszubildender kommen.

Die Eignungsfeststellung bzw. die Klärung der Frage, ob ein Betrieb für die Ausbildung die notwendigen Voraussetzungen erfüllt, übernimmt die zuständige Stelle durch den Ausbildungsberater.

Das BBiG klärt hierzu:

> **§ 32 Überwachung der Eignung**
>
> (1) »Die zuständige Stelle hat darüber zu wachen, dass die Eignung der Ausbildungsstätte sowie die persönliche und fachliche Eignung vorliegen.«
>
> (2) »Werden Mängel in der Eignung festgestellt, so hat die zuständige Stelle, falls der Mangel zu beheben und eine Gefährdung Auszubildender nicht zu erwarten ist, Ausbildende aufzufordern, innerhalb einer von ihr gesetzten Frist den Mangel zu beseitigen. Ist der Mangel der Eignung nicht zu beheben oder ist eine Gefährdung Auszubildender zu erwarten oder wird der Mangel nicht innerhalb der gesetzten Frist beseitigt, so hat die zuständige Stelle dies der nach Landesrecht zuständigen Behörde mitzuteilen.«

Wird dem Ausbildenden die Ausbildungsbefugnis entzogen, so können die Auszubildenden das Ausbildungsverhältnis fristlos kündigen; u. U. können sie auch Schadensersatzforderungen gegen den Ausbildenden stellen (BBiG § 23).

Konkret hat sich jeder (angehende) Ausbildungsbetrieb folgende Leitfragen zu stellen:

- In welchen Berufen möchte man ausbilden?
- Wie viele Ausbildungsplätze sind geplant?
- Sind die Voraussetzungen (Sachmittel, Qualifikation und Anzahl der Ausbilder) erfüllt?
- Mit welchen Zielsetzungen und Standards soll ausgebildet werden?

Die Planungen im Bereich der Berufsausbildung müssen qualitativ und quantitativ mehrere Jahre im Voraus einsetzen, um nicht reaktiv, sondern aktiv die Unternehmensentwicklung mitgestalten zu können.

1.1.5.2 Überbetriebliche Ausbildung

Kann oder möchte ein Betrieb bestimmte relevante Bereiche nicht selber vermitteln, ist es dennoch möglich auszubilden. Dann nämlich, wenn man sich einen überbetrieblichen Partner sucht. Mit diesem schließt der Ausbildungsbetrieb einen Vertrag ab. Der Partner übernimmt im Namen des Ausbildungsbetriebes – i. d. R. gegen eine vereinbarte Gebühr – eine Ausbildungsdienstleistung.

Vertragspartner und Zahler der Ausbildungsvergütung für den Auszubildenden bleibt auch während der Zeit beim überbetrieblichen Partner sein Ausbildungsbetrieb.

1.1.5.3 Verbundausbildung

Eine andere Alternative der Ausbildung, wenn nicht alle erforderlichen Inhalte vermittelt werden können, ist die Verbundausbildung. Um das Ausbildungspotenzial bestimmter Betriebe zu nutzen, können Ausbildungspartnerschaften in Form einer Verbundausbildung abgeschlossen werden. Bei dieser Form decken mehrere Ausbildungsbetriebe das gesamte Spektrum der relevanten Inhalte ab (vgl. 1.2.3.1.5).

Die Voraussetzungen der Verbundausbildung klärt das BBiG:

§ 10 Vertrag
(5) »Zur Erfüllung der vertraglichen Verpflichtungen des Ausbildenden können mehrere natürliche oder juristische Personen in einem Ausbildungsverbund zusammenwirken, soweit die Verantwortlichkeit für die einzelnen Ausbildungsabschnitte insgesamt sichergestellt ist (Verbundausbildung).«

Folgende Verbundstrukturen sind denkbar:

- Auftragsausbildung
- Ausbildungsgesellschaft als Gesellschaft bürgerlichen Rechts oder als GmbH
- Ausbildungsverein

1.1.5.4 Teilzeitausbildung

Besondere Lebensumstände (z. B. Mutterschaft, Leistungssport, Pflege von Angehörigen) können dazu führen, dass Bewerber oder Auszubildende nicht ganztätig (in Vollzeit) für die Ausbildung zur Verfügung stehen.

Das BBiG schafft die Möglichkeit, dass die Ausbildung auch in Teilzeit durchgeführt werden kann:

§ 8 Abkürzung und Verkürzung der Ausbildung

(1) »Auf gemeinsamen Antrag der Auszubildenden und Ausbildenden hat die zuständige Stelle die Ausbildungszeit zu kürzen, wenn zu erwarten ist, dass das Ausbildungsziel in der gekürzten Zeit erreicht wird. Bei berechtigtem Interesse kann sich der Antrag auch auf die Verkürzung der täglichen oder wöchentlichen Ausbildungszeit richten (Teilzeitausbildung).«

Durch die Verkürzung wird eine Teilzeitberufsausbildung unter Beibehaltung der in der Ausbildungsordnung festgelegten Vorgaben ermöglicht. Sollte sich später herausstellen, dass das Ausbildungsziel in der gekürzten Zeit nicht erreicht werden kann, besteht nach BBiG § 8 (2) die Möglichkeit, die Gesamtausbildungsdauer zu verlängern.

1.1.6 Möglichkeiten des Einsatzes von auf die Berufsausbildung vorbereitenden Maßnahmen einschätzen

An der Nahtstelle zwischen Schule und Ausbildung können Hemmnisse auftreten, die dem Einstieg in eine Berufsausbildung entgegenstehen. Eine schwierige Situation auf dem Ausbildungsmarkt kann dafür ein Grund sein, oft sind die Probleme zudem individuell bedingt.

Um diesen Problemen entgegenzuwirken, bieten sich auf die Berufsausbildung vorbereitende Maßnahmen an, die darauf zielen, den Teilnehmern die Aufnahme einer beruflichen Erstausbildung zu erleichtern. Ihre Ziele sind konkrete Lösungsansätze für die unterschiedlichen Problemlagen anzubieten, mit denen junge Menschen sich beim Übergang von der Schule in die Ausbildung konfrontiert sehen. Diese Maßnahmen sollen die Teilnehmer bei der Berufswahlentscheidung unterstützen, ihre berufliche und soziale Handlungskompetenz stärken und damit dazu beitragen, ihre individuellen Chancen für eine (dauerhafte) Eingliederung in das Berufs- und Arbeitsleben zu verbessern.

Diese vorbereitenden Maßnahmen beziehen das berufliche Lernen, das soziale Lernen und die Entwicklung der gesamten Persönlichkeit mit ein und verzahnen so folgende Aspekte:

1.1.6.1 Einstiegsqualifizierung (EQ)

Hierbei handelt es sich um bundesweite Gemeinschaftsprojekte der jeweiligen Agentur für Arbeit und der Wirtschaft. In diesen werden Teilnehmern, die keinen Ausbildungsplatz bekommen konnten, die Möglichkeit einer sogenannten Einstiegsqualifizierung, im wesentlichen durch ein Betriebspraktikum (z. B. in den Bereichen Bau, Handel, Gastgewerbe, Lagerlogistik), angeboten.

Nach einer gemeinsamen Bewertung durch einen Berufsberater der Agentur für Arbeit und einen Wirtschaftsvertreter können geeignete Bewerber sechs- bis zwölfmonatige Praktika durchlaufen, die auf eine Berufsausbildung im Dualen System vorbereiten.

Im Gegensatz zu den berufsvorbereitenden Bildungsmaßnahmen findet die EQ in Kooperation mit einem Betrieb statt. Die Einstiegsqualifizierung ist so ausgestaltet, dass der Jugendliche nach dem Prinzip »Learning by Doing« betriebliche Aufgaben ausführt und der Betrieb ihm dabei Fertigkeiten und Kenntnisse vermittelt. Diese entsprechen Teilbereichen eines anerkannten Ausbildungsberufes. Schwerpunkt des Beschäftigungsverhältnisses ist die Vermittlung fachspezifischer und sozialer Kompetenzen.

Die rechtliche Basis für ein Vertragsverhältnis der Einstiegsqualifizierung klärt das BBiG:

§ 26 Andere Vertragsverhältnisse

»Soweit nicht ein Arbeitsverhältnis vereinbart ist, gelten für Personen, die eingestellt werden, um berufliche Fertigkeiten, Kenntnisse, Fähigkeiten oder berufliche Erfahrungen zu erwerben, ohne dass es sich um eine Berufsausbildung im Sinne dieses Gesetzes handelt, die §§ 10 bis 23 und 25 mit der Maßgabe, dass die gesetzliche Probezeit abgekürzt, auf die Vertragsniederschrift verzichtet und bei vorzeitiger Lösung des Vertragsverhältnisses nach Ablauf der Probezeit abweichend von § 23 Abs. 1 Satz 1 Schadensersatz nicht verlangt werden kann.«

Eine Kopie des Vertrages muss dann an die zuständige Stelle gesendet werden.

Nicht vorgesehen ist der Besuch der Berufsschule während der Einstiegsqualifizierung. Die Qualifizierung erfolgt i. d. R. ausschließlich im Betrieb. Abweichende Regelungen hinsichtlich der Berufsschulpflicht gelten für Teilnehmer, die bis zum Ablauf des Schuljahres 18 Jahre alt werden.

Zu beachten gilt es, dass

- der Abschluss des Vertrages der nach dem BBiG zuständigen Stelle anzuzeigen ist,
- die Qualifizierung grundsätzlich in Vollzeit erfolgen muss,
- eine Teilzeitbeschäftigung mit mindestens 20 Wochenstunden nur bei Verpflichtung zur Erziehung von Kindern oder der Pflege von Familienangehörigen möglich ist.

Während der Einstiegsqualifizierung bietet sich für den Betrieb die Möglichkeit,

- die Jugendlichen in der betrieblichen Umgebung näher kennenzulernen,
- sich ein fundiertes Bild von deren Eignung bilden zu können,
- den Jugendlichen an die Ausbildung heranzuführen,
- die Einstiegsqualifizierung auf die Ausbildungszeit anzurechnen,
- sich unternehmerisch zugunsten junger Menschen zu engagieren.

Für die Teilnehmer bietet sich die Möglichkeit,

- in der betrieblichen Praxis ihre Leistungsfähigkeit und Motivation zu zeigen,
- Beruf und Unternehmen kennenzulernen,
- sich auf der Basis von Inhalten anerkannter Ausbildungsberufe zu qualifizieren,
- unverbindlich Eignung und Neigung im Wunschberuf zu testen,
- Talente unter Beweis zu stellen,
- einen leichteren Übergang in die Ausbildung zu finden.

Zum 1.10.2007 wurde die Förderung der Einstiegsqualifizierung als Arbeitgeberleistung gesetzlich verankert (im Dritten Sozialgesetzbuch). Arbeitgeber, die eine Einstiegsqualifizierung durchführen, können monatlich mit einem Zuschuss zur Vergütung zzgl. eines Zuschusses zu den Beiträgen zur Sozialversicherung von der Agentur für Arbeit gefördert werden.

Nach Beendigung erhält der Teilnehmer ein Zertifikat der zuständigen Stelle, das eine Erläuterung der Tätigkeitsnachweise beinhaltet, und ein betriebliches Zeugnis.

Eine Anrechnung der Einstiegsqualifizierung auf eine anschließende, einschlägige Ausbildung ist auf der Grundlage vom BBiG möglich:

§ 8 Abkürzung und Verlängerung der Ausbildungszeit (Auszug)

(1) »Auf gemeinsamen Antrag der Auszubildenden und Ausbildenden hat die zuständige Stelle die Ausbildungszeit zu kürzen, wenn zu erwarten ist, dass das Ausbildungsziel in der gekürzten Zeit erreicht wird«.

Sind die individuellen Einschränkungen der Vermittlungsperspektiven durch eine Einstiegsqualifizierung voraussichtlich nicht zu beseitigen, so ist die Teilnahme an einer berufsvorbereitenden Bildungsmaßnahme (BvB) in Erwägung zu ziehen.

1.1.6.2 Berufsvorbereitende Bildungsmaßnahmen (BvB)

Mit den berufsvorbereitenden Bildungsmaßnahmen bietet die Bundesagentur für Arbeit ein Qualifizierungselement an, das Jugendlichen und jungen Erwachsenen den Zugang zum Ausbildungsmarkt ermöglichen soll.

Die BvB findet – im Gegensatz zur EQ – bei einem Bildungsträger statt, der zuvor (durch die Agentur für Arbeit im Rahmen der öffentlichen Ausschreibung) als Auftragnehmer eine Rahmenvereinbarung über die BvB mit der Agentur für Arbeit abschließt. Während der Maßnahme beim Bildungsträger finden integrative Praktika in Betrieben statt.

Im Regelfall dauert die Teilnahme an einer berufsvorbereitenden Bildungsmaßnahme bis zu zehn Monate, in Ausnahmefällen bis zu 18 Monate für behinderte Menschen, bei denen die Förderdauer von zehn Monaten nicht ausreicht. Während der Teilnahme an einer berufsvorbereitenden Bildungsmaßnahme haben die Teilnehmer Anspruch auf Berufsausbildungsbeihilfe. Behinderte Menschen, die eine Förderdauer von 18 Monaten benötigen, erhalten ein Ausbildungsgeld. Ob die Voraussetzungen für eine Förderung vorliegen, wird – vor Beginn der Maßnahme – bei der Agentur für Arbeit vor Ort geklärt.

Die Maßnahmen sind auf die individuellen Fähigkeiten und Bedürfnisse der Teilnehmer ausgerichtet und werden flexibel gestaltet. Sie sollen die Teilnehmer vorrangig auf die Eingliederung in eine Ausbildung vorbereiten.

Zu den wesentlichen Zielen und Aufgaben der Maßnahmen zählen daher:

- Erweiterung des Berufswahlspektrums
- Förderung der Motivation zur Aufnahme einer Ausbildung
- Individuelle, lehrgangsbegleitende Beratung, insbesondere bei der Entscheidungsfindung sowie der Planung und Vorbereitung des Übergangs in die Ausbildung, in andere Qualifizierungsmaßnahmen oder später in die Beschäftigung
- Vermittlung fachpraktischer und fachtheoretischer Grundkenntnisse und -fertigkeiten
- Erwerb betrieblicher Erfahrungen und die Reflexion betrieblicher Realität
- Verbesserung der bildungsmäßigen Voraussetzungen zur Ausbildungsaufnahme
- Stärkung der sozialen Kompetenz und Unterstützung bei der Bewältigung von Problemen
- Förderung und Einübung von Einstellungen und Fähigkeiten, die für eine erfolgreiche Bewältigung einer Ausbildung oder einer späteren Arbeitnehmertätigkeit notwendig sind

Teilnehmer ohne Schulabschluss haben einen Anspruch, im Rahmen der BvB auf den nachträglichen Erwerb des Hauptschulabschlusses (oder eines gleichwertigen Schulabschlusses) vorbereitet zu werden (§ 64, Abs. 2 des Dritten Buches Sozialgesetzbuch), sofern

- nicht bereits feststeht, dass sie aufgrund ihrer individuellen Möglichkeiten nicht in der Lage sein werden, den Hauptschulabschluss durch die Vorbereitung voraussichtlich zu erreichen.
- vor Beginn der Teilnahme eine Beratung durch die Arbeitsagentur erfolgt ist.
- diese Leistung nicht durch Dritte erbracht wird.

Eine Alternative zur EQ und zu den BvB ist die schulische Berufsvorbereitung, die über das Berufsvorbereitungsjahr und Berufsgrundbildungsjahr erfolgen kann.

1.1.6.3   Berufsvorbereitungsjahr (BVJ)

Das BVJ ist ein einjähriger schulischer Bildungsgang in einer bestimmten Fachrichtung. Es wird von Teilnehmern besucht, die nach der Beendigung oder dem Abbruch der Schule weder einen Ausbildungsplatz finden noch weiterführende Schulen besuchen, aber noch der Berufsschulpflicht unterliegen. Das BVJ findet an beruflichen Schulen statt. Der Unterricht erfolgt in Vollzeit- oder Teilzeitform. Unterrichtet werden etwa zur Hälfte Fachpraxis, zur anderen Hälfte Fachtheorie und Allgemeinbildung. Der genaue Rahmen variiert in den einzelnen Bundesländern.

Ziele hierbei sind:

- Vorbereitung der Teilnehmer auf der Eintritt in eine Berufsausbildung oder in ein Arbeitsverhältnis
- Ermöglichung des nachträglichen Erwerbs eines dem Hauptschulabschluss gleichwertigen Bildungsabschlusses

Mit der bestandenen Abschlussprüfung und einer Zusatzprüfung in den Fächern Deutsch, Mathematik und ggf. Englisch wird ein dem Hauptschulabschluss gleichwertiger Bildungsstand erworben. Nach dem BVJ sollen zudem die Teilnehmer befähigt sein, in ein Berufsgrundbildungsjahr (BGJ) oder Berufsausbildungsverhältnis einzutreten.

1.1.6.4   Berufsgrundbildungsjahr (BGJ)

Das BGJ umfasst die berufliche Grundbildung in einem Berufsfeld auf einem höheren Niveau, als beim BVJ. Es wird als Vollzeitunterricht oder in kooperativer Form, d. h. als Kombination von schulischer und betrieblicher Ausbildung durchgeführt. Das Berufsgrundbildungsjahr kann auf die Berufsausbildung im Dualen System angerechnet werden, wenn es im gleichen Berufsfeld stattgefunden hat. Die genaue Durchführung des BGJ wird von den Bundesländern geregelt.

Ziele hierbei sind:

- Vermittlung grundlegender Ausbildungsinhalte (Grundkenntnisse und Grundfertigkeiten)
- Ermöglichung des Einblicks in ein bestimmtes Berufsfeld, in dem man später die Wahl unter mehreren Ausbildungsberufen hat

Für Hauptschüler, die die Hauptschule ohne Abschluss verlassen haben, besteht in einigen Bundesländern die Chance, mit dem BGJ zugleich den Hauptschulabschluss zu erreichen.

1.1.6.5   Berufsausbildungsvorbereitung für behinderte Menschen

Mit dem Abschluss der schulischen Laufbahn werden die entscheidenden Weichen für das spätere Leben gestellt. Dies gilt für nicht behinderte ebenso wie für behinderte Menschen. Eine dauerhafte und qualifizierte berufliche Tätigkeit zu erlangen, ist für sie von besonderer Bedeutung. Gerade behinderten Menschen eröffnet der Zugang zu einer qualifizierten beruflichen Ausbildung und Beschäftigung Lebensperspektiven und ist eine wichtige Voraussetzung für die soziale Anerkennung und ein selbstbestimmtes Leben. Durch die Wettbewerbssituation auf dem Ausbildungs- und Arbeitsmarkt können behinderte Menschen nur bei möglichst guter beruflicher Qualifikation im Arbeitsleben bestehen.

Schwerbehinderte in eine Ausbildung und später ins Berufsleben zu integrieren, ist das Ziel der Ausgleichsabgabe, oft auch Schwerbehindertenabgabe genannt. Unternehmen müssen sie entrichten, wenn sie nicht die gesetzlich vorgegebene Zahl (nach Sozialgesetzbuch IX) an Schwerbehinderten beschäftigen. Als Schwerbehinderung gilt ein Behindertengrad von mindestens 50 Prozent.

Für junge Menschen mit Behinderungen werden je nach Grad und Form der Behinderung besondere Angebote zur beruflichen (Vor-)Qualifizierung gemacht. Gleichzeitig wird versucht, diese Zielgruppe in bestehende berufsvorbereitende Angebote zu integrieren.

Im BBiG Kapitel 4 (Berufsbildung für besondere Personengruppen), Abschnitt 1 wird die Berufsbildung behinderter Menschen wie folgt geregelt:

§ 64 Berufsausbildung

»Behinderte Menschen (§ 2 Abs. 1 Satz 1 des Neunten Buches Sozialgesetzbuch) sollen in anerkannten Ausbildungsberufen ausgebildet werden.«

§ 65 Berufsausbildung in anerkannten Ausbildungsberufen

(1) »Regelungen nach den §§ 9 und 47 sollen die besonderen Verhältnisse behinderter Menschen berücksichtigen. Dies gilt insbesondere für die zeitliche und sachliche Gliederung der Ausbildung, die Dauer von Prüfungszeiten, die Zulassung von Hilfsmitteln und die Inanspruchnahme von Hilfeleistungen Dritter wie Gebärdensprachdolmetscher für hörbehinderte Menschen.«

(2) »Der Berufsausbildungsvertrag mit einem behinderten Menschen ist in das Verzeichnis der Berufsausbildungsverhältnisse (§ 34) einzutragen. Der behinderte Mensch ist zur Abschlussprüfung auch zugelassen, wenn die Voraussetzungen des § 43 Abs. 1 Nr. 2 und 3 nicht vorliegen.«

§ 66 Ausbildungsregelungen der zuständigen Stellen

(1) »Für behinderte Menschen, für die wegen Art und Schwere ihrer Behinderung eine Ausbildung in einem anerkannten Ausbildungsberuf nicht in Betracht kommt, treffen die zuständigen Stellen auf Antrag der behinderten Menschen oder ihrer gesetzlichen Vertreter oder Vertreterinnen Ausbildungsregelungen entsprechend den Empfehlungen des Hauptausschusses des Bundesinstituts für Berufsbildung. Die Ausbildungsinhalte sollen unter Berücksichtigung von Lage und Entwicklung des allgemeinen Arbeitsmarktes aus den Inhalten anerkannter Ausbildungsberufe entwickelt werden. Im Antrag nach Satz 1 ist eine Ausbildungsmöglichkeit in dem angestrebten Ausbildungsgang nachzuweisen.«

Die Agentur für Arbeit bietet in diesem Zusammenhang bereits im Zuge der Berufsausbildungsvorbereitung für spezielle Gruppen rehabilitationsspezifische Maßnahmen im Berufsbildungsbereich einer Werkstatt für behinderte Menschen sowie die blindentechnische Grundausbildung an.

1.1.6.6 Berufsfachschule

Berufsfachschulen bereiten ihre Schüler auf die Fachbildung in einem anerkannten Ausbildungsberuf vor, oder führen selbst zu einem Berufsabschluss.

Das Spektrum der Bildungsangebote ist breit gefächert. Berufsfachschulen gibt es u. a. für kaufmännische, handwerkliche, hauswirtschaftliche und sozialpflegerische, künstlerische Berufe, Fremdsprachenberufe und für die bundesrechtlich geregelten Berufe des Gesundheitswesens.

Ziele hierbei sind:

- Vermittlung einer Berufsfähigkeit, die Fachkompetenz mit allgemeinen Fähigkeiten humaner und sozialer Art verbindet
- Entwicklung von beruflicher Flexibilität zur Bewältigung der sich wandelnden Anforderungen in der Arbeitswelt und Gesellschaft
- Förderung der Fähigkeit und Bereitschaft, bei der künftigen Ausbildung und im anschließenden Berufsleben verantwortungsbewusst zu handeln
- Wecken der Bereitschaft zur beruflichen Fort- und Weiterbildung

Zugangsvoraussetzung für die Berufsfachschule ist – je nach dem angestrebten Ausbildungsziel – i. d. R. das Abschlusszeugnis der Hauptschule oder das Abschlusszeugnis der Realschule bzw. ein mittlerer Bildungsabschluss. Die Bildungsgänge an Berufsfachschulen sind je nach Bundesland und beruflicher Fachrichtung von unterschiedlicher Dauer (ein bis drei Jahre).

Der erfolgreiche Besuch einer Berufsfachschule kann – sofern es sich um das gleiche Berufsfeld handelt – mit einem Jahr auf die Ausbildungszeit angerechnet werden.

1.1.6.7 Chancen und Abwicklung von Praktika

Mehr und mehr gewinnen Praktika, die der Ausbildung vorangeschaltet sind, an Bedeutung. Man spricht dabei auch von der »Schnupperlehre«.

Nutzen für das Unternehmen:

- Öffentlichkeitsarbeit/PR
- Einsatz der Praktikanten als »billige« Arbeitskräfte
- Entlastung von Mitarbeitern
- Nachwuchsförderung für das eigene Unternehmen
- Neue Impulse (Einbringung von Fachkompetenz/Bewertung der Arbeitsabläufe durch Außenstehende)

Zu unterscheiden sind verschiedene Arten von Praktika:

Schülerpraktika

Praktika im Rahmen des Studiums

- Pflichtpraktikum
- Praktikum zur Orientierung
- Praktikum verbunden mit einer Abschlussarbeit

Darüber hinaus

- Praktika im Rahmen von Weiterbildungsmaßnahmen
- mit/ohne Bezahlung
- Berufseinstiegspraktika

Mit dem Praktikum verbundene Leitfragen

- Warum möchten wir Praktikanten einsetzen?
- Welche Erwartungen sind seitens des Unternehmens mit dem Praktikum verknüpft?
- Welche Erwartungen sind seitens des Praktikanten mit dem Praktikum verknüpft?
- Welche Perspektiven können wir den Praktikanten anbieten?
- Welche (finanzielle) Unterstützung kann gegeben werden?
- Wer gehört zu unserer Zielgruppe?
- In welchem Umfang soll das Praktikum stattfinden?
- Wo können wir Praktikanten einsetzen?
- Sind die Inhalte in unserem Unternehmen zu finden?
- Können die vorgesehenen Inhalte vermittelt werden?
- Durch wen können die Inhalte vermittelt werden?
- Wer übernimmt die Betreuung?
- Bedeutet das Praktikum Mehrbelastung für die Mitarbeiter?
- Passt das Praktikum dem Unternehmen zeitlich?

Eine hilfreiche Informationsquelle rund um Praktika stellt das Portal www.praktikant24.de dar.

Der »Girls' Day«

Da sich immer noch viele weibliche Bewerber bei der Wahl von Ausbildungs-
oder Studiengängen für »typisch weibliche« Berufe entscheiden, gewinnt der
»Girls' Day« an Bedeutung. Der jährliche Aktionstag im April – verstanden als
»Mini-Praktikum« – soll helfen, diese Situation zu ändern. Ziel ist es, den Schü-
lerinnen einen Einblick in Berufe mit technischer Ausrichtung zu geben. Der
»Girls' Day« ist eine Aktion verschiedener Träger, wie des Ministeriums für Bildung und Forschung, des Familienministeriums, der Bundesagentur für Arbeit,
des DGB und zahlreicher Wirtschaftsverbände. Informationen zu diesem Aktionstag finden sich unter www.girls-day.de.

Der »Boys' Day«

Analog zum Girls' Day findet seit 2011 der »Boys' Day« statt, der junge Männer für Berufsbilder
interessieren soll, die ihnen bisher eher fremd waren. Im Fokus stehen dabei Berufe in denen
mehr als 70 % der Tätigen weiblich sind. Informationen finden sich unter www.boys-day.de.

1.1.7 Im Betrieb die Aufgaben der an der Ausbildung Mitwirkenden unter Berücksichtigung ihrer Funktionen und Qualifikationen abstimmen

Neben Mitwirkenden außerhalb des Betriebes wie Berufsschullehrern, Bildungsinstituten, den
zuständigen Stellen, Arbeitsagenturen und überbetrieblichen Partnern sind die Partner im Betrieb von entscheidender Bedeutung für den Ausbildungserfolg. Es handelt sich hierbei in erster
Linie um den Ausbildenden, die Ausbilder und die Ausbildungsbeauftragten.

Ferner gilt es, mit dem ggf. vorhandenen Betriebsrat und der Jugend- und Auszubildendenvertretung zu kooperieren (vgl. Kap. 1.2.2). Hintergrund ist, dass die Unternehmensführung den
Betriebsrat zur Durchführung seiner gesetzlichen Aufgaben rechtzeitig und umfassend zu unterrichten hat und dieser darüber hinaus unterschiedliche Informations-, Mitwirkungs- und Mitbestimmungsrechte in unterschiedlichen Bereichen besitzt. In der Regel ist der Betriebsrat ein konstruktiver Partner rund um die Ausbildung.

Zu klären gilt zunächst, was (rechtlich) unter dem Begriff »Ausbilder« genau zu verstehen ist.
Davon abzugrenzen sind die Begriffe »Ausbildender« und »Ausbildungsbeauftragter«.

Der Ausbilder

Am Anfang steht die Frage, was einen »guten« Ausbilder ausmacht. Nur wenn man die damit
verbundenen Ansprüche bzw. Anforderungsprofile kennt und die passenden Ausbilder findet,
lässt sich eine professionelle Ausbildung planen und umsetzen. Gute Ausbildung steht und fällt
also mit der Qualität der Ausbilder!

Der Begriff »Ausbilder« ist gesetzlich nicht eindeutig festgelegt. Im BBiG bestimmen die §§ 28–30
jedoch, dass ein Ausbildender, der nicht selbst ausbilden kann oder will, einen Ausbilder bestellen
muss, der persönlich und fachlich für die Berufsausbildung geeignet sein muss.

§ 28 Eignung von Ausbildenden und Ausbildern oder Ausbilderinnen

(1) »Auszubildende einstellen darf nur, wer persönlich geeignet ist. Auszubildende darf nur ausbilden, wer persönlich und fachlich geeignet ist«

(2) »Wer fachlich nicht geeignet ist oder wer nicht selbst ausbildet, darf Auszubildende nur dann einstellen, wenn er persönlich und fachlich geeignete Ausbilder oder Ausbilderinnen bestellt, die die Ausbildungsinhalte in der Ausbildungsstätte unmittelbar, verantwortlich und in wesentlichem Umfang vermitteln.«

(3) »Unter der Verantwortung des Ausbilders oder der Ausbilderin kann bei der Berufsausbildung mitwirken, wer selbst nicht Ausbilder oder Ausbilderin ist, aber abweichend von den besonderen Voraussetzungen des § 30 die für die Vermittlung von Ausbildungsinhalten erforderlichen beruflichen Fertigkeiten, Kenntnisse und Fähigkeiten besitzt und persönlich geeignet ist.«

Zur persönlichen Eignung nach BBiG:

§ 29 Persönliche Eignung

»Persönlich nicht geeignet ist insbesondere, wer
1. Kinder und Jugendliche nicht beschäftigen darf oder
2. wiederholt oder schwer gegen dieses Gesetz oder die auf Grund dieses Gesetzes erlassenen Vorschriften und Bestimmungen verstoßen hat.«

Darüber hinaus klärt das JArbSchG weitere Einschränkungen:

§ 25 Verbot der Beschäftigung durch bestimmte Personen

»Personen, die wegen eines Verbrechens zu einer Freiheitsstrafe von mindestens zwei Jahren, wegen einer vorsätzlichen Straftat, die sie unter Verletzung der ihnen als Arbeitgeber, Ausbildender oder Ausbilder obliegenden Pflichten zum Nachteil von Kindern oder Jugendlichen begangen haben, zu einer Freiheitsstrafe von mehr als drei Monaten, wegen einer Straftat nach dem Betäubungsmittelgesetz oder wegen einer Straftat nach dem Jugendschutzgesetz oder nach dem Gesetz über die Verbreitung jugendgefährdender Schriften wenigstens zweimal rechtskräftig verurteilt worden sind, dürfen Jugendliche nicht beschäftigen sowie im Rahmen eines Rechtsverhältnisses im Sinne des § 1 nicht beaufsichtigen, nicht anweisen, nicht ausbilden und nicht mit der Beaufsichtigung, Anweisung oder Ausbildung von Jugendlichen beauftragt werden. Eine Verurteilung bleibt außer Betracht, wenn seit dem Tag ihrer Rechtskraft fünf Jahre verstrichen sind.«

Konkret heißt das, dass Verurteilungen eines Ausbilders wegen Steuerbetrug, Fahrerflucht oder Diebstahl die Ausbildertätigkeit nicht verbieten, Straftaten im Bereich der Gewalt gegen Jugendliche oder pädophile Neigungen der persönlichen Eignung aber widersprechen. Nachweisen lässt sich die persönliche Eignung z. B. durch ein polizeiliches Führungszeugnis.

Ferner kann der Betriebsrat nach BetrVG § 98 (Durchführung betrieblicher Bildungsmaßnahmen) bei der Bestellung einer mit der Durchführung der betrieblichen Berufsausbildung beauftragten Person widersprechen oder ihre Abberufung verlangen, wenn diese die persönliche oder fachliche, insbesondere die berufs- und arbeitspädagogische Eignung im Sinne des Berufsbildungsgesetzes nicht besitzt oder ihre Aufgaben vernachlässigt.

Zur fachlichen Eignung nach BBiG:

§ 30 Fachliche Eignung

(1) »Fachlich geeignet ist, wer die beruflichen sowie die berufs- und arbeitspädagogischen Fertigkeiten, Kenntnisse und Fähigkeiten besitzt, die für die Vermittlung der Ausbildungsinhalte erforderlich sind.«

(2) »Die erforderlichen beruflichen Fertigkeiten, Kenntnisse und Fähigkeiten besitzt, wer
  1. die Abschlussprüfung in einer dem Ausbildungsberuf entsprechenden Fachrichtung bestanden hat,
  2. eine anerkannte Prüfung an einer Ausbildungsstätte oder vor einer Prüfungsbehörde oder eine Abschlussprüfung an einer staatlichen anerkannten Schule in einer dem Ausbildungsberuf entsprechenden Fachrichtung bestanden hat oder
  3. eine Abschlussprüfung an einer deutschen Hochschule in einer dem Ausbildungsberuf entsprechenden Fachrichtung bestanden hat und eine angemessene Zeit in seinem Beruf praktisch tätig gewesen ist.«

Berufs- und arbeitspädagogische Fertigkeiten, Kenntnisse unud Fähigkeiten sind unverzichtbar. Beschrieben werden diese in der Ausbildereignungsverordnung (AEVO). Sie ist auch die Grundlage für den Vorbereitungskurs und die anschließenden Prüfungen vor der zuständigen Stelle zum Erwerb der Ausbildereignungsurkunde. Darüber hinaus sind nicht abprüfbare menschliche Qualitäten von großer Bedeutung. Der Gesetzgeber lässt Ausnahmeregelungen für die Tätigkeit als Ausbilder zu.

Merkmale »guter« Ausbilder:

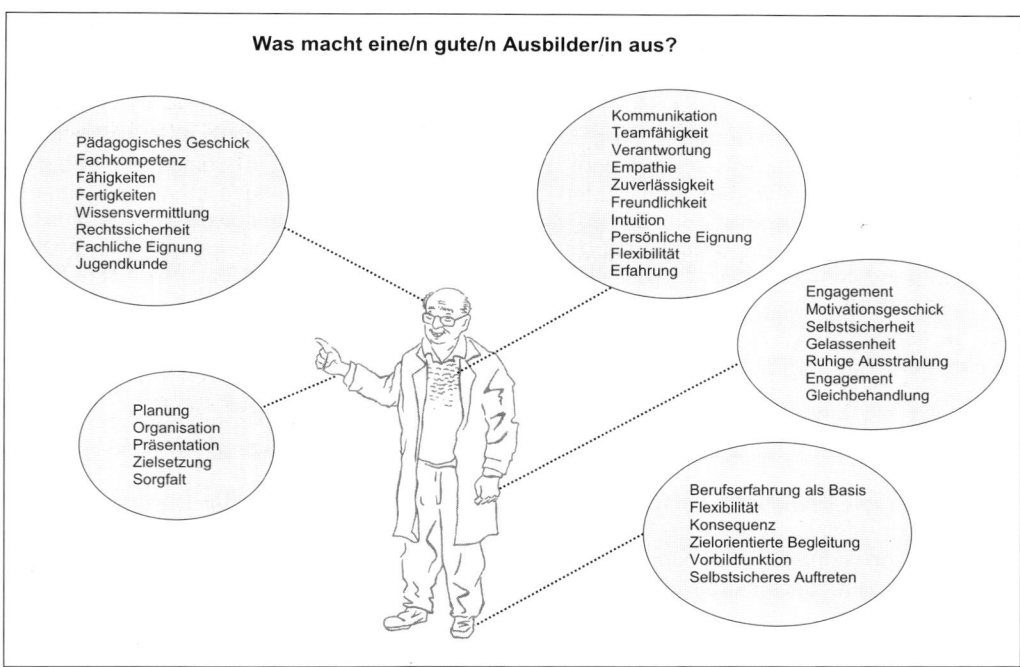

Der Ausbildende

Als Ausbildende werden sowohl der Ausbildungsbetrieb als auch die Personen, die ihn vertreten (i. d. R. der Ausbildungsleiter) und die Auszubildende zum Zweck der beruflichen Ausbildung einstellen und ausbilden, bezeichnet. In ihrer Eigenschaft als Vertragspartner des Auszubildenden übernehmen Ausbildende Verantwortung für die ordnungsgemäße Erfüllung der Vertragsinhalte. Ausbildender kann eine natürliche oder auch eine juristische Person (z. B. AG oder GmbH) sein.

Zum Aufgabenbereich der Ausbildenden zählt vor allem organisatorische Arbeit (z. B. Auswahl der Auszubildenden, Kündigung, Erstellung des betrieblichen Ausbildungsplans oder des betrieblichen Zeugnisses).

Zur Durchführung der Ausbildung sind Ausbildende oftmals selber Ausbilder oder setzen fachlich und persönlich geeignete Ausbilder zu ihrer Unterstützung ein. Fachlich geeignet müssen Ausbildende nicht sein, denn dafür wählen sie Ausbilder aus.

Zusammenhang Ausbilder und Ausbildender

Der Gesetzgeber schreibt für Ausbilder die Kompetenz zum Planen, Durchführen und Kontrollieren der Ausbildung vor. Ausbilder ist derjenige, der verantwortlich vor Ort ausbildet. Dies kann sowohl der Ausbildende (Unternehmer oder Ausbildungsleiter) selbst sein, oder es können Mitarbeiter (Ausbilder) damit beauftragt werden.

Neben der pädagogischen Arbeit des Ausbilders zählen zu seinen Hauptaufgaben der Kontakt mit allen anderen an der Ausbildung beteiligten Personen und Stellen. Hauptamtliche Ausbilder sind Personen, die laut Arbeitsvertrag ausschließlich mit Ausbildungsaufgaben befasst sind. Die allermeisten Ausbilder haben einen festgelegten fachlichen Aufgabenbereich, der um die Ausbildungstätigkeit erweitert wird und für den erst einmal Zeit investiert werden muss. Ausbildern kommt eine Schlüsselrolle in der Ausbildung zu.

Während Ausbildende und Ausbilder die persönliche Eignung gleichermaßen besitzen müssen, muss nur derjenige fachlich geeignet sein, der tatsächlich ausbildet (Ausbilder). Delegiert der Ausbildende die Ausbildung, so muss nur der Ausbilder fachlich geeignet sein.

Unbedingt beachten:

- Der Ausbilder muss persönlich und fachlich geeignet sein!
- Der Ausbildende muss nur persönlich geeignet sein!

Die Ausbildungsbeauftragten

Ausbildungsbeauftragte sind alle Personen, die im Betrieb den Ausbilder unterstützen. Sie benötigen dafür keine ausgewiesene formale Qualifikation (z. B. Ausbildereignungsprüfung) und sind Erfüllungsgehilfen des Ausbilders.

Zusammenfassung

Die Grafik verdeutlicht die Zusammenhänge und Rechtsstellungen der innerhalb eines Betriebes an der Ausbildung Beteiligten:

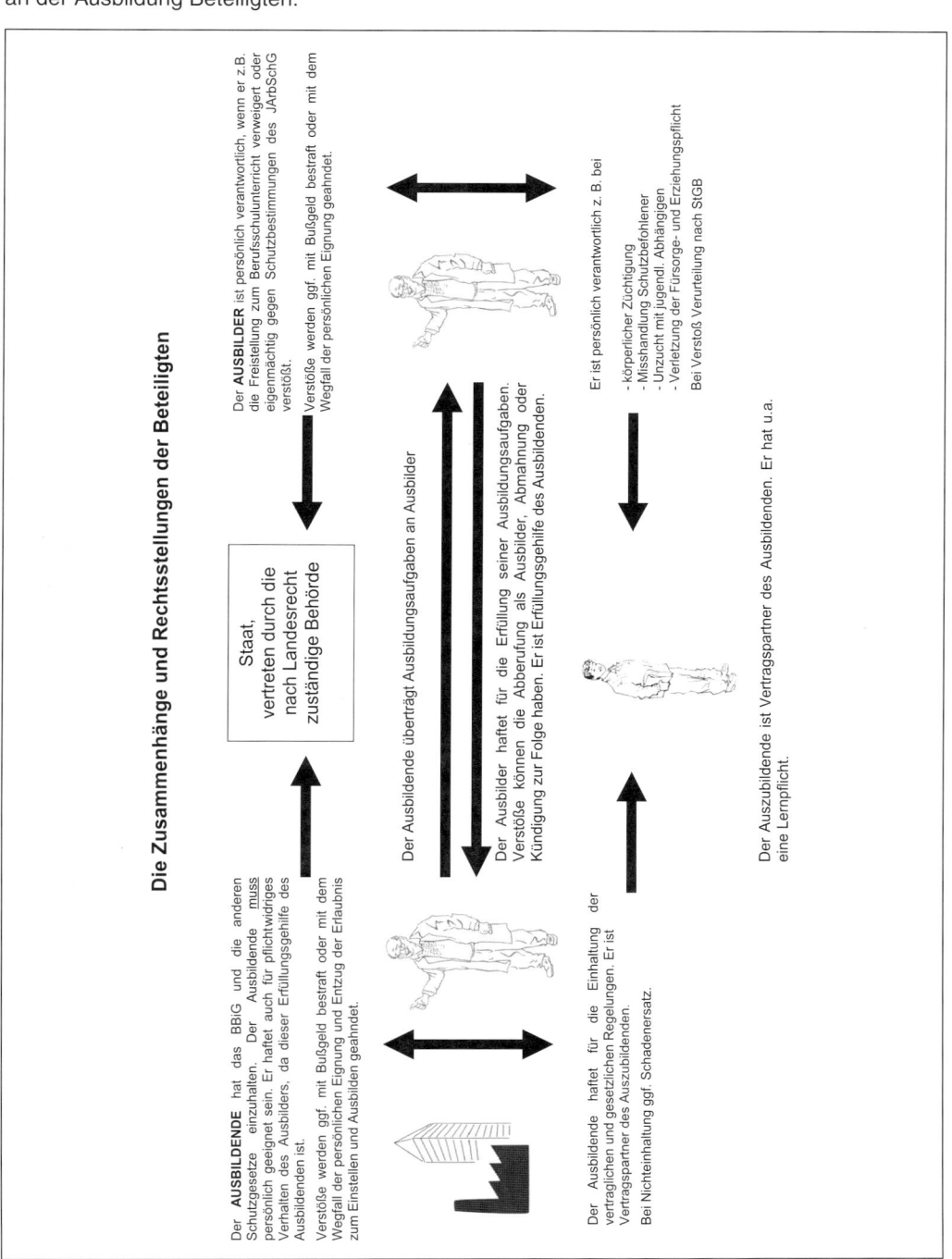

Die Zusammenhänge und Rechtsstellungen der Beteiligten

Der **AUSBILDENDE** hat das BBiG und die anderen Schutzgesetze einzuhalten. Der Ausbildende <u>muss</u> persönlich geeignet sein. Er haftet auch für pflichtwidriges Verhalten des Ausbilders, da dieser Erfüllungsgehilfe des Ausbildenden ist.

Verstöße werden ggf. mit Bußgeld bestraft oder mit dem Wegfall der persönlichen Eignung und Entzug der Erlaubnis zum Einstellen und Ausbilden geahndet.

Der Ausbildende haftet für die Einhaltung der vertraglichen und gesetzlichen Regelungen. Er ist Vertragspartner des Auszubildenden.

Bei Nichteinhaltung ggf. Schadenersatz.

Staat,
vertreten durch die
nach Landesrecht
zuständige Behörde

Der Ausbildende überträgt Ausbildungsaufgaben an Ausbilder

Der Ausbilder haftet für die Erfüllung seiner Ausbildungsaufgaben. Verstöße können die Abberufung als Ausbilder, Abmahnung oder Kündigung zur Folge haben. Er ist Erfüllungsgehilfe des Ausbildenden.

Der **AUSBILDER** ist persönlich verantwortlich, wenn er z.B. die Freistellung zum Berufsschulunterricht verweigert oder eigenmächtig gegen Schutzbestimmungen des JArbSchG verstößt.

Verstöße werden ggf. mit Bußgeld bestraft oder mit dem Wegfall der persönlichen Eignung geahndet.

Er ist persönlich verantwortlich z. B. bei

- körperlicher Züchtigung
- Misshandlung Schutzbefohlener
- Unzucht mit jugendl. Abhängigen
- Verletzung der Fürsorge- und Erziehungspflicht

Bei Verstoß Verurteilung nach StGB

Der Auszubildende ist Vertragspartner des Ausbildenden. Er hat u.a. eine Lernpflicht.

1.2 Ausbildung vorbereiten und bei der Einstellung von Auszubildenden mitwirken

1.2.1 Auf der Grundlage einer Ausbildungsordnung einen betrieblichen Ausbildungsplan erstellen, der sich insbesondere an berufstypischen Arbeits- und Geschäftsprozessen orientiert

1.2.1.1 Ausbildungsordnung

Jeder Ausbildungsberuf hat eine ihm zugrunde liegende Ausbildungsordnung. Sie ist ein unentbehrliches Handwerkszeug der Ausbilder, denn in einem Ausbildungsberuf darf nur nach der Ausbildungsordnung ausgebildet werden (Ausschließlichkeitsgrundsatz (BBiG § 5 (2)).

Ausbildungsordnungen sind Rechtsverordnungen des Bundes, die vom zuständigen Bundesminister unterschrieben werden. Ihre gesetzlichen Grundlagen finden sich im BBiG in den §§ 4 und 5. Erhältlich sind sie bei der zuständigen Stelle, der Bundesagentur für Arbeit oder im Internet unter www.berufenet.arbeitsagentur.de/berufe/index.jsp. Den Auszubildenden sollte zum Ausbildungsbeginn ein Exemplar ausgehändigt werden.

Die Anerkennung von Ausbildungsberufen wird im BBiG geklärt:

> **§ 4 Anerkennung von Ausbildungsberufen**
>
> (1) »Als Grundlage für eine geordnete und einheitliche Berufsausbildung kann das Bundesministerium für Wirtschaft und Arbeit oder das sonst zuständige Fachministerium im Einvernehmen mit dem Bundesministerium für Bildung und Forschung durch Rechtsverordnung, die nicht der Zustimmung des Bundesrates bedarf, Ausbildungsberufe staatlich anerkennen und hierfür Ausbildungsordnungen nach § 5 erlassen.«
>
> (2) »Für einen anerkannten Ausbildungsberuf darf nur nach der Ausbildungsordnung ausgebildet werden.«
>
> (3) »In anderen als anerkannten Ausbildungsberufen dürfen Jugendliche unter 18 Jahren nicht ausgebildet werden, soweit die Berufsausbildung nicht auf den Besuch weiterführender Bildungsgänge vorbereitet.«
>
> (4) »Wird eine Ausbildungsordnung eines Ausbildungsberufes aufgehoben, so gelten für bestehende Berufsausbildungsverhältnisse die bisherigen Vorschriften.«

Das BBiG klärt auch die Aufgaben von Ausbildungsordnungen:

> **§ 5 Aufgaben von Ausbildungsordnungen**
>
> (1) »Die Ausbildungsordnung hat festzulegen
>   1. die Bezeichnung des Ausbildungsberufes, der anerkannt wird,
>   2. die Ausbildungsdauer; sie soll nicht mehr als drei Jahre und nicht weniger als zwei Jahre betragen,
>   3. die beruflichen Fertigkeiten, Kenntnisse und Fähigkeiten, die mindestens Gegenstand der Berufsausbildung sind (Ausbildungsberufsbild),
>   4. eine Anleitung zur sachlichen und zeitlichen Gliederung der Vermittlung der beruflichen Fertigkeiten, Kenntnisse und Fähigkeiten (Ausbildungsrahmenplan),
>   5. die Prüfungsanforderungen.«
>
> (2) »Die Ausbildungsordnung kann vorsehen,
>   1. dass die Berufsausbildung in sachlich und zeitlich besonders gegliederten, aufeinander aufbauenden Stufen erfolgt; nach den einzelnen Stufen soll ein Ausbildungsabschluss vorgesehen werden, der sowohl zu einer qualifizierten beruflichen Tätigkeit im Sinne des § 1 Abs. 3 befähigt als auch die Fortsetzung der Berufsausbildung in weiteren Stufen ermöglicht (Stufenausbildung),
>   2. dass die Abschlussprüfung in zwei zeitlich auseinander fallenden Teilen durchgeführt wird,
>   3. dass abweichend von § 4 (4) die Berufsausbildung in diesem Ausbildungsberuf unter Anrechnung der bereits zurückgelegten Ausbildungszeit fortgesetzt werden kann, wenn die Vertragsparteien dies vereinbaren,
>   4. dass auf die durch die Ausbildungsordnung geregelte Berufsbildung eine andere, einschlägige Berufsausbildung unter Berücksichtigung der hierbei erworbenen beruflichen Fertigkeiten, Kenntnisse und Fähigkeiten angerechnet werden kann,
>   5. dass über das in Absatz 1 Nr. 3 beschriebene Ausbildungsberufsbild hinaus zusätzliche berufliche Fertigkeiten, Kenntnisse und Fähigkeiten vermittelt werden können, die die berufliche Handlungsfähigkeit ergänzen oder erweitern,
>   6. dass Teile der Berufsausbildung in geeigneten Einrichtungen außerhalb der Ausbildungsstätte durchgeführt werden, wenn und soweit es die Berufsausbildung erfordert (überbetriebliche Berufsausbildung),
>   7. dass Auszubildende einen schriftlichen Ausbildungsnachweis zu führen haben.«

Mit den Ausbildungsordnungen sind folgende Aspekte verbunden:

- Funktionen
- Inhalte
- Zustandekommen
- Verschiedene Formen

Bei den Funktionen handelt es sich um bundeseinheitliche verbindliche Vorgaben für die Planung, Durchführung und Kontrolle der Ausbildung. Die Vorgaben können nur ergänzt, aber nicht ersetzt werden. Sie gelten unabhängig vom Alter der Auszubildenden.

Bei den Inhalten handelt es sich um:

- Die Berufsbezeichnung
- Die Ausbildungsdauer
- Das Berufsbild
- Den Ausbildungsrahmenplan
- Die Prüfungsanforderungen
- Die Mindestanforderungen

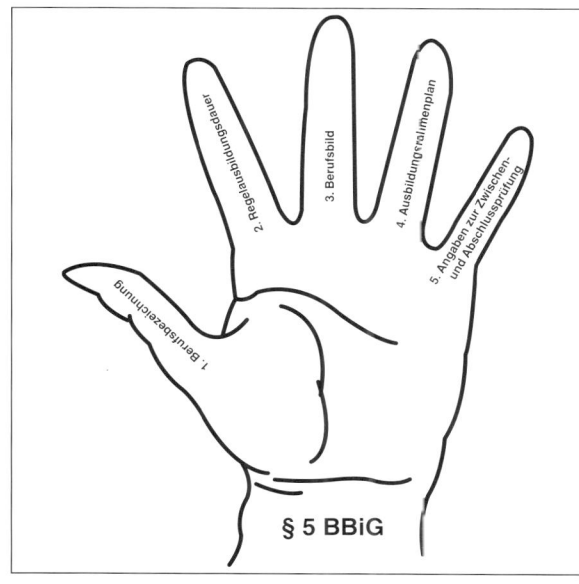

Die **Berufsbezeichnung** darf nur von dem verwendet werden, der die Berufsausbildung erfolgreich abgeschlossen hat. Man könnte sagen, dass alle Kammer-Abschlüsse (Aus- und Fortbildung) gesetzlich geschützt sind. Dies dient dazu, den Titelmissbrauch auszuschließen und wertet den Titel auf. So darf sich beispielsweise jeder Manager, Unternehmensberater oder Künstler nennen. Industriekaufmann, Koch, Metzger, Foto-graf, Gärtner oder Ausbilder dürfen sich allerdings nur diejenigen nennen, die eine Ausbildung in den entsprechenden Berufen bestanden haben.

Die **Ausbildungsdauer** gibt die Dauer der Ausbildung vor. Sie liegt zwischen 18 Monaten (Handelsfachpacker) und 48 Monaten (Schiffszimmermann). Bei den kaufmännischen Berufen liegt sie i. d. R. bei 36 Monaten. Die Ausbildungsdauer lässt sich allerdings bei gegebenen Voraussetzungen freiwillig verkürzen (bspw. Abitur, Berufsfachschule, Berufsgrundbildungsjahr und EQ).

Das **Berufsbild** beschreibt stichpunktartig die wesentlichen Aspekte bzw. Inhalte des Berufes.

Der **Ausbildungsrahmenplan** ist das Herzstück der Ausbildungsordnung. Durch ihn erfolgt eine sachliche und zeitliche Gliederung der Ausbildung. Sachliche Gliederung heißt, dass die Ausbildungsinhalte bzw. Lernziele verbindlich vorgegeben werden. Dies geschieht differenziert nach inhaltlich zusammenhängenden Themen. Zeitliche Gliederung bedeutet, dass die Dauer der einzelnen Inhalte (i. d. R. in Wochen) und zumeist auch das Ausbildungsjahr, in dem sie vermittelt werden sollen, vorgegeben sind.

Die **Prüfungsanforderungen** klären darüber auf, in welcher Form die Prüfungen (i. d. R. Zwischen- und Abschlussprüfung) ablaufen. Hierzu zählen die Art der Prüfung, die Dauer und die Inhalte.

Die Grundlagen für die Entstehung von Ausbildungsberufen und somit auch der damit verbundenen Ausbildungsordnungen finden sich im BBiG:

---

§ 6 Erprobung neuer Ausbildungsberufe, Ausbildung- und Prüfungsformen

»Zur Entwicklung und Erprobung neuer Ausbildungsberufe sowie Ausbildungs- und Prüfungsformen kann das Bundesministerium für Wirtschaft und Technologie oder das sonst zuständige Fachministerium im Einvernehmen mit dem Bundesministerium für Bildung und Forschung nach Anhörung des Hauptausschusses des Bundesinstituts für Berufsbildung durch Rechtsverordnung, die nicht der Zustimmung des Bundesrates bedarf, Ausnahmen von § 4 Abs. 2 und 3 sowie den §§ 5, 37 und 48 zulassen, die auch auf eine bestimmte Art und Zahl von Ausbildungsstätten beschränkt werden können.«

Das **Zustandekommen** von Ausbildungsordnungen erfolgt in einem komplizierten und langwierigen Prozedere (Forschungs- und Entwicklungsphase, Vorverfahren, Phase der Erarbeitung und Abstimmung sowie Erlassphase).

An diesem Verfahren sind als sogenannte **Verordnungsgeber** beteiligt:

- Arbeitnehmervertreter (Gewerkschaften)
- Arbeitgeberverbände
- Kultusministerkonferenz (als Vertretung der Länder und damit der Berufsschulen)
- DIHK (Deutscher Industrie- und Handelskammertag als Vertreter der Kammern)
- Ministerium für Wirtschaft und Technologie
- Ministerium für Bildung und Forschung
- Bundesinstitut für Berufsbildung

Hier ein Auszug aus der Ausbildungsordnung des Berufes Koch bzw. Köchin (§§ 1–5) sowie ein Auszug aus dem Ausbildungsrahmenplan des gleichen Berufes mit der sachlichen und zeitlichen Gliederung.

§ 1 Staatliche Anerkennung des Ausbildungsberufes
Der Ausbildungsberuf Koch/Köchin wird staatlich anerkannt.

§ 2 Ausbildungsdauer
Die Ausbildung dauert drei Jahre.

§ 3 Ausbildungsberufsbild
Gegenstand der Berufsausbildung sind mindestens die folgenden Fertigkeiten und Kenntnisse:

1. Berufsbildung, Arbeits- und Tarifrecht
2. Aufbau und Organisation des Ausbildungsbetriebes
3. Sicherheit und Gesundheitsschutz bei der Arbeit
4. Umweltschutz
5. Umgang mit Gästen, Beratung und Verkauf
6. Einsetzen von Geräten, Maschinen und Gebrauchsgütern, Arbeitsplanung
7. Hygiene
.
.
.
20. Zubereiten von Molkereiprodukten und Eiern
21. Herstellen und Verarbeiten von Teigen und Massen
22. Herstellen von Süßspeisen

§ 4 Ausbildungsrahmenplan
(1) »Die Fertigkeiten und Kenntnisse nach § 3 sollen nach der in der Anlage enthaltenen Anleitung zur sachlichen und zeitlichen Gliederung der Berufsausbildung (Ausbildungsrahmenplan) vermittelt werden. Eine von dem Ausbildungsrahmenplan abweichende sachliche und zeitliche Gliederung des Ausbildungsinhaltes ist insbesondere zulässig, soweit eine berufsfeldbezogene Grundbildung vorausgegangen ist oder betriebspraktische Besonderheiten die Abweichung erfordern.«

(2) »Die in dieser Verordnung genannten Fertigkeiten und Kenntnisse sollen so vermittelt werden, dass der Auszubildende zur Ausübung einer qualifizierten beruflichen Tätigkeit im Sinne des § 1 Abs. 2 des Berufsbildungsgesetzes befähigt wird, die insbesondere selbstständiges Planen, Durchführen und Kontrollieren einschließt. Diese Befähigung ist auch in den Prüfungen nach den §§ 7 und 8 nachzuweisen.«

§ 5 Ausbildungsplan
Der Ausbildende hat unter Zugrundelegung des Ausbildungsrahmenplanes für den Auszubildenden einen Ausbildungsplan zu erstellen.

§ 6 Berichtsheft

§ 7 Zwischenprüfung

§ 8 Abschlussprüfung

Auszug aus dem Ausbildungsrahmenplan:

			Zeitliche Richtwerte in Wochen im Ausbildungsjahr		
1	2	3	4		
Lfd. Nr.	Teil des Ausbildungsberufsbildes	Fertigkeiten und Kenntnisse, die unter Einbeziehung selbständigen Planens, Durchführens und Kontrollierens zu vermitteln sind	1	2	3
5	Umgang mit Gästen, Beratung und Verkauf (§ 3 Nr. 5)	a) Auswirkungen des persönlichen Erscheinungsbildes und Verhaltens auf Gäste darstellen und begründen b) Gastgeberfunktion wahrnehmen c) Erwartungen von Gästen hinsichtlich Beratung, Betreuung und Dienstleistung ermitteln d) Aufgaben, Befugnisse und Verantwortungen im Rahmen der Ablauforganisation berücksichtigen e) Gäste empfangen und betreuen f) berufsbezogene fremdsprachliche Fachbegriffe anwenden g) Gäste über das Angebot an Dienstleistungen und Produkten informieren h) Mitteilungen und Aufträge entgegennehmen und weiterleiten i) berufsbezogene Rechtsvorschriften anwenden		10	

Ausbildungsrahmenplan für die Berufsausbildung zum Koch/zur Köchin

Quelle: FELDHAUS VERLAG

Oftmals sind bezogen auf die Ausbildungsordnungen Neuordnungen nötig. Neuordnungen können folgende Ursachen haben:

- Technische Änderungen (neue Maschinen)
- Rechtliche Änderungen (neue relevante Gesetze oder Verordnungen)
- Organisatorische Änderungen (neue organisatorische Strukturen oder Arbeitsabläufe)

Durch Neuordnungen werden die Ausbildungsordnungen aktualisiert, damit im Betrieb am »Puls der Zeit« ausgebildet werden kann.

Bei den **verschiedenen Formen** von Berufsausbildung wird unterschieden zwischen Ausbildungsordnungen mit oder ohne Spezialisierungen bzw. Fachrichtungen sowie der Stufenausbildung. Der Großteil der Ausbildungsordnungen hat als Monoberuf keine Spezialisierung, alle Auszubildenden erwerben hier den gleichen Abschluss.

Für **Berufe mit Spezialisierung** gilt, dass alle Auszubildenden dieser Berufe zunächst die gleiche Berufsschulklasse besuchen und die gleichen Inhalte erlernen. Erst im späteren Teil der Ausbildung findet eine Spezialisierung statt, welche eigene Berufsschulklassen, eigene Prüfungen und Abschlüsse nach sich zieht. Der Grund für diese Spezialisierungen ist die immer weiter gefächertere Arbeitswelt, die Spezialisierungen nach sich zieht. Ein Beispiel für Berufe mit Spezialisierung ist der Fachinformatiker mit den Fachrichtungen/Spezialisierungen Anwendungsentwicklung und Systemintegration.

Die im Sprachgebrauch »**Stufenausbildung**« genannte gestufte Ausbildung ist eine Ausbildung, bei der über Anrechnungsverfahren bereits erworbene Berufsabschlüsse in anerkannten Ausbildungsberufen berücksichtigt werden und somit ein Einstieg in das dritte Ausbildungsjahr eines anderen Ausbildungsberufes ermöglicht wird. Hierzu ein Beispiel: So kann der Beruf Maler und Lackierer direkt als dreijährige Ausbildung erlent werden. Es ist aber auch möglich, zunächst den Beruf Bauten- und Objektbeschichter (zwei Jahre) zu erlernen und dann mit einem Anschlussvertrag in das dritte Ausbildungsjahr des Malers und Lackierers einzusteigen. Ebenso möglich ist dies z. B. bei den Berufen Verkäufer/Kaufmann im Einzelhandel.

1.2.1.2 Ablauf der Ausbildungsplanung und betrieblicher (individueller) Ausbildungsplan

Die Planung der Ausbildung ist Teil der betrieblichen Personalplanung und -entwicklung. Sie ist eine wichtige organisatorische Aufgabe, bei der aus den verbindlichen Vorgaben der Ausbildungsordnung ein – an die betrieblichen und individuellen Gegebenheiten angepasster strukturierter (individueller) – Ausbildungsplan zu erstellen ist. Ziel des Planes ist es, sowohl den zeitlichen als auch den inhaltlichen Verlauf der Ausbildung darzustellen.

Grundlage der Ausbildungsplanung ist die Ausbildungsordnung mit dem Ausbildungsrahmenplan. Es geht darum, dass die Auszubildenden die angestrebte berufliche Handlungskompetenz strukturiert erreichen können. Dazu haben die Auszubildenden die relevanten betrieblichen Funktionsbereiche in Theorie und Praxis angemessen kennenzulernen, was voraussetzt, dass die angestrebten Kenntnisse, Fertigkeiten und Fähigkeiten den betrieblichen Funktionsbereichen zugeordnet werden. Dabei gilt es zunächst, angemessene Lernorte und Zeiten und später Medien und Methoden auszuwählen. Einerseits ist den verbindlichen Vorgaben zu entsprechen, andererseits sind Inhalte in die Ausbildung aufzunehmen, die nicht vorgeschrieben sind, die aber betriebliche Spezifika sinnvoll ergänzen. Das Ergebnis dieser Planung und den geplanten Ablauf stellt der betriebliche Ausbildungsplan dar.

Das BBiG klärt hierzu:

> **§ 11 Vertragsniederschrift (Auszug)**
>
> (1) »Ausbildende haben unverzüglich nach Abschluss des Berufsausbildungsvertrages, spätestens vor Beginn der Berufsausbildung, den wesentlichen Inhalt des Vertrags schriftlich niederzulegen. In die Niederschrift ist u. a. aufzunehmen:
>
> 1. Art, sachliche und zeitliche Gliederung sowie Ziel der Berufsausbildung, insbesondere die Berufstätigkeit, für die ausgebildet werden soll.«

> **§ 14 Berufsausbildung (Auszug)**
>
> (1) »Ausbildende haben dafür zu sorgen, dass den Auszubildenden die berufliche Handlungsfähigkeit vermittelt wird, die zum Erreichen des Ausbildungsziels erforderlich ist, und die Berufsausbildung in einer durch ihren Zweck dargebotenen Form planmäßig, zeitlich und sachlich so durchzuführen, dass das Ausbildungsziel in der vorgesehenen Ausbildungszeit erreicht werden kann.«

Letztlich muss für jeden Auszubildenden ein (individueller) betrieblicher Ausbildungsplan erstellt werden. Dies ist umso aufwendiger und schwieriger, je mehr Auszubildende in einem Ausbildungsjahr bzw. Betrieb ausgebildet werden. Der Plan muss alle Inhalte des Ausbildungsrahmenplans enthalten.

Darüber hinaus können zusätzliche betriebstypische Inhalte/Ausbildungsziele ergänzend angestrebt und vermittelt werden. Bei der Erstellung des Ausbildungsplans macht es auch Sinn, sich mit dem Rahmenlehrplan der Berufsschule auseinanderzusetzen, um eine didaktische Parallelität anzustreben. So kann ggf. auf den in der Berufsschule vermittelten Unterrichtsstoff für den innerbetrieblichen Unterricht zurückgegriffen werden. Man sollte sich aber keinesfalls zu eng am Rahmenlehrplan der Berufsschule orientieren.

Der betriebliche Ausbildungsplan soll letztlich sicherstellen, dass die Ausbildung planmäßig und geordnet verläuft und alle verbindlich vorgegebenen Inhalte des Ausbildungsrahmenplans vermittelt werden. Er ist dem Auszubildenden unverzüglich nach Abschluss der Berufsausbildungsvertrages, spätestens zu Beginn der Ausbildung, zusammen mit der Ausbildungsordnung und der Vertragsniederschrift auszuhändigen. Vorher ist der Ausbildungsplan mit dem Ausbildungsvertrag der zuständigen Stelle zur Kontrolle bzw. Eintragung einzureichen. Zu beachten ist, dass der Betriebsrat bei der Aufstellung des Ausbildungsplanes nach Betriebsverfassungsgesetz (§§ 97 und 98) bei Einrichtungen und Maßnahmen der Berufsbildung sowie der Durchführung betrieblicher Bildungsmaßnahmen ein Mitbestimmungsrecht besitzt.

Sofern sich der Ausbildungsablauf (etwa durch eine betriebliche Umstrukturierung) ändert, sind der Auszubildende, der Ausbildende und die zuständige Stelle darüber zu informieren.

Bei der Erstellung der Ausbildungspläne gilt es, bestimmte Prinzipien zu beachten.

Prinzipien der sachlogischen Planung:

- Die sachliche Gliederung muss alle aufgeführten Fertigkeiten und Kenntnisse des Ausbildungsrahmenplans enthalten. Ergänzungen sind denkbar und oftmals sinnvoll.
- Die Kenntnisse und Fertigkeiten sollen zu Ausbildungseinheiten zusammengefasst werden, die bestimmten Funktionen oder Abteilungen der Ausbildungsstätte zugeordnet werden können.
- Aus größeren zusammenhängender Ausbildungsabschnitten sollen sachlich gerechtfertigte Unterabschnitte gebildet werden (z. E. Buchhaltung in Debitoren und Kreditoren).
- Die Probezeit ist inhaltlich so zu planen, dass Aussagen über Eignung und Neigung des Auszubildenden möglich sind.
- Die sachliche Gliederung muss den Anforderungen der Zwischen- und Abschlussprüfung entsprechen. Es ist aber nicht primär für die Prüfung auszubilden.
- Die einzelnen Ausbildungseinheiten sollen zunächst eine breite Grundlage vermitteln, auf der die spezielle Anwendung aufbaut.

Prinzipien zur zeitlichen Gliederung:

- Sofern der Ausbildungsrahmenplan eine zeitliche Folge von Ausbildungseinheiten vorschreibt, muss diese eingehalten werden (z.B. Arbeitssicherheit oder Hygienevorschriften).
- Sachlogische und pädagogische Aspekte sind zu beachten.
- Blockzeiten der Berufsschule und Urlaubszeiten sollen eingeplant werden.
- Die zeitliche Gliederung muss unter dem Gesichtspunkt der Reihenfolge der Prüfungen gegliedert werden.
- Es sollen überschaubare Abschnitte von maximal sechs Monaten gebildet werden.
- Den (Unter)abschnitten sollen Zeitangaben nach Wochen zugeordnet werden.
- Die zeitliche Gliederung ist auf individuell verkürzte Ausbildungszeiten abzustellen. In diesem Fall wird komprimiert ausgebildet.
- Aus betrieblichen oder pädagogischen Gründen können Dauer und zeitliche Folge der Ausbildungseinheiten variiert werden, soweit Teilziele und das Gesamtziel der Ausbildung nicht beeinträchtigt werden.
- Abweichungen vom Ausbildungsplan sind der zuständigen Stelle mitzuteilen.

Um die konkrete Dauer für den Einsatz in einer Abteilung entsprechend den Vorgaben des Ausbildungsrahmenplans herauszubekommen, gilt es eine einfache Berechnung anzustellen. Das Rechenmotto lautet dabei: Von der Brutto- zur Nettoausbildungszeit! Bruttotage sind alle Tage der Ausbildung. Relevant sind aber nur die Nettotage, d. h. die Tage, an denen der Auszubildende wirklich zur Ausbildung im Betrieb ist.

Bruttozeit (1 Jahr = 52 Wochen)	= 365 Tage
./. Wochenenden (52 Samstage und 52 Sonntage)	= 104 Tage
./. Berufsschule (13 Wochen gemäß der Empfehlung der Kultusministerkonferenz) =	65 Tage
./. Urlaub (ca. 6 Wochen gemäß Tarifvertrag)	= 30 Tage
./. Feiertage, die auf Ausbildungstage entfallen	= 8 Tage
Nettozeit	= 158 Tage

Auszubildende sind also an etwa 158 Tagen im Jahr (ohne Abzug von Arbeitsunfähigkeit) im Betrieb. Beträgt die Ausbildungsdauer drei Jahre, dann haben sie rund 474 Tage Zeit, die Inhalte des Ausbildungsrahmenplanes vermittelt zu bekommen. Beträgt die Ausbildungszeit nur zwei Jahre, dürfen keine Inhalte wegfallen, dann reduziert sich die Zeit für die zu vermittelnden Inhalte um ein Drittel.

Neben dem betrieblichen (individuellen) Ausbildungsplan **kann** ein individueller Versetzungsplan bzw. Durchlaufplan erstellt werden. Dieser berücksichtigt für den jeweiligen Auszubildenden nur die entsprechende Ausbildungsdauer, nennt u. a. die individuelle Reihenfolge der Lernorte/Abteilungen mit der dazugehörigen zeitlichen Verweildauer und den Zeitraum des Urlaubs, verzichtet aber auf konkrete inhaltliche Angaben.

Beispiel für einen individuellen Versetzungsplan (Einzelversetzungsplan):

Einzelversetzungsplan		Ausbildungsabschnitt 1	
Name: *Christian Peter Fela*			Schulbildung: *Abitur*
Ausbildung vom *1. August 2008 bis 31. Juli 2010*			
Einführung in die betriebliche Tätigkeit:	*2 Wochen*		
Kontoführung:	*2 Monate*	vom *1. 08. 2008*	bis *29. 09. 2008*
Berufsschule:	*2 Monate (Block)*	vom *2. 10. 2008*	bis *30. 11. 2008*
Inlandszahlungsverkehr:	*1 Monat*	vom *1. 12. 2008*	bis *29. 12. 2008*
Anlage auf Konten:	*2 Monate*	vom *2. 01. 2009*	bis *28. 02. 2009*
Zwischenprüfung am: *27. März 2009*			

In einem Gesamtversetzungsplan kann eine Übersicht über die räumliche und zeitliche Verteilung der Auszubildenden mit den Abteilungen und der dortigen Verweildauer erstellt werden. In Großbetrieben ist dies oftmals sinnvoll.

Zusammenfassung: Ebenen der Ausbildungsplanung

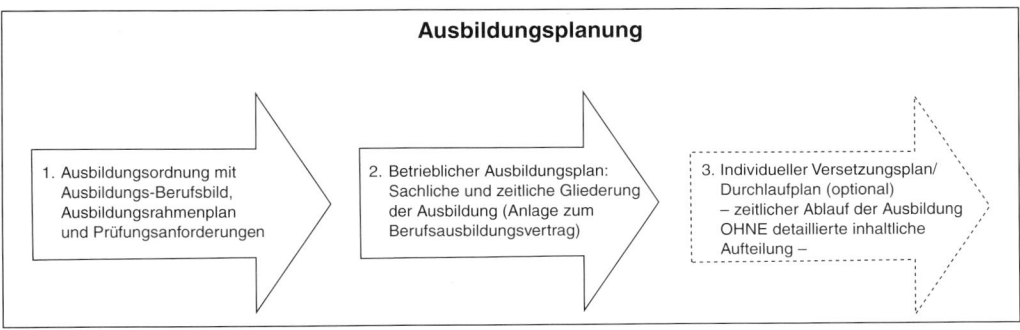

Ausbildungsplanung

1. Ausbildungsordnung mit Ausbildungs-Berufsbild, Ausbildungsrahmenplan und Prüfungsanforderungen

2. Betrieblicher Ausbildungsplan: Sachliche und zeitliche Gliederung der Ausbildung (Anlage zum Berufsausbildungsvertrag)

3. Individueller Versetzungsplan/ Durchlaufplan (optional) – zeitlicher Ablauf der Ausbildung OHNE detaillierte inhaltliche Aufteilung –

Diese Seite zeigt eine Vorlage (Auszug) für den Ausbildungsplan im Beruf Industriekaufmann/ Industriekauffrau.

Anlage II zum Berufsausbildungsvertrag: **Zeitliche** Gliederung der Berufsausbildung

Ausbildungsbetrieb
(Ausbildender) _____

Verantwortlicher Ausbilder _____

Auszubildender _____

Ausbildungsberuf **Industriekaufmann/Industriekauffrau**

1 Lfd. Nr.	2 Schwerpunktmäßig zu vermittelnde Fertigkeiten, Kenntnisse und Fähigkeiten der Berufsbildpositionen	3 Empfohlener Zeitrahmen gemäß Ausbildungsordnung	4 Vom Betrieb gewählter Zeitrahmen*
1. 1.1 1.2 1.3 1.4	Der Ausbildungsbetrieb Stellung, Rechtsform und Struktur Berufsbildung Sicherheit und Gesundheitsschutz bei der Arbeit Umweltschutz	**1. – 3. Ausbildungsjahr****	
2. 2.1 2.2	Geschäftsprozesse und Märkte Märkte, Kunden, Produkte und Dienstleistungen Geschäftsprozesse und organisatorische Strukturen		
3. 3.1 3.2 3.3 3.4 3.5	Information, Kommunikation, Arbeitsorganisation Informationsbeschaffung und -verarbeitung Informations- und Kommunikationssysteme Planung und Organisation Teamarbeit, Kommunikation und Präsentation Anwendung einer Fremdsprache bei Fachaufgaben	(während der gesamten Ausbildung zu vermitteln)	
4. 4.1 4.2 4.3 4.4	Integrative Unternehmensprozesse Logistik Qualität und Innovation Finanzierung Controlling		
6. 6.1 6.2 6.3	Beschaffung und Bevorratung Bedarfsermittlung und Disposition Bestelldurchführung Vorratshaltung und Beständeverwaltung	**1. Ausbildungsjahr**** 5 – 7 Monate	_____ Monate im _____ Ausbildungs- jahr
9.2 8. 8.1 8.2	Kosten- und Leistungsrechnung in Verbindung mit Leistungserstellung Produkte und Dienstleistungen Prozessunterstützung	3 – 5 Monate	_____ Monate im _____ Ausbildungs- jahr
7. 7.1 7.2 7.3 1.1 1.2	Personal Rahmenbedingungen, Personalplanung Personaldienstleistungen Personalentwicklung in Verbindung mit Stellung, Rechtsform und Struktur, Berufsbildung	1 – 3 Monate	_____ Monate im _____ Ausbildungs- jahr

*) Sollte der Ausbildungsbetrieb keinen individuellen Zeitrahmen festlegen, gilt der in der Ausbildungsordnung genannte Zeitrahmen.

**) Die den beiden Ausbildungsabschnitten (1. – 18. Monat und 19. – 36. Monat) zugeordneten Berufsbildpositionen, Fertigkeiten und Kenntnisse sind
bei 2½-jähriger Ausbildungszeit jeweils innerhalb des 1.–15. und des 16.–30. Monats
bei 2-jähriger Ausbildungszeit jeweils innerhalb des 1.–12. und des 13.–24. Monats
zu vermitteln.

Änderungen des Zeitablaufes aus betriebsbedingten Gründen oder aus Gründen, die in der Person des Auszubildenden liegen, bleiben vorbehalten.

Berufsschulunterricht (Blockunterricht), Urlaub und Ausbildungsmaßnahmen außerhalb der Ausbildungsstätte sind zu berücksichtigen.

Zeitliche Gliederung Industriekaufmann/Industriekauffrau   1
zu beziehen bei FELDHAUS VERLAG, Postfach 73 02 40, 22122 Hamburg

Quelle: FELDHAUS VERLAG

1.2.1.3 Ausbildungsnachweis (Berichtsheft)

In engem Zusammenhang mit dem betrieblichen Ausbildungsplan und dessen Umsetzung steht der Ausbildungsnachweis. Ebenso wie kontinuierliche Beurteilungsgespräche und die Auswertung der Zwischenprüfung gibt er Aufschluss über den Stand der Ausbildung.

Während der Ausbildungsplan das »Soll« der Ausbildung darstellt (und bereits vor Ausbildungsbeginn erstellt wird), steht der Ausbildungsnachweis für das »Ist« der Ausbildung, für das, was letztlich umgesetzt wurde.

Nach dem BBiG sind Ausbildungsnachweise zu führen und zu kontrollieren:

> **§ 14 Berufsausbildung (Auszug)**
>
> (1) 4. »Ausbildende haben Auszubildende zum Besuch der Berufsschule sowie zum Führen von schriftlichen Ausbildungsnachweisen anzuhalten, soweit solche im Rahmen der Berufsausbildung verlangt werden, und diese durchzusehen.«

Funktionen des Ausbildungsnachweises:

- Dokumentationsfunktion (Der Ausbildungsverlauf wird hierin dokumentiert. Der Ausbildungsnachweis wird bis zum Ende der Ausbildung geführt und aufgehoben.)
- Nachweisfunktion (Durch die Unterschrift von Ausbilder und Auszubildenden wird nachgewiesen, dass die vorgegebenen Inhalte vermittelt wurden.)
- Nachbereitungsfunktion (während der Arbeitszeit)
- Prüfungszulassungsfunktion (Die ordnungsgemäße Führung ist Zulassungsvoraussetzung zur Abschlussprüfung (BBiG § 43 (1).)
- Erziehungsfunktion (Der Ausbilder entscheidet die Form (handschriftlich oder per PC) und die Termine der Vorlage.)

Um eine einheitliche Handhabung der Ausbildungsnachweise zu gewährleisten, werden von den zuständigen Stellen i. d. R. Richtlinien zu deren Führung erlassen.

1.2.2 Möglichkeiten der Mitwirkung und Mitbestimmung der betrieblichen Interessenvertretungen in der Berufsbildung berücksichtigen

Unter den betrieblichen Interessenvertretungen versteht man den Betriebsrat und die Jugend- und Auszubildendenvertretung. Ihre Aufgaben und Rechte werden im Betriebsverfassungsgesetz beschrieben.

1.2.2.1 Das Betriebsverfassungsgesetz (BetrVG)

Das Betriebsverfassungsgesetz regelt in erster Linie die Mitbestimmungs- und Wirkungsrechte des Betriebsrats sowie der Jugend- und Auszubildendenvertretung, aber auch allgemeine Rechte aller Arbeitnehmer und damit auch der Auszubildenden.

Demnach haben alle Mitarbeiter bzw. Auszubildenden das Recht auf:

- Behandlung nach Recht und Gesetz
- Beschwerde gegenüber Betrieb und Betriebsrat
- Einsicht in die eigene Personalakte
- Anhörung in betrieblichen Angelegenheiten, die die Person des Auszubildenden betreffen

- Unterrichtung über Berechnung und Zusammensetzung der Ausbildungsvergütung, über Unfall- und Gesundheitsgefahren sowie Aufgaben und Verantwortung und die damit verbundene Einordnung in den Arbeitsablauf im Betrieb.

1.2.2.2 Der Betriebsrat

In Betrieben mit mindestens fünf wahlberechtigten Arbeitnehmern, von denen drei wählbar sind, kann ein Betriebsrat als Interessenvertretung der Arbeitnehmer eines Betriebes gewählt werden (§ 60). Das heißt, dass es keinen Betriebsrat geben muss. Sofern es ihn gibt, ist er eine Interessenvertretung aller Arbeitnehmer. Wahlberechtigt sind alle Arbeitnehmer, die das 18. Lebensjahr vollendet haben (BetrVG § 7).

Die Unternehmensführung hat den Betriebsrat zur Durchführung seiner gesetzlichen Aufgaben rechtzeitig und umfassend zu unterrichten. Die rechtlichen Regelungen bezogen auf die Berufs(aus)bildung finden sich in den §§ 96–98.

Zur Erledigung seiner Aufgaben stehen dem Betriebsrat unterschiedliche Rechte in personellen, sozialen und wirtschaftlichen Angelegenheiten zu. Von besonderem Interesse sind die personellen und sozialen Angelegenheiten.

Den personellen Bereich betrifft vor allem die Kündigung. Nach § 102 (Mitbestimmung bei Kündigungen) ist der Betriebsrat vor jeder Kündigung eines Arbeitnehmers zu hören. Der Arbeitgeber hat ihm die Gründe für die Kündigung mitzuteilen. Eine Kündigung, die ohne Anhörung des Betriebsrates – auch während der Probezeit – ausgesprochen wurde, ist unwirksam.

Zum Bereich der personellen Angelegenheiten zählen ferner:

- Personalplanung
- Beurteilungsgrundsätze
- Auswahlrichtlinien
- Einstellungen
- Ausschreibung von Arbeitsplätzen
- Fragen der Berufsbildung

Bei sozialen Angelegenheiten geht es u. a. um die Regelungen der Arbeitszeit, Form sowie die Ausgestaltung und Verwaltung von Sozialeinrichtungen (bspw. Kantine oder Sporteinrichtungen). Es sind Angelegenheiten, die mehrere bzw. alle Arbeitnehmer des Betriebes gemeinsam betreffen.

Wirtschaftliche Angelegenheiten betreffen unternehmenstypische betriebswirtschaftliche Entscheidungen. Hierzu zählen bspw. die Entscheidung, ob im Unternehmen ausgebildet werden soll oder nicht, sowie die Entscheidung über die Schließung einer Niederlassung. Sofern diese Entscheidung getroffen wurde, ist der Betriebsrat im weiteren Vorgehen mehr oder weniger einzubeziehen.

Der Betriebsrat hat jedoch nicht bei allen Angelegenheiten gleich starke Beteiligungsmöglichkeiten. Unterschieden werden folgende Rechte:

- Mitwirkung (Info-, Anhörungs- und Beratungsrechte)
- Mitbestimmung (Zustimmungs-, Veto- und Initiativrechte)

Das heißt, die Unternehmensführung darf ohne Zustimmung des Betriebsrats bestimmte geplante Maßnahmen nicht durchführen, bzw. der Betriebsrat kann dann selber aktiv werden. Vor diesem Hintergrund setzt Mitwirkung und Mitbestimmung Informationen durch die Unternehmensleitung voraus!

Die wichtigsten Paragrafen zum Betriebsrat bezogen auf die Berufsbildung laut BetrVG:

§ 95 Auswahlrichtlinien (Zusammenfasung)

»Hierbei geht es um Richtlinien über die personelle Auswahl bei Einstellungen, Versetzungen, Umgruppierungen und Kündigungen. Sie bedürfen der Zustimmung des Betriebsrates.«

§ 96 Förderung der Berufsbildung

(1) »Arbeitgeber und Betriebsrat haben im Rahmen der betrieblichen Personalplanung und in Zusammenarbeit mit den für die Berufsbildung und den für die Förderung der Berufsbildung zuständigen Stellen die Berufsbildung der Arbeitnehmer zu fördern. Der Arbeitgeber hat auf Verlangen des Betriebsrates mit diesem Fragen der Berufsbildung der Arbeitnehmer des Betriebes zu beraten. Hierzu kann der Betriebsrat Vorschläge machen.«

(2) »Arbeitgeber und Betriebsrat haben darauf zu achten, dass unter Berücksichtigung der betrieblichen Notwendigkeiten den Arbeitnehmern die Teilnahme an betrieblichen oder außerbetrieblichen Maßnahmen der Berufsbildung ermöglicht wird.«

§ 97 Einrichtungen und Maßnahmen der Berufsbildung

(1) »Der Arbeitgeber hat mit dem Betriebsrat über Einrichtung und Ausstattung betrieblicher Einrichtungen zur Berufsbildung, die Einführung betrieblicher und die Teilnahme an außerbetrieblichen Berufsbildungsmaßnahmen zu beraten.«

§ 98 Durchführung betrieblicher Bildungsmaßnahmen

(1) »Der Betriebsrat hat bei der Durchführung von Maßnahmen der betrieblichen Berufsbildung mitzubestimmen.«

(2) »Der Betriebsrat kann bei der Bestellung einer mit der Durchführung der betrieblichen Berufsausbildung beauftragten Person widersprechen oder ihre Abberufung verlangen, wenn diese die persönliche oder fachliche, insbesondere die berufs- und arbeitspädagogische Eignung im Sinne des Berufsbildungsgesetzes nicht besitzt oder ihre Aufgaben vernachlässigt.«

§ 99 Mitbestimmung bei personellen Einzelmaßnahmen

(1) »In Unternehmen mit i. d. R. mehr als 20 wahlberechtigten Arbeitnehmern hat der Arbeitgeber den Betriebsrat vor jeder Einstellung, Ein- oder Umgruppierung und Versetzung zu unterrichten, ihm die erforderlichen Bewerbungsunterlagen vorzulegen und Auskunft über die Person der Beteiligten zu geben; er hat dem Betriebsrat unter Vorlage der erforderlichen Unterlagen Auskunft über die Auswirkungen der geplanten Maßnahme zu geben und die Zustimmung des Betriebsrates zu der geplanten Maßnahme einzuholen.«

Fazit:

- Es muss keinen Betriebsrat im Unternehmen geben. Ab fünf wahlberechtigten Arbeitnehmern kann es einen Betriebsrat geben.
- Ab mehr als 20 wahlberechtigten Arbeitnehmern stehen ihm weitreichende Rechte zu, falls es einen Betriebsrat gibt.

1.2.2.3 Die Jugend- und Auszubildendenvertretung (JAV)

Neben dem Betriebsrat kann es mit der Jugend- und Auszubildendenvertretung eine weitere Interessenvertretung im Unternehmen geben, die sich speziell für die Zielgruppe der Jugendlichen und Auszubildenden einsetzt.

Die gesetzlichen Grundlagen finden sich im BetrVG (insbesondere §§ 60–71):

§ 60 Errichtung und Aufgabe

(1) »In Betrieben mit in der Regel mindestens fünf Arbeitnehmern, die das 18. Lebensjahr noch nicht vollendet haben (jugendliche Arbeitnehmer) oder die zu ihrer Berufsausbildung beschäftigt sind und das 25. Lebensjahr noch nicht vollendet haben, werden Jugend- und Auszubildendenvertretungen gewählt.«

(2) »Die Jugend- und Auszubildendenvertretung nimmt nach Maßnahme der folgenden Vorschriften die besonderen Belange der in Absatz 1 genannten Arbeitnehmer wahr.«

§ 61 Wahlberechtigte und Wählbarkeit

(1) »Wahlberechtigt sind alle in § 60 Abs. 1 genannten Arbeitnehmer des Betriebes.«

(2) »Wählbar sind alle Arbeitnehmer des Betriebes, die das 25. Lebensjahr noch nicht vollendet haben. Mitglieder des Betriebsrates können nicht zu Jugend- und Auszubildendenvertretern gewählt werden.«

Die Existenz einer Jugend- und Auszubildendenvertretung ist somit nicht vorgeschrieben, aber für die Auszubildenden wichtig, da ihre Interessen nicht immer vom Ausbildenden, Ausbildern und/oder vom Betriebsrat wahrgenommen werden.

§ 70 Allgemeine Aufgaben

(1) »Die Jugend- und Auszubildendenvertretung hat folgende allgemeine Aufgaben:
1. Maßnahmen, die den jugendlichen Arbeitnehmern und Auszubildenden dienen, insbesondere in Fragen der Berufsbildung, sind beim Betriebsrat zu beantragen.
2. Darüber zu wachen, dass die zugunsten der jugendlichen Arbeitnehmer und Auszubildenden geltenden Gesetze, Verordnungen, Unfallverhütungsvorschriften, Tarifverträge und Betriebsvereinbarungen durchgeführt werden.
3. Anregungen von jugendlichen Arbeitnehmern und Auszubildenden, insbesondere in Fragen der Berufsbildung, entgegenzunehmen und, falls sie berechtigt erscheinen, beim Betriebsrat auf eine Erledigung hinzuwirken. Die Jugend- und Auszubildendenvertretung hat die betroffenen Jugendlichen und Auszubildenden über den Stand und das Ergebnis der Verhandlungen zu informieren.«

Voraussetzungen des Zustandekommens und besondere Aspekte rund um eine JAV sind:

- Die Existenz eines Betriebsrats, denn die JAV kann ihre Arbeit nur über den Betriebsrat wahrnehmen. Besteht kein Betriebsrat, kann es auch keine JAV im Betrieb geben.
- Die Wahlen finden alle zwei Jahre statt. Die Amtszeit beträgt zwei Jahre (§ 64).
- In Betrieben, die i. d. R. 50 Arbeitnehmer beschäftigen, die das 18. Lebensjahr noch nicht vollendet haben oder die zu ihrer Berufsausbildung beschäftigt sind und das 25. Lebensjahr vollendet haben, kann die JAV Sprechstunden während der Arbeitszeit einrichten. Zeit und Ort sind durch Betriebsrat und Arbeitgeber zu vereinbaren (§ 69).
- Mitglieder der JAV müssen nach dem Ausbildungsende in ein unbefristetes Arbeitsverhältnis übernommen werden (§ 78a).
- Eine Doppelfunktion Betriebsrat/JAV-Mitgliedschaft ist für Auszubildende nicht vorgesehen (§ 61).

Zum Zusammenspiel von Jugend- und Auszubildendenvertretung und Betriebsrat:

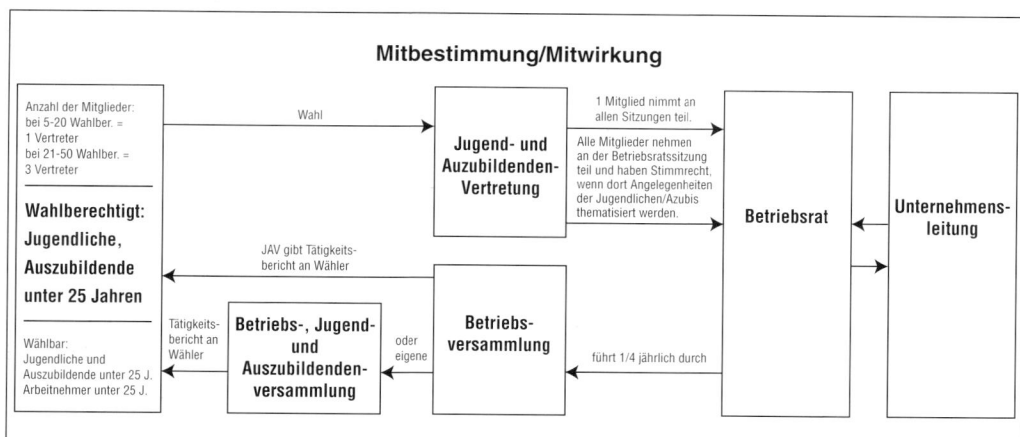

1.2.3 Kooperationsbedarf ermitteln und sich inhaltlich sowie organisatorisch mit den Kooperationspartnern, insbesondere der Berufsschule, abstimmen

Im Wettbewerb um zukunftsfähige Produkte, Dienstleistungen und Arbeitsplätze ist die berufliche Bildung ein entscheidender Wettbewerbsfaktor. Während das traditionelle Bild der betrieblichen Berufsausbildung noch stark von der herkömmlichen Ausbildung mit der Einheit von Ausbildungsbetrieb, Ausbilder und Auszubildender geprägt ist, hat in den letzten Jahren – vor allem als Antwort auf ein Defizit an betrieblichen Ausbildungsmöglichkeiten – die Zahl der Ausbildungskooperationen und Ausbildungsverbünde deutlich zugenommen.

Die Frage, wie die Ausbildung grundsätzlich zu organisieren ist, ist abhängig von

- Art und Inhalt der Ausbildung(smaßnahme),
- Betriebsgröße,
- landesspezifischen und förderpolitischen Faktoren.

Für eine kontinuierliche Zusammenarbeit zwischen dem betrieblichen und den anderen Kooperationspartnern ist es nötig, diese dynamisch anzulegen, d. h. die Kooperationspartner reagieren, begleitet durch einen kontinuierlichen Kommunikationsprozess, flexibel auf die sich wandelnden Anforderungen im Ausbildungsbetrieb/-beruf. Dabei werden die Ausbildungsbetriebe und die Berufsschule durch Vertreter von Kammern, Innungen und Verbänden unterstützt.

Eine Kooperation dient somit der Erreichung des Ausbildungsziels, zu dem im Übrigen sowohl der Ausbildende als auch der Auszubildende seinen Beitrag laut BBiG zu leisten hat:

§ 13 Pflichten des Auszubildenden (Verhalten während der Berufsausbildung) (Auszug)

»Auszubildende haben sich zu bemühen, die berufliche Handlungsfähigkeit zu erwerben, die zum Erreichen des Ausbildungsziels erforderlich ist. Sie sind insbesondere verpflichtet,

1. die ihnen im Rahmen ihrer Berufsausbildung aufgetragenen Aufgaben sorgfältig auszuführen,
2. an Ausbildungsmaßnahmen teilzunehmen, für die sie nach § 15 freigestellt werden, ...«

> **§ 14 Pflichten des Ausbildenden (Berufsausbildung)** (Auszug)
>
> (1) »Ausbildende haben
> 1. dafür zu sorgen, dass den Auszubildenden die berufliche Handlungsfähigkeit vermittelt wird, die zum Erreichen des Ausbildungszieles erforderlich ist, und die Berufsausbildung in einer durch ihren Zweck gebotenen Form planmäßig, zeitlich und sachlich gegliedert so durchzuführen, dass das Ausbildungsziel in der vorgegebenen Ausbildungszeit erreicht werden kann.«

Die Definition der Ziele der Kooperation, die damit verbundenen Aktivitäten und deren Inhalt ergeben sich i. d. R. aus den Fertigkeiten und Kenntnissen, die laut Ausbildungsordnung zum jeweiligen Ausbildungsberuf gehören.

1.2.3.1 Lernorte und Kooperationspartner während der Ausbildung

Das BBiG klärt, an welchen Orten die Berufsbildung durchgeführt wird:

> **§ 2 Lernorte der Berufsbildung**
>
> (1) »Berufsbildung wird durchgeführt
> 1. in Betrieben der Wirtschaft, in vergleichbaren Einrichtungen außerhalb der Wirtschaft, insbesondere des öffentlichen Dienstes, der Angehörigen freier Berufe und in Haushalten (betriebliche Berufsbildung),
> 2. in berufsbildenden Schulen (schulische Berufsbildung) und
> 3. in sonstigen Berufsbildungseinrichtungen außerhalb der schulischen und betrieblichen Berufsbildung (außerbetriebliche Berufsbildung).«
>
> (2) »Die Lernorte nach Absatz 1 wirken bei der Durchführung der Berufsbildung zusammen (Lernortkooperation).«
>
> (3) »Teile der Berufsausbildung können im Ausland durchgeführt werden, wenn dies dem Ausbildungsziel dient. Ihre Gesamtdauer soll ein Viertel der in der Ausbildungsordnung festgelegten Ausbildungsdauer nicht überschreiten. «

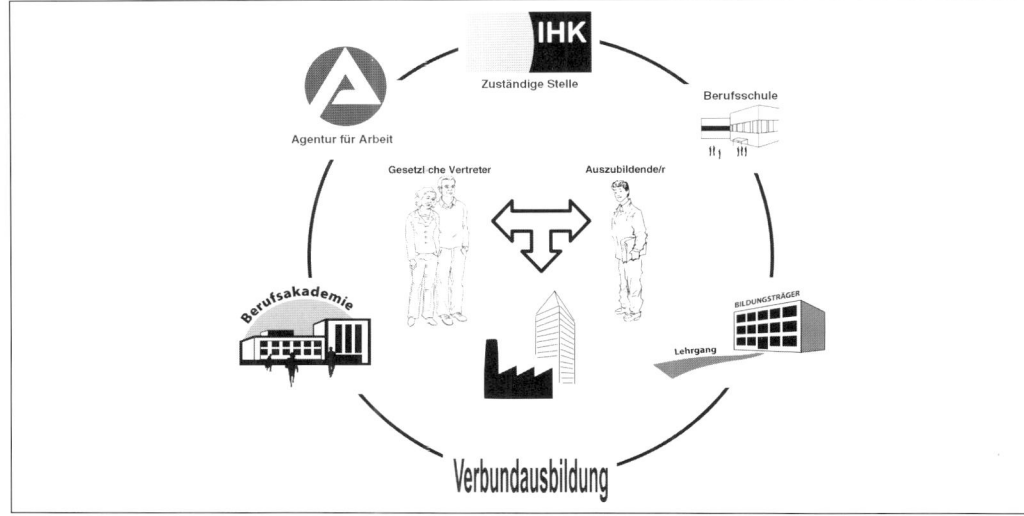

1.2.3.1.1 Zuständige Stelle

 Für den Bereich der betrieblichen Erstausbildung hat der Gesetzgeber den zuständigen Stellen (z. B. Industrie- und Handelskammern) u. a. die Aufgabe übertragen, die Durchführung der Berufsausbildung zu überwachen:

> **§ 9 Regelungsbefugnis**
>
> »Soweit Vorschriften nicht bestehen, regelt die zuständige Stelle die Durchführung der Berufsausbildung im Rahmen dieses Gesetzes.«

Weiterhin sollen die zuständigen Stellen die Ausbildung durch Beratung der Unternehmen und Auszubildenden fördern (vgl. Kap. 1.1.3.3.2). Diese Aufgabe wird von den Ausbildungsberatern wahrgenommen.

Die zuständige Stelle hat – bezogen auf die Berufsausbildung – folgende wichtige Aufgaben. Sie

- stellt die Eignung der Ausbildungsbetriebe fest und berät organisatorisch und rechtlich.
- führt das Verzeichnis von Ausbildungsverhältnissen, in das die Ausbildungsverträge eingetragen werden.
- führt jährlich die Ausbilder-Eignungsprüfungen durch und bildet Ausbilder und Prüfer weiter.
- fördert besonders begabte Auszubildende (Begabtenförderung).
- führt Zwischen- und Abschlussprüfungen durch und betreut Prüfungsausschüsse mit ehrenamtlichen Prüfern.
- betreibt Lobbyarbeit.

1.2.3.1.2 Berufsschule

 Die Berufsschule ist ein wesentlicher Kooperationspartner innerhalb der dualen Ausbildung. Während der Ausbildungsbetrieb für die Vermittlung der fachpraktischen betriebsbezogen Anteile der Ausbildung zuständig ist, vermittelt die Berufsschule neben dem fachtheoretischen Teil, der durch den jeweiligen Rahmenlehrplan bzw. Lehrplan bestimmt ist, auch berufsbezogene und allgemeinbildende Fächer (z. B. Deutsch, Politik, Sport).

Unterschieden wird beim Unterricht in der Berufsschule zwischen zwei Formen.

Teilzeitunterricht:

Die Auszubildenden sind – auf zwei bzw. eineinhalb Tage verteilt – i. d. R. zwölf Stunden pro Woche in der Berufsschule.

Minderjährige dürfen aufgrund der Regelung des JArbSchG (§ 9) an einem Berufsschultag – mit mehr als fünf Unterrichtsstunden von mindestens je 45 Minuten, einmal in der Woche – nicht beschäftigt werden.

Blockunterricht:

Die Auszubildenden sind in Form eines mehrwöchigen Unterrichts (Vollzeitunterricht) – bis zu 13 Wochen/Jahr – in der Berufsschule und zwischen zwei Schulblöcken ohne Unterbrechung im Betrieb.

Nicht beschäftigt werden dürfen Jugendliche gemäß § 9 JArbSchG in Berufsschulwochen mit einem planmäßigen Blockunterricht von mindestens 25 Stunden an mindestens fünf Tagen; zusätzliche betriebliche Ausbildungsveranstaltungen bis zu zwei Stunden wöchentlich sind zulässig. Im Zusammenhang mit der Berufsschule und deren Besuch regelt das BBiG die Pflichten der Ausbildenden:

§ 14 Berufsausbildung (Auszug)

(1) »Ausbildende haben
    4. Auszubildende zum Besuch der Berufsschule sowie zum Führen von schriftlichen Ausbildungsnachweisen anzuhalten, soweit solche im Rahmen der Berufsausbildung verlangt werden, und diese durchzusehen, ... «

§ 15 Freistellung

»Ausbildende haben Auszubildende für die Teilnahme am Berufsschulunterricht und an Prüfungen freizustellen. Das Gleiche gilt, wenn Ausbildungsmaßnahmen außerhalb der Ausbildungsstätte durchzuführen sind.«

Die Tatsache, dass die Berufsschule und der Ausbildungsbetrieb mit unterschiedlichen Schwerpunkten und Methoden auf ein gemeinsames Ziel – die bestmögliche Qualifizierung der Auszubildenden – hinarbeiten, erfordert eine optimale Abstimmung der beiderseitigen Bildungsbemühungen und eine gute Zusammenarbeit dieser Kooperationspartner.

Eine zeitlich parallele Behandlung der Ausbildungsinhalte von Berufsschule und Betrieb ist schwierig. Bei der inhaltlichen Abstimmung ist es für den Ausbilder von Interesse zu erfahren, wieweit er bei seiner fachpraktischen Ausbildung auf von der Berufsschule vermittelten fachtheoretischen Grundlagen aufbauen kann.

Folgende Instrumente für die Abstimmung und Zusammenarbeit von Berufsschule und Betrieb sind sinnvoll:

- Unmittelbarer Kontakt des Ausbilders mit den Lehrern seiner Auszubildenden
- Teilnahme des Ausbilders an Arbeits- und Gesprächskreisen zwischen Berufsschule und Ausbildern
- Ausbildersprechtage in der Berufsschule
- Lehrerinformationstage im Betrieb

Nicht zuletzt ergeben sich aus dem Zusammenwirken von Lehrern und Ausbildern in den Zwischen- und Abschlussprüfungen Gelegenheiten zur Kooperation bzw. ihrer Verbesserung. Letztlich steht und fällt das Duale System mit der Kooperation/Kommunikation von Ausbildern und Berufsschullehrern.

1.2.3.1.3 Agentur für Arbeit

Geförderte Bildungsmaßnahmen werden im Auftrag der Agentur für Arbeit und anderer öffentlicher Auftraggeber angeboten. Der Zugang zu den geförderten Bildungsmaßnahmen erfolgt immer über die Auftraggeber.

Es handelt sich insbesondere um Bildungsmaßnahmen für Jugendliche, außerbetriebliche Erstausbildungen, Trainings- und Qualifizierungsmaßnahmen mit folgenden Inhalten:

- Vermittlung von praktischen und theoretischen Kenntnissen nach den entsprechenden Ausbildungsordnungen
- Förder- und Stützunterricht beim Träger (z. B. abH), Berufsschulunterricht und Praxisanteilen in Kooperationsbetrieben

Die Zusammenarbeit zwischen der Agentur für Arbeit und den Ausbildern kann vor (z. B. mit der Einstiegsqualifizierung (EQ), vgl. Kap. 1.1 6) und während der Ausbildung stattfinden.

Zur Durchführung von Bildungsmaßnahmen beauftragt die Agentur für Arbeit, Bildungsträger, die in deren Auftrag Bildungs- und Qualifizierungsmaßnahmen für definierte Personengruppen durchführen.

Bei den Maßnahmen während der Berufsausbildung kann es sich um Folgende handeln:

Berufsausbildung in außerbetrieblichen Einrichtungen (BaE)

Die Berufsausbildung in außerbetrieblichen Einrichtungen ist eine spezifische Form der dualen Berufsausbildung für benachteiligte Ausbildungsplatzsuchende, denen nach der Teilnahme an berufsvorbereitenden Bildungsmaßnahmen eine Ausbildungsstelle in einem Betrieb auch mit ausbildungsbegleitenden Hilfen nicht vermittelt werden kann. Ziel ist – über die fachliche Qualifizierung hinaus – die Persönlichkeitsentwicklung der Teilnehmer. Die praktische Ausbildung absolvieren die Auszubildenden in einer Ausbildungseinrichtung (z. B. bei einem Bildungsträger) bzw. in kooperierenden Betrieben. Neben einer fachpraktischen Unterweisung erhalten die Auszubildenden auf die einzelnen Berufsgruppen zugeschnittenen Förderunterricht und eine sozialpädagogische Begleitung. Der Berufsschulunterricht findet in Berufsschulen statt. Nach dem ersten Jahr wird der Übergang in eine betriebliche Ausbildung angestrebt.

Ausbildungsbegleitende Hilfen (abH)

Treten während der Ausbildung Lernschwierigkeiten mit den theoretischen Anforderungen auf und ist der Erfolg des Ausbildungsverhältnisses gefährdet, kann der Ausbilder oder der Auszubildende sich an die Berufsberatung seiner zuständigen Agentur für Arbeit wenden. In einem persönlichen Gespräch wird geklärt, welche Hilfen notwendig sind. Die Agentur für Arbeit finanziert nach dem Sozialgesetzbuch III Hilfen für die betriebliche Ausbildung.
Ziel ist es, in Einzel- oder Gruppenunterricht schulische, fachpraktische und persönliche Probleme zu überwinden und eine erfolgreiche Abschlussprüfung zu erreichen.
Die abH unterstützen die Berufsausbildung in Betrieben und Berufsschulen und finden in der Regel außerhalb der Ausbildungszeit statt.

Das Angebot an abH kann umfassen:

- Stütz- und Förderunterricht in allgemeinen Fächern, Fachtheorie und Fachpraxis
- Prüfungsvorbereitung
- Sozialpädagogische Begleitung
- Beratung, Lebenshilfe

Können nicht alle erforderlichen Inhalte im Ausbildungsbetrieb vermittelt werden, bietet sich eine weitere Alternative.

1.2.3.1.4 Überbetriebliche Ausbildung

Kann oder möchte ein Betrieb bestimmte relevante Bereiche nicht selber vermitteln, ist es dennoch möglich auszubilden. Dann nämlich, wenn man sich einen überbetrieblichen Partner sucht. Mit diesem schließt der Ausbildungsbetrieb einen Vertrag ab. Der Partner übernimmt im Namen des Ausbildungsbetriebes – i. d. R. gegen eine vereinbarte Gebühr – eine Ausbildungsdienstleistung.

Vertragspartner und Zahler der Ausbildungsvergütung für den Auszubildenden bleibt auch während der Zeit beim überbetrieblichen Partner sein Ausbildungsbetrieb.

Hierzu ein Beispiel:
Ein vegetarisches Restaurant bietet keine Fleischspeisen an, möchte aber dennoch einen Koch ausbilden. Dies ist allerdings nur möglich, wenn die laut Ausbildungsordnung bzw. Ausbildungs-

rahmenplan vorgegebenen Inhalte bzw. Lernziele wie »Verarbeiten von Fleisch und Innereien« selber oder von einem überbetrieblichen Partner übernommen werden.

1.2.3.1.5 Verbundausbildung

Unter Verbundausbildung versteht man die Zusammenarbeit von Unternehmen in der betrieblichen Ausbildung. Kann ein Betrieb allein aufgrund seiner Größe, eventueller Spezialisierung, etc. nicht den Bestimmungen des Ausbildungsvertrages nachkommen, so ist es ihm gemäß Berufsbildungsgesetz möglich, mit anderen Betrieben oder Personen im Verbund zu kooperieren und so gemeinsam die Anforderungen zu erfüllen.

Die Voraussetzungen der Verbundausbildung klärt das BBiG:

> **§ 10 Vertrag**
>
> (5) »Zur Erfüllung der vertraglichen Verpflichtungen des Ausbildenden können mehrere natürliche oder juristische Personen in einem Ausbildungsverbund zusammenwirken, soweit die Verantwortlichkeit für die einzelnen Ausbildungsabschnitte insgesamt sichergestellt ist (Verbundausbildung).«

Durch das Einbeziehen spezialisierter Klein- und Mittelbetriebe in die Ausbildung ist die Verbundausbildung gleichzeitig besonders geeignet, einen wichtigen Beitrag bei der Umsetzung von neuen/neu geordneten Ausbildungsberufen sowie bei der Verbesserung der Ausbildungsqualität zu leisten.

Die Beteiligung an einem Verbund kann für Ausbildungsbetriebe von Bedeutung sein, wenn

- die vorgegebenen Ausbildungsinhalte sehr speziell sind,
- die Schwierigkeit zunimmt, geeignete Auszubildende zu finden,
- das eigene Ausbildungsangebot zu kosten- und/oder ressourcenintensiv wird.

Unter qualitativen Gesichtspunkten lassen sich die Vorteile von Verbundausbildung so zusammenfassen:

- Die Verbundausbildung ist ein geeignetes Instrument, um sich in Betrieben mit hoher technologischer Spezialisierung rechtzeitig auf künftige Qualifikationsanforderungen vorzubereiten. Hier besteht ein Potenzial zur Verbesserung der Qualität beruflicher Bildung, das bislang noch nicht erschöpfend genutzt wird.
- Unterschiedliche Betriebsabläufe mit ebenso unterschiedlichen fachlichen Anwendungsformen und Einzelheiten der Ausbildungsinhalte vermitteln ein breiteres Spektrum an fachlicher Kompetenz, als ein Einzelbetrieb es i. d. R. leisten kann.
- Indem das Lernen unter wechselnden personellen, räumlichen, (firmen-)kulturellen und lernorganisatorischen Rahmenbedingungen erfolgt, werden zugleich günstige Voraussetzungen für die Entwicklung nicht nur fachübergreifender sondern auch sozialer Kompetenzen geschaffen, insbesondere die Fähigkeit, kooperativ in unterschiedlichen Arbeitsgruppen zusammenzuarbeiten.

Diese Form der Ausbildung soll vor allem Betriebe ansprechen, die bislang nicht ausbilden. So sollen mehr Betriebe als Ausbildungsorte erschlossen werden.

1.2.3.1.6 Berufsakademie

Ein Ausbildungsbetrieb, der seine Position festigen oder ausbauen will, braucht umfassend ausgebildete Mitarbeiter. Vor diesem Hintergrund hat sich die duale Ausbildung an den Berufsakademien bewährt.

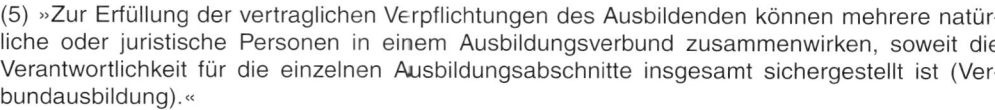
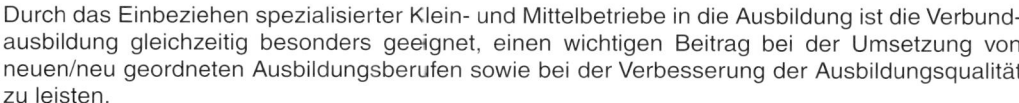

Bei dieser Form der Kooperation übernehmen zwei Partner die Aufgabe der Ausbildung: einerseits ist dies die Berufsakademie, die vor allem das theoretisch-wissenschaftliche Fachwissen vermittelt, andererseits das ausbildende Unternehmen, welches für die Vermittlung der Praxisinhalte zuständig ist.

Die Studiengänge an den Berufsakademien werden in die Bereiche Sozialwesen, Technik und Wirtschaft gegliedert.

Der Verlauf der Kooperation mit Berufsakademien gestaltet sich folgendermaßen:

• Bewerber schließen i. d. R. einen dreijährigen Ausbildungsvertrag mit einem Unternehmen ab, wo auch eine Hälfte (Praxisphase) der Ausbildung stattfindet. Ziel ist es, den Auszubildenden einen vertiefenden Einblick in relevante Unternehmensbereiche zu ermöglichen und ihnen ein Verständnis der Unternehmensabläufe zu geben.
• Die andere Hälfte der Ausbildung (Theoriephase) findet an der Berufsakademie statt, wobei Theorie- und Praxisphasen i. d. R. im Rhythmus von etwa drei Monaten wechseln (auch andere Modelle sind verbreitet).
• Studenten eines dualen Studiengangs erhalten während der Studienzeit eine Ausbildungsvergütung durch den Ausbildungsbetrieb.
• Das duale Studium ist arbeitsintensiv und die Studienzeit straff organisiert. Statt der in den Hochschulen üblichen vorlesungsfreien Zeit (»Semesterferien«) haben die Auszubildenden Urlaubstage (gemäß Ausbildungsvertrag).

Der Ausbildungsbetrieb gewinnt durch diese Form der Ausbildung mit einem Kooperationspartner frühzeitig den nötigen Nachwuchs an Fach- und Führungskräften, weiterhin profitiert der Betrieb von der Praxiserfahrung und der optimalen Ausbildung der Absolventen.

Im Zuge des Bologna-Prozesses hat die EU beschlossen, bis 2010 Diplomstudiengänge durch Bachelor- und Masterstudiengänge abzulösen. Zukünftig werden die dreijährigen Studiengänge an den Berufsakademien mit einem Bachelor abschließen, der die gleichen Berechtigungen wie die Bachelor-Abschlüsse der Hochschulen verleiht.

1.2.3.1.7 Externe Bildungsträger

Aufgrund der – je nach Branche – zunehmenden Spezialisierungen in den Betrieben sind diese häufig nicht mehr in der Lage, einem Auszubildenden alle Fertigkeiten und Kenntnisse zu vermitteln, die laut Ausbildungsordnung zu seinem Ausbildungsberuf gehören. Ausbildungsbetriebe haben daher die Möglichkeit, über externe Bildungsträger das notwendige Know-how an die Auszubildenden vermitteln zu lassen. Dies ist ausdrücklich im BBiG geregelt:

> **§ 27 Eignung der Ausbildungsstätte**
>
> (2) »Eine Ausbildungsstätte, in der die erforderlichen beruflichen Fertigkeiten, Kenntnisse und Fähigkeiten nicht im vollen Umfang vermittelt werden können, gilt als geeignet, wenn diese durch Ausbildungsmaßnahmen außerhalb der Ausbildungsstätte vermittelt werden.«

Um den Bedarf und Inhalt der Kooperation mit Bildungsträgern zu ermitteln, ist die Analyse betrieblicher Ausbildungsstärken ein besonders wichtiges Umsetzungsinstrument. Die Analyse-Parameter können sich durch z. B. die sachliche und zeitliche Gliederung des jeweiligen Berufsbildes oder durch den individuellen Bedarf/Förderbedarf beim Auszubildenden ergeben.

Durch solche Maßnahmen im Ausbildungsbetrieb sollen folgende Ziele gefördert werden:

• Ausweitung der beruflichen Grundbildung sowie Vertiefung der Fachbildung zur Unterstützung des Berufsprinzips

- Förderung betrieblicher Ausbildungsbereitschaft und -fähigkeit
- Ausrichtung der Berufsausbildung am technologischen, wirtschaftlichen, ökologischen und gesellschaftlichen Fortschritt
- Qualitätsverbesserung innerbetrieblicher Ausbildungsabläufe
- Verbesserung individueller Bildungsvoraussetzungen
- Förderung von Eigeninitiative und Vermittlung von Schlüsselqualifikationen

Darüber hinaus werden bei externen Bildungsträgern bspw. folgende erforderlichen und ergänzenden Ausbildungsinhalte/Fertigkeiten vermittelt:

- Schweißerlehrgänge
  (z. B. bei Anlagenmechanikern)
- Fremdsprachen
  (z. B. in kaufmännischen Ausbildungsberufen, gerade bei den immer häufiger werdenden Praxiseinsätzen von Auszubildenden im Ausland sind Fremdsprachen ergänzend notwendig)
- Azubi-Knigge
  (z. B. als Start-up für neue Auszubildende, zur Vermittlung von Orientierung, Motivation und Schlüsselqualifikationen zum Ausbildungsstart)
- Prüfungsvorbereitung
  (für die Zwischen- und Abschlussprüfung)

1.2.4 Kriterien und Verfahren zur Auswahl von Auszubildenden auch unter Berücksichtigung ihrer Verschiedenartigkeit anwenden

»Wer suchet, der findet.«

Vor Ausbildungsbeginn sind die Anforderungen des Ausbildungsberufes, die betrieblichen Rahmenbedingungen sowie die Eignung und Neigung des Ausbildungsplatzbewerbers auf ihren Einklang hin zu überprüfen. Gesucht ist letztlich nicht der beste, sondern der passendste Bewerber!

Die Ausbildung beginnt im weiteren Sinne mit der Auswahl der passenden Auszubildenden. Im engeren Sinne beginnt sie nach dem Abschluss des Ausbildungsvertrages am ersten Ausbildungstag. Auf dem Weg dahin ist im Rahmen der Ausbildungsbedarfermittlung, der Ausbildungsmarktanalyse, des Ausbildungsplatzmarketings, des Auswahlverfahrens und der Einstellungsabwicklung – als Teil des Ausbildungskreislaufes – der geeignete Auszubildende zu finden, zu binden und später auszubilden.

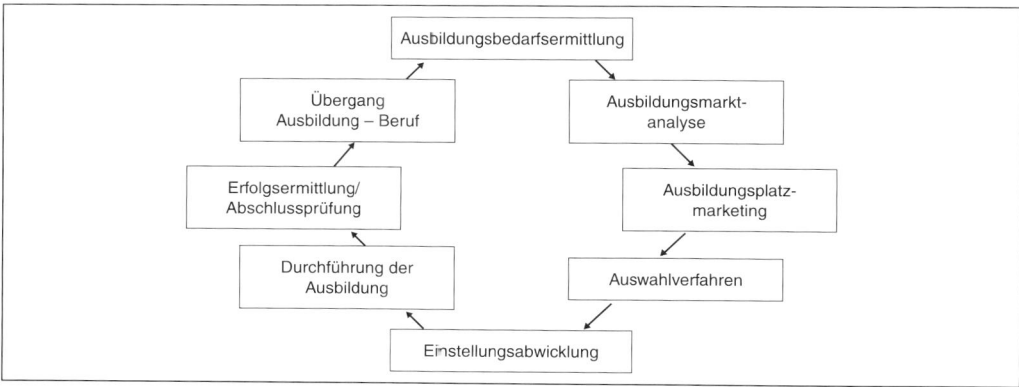

1.2.4.1 Auswahlkriterien aufstellen/Anforderungs- und Fähigkeitsprofil

Den passenden Auszubildenden findet man durch die Gegenüberstellung des Anforderungsprofils der im Ausbildungsberuf/Ausbildungsbetrieb auftretenden betrieblichen, persönlichen und schulischen Anforderungen mit dem Fähigkeitsprofil der erwarteten Eignung und Neigung des Bewerbers mit Hilfe passender Auswahlkriterien.

Anforderungsprofil

Die Bedeutung der Anforderungsprofile ergibt sich daraus, dass sich die Auswahl der Bewerber in erster Linie an den Anforderungen des Berufes und des Ausbildungsbetriebes orientiert.

Das Anforderungsprofil enthält die beruflichen Anforderungen, die nicht nur fachlicher, sondern auch persönlicher Art sind. Zu berücksichtigen sind auch zusätzliche betriebliche Anforderungen.

Das Anforderungsprofil erstellen Ausbildungsbetriebe nach eigenen Kriterien.

Das Anforderungsprofil hängt ab von/vom

- Ausbildungsbedarf des Unternehmens in den unterschiedlichen Ausbildungsberufen,
- Zeitpunkt des Ausbildungsbeginns,
- qualitativen und quantitativen Angebot potenzieller Auszubildender,
- Alternativen zur Ausbildung,
- der Personalplanung des Unternehmens,
- der Personalkostenplanung,
- bisherigen Ausbildungserfahrungen.

Hierzu ein Beispiel eines Anforderungsprofils für die Auswahl von Auszubildenden im Ausbildungsberuf Bankkaufmann/Bankkauffrau:

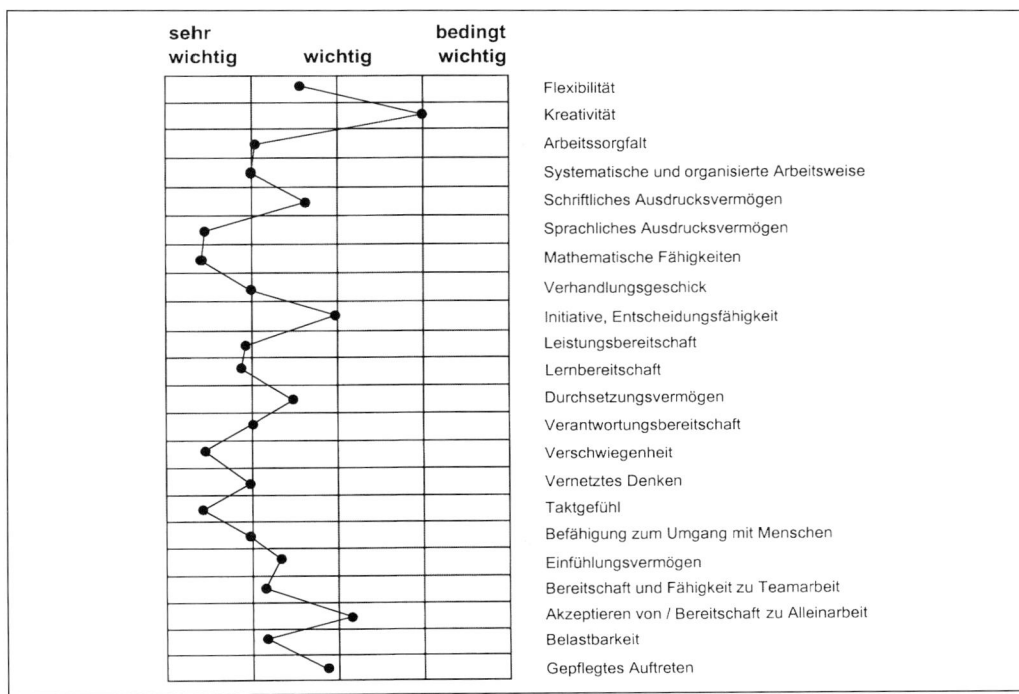

Auswahlkriterien

Anhand des Anforderungsprofils werden in einem nächsten Schritt Auswahlkriterien gebildet. Sie sind die Basis für die Stellenausschreibung und die Bewerbersuche sowie für die einheitliche Handhabung des Auswahlverfahrens.

Zu beachten ist, dass es außer dem Mindestalter für die Ausbildung (15 Jahre) keine generellen oder gesetzlichen Mindestanforderungen gibt und die Anforderungsprofile sowie Auswahlprofile in jedem Ausbildungsunternehmen individuell definiert sind. Im Prinzip kann jeder Bewerber unabhängig von einem Schulabschluss eine Ausbildung beginnen, sofern er einen Vertragspartner findet – also auch mit einem Hauptschul- oder ganz ohne Abschluss.

Wichtige Auswahlkriterien sind:

- Bewerbungsunterlagen
- Bisheriger Schulbesuch oder Schulabschluss
- Zeugnisse und Notenniveau (auch Veränderungen)
- Referenzen
- Leistung und Verhalten in einem vorangegangenen Praktikum
- Alter (evtl. Altersgrenzen nach oben und unten festsetzen)
- Wohnort (Mobilität)
- Interessen und Freizeitgestaltung
- Ergebnis der/des Einstellungstests
- Verhalten im Vorstellungsgespräch

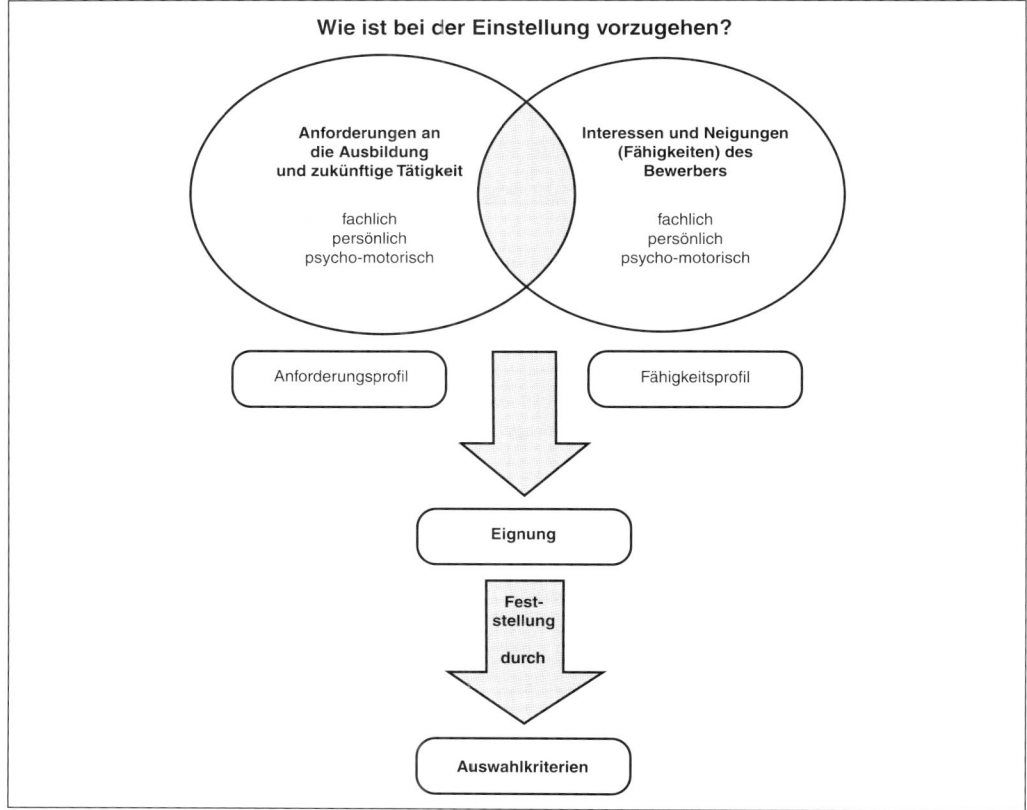

Eignungsprofil/Fähigkeitsprofil

Das Eignungsprofil des Bewerbers macht Aussagen zu dessen fachlichen, persönlichen, sozialen und körperlichen Fähigkeiten und Interessen. Es fällt bei jedem Auszubildenden mehr oder weniger unterschiedlich aus.

Decken sich Anforderungs- und Eignungsprofil, hat man es mit einem interessanten Bewerber zu tun. In der Praxis ist das allerdings vielfach nicht der Fall. So kommt es dazu, dass Auszubildende eingestellt werden, die den Auswahlkriterien nicht genügen, oder dass Ausbildungsstellen nicht besetzt werden (können), weil die Bewerber nicht dem Anforderungsprofil entsprechen.

Zur Gegenüberstellung von Anforderungs- und Eignungsprofil:

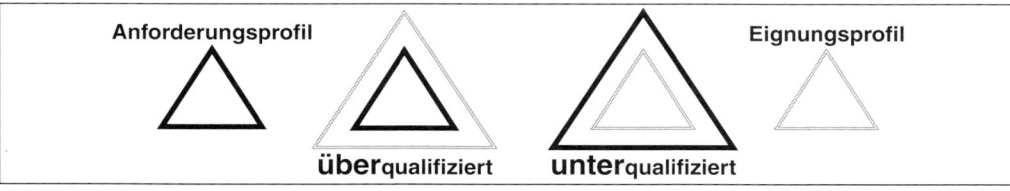

Gründe der Diskrepanz können sein:

• Mangelnde Qualifikation der Bewerber
• Zu hohe Erwartungshaltung der Ausbildungsbetriebe
• Berufswahlverhalten: Bewerber sind oftmals zu wenig flexibel, zu wenig informiert, falsch beeinflusst, wissen nicht, was sie von der Ausbildung erwarten
• Gesellschaftliche Multiplikatoren oder Agenturen für Arbeit geben Trends hinsichtlich Berufswahl vor. Modeberufe entstehen und sind vielfach überlaufen
• Handwerkliche Ausbildungsberufe verlieren an Ansehen und Bedeutung
• Konzentration der Bewerber auf renommierte Großunternehmen

Die aufgestellten Anforderungen an den Betrieb/Beruf sollten dementsprechend angemessen sein, weil

• aufgestellte Auswahlkriterien die Basis für Stellenausschreibungen und für die Handhabung des Auswahlverfahrens sind,
• überzogene Erwartungen nicht zwingend zu höheren »Trefferquoten« führen, da die angesprochene Zielgruppe mit der Erhöhung der Anforderungen in der Regel geringer wird,
• niedrig angesetzte Anforderungen zwar zu mehr Bewerbungen führen, die Anzahl der daraus resultierenden passenden Bewerber jedoch nicht zwingend größer wird, da die Qualität der Bewerber teilweise nicht den tatsächlichen Erwartungen des ausbildenden Unternehmens entspricht.

1.2.4.2 Formen des Ausbildungsmarketings

Die Möglichkeiten, die potenziellen Auszubildenden im Rahmen eines professionellen Ausbildungsmarketings zu finden, sind vielfältig und je nach Betrieb, Beruf, Branche, Konkurrenzbetrieben, Budget, Bewerbersituation und Region unterschiedlich zu kombinieren.

Zu den Möglichkeiten zählen:

• Stellenanzeigen in Tages- oder Wochenzeitungen (regional oder überregional)
• Agentur für Arbeit
• »Tag der offenen Tür« im Betrieb
• Kontakte über Schulen
• Anzeigen in Schülerzeitungen

- Firmenzeitung oder Kundenzeitung
- Betriebliche Praktika (»Schnupperausbildung«)
- Infoveranstaltungen/Ausbildungsmessen
- Internetstellenbörsen (z. B. www.ihk-lehrstellenboerse.de)
- Firmen-Homepage
- Ausbildungsstellenbörsen der zuständigen Stellen
- Werbung über Auszubildende (»Mund-zu-Mund-Propaganda« – Auszubildende werben Auszubildende)
- Kommunikation mit Mitarbeitern und Kunden (Mitarbeiterkinder, Kundenkinder)

Hinzukommen »Blindbewerber«, die auf keine Marketingaktivität des Ausbildungsbetriebes reagieren, sondern selber in Sachen Bewerbung aktiv werden. Eine gute Ausbildung spricht sich herum und wirkt als Magnet auf künftige/mögliche Bewerber.

Generell ist zu klären ist, welche Zielgruppe man ansprechen möchte. Eine Internetstellenanzeige ist bspw. für Unternehmen sinnvoll, die auch im IT-Bereich ausbilden, also potenzielle Bewerber auf diesem Wege ansprechen können. Für Kaufleute und Handwerker bieten sich in erster Linie Anzeigen in (regionalen) Tageszeitungen an. Abhängig ist die Suche auch von dem zur Verfügung stehenden Budget. Nicht jedes Unternehmen kann sich Werbung durch teure Stellenanzeigen oder Messebesuche leisten. In diesem Fall bieten sich Aushänge an Schulen oder auch die Teilnahme an Berufs-Informations-Tagen in Schulen, die Vermittlung über die Agenturen für Arbeit oder die Unterstützung über die zuständigen Stellen (Kammern) und deren Ausbildungsplatzbörse an. Diese Marketingformen sind zumeist kostenfrei und erreichen einen großen potenziellen Bewerberkreis.

Letztlich setzt man für die Bewerbersuche auf einen Marketing-Mix unterschiedlicher Maßnahmen.

Beim weiteren Vorgehen gilt es, die Nachfrage nach den Ausbildungsplätzen einzuschätzen. Das betriebliche Vorgehen (Budget, Zeitplan, Aktivitäten bei der Suche und Auswahl der Auszubildenden) ist stark vom Angebot-Nachfrage-Verhältnis abhängig und in jedem Ausbildungsjahr unterschiedlich. Insbesondere bei Angebotsüberhang bzw. Bewerbermangel gilt es, der Konkurrenz einen Schritt voraus zu sein.

Gutes Ausbildungsmarketing darf allerdings nicht mit guter Ausbildung gleichgesetzt werden. Es ist lediglich der erste Schritt zu einer für beide Seiten erfolgreichen Ausbildung.

Anforderungen an eine Stellenanzeige

Eine passende und erfolgreiche Stellenanzeige zu entwerfen und zu platzieren, ist eine anspruchsvolle Aufgabe. Zu den Anforderungen an eine solche Anzeige zählen:

- Klare Struktur
- Optisch ansprechend
- Sprache und Inhalt sollen den Bewerber dort »abholen«, wo er steht
- Passende Zeitung
- Passender Zeitpunkt
- Inhaltliche Aussagekräftigkeit (zu den Inhalten: kurze Vorstellung des Betriebes, Bezeichnung des Berufes, Ausbildungsbeginn, Berufsvoraussetzungen, betriebliche Leistungen, sonstige soziale Leistungen, genaue Bezeichnung der einzureichenden Unterlagen, Bewerbungsfrist, Kontaktmöglichkeiten)

Zu beachten ist hierbei das im Sommer 2006 verabschiedete Allgemeine Gleichbehandlungsgesetz (AGG), welches Benachteiligungen aufgrund von Diskriminierungsmerkmalen wie Geschlecht, Rasse, ethnische Herkunft, Religion, Weltanschauung, Alter, Behinderung oder sexuelle Identität in den Bereichen Arbeit und Beruf sowie im privaten Wirtschaftsverkehr verbietet. Bereits bei der Stellenausschreibung und später bei der Stellenbesetzung muss hierauf geachtet werden.

Praxistipp: Lassen Sie die aktuellen Auszubildenden an der Erstellung der Stellenanzeige für die neuen Auszubildenden mitwirken.

Zeitpunkt der Bewerbersuche

Je rarer die Bewerbersituation für den Beruf/die Branche ist und je mehr Auswahl man haben möchte, desto eher sollte man mit der Bewerbersuche beginnen. Etwa ein Jahr Vorlaufzeit vor Ausbildungsbeginn ist normal. Verbreitet sind aber auch Last-Minute-Aktivitäten kurz vor Beginn des Ausbildungsjahres. Dabei sollte es aber auf keinen Fall zu Torschlusspanikmaßnahmen kommen.

1.2.4.3 Chancen und Abwicklung von Praktika

Mehr und mehr gewinnen Praktika, die der Ausbildung vorangeschaltet sind, an Bedeutung. Man spricht dabei auch von der »Schnupperlehre« (vgl. Kap. 1.1.6.6).

1.2.4.4 An Einstellungen mitwirken

 Am Einstellungsprozess wirkt neben den betrieblich verantwortlichen Ausbildern und dem Ausbildenden – soweit vorhanden – auch der Betriebsrat mit. Der Arbeitgeber (in diesem Fall der Ausbildende) hat nach BetrVG § 92 (Personalplanung) den Betriebsrat über die Personalplanung, insbesondere über den gegenwärtigen und künftigen Personalbedarf sowie über die sich daraus ergebenden personellen Maßnahmen und Maßnahmen der Berufsausbildung anhand von Unterlagen rechtzeitig und umfassend zu unterrichten. Der Ausbildende hat mit dem Betriebsrat ferner über Art und Umfang der erforderlichen Maßnahmen zu beraten.

Gesetzlich besteht grundsätzlich Auswahlfreiheit des Ausbildenden. Betriebsintern gilt jedoch gegenüber dem Betriebsrat eine Unterrichtungspflicht (BetrVG § 81). Richtlinien für die personelle Auswahl bei Einstellungen bedürfen nach BetrVG § 95 der Zustimmung des Betriebsrates.

Darüber hinaus hat der Betriebsrat nach BetrVG § 99 in Unternehmen mit i. d. R. mehr als 20 wahlberechtigten Mitarbeitern ein Mitbestimmungsrecht bei personellen Einzelmaßnahmen, wie z. B. Einstellung, Eingruppierung, Umgruppierung und Versetzung. Er muss hierüber nicht nur unterrichtet werden, es ist auch seine Zustimmung notwendig. Verweigert er die Zustimmung, muss er dies binnen einer Woche nach der Unterrichtung durch den Ausbildenden schriftlich und unter Angabe von Gründen mitteilen.

Um Streitigkeiten mit dem Betriebsrat und Verzögerungen im Auswahl- und Einstellungsverfahren zu vermeiden, empfiehlt sich von vornherein eine vertrauensvolle Zusammenarbeit mit dem Betriebsrat in allen Fragen der Einstellung und anschließenden Ausbildung.

	Mitbestimmung	Mitwirkung
Personalplanung		✓
Beurteilungsgrundsätze	✓	
Personelle Auswahlrichtlinien	✓	
Förderung der Berufsbildung		✓
Einrichtungen und Maßnahmen der Berufsausbildung		✓
Planung und Durchführung betrieblicher Bildungsmaßnahmen	✓	
Einstellungen (§ 99 BetrVG)	✓	

1.2.4.5 Eignungsfeststellung

»Wer die Wahl hat, hat die Qual...«

Das Herzstück des Auswahlverfahrens stellt das Vorstellungsgespräch dar. Zu beachten ist aber, dass dieses Gespräch nur ein Instrument des gesamten Auswahlverfahrens ist und diesem i. d. R. andere Verfahren der Eignungsfeststellung vorausgehen.

Mögliche Phasen sind:

Analyse der Bewerbungsunterlagen ➡ Personalfragebogen ➡ Vorstellungsgespräche und/oder Assessment Center und/oder Tests ➡ Probezeit

1.2.4.5.1 Analyse der Bewerbungsunterlagen

Elemente der Bewerbungsunterlagen sind in der Regel:

Unterlagenart	Was zu beachten ist	Mögliche Interpretation
Briefumschlag	Adressierung, Frankierung, neutraler Umschlag	Sauberkeit, Ordnung
Bewerbungsschreiben	Original, Form, Inhalt, Aufbau, Stil, Rechtschreibung, Unterschrift als »Aufhänger«	Ausdrucksfähigkeit, Sorgfalt, geistiges Potenzial, Individualität
Lebenslauf	Soziales und privates Umfeld, Schuler, Schulwechsel verbunden mit Wohnort- wechsel, Wechsel der Aus- bildung, Hobbys, Original oder Kopie, Unterschrift	Engagement, Zielstrebigkeit, Mobilität, Flexibilität, Sorgfalt
Zeugnisse der Schulausbildung	Endzeugnisse, Halbjahres- zeugnisse, freiwillige Arbeitsgemeinschaften, Anzahl der Fehltage (vor allem unentschuldigte)	Engagement, Flexibilität, Leistung, Leistungstrend
Nachweise über Praktika	Branche und Image des Arbeitsgebers, Groß- oder Kleinbetrieb, Pflichtpraktikum	Leistungsverhalten, Engagement, Vorwissen
Seminare / Kurse	Parallel zur Schule, in der Freizeit, welcher Abschluss, wie initiiert?	Engagement, persönliche Interessen
Lichtbild	Aktualität, Name und Adresse auf Rückseite, Art des Bildes Aber Vorsicht: Aufgrund des Allgemeinen Gleichbehand- lungsgesetzes sollte nicht zur Einsendung eines Lichtbildes aufgefordert werden!	Sorgfalt, äußere Erscheinung, Professionalität
Referenzen	Aussteller, Aktualität	Kontaktfähigkeit, Engagement, Leistung

Die entscheidenden Leitfragen zu den Bewerbungsunterlagen sind:

- Sind die Unterlagen aussagekräftig?
- Geht aus den Unterlagen ein wirkliches Interesse an dem Ausbildungsberuf und dem Ausbildungsbetrieb hervor?
- Entspricht die Bewerbung den mit dem Ausbildungsplatz verbundenen Standards?
- Besteht die Chance, dass sich Anforderungs- und Eignungsprofil decken?
- Wie sieht es mit den berufsrelevanten Noten im Schulzeugnis aus?

Auf eingehende schriftliche Bewerbungen ist zunächst mit einer Eingangsbestätigung zu reagieren.

Daran anschließend folgt die Auswertung der Unterlagen. Zu deren Auswertung eignet sich die **ABC-Analyse**, die Bewerber in drei Kategorien einteilt.

A = Bewerber, die alle geforderten Anforderungen erfüllen. Sie kommen in die engere Auswahl.

B = Bewerber, die nicht alle geforderten Anforderungen erfüllen, die aber für eine andere Position bzw. einen anderen Ausbildungsberuf im Unternehmen interessant sind oder als Kandidaten für die Bewerberkartei in Frage kommen. Sollten »A«-Bewerber nicht zur Verfügung stehen, greift man u. U. auf »B«-Bewerber zurück.

C = Bewerber, die für die in Aussicht stehende Ausbildung ungeeignet sind. Es kann umgehend eine Absage erteilt werden.

Im zweiten Schritt erfolgt oftmals die Zusendung eines Personalfragebogens, um weitere Informationen über den Bewerber einzuholen oder Angaben zu standardisieren und dokumentieren.

1.2.4.5.2 Eignungstests

Oft werden potenzielle Auszubildende nach positiver Auswertung der Bewerbungsunterlagen und des Personalfragebogens zu einem Test eingeladen. Tests sind Methoden, menschliche Leistungen und/oder Verhalten zu messen und aufgrund der dabei erzielten Ergebnisse Rückschlüsse auf den Getesteten zu ziehen. Von den bei der Bewerberauswahl angewendeten Tests erwartet man, dass sie darüber hinaus Vergleiche mit anderen Bewerbern ermöglichen und dass mit ihrer Hilfe der künftige Ausbildungserfolg prognostiziert werden kann.

Zu den Testarten zählen:

Intelligenztests, die entweder über das allgemeine intellektuelle Niveau oder über Teile davon (z. B. Wahrnehmungsgeschwindigkeit, mathematisches Verständnis oder Konzentrationsfähigkeit) Aussagen machen.

Wissens- und Kenntnistests, wobei die Rechtschreib- und Rechentests wegen der grundlegenden Bedeutung dieser ausbildungsnotwendigen »Kulturtechniken« (Rechnen und Rechtschreibung) und der relativ leichten Durchführbarkeit eine besondere Rolle spielen. Für besonders aussagekräftig halten wir die Testreihen »Grundwissen-Test für Auszubildende« aus dem Feldhaus Verlag.

Psychomotorische Tests, mit denen – vor allem bei der Auswahl für gewerblich-technische Berufe – bspw. das handwerkliche Geschick und die Bewegungskoordination überprüft werden.

Persönlichkeitstests, welche – häufig in Form von Fragebögen – persönliche Eigenschaften wie Kontaktfähigkeit, Durchsetzungsvermögen, Einstellungen oder Interessen ergründen möchten.

Testkriterien sollen sein:

- Objektivität (in Vorbereitung, Durchführung und Nachbereitung)
- Angemessenes Kosten-Nutzen-Verhältnis
- Chancengleichheit für die Testteilnehmer
- Trennschärfe in der Aufgabenstellung und bei der Lösungsvorgabe
- Validität (Treffsicherheit/Gültigkeit)
- Reliabilität (Messgenauigkeit/Zuverlässigkeit)

Bei Tests ist generell auf Folgendes zu achten:

- Jede Testform kann nur für einen bestimmten Bereich etwas Gültiges aussagen.
- Teamfähigkeit lässt sich nur im Team testen, nicht in schriftlichen Tests.
- Durch Vorbereitung und Testroutine können Testergebnisse verfälscht werden.
- Testergebnisse sollten nicht überbewertet werden.
- Testanwender unterliegen der gesetzlichen Schweigepflicht über die Ergebnisse (§ 203 StGB).

Es gibt zahlreiche kommerzielle Anbieter von Tests. Viele Unternehmen nutzen diese gekauften Tests. Warum aber soll man nicht selbst einen Test erstellen? Auf diese Weise kann das vom Ausbildungsbetrieb angestrebte Anforderungsprofil genauer getroffen werden.

Konkrete Aufgaben im Test zu einem Elektroberuf sollten solche sein, die auf logisches Denken abzielen, die psychomotorische Fähigkeiten und Handgeschicklichkeit erkennen lassen; aus den Bereichen Physik und Mathematik mit Berufsbezug.

Interessante und geeignete Tests bietet die moses.Verlag GmbH, Kempen in der Reihe »Pocket Quiz« an. Hieraus einige Beispiele:

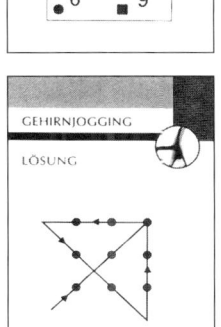

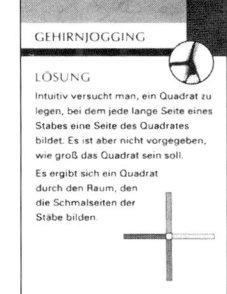

Quelle: »Pocket Quiz«, moses.Verlag GmbH

1.2.4.5.3 Das Vorstellungsgespräch

Machen die Testergebnisse neugierig, den Kandidaten genauer kennenzulernen, folgen zumeist ein oder mehrere Vorstellungsgespräche. Ziele dieser Gespräche sind:

- Vermittlung von Informationen über das Unternehmen und die Ausbildungsbedingungen
- Erhalt eines persönlichen Eindrucks vom Bewerbers
- Gewinnung von Informationen über Neigungen, Hobbys und Eigenarten des Bewerbers
- Vermittlung eines persönlichen Eindrucks des Bewerbers vom Betrieb
- Klärung der Übereinstimmung zwischen dem Berufswunsch und der Eignung/Fähigkeit des Bewerbers
- Kennenlernen der Interessen und Wünsche des Bewerbers

Der Ausbilder bzw. der Ausbildende hat als »Gastgeber« einen großen Einfluss auf die Atmosphäre und den Gesprächsverlauf. Gerade bei diesem Gesprächstyp dürfen die Bewerber nicht glauben, es handle sich um eine Sonderform eines Verhörs oder eine Prüfung mit anderen Methoden. Weil sie das aber oft zu spüren glauben, verlaufen manche Vorstellungsgespräche so, als wären sie dies. Das Gespräch darf keinen »Einbahnstraßenverlauf« nehmen, sondern soll einen Informationsaustausch für beide Seiten bieten.

Häufig werden Vorstellungsgespräche auch mit mehreren Bewerbern gleichzeitig geführt, hierbei muss die Gesprächsdauer entsprechend erhöht werden. In diesen Gruppengesprächen (teilweise mit Übungen) können sehr gut Teamfähigkeit und Durchsetzungsvermögen geprüft werden. Man sollte jedoch darauf achten, dass in einer Gruppe nur Bewerber mit einem vergleichbaren Schulabschluss aufeinandertreffen.

Vorstellungsgespräche lassen sich aus Sicht des Ausbildenden oder Ausbilders in verschiedene Phasen unterteilen:

1. Vorbereitung
2. Einleitung und Kontakt
3. Beobachtung und Gesprächsführung
4. Gesprächsbeendigung
5. Gesprächsnachbereitung
6. Benachrichtigung des Bewerbers

1. Phase: Vorbereitung

Der Grundstein für ein gutes Vorstellungsgespräch wird bereits mit dessen Vorbereitung gelegt.

Leitfragen hierfür sind:

- Wer soll an dem bzw. den Gespräche(n) teilnehmen? Aus dem Unternehmen? Bei minderjährigen Bewerbern ggf. die Eltern?
- Wie viele Gespräche bzw. Gesprächsrunden sind geplant?
- Mit welcher zeitlichen Dauer werden das/die Gespräch(e) angesetzt?
- Welches sind angemessene Räumlichkeiten?
- Wie lässt sich eine angenehme Atmosphäre herstellen (z. B. Getränke, Süßigkeiten)?
- Wie lassen sich Störungen vermeiden?
- Welche Unterlagen/Materialien werden benötigt?
- Welcher/Welche Leitfaden bzw. Fragen/Fragetechniken werden angewandt?
- Wie lassen sich die Ergebnisse sinnvoll dokumentieren?
- Wie wird das Gespräch auf den Bewerber wirken?

Ziel dieser Phase ist es, optimal vorbereitet in das Gespräch zu gehen.

2. Phase: Einleitung und Kontakt

- Begrüßung der Gesprächspartner
- Anspannung abbauen
- Ablaufplan vorstellen
- Vorstellung der Beteiligten seitens des Unternehmens
- Kurzvorstellung des Betriebes

Ziel dieser Phase ist es, das »Eis zu brechen«, um anschließend ins Gespräch zu kommen.

3. Phase: Beobachtung/Gesprächsführung

- Informationen zur Ausbildung geben (Vertrag, Dauer, Ablauf der Ausbildung, Vergütung, Anzahl der Auszubildenden)

- Verhalten des Bewerbers während des Gesprächs beachten. Hierzu zählen:
  - Körpersprache
  - Verhalten beim Eintreten, bei der Begrüßung, beim Platz nehmen
  - Sicheres oder unsicheres Auftreten
  - Verkrampfte oder zu lockere Haltung
  - Wortwahl und Rhetorik
  - Auffassungsgabe, rasches Erfassen der Situation
  - Präzise Beantwortung der Fragen

- Verhalten des Ausbilders während des Gesprächs. Hierzu zählen:
  - Übernahme der Moderation
  - Aktives Zuhören
  - Bewerber Zeit zum Ausreden lassen
  - Notizen machen
  - Gezielte Fragen stellen

Vor allem für die Phasen 2 und 3 empfiehlt es sich, einen Gesprächsleitfaden zu entwickeln und anzuwenden sowie gezielte Fragetechniken einzusetzen.

Aspekte der Fragetechniken

Das Beherrschen der Fragetechniken ist das A und O eines professionellen Vorstellungsgespräches.

- Fragen sollen Impulse setzen, das Gespräch aktivieren, Austausch ermöglichen und zielorientiert voranbringen. Inwieweit dies gelingt, hängt stark vom Beherrschen der Fragearten und -techniken und von deren gezieltem Einsatz ab.
- In einem Vorstellungsgespräch fragen beide/alle Teilnehmer.
- Gezielte Fragen regen zum Mitdenken an und lenken die Aufmerksamkeit und den Gesprächsverlauf in eine bestimmte Richtung. Fragen geschickt und taktvoll zu stellen, setzt gutes Zuhören voraus und ist die Basis für eine überzeugende, am Bewerber und an der Thematik orientierte Gesprächsführung. Ehrlich und offen gestellte Fragen geben dem Bewerber das Gefühl, dass man auf ihn eingeht.
- Durch Fragen bezieht man den Bewerber mit ein. Sie stellen sicher, dass er tatsächlich hinhört und man erfährt, ob er einem gedanklich folgt oder folgen kann.
- Fragen helfen, die (Ausbildungs-)Bedürfnisse bzw. Motive des Bewerbers kennenzulernen und besser einzuschätzen.
- Fragen helfen, die Widerstände und Vorbehalte des Bewerbers rascher zu erkennen. Man ist dadurch in der Lage, besser und gezielter auf ihn eingehen zu können.
- Fragen ermöglichen einen konfliktfrei(er)en Ablauf eines Gespräches.
- Durch eine Frage werden eventuelle Irrtümer klar und Meinungen erkennbar.
- Fragen führen vom Monolog zum Dialog.
- Durch Fragen erhält man zusätzliche Informationen und gewinnt Zeit.

Wichtig ist, dass die passende Frage dem Bewerber die Gelegenheit gibt, sich zu artikulieren. Das wirklich Hörenswerte liegt nicht nur in dem, was geantwortet wird, sondern vor allem, wie geantwortet wird. Eine generelle Rezeptur für die richtige Fragestellung gibt es allerdings nicht, man kann sie sich nur individuell aneignen. Dabei ist es immer von Bedeutung, das Gesprächsziel, die Situation und die Rahmenbedingungen zu berücksichtigen. Frage und Antwort sind zwei Seiten derselben Medaille.

Zu unterscheiden sind Fragetypen und Fragearten

Fragetypen

- **Geschlossene Fragen** sind nur mit »Ja« oder »Nein« oder vorgegebenen Antworten zu beantworten (zumeist 50:50-Chance). Der Gefragte muss sich mit der Antwort wenig auseinandersetzen. Sie sind im Gespräch weitgehend zu vermeiden, weil sie kaum weiterführen und das Gespräch schnell »ersticken« können.

  Andererseits dienen geschlossene Fragen der Abwicklung besprochener Inhalte und haben somit eine wichtige Funktion bei der Vermeidung von Missverständnissen.

  Beispiele hierfür sind:
  »Sind Sie mit dem weiteren Vorgehen einverstanden?«
  »Können Sie mir folgen?«
  »Haben Sie noch Fragen?«

- **Offene Fragen** hingegen erfordern bzw. erzwingen eine Reflexion des Gefragten und eine Stellungnahme zum Frageinhalt. Sie fordern bzw. fördern damit das Gespräch. Der Gefragte muss sich mit der Antwort auseinandersetzen. Sie dienen der Informationssammlung und motivieren den Bewerber, mehr relevante Informationen »rauszurücken«.

  Beispiele hierfür sind:
  »Warum streben Sie diesen Ausbildungsberuf an?«
  »Was erwarten Sie vom Ausbildungsalltag?«

Fragearten

- Informationsfragen zielen direkt auf die Darstellung bestimmter Fakten:
  »Was sind Ihre Hobbys?«

- Kontrollfragen wollen den Informationsstand absichern:
  »Können Sie mir das noch mal zusammenfassen?«

- Kurze Fragen erfordern ein spontanes Antworten. Der Bewerber hat nicht lange Zeit zum Nachdenken:
  »Wie geht es Ihnen?«

- Alternativfragen (als Ausdruck geschlossener Fragen) lassen nur zwischen (i. d. R. zwei) vorgegebenen Möglichkeiten wählen:
  »Wollen Sie einen Tee oder Mineralwasser trinken?«

- Umwegefragen erreichen die gewünschte Wirkung indirekt:
  »Haben Sie sich darüber genügend informiert?« (Absicht: »Muss ich Ihnen das noch mal erklären?«)

- Gegenfragen beantworten die Frage mit einer erneuten Frage:
  »Können Sie Ihre Frage noch einmal wiederholen?«

- Motivationsfragen erwarten keine unmittelbare und konkrete Antwort. Diese Fragen zielen darauf, den Gesprächspartner zu motivieren etwas zu tun, auch wenn ihm nicht danach ist: »Ihnen als Experten für Excel wird es doch sicherlich gelingen, während der Ausbildung Statistiken für die Geschäftsleitung zu erstellen?«

- Rhetorische Fragen erwarten keine unmittelbare und konkrete Antwort. Die Fragestellung zielt direkt auf den (problematischen) Beziehungsaspekt bzw. eine Situation und will diesen ausweiten: »Sicher stimmen Sie mir zu, wenn ich behaupte...?«

- Ganz ähnlich ist es mit den Suggestivfragen, die die Antwort von vornherein festlegen. Hier spielt eine für den weiteren Gesprächsverlauf schädliche Beeinflussung deutlich mit herein: »Wussten Sie nicht, dass das Vorstellungsgespräch um 9 Uhr beginnen sollte?«

- Fragen zur Konkretisierung wollen tiefer in die Materie eindringen: »Können Sie mir bitte ein konkretes Beispiel Ihrer Freizeitgestaltung schildern?«

- Hypothetische Fragen wollen mögliche Situationen/Alternativen thematisieren: »Angenommen, Sie könnten Ihre Ausbildungsvergütung selber bestimmen, wie hoch wäre diese?«

Oftmals ist eine Unterscheidung zwischen den Fragearten schwierig, da eine Frage für verschiedene Fragearten stehen kann.

Basis eines erfolgreichen Frageverhaltens sind die Sozial- und Methodenkompetenz der am Gespräch Beteiligten. Fragen im Vorstellungsgespräch haben aber auch die Funktion, mit der eigenen Meinung hinter dem Berg zu halten und stattdessen die Selbstoffenbarung des Bewerbers herauszufordern. Dann sind sie weniger Mittel zur Informationsgewinnung, sondern mehr eine Technik zur Sicherung der Gesprächsführung.

Das Frageverhalten und die Fragesituation des Ausbilders oder Ausbildenden im Vorstellungsgespräch sollten von folgenden Faktoren geprägt sein:

- Aktivierung des Bewerbers
- Wertschätzung des Bewerbers
- Dialog statt Monolog
- Ergebnisorientierte Lenkung des Gesprächs
- Zielorientierung der Fragen
- Zeit zum Antworten lassen
- Anpassung an das Sprachniveau des Bewerbers (bis zu einem gewissen Grad)
- Keine eigenen Wertungen abgeben, Sie wollen ja die des Gegenübers hören!

Folgende Fragestellungen und -situationen sollten nach Möglichkeit nicht benutzt werden:

- Aufdringliche Fragen
- Zu komplizierte Fragen
- Kettenfragen
- Indiskrete Fragen
- Überfordernde Fragen
- Suggestivfragen

Damit das Vorstellungsgespräch zielgerichtet geführt wird, gilt es, strukturierte und konkrete Fragen zu stellen:

Zum Berufsziel: Zu den
- Gründen für die Berufsausbildungswahl
- Gründen für die Wahl des Ausbildungsunternehmens
- Erwartungen an die Ausbildung

Zum Lebenslauf:
- Zu Besonderheiten, Lücken oder Unklarheiten im Lebenslauf
- Zur familiären Situation
- Zu privaten Aktivitäten und Freizeitgestaltung
- Zu den bisher besuchten Schulen
- Zu absolvierten Praktika
- Zur Eignung für die Ausbildung
- Zur Einschätzung der Anlagen und Begabungen
- Zum bisherigen Arbeitsverhalten und zur Arbeitsweise
- Zu gesundheitlichen Voraussetzungen

Rechtliche Aspekte des Vorstellungsgespräches

Es dürfen nur solche Fragen gestellt werden, die mit den Anforderungen des Ausbildungsverhält-nisses in Zusammenhang stehen und für den Ausbildenden einer besonderen Klärung bedürfen. Das Fragerecht hat da seine Grenzen, wo nach Artikel 1 des Grundgesetzes die Würde des Menschen durch Eindringen in die Intimsphäre verletzt wird.

Zulässige und unzulässige Fragen im Vorstellungsgespräch

Fragen des Ausbildenden	zulässig	unzulässig	Hinweis
Berufliche und fachliche Fähigkeiten, Kenntnisse und Erfahrungen	✓		
Familienverhältnisse	✓		
Eheschließung in absehbarer Zeit		✓	
HIV-Infektion		✓	
Chronische Leiden und ansteckende Krankheiten	✓		
Schwangerschaft		✓	Außer Leben und Gesundheit der Mutter oder des Kindes können durch die angestrebte Tätigkeit in Gefahr geraten
Vermögensverhältnisse		✓	Außer bei Führungskräften oder der künftige Arbeitsplatz bein-haltet besondere Vertrauens-stellung
Vorstrafen		✓	Außer für künftige Position bedeutsam
Religions-, Partei- oder Gewerkschaftszugehörigkeit		✓	Außer Gewerkschaftszugehörig-keit bei leitenden Angestellten
Scientology-Mitgliedschaft	✓		Weil Scientology nicht als Religionsgemeinschaft, sondern als Gewerbebetrieb gilt

Werden unzulässige Fragen gestellt, braucht der Bewerber diese nicht bzw. nicht wahrheits-gemäß zu beantworten, ohne dass dies Rechtsfolgen für ihn hat. Die bewusst falsch gegebene Antwort auf eine zulässige Frage berechtigt den Ausbildenden zur Anfechtung des Ausbildungs-vertrages wegen arglistiger Täuschung, wenn die Antwort für die Einstellung ursächlich war.

Wer unzulässige/unangemessene Fragen stellt, bewirkt damit ein negatives Image des Ausbildungsbetriebes und offenbart einem eventuellen künftigen Auszubildenden eine suspekte Unternehmenskultur.

4. Phase: Gesprächsbeendigung

Hierbei gilt es zu beachten:
- Bewerber Gelegenheit zu eigenen Fragen geben
- Ausblick geben (Das weitere geplante Vorgehen erläutern)
- Angemessene Verabschiedung

Unabhängig von der Tendenz/Entscheidung über den Bewerber muss das Gespräch mit einer positiven Note für diesen enden. Die letzte Phase bestimmt den Eindruck, den der Bewerber mit nach Hause nimmt. Denken Sie immer daran, dass Bewerber, bezogen auf das Image des Betriebes, Multiplikatoren darstellen.

5. Phase: Gesprächsnachbereitung

Nach dem Gespräch stehen noch eine Reihe von Aufgaben auf dem Weg zur Einstellung oder Nicht-Einstellung des Bewerbers und beim weiteren Vorgehen an.

Hierzu zählen:
- Vergleich der Bewerber
- Evtl. weitere Gesprächsrunden
- Ergebnisfindung/Entscheidung (nicht zu lange warten)
- Einzuleitende Formalitäten

Auswertungsfehler sind:

- Vom Körperbau auf die Persönlichkeit schließen
- Von einer Eigenschaft (lahm oder behäbig) auf die gesamte Persönlichkeit schließen (Halo-Effekt)
- Äußeres Auftreten zu sehr gewichten (tätowierter, gepiercter oder langhaariger Bewerber)
- Projektion (eigene, an sich selbst nicht akzeptierte Verhaltensweisen werden im Bewerber entdeckt und ihm zum Nachteil bewertet bzw. umgekehrt eigene Stärken, die der Bewerber zeigt, werden besonders stark gewichtet)
- Erster Eindruck überwiegt (erste Beobachtung überstrahlt das ganze Gespräch)
- Voreingenommenheit (führt zur selektiven Wahrnehmung, d. h. man sieht, was man erwartet hat, z. B. anhand der Bewerbungsunterlagen, und ignoriert, was man nicht erwartet hat)

Zu bedenken ist, dass der Eindruck, den der Bewerber hinterlässt, nie völlig objektiv bewertet werden kann. Man muss sich darüber stets im Klaren sein und versuchen, ein Höchstmaß an Objektivität zu wahren. Zu beachten ist ferner, dass (fast) nirgendwo so viel (strategisch) gelogen wird wie in Vorstellungsgesprächen!

6. Phase: Benachrichtigung des Bewerbers

Wurde bereits im Vorstellungsgespräch eine Entscheidung getroffen, ist diese rechtswirksam, da der Ausbildungsvertrag auch mündlich geschlossen werden kann. Später muss allerdings die Schriftform erfolgen (vgl. Kap. 1.2.5).

Im Fall der Entscheidung für den Bewerber ist der Betriebsrat zu kontaktieren, dem Bewerber die Nachricht schriftlich oder telefonisch mitzuteilen und anschließend der Ausbildungsvertrag auszustellen.

Bei Absage haben Bewerber das Recht, ihre Unterlagen zurückzubekommen, sofern dies nicht ausdrücklich verneint wurde oder eine »Blindbewerbung« erfolgt.

Gerade der Umgang mit Bewerbern, die abgelehnt werden, ist eine Möglichkeit, sich von anderen Ausbildungsbetrieben positiv zu unterscheiden. Der Absagebrief sollte daher positiv formuliert sein und den Bewerber ermutigen, die Anstrengungen um einen Ausbildungsplatz fortzusetzen.

1.2.4.5.4 Assessment Center (AC)

In bestimmten (meist größeren Ausbildungsbetrieben und dort insbesondere für kaufmännische Berufe) werden anspruchsvollere Testvarianten wie das Assessment Center angewandt.

Unter einem AC versteht man ein komplexes, standardisiertes, i. d. R. mehrtägiges systematisches Verfahren zur gleichzeitigen Ermittlung von Leistungs- und Verhaltenspotenzialen mehrerer Bewerber in Bezug auf eine vorher definierte Stelle (in diesem Fall Ausbildungsplatz). Es besteht i. d. R. aus unterschiedlichen psychologischen Tests, schriftlichen Aufgaben, zahlreichen situativen Übungen, Fallstudien sowie Einzel- und Gruppengesprächen und ist daher recht zeit- und kostenintensiv.

Wie kein anderes Auswahlverfahren bietet diese Form der Bewerberauswahl die Möglichkeit, nicht nur Fachkompetenz, sondern auch die Persönlichkeit, insbesondere das Verhaltenspotenzial der Bewerber einzuschätzen, was im Rahmen der herkömmlichen Methoden – auch des Vorstellungsgesprächs – nicht oder nur eingeschränkt möglich ist.

Das AC erlaubt es, die Bewerber in Übungen agieren zu lassen, die mit der künftigen Tätigkeit vergleichbar sind. Charakteristisch für ein AC ist, dass mehrere Kandidaten (meist sechs bis acht) während der gesamten Dauer von einem Beurteilungsteam beobachtet und bewertet werden. Nach Abschluss oder bereits in Zwischenphasen gibt dieses Team eine Einschätzung der Potenziale der Bewerber ab.

Zusammenfassung: Der Weg zur Ausbildung

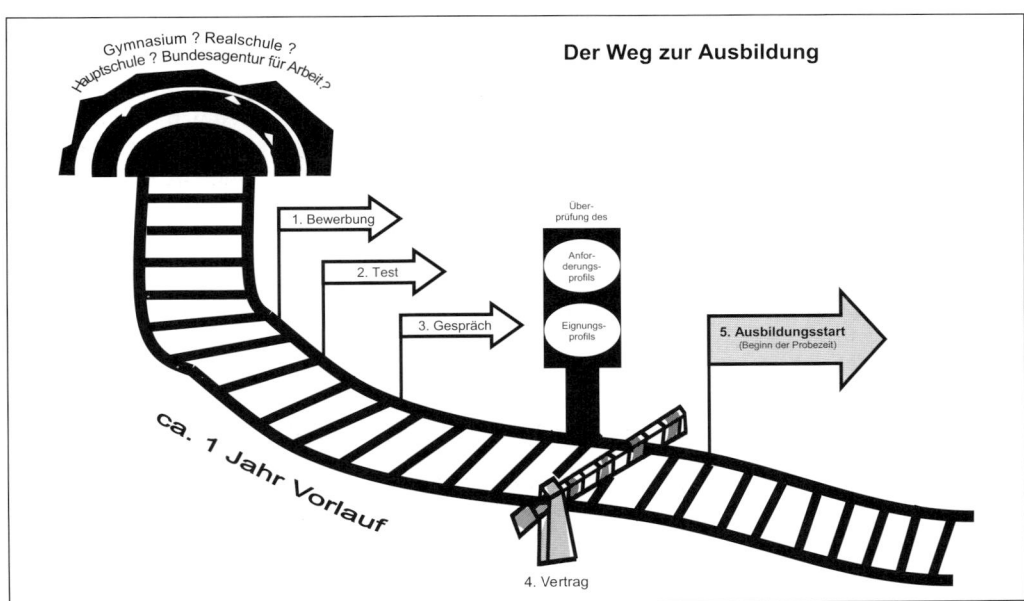

1.2.5 Berufsausbildungsvertrag vorbereiten und die Eintragung des Vertrages bei der zuständigen Stelle veranlassen

1.2.5.1 Die Begründung des Ausbildungsverhältnisses

»Die höchsten Türme fangen beim Fundament an.« Thomas A. Edison

Der Ausbildungsvertrag regelt auf Grundlage des Berufsbildungsgesetzes die Rechtsbeziehungen zwischen dem Auszubildenden und dem Ausbildenden für die Dauer der Ausbildung. Vertragspartner sind der Auszubildende und der Ausbildende (dies kann eine natürliche Person, eine Personengesellschaft oder eine juristische Person sein). Es handelt sich um einen privatrechtlichen Vertrag, allerdings mit öffentlich-rechtlichen Merkmalen, die die Gestaltungsfreiheiten einschränken.

Der Vertrag kommt durch zwei übereinstimmende Willenserklärungen der Vertragspartner zustande. Zwar kann das Zustandekommen des Vertrages mündlich erfolgen, er muss aber anschließend schriftlich niedergelegt werden und ist dann nur mit den entsprechenden Unterschriften gültig.

Sofern der Auszubildende minderjährig ist, kommt den Eltern als Erziehungsberechtigten eine besondere Rolle zu. Damit der Vertrag mit dem noch nicht voll geschäftsfähigen Jugendlichen gültig wird, muss für den Vertragsabschluss die Zustimmung der gesetzlichen Vertreter eingeholt werden und deren Unterschrift vorliegen. Vertretungsberechtigt sind grundsätzlich beide Elternteile gemeinsam; in Ausnahmefällen ein Elternteil oder ein Vormund. Regelungen hierzu finden sich im BGB.

Die Rolle der Eltern bei dem Vertragsabschluss bedeutet jedoch nicht, dass die Eltern ihr Kind zur Wahl eines Ausbildungsberufes oder eines Ausbildungsbetriebes zwingen können. Es greift hier das Grundgesetz Artikel 12 (Berufswahlfreiheit) und BGB § 181 (Selbstkontrahieren).

Der Ausbildende hat dem Auszubildenden (und ggf. dessen gesetzlichen Vertretern) eine Ausfertigung der unterzeichneten Niederschrift unverzüglich auszuhändigen (BBiG § 11 (3)). Für die Vertragsniederschrift ist es sinnvoll, die Vertragsvordrucke der zuständigen Stelle (Kammer) zu verwenden. Der Vertragsentwurf ist i. d. R. zweiseitig. Auf der Vorderseite enthält er die Punkte, bei denen eine bestimmte Festlegung auf das individuelle Vertragsverhältnis zu treffen ist. Auf der Rückseite sind die Bestimmungen abgedruckt, die nach dem BBiG zwingend für das Ausbildungsverhältnis gelten.

Der Ausbildungsvertrag ist mit dem zweiten Formular »Anmeldung zur Ausbildung« bei der zuständigen Stelle (Kammer) einzureichen. Dort wird er nach Überprüfung in das »Verzeichnis der Berufsausbildungsverträge« eingetragen.

1.2.5.2 Möglichkeiten der Verkürzung der Ausbildungszeit

Bei einer möglichen Verkürzung der vertraglichen Ausbildungszeit gilt es, sowohl das Berufsbildungsgesetz als auch die Ausbildungsordnung für den jeweiligen Beruf (die u. a. die Ausbildungsdauer festlegt) zu beachten.

Das BBiG regelt die Abkürzung der Ausbildung:

> **§ 8 Abkürzung der Ausbildungszeit**
>
> (1) »Auf gemeinsamen Antrag der Auszubildenden und Ausbildenden hat die zuständige Stelle (Kammer) die Ausbildungszeit zu kürzen, wenn zu erwarten ist, dass das Ausbildungsziel in der gekürzten Zeit erreicht wird. Bei berechtigtem Interesse kann sich der Antrag auch auf die Verkürzung der täglichen oder wöchentlichen Ausbildungszeit richten (Teilzeitberufsausbildung).«

Bei Verkürzung muss zwischen Verkürzungspflichten und Verkürzungsmöglichkeiten unterschieden werden. In den Ausbildungsordnungen finden sich Empfehlungen über die Ausbildungsdauer in den jeweiligen Ausbildungsberufen. Sie schwanken zwischen 18 Monaten (z. B. Gerätezusammensetzer) und 42 Monaten (z. B. Feinoptiker). Die meisten Berufe sind auf 36 Monate angelegt. Zu beachten ist, dass die Dauer der Ausbildungszeit nicht unter der Hälfte der zeitlichen Vorgabe der Ausbildungsordnung liegt.

Nicht mehr zwingend auf die Ausbildungsdauer angerechnet werden müssen seit August 2009 der vorangegangene Besuch einer Berufsfachschule und der eines Berufsgrundbildungsjahres mit jeweils einem Jahr, sofern es sich um das gleiche Berufsfeld handelt, in dem sich eine Ausbildung anschließt. Hierdurch verliert der Paragraph 7 (Absatz 1) an Bedeutung, da nunmehr statt genereller Verkürzungen nur noch individuelle Verkürzungen (Absatz 2) vorgesehen sind.

Das BBiG regelt die Anrechnung:

> **§ 7 Anrechnung beruflicher Vorbildung auf die Ausbildungszeit**
>
> (1) »Die Landesregierungen können nach Anhörung des Landesausschusses für Berufsbildung durch Rechtsverordnung bestimmen, dass der Besuch eines Bildungsganges berufsbildender Schulen oder die Berufsausbildung in einer sonstigen Einrichtung ganz oder teilweise auf die Ausbildungszeit angerechnet wird. Die Ermächtigung kann durch Rechtsverordnung auf oberste Landesbehörden weiter übertragen werden.
>
> (2) »Die Anrechnung nach Absatz 1 bedarf des gemeinsamen Antrages der Auszubildenden und Ausbildenden. Der Antrag ist an die zuständige Stelle zu richten. Er kann sich auf Teile des höchstzulässigen Anrechnungszeitraumes beschränken.«

Die Ausbildungszeit **kann** aufgrund bestimmter Vorkenntnisse oder Leistungen wie Abitur, EQ, Praktika, dem Besuch der Berufsfachschule oder des Berufsgrundbildungsjahres vertraglich verkürzt werden, sofern die Vertragspartner hier eine Übereinstimmung erzielen. Für Realschüler ist generell eine Verkürzung der Ausbildungszeit um bis zu sechs Monate möglich. Es können auch mehrere Verkürzungsmöglichkeiten nebeneinander berücksichtigt werden. Zudem kann aufgrund einer abgeschlossenen Erstausbildung nach einer Empfehlung des Bundesinstituts für Berufs-bildung eine Verkürzung der zweiten Ausbildung um zwölf Monate erfolgen. Dazu ist ein gemeinsamer Antrag von Auszubildenden und Ausbildenden nötig.

Darüber hinaus ist später eine vorzeitige Zulassung zur Abschlussprüfung zusätzlich möglich (BBiG § 45), sofern die Leistungen des Auszubildenden in Schule und Betrieb dies rechtfertigen und der Ausbildende zustimmt (vgl. Abschnitt 1.4.2).

Zusammenfassung: Rund um die Verkürzung der Ausbildungsdauer

```
┌──────────────────┐   ┌──────────────────┐        ┌──────────────────────┐
│                  │   │                  │────────│ Abschluss der        │
│                  │   │                  │        │ Berufsfachschule     │
│                  │   │                  │        └──────────────────────┘
│                  │   │                  │        ┌──────────────────────┐
│                  │   │ Individuelle     │────────│ Abschluss des        │
│                  │   │ Verkürzung       │        │ Berufsgrundbildungs- │
│  Normale         │   │                  │        │ jahres               │
│  Ausbildungs-    │   │ auf Antrag       │        └──────────────────────┘
│  dauer           │   │ gemäß            │        ┌──────────────────────┐
│                  │   │ § 7 Abs. 1       │────────│ Vorzeitige           │
│  (entsprechend   │   │ und 2,           │        │ Zulassung nach       │
│  der Ausbildungs-│   │ § 8 Abs. 1       │        │ § 45 Abs. 1 BBiG     │
│  ordnung)        │   │ und              │        └──────────────────────┘
│                  │   │ § 45 Abs. 1      │        ┌──────────────────────┐
│                  │   │ BBiG             │────────│ Besondere            │
│                  │   │ möglich          │        │ Leistungsfähigkeit,  │
│                  │   │                  │        │ Alter, Reife         │
│                  │   │                  │        └──────────────────────┘
│                  │   │                  │        ┌──────────────────────┐
│                  │   │                  │────────│ Gehobene             │
│                  │   │                  │        │ schulische Vorbildung│
└──────────────────┘   │                  │        │ (z. B. Mittlere      │
                       │                  │        │ Reife, Abitur)       │
                       │                  │        └──────────────────────┘
                       │                  │        ┌──────────────────────┐
                       │                  │────────│ Entsprechende        │
                       │                  │        │ Ausbildung           │
                       └──────────────────┘        └──────────────────────┘
```

1.2.5.3   Vertragsinhalte

Die Paragrafen zur Begründung des Ausbildungsverhältnisses finden sich im BBiG (§§ 10–12):

> **§ 10 Vertrag**
>
> (1) »Wer andere Personen zur Berufsausbildung einstellt (Ausbildende), hat mit den Auszubildenden einen Berufsausbildungsvertrag abzuschließen.«
>
> (2) »Auf den Berufsausbildungsvertrag sind, soweit sich aus seinem Wesen und Zweck und aus diesem Gesetz nichts anderes ergibt, die für den Arbeitsvertrag geltenden Rechtsvorschriften und Rechtsgrundsätze anzuwenden.«
>
> (3) »Schließen die gesetzlichen Vertreter oder Vertreterinnen mit ihrem Kind einen Berufsbildungsvertrag, so sind sie von dem Verbot des § 181 des Bürgerlichen Gesetzbuch befreit.«
>
> (4) »Ein Mangel in der Berechtigung, Auszubildende einzustellen oder auszubilden, berührt die Wirksamkeit des Berufsausbildungsvertrages nicht.«
>
> (5) »Zur Erfüllung der vertraglichen Verpflichtungen der Ausbildenden können mehrere natürliche oder juristische Personen in einem Ausbildungsverbund zusammenwirken, soweit die Verantwortlichkeit für die einzelnen Ausbildungsabschnitte sowie für die Ausbildungszeit insgesamt sichergestellt ist (Verbundausbildung).«

Die erste Seite des Berufsausbildungvertrages ist das Formular zur Eintragung in das Verzeichnis der Berufsausbildungsverträge. Viele Kammern bieten den Berufsausbildungsvertrag zum Ausfüllen bereits anwenderfreundlich auf ihrer Homepage an.

Die Vertragsinhalte müssen sich eng am BBiG und dessen Vorgaben, welches nichtige Vereinbarungen in § 12 ausdrücklich benennt, orientieren. Im Vertrag dürfen keine Vereinbarungen getroffen werden, die mit dem Sinn und Zweck der Ausbildung in Widerspruch stehen oder zu Ungunsten des Auszubildenden von den Vorschriften des BBiG abweichen.

 Zu den Besonderheiten des Berufsausbildungsvertrages zählt seine Doppelnatur: Es handelt sich sowohl um einen Zweckvertrag als auch um einen Zeitvertrag.

Der Ausbildungsvertrag ist zunächst ein **Zweckvertrag**, d. h. er endet mit dem Erreichen des Zwecks der Berufsausbildung, dem Bestehen der Abschlussprüfung. Darüber hinaus ist er ein **Zeitvertrag**, da er über eine bestimmte Vertragszeit abgeschlossen wird.

 Bezogen auf das Ausbildungsende gilt die Faustregel: Zweckvertrag geht vor Zeitvertrag!

Das BBiG regelt die Inhalte:

§ 11 Vertragsniederschrift

(1) »Der Ausbildende hat unverzüglich nach Abschluss des Berufsausbildungsvertrages, spätestens vor Beginn der Berufsausbildung, den wesentlichen Inhalt des Vertrags (gemäß Satz 2) schriftlich niederzulegen (die elektronische Form ist ausgeschlossen).

In die Niederschrift sind mindestens aufzunehmen:

1. Art, sachliche und zeitliche Gliederung sowie Ziel der Berufsausbildung insbesondere die Berufstätigkeit, für die ausgebildet werden soll
2. Beginn und Dauer der Berufsausbildung
3. Ausbildungsmaßnahmen außerhalb der Ausbildungsstätte
4. Dauer der regelmäßigen täglichen Ausbildungszeit
5. Dauer der Probezeit
6. Zahlung und Höhe der Vergütung
7. Dauer des Urlaubs
8. Voraussetzungen, unter denen der Berufsausbildungsvertrag gekündigt werden kann
9. Ein in allgemeiner Form gehaltener Hinweis auf die Tarifverträge, Betriebs- oder Dienstvereinbarungen, die auf das Berufsausbildungsverhältnis anzuwenden sind.«

Generell gilt es zu beachten: Arbeitsrechtliche Rechtsvorschriften gelten, wenn sie die Auszubildenden ausdrücklich einbeziehen (z. B. Bundesurlaubsgesetz) oder dem Auszubildendenschutz dienen (z. B. Jugendarbeitsschutzgesetz und Mutterschutzgesetz).

Das BBiG regelt auch Vereinbarungen, die nicht möglich sind:

§ 12 Nichtige Vereinbarungen

(1) »Eine Vereinbarung, die Auszubildende für die Zeit nach Beendigung des Berufsausbildungsverhältnisses in der Ausübung ihrer beruflichen Tätigkeit beschränkt, ist nichtig. Dies gilt nicht, wenn sich Auszubildende innerhalb der letzten sechs Monate des Berufsausbildungsverhältnisses dazu verpflichten, nach dessen Beendigung mit dem Ausbildenden ein Arbeitsverhältnis einzugehen.«

(2) »Nichtig ist eine Vereinbarung über
1. die Verpflichtung Auszubildender, für die Berufsausbildung eine Entschädigung zu zahlen,
2. Vertragsstrafen,
3. den Ausschluss oder die Beschränkung von Schadenersatzansprüchen,
4. die Festsetzung der Höhe eines Schadenersatzes in Pauschbeträgen.«

HK Handelskammer Hamburg

Berufsausbildungsvertrag
(§§ 10, 11 Berufsbildungsgesetz – BBiG)

Zwischen dem Ausbildenden (Ausbildungsbetrieb)

Datenfeld Handelskammer Hamburg

Eintragungsvermerk

(Seite B-1 von B-4 zum nachfolgenden Berufsausbildungsvertrag)

und der/dem Auszubildenden   männlich ☐   weiblich ☐

Name und Anschrift   Mitgliedsnummer:

Telefon-Nr.

Fax-Nr.

Ausbilder:
Name
Vorname

Name, Vorname

Straße, Haus-Nr.

PLZ   Ort

Geburtsdatum   Geburtsort   Telefon

Staatsangehörigkeit   Gesetzl.   Eltern   Vater   Mutter   Vormund
Vertreter ☐   ☐   ☐   ☐

Namen, Vornamen der gesetzlichen Vertreter

Straße, Hausnummer

PLZ   Ort

wird nachstehender Vertrag zur Ausbildung
im Ausbildungsberuf

mit der Fachrichtung/dem Schwerpunkt

nach Maßgabe der Ausbildungsordnung geschlossen.

Änderungen des wesentlichen Vertragsinhaltes sind unverzüglich zur Eintragung in das Verzeichnis der Berufsausbildungsverhältnisse bei der Handelskammer anzuzeigen.
Bitte Vereinbarungen zum Berufsausbildungsvertrag beachten.

Die eingereichte sachliche und zeitliche Gliederung des Ausbildungsablaufs (Ausbildungsplan) ist Bestandteil des Vertrages.

A Die Ausbildungsdauer beträgt nach der Ausbildungsordnung
☐ Jahre. Vorausgegangen ist eine Vorbildung/Ausbildung:

Sie soll auf die Ausbildungszeit mit ☐ Monaten angerechnet werden. Es wird eine entsprechende Abkürzung beantragt.
Das Berufsausbildungsverhältnis (TT.MM.JJJJ):

beginnt am ☐ und soll am ☐ enden.

B Die Probezeit beträgt ☐ Monate. Sie muss mindestens 1 Monat und darf höchstens 4 Monate betragen.

C Die Ausbildung findet vorbehaltlich der Regelungen nach **D** in

und den mit dem Betriebssitz für die Ausbildung üblicherweise zusammenhängenden Bau-, Montage- und sonstigen Arbeitsstellen statt.

D Ausbildungsmaßnahmen (mit Zeitraumangabe und Ort) außerhalb der Ausbildungsstätte

E Der Ausbildende zahlt dem Auszubildenden eine angemessene Vergütung; diese beträgt zur Zeit monatlich brutto €:

im ersten	im zweiten	im dritten	im vierten

Ausbildungsjahr.

F Die regelmäßige **tägliche** Ausbildungszeit

beträgt pro ☐ Werktag ☐ Arbeitstag ☐ Std.

G Der Ausbildende gewährt dem Auszubildenden Urlaub nach den geltenden Bestimmungen. Es besteht folgender Urlaubsanspruch:

im Jahr...	2009	2010	2011	2012	2013
Werktage					
Arbeitstage					

H Sonstige Vereinbarungen: Die für diesen Vertrag geltenden Tarifverträge und Betriebsvereinbarungen sind in der Anlage verzeichnet.

Die Vereinbarungen auf der Seite B-2 sind Bestandteil dieses Vertrages. Sie wurden dem Auszubildenden vom Ausbildenden ausgehändigt und vom Auszubildenden zur Kenntnis genommen und anerkannt.

Hamburg
Ort/Datum

Stempel und Unterschrift des Ausbildenden

Unterschrift des Auszubildenden

Unterschrift der gesetzlichen Vertreter des Auszubildenden

B061214143502 04/07

Quelle: Handelskammer Hamburg

Vereinbarungen zum Berufsausbildungsvertrag

Seite B-2 von B-4

§ 1 – Ausbildungszeit

1. (**Dauer**) siehe A*).
2. **(Probezeit)** siehe B*), (§ 20 BBiG).
   Wird die Ausbildung während der Probezeit um mehr als ein Drittel dieser Zeit unterbrochen, so verlängert sich die Probezeit um den Zeitraum der Unterbrechung.
3. **(Vorzeitige Beendigung des Berufsausbildungsverhältnisses)**
   Besteht der Auszubildende vor Ablauf der unter Nr. 1 vereinbarten Ausbildungszeit die Abschlussprüfung, so endet das Berufsausbildungsverhältnis mit der Bekanntgabe des Ergebnisses durch den Prüfungsausschuss.
4. **(Verlängerung des Berufsausbildungsverhältnisses)**
   Besteht der Auszubildende die Abschlussprüfung nicht, so verlängert sich das Berufsausbildungsverhältnis auf sein Verlangen bis zur nächstmöglichen Wiederholungsprüfung, höchstens um 1 Jahr.

§ 2 – Ausbildungsstätte(n) siehe C*)

§ 3 – Pflichten des Ausbildenden

Der Ausbildende verpflichtet sich,

1. **(Ausbildungsziel)**
   dafür zu sorgen, dass dem Auszubildenden die beruflichen Fertigkeiten, Kenntnisse und Fähigkeiten vermittelt werden, die zum Erreichen des Ausbildungszieles nach der Ausbildungsordnung erforderlich sind, und die Berufsausbildung nach den beigefügten Angaben zur sachlichen und zeitlichen Gliederung des Ausbildungsablaufs so durchzuführen, dass das Ausbildungsziel in der vorgesehenen Ausbildungszeit erreicht werden kann;
2. **(Ausbilder)**
   selbst auszubilden oder einen persönlich und fachlich geeigneten Ausbilder ausdrücklich damit zu beauftragen und diesen dem Auszubildenden jeweils schriftlich bekannt zu geben;
3. **(Ausbildungsordnung)**
   dem Auszubildenden vor Beginn der Ausbildung die Ausbildungsordnung kostenlos auszuhändigen;
4. **(Ausbildungsmittel)**
   dem Auszubildenden kostenlos die Ausbildungsmittel, insbesondere Werkzeuge, Werkstoffe und Fachliteratur zur Verfügung zu stellen, die für die Ausbildung in den betrieblichen und überbetrieblichen Ausbildungsstätten und zum Ablegen von Zwischen- und Abschlussprüfungen, auch soweit solche nach Beendigung des Berufsausbildungsverhältnisses und in zeitlichem Zusammenhang damit stattfinden, erforderlich sind [1]);
5. **(Besuch der Berufsschule und von Ausbildungsmaßnahmen außerhalb der Ausbildungsstätte)**
   den Auszubildenden zum Besuch der Berufsschule anzuhalten und freizustellen. Das gleiche gilt, wenn Ausbildungsmaßnahmen außerhalb der Ausbildungsstätte vorgeschrieben oder nach Nr. 12 durchzuführen sind;
6. **(Berichtsheftführung)**
   dem Auszubildenden vor Ausbildungsbeginn und später die Berichtshefte für die Berufsausbildung kostenfrei auszuhändigen sowie die ordnungsgemäße Führung durch regelmäßige Abzeichnung zu überwachen, soweit Berichtshefte im Rahmen der Berufsausbildung verlangt werden;
7. **(Ausbildungsbezogene Tätigkeiten)**
   dem Auszubildenden nur Verrichtungen zu übertragen, die dem Ausbildungszweck dienen und seinen körperlichen Kräften angemessen sind;
8. **(Sorgepflicht)**
   dafür zu sorgen, dass der Auszubildende charakterlich gefördert sowie sittlich und körperlich nicht gefährdet wird;
9. **(Ärztliche Untersuchungen)**
   von dem jugendlichen Auszubildenden sind Bescheinigungen gemäß §§ 32, 33 Jugendarbeitsschutzgesetz darüber vorlegen zu lassen, daß dieser
   a) vor der Aufnahme der Ausbildung untersucht und
   b) vor Ablauf des ersten Ausbildungsjahres nachuntersucht worden ist;
10. **(Eintragungsantrag)**
    unverzüglich nach Abschluss des Berufsausbildungsvertrages die Eintragung in das Verzeichnis der Berufsausbildungsverhältnisse bei der zuständigen Stelle unter Beifügung der Vertragsniederschriften und – bei Auszubildenden unter 18 Jahren – einer Kopie oder Mehrfertigung der ärztlichen Bescheinigung über die Erstuntersuchung gemäß § 32 Jugendarbeitsschutzgesetz zu beantragen. Entsprechendes gilt bei späteren Änderungen des wesentlichen Vertragsinhaltes;
11. **(Anmeldung zu Prüfungen)**
    den Auszubildenden rechtzeitig zu den angesetzten Zwischen- und Abschlussprüfungen anzumelden und für die Teilnahme freizustellen sowie der Anmeldung zur Zwischenprüfung bei Auszubildenden unter 18 Jahren eine Fotokopie oder Mehrfertigung der ärztlichen Bescheinigung über die erste Nachuntersuchung gemäß § 33 Jugendarbeitsschutzgesetz beizufügen;
12. **(Ausbildungsmaßnahmen außerhalb der Ausbildungsstätte)** siehe D.

§ 4 – Pflichten des Auszubildenden

Der Auszubildende hat sich zu bemühen, die Fertigkeiten und Kenntnisse zu erwerben, die erforderlich sind, um das Ausbildungsziel zu erreichen. Er verpflichtet sich insbesondere,

1. **(Lernpflicht)**
   die ihm im Rahmen seiner Berufsausbildung übertragenen Verrichtungen und Aufgaben sorgfältig auszuführen;
2. **(Berufsschulunterricht, Prüfungen und sonstige Maßnahmen)**
   am Berufsschulunterricht und an Prüfungen sowie an Ausbildungsmaßnahmen außerhalb der Ausbildungsstätte teilzunehmen, für die er nach § 3 Nr. 5, 11 und 12 freigestellt wird;
3. **(Weisungsgebundenheit)**
   den Weisungen zu folgen, die ihm im Rahmen der Berufsausbildung vom Ausbildenden, vom Ausbilder oder von anderen weisungsberechtigten Personen, soweit sie als weisungsberechtigt bekannt gemacht worden sind, erteilt werden;
4. **(Betriebliche Ordnung)**
   die für die Ausbildungsstätte geltende Ordnung zu beachten;
5. **(Sorgfaltspflicht)**
   Werkzeug, Maschinen und sonstige Einrichtungen pfleglich zu behandeln und sie nur zu den ihm übertragenen Arbeiten zu verwenden;
6. **(Betriebsgeheimnisse)**
   über Betriebs- und Geschäftsgeheimnisse Stillschweigen zu wahren;
7. **(Berichtsheftführung)**
   die vorgeschriebenen Berichtshefte ordnungsgemäß zu führen und regelmäßig vorzulegen;
8. **(Benachrichtigung)**
   bei Fernbleiben von der betrieblichen Ausbildung, vom Berufsschulunterricht oder von sonstigen Ausbildungsveranstaltungen dem Ausbildenden unter Angabe von Gründen unverzüglich Nachricht zu geben und ihm Arbeitsunfähigkeit und deren voraussichtliche Dauer unverzüglich mitzuteilen. Dauert die Arbeitsunfähigkeit länger als drei Kalendertage, hat der Auszubildende eine ärztliche Bescheinigung über die bestehende Arbeitsunfähigkeit sowie deren voraussichtliche Dauer spätestens an dem darauffolgenden Arbeitstag vorzulegen. Der Ausbildende ist berechtigt, die Vorlage der ärztlichen Bescheinigung früher zu verlangen.
9. **(Ärztliche Untersuchungen)**
   Soweit auf ihn die Bestimmungen des Jugendarbeitsschutzgesetzes Anwendung finden, sich gemäß §§ 32 und 33 dieses Gesetzes ärztlich
   a) vor Beginn der Ausbildung untersuchen,
   b) vor Ablauf des ersten Ausbildungsjahres nachuntersuchen zu lassen und die Bescheinigung hierüber dem Ausbildenden vorzulegen.

§ 5 – Vergütung und sonstige Leistungen

1. **(Höhe und Fälligkeit)** siehe E*)
   Eine über die vereinbarte regelmäßige Ausbildungszeit hinausgehende Beschäftigung wird besonders vergütet oder durch entsprechende Freizeit ausgeglichen.
   Die Vergütung wird spätestens am letzten Arbeitstag des Monats gezahlt. Das auf die Urlaubszeit entfallende Entgelt (Urlaubsentgelt) wird vor Antritt des Urlaubs ausgezahlt.
   Die Beiträge für die Sozialversicherung tragen die Vertragschließenden nach Maßgabe der gesetzlichen Bestimmungen.
2. **(Sachleistungen)**
   Soweit der Ausbildende dem Auszubildenden Kost und/oder Wohnung gewährt, gilt die in der Anlage beigefügte Regelung
3. **(Kosten für Maßnahmen außerhalb der Ausbildungsstätte)**
   Der Ausbildende trägt die Kosten für Maßnahmen außerhalb der Ausbildungsstätte gemäß § 3 Nr. 5, soweit sie nicht anderweitig gedeckt sind. Ist eine auswärtige Unterbringung erforderlich, so können dem Auszubildenden anteilige Kosten für Verpflegung in dem Umfang in Rechnung gestellt werden, in dem dieser Kosten einspart. Die Anrechung von anteiligen Kosten und Sachbezugswerten nach § 10 (2) BBiG darf 75% der vereinbarten Bruttovergütung nicht übersteigen.
4. **(Berufskleidung)**
   Wird vom Ausbildenden eine besondere Berufskleidung vorgeschrieben, so wird sie von ihm zur Verfügung gestellt.
5. **(Fortzahlung der Vergütung)**
   Dem Auszubildenden wird die Vergütung auch gezahlt
   a) für die Zeit der Freistellung gem. § 3 Nr. 5, 11 und 12 dieses Vertrages sowie gem. § 10 Abs. 1 Nr. 2 und § 43 Jugendarbeitsschutzgesetz
   b) bis zur Dauer von 6 Wochen, wenn er
      aa) sich für die Berufsausbildung bereithält, diese aber ausfällt,
      bb) aus einem sonstigen, in seiner Person liegenden Grund unverschuldet verhindert ist, seine Pflichten aus dem Berufsausbildungsverhältnis zu erfüllen.
   c) sofern keine tariflichen Vereinbarungen bestehen, gilt im Falle unverschuldeter Krankheit das Entgeltfortzahlungsgesetz.

§ 6 – Ausbildungszeit und Urlaub

1. **(Tägliche Ausbildungszeit)** siehe F*).
2. **(Urlaub)** siehe G*).
3. **(Lage des Urlaubs)**
   Der Urlaub soll zusammenhängend und in der Zeit der Berufsschulferien erteilt und genommen werden. Während des Urlaubs darf der Auszubildende keine dem Urlaubszweck widersprechende Erwerbsarbeit leisten.

§ 7 – Kündigung

1. **(Kündigung während der Probezeit)**
   Während der Probezeit kann das Berufsausbildungsverhältnis ohne Einhaltung einer Kündigungsfrist und ohne Angabe von Gründen gekündigt werden.
2. **(Kündigungsgründe)**
   Nach der Probezeit kann das Berufsausbildungsverhältnis nur gekündigt werden
   a) aus einem wichtigen Grund ohne Einhalten einer Kündigungsfrist
   b) vom Auszubildenden mit einer Kündigungsfrist von 4 Wochen, wenn er die Berufsausbildung aufgeben oder sich für eine andere Berufstätigkeit ausbilden lassen will.
3. **(Form der Kündigung)**
   Die Kündigung muss schriftlich, im Falle der Nr. 2 unter Angabe der Kündigungsgründe, erfolgen.
4. **(Unwirksamkeit einer Kündigung)**
   Eine Kündigung aus einem wichtigen Grund ist unwirksam, wenn die ihr zugrunde liegenden Tatsachen dem zur Kündigung Berechtigten länger als 2 Wochen bekannt sind. Ist ein Schlichtungsverfahren gem. § 9 eingeleitet, so wird bis zu dessen Beendigung der Lauf dieser Frist gehemmt.
5. **(Schadensersatz bei vorzeitiger Beendigung)**
   Wird das Berufsausbildungsverhältnis nach Ablauf der Probezeit vorzeitig gelöst, so kann der Ausbildende oder der Auszubildende Ersatz des Schadens verlangen, wenn der andere den Grund für die Auflösung zu vertreten hat. Das gilt nicht bei Kündigung wegen Aufgabe oder Wechsels der Berufsausbildung nach Nr. 2 b. Der Anspruch erlischt, wenn er nicht innerhalb von 3 Monaten nach Beendigung des Berufsausbildungsverhältnisses geltend gemacht wird.
6. **(Aufgabe des Betriebes, Wegfall der Ausbildungseignung)**
   Bei Kündigung des Berufsausbildungsverhältnisses wegen Betriebsaufgabe oder wegen Wegfalls der Ausbildungseignung verpflichtet sich der Ausbildende, sich mit Hilfe der Berufsberatung des zuständigen Arbeitsamtes rechtzeitig um eine weitere Ausbildung im bisherigen Ausbildungsberuf in einer geeigneten Ausbildungsstätte zu bemühen.

§ 8 – Zeugnis

Der Ausbildende stellt dem Auszubildenden bei Beendigung des Berufsausbildungsverhältnisses ein Zeugnis aus. Hat der Ausbildende die Berufsausbildung nicht selbst durchgeführt, so soll auch der Ausbilder das Zeugnis unterschreiben. Es muss Angaben enthalten über Art, Dauer und Ziel der Berufsausbildung sowie über die erworbenen Fertigkeiten, Kenntnisse und Fähigkeiten des Auszubildenden, auf Verlangen des Auszubildenden auch Angaben über Führung, Leistung und besondere fachliche Fähigkeiten.

§ 9 – Beilegung von Streitigkeiten

Bei Streitigkeiten aus dem bestehenden Berufsausbildungsverhältnis ist vor Inanspruchnahme des Arbeitsgerichts der nach § 111 Abs. 2 des Arbeitsgerichtsgesetzes errichtete Ausschuss anzurufen.

§ 10 – Erfüllungsort

Erfüllungsort für alle Ansprüche aus diesem Vertrag ist der Ort der Ausbildungsstätte.

§ 11 – Sonstige Vereinbarungen siehe H*)

Rechtswirksame Nebenabreden, die das Berufsausbildungsverhältnis betreffen, können nur durch schriftliche Ergänzung im Rahmen des § 11 dieses Berufsausbildungsvertrages. getroffen werden.

[1]) Der Auszubildende kann das Prüfungsstück gegen Erstattung der Materialkosten erwerben.
*) Die Buchstaben verweisen auf den entsprechenden Text auf Seite B-1 bzw. B-2 des Berufsausbildungsvertrages

B061214143502 04/07

Quelle: Handelskammer Hamburg

Anmerkungen zur Eintragung:

Zu Punkt A: Die Ausbildungsdauer legen die Vertragspartner gemeinsam fest. Die Ausbildungs-ordnung gibt hierzu Vorgaben. Zu beachten sind verbindliche und frei zu verein-barende Verkürzungen.

Zu Punkt B: Die Probezeit ist innerhalb der Vorgaben des BBiG (ein bis vier Monate) frei vereinbar.

Zu Punkt C: Festlegung des/der festen Ausbildungsortes/Ausbildungsstätte.

Zu Punkt D: Festlegung von Ausbildungsmaßnahmen außerhalb der Ausbildungsstätte.

Zu Punkt E: Festlegung der monatlichen Ausbildungsvergütung (brutto), die angemessen sein muss und jährlich zu steigen hat.

Zu Punkt F: Festlegung der regelmäßigen täglichen Arbeitszeit. Hierbei erfolgt eine Orientie-rung an Betriebsvereinbarungen, Tarifverträgen, Jugendarbeitsschutzgesetz oder Arbeitszeitgesetz.

Zu Punkt G: Urlaubsanspruch. Hierbe gilt es Werk- und Arbeitstage zu unterscheiden.

Als Werktage gelten alle Kalendertage, die nicht Sonn- oder Feiertage sind (also Montag bis Samstag). Eine Arbeitswoche hat dementsprechend sechs Werktage. Im Bundesurlaubsgesetz und im Jugendarbeitsschutzgesetz ist ausschließlich von Werktagen die Rede. Wegen der i. d. R. vorliegenden Fünf-Tage-Woche mit fünf Arbeitstagen muss von Werktagen in Arbeitstage um-gerechnet werden. Arbeitstage sind die Tage von Montag bis Freitag. Um von Werktagen in Arbeitstage umzurechnen, muss man die Werktage um ein Sechstel kürzen und dann auf volle Tage aufrunden.

Ist der Auszubildende minderjährig, gilt es – sofern es keine Vorgaben durch Tarifvertrag oder Betriebsvereinbarung gibt – das Jugendarbeitsschutzgesetz zu beachten.

---

§ 19 Urlaub

(1) »Der Arbeitgeber hat Jugendlichen für jedes Kalenderjahr einen bezahlten Erholungsurlaub zu gewähren.«

(2) »Der Urlaub beträgt jährlich
1. mindestens 30 Werktage, wenn der Jugendliche zu Beginn des Kalenderjahres noch nicht 16 Jahre alt ist,
2. mindestens 27 Werktage, wenn der Jugendliche zu Beginn des Kalenderjahres noch nicht 17 Jahre alt ist,
3. mindestens 25 Werktage, wenn der Jugendliche zu Beginn des Kalenderjahres noch nicht 18 Jahre alt ist.«

(3) »Der Urlaub soll Berufsschülern in der Zeit der Berufsschulferien gegeben werden. Soweit er nicht in den Berufsschulferien gegeben wird, ist für jeden Berufsschultag, an dem die Berufsschule während des Urlaubs besucht wird, ein weiterer Urlaubstag zu gewähren.«

Ist der Auszubildende volljährig, gilt es – sofern es keine Vorgaben durch Tarifvertrag oder Betriebsvereinbarung gibt – das Bundesurlaubsgesetz zu beachten.

---

§ 3 Dauer des Urlaubs

(1) »Der Urlaub beträgt jährlich mindestens 24 Werktage.«

(2) »Als Werktage gelten alle Kalendertage, die nicht Sonntage oder gesetzliche Feiertage sind.«

Hier eine Übersicht und Umrechnungstabelle:

Alter des Auszubildenden zum 1.1. des Kalenderjahres	Werktage	Arbeitstage
15 (Jugendarbeitsschutzgesetz)	30	25
16 (JArbSchG)	27	23
17 (JArbSchG)	25	21
18 (Bundesurlaubsgesetz)	24	20

Eine Übung zur Berechnung des Urlaubs des Auszubildenden:

Der Auszubildende ist am 1.1.1994 geboren. Seine Ausbildung dauert vom 1.8.2009 bis 31.1.2013. Es gilt, seine Urlaubstage in Werktagen für die Ausbildungszeit zu berechnen. Der Betrieb ist nicht tarifgebunden.

Jahr	Werktage	Jahr	Werktage	Jahr	Werktage	Jahr	Werktage	Jahr	Werktage
2009	13	2010	27	2011	25	2012	24	2013	2

Anmerkungen:
- Für den Urlaub der Jahre 2009–2011 gilt das JArbSchG, ab 2012 das BUrlG, da der Auszubildende am 1.1.2012 bereits das 18. Lebensjahr vollendet hat.
- Für die Jahre 2009 und 2013 ist die Zwölfteilung anzuwenden (BUrlG § 5 (2)).
- Zu Beginn der Kalenderjahre 2009–2011 ist er 15, 16 bzw. 17 Jahre alt.
- 2012 stehen dem Auszubildenden nach BUrlG 24 Tage zu.
- 2013 stehen dem Auszubildenden zwei Tage zu, weil er nur einen Monat im Betrieb ist.

1.2.5.4 Rechte und Pflichten der Vertragspartner

Aus dem Vertragsverhältnis bzw. aus dem BBiG ergeben sich eine Reihe von Rechten und Pflichten für beide Vertragspartner.

Das BBiG regelt zunächst die **Pflichten der Auszubildenden**:

> **§ 13 Verhalten während der Berufsausbildung**
>
> »Auszubildende haben sich zu bemühen, die berufliche Handlungsfähigkeit zu erwerben, die zum Erreichen des Ausbildungsziels erforderlich ist. Sie sind insbesondere verpflichtet,
> 1. die ihnen im Rahmen ihrer Berufsausbildung aufgetragenen Aufgaben sorgfältig auszuführen,
> 2. an Ausbildungsmaßnahmen teilzunehmen, für die sie nach § 15 freigestellt werden,
> 3. den Weisungen zu folgen, die ihnen im Rahmen der Berufsausbildung von Ausbildenden, von Ausbildern oder Ausbilderinnen oder von anderen weisungsberechtigten Personen erteilt werden,
> 4. die für die Ausbildungsstätte geltende Ordnung zu beachten,
> 5. Werkzeuge, Maschinen und sonstige Einrichtungen pfleglich zu behandeln,
> 6. über Betriebs- und Geschäftsgeheimnisse Stillschweigen zu wahren.«

Aus § 4 des Ausbildungsvertragsmusters ergeben sich für den Auszubildenden ergänzende Pflichten.

Hierzu zählen:

- Lernpflicht
- Führung von schriftlichen Ausbildungsnachweisen
- Benachrichtigung bei Fernbleiben von der betrieblichen Ausbildung, vom Berufsschulunterricht oder von sonstigen Ausbildungsveranstaltungen
- Ärztliche Untersuchungen vornehmen zu lassen, sofern das JASchG diese vorschreibt

Auch die Pflichten des Ausbildenden sind im BBiG geregelt:

§ 14 Berufsausbildung

(1) »Ausbildende haben
1. dafür zu sorgen, dass den Auszubildenden die berufliche Handlungsfähigkeit vermittelt wird, die zum Erreichen des Ausbildungszieles erforderlich ist, und die Berufsausbildung in einer durch ihren Zweck gebotenen Form planmäßig, zeitlich und sachlich gegliedert so durchzuführen, dass das Ausbildungsziel in der vorgegebenen Ausbildungszeit erreicht werden kann.
2. selbst auszubilden oder einen Ausbilder oder eine Ausbilderin ausdrücklich damit zu beauftragen,
3. Auszubildenden kostenlos die Ausbildungsmittel, insbesondere Werkzeuge und Werkstoffe zur Verfügung zu stellen, die zur Berufsausbildung und zum Ablegen von Zwischen- und Abschlussprüfungen, auch soweit solche nach Beendigung des Berufsausbildungsverhältnisses stattfinden, erforderlich sind.
4. Auszubildende zum Besuch der Berufsschule sowie zum Führen von schriftlichen Ausbildungsnachweisen anzuhalten, soweit solche im Rahmen der Berufsausbildung verlangt werden, und diese durchzusehen,
5. dafür zu sorgen, dass Auszubildende charakterlich gefördert sowie sittlich und körperlich nicht gefährdet werden.«

(2) »Auszubildenden dürfen nur Verrichtungen übertragen werden, die dem Ausbildungszweck dienen und ihren körperlichen Kräften angemessen sind.«

§ 17 Vergütungsanspruch

(1) »Ausbildende haben Auszubildenden eine angemessene Vergütung zu gewähren. Sie ist nach dem Lebensalter der Auszubildenden so zu bemessen, dass sie mit fortschreitender Berufsausbildung, mindestens jährlich ansteigt.«

(2 »Sachleistungen können in Höhe der nach § 17 Abs. 1 Satz 1 Nr. 4 des Vierten Buches Sozialgesetzbuch festgesetzten Sachbezugswerte angerechnet werden, jedoch nicht über 75 Prozent der Bruttovergütung hinaus.«

(3) »Eine über die vereinbarte regelmäßige tägliche Ausbildungszeit hinausgehende Beschäftigung ist besonders zu vergüten oder durch entsprechende Freizeit auszugleichen.«

§ 18 Bemessung und Fälligkeit der Vergütung

(1 »Die Vergütung bemisst sich nach Monaten. Der Berechnung der Vergütung für einzelne Tage wird der Monat zu 30 Tagen gerechnet.«

(2) »Die Vergütung für den laufenden Kalendermonate ist spätestens am letzten Arbeitstag des Monats zu zahlen.«

§ 19 Fortzahlung der Vergütung

(1) »Auszubildenden ist die Vergütung auch zu zahlen
1. für die Zeit der Freistellung (§ 15),
2. bis zur Dauer von sechs Wochen wenn sie
   a) sich für die Berufsausbildung bereithalten, diese aber ausfällt oder
   b) aus einem sonstigen, in ihrer Person liegenden Grund unverschuldet verhindert sind, ihre Pflichten aus dem Berufsausbildungsverhältnis zu erfüllen.«

(2) »Können Auszubildende während der Zeit, für welche die Vergütung fortzuzahlen ist, aus berechtigtem Grund Sachleistungen nicht abnehmen, so sind diese nach den Sachbezugswerten (§ 17 Abs. 2) abzugelten.«

Aus § 3 des Ausbildungsvertragsmusters ergeben sich für den Ausbildenden ergänzende Pflichten. Hierzu zählen:

- Die Ausbildungsordnung ist dem Auszubildenden zu Beginn der Ausbildung auszuhändigen.
- Es sind nur ausbildungsbezogene Tätigkeiten zu übertragen.
- Ärztliche Untersuchungen, sofern sie laut JArbSchG vorgeschrieben sind, sich vorzulegen zu lassen.
- Der Eintragungsantrag ist unverzüglich nach Abschluss des Ausbildungsvertrages bei der zuständigen Stelle einzureichen.
- Der Auszubildende ist rechtzeitig zu den angesetzten Zwischen- und Abschlussprüfungen bei der zuständigen Stelle anzumelden.

Vereinfacht kann man sagen, dass die Rechte des einen Vertragspartners die Pflichten des anderen darstellen.

Verstöße gegen die Pflichten können für den Ausbildenden nach BBiG (§ 102) Bußgelder (bis 5.000 €) zur Folge haben oder letztlich zum Ausbildungsverbot führen.

1.2.5.5 Eintragungen und Anmeldungen vornehmen

Der Vertrag muss unverzüglich – spätestens vor Beginn der Ausbildung – schriftlich niedergelegt werden. Anschließend muss er der zuständigen Stelle (Kammer) zur Kontrolle und Eintragung in das Verzeichnis der Ausbildungsverhältnisse dreifach zusammen mit dem (individuellen) betrieblichen Ausbildungsplan und der ärztlichen Bescheinigung (bei Minderjährigen) eingereicht werden. Ferner sind der/die Ausbilder zu benennen und ggf. Belege für eine verkürzte Ausbildungszeit vorzuweisen. Ändern sich in der Folgezeit wesentliche Inhalte des Vertrages, so hat dies der Ausbildende der zuständigen Stelle unverzüglich mitzuteilen.

Ist alles abgewickelt, folgt die Eintragungsgebührenrechnung der zuständigen Stelle. Die Aushändigung des Vertrages an den Auszubildenden erfolgt nach der Registrierung durch die zuständige Stelle. Dadurch hat der Auszubildende die Sicherheit, dass der Vertrag die Mindeststandards erfüllt und überprüft bzw. anerkannt ist.

Nach dem Abschluss des Berufsausbildungsvertrages hat der Ausbildende eine Reihe von Anmeldepflichten zu erfüllen. Hierzu zählen:

- Anmeldung bei der zuständigen Berufsschule
- Anmeldung zur Sozialversicherung (Krankenkasse). Hierbei ist die Geringverdienergrenze zu beachten. Liegt die Ausbildungsvergütung unterhalb der geltenden Grenze, hat der Ausbildende auch die Beitragsanteile des Auszubildenden zu übernehmen.

1.2.5.6 Ärztliche Bescheinigungen

Mit der erstmaligen Beschäftigung eines Jugendlichen darf gemäß Jugendarbeitsschutzgesetz (§ 32) nur begonnen werden, wenn dieser innerhalb der letzten 14 Monate von einem Arzt untersucht worden ist **(Erstuntersuchung)** und eine von diesem Arzt ausgestellte positive Bescheinigung dem Ausbildenden vorliegt.

Ein Jahr nach Aufnahme der ersten Beschäftigung hat sich der Ausbildende – wenn der Auszubildende zu diesem Termin noch nicht volljährig ist – eine ärztliche Bescheinigung über die **Nachuntersuchung** vorlegen zu lassen. Legt der Jugendliche die Bescheinigung nicht rechtzeitig vor, hat ihn der Ausbildende innerhalb eines Monats unter Hinweis auf ein Beschäftigungsverbot schriftlich dazu aufzufordern.

Das JArbSchG regelt die ärztlichen Untersuchungen:

§ 33 Erste Nachuntersuchung

(1) »Ein Jahr nach der Aufnahme der ersten Beschäftigung hat sich der Arbeitgeber die Bescheinigung eines Arztes darüber vorlegen zu lassen, dass der Jugendliche nachuntersucht worden ist (erste Nachuntersuchung). Die Nachuntersuchung darf nicht länger als drei Monate zurückliegen. Der Arbeitgeber soll den Jugendlichen neun Monate nach Aufnahme der ersten Beschäftigung nachdrücklich auf den Zeitpunkt, bis zu dem der Jugendliche ihm die ärztliche Bescheinigung nach Satz 1 vorzulegen hat, hinweisen und ihn auffordern, die Nachuntersuchung bis dahin durchführen zu lassen.«

(2) »Legt der Jugendliche die Bescheinigung nicht nach Ablauf eines Jahres vor, hat ihn der Arbeitgeber innerhalb eines Monats unter Hinweis auf das Beschäftigungsverbot nach Absatz 3 schriftlich aufzufordern, ihm die Bescheinigung vorzulegen. Je eine Durchschrift des Aufforderungsschreibens hat der Arbeitgeber den Personensorgeberechtigten und dem Betriebs oder Personalrat zuzusenden.«

(3) »Der Jugendliche darf nach Ablauf von 14 Monaten nach Aufnahme der ersten Beschäftigung nicht weiterbeschäftigt werden, solange er die Bescheinigung nicht vorgelegt hat.«

Die anschließenden §§ 34–46 JArbSchG klären weitere Nachuntersuchungen, außerordentliche Nachuntersuchungen, ärztliche Untersuchungen und Wechsel des Arbeitgebers, Inhalt und Durchführung der ärztlichen Untersuchungen, Ergänzungsuntersuchungen, Mitteilung, Beschenigung, Bescheinigung mit Gefährdungsvermerk, Aufbewahrung der ärztlichen Bescheinigungen, Eingreifen der Aufsichtsbehörde, Freistellung für Untersuchungen, Kosten der Untersuchungen, gegenseitige Unterrichtung der Ärzte sowie Ermächtigungen.

Enthält die Bescheinigung des Arztes einen Vermerk über Arbeiten, durch deren Ausübung die Gesundheit des Jugendlichen gefährdet ist, darf der Jugendliche mit solchen Arbeiten nicht länger beschäftigt werden.

Die Untersuchung ist für den Auszubildenden kostenfrei; es besteht freie Arztwahl. Zur Durchführung der ärztlichen Untersuchung ist der Jugendliche unter Fortzahlung der Ausbildungsvergütung von der Arbeit freizustellen. Die Bescheinigung hat der Ausbildende bis zur Vollendung des 18. Lebensjahres aufzubewahren.

Die zuständigen Stellen dürfen Ausbildungsverträge von Jugendlichen nur dann in das Verzeichnis der Berufsausbildungsverhältnisse eintragen, wenn die Bescheinigung über die Erstuntersuchung vorgelegt wird. Sie haben die Eintragung wieder zu löschen, wenn die Bescheinigung nicht spätestens am Tage der Anmeldung zur Zwischenprüfung zur Einsicht vorgelegt wird.

Darüber hinaus führen manche Großbetriebe (z. B. Daimler) weitergehende körperliche Untersuchungen bei Auszubildenden durch, die bis zu Drogentests führen. Auch wenn niemand zu solchen Tests gezwungen werden darf, macht sich ein Bewerber oder Auszubildender verdächtig, der solche Tests verweigert.

Pinkeln für die Lehrstelle

Jugendliche werden in Großbetrieben auf Drogen getestet – nicht immer ganz freiwillig

Von Michaela Böhm

Oliver D. hat den Ausbildungsvertrag so gut wie in der Tasche. Jetzt fehlt nur die körperliche Untersuchung. Der Werksarzt betrachtet seine Wirbelsäule, klopft Reflexe ab und untersucht Augen, Ohren und Haut. Dann bekommt Oliver ein Fläschchen in die Hand gedrückt. Sein Urin soll auf illegale Drogen getestet werden. »Das ist so üblich bei uns«. Oliver hat den Ausbildungsplatz nicht bekommen. Warum, hat er nicht erfahren.

In vielen Großbetrieben ist es mittlerweile üblich, Jugendliche auf Heroin, Kokain, Ecstasy und Cannabis zu testen. Unternehmensleitungen und manche Betriebsräte begründen die Urinkontrollen mit der Arbeitssicherheit. «Wer will schon auf einen bekifften Gabelstaplerfahrer treffen«.

Gegner solcher Tests sind allerdings der Ansicht, dass die Drogenuntersuchungen lediglich dazu dienen, um sich die angepassten Azubis auszusuchen. Grundsätzlich gilt, dass Drogentests freiwillig sind. Keinem darf bei Weigerung mit Abmahnung oder Kündigung gedroht werden. Und keinem Azubi darf die tariflich abgesicherte Übernahme in ein Arbeitsverhältnis verwehrt werden, weil er sich nicht auf Drogen testen lässt. Freilich macht sich womöglich schon jemand verdächtig, der den Test verweigert, und muss damit rechnen, deshalb den Ausbildungsplatz nicht zu bekommen.

Mit der Sorgfaltspflicht des Unternehmens begründete Daimler-Chrysler im vergangenen Jahr das Massenscreening (Reihenuntersuchung) an knapp 1.000 Jugendlichen in Sindelfingen. Unangekündigt wurden morgens alle Azubis zum Pinkeln gebeten: freiwillig und anonym. 56 von 992 Urinproben wiesen Drogenspuren auf. Die Pressesprecherin Edith Meißner: »Das Ergebnis lässt uns gelassen. Wir haben kein großes Drogenproblem im Betrieb. Trotzdem sei es denkbar, die unangekündigte Untersuchung von Zeit zu Zeit zu wiederholen.«

Die Haltung der Gewerkschaften ist nicht einheitlich. Die IG Metall lehnt Drogentests ab, ob bei der Einstellung oder bei der Übernahme. Denn: »Tests ändern nichts daran, wie Jugendliche mit Drogen umgehen«, sagt Waltraud Schäfer, Suchtbeauftragte beim Vorstand der IG Metall. Die IG Bergbau, Chemie und Energie hat dagegen mit dem Bundesarbeitsverband Chemie, der Berufsgenossenschaft der chemischen Industrie und dem Verband der Chemischen Industrie eine gemeinsame Erklärung unter dem Titel »Keine Drogen in der Arbeitswelt« verabschiedet. Dabei beruft sich die Allianz auf die Sicherheit. »Chemische Betriebe« heißt es in der Erklärung »sind ihren Beschäftigten, ihrer Nachbarschaft und der umgebenden Umwelt in ihrem Wirkungsgefüge besonders verpflichtet.« Sie seien deshalb »bei Tätigkeiten, die eine Eigen- bzw. Fremdgefährdung mit sich bringen könnten, auf verantwortungsbewusste und kompetente Mitarbeiter angewiesen.« Es ginge allerdings nicht darum, »Gelegenheitskonsumenten zu bestrafen, sondern mit Informationen für das Thema zu sensibilisieren.«

Doch genau Gelegenheitskonsumenten von beispielsweise Cannabis werden bei solchen Drogentests erwischt. Cannabis ist nämlich am längsten im Urin nachweisbar, während der Dauerkonsum von Heroin lediglich drei Tage lang Spuren im Urin hinterlässt. »Wenn jemand samstags abends einen Joint raucht« sagt Renate Lind-Cramer vom Drogenreferat der Stadt Frankfurt »sind die Spuren montags noch im Urin. Die Wirkung ist aber längst verflogen«. Der Joint vom Samstag, sagt die Drogenexpertin ginge den Betrieb jedoch genauso wenig etwas an, wie das Bier am Wochenende. Darüber hinaus würden alle Drogen über einen Kamm geschoren. Dabei »ist Cannabis ungefährlicher als Alkohol.« Wenn es den Firmen tatsächlich um die Arbeitssicherheit und die Gesundheit der Mitarbeiter ginge, müssten sie Drogenkonsumenten mit Angeboten und konstruktivem Druck entgegenkommen, ähnlich wie bei Alkoholikern, argumentiert Lind-Kramer.

Quelle: Frankfurter Rundschau, 12.5.2001

1.2.6 Möglichkeiten prüfen, ob Teile der Berufsausbildung im Ausland durchgeführt werden können

Vor dem Hintergrund des europäischen Arbeitsmarktes, internationaler Wirtschaftsverflechtungen und des multinationalen Charakters von Konzernen kommt es vermehrt dazu, dass Ausbildungsbetriebe ihre Auszubildenden für eine begrenzte Zeit in eigene Niederlassungen oder zu Partnerbetrieben im Ausland entsenden. Letztlich benötigt der globale Arbeitsmarkt mehr denn je auch international ausgerichtete qualifizierte Mitarbeiter. Hier zu müssen die Auszubildenden auf die Anforderungen eines internationalen bzw. globalen Marktes – durch den Erwerb von interkulturellen Kompetenzen (vgl. Kap. 1.3.9) – vorbereitet werden.

Konkrete Ziele solcher Maßnahmen sind insbesondere:

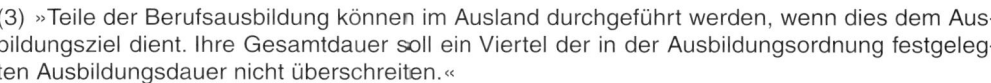

- Verbesserung der Fremdsprachenkenntnisse
- Erfahrungen im Umgang mit Menschen anderer Kulturkreise/Persönlichkeitsentwicklung
- Einblicke in fremde Arbeitswelten

Die gesetzliche Grundlage einer teilweise im Ausland stattfindenden Ausbildung gibt das BBiG vor:

> **§ 2 Lernorte der Berufsbildung** (Auszug)
>
> (3) »Teile der Berufsausbildung können im Ausland durchgeführt werden, wenn dies dem Ausbildungsziel dient. Ihre Gesamtdauer soll ein Viertel der in der Ausbildungsordnung festgelegten Ausbildungsdauer nicht überschreiten.«

Somit steht einer befristeten, freiwillig – der Auslandsaufenthalt kann nur in Abstimmung mit dem Auszubildenden erfolgen – vereinbarten Ausbildung im Ausland nichts entgegen. Der Auslandsaufenthalt kann mit dem Vertragsabschluss unter Ziffer D des Vertragsmusters aufgenommen werden oder später durch eine gemeinsame Vertragsänderung vereinbart werden.

Wichtig ist, dass der Auszubildende für die Zeit des Auslandsaufenthaltes eine Befreiung vom Berufsschulunterricht beantragt. Den versäumten Unterrichtsstoff hat er sich privat anzueignen. Im Ausland dagegen muss er keine vergleichbare Schule besuchen und kann sich dort auf die betriebliche Seite der Ausbildung konzentrieren.

Mit dem Auslandsaufenthalt verbunden ist eine erschwerte Überwachung der Ausbildung durch die zuständige Stelle. Für einen Aufenthalt über vier Wochen ist ein mit der zuständigen Stelle abgestimmter Plan erforderlich.

Hierzu zwei Beispiele:

Möglich:
Die 20-jährige Auszubildende Ute hat eine vertragliche Ausbildungszeit von drei Ausbildungsjahren in einem multinationalen Konzern. Sie verbringt davon acht Monate in ausländischen Niederlassungen ihres Ausbildungsunternehmens.

Nicht möglich:
Der 18-jährige Auszubildende Valentin hat eine vertragliche Ausbildungszeit von zwei Ausbildungsjahren in einem multinationalen Konzern. Er verbringt davon ein Jahr in ausländischen Niederlassungen seines Ausbildungsunternehmens.

Denkbar sind auch mehrere Auslandaufenthalte im Rahmen der maximalen Zeitvorgabe.

Um Auslandseinsätze zu fördern, wurden vom Bund und der Europäischen Union zahlreiche Förderprogramme initiiert. Das bekannteste Programm »Leonardo Da Vinci« unterstützt die Reise- und Unterbringungskosten im Ausland. Im Internet finden sich unter www.na-bibb.de, www.inwent.org, www.wege-ins-ausland.org und www.rausvonzuhaus.de weitere Informationen zu den Möglichkeiten und Programmen.

Als weiteren Service bietet die Europäische Kommision, den **europass** an, der z. B. Auzubildenden ermöglicht, ihre Qualifikationen und Fähigkeiten so darzustellen, dass sie europaweit verständlich und nachvollziehbar sind.

Mit seinen unterschiedlichen Bausteinen bietet er ein geeignetes Instrumentarium, um im In- und Ausland gemachte Erfahrungen zu dokumentieren und darzustellen. Dabei vermittelt er ein umfassendes Gesamtbild der Qualifikationen und Kompetenzen einzelner Personen und erleichtert die Vergleichbarkeit im europäischen Kontext. Hierbei können sich Interessenten für eine Bewerbung den europass Lebenslauf oder den europass Sprachenpass erstellen. Der europass Mobilität dokumentiert Lern- und Arbeitserfahrungen, die im europäischen Ausland gesammelt wurden, während der europass Diplomzusatz und der europass Zeugniserläuterung für eine bessere Vergleichbarkeit von Abschlüssen aus Studium und Beruf sorgen.

1.3 Ausbildung durchführen

1.3.1 Lernförderliche Bedingungen und eine motivierende Lernkultur schaffen, Rückmeldungen geben und empfangen

Da weitgehend unmittelbar am Arbeitsplatz ausgebildet wird und die Auszubildenden hier den größten Teil ihrer Ausbildungszeit verbringen, gilt es sich intensiv mit dem Lernen, der Auswahl und Aufbereitung dieses Lernortes zu beschäftigen, dort lernfördernde Bedingungen zu schaffen, eine motivierende Lernkultur zu fördern, einen angemessenen Führungs- bzw. Unterweisungsstil anzuwenden und angemessene Formen der Rückmeldung zu bieten. Oftmals hängt dies von der Größe des Betriebes und den vorhandenen Möglichkeiten vor Ort ab.

Zu klären sind dabei die folgenden Leitfragen:

- Was ist Lernen?
- Wie funktioniert der Lehr-Lern-Prozess?
- Was soll bzw. muss vermittelt werden?
- Ist es den Auszubildenden anhand vor fachpraktischen Aufgaben und Lernaufträgen möglich, eine praxisnahe Berufserfahrung zu gewinnen?
- Wird es den Auszubildenden ermöglicht, dass alle im Ausbildungsrahmenplan vorgegebenen Inhalte im notwendigen Umfang vermittelt werden oder sind ggf. überbetriebliche Maßnahmen zu ergänzen?
- Wird es den Auszubildenden anhand von realen Unternehmens- und Branchenabläufen ermöglicht, eine Einschätzung über die Unternehmens- und Branchenentwicklung abgeben zu können?
- Herrscht eine angenehme Lernatmosphäre?
- Stehen für die Ausbildungsorte geeignete Ausbilder zur Verfügung?
- Welcher Führungs- bzw. Unterweisungsstil ist angemessen?
- Welche Schlüsselqualifikationen können an den jeweiligen Ausbildungsorten gefördert werden?
- Stehen die erforderlichen Plätze und Ausbildungsmittel zur Verfügung?
- Wie finden Lernerfolgskontrollen statt?

1.3.1.1 Rund um das Lernen

Bei der Planung, Durchführung und Kontrolle der Ausbildung ist die grundlegende Frage, was »Lernen« heißt und in welcher Beziehung »Lernen« und »Lehren« stehen. Lernen ist so selbstverständlich, dass man wenig darüber nachdenkt, was Lernen eigentlich heißt und wie der Lernprozess stattfindet bzw. gefördert werden kann.

Während **Lernen** i. d. R. Aufgabe des Auszubildenden ist, ist die Aufgabe des Ausbilders das Lehren bzw. Rahmenbedingungen für das Lernen zu schaffen. »Lehrling« ist dementsprechend der Ausbilder. Der Auszubildende ist dieser Logik zufolge ein »Lernling«. Da Lernen zumeist Lehren (bspw. die Zielorientierung und die Schaffung von Voraussetzungen für das Lernen) voraussetzt, spricht man vom Lehr-Lern-Prozess. Selbstverständlich gibt es aber auch Situationen, in denen der Ausbilder vom Auszubildenden lernt.

Für den Erfolg des Lehr-Lern-Prozesses sind die Motivation, das Vorwissen, der Intelligenzquotient des Auszubildenden und die Wahl des Lernziels, der Methoden und Medien durch den Ausbilder von großer Bedeutung. Lernen steht damit im Spannungsfeld von Selbst- und Fremdorganisation einerseits und intrinsischer und extrinsischer Motivation andererseits (vgl. Kap. 1.3.1.1.2).

Von großer Bedeutung für den Erfolg des Lehr-Lern-Prozesses ist auch die Funktionsweise des Gehirns. Nach dem Hemisphärenmodell besteht dieses aus einer rechten und linken Hälfte (Hemisphäre), welche je nach Aufgabenstellung oder Herausforderung unterschiedlich arbeiten.

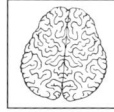

Während die linke Hälfte sich mehr auf rationale, sprachliche, analytische, zeitlich lineare und logische Prozesse bezieht und diese verarbeitet, sind es bei der rechten Hälfte die ganzheitlichen, bildlichen, emotionalen, intuitiven, zeitlosen, musischen und kreativen Aspekte, die im Vordergrund stehen. Für den Lehr-Lern-Prozess ist es vorteilhaft, wenn es gelingt, die rechte und linke Hemisphäre zu synchronisieren. Bei der Methode Mind-Map gelingt dies zumeist sehr gut.

Unterschieden werden das Neu-Lernen (z. B. neue Inhalte), das Um-Lernen (z. B. Änderung von Inhalten wie Steuersätze), das Dazu-Lernen (der Mensch lernt immer dazu) und das Ver-Lernen (z. B. Inhalte, die nicht mehr benötigt werden). Vor diesem Hintergrund bedeutet Lernen vor allem Veränderung und die Erweiterung von Potenzialen bzw. Kompetenzen.

Stellt man sich den Lehr-Lern-Prozess bildlich vor, wirken zwei Bereiche zusammen: Die Wurzeln, die der Auszubildende mitbringt (Lernerfahrungen, körperliche Befindlichkeiten, Ängste oder Einflüsse aus dem Privaten) und die Atmosphäre sowie die Rahmenbedingungen (z. B. Umgangston, Motivation, Räumlichkeit oder Medieneinsatz), für die der Ausbilder zuständig ist. Ergänzen sich beide Aspekte, wirkt sich das i. d. R. positiv und nachhaltig auf den Lehr-Lern-Prozess aus.

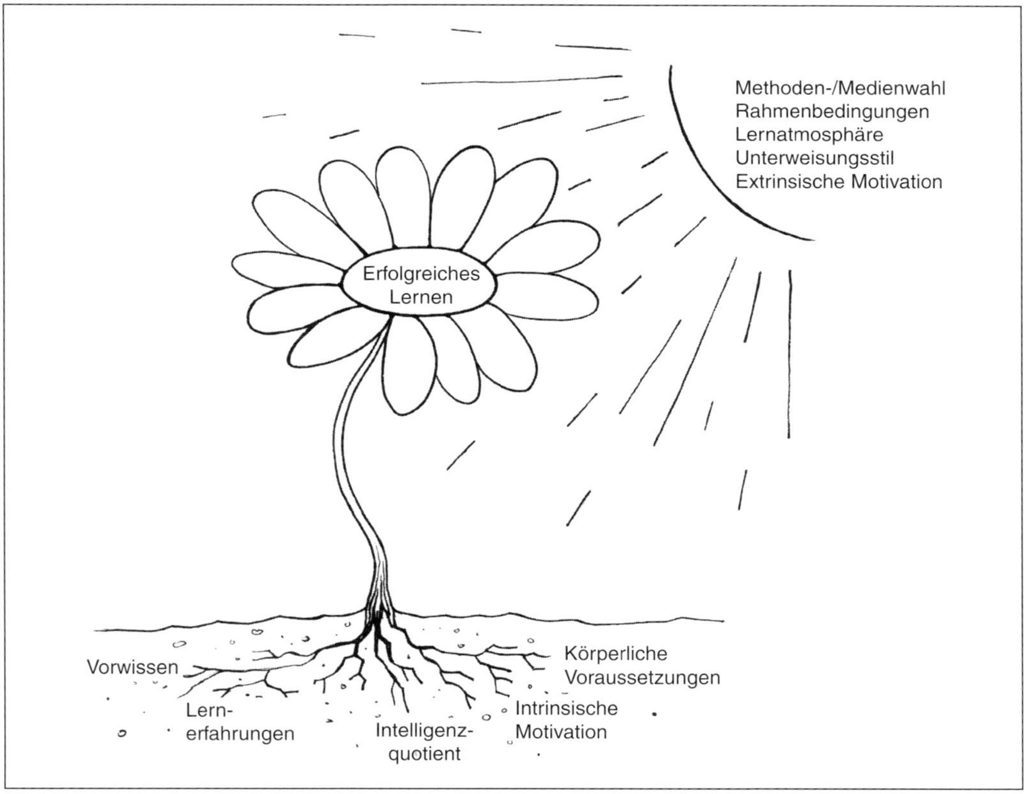

Methoden-/Medienwahl
Rahmenbedingungen
Lernatmosphäre
Unterweisungsstil
Extrinsische Motivation

Erfolgreiches
Lernen

Vorwissen

Körperliche
Voraussetzungen

Lern-
erfahrungen

Intrinsische
Motivation

Intelligenz-
quotient

Von großer Bedeutung für den Erfolg des Lehr-Lern-Prozesses sind auch die Inhalts- und Beziehungsebenen.

Bei der **Inhaltsebene** geht es um die Inhalte (was vermittelt werden soll). Bei der **Beziehungsebene** geht es um das Verhältnis Ausbilder–Auszubildender (mentale bzw. zwischenmenschliche Ebene). Grundlage für einen erfolgreichen Lehr-Lern-Prozess ist i. d .R. eine stabile Beziehungsebene. Für diese hat der Ausbilder zu sorgen, d. h. er muss dem Auszubildenden ein Gefühl von Gemeinschaft, Sicherheit und Vertrauen geben. Erst dann wird sich auch der Auszubildende öffnen. Zur Beziehungsebene gehören u. a. die Kommunikation (Siezen oder Duzen), der Small Talk, sowie der Führungsstil.

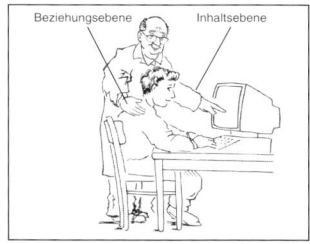

In der Grafik ist es für die Beziehungsebene und den Lehr-Lern-Prozess nicht förderlich, dass der Ausbilder hinter dem sitzenden Auszubildenden steht und eine mehrdeutige Körpersprache einsetzt.

Selbstverständlich kann sich die Beziehungsebene im Laufe der Ausbildung verändern. Aufgrund zunehmender Vertrautheit und positiver Erfahrungen sollte sie sich dabei ständig verbessern. Gefördert werden kann die Beziehungsebene durch Small Talk oder respektvollen Umgang miteinander. Vor diesem Hintergrund darf nicht vergessen werden, dass der Lehr-Lern-Prozess zutiefst emotional beeinflusst ist.

1.3.1.1.1 Förderung und Formen des Lernens

Nach den Erkenntnissen der Lerntheorie gibt es keine allgemeingültige Form des Lernens. Der Lehr-Lern-Prozess ist immer inhalts-, personen- und situationsabhängig. Es sind deshalb verschiedene Formen des Lernens bzw. der Lerntheorien möglich:

- **Signallernen** (klassische Konditionierung):
  Hierbei geht es um den Prozess der wiederholten Koppelung eines neutralen Reizes mit einem unbedingten Reiz, wobei der ursprüngliche neutrale Reiz eine Signalfunktion übernimmt und eine bedingte Reaktion auslöst. Ein bekanntes Beispiel hierzu ist der Versuch des Psychologen Pawlow: Bevor er einem Hund Futter gab, läutete er immer eine Glocke. Der Hund kapierte rasch, dass auf den Glockenton die Fütterung folgte und begann schon zu sabbern, wenn er die Glocke hörte. Das Signal »Glocke« hat im Lehr-Lern-Prozess des Hundes eine große Rolle gespielt. Bezogen auf die Ausbildung sind unterschiedliche Signale (z. B. Warnsignale wie eine Sirene oder eine Lampe bei Gefahr im Handwerk) für den Lehr-Lern-Prozess von Bedeutung.

- **Lernen durch Versuch und Irrtum** (Learning by Doing):
  Hierbei geht es um einen Probier- oder Suchprozess, bei dem ein richtiges Verhalten (bei Irrtum = falsches Verhalten) oder Ergebnis erreicht und in Zukunft übernommen wird. Da bei diesem Lernweg der menschlichen Neigung zur Neugierde Rechnung getragen wird, ist dies ein wichtiger Ansatz. Gefährlich wird es nur, wenn der Auszubildende ständig Misserfolgserlebnisse durchläuft oder sich – durch das Lernen aus Fehlern – verletzen kann.

- **Lernen aus Fehlern**:
  Während der Lernweg »Lernen durch Versuch und Irrtum« nicht zwangsläufig damit enden muss, dass es zu Fehlern kommt, setzt man beim Lernen aus Fehlern darauf, dass ein Fehler für den Lernprozess sinnvoll sein kann und in Zukunft zu vermeiden versucht wird. Wer einmal den Fehler gemacht hat, eine heiße Herdplatte anzufassen, wird diese künftig (aus Selbstschutz) meiden. Ebenso lässt man sich selten bei fest installierten Geschwindigkeits-Blitzanlagen ein zweites Mal »erwischen«. Hilfreich und manchmal erfreulicher ist es auch, aus Fehlern anderer zu lernen.

- **Lernen durch Wiederholung**:
Übung macht den Meister: Was der Mensch häufiger wiederholt, gelingt in der Regel künftig schneller und sicherer (z. B. das Bügeln von Hemden oder das Einparken eines Autos).

- **Verstärkungslernen**:
Hierbei handelt es sich um einen Prozess, bei dem ein Verhalten, das angenehme Konsequenzen herbeiführt oder unangenehme Situationen beseitigt, vermehrt auftritt. Wenn ein Auszubildender bspw. auf dem Bau von sich aus einen Kasten Bier holen geht, sind zwei Reaktionsweisen des Ausbilders vorstellbar: Einerseits kann sich dieser darüber freuen und diese Freude dem Auszubildenden gegenüber kundtun. Andererseits kann er den Auszubildenden nachdrücklich darüber aufklären, dass Alkohol auf der Baustelle nichts zu suchen hat. Im ersten Fall wird der Auszubildende bestimmt wieder Bier holen gehen, im zweiten Fall vermutlich nicht mehr.

- **Lernen am Modell** (Beobachtungslernen/Imitationslernen):
Hierbei handelt es sich um einen Prozess, bei dem der Auszubildende sich Verhaltensweisen oder Arbeitstechniken aneignet, die er bei einer anderen Person (z. B. Ausbilder oder anderer Auszubildender) beobachtet hat. Als Ergebnis dieses Prozesses zeigt der Auszubildende ein geändertes bzw. neues Verhalten oder eine verbesserte Arbeitstechnik.

- **Lernen durch Einsicht** (kognitives Lernen):
Probleme werden nicht durch blindes Ausprobieren, sondern durch logisches Denken gelöst – die Auszubildenden werden also dazu angehalten, erst über eine Lösung nachzudenken, bevor sie die gestellten Aufgaben praktisch angehen.

Eine der wichtigsten beruflichen Qualifikationen, die durch Lernen erreicht werden kann, ist das Erfassen von Zusammenhängen bzw. das Denken in Systemen. Diese können Ausbilder schulen, wenn sie z. B. die Auszubildenden auffordern, jeweils nach Abteilungs- oder Funktionswechsel einen zusammenfassenden Bericht, der über die Aufgabe des Ausbildungsnachweises hinausgeht, über die Bedeutung der jeweiligen Abteilung/Funktion im Unternehmen anzufertigen oder ein Projekt oder einen Leittext zu bearbeiten.

Folgende **pädagogische Ansprüche und Prinzipien** sollen den Lehr-Lern-Prozess leiten:

- Prinzip der Anschaulichkeit
- Prinzip der Ermutigung
- Prinzip der Lernerfolgssicherung
- Prinzip der kleinen Lernschritte
- Prinzip der sachlichen Richtigkeit
- Prinzip der Aktivierung des Lernenden/Handlungsorientierung
- Prinzip der Wiederholung
- Prinzip der Praxisnähe
- Neugierde wecken
- Vom Konkreten zum Abstrakten
- Vom Einfachen zum Schweren/Komplexen
- Vom Allgemeinen zum Speziellen
- Vom Bekannten zum Unbekannten
- Vom Nahen zum Entfernten
- Viele Eingangskanäle ansprechen
- Verknüpfung mit der Realität
- Förderung von Lernspaß
- »Erklärung vor Begriff«
- »Skelett vor Detail«
- Lernziel aufzeigen
- Lernzielkontrollen durchführen

Die Sinnesorgane

Voraussetzung für einen erfolgreicher und nachhaltigen Lehr-Lern-Prozess ist, dass eine Informationsaufnahme erfolgt, da nur wahrgenommene Informationen auch verarbeitet werden können. Informationsaufnahme kommt dementsprechend vor Informationsverarbeitung! Über die Sinnesorgane bzw. Sinne nehmen wir die Informationen unserer Umwelt wahr. Die wichtigsten Sinnesorgane bzw. Sinne der Informationsaufnahme sind das Auge (Seh-Sinn), das Ohr (Hör-Sinn), die Hand (Tast-Sinn), die Nase (Geruchs-Sinn) und der Gaumen (Geschmacks-Sinn).

- Beim Sinnesorgan Ohr geht es darum, den Auszubildenden angemessen und zielgerichtet anzusprechen. Hierzu gehören eine kräftige Stimme, die Satzmelodie, das langsame (aber nicht zu langsame) sowie das laute (aber nicht zu laute) Sprechen mit dem Auszubildenden. Monotonie beim Sprechen wirkt ermüdend und lässt den Auszubildenden unkonzentriert werden und abschalten.

- Das Auge wird am besten angesprochen, wenn der Ausbilder den Lehr-Lern-Prozess visualisierend unterstützt. Hierzu gehören Bilder, Folien und Skripte. Ein Bild sagt mehr als tausend Worte!

- Die Hand als Sinnesorgan steht für das Fühlen und Tasten. Fühlen und Tasten ermöglichen dem Auszubildenden, aktiv mitzuarbeiten (Handlungsorientierung) und die Unterweisung zu erfahren. Begreifen und greifen stehen in sehr engem Zusammenhang!

- Der Geruchs- und Geschmackssinn spielen im kaufmännischen Bereich eine eher untergeordnete Rolle. Im gewerblichen und vor allem gastronomischen Bereich hingegen sind diese Sinne außerordentlich wichtig. Ein Koch z. B. muss die zubereiteten Speisen immer riechen und abschmecken.

Der Ausbilder muss sich immer fragen, was für ein Aufnahmetyp der Auszubildende ist und wie man ihn gezielt über die Sinnesorgane bzw. Sinne ansprechen kann.

Es gibt viele Arten, Informationen aufzunehmen. Manche sind mehr oder wenig effektiv oder nachhaltig. Betrachten wir das Thema »Druck« und den wahrscheinlich besten Weg zu dessen Vermittlung:

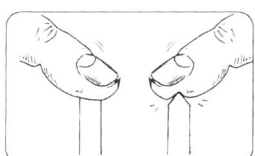
Auch wenn es evtl. schmerzhaft ist: Die Lernvariante, in der der Auszubildende den Druck (schmerzhaft) spürt, ist die nachhaltigste und lernpsychologisch sinnvollste. Bei gleich großer Handfläche und erhöhter ausgeübter Kraft auf diese erfährt er, was Druck ist und wie sich dieser verändern kann. Anschließend kann die entsprechende Formel (Druck = Kraft : Fläche) anhand des Erlebten erklärt werden.
Der Lernweg »Lernen durch Schmerzen« soll allerdings weitgehend (nicht zuletzt wegen der Fürsorgepflicht des Ausbilders) vermieden werden.

Der Weg der Informationen von der Umwelt ins Langzeitgedächtnis:

Die materielle Basis des Denkvermögens sowie der Körperkoordination ist das menschliche Gehirn. Wenn wir uns dieses als einen »Bio-Computer« vorstellen, verfügen wir über einen Wahrnehmungs-, einen Kurzzeit- und einen Langzeitspeicher in Form des Gedächtnisses. Gedächtnis wird dementsprechend als die Fähigkeit bezeichnet, etwas behalten zu können. Nahezu alles, was der Auszubildende lernt, soll im Langzeitspeicher »enden«, da er das Erlernte sowohl für die Abschlussprüfung als auch für seine berufliche Handlungsfähigkeit benötigt.

Beim Informationsgehalt, den die Sinne (Wahrnehmungskanäle) an das Gehirn leiten (Wahrnehmungs-, Kurzzeit- und Langzeitgedächtnis), findet eine Selektion der Informationen statt. Die Informationen werden gefiltert und nur ein Teil von ihnen findet den Weg ins Langzeitgedächtnis.

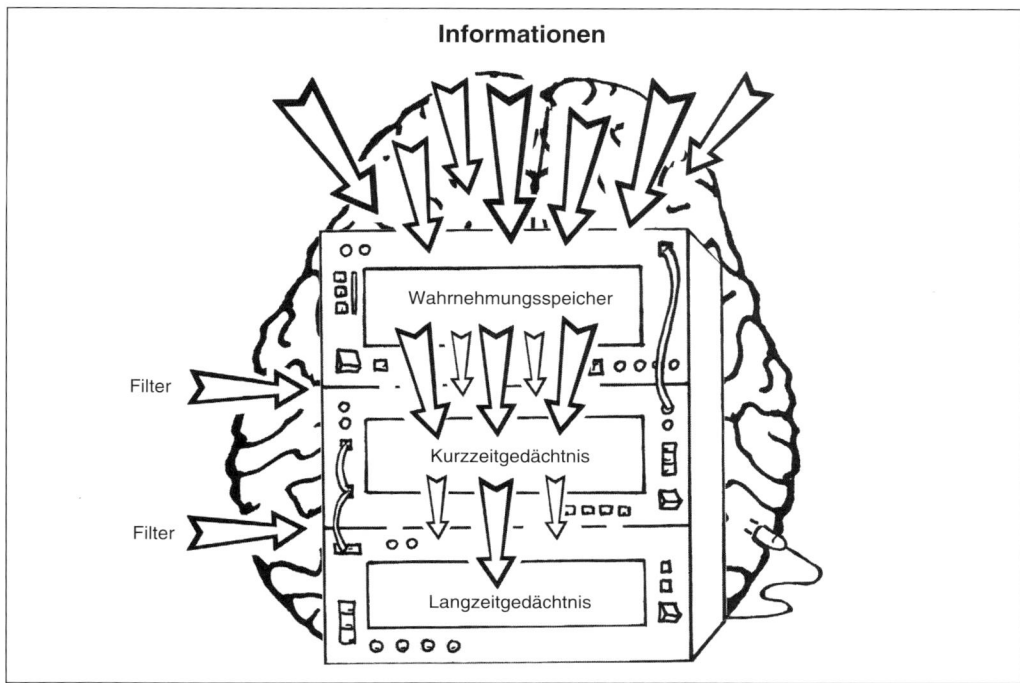

Besonders gut »hängen« bleiben Informationen, die

- mit Interesse verbunden sind,
- visualisiert sind,
- wiederholt werden,
- erlebt werden,
- mit Assoziationen verbunden sind,
- mit positiven oder negativen Gefühlen verbunden sind,
- mit einem persönlichen Erlebnis/Bezug verbunden sind,
- das erste oder letzte Mal stattfinden.

Generell gilt: Vergessen wird bedingt durch

- Zeitablauf (Zerfallsprozess),
- verzerrte Erinnerung,
- Verdrängung (bezieht sich auf emotionale Ereignisse),
- mangelnde Wiederholung,
- Desinteresse.

Am Beispiel des Erinnerungsvermögens (»Wo war ich, als am 11.9.2001 in den USA die Terroranschläge stattfanden?«) lässt sich gut beweisen, wie das Erinnerungsvermögen funktioniert. Aufgrund der individuellen »Erinnerungshaken« erinnert sich jeder, wo er im Augenblick der Mitteilung über die Terroranschläge gewesen ist. Dieses Beispiel zeigt, dass es sich lohnt, die Erkenntnisse des Erinnerungsvorgangs lernpsychologisch auch auf die Ausbildungswelt zu übertragen.

Hierzu ein Test zum Denken in Bildern und Fördern der Behaltensquote:

Zu sehen sind zehn Paare von Tieren oder Gegenständen. Die Behaltensquote, welche Paare zusammengehören, wird gesteigert, wenn man diese Paare jeweils in einem neuen Bild »fusioniert« (d. h. aus beiden Bildern ein Bild entstehen lässt, in dem beide Ursprungsbilder zu einem Gesamtbild verbunden werden). Die neuen Bilder sollen sich zunächst gedanklich vorgestellt und anschließend skizziert werden.

 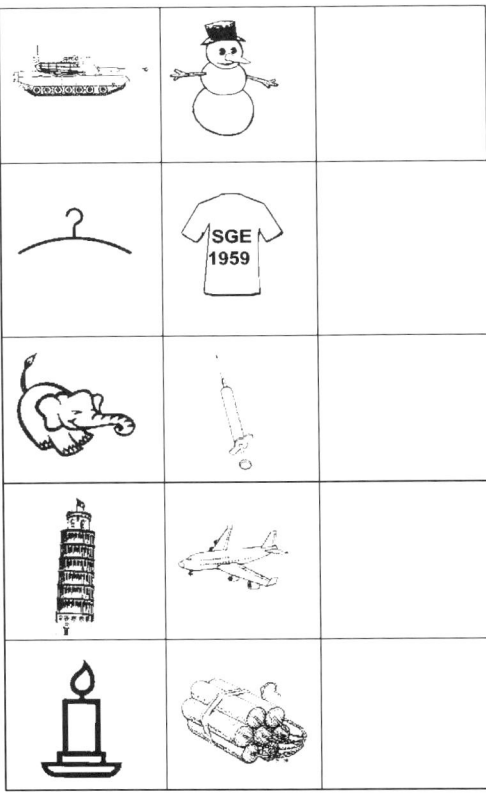

Macht man (Stunden oder Tage) später den Selbsttest, in dem man die Ursprungsbilder einander zuordnet, wird man überrascht eine hohe Erfolgsquote feststellen. Das Gehirn denkt in Bildern. Die Form der Einprägung mit Hilfe von Bildern erweist sich als gehirngerecht und nachhaltig. Probieren Sie es einfach aus und machen Sie dann die Selbstkontrolle auf der nächsten Seite.

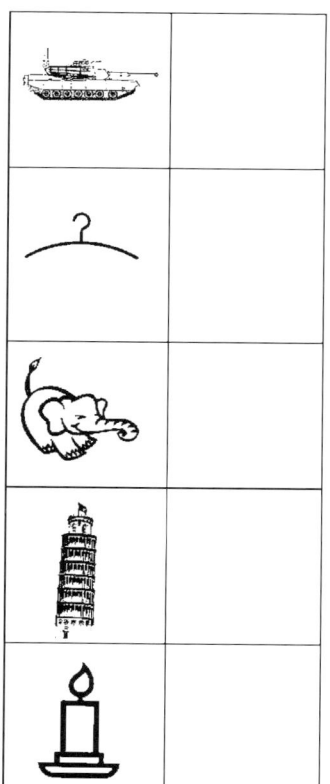

1.3.1.1.2 Grundlagen und Rolle der Motivation

Lernerfolge bewirken in der Regel Lernmotivation, sie fördern den Lernwillen und umgekehrt. Wer keine Erfolge erwartet (und sich auch nicht selbst etwas abverlangt), ist im Allgemeinen nicht lernbereit und so sind Lernerfolge schwerlich möglich. Diese zu erreichen und sicherzustellen, bedeutet vor allem auch Individualisierung, denn das Leistungspotenzial ist eine persönliche Fähigkeit, die eng mit Motivation, Tagesform, Über- und Unterforderung, Lernerfahrungen und Rahmenbedingungen zusammenhängt.

Zur pädagogischen und psychologischen Professionalität des Ausbilders gehört deshalb nicht nur das Vermitteln von Fachwissen, sondern in hohem Maße auch motivierend zu sein, zu denken und zu wirken.

Als Motivator hat der Ausbilder sich mit den Lernbedürfnissen der Auszubildenden auseinanderzusetzen, denn Lernen, das Erreichen und Sicherstellen von Lernerfolgen erfordert in der Regel Antrieb bzw. Motivation. Die Theorie der Motivation baut stark auf der Bedeutung der Motive und Anreize/Situationen auf. Nur wenn man die Bedürfnisse/Motive der Auszubildenden kennt, können diese auch gezielt angesprochen und aktiviert werden.

Stark motivierend wirkt zumeist das Lernziel, das angibt, was der Auszubildende am Ende des Lehr-Lern-Prozesses selbstständig und richtig beherrschen wird.

Zum Zusammenhang von Motivation, Motiv/Bedürfnise, Situation/Anreiz und Verhalten/Aktion:

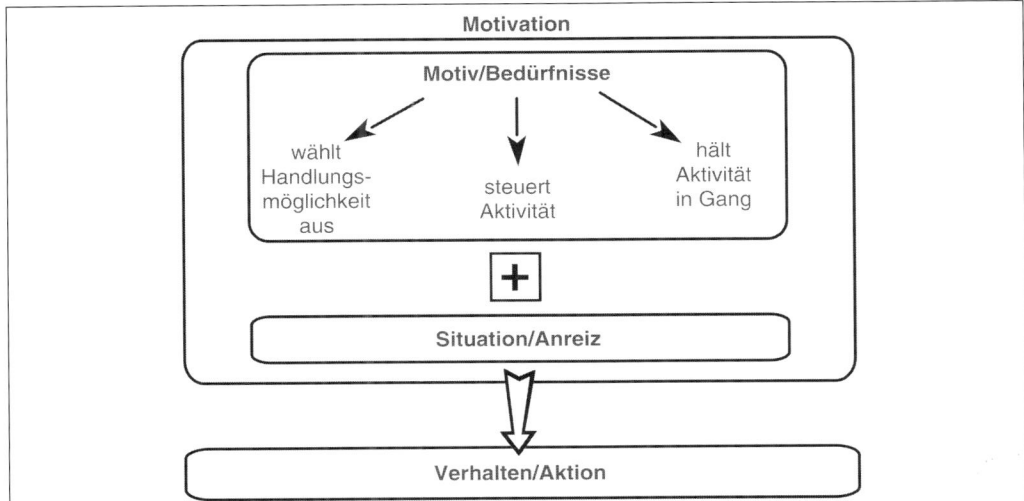

Wie dargestellt, baut die Lernmotivation auf Bedürfnissen (Motiven) und Reizen auf. Motive sind Beweggründe menschlichen Handelns. Die Motivation eines Auszubildenden, einen Spanisch-Sprachkurs zu besuchen, entspringt u. U. aus der Planung eines längerfristigen Südamerikaurlaubs nach dem Ausbildungsende. Motive sind bei jedem Menschen vorhanden, je nach Sozialisationsverlauf und Persönlichkeitsstruktur, aber unterschiedlich ausgeprägt. Sie können sich ständig verändern und prägen unser Verhalten sowie unsere Leistung.

Motivation ergibt sich durch die Konfrontation mit Situationen, die zur Lösung der Motivdefizite als geeignet erscheinen. Bei der Motivation geht es dementsprechend um Vorgänge und Faktoren, die menschliches Verhalten auslösen bzw. verständlich machen. Motivation umfasst den aktuellen situationsabhängigen Vorgang der Änderung von Verhalten und hat Prozesscharakter. Sie läuft vielfach nach einem bestimmten Schema ab. Man spricht vom Motivationsprozess.

Als Beispiel für einen Motivationsprozess bietet sich der allseits bekannte »Mittagshunger« an.

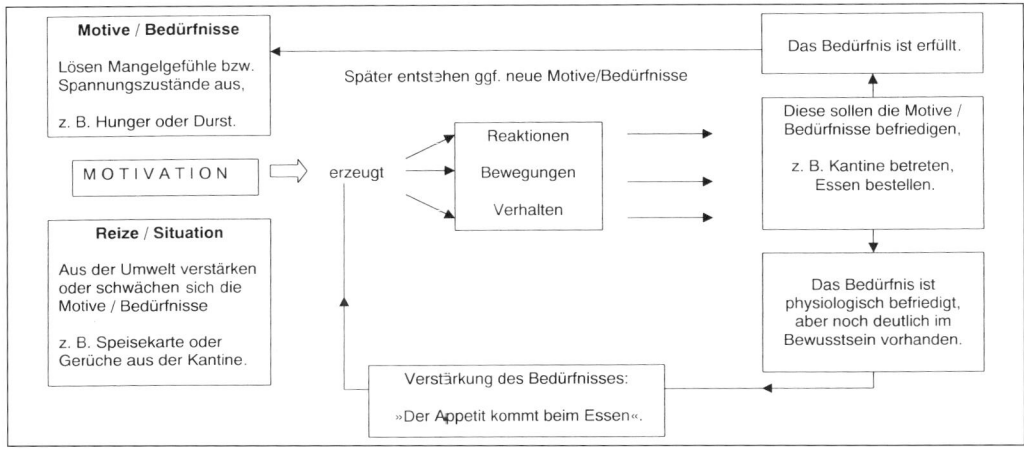

Motivation wird generell durch zwei Faktorengruppen bestimmt:

Bei der **intrinsischen Motivation** kommt der Antrieb vom Auszubildenden selber. Er setzt sich Ziele und treibt sich selber an. Sie hängt stark mit der Persönlichkeitsstruktur zusammen und ist Ausdruck von Selbstdisziplin und Willensstärke.

Bei der **extrinsischen Motivation** wirken Außenstehende (z. B. Eltern, Ausbilder oder Berufsschullehrer) auf den Auszubildenden ein und wollen Einfluss auf sein Verhalten und seine Leistung nehmen. Man spricht auch von Motivierung. Ein klassisches Beispiel für die extrinsische Motivation ist die Werbung, die beim potenziellen Kunden Konsumverhalten erzeugen möchte. Bezogen auf die Ausbildung kann die Aussicht auf die Übernahme nach der Ausbildungszeit die Motivation erhöhen.

Ein Comic zur Verdeutlichung:

Quelle: »Hägar«, Bulls Pressedienst, Frankfurt

Der Herr mit der schwarzen Kopfbekleidung ist intrinsisch motiviert, während die Ruderer durch die Peitsche eher extrinsisch motiviert sind.

Die Auszubildenden sind zumeist zu Beginn der Ausbildung stark motiviert. Im Laufe der Ausbildung gilt es, ihre Motivation zu halten bzw. zu steigern oder bei Misserfolgen zu motivieren. Ausbildung ist oftmals mit Motivationsproblemen der Auszubildenden verbunden, die durch Aktivitäten des Ausbilders zwar gemildert werden können, deren Auftreten aber nicht grundsätzlich zu verhindern ist. Motivation bezogen auf die Ausbildung bedeutet in erster Linie, Lernkanäle und stimulierende Rahmenbedingungen zu schaffen. Es ist keine Schande, über Dinge nicht Bescheid zu wissen, über die man (noch) nicht nachgedacht hat. Aufgaben, Hilfestellungen und Herausforderungen des Ausbilders sollen den Auszubildenden zum Lernen und zur Konzentration motivieren.

Die entscheidende Frage ist, wie man motivieren kann. Es gibt allerdings keinen generellen Ansatz zur Motivation. Wer die individuelle Bedürfnisstruktur des Auszubildenden kennt, kann gezielte und wirksame Anreize geben. Auch Ausbilder müssen sich ständig fragen, was sie zum Ausbilden motiviert.

Instrumente zur erfolgreichen Motivation der Auszubildenden sind die so genannten **Motivationsgriffe**. Diese sind mit den Bedürfnissen bzw. der Bedürfnisstruktur der Auszubildenden abzustimmen. Zu beachten ist, dass die Bedürfnisstruktur bei jedem Auszubildenden anders ausgeprägt ist und sich verändern kann.

Mehr oder weniger sinnvolle Formen der Motivation/Motivationsgriffe:

Konkrete Motivationsgriffe:

Mögliche Lernmotive, Wünsche und Beweggründe von Auszubildenden	Möglichkeiten der Bedürfnisbefriedigung und mögliche Anreize durch den Ausbilder
Unabhängigkeit/Selbstverwirklichung/ sinnvolle, interessante Arbeit	• Projektarbeit • Selbst- statt Fremdkontrolle • Mitbestimmung bei Lernzielen, Methoden und Rahmenbedingungen
Bestätigung und Anerkennung	• Angemessenes Lob (am besten vor Kunden, Kollegen oder Vorgesetzten, niemals vor anderen Auszubildenden) • Finanzielle Bestätigung • Freizeitgewährung für erfolgreiche Arbeit oder angemessenes Verhalten • Incentives
Sozialer Kontakt/Kommunikation/ Information	• Gruppenarbeit • Integration in informelle Gruppen • Immer ein »offenes Ohr« haben • Integration in die Abteilung
Körperliche Bedürfnisse	• Ergonomische Arbeitsplatzgestaltung • Pausenzeiten einhalten • Auf die Ernährung achten • Verpflegungs- und Sportmöglichkeiten

Zu beachten ist, dass die Motive (Lernziele, Erwartungen oder Ansprüche) der Auszubildenden zumeist wenig eindeutig und erkennbar sind. I. d. R. sorgt das Lernziel für Motivation.

Das Gegenteil von Motivation ist **Demotivation**. Ausgelöst wird sie durch die damit verbundenen so genannten Motivationskiller. Sie wirken oftmals ohne Absicht des Ausbilders oder Umfeldes und sind zu vermeiden.

Zu den Motivationskillern zählen:

- Monotonie
- Über- und Unterforderung
- Unangemessener Führungsstil
- Mangelnde Kommunikation (»Der Ton macht die Musik«)
- Fehlendes Feedback
- Leistungs- und Zeitdruck
- Leere Versprechungen
- Ungleichbehandlung
- Unklare Zielsetzung
- Ignoranz
- Bloßstellung
- Mangelnde/unangemessene Kommunikation
- Zeitdruck

Philosophische Gedanken zur Motivation:

> »Wenn Du ein Schiff bauen willst, so trommle nicht Männer zusammen,
> um Holz zu beschaffen, Werkzeuge vorzubereiten und die Arbeiter einzustellen,
> sondern lehre die Männer die Sehnsucht nach dem endlos weiten Meer.«
> *Antoine de Saint-Exupery (Autor von »Der kleine Prinz«)*

> »Ich kann, weil ich will, was ich muss.«
> *Immanuel Kant*

1.3.1.1.3 Didaktik

Zur gezielten Planung, Durchführung und Kontrolle des Lehr-Lern-Prozesses bedient man sich der Didaktik. In Anlehnung an das Erkennungslied der Kindersendung »Sesamstraße« (»Wer?, Wie?, Was?, Wieso?, Weshalb?, Warum?«) beschäftigt sich die Didaktik mit den folgenden Leitfragen:

- **Wer** ist am Lehr-Lern-Prozess beteiligt?
  Hierbei geht es um die Beteiligten des Lehr-Lern-Prozesses und deren Aufgaben (Ausbilder und Auszubildender).

- **Wie** soll gelernt bzw. gelehrt werden?
  Hierbei geht es um die eingesetzten Methoden des Lehr-Lern-Prozesses.

- **Was** soll gelernt werden?
  Hierbei geht es um die fachlichen und nicht-fachlichen Inhalte des Lehr-Lern-Prozesses.

- **Wieso, weshalb, warum** soll gelernt werden?
  Hierbei geht es um die Gründe und Ziele des Lehr-Lern-Prozesses.

- **Wo** soll gelernt werden?
  Hierbei geht es um den Lernort des Lehr-Lern-Prozesses.

- **Wann** soll gelernt werden?
  Hierbei geht es um die Zeit, wann der Lehr-Lern-Prozess stattfinden soll. Dies kann die Kategorie »Tageszeit« (Biorhythmus) oder die Kategorie »Ausbildungsjahr« sein.

- **Womit** soll gelernt werden?
  Hierbei geht es um die Medien und Ausbildungsmittel des Lehr-Lern-Prozesses.

- **Wozu** soll gelernt werden?
  Hierbei geht es in erster Linie um die Praxisbeherrschung, aber auch um erfolgreiche Prüfungen.

Ausbilder sind somit immer auch Didaktiker. Ohne didaktische Grundüberlegungen ist kein zielgerichteter Lehr-Lern-Prozess möglich.

Zu den Aufgaben der Didaktik zählen dementsprechend:

- Definition von Lernzielen
- Planung, Durchführung und Kontrolle der Lehr-Lern-Prozesse
- Auswahl von Methoden und Medien

Didaktik kann somit als die Theorie und Praxis vom Lehr-Lern-Prozess verstanden werden. Für den Ausbilder gehören der geschickte Einsatz und die Kombination der »didaktischen Elemente« zu den wichtigsten Aufgaben. Während sich die Didaktik mehr mit der Planung des Lehr-Lern-Prozesses beschäftigt, geht es bei der Methodik mehr um die anschließende Umsetzung.

Die Balance der didaktischen Elemente

Wie bei einem Mobile geht es bei einer zielgerichteten Unterweisung darum, die didaktischen Elemente in ein Gleichgewicht (Balance) zu bringen. Bereits ein falsch gewähltes Element (z. B. zu hohes Lernziel, falscher Medien- oder Methodeneinsatz) kann den gesamten Lehr-Lern-Prozess beeinträchtigen. So hat der Ausbilder die didaktischen Elemente gezielt auszuwählen und einzusetzen.

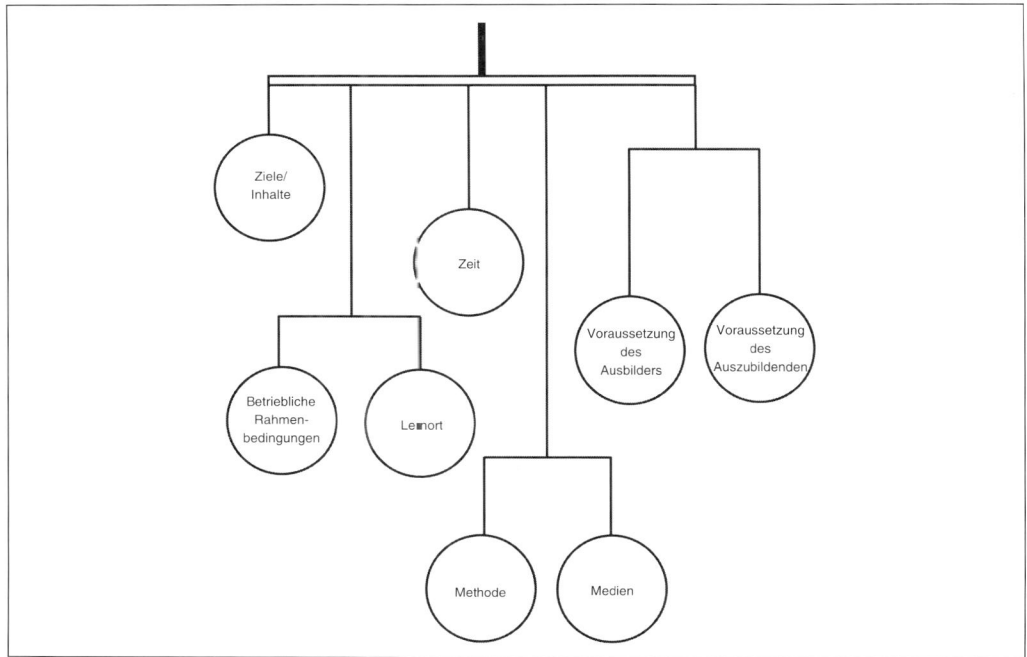

Zielorientiertes Ausbilden bedeutet – vereinfacht gesagt – nichts anderes, als ständig das Gleichgewicht der didaktischen Elemente herzustellen und zu halten versuchen!

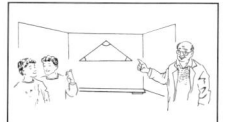 Eng damit verbunden ist das »**Didaktische Dreieck**«. Dieses Dreieck mit den Eckpunkten (Ausbilder, Auszubildende und Inhalt) beschäftigt sich mit der grundsätzlichen Frage: »Welches sind die zentralen Faktoren der Lehr-Lern-Prozesse und in welcher Beziehung stehen sie?«. Ist eine der drei Beziehungen (Ausbilder-Auszubildende, Ausbilder-Inhalt, Inhalt-Auszubildende) gestört, wirkt sich das negativ auf den Lehr-Lern-Prozess aus.

1.3.1.1.4 Bedingungsfelder der Ausbildung und des Lehr-Lern-Prozesses

Hierzu zählen die Rahmenbedingungen der Ausbildung. Es sind dies die Person des Auszubildenden und des Ausbilders auf der einen Seite sowie die Berufsschule und der Ausbildungsbetrieb auf der anderen Seite.

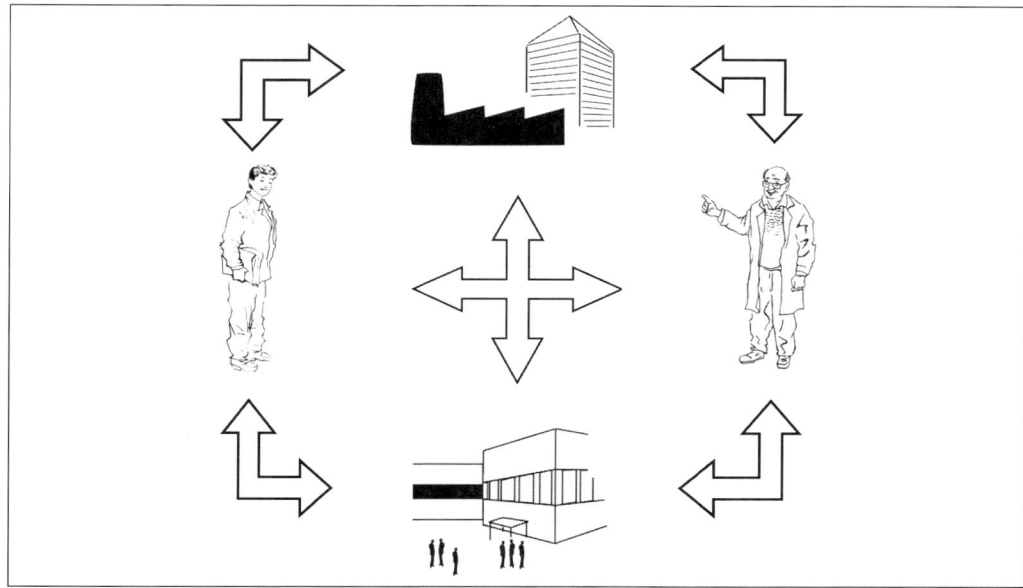

Jeder Ausbilder, der es mit **Auszubildenden** zu tun hat, hat deren Alter und Situation weitgehend selbst durchlebt. Er kann auf Erfahrungen zurückgreifen, die er selber einmal gemacht hat und weiß mehr oder weniger, welche Probleme junge Menschen haben (können). Geprägt ist der Lebensabschnitt der Auszubildenden zumeist noch durch die Pubertät mit ihren schönen und weniger schönen Seiten. Das Einsetzen der Pubertät erfolgt individuell recht unterschiedlich, abhängig von Erbanlage, Ernährung und Umweltfaktoren. Die Pubertät ist Teil der Persönlichkeitsentwicklung des Auszubildenden, der mehr oder weniger auffällige Veränderungen auf der körperlichen und geistigen/intellektuellen Ebene durchläuft.

In diesem Lebensabschnitt sich verändernder körperlicher Reife, Pflichten, Verantwortlichkeiten, Vorrechte, Interessen, gesellschaftlicher und wirtschaftlicher Rollen wandelt sich im Auszubildenden entsprechend die Einstellung zu sich selbst, den Eltern, Gleichaltrigen und Erwachsenen (damit auch des Ausbilders). Neue Interessen, Ziele und Herausforderungen werden wichtig, neue Verhaltensnormen und Grenzen ausprobiert. Damit verbunden sind die Emotionalität, die Persönlichkeit und der Intellekt. Die Pubertät ist damit ein normaler Ablösungs- und Veränderungsprozess von der Kindheit hin zum Erwachsensein und für die Entwicklung des Auszubildenden notwendig. Letztlich ist die Pubertät eine Suche nach der eigenen Identität.

Zu bedenken ist allerdings, dass für den **Ausbilder** die eigene Jugend mehr oder weniger lange zurückliegt. In der Zwischenzeit hat der Ausbilder neue Entwicklungen durchlaufen und Erfahrungen gemacht. Der Ausbilder sieht seine Jugend dementsprechend aus einer anderen Perspektive – der eines Erwachsenen. Er hat die Pubertät abgeschlossen, ist aber durch berufliche oder private Stresssituationen nicht immer ausgeglichen.

Während die **Berufsschule** meist nicht gewählt werden kann und der Einfluss auf Unterricht und Qualität dieses Lernortes gering ist bzw. als gegeben hingenommen werden muss, hat der Ausbilder im Bereich des Bedingungsfeldes »**Betrieb**« für optimale Rahmenbedingungen zu sorgen.

1.3.1.2 Arbeitsplätze bzw. Lernorte auswählen und aufbereiten

Vor allem in größeren Ausbildungsbetrieben sind die Leistungsprozesse oftmals sehr arbeitsteilig und räumlich getrennt organisiert. Für die Ausbildung am Arbeitsplatz ist es deshalb wichtig, dass für die Auszubildenden die Zusammenhänge der einzelnen Arbeitstätigkeiten und Abläufe verständlich und überschaubar sind und diese an passenden und angemessenen Lernorten vermittelt werden. Im Gegensatz hierzu werden bei kleineren Betrieben häufig komplexe Arbeitsaufgaben von nur einer Person an einem Arbeitsplatz ausgeführt.

Aufgabe der Ausbildungskräfte ist es, durch eine sorgfältige Planung die Arbeitsaufgaben und -abläufe so aufzuteilen und darzustellen, dass den Auszubildenden eine sinnvolle Mitarbeit an einzelnen Teilaufgaben schrittweise ermöglicht wird und sie den Gesamtweg aus den Einzelschritten erkennen bzw. mitgestalten können, damit der Lehr-Lern-Prozess erfolgreich verläuft. Durchaus möglich ist es, dass sich mehrere Auszubildende einen Arbeitsplatz teilen.

Generell müssen Ausbildende, Ausbilder und Auszubildende die – für die Ausbildungsstätte bzw. den Lernort – geltende Ordnung beachten und somit eine geordnete Ausbildung gewährleisten. Dies betrifft u. a. die Sicherheits- und Unfallverhütungsvorschriften, das Anlegen von Schutzkleidung, Rauchverbote, Vorschriften zum Betreten von Werkstätten und bestimmten Orten und die allgemeine Hausordnung; alles Aspekte, die unmittelbar mit dem Lernort verbunden sind. Unterschieden werden zentrale (z. B. nur die Firmenzentrale als Lernort) und dezentrale Lernorte (z. B. verschiedene Baustellen bei einer Baufirma).

Für dezentrale Lernorte spricht, dass die Ausbildung an den einzelnen Lernorten praxisnah durchgeführt werden kann, wodurch die Auszubildenden die betriebliche Realität unmittelbar kennenlernen.

- **Lernen am Arbeitsplatz:**
  Am Arbeitsplatz ist die wohl effizienteste Form des Lernens möglich, da hier die betriebliche Realität mit allen Möglichkeiten und Konsequenzen unmittelbar erlebt werden kann, und praxisnah on-the-job ausgebildet wird.

- **Lernecken:**
  Lernecken befinden sich in unmittelbarer Nähe des Arbeitsplatzes. Hier können Unterweisungen, die am Arbeitsplatz evt. zu Verzögerungen oder Störungen des Arbeitsablaufes führen können, in ruhiger Atmosphäre stattfinden. Die Lernecke kann auch genutzt werden, um weiter zu lernen. Auf jeden Fall kann sich der Auszubildende hierhin zurückziehen, um bspw. das Gelernte praktisch-theoretisch (oder andersherum) auszuprobieren oder zu vertiefen.

- **Übungs- bzw. Ausbildungswerkstätten:**
  Ausbildungswerkstätten finden sich insbesondere im gewerblich-technischen Bereich. Herausgelöst aus dem betrieblichen Ablauf bieten sie den Auszubildenden die Möglichkeit, zu üben, Werkstücke anzufertigen und die Praxis zu simulieren. Es handelt sich meist um die Vermittlung von Grundlagenkenntnissen, die den Auszubildenden auf seinen Einsatz vor Ort vorbereiten sollen. Das Lernen findet hier sozusagen im »geschützten Raum« statt. Allerdings kann vor diesem Hintergrund und dem fehlenden Praxisbezug die Motivation sinken.

- **Lernbüro:**
  Diese Organisationsform eignet sich dazu, abseits von Hektik und Unruhe des Betriebsgeschehens bestimmte Lernaufgaben zu bearbeiten. Methodisch kommen hier vor allem Leittexte oder Projektarbeiten in Frage. Letztlich finden im Lernbüro zumeist »Trockenübungen« mit realistischen Geschäftsprozessen statt.

- **Juniorfirmen:**
  Hierbei handelt es sich um von Auszubildenden selbstständig betriebene, kleine Unternehmen oder Einheiten innerhalb des Ausbildungsbetriebes. Sie bieten Produkte oder Dienstleistungen an, die dem Ausbildungsbetrieb oder auch anderen Abnehmern verkauft werden. Der Ausbilder steht hier nur als Berater zur Verfügung (zur Methode Juniorfirma mehr in Kap. 1.3.4.1.2.8).

- **Unterrichtsräume:**
  Sie dienen zur Vorbereitung oder Vertiefung der Ausbildung am Arbeitsplatz. Sie werden zumeist für theoretisch zu behandelnde Inhalte gewählt.

Zu klären ist immer, welche Lernziele in welcher Reihenfolge mit welchen Arbeitsschritten an welchen Lernorten erreicht werden sollen.

Leitfragen rund um den Arbeitsplatz, den Lernort, die Arbeitsplatzauswahl und -aufbereitung sind:

Zur Zuordnung der Lernziele, Kenntnisse und Fertigkeiten zu den Lernorten:

- Was (ist an Lernzielen zu vermitteln)?
- Von wem (werden die Lernziele vermittelt)?
- Wann (werden die Lernziele vermittelt)?
- Wo (an welchem(n) konkreten Lernort(en) werden die Lernziele vermittelt)?
- Unter welchen Rahmen- und Arbeitsbedingungen werden die Lernziele vermittelt?
- Sind an den jeweiligen Lernorten unterschiedliche Arbeits- und Sozialformen (Einzel-, Partner- oder Gruppenarbeit) möglich?

Zur Ausstattung des Arbeitsplatzes und zur Ergonomie am Arbeitsplatz:

- Ist die zur Ausbildung notwendige Ausrüstung (Ausbildungsmittel und Medien) vorhanden?
- Ist eine körpergerechte (ergonomische) Gestaltung des Arbeitsplatzes gegeben?
- Gibt es an den Ausbildungsorten besondere körperliche oder psychische Anforderungen, denen (insbesondere jugendliche Auszubildende) nicht ausgesetzt werden dürfen?

Zu den Umwelteinflüssen und zum Betriebsklima:

- Welche Umwelteinflüsse wirken störend oder fördernd auf den Lehr-Lern-Prozess (z. B. Ruhe, Lärm, Temperatur, Lichtverhältnisse)?
- Welche Konfliktpotenziale beeinflussen das Betriebsklima motivierend oder demotivierend?

Zu den Unfallverhütungsvorschriften:

- Ist die Gefahrendokumentation ausreichend?
- Ist die persönliche Schutzausrüstung vorhanden und funktionsfähig?
- Sind die Rettungseinrichtungen und -wege bekannt?
- Ist der Sicherheitsbeauftragte im Betrieb direkt ansprechbar/erreichbar?

Von besonderer Bedeutung ist auch die Raumwahl und Raumgestaltung. Jeder Raum wirkt auf die Anwesenden und bestimmt somit die Lehr-Lern-Atmosphäre bewusst oder unbewusst. Da der Mensch mit allen Sinnen lernt und sowohl der Ausbilder als auch die Auszubildenden einen Großteil der Woche am Arbeitsplatz verbringen, sollte der Ausbilder bei der Raumwahl bzw. Raumgestaltung gezielt Einfluss nehmen.

Vorteil einer geeigneten Raumwahl bzw. Raumgestaltung:
- Eine positive Lernatmosphäre/Lernortwahl kann die Motivation und den Lernerfolg sichern bzw. steigern.

Nachteil/Problembereich:
- Eine unangenehme Lernatmosphäre/Lernortwahl kann negativ auf die Motivation und den Lernerfolg wirken.

Beachten/Tipps und Tricks:
- Veränderungspotenziale eines Raumes nutzen
- Auf die Einflüsse von Größe, Mobiliar (Medien, Stühle und Tische), Sitzordnung, Dekoration, Geruch, Lärm, Temperatur, Akustik, Lichtverhältnissen, Lüftungsmöglichkeiten, Nähe der Sitzplätze zu Fenstern und Türen achten

1.3.1.3 Auf Veränderungen der Arbeitsorganisation vorbereiten

»Nichts ist so konstant wie der Wandel.«

Wenig ist konstant, zumeist auch nicht die Arbeitsorganisation. Die sich in rascher Folge ändernden Arbeitsprozesse und Marktanforderungen machen auch den Wandel in der betrieblichen Arbeitsorganisation zu einem kontinuierlichen Prozess. Dies hat Auswirkung auf die Tätigkeit und Rolle des Ausbilders, seine Arbeit und Funktion. So sind die Auszubildenden in diese Veränderungsdynamik einzubeziehen, auf die damit verbundenen Konsequenzen der Ausbildungs- und Arbeitswelt vorzubereiten und bei deren Bewältigung zu unterstützen.

Zu den konkreten Aspekten zählen dabei:

Rationalisierungsmaßnahmen erkennen und steuern zu können. Dies betrifft:

- Wirtschaftliche, humane, organisatorische und terminliche Ziele der Rationalisierung
- Beachtung der Kostenmatrix als Entscheidungshilfe für die Auswahl von Rationalisierungsschwerpunkten
- Just-in-Time-Produktion oder Dienstleistung
- Zunehmende Kundenorientierung. Produktion nicht mehr auf Lager, sondern nach Kundenwünschen
- Teamarbeit statt klassischer Arbeitsteilung
- Kontinuierliche Verbesserungsprozesse (KVP) oder Ideenmanagement
- Änderungen der Anforderungen an die Auszubildenden und der damit verbundenen Arbeitsorganisation

Berufs- und arbeitspädagogische Eignungen des Ausbildungspersonals. Dies betrifft:

- Ständige Fortbildung in fachlichen, rechtlichen und pädagogischen Handlungsfeldern
- Kennenlernen der unterschiedlichen Strategien für Arbeitsorganisationsveränderungen
- Bereitschaft und Fähigkeit zur Akzeptanz der Veränderungen
- Ausbau der Methodenkompetenz zur erhöhten Stabilität bei Arbeitsmarktveränderungen

Stellt man die früheren und gegenwärtigen Aspekte der Arbeitsorganisation und des Lehr-Lern-Prozess gegenüber, zeigt sich folgender Wandel, bezogen auf die Rolle der Ausbilder und Auszubildenden:

Früher	Heute
Einzelarbeit	Kooperation, Team- und Gruppenarbeit
Arbeit nach Anweisung	Zunehmende Selbstständigkeit
Transparenz der Handlungsfelder	Komplexe Zusammenhänge der Handlungsfelder
Fremdkontrolle durch den Ausbilder	Vermehrt Selbstkontrolle durch den Auszubildenden
Fremdverantwortung durch den Ausbilder	Vermehrte Eigenverantwortung des Auszubildenden
Autoritärer Führungsstil	Situativer Führungsstil
Relativ konstante Lerninhalte	Schneller und konstanter Wandel in den Inhalten
Lange Halbwertzeit des Fachwissens	Kurze Halbwertzeit des Fachwissens
Partieller Zwang zur Fortbildung	Zwingende Notwendigkeit zum lebenslangen Lernen
Wenig Methoden-Mix	Ständiger Methoden-Mix
Wenig Medieneinsatz, wenig Medienmix	Gezielter Medieneinsatz und Medienmix

Letztlich zwingt der schnelle Wandel von Techniken, Arbeitsverfahren und Arbeitsorganisation die Ausbilder, ihre Auszubildenden in einer durch Flexibilität gekennzeichneten Zeit zum selbstständigen Erkennen von veränderten Arbeitsplatzanforderungen und deren Bewältigung zu befähigen. Vor diesem Hintergrund bedeutet (lebenslanges) Lernen nicht nur Anpassung, sondern auch die Bereitschaft, sich auf die neuen Formen der Arbeitsorganisation und -techniken einzulassen und diese zu meistern. Zudem werden mit steigenden Qualifikationsanforderungen die Ansprüche der Auszubildenden an die ihnen angemessen erscheinende Ausbildungsorganisation höher.

1.3.1.4 Führungsverhalten und Führungsstile

Für den erfolgreichen Lehr-Lern-Prozess und das Konfliktmanagement spielen Autorität und Führungsverhalten des Ausbilders eine große Rolle.

Merkmale der Autorität von Ausbildern sind: Sein/seine

- Fachwissen
- Status
- Persönlichkeit

Zu beachten ist, dass Autorität und autoritärer Führungsstil nicht das Gleiche sind. Um eine Ausbildungsgruppe als Vorgesetzter zu führen, benötigt man Autorität. Autorität zu besitzen, ist etwas Positives.

(!)

Unterweisungsstil

Eng mit der Autorität verbunden ist der Unterweisungsstil des Ausbilders. Der Unterweisungsstil ist ein Spezialfall des Führungsstils, nämlich Führung bezogen auf Ausbildung und den Umgang mit Auszubildenden. Jeder Ausbilder hat einen Fahr-, Kleidungs-, Lauf- oder Lebensstil. Bezogen auf die Ausbildungstätigkeit gilt es, einen angemessenen Unterweisungsstil zu finden und anzuwenden.

Grundfunktionen von Führung durch den Ausbilder sind:

- Motivation
- Konfliktmanagement
- Mediation
- Zielsetzung
- Zielkontrolle
- Feedback
- Organisation
- Kommunikation
- Unterstützung

In der Literatur werden in der Regel drei Grundformen von Führungs- bzw. Unterweisungsstilen unterschieden (autoritär, kooperativ und laissez-faire). Diese Dreiteilung, bei der das Unterscheidungsmerkmal in der Persönlichkeit der Führungskraft, deren Lenkungs-, Sanktions-, Motivations-, Kommunikations-, Wertschätzungs- und Erwartungsverhalten liegt, geht auf den Psychologen Kurt Lewin zurück. Die nachfolgenden Figuren sprechen weitgehend für sich.

1. Der autoritäre Führungsstil:

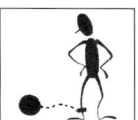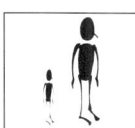

Bei diesem Stil steht der Ausbilder im Mittelpunkt. Die Kommunikation ist einseitig und der Ton eher rau, streng bzw. befehlsmäßig. Der Auszubildende muss sich unterordnen. Die Beziehungsebene ist wenig durch Vertrauen und Zuwendung geprägt. Die Rollenverteilung ist festgelegt, Lob und Anerkennung gibt es wenig. Treffend für diesen Stil ist das Sprichwort »Lehrjahre sind keine Herrenjahre!«.

2. Der kooperative oder demokratische Führungsstil:

Bei diesem Stil verstehen sich Ausbilder und Auszubildender als Partner. Sie haben ein gemeinsames Ziel und arbeiten kooperativ daraufhin. Die Kommunikation ist zweiseitig und die Beziehungsebene intakt. Der Ausbilder ist für den Auszubildenden jederzeit Ansprechpartner.

3. Der Laissez-faire Führungsstil:

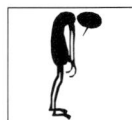   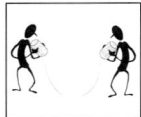

Bei diesem Stil schenkt der Ausbilder dem Auszubildenden wenig bis gar keine Aufmerksamkeit. Er kommt weder seiner Organisations-, Kooperations- noch Kontrollfunktion nach. Es herrscht wenig bis gar keine Kommunikation. Der Ausbilder nimmt seine Verantwortung und Erziehungsfunktion nicht ernst. Eigentlich handelt es sich hier nicht um einen Führungsstil.

Da man keinen dieser Unterweisungsstile als den richtigen bezeichnen kann und seine Wahl immer von Rahmenbedingungen abhängig ist, gilt es, situativ zu führen bzw. einen situativen Unterweisungsstil anzuwenden. Dieser kann je nach Situation einer der zuvor beschriebenen Grundformen zugeordnet werden und setzt Flexibilität beim Ausbilder voraus.

Zum situativen Führungsstil:

Einen anderen Zugang zum Unterweisungsstil des Ausbilders bietet das Verhaltensgitter als Spannungsfeld von Mitarbeiterorientierung und Leistungsorientierung (Blake und Mouton 1968), welches auf einen situativen Führungsstil abzielt.

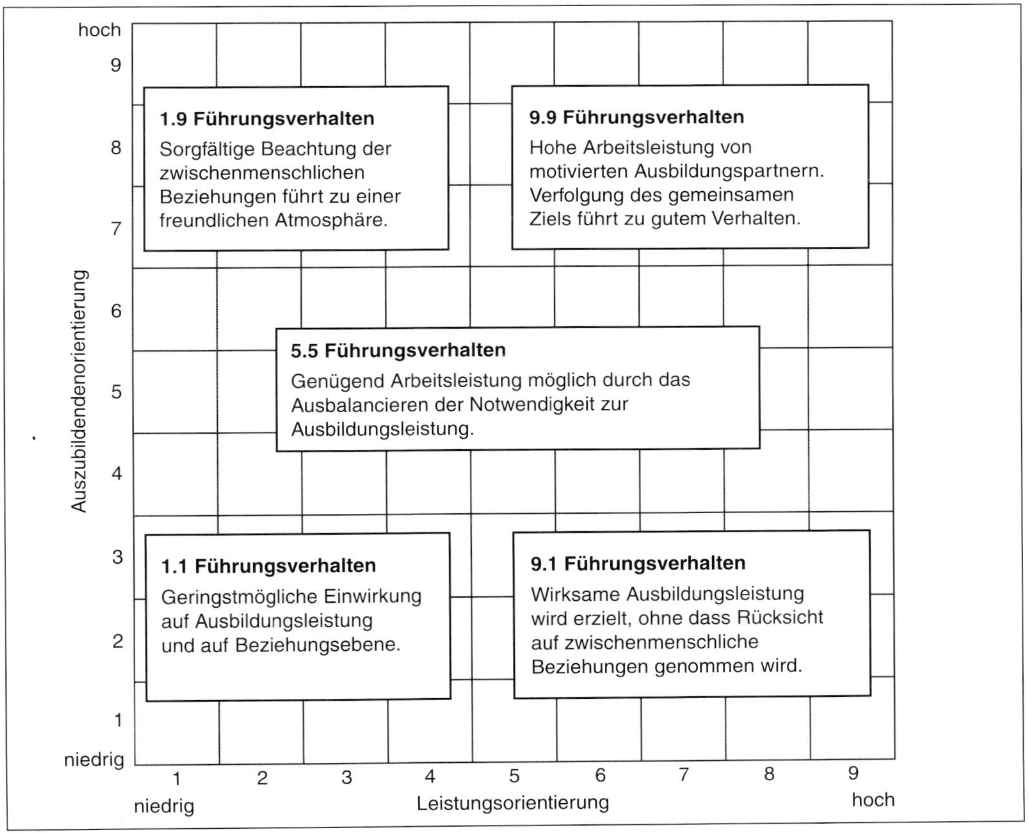

Auszubildendenorientierung (vertikale Achse, von niedrig 1 bis hoch 9)
Leistungsorientierung (horizontale Achse, von niedrig 1 bis hoch 9)

1.9 Führungsverhalten
Sorgfältige Beachtung der zwischenmenschlichen Beziehungen führt zu einer freundlichen Atmosphäre.

9.9 Führungsverhalten
Hohe Arbeitsleistung von motivierten Ausbildungspartnern. Verfolgung des gemeinsamen Ziels führt zu gutem Verhalten.

5.5 Führungsverhalten
Genügend Arbeitsleistung möglich durch das Ausbalancieren der Notwendigkeit zur Ausbildungsleistung.

1.1 Führungsverhalten
Geringstmögliche Einwirkung auf Ausbildungsleistung und auf Beziehungsebene.

9.1 Führungsverhalten
Wirksame Ausbildungsleistung wird erzielt, ohne dass Rücksicht auf zwischenmenschliche Beziehungen genommen wird.

Für den Ausbilder gilt es situativ die beiden Extreme Auszubildendenorientierung und Leistungsorientierung abzuwägen und diese so zu kombinieren, dass der Führungs- bzw. Unterweisungsstil angemessen ausfällt.

Bei der Darstellung hilft eine dreidimensionale Grafik mit den Achsen Auszubildende, Betrieb und Ausbilder. Da ein guter Ausbilder aber zuletzt an sich denkt, reicht das zweidimensionale Gitter-Modell zur Beschreibung des Unterweisungsstils.

Leitfaden/Checkliste für einen situativen Unterweisungsstil

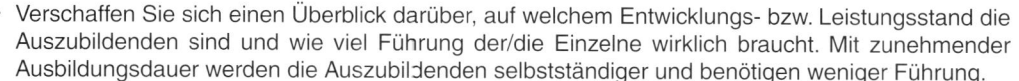

- Verschaffen Sie sich einen Überblick darüber, auf welchem Entwicklungs- bzw. Leistungsstand die Auszubildenden sind und wie viel Führung der/die Einzelne wirklich braucht. Mit zunehmender Ausbildungsdauer werden die Auszubildenden selbstständiger und benötigen weniger Führung.
- Geben Sie den Auszubildenden regelmäßig ausgewogene Rückmeldungen zu ihren Leistungen, zu ihren Stärken und Schwächen.
- Führen Sie regelmäßig Zielvereinbarungsgespräche mit herausfordernden, aber erreichbaren Zielen sowie Beurteilungs- und Fördergespräche durch.
- Erläutern Sie den Auszubildenden, was Sie zu tun gedenken, um sie zu fördern und zu entwickeln.
- Behandeln Sie die Auszubildenden – soweit möglich – partnerschaftlich und nicht von oben herab.
- Sagen Sie den Auszubildenden, warum Sie sie enger führen, wenn das notwendig ist, und dass es Ihr Ziel ist, sie dadurch selbstständiger und somit erfolgreicher zu machen.
- Setzen Sie klare Maßstäbe und formulieren Sie gleich zu Ausbildungsbeginn eindeutige Spielregeln. Sorgen Sie dafür, dass diese auch eingehalten werden.
- Behandeln Sie dabei alle Auszubildenden (auch die Mitarbeiter- und Kundenkinder) gleich.
- Leben Sie die Haltungen und Werte, die Sie von den Auszubildenden fordern, auch selbst vor.

Ausbilderverhalten prägt das Auszubildendenverhalten und Anerkennung ist leistungsfördernder als Kritik!

1.3.1.5 Die Rolle der Rückmeldung (Feedback)

Effektives Lernen und Arbeiten setzt voraus, dass es zu einer Rückmeldung (Reflexion) über den Lern- oder Arbeitserfolg und den damit verbundenen Prozess kommt. Als Feedback bezeichnet man eine Mitteilung an eine Person, wie ihre Verhaltensweise oder Leistung von anderen wahrgenommen und verstanden wird (Kommunikations- bzw. Rückkopplungsprozess).

Feedback ist eine Rückmeldung bzw. die damit verbundene Reflexion vorangegangener Beobachtungen oder Erfahrungen auf unterschiedlichen Ebenen: Man

- lässt die anderen Personen (Auszubildende) wissen, was man über sich selbst denkt und fühlt,
- lässt die anderen Personen (Auszubildende) wissen, was man über sie denkt und fühlt,
- sagt sich gegenseitig, was man über sich selbst und übereinander denkt und fühlt.

Feedback ist dementsprechend das prüfende, vergleichende Nachdenken über vorgenommene Handlungen, praktizierte Strategien, zu Grunde liegende Gedanken und Empfindungen sowie deren Artikulation. Dabei darf Feedback geben nicht mit einer Lernerfolgskontrolle oder einer Beurteilung (vgl. Kap. 1.3.8.1) verwechselt werden.

Ausbildung und Kommunikation ohne Feedback zieht i. d. R. Probleme nach sich: Lernmöglichkeiten bzw. Verbesserungschancen werden nicht genutzt. Feedback geben und annehmen bedeutet Lernchancen zu bieten und zu nutzen. Das Maß und die Wirksamkeit von Feedback werden weitgehend vom Ausmaß des Vertrauens (Beziehungsebene) zwischen den Feedback-Partnern sowie der Einhaltung bestimmter Spielregeln bestimmt.

Die Vorteile von Feedback für den Auszubildenden und den Ausbilder sind:

- Unterstützung und Förderung positiver Verhaltensweisen durch Anerkennung/Lob
- Korrektur von Verhaltensweisen, die dem Betreffenden und der Ausbildungsgruppe nicht weiterhelfen oder der eigentlichen Intention nicht entsprechen
- Klärung der Beziehung zwischen den Beteiligten und Hilfe, einander besser zu verstehen und miteinander auszukommen
- Verdeutlichung, wie etwas angekommen ist, wie eine Botschaft sachlich und gefühlsmäßig verstanden wurde
- Variation von Steuerungsmöglichkeiten
- Schaffung eines verbesserten »Wir-Gefühls« im Ausbildungsteam
- Wenn alle Beteiligten bereit sind, sich gegenseitig derartige Hilfen zu geben, können sie mehr voneinander lernen und konstruktiver zusammenarbeiten
- Ohne Rückmeldung können sich der Auszubildende (auch nach Fehlern), aber auch der Ausbilder nicht weiterentwickeln
- Motivationsaspekte des Feedbacks (»Lob öffnet Türen«)
- Ich weiß erst, was ich gesagt oder getan habe, nachdem ich ein Feedback empfangen habe

Die Wirkung eines angemessenen sach- und personenbezogenen Feedbacks kann nicht überschätzt werden!
Anlässe für Feedback in der Ausbildung sind:

- Beurteilung und das Beurteilungsgespräch
- Ende einer Unterweisung
- Ende der Probezeit
- Zwischen- und Abschlussprüfung
- Rückmeldungen bei firmeninternen Fortbildungsmaßnahmen
- Projektende
- Ausstellen eines Zeugnisses oder Zwischenzeugnisses

Beim Feedback gilt es, positive von negativen Herangehensweisen zu unterscheiden:		
Fehler = negative Reaktion	**kontra**	**Feedback = offene Reaktion**
Suche nach Defiziten	kontra	Suche nach Fähigkeiten
Vergangenheitsorientiert	kontra	Zukunftsorientiert
Demoralisierend/Destruktiv	kontra	Konstruktiv/Aufbauend
Nicht mehr korrigierbar	kontra	Hinweis auf mögliche Verbesserung
Sackgasse	kontra	Ausweg

Es geht beim Feedback nicht um negative Beschränkungen, sondern um die Verbesserung der Handlungswege. Wer kein Feedback einfordert, macht sich verdächtig.

Beim Feedback geht es um folgende Aspekte:

Fakten   Reflexion   Gefühle   Ideen   Gemeinsamkeiten/Verbindendes

Feedbackregeln

Das Feedback hat die Beibehaltung oder Verbesserung eines Zustands zum Ziel. Damit das Feedback für beide Seiten Nutzen bringt, gilt es, sowohl auf Seiten des Feedback-Gebers als auch des Feedback-Nehmers gewisse Spielregeln zu kennen und einzuhalten. Je nach Situation können sowohl Auszubildende als auch Ausbilder Feedback-Geber bzw. Feedback-Nehmer sein.

Die Ausbilder-Eignung © FELDHAUS VERLAG Hamburg

Regeln für den Feedback-**Geber**:

- Fragen Sie um Erlaubnis für ein Feedback, kein Feedback erzwingen.
- Erst das Verhalten bzw. die Leistung beschreiben, möglichst konkret, nachvollziehbar und wertneutral, erst dann die Wirkung ansprechen und bewerten.
- Die eigene Subjektivität durch klare »Ich-Botschaften« deutlich machen: Es geht immer darum: »Ich sage Dir, wie Dein Verhalten bzw. Deine Leistung auf mich wirkt!«
- Nur Veränderbares ansprechen.
- Verallgemeinerungen vermeiden.
- Eigene Beobachtungen der Nachprüfbarkeit durch andere unterwerfen.
- Verhaltensempfehlungen nur auf Anfrage geben.
- Aussagen über positiv und negativ erlebte Verhaltensweisen und Leistungen sollen in einfacher und verständlicher Form zusammengefasst werden.
- Feedback soll beispielhaft gegeben werden und sowohl das gezeigte Verhalten als auch die notwendige Veränderung beinhalten, wobei praktische Beispiele hilfreich sind.
- Beim Feedback sollte konkret argumentiert werden. Veränderungen müssen direkt angesprochen werden.
- Einmal besprochene Veränderungen sollten nicht ständig aufgegriffen werden. Bei Feedback in der Gruppe sollten keine (ständigen) Wiederholungen bekannter Kritikpunkte vorgenommen werden.
- Lob ist ein großer Motivator und öffnet Türen. Lob macht den anderen bereit, mir zuzuhören.
- Trennen Sie Sache und Person.
- Würdigen Sie die Person, auch wenn Sie ihr Verhalten oder ihre Leistung kritisieren wollen.
- Trennen Sie Absicht und Verhalten.
- Feedback geben, heißt nicht automatisch beurteilen oder benoten.
- Beim Feedback geht es nicht nur um Negatives, sondern auch um Positives.
- Fragen, die mit »Ja« oder »Nein« beantwortet werden können, sind meist unergiebig.
- Das gilt auch für das oft genutzte Smiley-Schema, welches nur die Auswahl »Positiv«, »Neutral« oder »Negativ« zulässt. Es bleibt in der Regel an der Oberfläche.
- Kritik nur unter vier Augen vorbringen.
- Seien Sie sensibel. Stellen Sie sich darauf ein, wie Ihre Kritik und die Art, diese zu äußern auf den Empfänger wirkt (Empathie).
- Feedback nur in angemessener Form.
- Sprechen Sie direkt zum Feedback-Nehmer, nicht über ihn.
- Feedback nur in zeitlicher Nähe zur Kritikursache.
- Kritikpunkte ggf. schriftlich festhalten (Dokumentation).
- Feedback nie im Erregungszustand geben.
- Kritik muss aufbauend (konstruktiv) sein und zur Fehlerkorrektur führen.
- Kritik nicht ohne Anhörung des/der Betroffenen.
- Kritik nur aus wichtigem Grund.

Regeln für den Feedback-**Empfänger**:

- Er soll den Nutzen des Feedbacks für alle Beteiligten aufzeigen und die Feedback-Regeln ggf. erläutern.
- Es gilt zu bedenken: Andere sehen uns i. d. R. objektiver als wir uns selbst, deshalb Offenheit zeigen.
- Es liegt in unserer Entscheidung, ob wir das Feedback als Information und/oder Veränderungsappell aufnehmen.
- Ich kann mich in dem Maße auf die Wünsche anderer einstellen, wie es mir selbst entspricht.
- Je konkreter ich frage, desto größer ist die Chance auf eine konkrete Antwort.
- Eine Rechtfertigung des eigenen Verhaltens ist nicht notwendig.
- Verbesserungsvorschläge erbitten.
- Für das erhaltene Feedback bedanken.

Gutes Feedback ist eher

- beschreibend als bewertend und interpretierend,
- konkret als allgemein,
- einladend als zurechtweisend,
- verhaltensbezogen als charakterbezogen,
- erbeten als aufgezwungen,
- sofort und situativ als verzögert und rekonstruiert,
- durch Dritte überprüfbar als auf die Vier-Augen-Situation beschränkt.

Feedback hat dabei immer mit zwei Formen der Wahrnehmung zu tun, mit der Wahrnehmung des anderen und mit der eigenen Selbstwahrnehmung. Dabei ist es wichtig, sich bewusst zu machen, dass Wahrnehmung immer

- selektiv ist, weil wir lediglich das auswählen und das annehmen, was uns wichtig erscheint,
- situativ ist, weil jedes Verhalten in einer bestimmten Situation einen bestimmten Sinn hat und sich dieses laufend ändert,
- subjektiv ist, weil es mit dem individuellen Wertesystem jedes Einzelnen zu tun hat, was er wahrnimmt und wie er es bewertet.

Feedback sollte also weder als Wertung noch als Deutung missverstanden werden, sondern lediglich als eine Information darüber

- was ich gesehen habe,
- was ich erlebt habe,
- wie es auf mich wirkt.

Feedback ist somit ein »Spiegel« für den Gesprächspartner.

Die »XYZ-Formel« bzw. das »WWW«-Feedback sind ein guter Leitfaden für ein konkretes Feedback. Die drei W`s bedeuten: Wahrnehmung – Wirkung – Wunsch.

Hierzu Beispiele:

- »Als Du X getan hast, habe ich Y gefühlt, und ich hätte mir gewünscht, Du hättest Z getan!«
- »Als Du nicht anriefst, um mir Bescheid zu sagen, dass Du Dich zu unserer Verabredung verspäten würdest, fühlte ich mich nicht genügend gewürdigt und war verärgert.«
- »Ich wünschte mir, Du hättest zeitnah angerufen, um mich wissen zu lassen, dass Du dich verspäten würdest«. Die Alternative: »Du bist ein rücksichtsloses, unpünktliches Etwas!«, hilft hier nicht weiter.

Leitfragen für die Wahrnehmung, Wirkung und Wunsch sind:

- Was nehme ich an Dir wahr, welches Verhalten habe ich beobachtet?
- Welche Wirkung erzeugt Dein Verhalten bei mir?
- Welche Veränderungsmöglichkeiten sehe ich bzw. wünsche ich mir?

Zur »Balance des Feedbacks«

Das Feedback soll sich angemessen auf die positiven und negativen Leistungs- oder Verhaltensaspekte beziehen. Leider ist dies oftmals nicht der Fall.

Ausbildungsleistung oder Verhalten

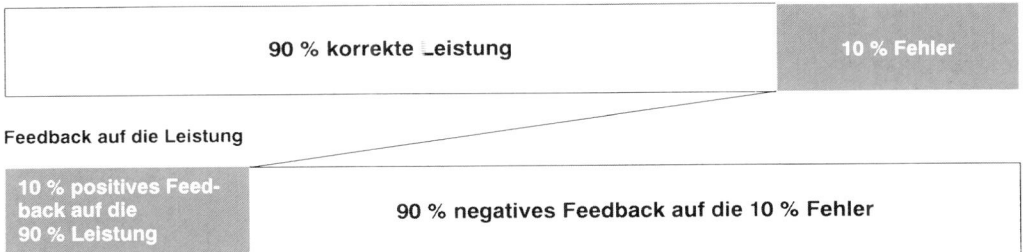

Die Grafik zeigt, dass sich das Feedback zumeist auf negative Sachverhalte bezieht. Auch wenn in einem Seminar oder einer Ausbildungsabteilung nahezu alles gut läuft, konzentriert sich das Feedback zumeist auf den negativen Aspekt und lässt das Positive weitgehend außer Acht. Bei einem solchen Feedback fehlt die Balance. Es sollten dementsprechend das Positive und das Negative in einem angemessenen Verhältnis berücksichtigt werden.

Eng mit dem Feedback verbunden ist Kritik und Beurteilung (vgl. Kap. 1.3.8). Kritik wird allgemein als negativ empfunden. Vor diesem Hintergrund muss zwischen **konstruktiver** (aufbauender) und **destruktiver** (zerstörischer) Kritik unterschieden werden.

Konstruktive Kritik ist ein Geschenk, mit dem man eine Menge anfangen kann, sofern man dazu bereit ist. Mit konstruktiver Kritik will man die kritisierte Person unterstützen. Nach Möglichkeit soll der Fehler selber erkannt und nach Möglichkeit selber behoben werden können, anderenfalls gibt der Ausbilder Unterstützung. Sie hat nichts mit Belehrung oder Besserwisserei zu tun. Sie bietet Hilfe zur Selbsthilfe und kann als Form extrinsischer Motivation wirken.

Zu destruktiver Kritik kommt es oftmals, wenn das »Fass am Überlaufen ist«, wenn man seine Wut nicht mehr zurückhalten kann. Dann äußert man die Kritik auf unpassende Weise, in einem Tonfall, der unangemessen und herabsetzend ist. Solche Angriffe nützen nichts (außer dass Dampf abgelassen wird). Sie werden als Affront wahrgenommen und lassen den Kritisierten oftmals ebenfalls unangemessen reagieren (»Druck erzeugt Gegendruck!«).

Feedback muss immer als dialogfördernde Entwicklungsmaßnahme angesehen werden. Seine Wirkung kann gar nicht hoch genug eingeschätzt werden. Voraussetzung dafür ist die Pflege und Sichtbarmachung einer Feedbackkultur in Ausbildungsteam und Unternehmen.

Zu den Formen des Feedbacks

Als Feedback-Information kann (bereits) gelten:

- Bewusst und zustimmend nicken
- Spontane Verstärkung mit verbalen Äußerungen
- Spontane Verstärkung durch Körpersprache
- Wortlos den Raum verlassen
- Unruhe/Geräuschpegel
- (Nicht) formal Beifall klatschen

Zumeist ergiebiger ist es, ein formales Feedback verbal oder non-verbal einzuholen bzw. zu geben. Verbales Feedback findet i. d. R. in Form eines **Feedback-Gespräches** statt. Für dieses muss sich entsprechend Zeit genommen und es müssen passende Rahmenbedingungen geschaffen werden. Auch der Einsatz eines Blitzlichtes (vgl. Kap. 1.3.4.1.3.5) kann als Feedbackform genutzt werden.

Daneben gibt es verschiedene andere Formen des Feedbacks:

Bei der **Assoziativmethode** hat jeder Feedback-Geber bspw. drei Assoziativbegriffe zum vorausgegangenen Seminar zu nennen und diese zu begründen. Hierbei bündelt sich ähnlich wie beim Brainstorming die Konzentration auf ein Thema.

Beim »**Kofferpacken**« geht es darum, dass die Feedback-Geber beschreiben, was sie Positives aus dem Seminar oder einem Ausbildungsabschnitt mitnehmen. Dies können neue Erkenntnisse, Verhaltensweisen oder Fertigkeiten sein.

Im Gegensatz dazu geht es beim »**Mülltonne füllen**« darum, zu verbalisieren, welche Ängste und Unsicherheiten man nach dem Seminar zurücklassen kann. Hierzu können der Abbau von Prüfungsangst oder die abnehmende Unsicherheit im Kundengespräch zählen. Der Ansatz ist hier genau andersherum wie beim »Kofferpacken«.

Beim **Feedback-Barometer** bewerten die Feedbackgeber das Vorausgegangene in Form von Skalen. Ihre Einschätzung erklären und begründen sie anschließend.

Auch das **Mind-Map** (vgl. Kap. 1.3.4.1.3.6) lässt sich als Feedback-Instrument einsetzen. Entweder erstellen die Feedback-Geber individuell ein Mind-Map über das Feedbackgebiet oder es wird gemeinsam in Form eines moderierten Feedbacks erstellt. Bei einem Tagesseminar lassen sich bspw. als Hauptäste die Räumlichkeiten, die Inhalte, die eingesetzten Medien und Methoden, die Aktivität der Teilnehmer oder Seminarhighlights beschreiben.

Als besonders kreative Möglichkeit bietet sich die »**Insel-Methode**« an. Angelehnt ist diese Feedbackform an das Brettspiel »Die Siedler von Catan«. Zunächst entwirft die Gruppe – am besten auf einem großen Pinnwand-Papier in dessen Mitte – eine Insel. Diese kann die Form des Logos des ausbildenden Unternehmens haben, zumindest sollte sie einen Bezug zum Ausbildungsunternehmen besitzen. Um die Insel herum ist Schwemmland bzw. Wattlandschaft zu visualisieren. Daran anschließend, am äußeren Rand, gilt es, eine stürmische See zu zeichnen. Anschließend teilen die Feedback-Geber unterschiedliche Feedback-Karten aus. Grüne Karten werden später der Insel zugeordnet, auf diese schreiben die Feedback-Geber positive Seminarerfahrungen. Graue Karten stehen für das Schwemmland bzw. das Watt. Auf ihnen werden Bereiche der leichten Unsicherheit und Unzufriedenheit festgehalten. Blaue Karten beschreiben Bereiche der Unsicherheit und Unzufriedenheit. Die Feedback-Geber entscheiden selber, welche Anzahl von Karten sie für welchen Bereich ausfüllen. Abschließend ordnen sie ihre Karten den Bereichen zu und erläutern ihre Beschreibung. Diese Form des Feedbacks orientiert sich eng an der Kartenabfrage, ist aber kreativer und interaktiver.

Als non-verbale bzw. schriftliche Form des Feedbacks bietet sich vor allem der **Feedbackbogen** an.

Zu beachten gilt es hierbei, dass

- ausreichend Zeit zum Ausfüllen des Bogens eingeplant und der Sinn des Feedbacks verdeutlicht wird. Gerade zum Seminarende wollen Feedback-Geber oftmals so schnell wie möglich den Raum verlassen,
- die Fragen des Bogens konkret und aussagekräftig sind,
- beim verbreiteten Smiley- oder Ankreuzverfahren keine ungerade Anzahl von Kästchen angeboten werden sollte. Hier greift oftmals die »Tendenz zur Mitte«. Bei einer geraden Anzahl von Kästchen (etwas sechs, wie vom Schulnotensystem her bekannt), muss der Feedback-Geber »Farbe« bekennen und sich für eine Tendenz entscheiden,
- immer eine Begründung zur Wahl des Kästchen gefordert wird, damit die Kreuze aussagekräftig sind. Hierfür ist ausreichend Platz einräumen,
- neben dem Ankreuzen von Kästchen auch offene Fragen, beispielsweise für Verbesserungsvorschläge oder Sonstiges, gestellt werden, die besonders ergiebig sind.

Ob der Feedbackbogen anonym oder nicht anonym auszufüllen ist, ist eine ungeklärte Frage. Vielleicht ist ein anonymes Feedback ehrlicher, es lässt aber keine Möglichkeit der Rückfrage zu. Grundsätzlich sollten die Auszubildenden dahin geführt werden, ihre Rückmeldungen offen und selbstbewusst zu äußern. Feedback sollte nicht mit Angst und Drohungen verbunden sein, sondern konstruktiv wirken.

Hier ein beispielhafter Feedbackbogen für ein Auszubildendenseminar:

Feedbackbogen zum Seminar:
Exportabfertigung im Straßengüterverkehr am

Ihre Meinung ist uns wichtig!
Bitte geben Sie den Feedbackbogen nach Beendigung des Seminars ausgefüllt an die Ausbilderin zurück. Vielen Dank.

	1	2	3	4	5	6
Wie beurteilen Sie den fachlichen Inhalt?	☐	☐	☐	☐	☐	☐

Anmerkung

	1	2	3	4	5	6
Haben Sie in diesem Seminar Neues erfahren?	☐	☐	☐	☐	☐	☐

Anmerkung

	1	2	3	4	5	6
Wie beurteilen Sie die fachliche Kompetenz der Ausbilderin?	☐	☐	☐	☐	☐	☐

Anmerkung

	1	2	3	4	5	6
War die zur Verfügung stehende Zeit ausreichend?	☐	☐	☐	☐	☐	☐

Anmerkung

	1	2	3	4	5	6
Wurden gestellte Fragen ausreichend erörtert?	☐	☐	☐	☐	☐	☐

Anmerkung

1.3.2 Probezeit organisieren, gestalten und bewerten

1.3.2.1 Rechtliche Grundlagen der Probezeit

»Darum prüfe, was sich ewig bindet.«

Als letzte Möglichkeit der Eignungsfeststellung spielt die Probezeit (die freilich nicht die sorgfältige Auswahl der Auszubildenden ersetzen darf) eine große Rolle. Zwei bis drei Jahre Ausbildungszeit können sowohl für die Auszubildenden als auch für den Ausbildenden und die Ausbilder eine lange Zeit sein, deren Anfang und Fortsetzung einer rechtzeitigen und angemessenen Überprüfung bedarf.

Sinn der Probezeit ist es deshalb, zu prüfen, ob

- die Vertragspartner mental zueinander passen,
- die Leistung des Auszubildenden stimmt,
- das Verhalten des Auszubildenden passt,
- der Ausbilder durch die Ausbildung überfordert ist,
- der Auszubildende mit der Ausbildung überfordert ist,
- der Auszubildende durch die Ausbildung unterfordert ist,
- beide Vertragsparteien ihren Pflichten nachkommen.

Die Probezeit ist durch das BBiG vorgeschrieben:

> **§ 20 Probezeit**
>
> »Das Berufsbildungsverhältnis beginnt mit der Probezeit. Sie muss mindestens einen Monat und darf höchstens vier Monate dauern.«

Die Probezeit verkürzt sich durch ein Praktikum, welches der Auszubildende zuvor in seinem Ausbildungsbetrieb absolviert hat, nicht. Hierzu erließ das Arbeitsgericht Duisburg ein Grundsatzurteil (Az.: 1 Ca 0827/08). Es verhandelte die Klage eines Auszubildenden, dem innerhalb seiner viermonatigen Probezeit gekündigt wurde. Der Auszubildende berief sich darauf, dass die Zeit seines der Ausbildung vorangegangenen Praktikums auf die Probezeit anzurechnen sei. Dann wäre sie zum Zeitpunkt der Kündigung bereits abgelaufen. Dieser Argumentation stimmten die Richter nicht zu: Ein Praktikum habe einen anderen Inhalt als ein Ausbildungsverhältnis. Zudem bestünden bei einem Ausbildungsverhältnis andere Verpflichtungen zwischen Ausbildenden und Auszubildenden als bei einem Praktikum.

Wird die Ausbildung während der Probezeit um mehr als ein Drittel dieser Zeit unterbrochen (z. B. durch Krankheit), verlängert sie sich um die Zeit der Unterbrechung.

Bereits während der Probezeit gelten für beide Seiten alle Rechte und Pflichten, die sich aus dem Vertragsverhältnis ergeben. Spätestens am Ende der Probezeit sollten beide Vertragspartner wissen, ob eine Fortführung der Ausbildung Sinn macht.

Kommt eine der beiden Vertragsparteien während der Probezeit zu dem Fazit, dass eine Fortführung der Ausbildung keinen Sinn macht, ist eine fristlose schriftliche Kündigung ohne Angabe von Gründen möglich (BBiG § 22 (1)). Möchte ein jugendlicher Auszubildender die Ausbildung während der Probezeit beenden, benötigt er nicht das Einverständnis seiner Eltern. Diese müssen die Kündigung allerdings mit unterschreiben, da der Auszubildende nicht voll geschäftsfähig ist.

1.3.2.2 Inhaltliche und organisatorische Gestaltung sowie Durchführung der Probezeit

»Allem Anfang wohnt ein Zauber inne.« Hermann Hesse

Man erinnert sich im Leben immer leicht an die »ersten Male«. Hierzu gehört auch der erste Tag der Ausbildung. Dementsprechend kommt der Planung, Durchführung und Kontrolle des ersten Tages bzw. der ersten Tage der Ausbildung eine besondere Bedeutung zu.

Nach der Schulzeit kommen die Ausbildung und der damit verbundene betriebliche Ablauf dem Auszubildenden oftmals wie eine neue Welt vor. Die Ausbildungszeit und vor allem deren Beginn unterscheiden sich von der Schulzeit für den angehenden Auszubildenden vor allem durch:

- Zunehmende Selbstständigkeit
- Größeren finanziellen Spielraum (Ausbildungsvergütung ist i. d. R. höher als das Taschengeld)
- Neue und ungewohnte Umgangs- und Kleidungsformen
- Weniger Freizeit
- Oftmals räumliche Veränderung
- Veränderte Lern- und Arbeitsweisen
- Ein- bzw. Unterordnung in betriebliche Hierarchien
- Zunehmende Unabhängigkeit
- Neue soziale Kontakte
- Neue Kommunikationsformen
- Mehr Eigenverantwortung
- Zahlreiche Pflichten aus dem Ausbildungsvertrag

Auf Seiten der neuen Auszubildenden ist der erste Tag der Ausbildung als erster Schritt in das Arbeitsleben (Berufsgeburt) meist mit Neugier, Unsicherheit und Erwartungsangst verbunden. Es liegt vor allem am Ausbildenden und Ausbilder, die mit dem ersten Ausbildungstag verbundenen Gefühle zu steuern, damit sich die Auszubildenden gleich sicher und heimisch im Betrieb fühlen. Das Motto für den »Berufsgeburtstag« sollte dementsprechend lauten: Aller Anfang ist nicht schwer!

Leitfragen rund um den ersten Tag bzw. die ersten Tage der Ausbildung sind:

- Was interessiert die Auszubildenden am ersten Tag/in den ersten Tagen?
- Was interessiert die Auszubildenden am ersten Tag/in den ersten Tagen nicht?
- Was muss ihnen am ersten Tag vermittelt werden?
- Wie kann ihnen der Einstieg in die Ausbildung erleichtert werden?

Welche Themen sollen/müssen besprochen bzw. geklärt werden?

- Vorab: Vorbereitung und Ausstattung des künftigen Ausbildungsplatzes
- Allgemeines zur Ausbildung im Betrieb/»Spielregeln« der Ausbildung und des Ausbildungsbetriebes
- Rechte und Pflichten der Vertragspartner
- Erwartungsabfrage zur Ausbildung
- Vorstellung der Produkte bzw. Dienstleistungen des Ausbildungsbetriebes
- Firmenziele, Corporate Identity, Unternehmensphilosophie und Historie des Ausbildungsbetriebes
- Vorstellung der Ausbilder und anderer relevanter Personen (z. B. Betriebsrat und Jugend- und Auszubildendenvertretung)
- Kennenlernen älterer Auszubildender
- Bedeutung von Ausbildungsplan/Ausbildungsordnung
- Informationen zur Berufsschule

- Bedeutung der Probezeit
- Klärung relevanter Formalien
- Bedeutung von Sicherheitsaspekten und Arbeitsschutz
- Bedeutung des Datenschutzes
- Ggf. Kleiderordnung
- Ausblick auf den nächsten Tag bzw. die nächsten Tage

Maßnahmen, die für eine positive Grundstimmung sorgen können:

- Ggf. Geburtstagsgrüße vorab
- Vortreffen
- Gesondertes Einladungsschreiben/Erinnerung
- Wahl und Reservierung der passenden Räumlichkeiten
- Angemessene Begrüßung
- Mitarbeiter über das Eintreffen der neuen Auszubildenden informieren
- Anwesenheit »älterer« Auszubildender
- Auswahl und Bestellung von Paten (»ältere« Auszubildende coachen die neuen)
- Kennenlernspiele
- Betriebsrallye
- Aufnahme in die Auszubildenden-Homepage
- Formalitäten nicht in den Vordergrund stellen
- Förderung sozialer Beziehungen
- Situationen schaffen, in denen die Auszubildenden unter sich sind
- Vertrautheit schaffen
- Praxisschock gering halten
- Motivation für den Ausbildungsstart
- Blumenstrauß/Begrüßungsgeschenk

Das Ziel des Tages ist es, dass sich die Auszubildenden auf den nächsten Ausbildungstag freuen und den Entschluss für die Ausbildung nicht in Frage stellen. Man muss sich dabei immer auch der Gefahr bewusst sein, dass der erste Tag überfordern kann.

 Hilfreich ist eine Checkliste für das Vorgehen am ersten Tag bzw. in der Einführungsphase.

Diese Liste sollte beinhalten:

- Vorbereitung
  Eintreffen der Auszubildenden vormerken, eine passende Räumlichkeit reservieren und vorbereiten, Aktionen wie eine Betriebs-Rallye oder einen Betriebs-Rundgang vorbereiten, Ausbilder und Mitarbeiter über das Eintreffen der Auszubildenden informieren.

- Begrüßung
  Hierbei geht es darum, eine Form der Begrüßung zu finden, die den Auszubildenden sofort das Gefühl gibt, sich heimisch und sicher zu fühlen.

- Vorstellung
  Neben dem Ausbilder und Ausbildenden können sich je nach Betriebsform noch der Betriebsrat, die Jugend- und Auszubildendenvertretung, die Betriebskrankenkasse, ältere Auszubildende oder andere betriebsrelevante Personen oder Institutionen kurz (!) vorstellen. Keinesfalls dürfen sich die neuen Auszubildenden dabei »überrollt« fühlen.

- Orientierung
  Eine erste Orientierung im Betrieb vermittelt den Auszubildenden ein Gefühl der Sicherheit. Im Rahmen eines Unternehmensrundgangs können ihnen die Toiletten, Sanitätseinrichtungen, die Kantine, ihr erster künftiger Arbeitsplatz oder andere bedeutende betriebliche Örtlichkeiten gezeigt werden.

- Information
Hierbei geht es vor allem um die Information über die Rechte und Pflichten während der Ausbildung. Ferner gilt es, Informationen zur Kleiderordnung, zu Kommunikationsregeln, zur Arbeitssicherheit, zum Umwelt- und Datenschutz zu geben.

- Einarbeitung
Die Einarbeitung soll nach der Einführungsphase in den Fachabteilungen erfolgen. Hierfür sind mit den Ausbildern Absprachen zu treffen.

- Klärung offener Fragen
Am Ende des ersten Tages bzw. der Einführungsphase muss der erste Informationsbedarf der Auszubildenden gedeckt sein. Da die neuen Auszubildenden evtl. noch schüchtern oder unsicher sind, müssen diese zum Fragen ermuntert werden.

- Ausblick
Hierbei geht es darum, den Auszubildenden das weitere Vorgehen am nächsten Tag bzw. an den nächsten Tagen zu vermitteln. Dies gibt Sicherheit und einen Motivationsschub. Am Ende des ersten Tages sollen die Neulinge wissen, was sie erwartet, und sich auf den zweiten Tag und die beginnende Ausbildung freuen. Hingewiesen werden kann auch auf einen Workshop, in dem nach einigen Wochen ein erstes Feedback über den bisherigen Ausbildungsverlauf eingeholt werden soll.

1.3.2.3 Auswertung und Konsequenzen der Probezeit

Nach Beginn der Ausbildung zeigt sich, ob die vorangegangenen Aktivitäten der Auswahl der Auszubildenden und die organisatorischen und pädagogischen Einführungsmaßnahmen erfolgreich waren. So bietet die Probezeit dem Ausbildenden die Gelegenheit, die Auswahl des Auszubildenden zu korrigieren und ggf. die Ausbildung fristlos zu beenden. Vor diesem Hintergrund sollte die Probezeit sorgsam geplant, durchgeführt und ausgewertet werden.

Zu bedenken ist dabei, dass die Auszubildenden gerade in der Anfangszeit der Ausbildung noch stark von der Schulzeit geprägt sind und die Umstellung in die Arbeitswelt gewaltig ist und eine Weile dauert.

Zu beachten ist deshalb:

- Für vielfältige und repräsentative Einsatzgebiete sorgen
- Berufsschule kontaktieren und Rückmeldungen über die Leistung und das Verhalten des Auszubildenden einholen
- In begrenztem Umfang Verständnis/Nachsicht mit verbesserungsfähiger Leistung und verbesserungsfähigem Verhalten zeigen
- Patensysteme sind oftmals während der Probezeit hilfreich
- Überforderung vermeiden
- Partner- und Gruppenarbeit gezielt einsetzen
- Während der Probezeit immer ein offenes Ohr für den Auszubildenden und dessen Anliegen haben
- Zahlreiche Informations-, Beratungs- und Beurteilungsgespräche führen
- Rückmeldungen von Ausbildern verschiedener Abteilungen anhand einheitlicher Beurteilungsbögen und Gespräche einholen

Gegen Ende der Probezeit hat ein Beurteilungsgespräch über das weitere Vorgehen stattzufinden. Diesem sollten Orientierungsgespräche vorangegangen sein.

Kriterien für dieses Gespräch können sein:

- Lernfähigkeit
- Leistungsfähigkeit
- Belastbarkeit

- Fleiß
- Engagement
- Verhalten gegenüber Vorgesetzten, Mitarbeitern, anderen Auszubildenden, Kunden
- Teamfähigkeit
- Anpassungsfähigkeit an betriebsübliche Normen
- Übereinstimmung von Erwartungen an die Ausbildung und Realität

Das Beurteilungsgespräch gegen Ende der Probezeit hat eine andere Zielsetzung als andere Beurteilungsgespräche nach dem Ende eines Ausbildungsabschnittes. Während Letzteres den Auszubildenden hinsichtlich seiner künftigen Tätigkeit beurteilt, geht es beim Gespräch am Ende der Probezeit um die Fortsetzung der Ausbildung oder deren vorzeitige Beendigung (»Lieber ein Schrecken mit Ende, als ein Schrecken ohne Ende!«).

1.3.3 Aus dem betrieblichen Ausbildungsplan und den berufstypischen Arbeits- und Geschäftsprozessen betriebliche Lern- und Arbeitsaufgaben entwickeln und gestalten

Grundlage der konkreten Vermittlung und Bearbeitung von berufstypischen Arbeits- und Geschäftsprozessen sind die verbindlichen Vorgaben der Ausbildungsordnung bzw. des Ausbildungsrahmenplans und des daraus abgeleiteten betrieblichen Ausbildungsplanes (vgl. Kap. 1.2.1.2).

1.3.3.1 Lernziele, Lerninhalte und Lernbereiche

1.3.3.1.1 Lernziele und Lerninhalte

Praktisches Anleiten setzt voraus, dass ein Lernziel bekannt ist und angestrebt wird. Am Anfang jeder Ausbildung, jedes Lehr-Lern-Prozesses steht die Frage, was der Auszubildende (durch den Lehr-Lern-Prozess) lernen soll. Diese Ziele bewusst anzustreben, setzt bei den Auszubildenden Lernbereitschaft und Selbstbewusstsein voraus. Grundlage hierfür sind das »Sich selbst bewusst sein«, die Unterstützung des Ausbilders und passende/angemessene Rahmenbedingungen.

 Leitfragen rund um die Lernziele sind:

Warum braucht man Lernziele?

- Lernziele geben Orientierung. Wer sein Lernziel nicht kennt, muss sich nicht wundern, wenn er irgendwo anders als erwartet ankommt.
- Lernziele sollen/können motivieren.
- Konkret formulierte Ziele (Soll-Werte) erlauben einen Vergleich mit den Ist-Werten und damit eine Rückmeldung für den Auszubildenden und den Ausbilder. Sie sind Grundlage für die Lernerfolgskontrolle.

Was sind Lernziele?

Lernziele beschreiben präzise das angestrebte (End-)Verhalten des Auszubildenden am Ende des Lehr-Lern-Prozesses.

Was sind Anforderungen an Lernziele?

Lernziele sind nur hilfreich, wenn sie bestimmten Anforderungen entsprechen. Hierzu zählen:

- Eine genaue Definition (Lernzielklarheit) liegt vor.
- Ein bekannter und angemessener Beurteilungsmaßstab für die Lernerfolgskontrollen ist vorhanden.
- Angaben zu erlaubten/nicht erlaubten Hilfsmitteln sind bekannt.
- Lernziele sind überprüfbar.

Hilfreich bezogen auf die Lernzielkontrollen ist darüber hinaus die »Smart-Formel«, die fünf wesentliche Anforderungen an Lernziele beschreibt:

S pezifisch/Situationsbezogen
M essbar
A ktivierend/Aktionsbezogen/Ausführbar/Akzeptiert
R ealisierbar/Relevant/Realistisch
T erminiert

Lernziele lassen sich nach den Kategorien Präzision, Lernbereiche, Beobachtbarkeit und Planbarkeit, Fachbezogenheit und Schwierigkeitsgrad unterscheiden.

1.3.3.1.2 Lernbereiche

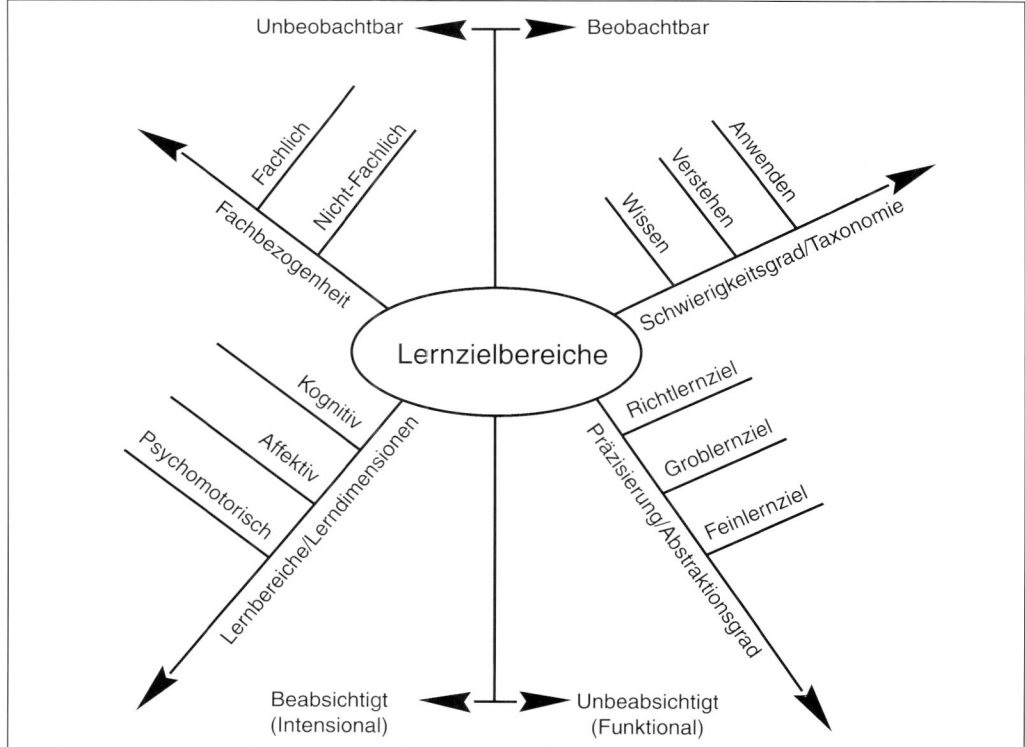

Unterscheidung der Lernziele **in der Präzision** (Abstraktionsgrad): Richt-, Grob- und Feinlernziele.

Richtlernziele

Dies sind abstrakte und weitreichende, wenig konkrete Lernziele. Sie geben nur die allgemeine Richtung des Lernziels an, ohne konkrete Inhalte und Verhaltensweisen zu definieren. Das Lernziel ist hier allgemein gehalten und nicht konkret vermittelbar. Dementsprechend weisen Richtlernziele einen geringen Grad an Eindeutigkeit und Präzision auf. Sie sind mit umfassenden, unspezifischen Begriffen formuliert und schließen nur wenige Alternativen aus.

Die Formulierung »Der Auszubildende soll das industrielle Rechnungswesen kennen«, nützt in der Praxis wenig. Es handelt es sich um ein Richtlernziel mit einem niedrigen Grad an Eindeutigkeit, welches so nicht umsetzbar und überprüfbar ist.

Groblernziele

Eine Konkretisierung des Richtlernziels stellen Groblernziele mit einem mittleren Grad an Eindeutigkeit dar. Sie geben eine vage Beschreibung des Verhaltens der Auszubildenden ohne Angaben des Beurteilungsmaßstabes. Ferner sind sie eindeutiger formuliert als die Richtlernziele und beziehen sich auf überschaubare Inhalte des Lehr-Lern-Prozesses. Aber auch Groblernziele lassen viele Alternativen und Wege dorthin offen und benötigen eine weitere Konkretisierung. Groblernziele sind – ebenso wie die Richtlernziele – in den Ausbildungsrahmenplänen als verbindliche Vorgaben zu finden.

Ein konkretes Beispiel lautet: »Der Auszubildende soll das System der doppelten Buchführung beherrschen.«

Feinlernziele

Für die Unterweisungsplanung, -durchführung und -kontrolle müssen konkrete, eindeutige und arbeitsplatzbezogene Ziele angegeben werden. Feinlernziele stellen solche präzisen und eindeutigen Lernzielformulierungen dar. Sie können sinnvollerweise nicht mehr weiter zergliedert werden und bieten den höchsten Grad an Eindeutigkeit und Präzision. Ferner schließen sie Alternativen aus.
Feinlernziele beschreiben somit das operationalisierte Lernziel, wobei das gewünschte Endverhalten unter Angabe der Rahmenbedingungen konkret benannt ist. Dieses Endverhalten wird mit einem Verb beschrieben: »Der Auszubildende soll ... richtig und selbstständig ... können.« Bei den Lernzielformulierungen besteht allerdings häufig das Problem, geeignete Verben für das eindeutig beobachtbare Endverhalten zu finden. Alternative Vorschläge zur angemessenen Formulierung sind: kennen, beherrschen, beschreiben, erklären, entwickeln, bohren, abreißen, kleben usw. (je nach Sachverhalt).

Ein konkretes Beispiel zu den Feinlernzielen:
»Der Auszubildende soll selbstständig und richtig das Eröffnungsbilanzkonto buchen können.«

 Falsch ist:
»Der Auszubildende soll lernen, das Eröffnungsbilanzkonto zu buchen.«

Der Auszubildende soll dies selbstständig und richtig **können**. Lernen ist der Weg dahin und nicht das Ziel.

 In den Ausbildungsordnungen bzw. Ausbildungsrahmenplänen finden sich **keine** Feinlernziele, sondern nur Richt- und Groblernziele. Ausbilder müssen deshalb die Lernziele der Ausbildungsordnung bzw. des Ausbildungsrahmenplans in Feinlernziele transformieren. Es gilt dabei, das Richtlernziel nicht aus den Augen zu verlieren und das Lernziel konkret zu definieren bzw. zu operationalisieren.

Ein Ausschnitt aus dem Ausbildungsrahmenplan des Berufes »Industriemechaniker« verdeutlicht die Zusammenhänge:

Lfd. Nr.	Teil des Ausbildungsberufsbildes	Kernqualifikationen, die unter Einbeziehung selbstständigen Planens, Durchführens und Kontrollierens integriert mit berufsspezifischen Fachqualifikationen zu vermitteln sind
1	2	3
16	Aufbauen, erweitern und prüfen von elektrotechnischen Komponenten der Steuerungstechnik (§ 10 Abs. 1 Nr. 16)	a) einschlägige Sicherheitsvorschriften über das Arbeiten an elektrischen Systemen anwenden b) Schalt- und Funktionspläne verschiedener Systeme anwenden c) elektrische Baugruppen oder Komponenten mechanisch aufbauen d) mit Kleinspannung betriebene elektrische Baugruppen oder Komponenten installieren und prüfen e) funktionsgerechten Ablauf von Steuerungen überprüfen, bei Störungen Maßnahmen durchführen oder einleiten

        Richtlernziel   Groblernziele

Die Spalte 1 ist die laufende Nummer. Sie gibt nicht an, in welcher Reihenfolge die Inhalte zwingend zu vermitteln sind. Es handelt sich hier nur um eine Auflistung.

Die Spalten 2 und 3 entsprechen dem Ausbildungsberufsbild.

Die Spalte 2 (»Teil des Ausbildungsberufsbildes«) stellt mit der Bezeichnung »Aufbauen, erweitern und prüfen von elektrotechnischen Komponenten der Steuerungstechnik« das Richtlernziel dar.

Die Spalte 3 (»Kernqualifikationen, die unter Einbeziehung selbstständigen Planens, Durchführens...«) rechts daneben stellt die Groblernziele dar. Man erkennt, dass die Auflistung der Punkte a) bis e) das Richtlernziel als Groblernziele konkretisiert. Die Groblernziele müssen für die betriebliche Unterweisung noch zu Feinlernzielen weiter konkretisiert werden. So gilt es bei Punkt b) bspw. Schalt- und Funktionspläne verschiedener Systeme anzuwenden. Jeder der zahlreichen Pläne stellt dann ein – selbst abzuleitendes – Feinlernziel dar.

Aus der Überschrift und den Angaben von Spalte 3 lässt sich ableiten, dass

- sie die Angaben aus Spalte 2 konkretisieren.
- sie verbindliche Groblernziele für die Gestaltung der Ausbildung sind.
- sie in Zusammenhang mit der jeweiligen Arbeitsaufgabe zu konkretisieren sind.
- nicht nur Kernqualifikationen zu vermitteln sind.
- auch Schlüsselqualifikationen zu vermitteln sind.
- Fach- und Kernqualifikationen miteinander verbunden werden sollen.
- sich die angestrebten Fach- und Kernqualifikationen am besten durch eine handlungsorientierte Ausbildung erreichen lassen.
- sich das Modell der vollständigen Handlung bzw. die Leittext- oder Projektmethode für die Vermittlung der Inhalte anbieten.

Zur »Hierarchie« der Lernziele (Richtlernziel, Groblernziel, Feinlernziel) ein Beispiel aus dem Berufsbild »Hotelkaufmann«:

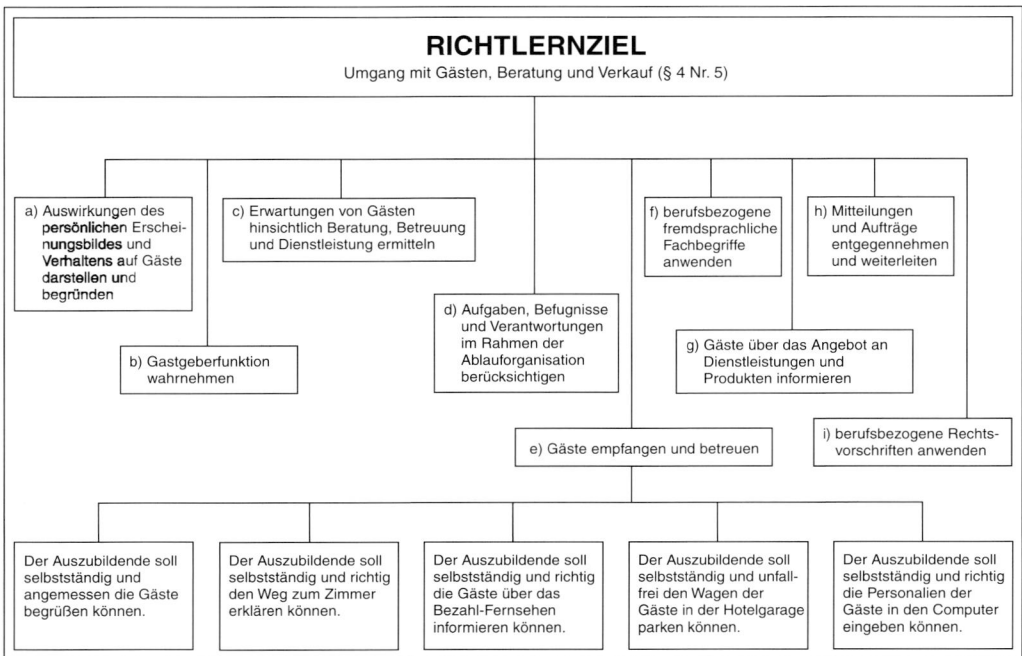

 Während in der Grafik in der oberen Ebene das Richtlernziel über den anderen Lernzielen »thront«, befinden sich in der zweiten Ebene neun Groblernziele (a-i). Das Groblernziel »Gäste empfangen und betreuen« wird in der unteren Ebene in fünf abgeleitete konkrete Feinlernziele gegliedert.

Eng verbunden mit den Lernzielen ist das **Thema**. Lernziele (insbesondere Feinlernziele) werden aus dem Thema abgeleitet und konkretisieren dieses. Während ein Thema allgemein gehalten ist, zielen die Lernziele auf die angestrebte Leistung oder das Verhalten des Auszubildenden ab.

Ein Beispiel aus der Gastronomie: Für einen Restaurantfachmann ist »Bier« ein Thema.

Feinlernziele hierzu sind:
- »Der Auszubildende soll selbstständig und richtig ein Weizenbier einschenken können.«
- »Der Auszubildende soll selbstständig und richtig das Bier dem Gast servieren können.«

Zur Unterscheidung nach **Lernbereichen** (kognitiv, psychomotorisch und affektiv):

Kognitiver (geistiger/verstandesmäßiger) **Lernbereich**

Dieser Lernzielbereich bezieht sich auf den Bereich des Erinnerns (Kennen/Reproduzieren) von Wissen und auf den Erwerb intellektueller Fähigkeiten und Fertigkeiten. Beschrieben wird ein Verhalten, das den Wahrnehmungs-, Wissens-, Gedächtnis- und Denkbereich betrifft. Es geht darum, geistige Operationen zu erkennen, wahrzunehmen, zu deuten und wiederzugeben. Kognitive Lernziele reichen vom 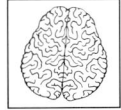 einfachen Aufsagen eines Sachverhaltes bis hin zu kreativen Wegen, neue Ideen und Materialien zu kombinieren und zusammenzusetzen.

Aspekte des kognitiven Bereichs sind bspw. Kenntnisse zu Begriffen, Gesetzmäßigkeiten, Regeln und anderen intellektuellen Fähigkeiten, wie das richtige Anwenden des erlernten Wissens in der beruflichen Praxis, das Erkennen von Zusammenhängen sowie die sachlich richtige Beurteilung und Lösung von Problemen. Eine hilfreiche Eselsbrücke lautet: ZDF (Zahlen, Daten, Fakten).

Konkrete Beispiele sind:
- Die Auszubildenden sollen die in der Berufsschule vermittelten Kenntnisse bei betrieblichen Arbeitsaufgaben anwenden
- Fachbezeichnungen für das Personal in einem Hotel kennen
- Benötigte Materialien für einen Ölwechsel kennen
- Hauptstädte der Länder Südamerikas kennen

Psychomotorischer (körperlicher) Lernbereich

Bei diesem Lernbereich geht es um manuelle und motorische (körperbezogene) Fertigkeiten, gesteuerte Bewegungsabläufe und Techniken. Er ist auf das Können und die praktische (vielfach handwerkliche) Tätigkeit ausgerichtet. Im Mittelpunkt stehen Handlungen, die eine Koordination von Nerven und Muskeln erfordern. In der Regel werden die mit dem psychomotorischen Lernbereich verbundenen Fertigkeiten durch das Nachmachen und durch Übung (vor allem im Handwerk) per Hand erreicht.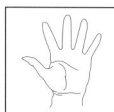

Konkrete Beispiele sind:
- Die Auszubildenden sollen durch gezielte Übungen die Fertigkeit erlangen, Arbeitsaufgaben sicher zu erledigen
- Knopf annähen
- Autoreifen wechseln
- Spargel schälen

Affektiver (gefühlsmäßiger) Lernbereich

Der affektive Lernbereich ist der Bereich der Gefühle/Emotionen, Wertungen, Einstellungen und Haltungen. Er bezieht sich auf Veränderungen von Handlungsweisen, Interessenlagen und Notwendigkeiten. Im Vordergrund steht die bewusste Verhaltensänderung. Insbesondere diesem Lernbereich werden die Schlüsselqualifikationen zugeordnet. Im Gegensatz zum psychomotorischen und kognitiven Bereich sind affektive Lernziele schwerer zu überprüfen.

Konkrete Beispiele sind:
- Die Auszubildenden sollen die übertragenen Arbeitsaufgaben sorgfältig und genau erledigen
- Kollegialer Umgang mit Mitarbeitern
- Freundlichkeit gegenüber Kunden
- Pünktlichkeit
- Konzentration

In der betrieblichen Praxis zeigt sich, dass die Lernbereiche eng miteinander verbunden sind. So setzt z. B. das Lernen von Fertigkeiten ein bestimmtes Wissen oder Verständnis sowie ein bestimmtes Interesse voraus. Umgekehrt wird oft erst dann eine bleibende Einstellung erworben, wenn eine vertiefte kognitive Auseinandersetzung stattgefunden hat. Man könnte sagen, der Auszubildende lernt mit Herz (affektiv), Hand (psychomotorisch) und Verstand (kognitiv). Je nach Lernziel werden die Lernbereiche unterschiedlich angesprochen.

Das Beispiel »Blind Schreibmaschine schreiben« verdeutlicht diesen Zusammenhang:

Kognitiver Lernbereich:
- Die Funktionen der Bedienungselemente und den Aufbau der Tastatur kennen und erklären können.
- Wissen, wo welcher Buchstabe auf der Tastatur angeordnet ist.

Affektiver Lernbereich:
- Bereit sein, das Maschineschreiben zu lernen
- Pflegliche Behandlung der Schreibmaschine
- Mut besitzen, schnell zu schreiben
- Reaktion bei Tippfehlern
- Konzentration

Psychomotorischer Lernbereich:
- Maschine einschalten
- Auf der Maschine schreiben, ohne auf die Tastatur zu schauen
- Gewünschte Tasten »blind« treffen
- Papier einspannen

Zur (beruflichen) Handlungsfähigkeit kommt es im Allgemeinen nur durch die Schnittmenge der drei Bereiche.

Wann war Lernen erfolgreich?

Lernen führt beim Auszubildenden zu einer Veränderung des Wissens (kognitiver Lernbereich; er weiß nachher mehr als vorher), der Fertigkeiten (psychomotorischer Lernbereich; er kann nachher mehr als vorher), und der Einstellungen (affektiver Lernbereich; seine Einstellung ist eine andere als vorher). Wenn sich positive Veränderungen in einem oder mehreren der Lernbereiche in gewünschtem Umfang und auf längere Dauer ergeben, war der Lehr-Lern-Prozess erfolgreich.

Unterscheidung nach der Beobachtbarkeit und Planbarkeit
Lernziele sollen beobachtbar und planbar sein, anderenfalls sind sie nicht überprüfbar.

Unterscheidung nach der Beabsichtigung (intentional) oder der Zufälligkeit (funktional)
Ausbildung soll in der Regel geplant und strukturiert stattfinden, anderenfalls lässt sich die Balance der didaktischen Elemente nicht erreichen.

Unterscheidung nach Fachbezogenheit
(Nicht-fachliche (allgemeine) und fachliche/berufliche Lernziele)
Bei nicht-fachlichen Lernzielen handelt es sich um pädagogisch erwünschtes Wissen, Können, Fertigkeiten und Einstellungen (z. B. Genauigkeit, Systematisierung) und Allgemeinbildung. Sie finden sich nicht im Ausbildungsrahmenplan.

Fachliche Lernziele geben konkret an, welche Stoffinhalte die Auszubildenden zu lernen haben (Inhaltskomponente) und was sie mit den Inhalten können müssen (Verhaltenskomponente). Sie finden sich im Ausbildungsrahmenplan.

Unterscheidung der Lernzielebene nach Schwierigkeitsgrad/Taxonomie

Mit den Lernzielen sind (je nach Lernzielbereich) unterschiedliche Schwierigkeitsgrade (Taxonomiestufen) verbunden. Es handelt sich dabei um:

- **Wissen**
  Hierbei geht es darum, dass der Auszubildende den Lernstoff kennt und aus dem Gedächtnis wiedergeben kann.
  Beispiel: auswendig nennen der Rechtsformen von Unternehmen.

- **Verstehen**
  Hierbei geht es darum, dass der Auszubildende den Lernstoff erklären, verarbeiten bzw. neu anordnen kann.

Beispiel: Wahl einer Rechtsform für einen speziellen Fall.

- **Anwenden**

  Hierbei geht es darum, dass der Auszubildende das Gelernte auf Sachverhalte gezielt und richtig anwenden kann.
  Beispiel: Berechnung des Prozentwertes anhand von Textaufgaben.

Das **problemlösende Denken** ist die höchste Lernebene und stellt eine Neu-Leistung des Lernenden dar. Der Auszubildende kann mit Hilfe des Gelernten neue Probleme/Situationen selbstständig (teilweise unerwartet) lösen bzw. bewältigen. Eng mit dem problemlösenden Denken verbunden ist das Ideenmanagement/das betriebliche Vorschlagswesen (BVW). »Man schaut über den Horizont.«

Konkrete Beispiele hierzu sind:
- Neue Aspekte zu einem Sachverhalt finden
- Probleme zu analysieren und neuartige Problemlösungen zu finden
- Verbesserungsvorschläge zu machen

Zur Verbindung der Lernziele und Lernbereiche:

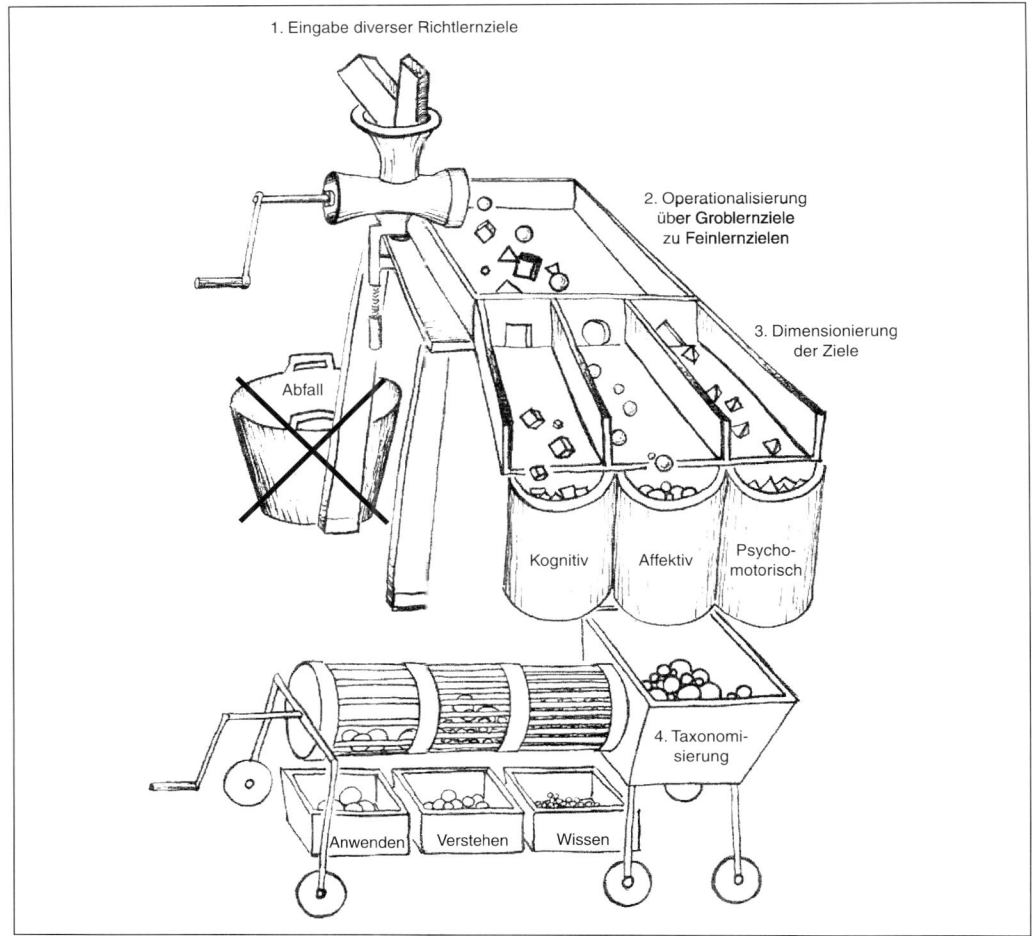

Der Ausbilder hat sich dementsprechend mit folgenden Leitfragen zu beschäftigen:

- Wie will ich die Ziele der Lerneinheit den Auszubildenden verständlich machen?
- Ist es überhaupt möglich, dass der/die Auszubildenden die angestrebten Lernziele erreichen können?
- Ist es mir gelungen, den Auszubildenden das Lernziel als etwas Erstrebenswertes zu vermitteln?
- Wodurch fördere ich die Wahrnehmungsfähigkeit/Motivation/Aufmerksamkeit der/des Auszubildenden?

1.3.3.2 Berufliche Handlungsfähigkeit

1.3.3.2.1 Kompetenzen und Schlüsselqualifikationen

Eng verbunden mit den Lernzielen sind die Kompetenzen, denn Lernziele zielen in der Regel auf die Verbesserung von Kompetenzen ab. Bei der Definition von Kompetenzen geht es immer um drei Aspekte:

- Wahrnehmungsfähigkeit
- Auslegungsfähigkeit
- Entscheidungsfähigkeit, bezogen auf ein jeweiliges Gebiet

Diese Gebiete können sein: Fachliches (Fachkompetenz), Problemlösungen (Methodenkompetenz), Soziales bzw. Zwischenmenschliches (Sozialkompetenz) oder die eigene Person (Selbstkompetenz).

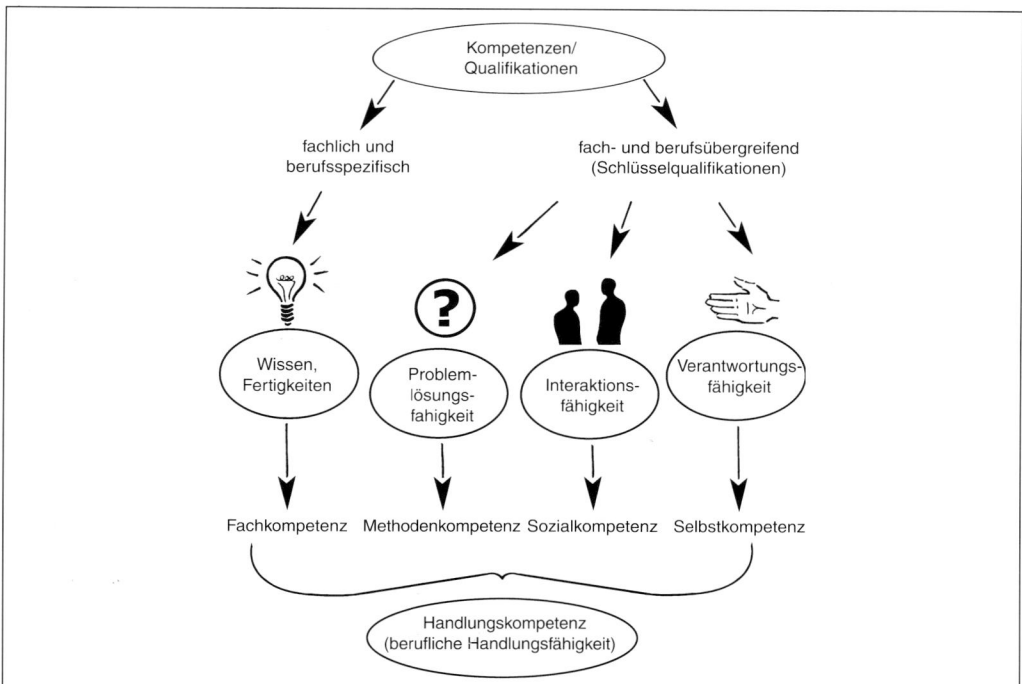

Unter **Fachkompetenz** (auch oft als Sachkompetenz bezeichnet) versteht man das Fachwissen bzw. die Kenntnisse einer Person sowie die Fähigkeit, dieses Wissen bei fachbezogenen Aufgaben und Problemen anwenden zu können.

Zur Fachkompetenz zählen u. a. die Fähigkeiten:
- Zusammenhänge zu erkennen
- Fachwissen anzuwenden
- Systematiken vorzulegen
- Gesetze, Normen und Vorschriften zu kennen und anzuwenden

Fachkompetenz ist dementsprechend die Fähigkeit, für Fachbereiche wahrnehmungs-, analyse- und entscheidungs- bzw. handlungsfähig zu sein. Möglichkeiten die Fachkompetenz der Auszubildenden zu entwickeln sind:
- Bei der Vermittlung von Kenntnissen und Fertigkeiten wird das Gelernte aus dem Berufsschulunterricht bewusst in die betriebliche Praxis einbezogen.
- Den Auszubildenden werden nach Unterweisungen Aufgaben übertragen, die diese selbstständig zu bewältigen haben.
- Im Rahmen einer auftragsorientierten Ausbildung werden die Auszubildenden anhand konkreter Lerninhalte gemäß ihrem Ausbildungsstand fachlich unterwiesen.

Methodenkompetenz umfasst alle Techniken und Problemlösungsmöglichkeiten, die zur Erledigung der Arbeitsaufgaben in wechselnden Situationen im Umgang mit Sachverhalten, Personen und Personengruppen erfolgreich eingesetzt werden können. Die Methodenkompetenz vereint Kenntnisse und effektive Anwendbarkeit aller Methoden, Verfahren und Techniken, die zur Bewältigung von Arbeitsaufgaben und Problemen benötigt werden. Sie lässt sich in der Art beobachten, komplizierten Lernstoff oder komplexe Sachverhalte zu strukturieren, zielorientiert vorzugehen, Wichtiges von Unwichtigem zu unterscheiden und konzentriert auf Ergebnisse hinzuarbeiten. Methodenkompetenz ist darüber hinaus eine wichtige Grundlage lebenslangen Lernens.

Zur Methodenkompetenz zählen u. a. die Fähigkeiten:
- Arbeitsziele zu erkennen
- Zusammenhänge herzustellen
- Alternativen zu finden und zu bewerten
- Neue (benötigte) Kenntnisse, Fertigkeiten und Methoden sich selbst anzueignen
- Probleme zu lösen

Aufgaben und Probleme zu lösen, erfordert eine gewisse Herangehensweise und Systematik. Wird diese eingehalten, steht am Ende im Idealfall die Lösung der Aufgabe oder des Problems. In der Praxis werden zur Problemlösung oft Kreativitätstechniken eingesetzt. Sie dienen dazu, Denkprozesse zu beeinflussen, um möglichst kurzfristig Ergebnisse zu erreichen. Hierbei sollen gewohnte Denkmuster überwunden und Routine durchbrochen werden. Hierzu zählen u. a. das Brainstorming oder das Mind-Mapping.

Methodenkompetenz ist dementsprechend die Fähigkeit, in Sachen Aufgaben- und Problemlösung wahrnehmungs-, analyse- und entscheidungs- bzw. handlungsfähig zu sein. Möglichkeiten die Methodenkompetenz der Auszubildenden zu entwickeln sind:
- Die Bewältigung von Arbeitsaufgaben so zu organisieren, dass die Auszubildenden logische Arbeitsschrittfolgen als effektive Vorgehensweise erkennen.
- Die Entwicklung unterschiedlicher Handlungsmuster zur Bewältigung von Arbeitsaufgaben.

Unter **Sozialkompetenz** (sozial = zwischen Menschen) sind alle Fähigkeiten und Fertigkeiten zu verstehen, die in der sozialen Interaktion mit Mitarbeitern und anderen Bezugsgruppen zur gemeinsamen Aufgabenerledigung und Zielerreichung bei Anwendung angemessener Mittel benötigt werden. Sie äußert sich in der Fähigkeit, konstruktive Arbeitsbeziehungen zu knüpfen und langfristig tragfähige Kontakte herzustellen, um gemeinsame Pläne und Ziele zu erreichen.

Zur Sozialkompetenz zählen:
- In Teams zu arbeiten
- Wünsche, Erwartungen und Einstellungen von Mitarbeitern bzw. Kunden wahrzunehmen
- Informationen auszutauschen
- Aktives Zuhören
- Hilfestellungen zu geben
- Offenes Ansprechen eigener Gefühle
- Kompromissbereitschaft
- Respektvoller Umgang mit anderen Menschen
- Empathie (Einfühlungsvermögen)
- Interkulturelle Aspekte

 Das Schlagwort bei der Sozialkompetenz heißt Menschenkenntnis. Sozialkompetenz ist dementsprechend die Fähigkeit, in sozialen Fragen wahrnehmungs-, analyse- und entscheidungs- bzw. handlungsfähig zu sein. Wer sozial kompetent ist, besitzt Menschenkenntnis. Um die Sozialkompetenz der Auszubildenden zu entwickeln, ist die Bewältigung von Arbeitsaufgaben so zu organisieren, dass die Auszubildenden
- in Teams die Verteilung der Aufträge selbstständig vornehmen
- in gemeinsamer Arbeit zum Arbeitsergebnis kommen
- in Teams, die sich öfter in ihrer Zusammensetzung ändern, zum Arbeitsergebnis kommen

Unter **Selbstkompetenz** (teilweise auch als Individual- oder Personalkompetenz bezeichnet) versteht man die Fähigkeiten und Fertigkeiten, sein eigenes Verhalten zielgerichtet auf die Aufgabenerledigung zu steuern.

Hierzu zählen neben der Arbeitsmethodik:
- Zeitmanagement
- Stressmanagement
- Selbstmotivation
- Selbstbewusstsein
- Selbstreflexion
- Selbstkritik
- Offenheit für Veränderungen

 Selbstkompetenz ist dementsprechend die Fähigkeit, für sich selbst verantwortlich wahrnehmungs-, analyse- und entscheidungs- bzw. handlungsfähig zu sein.

Selbst- und Sozialkompetenz müssen im Verbund gesehen werden, denn der Umgang mit der eigenen Person hängt – da wir nicht isoliert leben und arbeiten – immer mit dem Umgang mit anderen Personen zusammen. Ohne Selbstkompetenz ist Sozialkompetenz nicht definierbar und umgekehrt, denn soziale Kompetenz bedeutet, »konstruktiv mit sich und anderen« umgehen zu können.

Ein zusammenfassendes Beispiel aus dem Beruf Friseur:
Fachkompetenz: Wissen, welche Haarschnitte es gibt, was diese kosten und diese ausführen können
Sozialkompetenz: Umgang mit den Kunden, Freundlichkeit und Small Talk
Selbstkompetenz: Spaß am Beruf, Konzentration, Selbstsicherheit
Methodenenkompetenz: Umgang mit Problemen (z. B. ins Ohr schneiden)

Für Kompetenzen gelten folgende Feststellungen:
- Kompetenzen lassen sich mehr oder weniger messen.
- Gruppenarbeit fördert die Sozialkompetenz.
- Sozialkompetenz wird vielfach überschätzt.
- Brachliegende Kompetenzen müssen erkannt und gefördert werden.

Der verbreitete Gebrauch des Kompetenzbegriffes steht in engem Zusammenhang mit der schleichenden Auflösung des Berufsbegriffs. Hintergrund ist, dass es in der heutigen Arbeitswelt weniger um klassische Berufe mit damit verbundenem Wissen, Fertigkeiten und Einstellungen, sondern mehr oder weniger um ausgeprägte vielschichtige flexible Kompetenzen (Kompetenz-Collagen) geht.

Auch wenn sich nahezu unendlich viele Kompetenzen konstruieren lassen, werden diese meist auf die beschriebenen vier beschränkt. Die Summe der Kompetenzen nennt man **Handlungskompetenz**. Ziel der Ausbildung ist die (berufliche) Handlungsfähigkeit bzw. Handlungskompetenz des Auszubildenden. Konkret lässt sich diese in den Kompetenzen beschreiben.

Mathematisch betrachtet lauten die Formeln:

• Handlungskompetenz = Fachkompetenz + Methodenkompetenz + Sozialkompetenz + Selbstkompetenz

• Handlungskompetenz – Fachkompetenz = Schlüsselqualifkationen

---

Zu beachten ist, dass berufliche Handlungskompetenz nicht isoliert vom gesellschaftspolitischen und privaten Bereich der Lebenswelt des Auszubildenden gesehen werden kann. Zur beruflichen Handlungskompetenz muss immer die Persönlichkeitsentwicklung hinzukommen. Auch hier handelt es sich um zwei Seiten einer Medaille.

Schlüsselqualifikationen

Eng mit den Kompetenzen verbunden sind die Schlüsselqualifikationen. Sie sind berufs- und fachübergreifende Fähigkeiten, die den Auszubildenden dazu befähigen, in unterschiedlichen Situationen handlungsfähig zu sein. Bildlich gesprochen sind sie der Schlüssel(griff) zur Umsetzung der Fachkompetenz. Zu ihnen zählen die Selbst-, Sozial- und Methodenkompetenz. Ausdrücklich **nicht** dazu gehört die Fachkompetenz, da sie nicht berufsübergreifend, sondern berufsspezifisch ist.

Während der »Bart« des Schlüssels die Fachkompetenz darstellt und bei jedem Beruf bzw. Schlüssel unterschiedlich ausgeprägt ist, sind die Sozial-, Selbst- und Methodenkompetenz – bildlich gesprochen – als »Griff« des Schlüssels bzw. Persönlichkeit des Menschen immer unterschiedlich ausgeformt. Man bezeichnet den »Griff« als Schlüsselqualifikationen, den gesamten Schlüssel (inkl. Fachkompetenz) als Handlungskompetenz.

Die Förderung der Schlüsselqualifikationen dient dem Zweck, die Inhalte der Ausbildung vielfältiger und langfristiger nutzbar zu machen. Schlüsselqualifikationen können nicht isoliert trainiert werden, sondern benötigen Schlüsselsituationen dazu. Fachliche und fachübergreifende Qualifikationen (Schlüsselqualifikationen) sollen sich dementsprechend gegenseitig ergänzen.

1.3.3.2.2 Handlungsorientierung

Moderne Ausbildung ist auf das engste mit Handlungsorientierung verbunden.

(!) Handlungsorientierte Ausbildung bedeutet, dass Ausbilder

- überwiegend selbstlernfördernde und kooperationsfördernde Vermittlungsformen einsetzen,
- berufliches Wissen und Fertigkeiten überwiegend in Zusammenhang mit der betrieblichen Aufgabenstellung vermitteln,
- das Lernen überwiegend mit dem Lösen bzw. Bearbeiten betrieblicher Aufgabenstellungen verbinden.

(!) Ausbilder sollen handlungsorientierte Lernprozesse so gestalten, dass

- das selbstständige Planen, Durchführen und Kontrollieren der betrieblichen Arbeitsaufgaben ermöglicht wird,
- die Informationen zur Lösung der betrieblichen Aufgabenstellungen überwiegend selbstständig gewonnen werden,
- die Auszubildenden beim Lösen der betrieblichen Aufgabenstellungen auch in Teams eingebunden werden.

Handlungsorientierte Ausbildung erfordert somit ein neues Rollenverständnis. Ausbilder haben hierbei die Rolle eines
- Moderators,
- Planers von Lern- und Arbeitsaufträgen und
- Lernberaters zu übernehmen.

(!) Moderne handlungsorientierte Ausbildung lässt sich gut mit Lernen anhand von Arbeitsaufträgen verbinden. Unter einem Lern- und Arbeitsauftrag versteht man, dass

- betriebliche Arbeitsaufgaben zu konkreten Ausbildungsaufgaben umgewandelt werden,
- das Lernen in realen Arbeitssituationen unter Berücksichtigung des Ausbildungsrahmenplans stattfindet und
- Lernen und Arbeiten durch didaktische Aufbereitung von Arbeitsaufgaben verknüpft werden.

Es ist sinnvoll, betriebliche Tätigkeiten für Lern- und Arbeitsaufträge zu nutzen, wenn die betriebliche Tätigkeit

- überwiegend berufstypische Arbeiten enthält,
- auch als Lern- und Arbeitsauftrag termingerecht erbracht werden kann,
- genügend Handlungsspielraum für den Auszubildenden bietet und
- eine Über- bzw. Unterforderung vermieden werden kann.

Um aus einem Kundenauftrag einen Lern- und Arbeitsauftrag zu gestalten, sind folgende Schritte erforderlich:

- Der Kundenauftrag ist in Teilaufgaben und einzelne Tätigkeiten zu zerlegen.
- Die Aufgaben/Tätigkeiten sind mit den Vorgaben des Ausbildungsrahmenplanes zu vergleichen.
- Teilaufgaben aus dem Kundenauftrag sind als Lern- und Arbeitsauftrag zu formulieren.

Es handelt sich somit um eine auszubildendenzentrierte Ausbildung. Beispiele für diese Vermittlungsform sind vor allem die Projektmethode, das Modell der vollständigen Handlung bzw. die Leittextmethode. Das Gegenteil ist ein Vortrag oder eine Präsentation durch den Ausbilder.

Viele modernisierte Ausbildungsordnungen zielen ausdrücklich auf eine handlungsorientierte Vermittlung mit den Aspekten selbstständiges Planen, Durchführen und Kontrollieren ab.

Zusammenfassung zum Lernen:

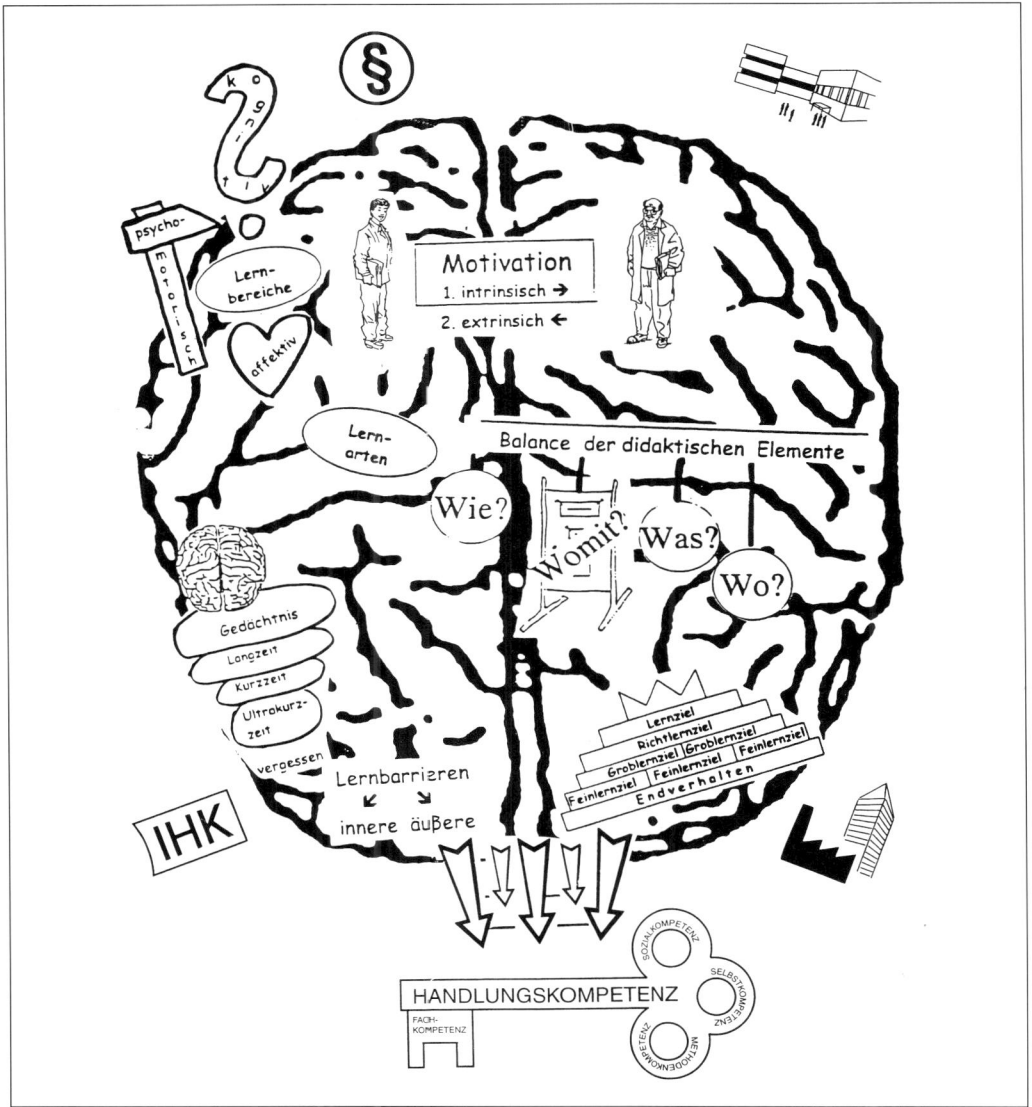

1.3.4 Ausbildungsmethoden und -medien zielgruppen- gerecht und situationsspezifisch auswählen und einsetzen

Wenn wir die »Balance der didaktischen Elemente« (vgl. Kap. 1.3.1.1.3) betrachten, zeigt sich, dass die Methoden und Medien wichtige Instrumente sind, um Gruppen (aber auch Einzelne) zielgerichtet beim Lehr-Lern-Prozess zu unterstützen, um die Lernziele zu erreichen.

1.3.4.1 Auswahl und Einsatz von Methoden

Methoden spielen eine wichtige Rolle in der Ausbildung. Sie

* sorgen für Struktur,
* berücksichtigen die Eigenheiten des Lerntyps,
* veranlassen und fördern Lehr-Lern-Prozesse,
* sind ein wichtiges Handwerkszeug des Ausbilders und unterstützen diesen,
* sorgen für Abwechslung/Motivation,
* ermöglichen Kontrolle,
* helfen bei der Lernzielerreichung,
* sind unverzichtbar.

Vor diesem Hintergrund müssen Ausbilder immer Methodenspezialisten sein!

Leitfrage: Wovon hängt die Wahl der Methoden bzw. Medien ab?
Sie hängt ab von/vom

* Lernziel,
* den Inhalten,
* den Vorkenntnissen des Ausbilders,
* den Vorkenntnissen der Auszubildenden,
* der Anzahl der beteiligten Auszubildenden,
* zeitlichen Rahmen (Vorbereitung, effektive Zeit, Nachbereitung, Tageszeit),
* den zur Verfügung stehenden Medien,
* den finanziellen Möglichkeiten (Budget),
* den Möglichkeiten des Lernortes,
* bisherigen Erfahrungen mit der Methode.

Methoden lassen sich in drei Kategorien einteilen:

* Ausbilderzentrierte Methoden (vgl. Kap. 1.3.4.1.1):
  Dies sind Methoden, bei denen der Ausbilder im Mittelpunkt des Lehr-Lern-Prozesses steht.
  Hierzu zählen u. a. der Kurzvortrag und die Präsentation.

* Auszubildendenzentrierte Methoden (vgl. Kap. 1.3.4.1.2):
  Dies sind Methoden, bei denen der Auszubildende im Mittelpunkt des Lehr-Lern-Prozesses steht.
  Hierzu zählen u. a. die Selbstunterweisung, die Projektmethode und die Leittextmethode.

* Kooperative/moderierende Methoden (vgl. Kap. 1.3.4.1.3):
  Dies sind Methoden, bei denen Ausbilder und Auszubildende im Sinne des klassischen Lehr-Lern-Prozesses eng zusammenarbeiten und ständig Austausch betreiben.
  Hierzu zählen u. a. die 4-Stufen-Methode, das Lehr-Lern-Gespräch und die Moderationsmethoden.

Ferner lässt sich eine Einteilung nach darbietender (z. B. Vortrag, Präsentation, Demonstration) bzw. entwickelnder, er- oder verarbeitender Methode (z. B. Rollenspiel, Lehr-Lern-Gespräch, Brainstorming, Fallmethode, Juniorfirma, Lernbüro) vornehmen.

Gruppenarbeit ist keine Methode, sondern eine Sozialform (vgl. Kap. 1.3.4.2.1).

Im Weiteren werden die wichtigsten Methoden beruflicher Bildung nach folgenden Kriterien dargestellt:

* Grundgedanken
* Anwendungsmöglichkeiten/Rahmenbedingungen/Sinnvolle Einsatzgebiete

- Problembereiche/Nachteile
- Idealtypischer Ablauf
- Rolle des Ausbilders und der/des Auszubildenden
- Tipps und Tricks

1.3.4.1.1 Ausbilderzentrierte Methoden

1.3.4.1.1.1 Kurzvorträge

Grundgedanken:

Vorträge, Kurzvorträge und Demonstrationen sind typische Beispiele für eine ausbilderzentrierte Vermittlung. Der Ausbilder vermittelt das Wissen einseitig, ohne in (interaktiven) Dialog mit den Auszubildenden zu treten. Er benutzt dabei ggf. Medien zur Visualisierung und Unterstützung.

Während der **Kurzvortrag** primär auf den kognitiven Lernbereich (Faktenwissen) abzielt, geht es bei der **Demonstration** eher um den psychomotorischen Lernbereich. Mit der Demonstration (»Reden ist Silber, zeigen ist Gold«) wird durch Anschauung von abstrakten und/oder komplexen Themen deren Verständnis gefördert. Unterschieden werden Begeisterungsdemonstrationen (Heranführung an ein neues Thema) und Beweisdemonstrationen (zur Verdeutlichung eines Sachverhalts).

Ein guter Vortrag macht den Zuhörer mit den Ohren sehend. Bei den Vorträgen werden freie Vorträge (ohne schriftliche Unterlagen) und Vorträge nach Stichworten (u. U. mit exakten schriftlichen Vorformulierungen) unterschieden.

Der Unterschied zwischen einem Vortrag und einem Kurzvortrag liegt in der Dauer. Kurzvorträge dauern maximal 15 Minuten.

Anwendungsmöglichkeiten/Rahmenbedingungen/Sinnvolle Einsatzgebiete:

- Zur Orientierung, um den Auszubildenden einen Überblick zu verschaffen
- Zur fachlichen Einführung in ein neues Thema
- Zur schnellen Wissensvermittlung
- Zur Darstellung von Theorie
- Zur Überbrückung
- Zur Vertiefung von Kenntnissen
- Zur Klärung der Rollenverteilung von Ausbildern und Auszubildenden
- Im Bereich der Arbeitssicherheit (z. B. Belehrung über Unfallverhütungsvorschriften)
- Zu Firmenleitbildern
- Zeitliche Planung ist möglich
- Adressatenkreis kann groß sein
- Genaue Vorbereitung und Strukturierung des Vortrages ist möglich
- Kann wiederholt werden

Problembereiche/Nachteile:

- Vorwissensstand der Auszubildenden wird möglicherweise nicht berücksichtigt (Gefahr der Über- oder Unterforderung)
- Vorträge richten sich in der Regel nur an den kognitiven Lernbereich
- Ausbilder erhält keine aussagekräftige Rückkopplung über die Lernerfolge
- Wissenslücken werden oftmals nicht abschließend geklärt
- Geringe Behaltensquote
- Einseitige Kommunikation (Ausbilder → Auszubildender)
- Auszubildende sind meist passiv
- »Gießkannenprinzip« findet Anwendung

Idealtypischer Ablauf (vier Phasen) und Rolle des Ausbilders:
Vorbereitung: Der Ausbilder
- wählt aus, welche Lernziele erreicht werden sollen,
- klärt die Frage, wie er den Vortrag gestaltet, um den Lernerfolg sicherzustellen.

Einleitung: Der Ausbilder
- stellt sich der Gruppe vor, falls er ihr unbekannt ist,
- nennt das Thema und das Ziel des Vortrags oder der Demonstration,
- gibt den Auszubildenden eine Inhaltsübersicht,
- motiviert die Auszubildenden zum aktiven Zuhören.

Hauptteil: Der Ausbilder
- verdeutlicht die Strukturierung der Inhalte,
- visualisiert die wesentlichen Inhalte,
- knüpft an die vorhandenen Kenntnisse der Auszubildenden an,
- stellt die Unterschiede zu vorangegangenen Lerninhalten dar,
- nimmt eine Einordnung der Inhalte in eine Fach- und Gesamtthematik vor,
- stellt Praxisbezug her,
- »verankert« Wichtiges.

Schluss: Der Ausbilder
- stellt eine Verbindung des Gesagten mit künftigen Lerninhalten her,
- klärt offene Fragen,
- stellt Aufgaben/Fragen zur Vertiefung oder zur Lernerfolgskontrolle.

Tipps und Tricks für erfolgreiche (Kurz-)Vorträge:
- Da Vorträge die Aufmerksamkeit des Auszubildenden oftmals überfordern, ist es besser, statt eines Vortrags mehrere Kurzvorträge (mit maximal 15 Minuten Dauer) zu halten
- Guten Einstieg finden (gilt auch für die Präsentation)
- Mit einer Quizfrage beginnen
- Mit einem Beispiel starten
- Mit einem aktuellen Bezug einsteigen
- Sachlich gegliederte Darstellung aufzeigen
- »Roten Faden« erkennen lassen und nicht verlieren
- Provokante Thesen aufstellen
- Erzeugung von Lernmotivation
- Aufbau der Beziehungsebene
- Inhalt oder Text nicht herunterleiern oder ablesen. Eine lebendige Vortragsweise anstreben
- Ein bisschen Spaß darf sein
- Sprachniveau an das Niveau der Auszubildenden in angemessenem Umfang anpassen
- Sich auf das Wesentliche beschränken
- Beispiele zur Verdeutlichung und zum Verständnis bringen
- Kurze Sätze
- Angemessene Körpersprache
- Nicht mit Gegenständen herumspielen, keine Ablenkung bieten
- Mimik und Gestik variieren
- Von Zwischenfragen nicht ablenken lassen/Zwischenfragen einfordern
- Blickkontakt zu den Auszubildenden wird gesucht und gehalten
- Sicherstellen, dass die Informationen auch angekommen sind (Rückkopplung)

Oftmals müssen Kurzvorträge spontan gehalten werden. Dies geschieht unnötigerweise vielfach unprofessionell und unstrukturiert.

Mit der **Fünf-Satz-Technik** bringen Sie Struktur bzw. einen »roten Faden« in Ihren Vortrag. Im Rahmen dieser Technik sind folgende Varianten möglich:

1.	**Einleitung**	**Einleitung**	**Einleitung**	**Einleitung**
2.	Meinung	Nachteile	Ist-Zustand	Position A
3.	Begründung	Vorteile	Soll-Zustand	Position B
4.	Beispiel	Entschluss	Weg dahin	Eigene Meinung
5.	**Schluss**	**Schluss**	**Schluss**	**Schluss**

Die Wahl der Variante ist von der Thematik des Vortrages abhängig. Die Bausteine können mehrmals hintereinander oder auch wechselseitig miteinander verbunden werden.

1.3.4.1.1.2 Präsentationen

Grundgedanken:
Präsentationen spielen im Arbeitsalltag eine große Rolle. Im Rahmen der Ausbildung ist ihr Hauptziel, die Auszubildenden zu informieren, zu überzeugen oder zu motivieren. Dies geschieht vor dem Hintergrund, dass es oftmals nicht reicht, gute Ideen zu haben, man muss sie auch zielgerichtet »verpacken« (präsentieren).

Der Unterschied zum Kurzvortrag besteht darin, dass es bei diesem in erster Linie um Wissensvermittlung geht. Bei der Präsentation wird dagegen etwas präsentiert, man kann auch sagen, etwas »verkauft«.

Dieses »Etwas« kann sein:

- ein Lernstoff
- eine Idee/Innovation
- ein Produkt
- die Persönlichkeit des Präsentierenden

Anwendungsmöglichkeiten/Rahmenbedingungen/Sinnvolle Einsatzgebiete:
- Präsentationen dienen der Veranschaulichung
- Präsentationen sind insbesondere bei den IT-Berufen und den neugeordneten kaufmännischen Berufen geeignete Kommunikationsverfahren
- Ausbildungsergebnisse müssen präsentiert werden

Problembereiche/Nachteile:
- Schlechte Vorbereitung
- Unprofessionelles Auftreten des Präsentators
- Schlechtes Zeitmanagement
- Medienversagen
- Nervosität

Rolle des Ausbilders/Tipps und Tricks:
- Im Gegensatz zum Vortrag kommen bei der Präsentation der Vorbereitung und dem Medieneinsatz eine weitreichendere Bedeutung zu
- Auf eine gelungene Einstiegsmotivation achten
- Auf flüssiges Vorgehen achten
- Bedenken, dass man als Präsentator auf dem »Präsentierteller« steht. Man präsentiert neben dem Inhalt auch immer sich selbst

- Gutes Zeitmanagement betreiben
- Sicher im Umgang mit Fachbegriffen sein
- Sicher im Umgang mit den eingesetzten Medien (meist Overhead-Projektor, Flip-Chart, Poster oder Beamer) sein
- Nichts ablesen, sondern möglichst frei sprechen
- An ausreichende Pausen und angemessene Dauer der Pausen denken
- Auszubildenden etwas zum Mitnehmen (Unterlagen, Arbeits- oder Informationsblätter) austeilen
- Mögliche auftretende Probleme bedenken
- Auf Lernerfolgskontrollen achten
- Eine gute Präsentation endet erst nach der anschließenden Diskussion
- Auch Auszubildende Präsentationen üben lassen
- Das ganze Leben ist eine Präsentation!

1.3.4.1.2 Auszubildendenzentrierte Methoden

1.3.4.1.2.1 Selbstunterweisung

»Um schwimmen zu lernen, muss ich ins Wasser gehen, sonst lerne ich es nie.« August Bebel

Grundgedanken:
Eng mit der Selbstunterweisung verbunden ist das »Learning by Doing«. Hierbei findet vom Ausbilder isoliertes Lernen weitgehend ohne Hilfe und Anwesenheit des Ausbilders statt. Statt von einem Lehr-Lern-Prozess kann man hier mehr von einem Lern-Prozess sprechen, da von Seiten des Ausbilders kein klassisches Lehren stattfindet. Allenfalls motiviert, organisiert und delegiert er.

Die Spannweite der Selbstunterweisung liegt zwischen:
- Lernen nach vorgegebenen Aufgaben (Lernziel ist vorgegeben)
- Lernen aufgrund offener Lernaufgaben (Lernziel ist nicht vorgegeben, es wird vom Auszubildenden festgelegt)

Formen des Selbstlernens sind:
- Lernen mit Büchern/Skripten
- Lernen durch Beobachtung/Nachahmung
- Lernen mit elektronischen Medien (CBT)

Das zielgerichtete Selbstlernen setzt dementsprechend gezielten Medieneinsatz voraus!

Anwendungsmöglichkeiten/Rahmenbedingungen/Sinnvolle Einsatzgebiete:
- Zur Vorbereitung von Fachwissen und Fertigkeiten
- Zur Vertiefung
- Zur Befriedigung von Wissensdurst
- Zum Erwerb von Selbstständigkeit

Problembereiche und Nachteile:
- Selbstdisziplin der Auszubildenden
- Vereinsamung der Auszubildenden
- Rückkopplung zum Ausbilder und Fremdkontrolle fehlt oftmals

Eine Sonderform der Selbstunterweisung stellt das Computer Based Training (CBT) dar.

1.3.4.1.2.2 Computer Based Training (CBT)*

Grundgedanken:

Bei dieser Methode handelt es sich um eine relativ neue Form des Lernens, die durch die Nutzung des Computers (verbunden mit Lernprogrammen), des Internets (Newsgroups, Diskussionsforen, E-Mails, Datenbanken, Web-Based-Training) oder anderer elektronischer Medien erst möglich wurde und sich immer weiter ausbreitet. Grundsätzlich sind solche Formen des Lernens dadurch gekennzeichnet, dass sich der Auszubildende meist an einem anderen Ort als der Ausbilder befindet bzw. selbstständig am Computer arbeitet.

Anwendungsmöglichkeiten/Rahmenbedingungen/Sinnvolle Einsatzgebiete:

- Unabhängigkeit von einem festen Lernort (sofern ein Laptop vorhanden ist)
- Wahl des eigenen Lerntempos ist möglich
- Unabhängigkeit von einer festen Lernzeit
- Keine Präsenz des Ausbilders notwendig
- Wegfall von zeitlichen und personellen Koordinationsproblemen
- Sinnvoll zur Vor- und Nachbereitung von Themengebieten
- Im Idealfall aktuelle Informationen (up-to-date)

Problembereiche/Nachteile:

- Selbstdisziplin der Auszubildenden
- Fehlende Anwesenheit des Ausbilders
- Mangelnde Kommunikation
- Setzt hohe Eigenverantwortung und Selbstdisziplin der Auszubildenden voraus
- Oftmals zu viel Schnickschnack und Gimmicks bei der Software, die vom Inhalt ablenken
- Nicht für alle Inhalte und Lernziele geeignet
- Technische Probleme können auftreten
- Die beste Technik nützt wenig, wenn die Didaktik nicht stimmt

Rolle des Ausbilders und Auszubildenden:

Um den Auszubildenden bei auftretenden Fragen oder Problemen zu helfen, müsste der Ausbilder bei dieser Methode als E-Trainer/E-Tutor im Idealfall ständig (un-)mittelbar erreichbar sein. Er sollte Informationen über die Lernsituation »vor Ort« einfangen, flexibel darauf reagieren und bei der Auswertung mitwirken.

Tipps und Tricks:

Auch wenn CBT als eine sehr moderne Methode erscheint, sollte sie nur ergänzend zu anderen Methoden eingesetzt werden. So wie die Fotografie nicht die Malerei ersetzt hat, so wird das CBT andere Methoden nicht kompensieren können, da eine unmittelbare Anwesenheit des Ausbilders und die damit verbundene interpersonelle Interaktion beim Lehr-Lern-Prozess in der Regel nicht zu ersetzen ist. Sinnvoll ist es deshalb, z. B. ausbilderzentrierte und kooperative Methoden mit dem CBT zu verbinden (Blended-Learning).

1.3.4.1.2.3 Projektmethode

Grundgedanken:

Die Vermittlung von Lerninhalten mit der Projektmethode soll die Auszubildenden im Rahmen eines ganzheitlichen Arbeitsauftrages mit Unterstützung des Ausbilders zum selbstständigen Denken/Planen, zur selbstständigen Arbeitsausführung und zur eigenen Bewertung der Arbeitsergebnisse führen. Viele modernisierte Ausbildungsordnungen schreiben explizit vor, dass Inhalte weitgehend durch selbstständiges Planen, Durchführen und Kontrollieren erworben werden sollen.

---

* Verbreitet sind auch die Bezeichnungen Computer Aided Learning, E-Learning, E-Teaching, E-Training, Distance Learning und Virtuelles Lernen.

Im Vordergrund der Methode steht ein praktisch durchführbares reales Arbeitsvorhaben, wobei nicht nur das Produkt oder das Ergebnis des Projektes, sondern auch der Prozess der Planung, Durchführung und Kontrolle als Ganzes Ausdruck der Methode sind.

Die Projektmethode ist eigentlich keine »richtige« Methode, sondern eher ein Konzept, welches mehrere Methoden verbindet.

Die Deutsche-Industrie-Norm (DIN 69901) beschäftigt sich mit der Normung von Projekten.

Wesensmerkmale eines Projektes sind:
- Konkrete Zielvorgabe (Projektziel)
- Abgrenzung gegenüber anderen Projekten
- Projekte haben einen Anfang und ein Ende (zeitliche Begrenzung)
- Es handelt sich um eine komplexe reale Aufgabe
- Das Ergebnis soll verwertbar sein
- Alle Lernbereiche werden angesprochen
- Einsetzbare Ressourcen sind begrenzt
- Das Projekt stellt etwas Außergewöhnliches (ein Highlight) dar
- Das Projekt hat einen einmaligen Charakter
- Es herrscht eine projektspezifische Organisation
- Ein Projekt muss nicht immer erfolgreich sein (Lernen aus Fehlern)

Anwendungsmöglichkeiten/Rahmenbedingungen/Sinnvolle Einsatzgebiete:
- Es herrscht Realitätsorientierung/Praxisbezug
- Trainiert wird problembezogenes Denken und Handeln
- Förderung der Planungs-, Organisations- und Verantwortungsfähigkeit
- Förderung unternehmerischen Denkens und Handelns
- Entwicklung eigener Lösungswege ist möglich
- Auszubildende können etwas bewegen
- Ermöglicht das Lernen an verschiedenen Lernorten (Lernortwechsel)
- Auszubildenden wird Raum für Kreativität und Selbstständigkeit bei Planung, Durchführung und Kontrolle gelassen
- Berufsfeld- und fachübergreifende Arbeit. Zusammenhänge werden deutlich
- Fachabteilung kann die Auszubildenden Projekte realisieren lassen, die sie aus unterschiedlichen Gründen bisher nicht realisieren konnte
- Projekte sind Ausdruck des handlungsorientierten Ansatzes
- Methode findet oftmals in Partner- oder Gruppenarbeit statt (Förderung der Sozialkompetenz)

Beispielbereiche und Tipps zur Anwendung der Projektmethode:
- Auszubildende des zweiten und dritten Ausbildungsjahres bereiten den ersten Tag der neuen Auszubildenden vor und wirken daran mit.
- Auszubildende planen und organisieren die Weihnachtsfeier oder einen Betriebsausflug.
- Es wird z. B. ein sinnvoller, gebrauchsfertiger Gegenstand produziert oder der Auszubildende bereitet sich selbstständig auf eine Kundenberatung oder einen anderen Arbeitsablauf vor.

Problembereiche/Nachteile:
- Gefahr der Überforderung oder Unterforderung der Auszubildenden
- Projekte erfordern eine umfangreiche Vor- und Nachbereitung

Idealtypischer Ablauf (vier Phasen) / Rolle des Ausbilders und der Auszubildenden:

1. Projektzielsetzung/Vorbereitungsphase (Vorlaufphase):
Diese Phase soll, anknüpfend an die Erfahrungen der Auszubildenden, von diesen nach Möglichkeit

gemeinsam erarbeitet werden. Der Ausbilder plant und benennt die Aufgabenstellung, sorgt für angemessene Rahmenbedingungen, klärt die Rollenverteilung und stellt erforderliche Materialien bereit. Das Projektziel soll real, akzeptiert und angemessen sein.

2. Projektplanung des Ablaufs (Planungsphase):

In dieser Phase erfolgt die Informationssammlung, Analyse und Strukturierung des methodischen Vorgehens, Entscheidung zwischen alternativen Lösungswegen und Aufgabenverteilung innerhalb der Gruppe. Der Ausbilder hat Orientierung zu geben und sich über die Projektziele mit den Auszubildenden in Form eines Lehr-Lern-Gespräches auszutauschen. Er hält sich allerdings zurück.

3. Projektdurchführung der geplanten Aufgaben (Durchführungsphase):

Hier stehen experimentelles Handeln zur Ausführung der Aufgabe und schrittweise Lösung der Probleme auf Grundlage der Planung durch die Auszubildenden im Vordergrund. Kreatives selbstständiges und verantwortliches Handeln werden geübt. Dazu werden die Zwischenergebnisse mit den Planvorstellungen verglichen und ggf. Korrekturen an Planung und Durchführung vorgenommen.
Der Ausbilder steht zur Beratung zur Verfügung, greift jedoch keinesfalls auf eigene Initiative in den Projektablauf ein. Er wartet, bis er aufgefordert oder seine Hilfe benötigt wird.

4. Projektauswertung/Dokumentation (Auswertungsphase):

Arbeitsergebnisse, Lernprozesse, Erlebnisse und Erfahrungen werden mit dem Ausbilder in der Gruppe ausgewertet und bewertet (moderiertes Gruppengespräch). Alternative Handlungsmöglichkeiten, Fehler und Erfolge werden besprochen. Aus erfolgreichen – wie auch nicht erfolgreichen – Projekten lassen sich immer Erkenntnisse für das weitere Vorgehen gewinnen. Nach der Besprechung/Kontrolle werden die gewonnenen Erkenntnisse und Erfahrungen generalisiert und dokumentiert. So ist es bspw. möglich, einen Bericht für den Ausbildungsnachweis oder die Mitarbeiterzeitung oder die Firmen-Homepage (Intranet) zu schreiben.

Rolle des Ausbilders:

Er hat bei dieser Methode verschiedene Funktionen: Er ist Lernhelfer, Organisator, Beobachter, Berater, Moderator, Fachkraft und an der Auswertung des Projektes beteiligt. Er muss zwar nicht ständig präsent sein, sollte aber für die Auszubildenden erreichbar sein.

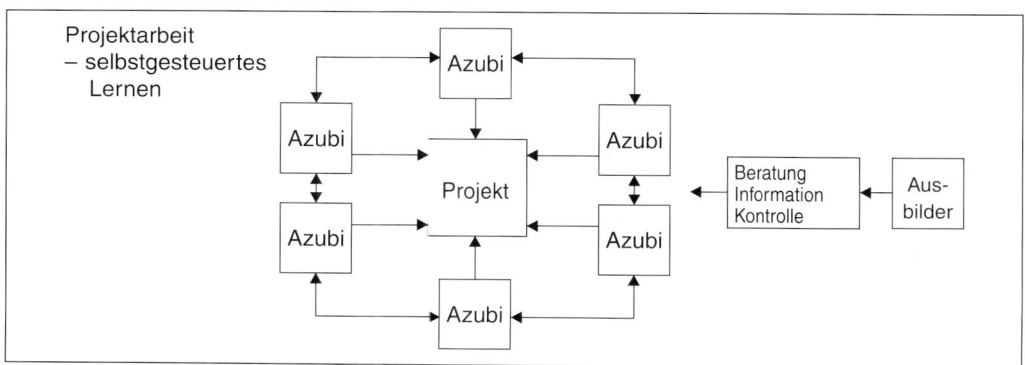

1.3.4.1.2.4 Modell der vollständigen Handlung/Leittextmethode

Grundgedanken:

Das Modell der vollständigen Handlung ist eine Weiterentwicklung der Projektmethode. Grundsätzlich kann man das Modell auch als (schriftliche) Anleitung zum selbstständigen Lernen bezeichnen. Mit Hilfe einer Abfolge von Fragen, Anleitungen und Infos, die das Vorgehen bei einer Aufgabenerledigung begleiten bzw. steuern, sollen die Auszubildenden die Schritte, die zum Erreichen des Lernzieles erforderlich sind, unter Zuhilfenahme eines Leittextes (Lernauftrages) weitgehend selbstständig planen, durchführen und kontrollieren. Der Ausbilder übernimmt dabei keine dominierende Rolle und macht keine Arbeitsschritte vor.

Eine vollständige Handlung beinhaltet weitgehend die selbstständige Planung, Durchführung und Kontrolle einer Aufgabe oder eines Auftrages. Bei dieser Methode ist zumeist ein Leittext das zentrale Element. Dieser leitet den Auszubildenden durch Leitfragen oder Aufträge an, sich selbst gezielt Informationen zu beschaffen und einen Arbeitsplan für die gestellte Aufgabe und deren Kontrolle zu entwickeln. Die Fragen (Leitfragen) liegen schriftlich vor und sind i. d. R. schriftlich zu beantworten, zu überprüfen und abschließend zu präsentieren.

Leitfragen sind ungeeignet, wenn

- »Ja«/»Nein«- Antworten möglich sind,
- diese über- oder unterfordern und
- sie mehrdeutig, nicht verständlich oder zu komplex sind.

Leittexttypen sind z. B.: Projektleittexte, Erkundungsleittexte, Kreuzworträtsel, Kochrezepte, Bauanleitungen, Strickmuster, Bedienungsanleitungen, Prüfungsfragen, Lehrgangs- oder Auftragsbearbeitungsleittexte.

Der Leittext
- führt z. B. in einen Ausbildungsabschnitt ein,
- erläutert die Aufgaben/Ziele für den folgenden Lern- und Arbeitsprozess,
- gibt Hinweise, anhand welcher Medien die Kenntnisse und Fertigkeiten erarbeitet werden können,
- stellt anstehende praktische Aufgaben vor,
- gibt an, welche Lernziele angestrebt werden,
- strukturiert (meist mittels Fragen) die Informationsverarbeitung,
- leitet mit Leitfragen und Impulsen die Arbeitsplanung und den Kenntnis- und Fertigkeitserwerb,
- fordert und ermöglicht die systematische Planung, Durchführung und Kontrolle der Auszubildenden,
- enthält ggf. Auswertungsbögen zur Selbst- und Fremdeinschätzung der geleisteten Arbeit.

Liegt ein Leittext vor, lässt sich das Modell der vollständigen Handlung und die Leittextmethode synonym bezeichnen.
Liegt kein Leittext vor, spricht man nicht von der Leittextmethode, sondern nur vom Modell der vollständigen Handlung.

Anwendungsmöglichkeiten/Rahmenbedingungen/Sinnvolle Einsatzgebiete:
- Leittexte zielen auf eine vollständige Handlung ab.
- Die Auszubildenden sind durchweg aktiv.
- Die Auszubildenden werden durch eigenes Tun selbstständig und beruflich handlungsfähig.
- Leittexte sind besonders bei den IT-Berufen, den neu geordneten kaufmännischen und auch in den technisch-gewerblichen Berufen geeignet.
- Sinnvoll ist es, betriebliche Unterlagen z. B. Bedienungsanleitungen, Organisationsvorschriften oder Montageanleitungen als Leittexte zu benutzen.

Problembereiche/Nachteile:
- Schlechte Vorbereitung des Ausbilders
- Ungeeigneter Leittext
- Falscher oder unprofessioneller Medieneinsatz
- Gefahr der Über- oder Unterforderung der Auszubildenden

Einen anschaulichen Eindruck von der Arbeit mit Leittexten vermittelt eine von der Deutschen Telekom Training entwickelte Sequenz zum Thema Betriebsrat:

Gewusst wie!
Telekom Training Center

Lernauftrag/Leittext

Der Betriebsrat

Zielsetzung:	Kennenlernen der Zusammensetzung und der Aufgaben des Betriebsrates
Berufsausbildung zum /zur:	IT-Fachinformatiker Systemelektroniker Systemkaufleute Kaufleute für Bürokommunikation
Empfohlene Medien:	Betriebsverfassungsgesetz Intranet: http://gjav-dtag.telekom.de/ Internet: http://www.bundesregierung.de/
Zeitansatz:	6 Stunden
Methodische Hinweise:	Hilfe zum Selbstlernen, Partnerarbeit
Folgende LA:	Die Jugend- und Auszubildendenvertretung Die Auszubildendenvertretung des TTC

Quelle: Deutsche Telekom AG

Gewusst wie!
Telekom Trainingscenter

2. Aufgabenstellung

Die Wahl

1. Wer ist wahlberechtigt? Wer ist wählbar zum Betriebsrat?

2. Nennen Sie, ob bzw. wann ein Betriebsrat gewählt werden muss, bzw. in welchem Verhältnis die Anzahl der Betriebsräte im Vergleich zur Mitarbeiterzahl steigt?

3. In welchen Abständen erfolgt die Betriebsratswahl?

Die Amtszeit

4. Wie lange ist die Amtszeit eines Betriebsrates? Wann beginnt und endet seine Amtsperiode?

Die Freistellung

5. Wird der Betriebsrat für die Ausübung seiner Tätigkeiten freigestellt?

6. Ab wie vielen Arbeitnehmern ist ein Betriebsrat von der beruflichen Tätigkeit freizustellen?

Die Rechten und Pflichten

7. Welche Pflichten hat ein Betriebsrat?

8. Welche grundlegenden Rechte hat der Betriebsrat?

9. Erklären Sie diese Rechte genauer? Nennen Sie Beispiele!

Der Schutz

10. Welches außerordentliche Recht schützt den Betriebsrat vor einer Kündigung?

Die Gremien

11. Nennen Sie die weiteren Gremien eines Unternehmens, die Bezug auf das Betriebsverfassungsgesetz (Betriebsrat) nehmen?

12. Nennen Sie die Hauptaufgaben dieser Gremien.

Stellen Sie Ihre gesammelten Ergebnisse in einer Präsentation (mit Handout) Ihrer Gruppe und Ihrem/r Ausbilder/in vor.

Viel Spaß! ☺

Gewusst wie!
Telekom Trainingscenter

1. Orientierungshilfe

Der Betriebsrat

Der Betriebsrat ist eine Vertretung der Arbeitnehmerschaft eines Betriebes. Diese wird von den Mitarbeitern des Betriebes auf eine bestimmte Zeit gewählt. Seine Kompetenzen greifen in unterschiedlichen Bereichen. Durch seine aktive Beteiligung kann er Einfluss auf betriebliche Entscheidungen nehmen.

Das Betriebsverfassungsgesetz

Das Betriebsverfassungsgesetz, welches die Grundlage für die Tätigkeit des Betriebsrates bildet, wurde 1972 ratifiziert und seit dem mehrmals geändert.

Inhaltsübersicht:

Erster Teil.	Allgemeine Vorschriften
Zweiter Teil.	Betriebsrat, Betriebsversammlung, Gesamt- und Konzernbetriebsrat
Dritter Teil.	Jugend- und Auszubildendenvertretung
Vierter Teil.	Mitwirkung und Mitbestimmung der Arbeitnehmer
Fünfter Teil.	Besondere Vorschriften für einzelne Betriebsarten
Sechster Teil.	Straf- und Bußgeldvorschriften
Siebenter Teil.	Änderung von Gesetzen
Achter Teil.	Übergangs- und Schlussvorschriften

Zielsetzung:

Sinn und Zweck dieses Lernauftrags Der Betriebsrat ist, dieses wichtige Organ besser kennen zu lernen und mit deren Aufgaben vertraut zu werden.

Gleichzeitig werden durch diesen LA, die in der Ausbildungsordnung für Fachinformatiker geforderten Ausbildungsinhalte

1.1 Stellung, Rechtsform und Struktur
1.2 Berufsbildung, Arbeits- und Tarifrecht
2.2 Betriebliche Organisation

zum Teil abgedeckt.

Quelle: Deutsche Telekom AG

Zur Rolle des Ausbilders:
Der Ausbilder sorgt für den Leittext. Er kann Leittexte selbst, mit Kollegen, oder mit Auszubildenden erstellen oder bei Fachverlagen erwerben.

Der Leittext hat die Aufgabe, den Lern-Prozess zu steuern. Während der Auseinandersetzung
der Auszubildenden mit der Aufgabe bzw. dem Leittext tritt der Ausbilder nur beratend in Erschei-
nung. Im Mittelpunkt stehen die Auszubildenden und der Leittext.

Der Ausbilder gibt zwar durch den Leittext die Lernziele vor, die Lernzielbereiche allerdings nicht.
Über diese entscheiden die Auszubildenden selber, denn bestimmte Aufgaben können sowohl
kognitiv, affektiv oder psychomotorisch gelöst werden.

Idealtypischer Ablauf und Rollen des Ausbilders und der Auszubildenden:
Die Grafiken zeigen die sechs Stufen der Methode.

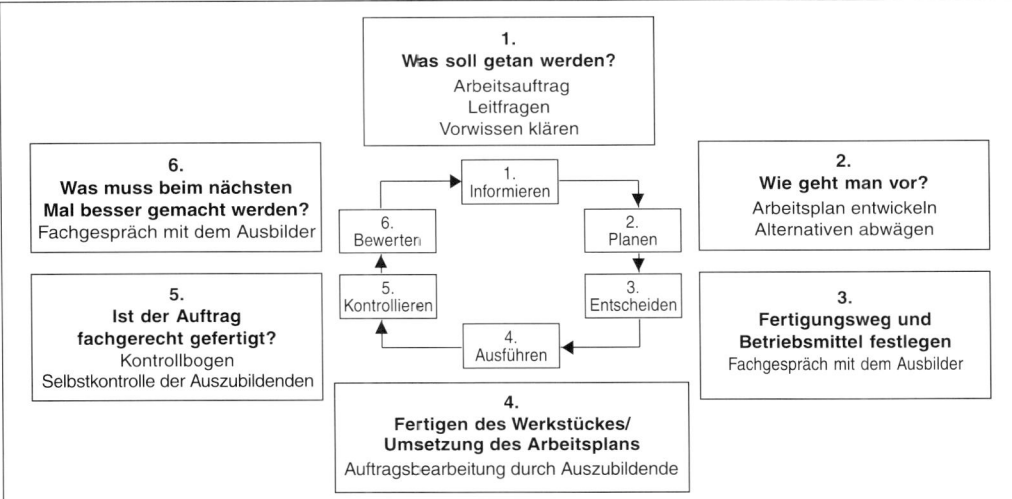

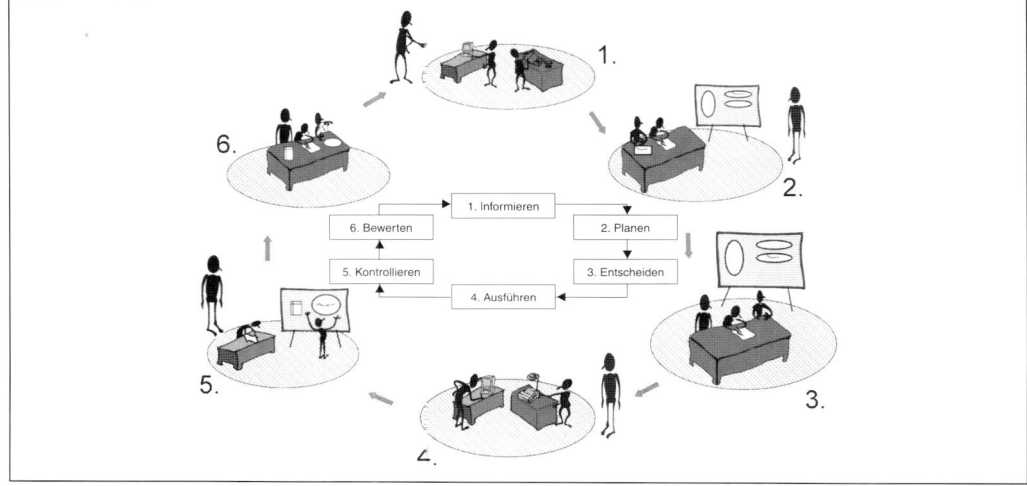

Zu den einzelnen Stufen:

1. Informieren (Leitfragen)

Leitfrage ist: Was soll getan werden?
- Der Ausbilder stellt den Arbeitsauftrag vor.
- Der Ausbilder gibt Lernziele vor. Lernzielbereiche kann er nicht vorgeben.
- Die Auszubildenden müssen sich selbstständig die notwendigen Informationen besorgen, um die gestellten Leitfragen bearbeiten bzw. beantworten zu können.

2. Planen (Arbeitsplanung)

Leitfrage ist: Wie soll vorgegangen werden?
- Die Auszubildenden sollen sich Gedanken machen, wie der Arbeitsplan aussehen soll (u. a. Auswahl des Materials, Arbeitsteilung, Abfolge der Arbeitsschritte und Kontrolle des Ergebnisses).
- Es wird selbstständig ein »Schlachtplan« entwickelt, der anschließend dem Ausbilder vorgestellt wird.
- Die Auszubildenden besprechen sich ggf. mit dem Ausbilder, um sich der Zweckmäßigkeit ihres weiteren Vorgehens zu vergewissern.
- Es gilt, die in der Phase des Informierens gesammelten Informationen zu prüfen und die weitere Vorgehensweise festzulegen.
- Der Ausbilder beobachtet das Vorgehen und gibt – wenn nötig – Hilfestellung.
- Der Ausbilder berät die Auszubildenden auf Anfrage und bietet ggf. Lösungsvorschläge an.
- Der Ausbilder hält sich zurück.

3. Entscheiden (Festlegung des Vorgehens)

Leitfrage ist: Wie wird vorgegangen?
- Hier werden die Vorgehensweise, Fertigungswege, Arbeitsmittel und die späteren Auswertungskriterien festgelegt.
- Die Auszubildenden stellen ihre Vorstellungen vor und besprechen sich mit dem Ausbilder, ob der von ihnen angestrebte Lösungsweg und die geplanten Materialien geeignet sind.
- Abschließend wird das weitere Vorgehen gemeinsam festgelegt. Die Zustimmung des Ausbilders für das weitere Vorgehen ist notwendig.

4. Ausführen (Auftragsbearbeitung)

- Die Auszubildenden führen den Arbeitsauftrag selbstständig aus.
- Der Ausbilder beobachtet den Vorgang und greift nur ein, wenn der oder die Auszubildenden Hilfe benötigen oder Verletzungsgefahr droht.

5. Kontrollieren (Kontrollbogen)

- Die Auszubildenden kontrollieren ihre Tätigkeit (Selbstkontrolle) und machen sich Aufzeichnungen für das abschließende Auswertungsgespräch mit dem Ausbilder.
- Der Ausbilder beobachtet die Auszubildenden und greift, falls es notwendig ist, ein.

6. Bewerten/Auswertung

Leitfrage ist: War das Vorgehen erfolgreich?
- Auszubildende und Ausbilder bewerten das Ergebnis der Tätigkeit in einem abschließenden Lehr-Lern-Gespräch.
- Die Auszubildenden erklären zunächst ihr Vorgehen und nehmen eine Selbsteinschätzung vor.
- Der Ausbilder wird diese bestätigen oder ggf. korrigieren. Evtl. erkennen die Auszubildenden Fehler erst im gemeinsamen Auswertungsgespräch.

- Einzelleistungen von Auszubildenden werden nicht gelobt, im Mittelpunkt steht das Gemeinschaftsergebnis.
- Der Kreis schließt sich. Neue Feinlernziele können angestrebt werden.

Leitfragen im Auswertungsgespräch sind:

- Wie sieht das Ergebnis aus?
- Was war gut?
- Was sollte beim nächsten Mal anders gemacht werden?
- Wie ist die Selbsteinschätzung der Auszubildenden?
- Wie ist die Einschätzung des Ausbilders?

1.3.4.1.2.5 Fallmethode

Grundgedanken:
Fallstudien stellen Ausschnitte beruflicher Praxis dar. Bei der Anwendung der Fallmethode erhalten die Auszubildenden Gelegenheit, bereits erworbene Kenntnisse, Fähigkeiten und Verhaltensweisen selbstständig oder im Team anhand eines Praxisfalles oder konstruierter Praxisfälle zu erproben. Vereinfacht kann man sagen, dass es sich bei der Fallmethode um kleine Projektarbeiten handelt. Anhand ausgewählter Fälle haben die Auszubildenden hier die Möglichkeit der Festigung des Erlernten mit meist offenen Entscheidungsalternativen. Bei der Vier-Stufen-Methode (vgl. Kap. 1.3.4.1.3.8) ist bspw. die 4. Stufe (Übungsphase) Ausdruck der Fallmethode.

Beispiele für die Anwendung der Fallmethode sind:
- Ausbilder übergibt dem Auszubildenden einen Beschwerdebrief von einem Kunden und bittet den Auszubildenden um ein angemessenes Antwortschreiben.
- Auszubildende erstellen im Restaurant einen Menüplan für eine Hochzeitsgesellschaft.
- Bearbeitung alter Prüfungsaufgaben.

Anwendungsmöglichkeiten/Rahmenbedingungen/Sinnvolle Einsatzgebiete:

- Zur Übung zielorientierten Arbeitens
- Konfliktlösungsmöglichkeiten werden trainiert
- Problembewusstsein wird erhöht
- Entscheidungsfähigkeit wird trainiert
- Handlungssicherheit wird trainiert
- Gesamtzusammenhänge werden betrachtet und bearbeitet
- Kreativität und Flexibilität bekommen Raum
- Zur Prüfungsvorbereitung

Problembereiche/Nachteile:
- Passende und gute Fälle sind manchmal schwer zu finden
- Methode erfordert viel Vor- und Nachbereitung
- Gefahr der Über- und Unterforderung der Auszubildenden

Rolle des Ausbilders: Er muss
- passende Fälle auswählen,
- die Fallmaterialien didaktisch reduziert zur Verfügung stellen und den Lehr-Lern-Prozess strukturieren,
- die Einführung in die Fallstudie vornehmen und bei der Beschaffung von Hintergrundinformationen behilflich sein,
- bei Problemen oder Unsicherheiten ansprechbar sein.

1.3.4.1.2.6 Rollenspiel

Grundgedanken:
Mit dieser aktiven Lernmethode wird ein situationsgerechtes Verhalten aus Alltagssituationen der Ausbildung spielerisch erprobt und gesichert. Ausgangspunkt ist eine konkrete Situation, die der Ausbilder vorgibt (z. B. Kundenberatungsgespräch oder Telefonhotline). Im anschließenden Spiel geht es vornehmlich um das Einüben von Einstellungen (affektiver Lernbereich). Weil die Auszubildenden nicht nur über die Situationen sprechen, sondern diese auch durchspielen und erproben, ist diese Methode eine gute Vorbereitung auf die Praxis.

Beim Rollenspiel gibt es unterschiedliche Rollen: Spieler und Beobachter.
Die Spieler übernehmen eine konkrete Rolle und versuchen diese im Spiel umzusetzen. Dadurch wächst das Verständnis für die Rolle und man gewinnt an Sicherheit.

Den Beobachtern kommt eine andere Rolle zu. Sie sind eher passiv und stellen den »Spiegel« des Spiels dar. Sie sollen sich bestimmte Beobachtungsaufgaben überlegen, das Spiel daraufhin genau beobachten und anschließend beschreiben.

Während die Spieler oftmals in ihrer Rolle »gefangen« sind, haben die Beobachter den Vorteil, die gespielten Rollen aus einer anderen Perspektive heraus zu betrachten. Nach Spielende werden sie mit den Spielern ihre Beobachtungen und deren Handeln diskutieren und auswerten sowie gemeinsam Transfers aus dem Erlernten herstellen.

Anwendungsmöglichkeiten/Rahmenbedingungen/Sinnvolle Einsatzgebiete:
- Auszubildende lernen, sich in andere Personen (z. B. Kunden) hineinzuversetzen (Empathie)
- Auszubildende gewinnen an Handlungssicherheit
- Methode bietet sich insbesondere in Berufen mit viel Kundenkontakt an (z. B. Gastronomie oder Einzelhandelskaufleute)
- Zum Training von Körpersprache (Mimik und Gestik)
- Zur Verbesserung der Beratungsqualität
- Zur Prüfungsvorbereitung
- Spielen macht Spaß
- Verschiedene Verhaltensweisen werden eingeübt
- Problemsituationen können aufgegriffen und veranschaulicht werden
- Verhaltensweisen können überprüft werden
- Hat keine Folgen bei fehlerhaftem Verhalten

Wichtig ist die Beachtung des Spielcharakters der Methode, damit keine Konfliktsituationen unter den Teilnehmern entstehen.

Problembereiche/Nachteile:
- Schlechte Vorbereitung
- Ungenaue Rollendefinition
- Unpassende Rollenbesetzung
- Überwindungsängste im Spiel
- Unpassende Rahmenbedingungen
- Rollenspiel wird u. U. nicht ernst genug genommen
- Es wird zu wenig Zeit für Spiel und Auswertung eingeplant

Idealtypischer Ablauf (vier Phasen)/Rolle des Ausbilders und der Auszubildenden:
1. Information zum Spiel:
   Die Rollenspieler erhalten Spiel-, Problem- und Rolleninfos.

2. Vorbereitung und Rollenverteilung:
   Die Rollenspieler bereiten sich auf das Rollenspiel vor. Die Beobachter legen Beobachtungsgesichtspunkte fest und erstellen ggf. ein Beobachtungs- bzw. Auswertungsformular.

3. Spielphase:

Die Rollenspieler spielen das Spiel durch, identifizieren sich mit ihrer Rolle und erproben mögliche Handlungsweisen. Die Beobachter machen sich Notizen zu Verlauf und Ergebnis. Der Ausbilder sorgt für einen reibungslosen Spielverlauf.

4. Auswertungsphase, Generalisierungs- und Transferphase:

Die Rollenspieler teilen ihre Einschätzung zum Rollenspiel und Ablauf mit. Die Beobachter und die Ausbilder geben anschließend ein Feedback dazu ab. Um ein Rechtfertigungsritual zu vermeiden, dürfen die Rollenspieler zunächst nur zuhören. Alle Gruppenmitglieder artikulieren abschließend, was sie gelernt haben. Der Ausbilder wertet das Spiel mit aus und fasst die Ergebnisse zusammen.

Hilfreich sind hierbei strukturierte Beobachtungs- bzw. Auswertungsbögen.

Tipps und Tricks:

Von besonderer Bedeutung ist es, einen Rollentausch vorzunehmen. Hierdurch gewinnen die Spieler auch ein Gespür für die andere Seite (Empathie). So macht es bspw. Sinn, bei einem Rollenspiel zum Thema »Verhalten bei Banküberfall« nicht nur den Bankangestellten, sondern auch den Bankräuber zu spielen oder bei einer Kundenberatung sowohl in die Rolle des Beraters als auch in die des Kunden zu »schlüpfen«. Ggf. ist es sinnvoll, Videoaufzeichnungen zur Auswertung einzusetzen.

Darüber hinaus eignet sich das Rollenspiel hervorragend zur Vorbereitung auf den praktischen Teil der Abschlussprüfung. Bei den Bankkaufleuten findet dieser Prüfungsteil bspw. in Form eines Beratungsgespräches statt. Ein solches kann durch ein Rollenspiel zielorientiert trainiert werden.

Beispiel für einen Beobachtungsbogen zum Rollenspiel »Kundengespräche üben« (Bedarfsorientierter Verkauf von Versicherungen für Auszubildende):

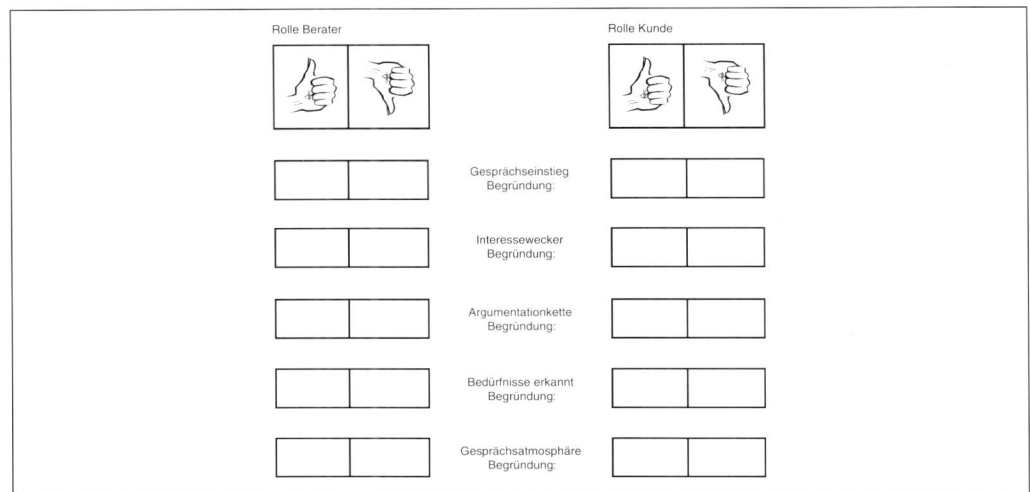

1.3.4.1.2.7 Planspiel

Grundgedanken:

Im Planspiel werden Entscheidungsprozesse mit unterschiedlicher Dauer als Echtsituation simuliert. Die Methode vereinigt verschiedene Einzeltätigkeiten, die auf ein Gesamtziel ausgerichtet sind. Festgelegt sind der Spielrahmen und der Hintergrund. Das Planspiel nimmt oftmals eine Mittelstellung zwischen dem Rollenspiel und einer Übungsfirma ein.

Kennzeichnend ist, dass die Auszubildenden Rollen übernehmen, dass das Planspiel in Zeiteinheiten gegliedert ist und die Handlungsalternativen und Entscheidungen der einen Gruppe Auswirkungen auf die Entscheidungen der anderen Gruppe(n) haben. Man zielt auf die Simulation von Entscheidungen.

Ein bekanntes Planspiel zur Erstellung von Infrastruktur ist »Sim City«. Verbreitet sind auch Börsenplanspiele. Auch die Übungsfirma ist – im Gegensatz z. B. zur Juniorfirma, die ja im operativen Geschäft tätig ist – letztlich ein Planspiel.

Anwendungsmöglichkeiten/Rahmenbedingungen/Sinnvolle Einsatzgebiete:
- Entscheidungsprozesse werden simuliert
- Förderung der Entscheidungsfähigkeit und des strategischen Denkens
- Planspiele bündeln verschiedene Einzeltätigkeiten, die auf ein Gesamtziel ausgerichtet sind
- Zeitrahmen und Rahmenbedingungen sind anzugeben

Problembereiche/Nachteile:
- Gefahr der Über- oder Unterforderung der Auszubildenden
- Planspiele erfordern eine umfangreiche Vor- und Nachbereitung
- Es ist manchmal schwer, angemessene Fälle/Spiele zu finden

Idealtypischer Ablauf:
Der Ausbilder beschreibt den Auszubildenden eine Ausgangssituation (z. B. ein Börsengeschäft). Nach dem Einarbeiten in die typischen Geschäftsabläufe werden Ereignisse vorgegeben, bei denen sich die Auszubildenden unterschiedlich entscheiden können. Die Entscheidung hat mehr oder weniger große Auswirkung auf die anderen Gruppen und deren Entscheidungen. Jede Aktion bzw. Strategie löst eine Gegenreaktion aus. Am Ende des Spiels wird in einem moderierten Gruppengespräch gemeinsam Bilanz gezogen, es werden die Handlungsweisen der unterschiedlichen Gruppen und deren Konsequenzen analysiert und Zusammenhänge erkannt.

Insbesondere bei Groß-Planspielen wird den Auszubildenden bewusst, welche komplexen Folgen sich aus bestimmten Handlungen ergeben können.

Rolle des Ausbilders: Er
- entscheidet über den Typ des einzusetzenden Planspiels,
- wählt und überwacht das Planspiel,
- beschafft die nötigen Informationen,
- ist erreichbar,
- schlichtet Streitfälle,
- überwacht den zeitlichen Ablauf,
- wirkt bei der Auswertung mit.

Rolle der Auszubildenden: Sie
- erkennen die Regeln des Spiels als Regeln für die Realität an,
- müssen ständig Entscheidungen treffen,
- suchen geeignete Handlungsalternativen und setzen diese um.

1.3.4.1.2.8 Juniorfirma, Übungsfirma, Lernbüro, Übungswerkstatt

Grundgedanken:
Junicrfirma, Übungsfirma und Lernbüro sind Lernorte bzw. Methoden, an denen Berufspraxis mehr oder weniger simuliert wird. Die Auszubildenden übernehmen selbstständig ausgewählte Handlungs- oder Geschäftsvorfälle. Bei einer Juniorfirma stellen die Auszubildenden – im Gegensatz zur Übungsfirma – teilweise Produkte selber her, vermarkten und verkaufen diese an reale Kunden.

Rollenspiel, Fallmethode und Planspiel sind im weiteren Sinne ebenfalls Simulationsmethoden.

Anwendungsmöglichkeiten/Rahmenbedingungen/Sinnvolle Einsatzgebiete:
- Auszubildende sind aktiv (Learning by doing)
- Auszubildende erhalten Handlungssicherheit
- Auszubildende erkennen Zusammenhänge
- Der Lehr-Lern-Prozess ist produktiv
- Experimentieren ist möglich
- Überbetriebliche Ausbildungsstätten (oftmals Berufsbildungszentren) orientieren sich an Simulationsmethoden

Problembereiche/Nachteile:
- Erfordert viel organisatorischen und zeitlichen Aufwand bei Vorbereitung und Nachbereitung
- Erfordert viel Abstimmung
- Rahmenbedingungen müssen stimmen
- Gefahr der Überforderung des/der Auszubildenden

Tipps und Tricks:
Am wirksamsten ist die Zusammenarbeit mit anderen Juniorfirmen, Übungsfirmen (Übungsfirmenring) oder Lernbüros.

1.3.4.1.3 Kooperative/moderierende Methoden

Als moderierend bezeichnet man Methoden, bei denen Ausbilder und Auszubildende gemeinsam, aber mit unterschiedlichen Rollen auf das Lernziel hinarbeiten. Dem Ausbilder kommt je nach angewandter Methode die Rolle des Moderators, Lernbegleiters, Beraters oder Organisators zu. Vor diesem Hintergrund ist zunächst die Rolle des Moderators zu klären.

1.3.4.1.3.1 Moderationsmethode

Grundgedanken:
Der Ausbilder ist bei dieser Methode Moderator des Lehr-Lern-Prozesses. Er stellt Methoden zur Erwartungsabfrage, Problemsammlung und -strukturierung zur Verfügung und ist Experte und Lotse für Wege, auf denen der Auszubildende oder die Gruppe ihre Lern- und Arbeitsziele verfolgen. Trotzdem bzw. gerade deswegen muss der Ausbilder die Inhalte beherrschen. Neben der Fragetechnik ist die Visualisierung das Herzstück der Methode. Grundvoraussetzung bzw. Handgepäck einer professionellen Moderation ist in der Regel ein gut gefüllter Moderationskoffer mit Moderationsmedien.

Anwendungsmöglichkeiten/Rahmenbedingungen/Sinnvolle Einsatzgebiete:
- Förderung der Selbstständigkeit und der Problemlösungsfähigkeit
- Kreativität der Auszubildenden wird gefördert

Rolle des Ausbilders als Moderator:

Er sollte sein:

- Motivator
- Zeitmanager
- Lotse
- Schlichter
- Lernbegleiter
- Organisator
- Katalysator
- Inhaltlicher Fachmann
- Methodenexperte
- »Geburtshelfer«

Er sollte nicht sein:

- Problemlöser
- Selbstdarsteller
- Einmischer
- Dominator

Problembereiche und Nachteile:
- Ungenügende Vorbereitung des Moderators
- Mangelnde Moderationserfahrung des Moderators
- Überforderung des Moderators
- Mangelnde Fachkompetenz des Moderators
- Unzureichende Zielformulierung
- Mangelnde Visualisierung
- Schlechtes Zeitmanagement
- Mangelnde Zielorientierung
- Fehlende Ergebnissicherung

Idealtypischer Ablauf und Rolle des Ausbilders und der Auszubildenden:

1. Einstieg
Der Ausbilder
- stellt ein positives und motivierendes Lernklima her,
- erläutert seine Rolle,
- nennt das Thema oder die Problemstellung und gibt den Auszubildenden Zielorientierung,
- erklärt die Erwartungen an die Auszubildenden,
- erläutert den Ablauf und Zeitrahmen der Moderation,
- ermöglicht ggf. das gegenseitige Kennenlernen der Auszubildenden und seiner Person.

2. Themen/Aufgaben sammeln
- Der Ausbilder setzt gezielt Kreativitäts- und Problemlösungstechniken ein.

3. Themen auswählen
Der Ausbilder
- definiert Teilprobleme oder -aufgaben,
- führt ein moderiertes Gruppengespräch mit den Auszubildenden,
- bewertet Themen und legt Prioritäten fest,
- erstellt einen Themenspeicher.

4. Maßnahmen planen
Der Ausbilder
- legt Verantwortlichkeiten fest,
- legt Termine fest.

5. Themen bearbeiten
Die Auszubildenden
- lösen die Probleme,
- bearbeiten die Aufgabe.

6. Abschluss
Der Ausbilder
- leitet die Besprechung der Ergebnisse,
- fasst die Ergebnisse zusammen,
- holt Feedback ein,
- verabschiedet die Auszubildenden, dankt für die Mitarbeit und gibt einen Ausblick.

Immer beachten: Der Ablauf der Moderation ist vom Thema abhängig. Der Ausbilder hält sich bei dieser Methode so weit wie möglich im Hintergrund und greift nur moderierend ein.

Eng mit der Moderationsmethode verbunden sind Kreativitäts- und Problemlösungstechniken sowie die Kartenabfrage.

1.3.4.1.3.2 Lehrgespräche/Lehr-Lern-Gespräche

Grundgedanken:
Die Wissensvermittlung in Form von Gesprächen durchzuführen, ist Ausdruck einer kooperativen/interaktiven Methode. Zwar bestimmt auch hier eher der Ausbilder die Ziele und Inhalte des Gesprächs, er bindet aber die Auszubildenden durch zielgerichtete Fragen und Fragetechniken in das Gespräch aktiv mit ein. Bei Lehrgesprächen und Lehr-Lern-Gesprächen gilt es aus pädagogischer Sicht zu beachten, dass das Gespräch sich für den Inhalt der Unterweisung eignet, vom Ausbilder gelenkt und das Lernziel nicht aus den Augen verloren wird. Durch eine strukturierte Gesprächsführung wird die Lebendigkeit des Gesprächs durch den Ausbilder kanalisiert. Ein gut geführtes Lehr-Lern-Gespräch (Fälschlicherweise ist in den Prüfungsfragen meist von Lehr-Gesprächen, statt von Lehr-Lern-Gesprächen die Rede) soll bei den Auszubildenden Denk- und Erkenntnisprozesse auslösen.

Das Lehr-Lern-Gespräch bezieht sich primär auf kognitive Ausbildungsinhalte. Es ist am ergiebigsten, wenn es in Form der fragend-entwickelnden Methode durchgeführt wird. Hierbei führt eine Frage zielgerichtet nach ihrer Beantwortung zur nächsten Frage auf einer höheren Ebene, der Auszubildende ist aktiv eingebunden.

Anwendungsmöglichkeiten/Rahmenbedingungen/Sinnvolle Einsatzgebiete:
- Zum Einstieg einer Unterweisung oder eines Seminars
- Zur Feststellung des Vorwissens/Kenntnisstandes (»Die Auszubildenden dort abholen, wo sie sind«)
- Zur Reflexion von Erfahrungen
- Zur Steuerung des Problemlösungsverhaltens des Auszubildenden
- Zur Vertiefung des Lernstoffes
- Zur Entwicklung vom Kommunikationsfähigkeit
- Zur Aktivierung von Gruppen
- Zur Zielvereinbarung
- Zum Erfahrungsaustausch
- Zur Erkennung von Zusammenhängen
- Zur Lernerfolgskontrolle
- Behaltensquote ist in der Regel höher als beim Kurzvortrag

Problembereiche/Nachteile:
- Unprofessionelle Fragetechnik des Ausbilders
- Zu wenig Zeit
- Mangelnde Aktivierung der Auszubildenden
- Mangelnde Fachkenntnis des Ausbilders
- Mangelnde Zielorientierung
- Ausbilder reagiert unangemessen auf falsche Antworten der Auszubildenden
- Ausbilder redet über die Köpfe der Auszubildenden hinweg
- Ausbilder orientiert sich nicht ausreichend am Wissensstand der Auszubildenden

1. Phase: Einstieg und Einleitung in das Thema
2. Phase: Gesprächsführung/Erarbeitung
3. Phase: Erfolgssicherung/Zusammenfassung/Abschluss

1. Phase: Begrüßung, Small Talk, Thema und Lernziel benennen, Vermittlung von Zielen und Inhalten durch den Ausbilder.

2. Phase: Vorwissen klären, gemeinsame Erarbeitung durch fragend-entwickelndes Vorgehen unter starker Einbeziehung des Auszubildenden

3. Phase: Zusammenfassung, Klärung offener Fragen, Sicherung des Gesprächsergebnisses bei allen beteiligten Auszubildenden, Bewertung des erreichten Ergebnisses mit den Auszubildenden, Feedback, Ausblick auf die Praxis und das nächste Lernziel geben.

Tipps und Tricks:
Für den Erfolg des Lehr-Lern-Prozesses ist die Fragetechnik des Ausbilders von großer Bedeutung. Durch geschickte Fragestellungen kann er den Auszubildenden zur Entwicklung eigener Ideen und Lösungsvorschläge anregen, das Gespräch zielgerichtet steuern sowie eine Lernerfolgskontrolle in Gesprächsform durchführen. Sinnvoll ist es, sich bestimmte Leitfragen im Vorfeld des Gespräches zu überlegen.

Beim Fragen beachten (Mehr zu den Fragetechniken im Kapitel 1.2.4.5.3):
- »W-Fragen« (offene Fragen) stellen
- Konkrete Fragen stellen
- Gespräch nicht als Verhör oder Prüfung missbrauchen, sondern zur Feststellung von Kenntnissen
- Keine Kommunikationssperren aufbauen (hierzu zählen: Drohung, Verhöhnung, Angst, Druck, Ironie, Befehlston oder Verunsicherung)
- Keine Über- und Unterforderung
- Genug Zeit zum Nachdenken lassen (»Gut Ding braucht Weile!«)
- An Bekanntes anknüpfen
- Immer daran denken: Wer fragt, der führt!

Neben dem Lehr-Lern-Gespräch können weitere Gesprächsformen unterschieden werden: das Lehrgespräch, das moderierte Gruppengespräch, die Diskussion und die Expertenbefragung.

Die Gesprächstypen unterscheiden sich im Grad ihrer Zentriertheit (Wer steht im Mittelpunkt?) und in ihrer Zielorientierung (Was soll mit den Auszubildenden erreicht werden?). Das Lehr-Lern-Gespräch ist die bedeutendste Gesprächsform in der Ausbildung und vielseitig anwendbar.

Beim **Lehrgespräch** steht mehr der Ausbilder im Mittelpunkt, die Kommunikation ist weitgehend einseitig. Im Vorfeld hat sich der Ausbilder zumeist Leitfragen überlegt und das Gespräch vorbereitet. Die Methode ist dem Kurzvortrag ähnlich.

Beim **moderierten Gruppengespräch** stehen mehr die Auszubildenden im Mittelpunkt. Der Ausbilder nimmt sich bewusst zurück, um die Aktivität der Auszubildenden zu fordern und zu fördern. Die Kommunikation findet hauptsächlich zwischen den Auszubildenden statt. Der Ausbilder übernimmt als Moderator die Rolle des Helfers oder Beraters und ist verantwortlich für die Rahmenbedingungen, die Methode und den Ablauf, nicht aber für das Ergebnis.

Das moderierte Gruppengespräch bietet sich an, wenn
- Probleme und Aufgaben ohne strikt vorgegebene Ergebnisse gelöst oder erarbeitet werden sollen,
- Inhalte und Ergebnisse strukturiert werden sollen,
- Gruppenarbeiten zu besprechen sind und
- Auszubildende aktiv in den Lehr-Lern-Prozess eingebunden werden sollen.

Bei der **Diskussion** muss sich der Ausbilder mit seinen Beiträgen zurückhalten. Hier übernimmt er die Rolle des Diskussionsleiters und sorgt vor allem für förderliche Rahmenbedingungen. Diskutieren sollen hauptsächlich die Auszubildenden untereinander.
Die **Expertenbefragung** dient zur Informationsbeschaffung in einem bestimmten Fachgebiet (z. B. beim Börsenbesuch oder einer Werksbesichtigung). Hierzu wird ein Experte besucht oder eingeladen, der in der Regel zunächst einen Kurzvortrag hält. Anschließend antwortet er auf die Fragen der Auszubildenden. Große Bedeutung kommt bei dieser Methode der Vor- und Nachbereitung der Fragerunde durch den Ausbilder zu.

1.3.4.1.3.3 Brainstorming

Grundgedanken:
Beim Brainstorming (Ideensturm, Gedankenwirbel, Denkrunde) handelt sich um eine lernaktive Methode zur Gewinnung von Ideen und Lösungsvorschlägen in Form eines gemeinsamen »lauten Denkens«. Bei dieser Methode sollen die Auszubildenden motiviert werden, frei, ungehemmt und assoziativ eine möglichst große Anzahl von Ideen und Lösungsvorschlägen zu produzieren. Der Ausbilder notiert und strukturiert diese als Moderator. In einem nächsten Schritt werden gemeinsam Ordnungsstrukturen erarbeitet und diskutiert. Der Einsatz erfolgt hauptsächlich in der zweiten Phase der Moderationsmethode.

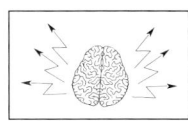

Im Privatleben wenden wir das Brainstorming oftmals bewusst oder unbewusst an, wenn es bspw. um Weihnachtsgeschenke oder den Namen für ein Kind oder Tier geht.

Anwendungsmöglichkeiten/Rahmenbedingungen/Sinnvolle Einsatzgebiete:

- Methode lässt sich leicht erklären
- Aktivierung der Auszubildenden
- Übung von Problemlösungen
- Konzentration bündelt sich auf ein Thema oder Problem
- Ideen und Gedanken anderer Teilnehmer können aufgegriffen und weiterentwickelt werden
- Förderung von Kreativität
- Erzielung einer großen Ausbeute an Ideen in kurzer Zeit
- Es werden keine Materialien benötigt
- Ergebnisse können als Gruppenleistung erlebt werden
- Methode kann helfen, unbewusstes Wssen »hervorzulocken«

Problembereiche/Nachteile:
- Auswertung, Ordnung und Strukturierung sind nicht immer einfach
- Unpassende Beiträge können vom eigentlichen Problem ablenken
- Nicht wortgewandte und schüchterne Teilnehmer werden nicht aktiviert
- Dominanz einzelner Auszubildender
- Passivität einzelner Auszubildender

Spielregeln/Idealtypischer Ablauf:
- In der Regel nimmt der Ausbilder bei dieser Methode die Rolle des Moderators ein
- Ausbilder fordert die Beiträge der Auszubildenden ein
- Es wird keine Kritik geübt
- Ideen und Gedanken werden nicht durch die Auszubildenden und den Ausbilder kommentiert und bewertet
- »Kreatives Spinnen« ist erwünscht
- Quantität geht vor Qualität
- Phantasie und Originalität gehen vor Vernunft und Logik
- Alle Ideen und Gedanken werden visualisiert
- Es sind auch Ideen erlaubt, die unter den gegebenen betrieblichen Möglichkeiten nicht realisierbar sind

Rolle des Ausbilders: Er
- stellt das Problem oder die Aufgabe vor,
- erläutert den Ablauf und die Spielregeln,
- legt einen Zeitrahmen fest und überwacht diesen,
- fordert die Auszubildenden auf, spontan Ideen zur Lösung der Aufgabe oder des Problems zu äußern,
- hilft beim Dokumentieren, Ordnen, Gliedern und Bewerten der Gedanken und Ideen,
- stellt Fragen und stellt Verbindungen her,

- überwacht die Regeleinhaltung,
- schützt Teilnehmer mit weniger überzeugenden Ideen vor den Kommentaren der anderen Teilnehmer.

Aufgabe der Auszubildenden:
- Sie äußern ihre Gedanken und Ideen umgehend und kreativ.

1.3.4.1.3.4 Kartenabfrage

Grundgedanken:
Die Kartenabfrage ist eine Erweiterung des Brainstormings. Der Grundgedanke ist der Gleiche. Die Methode ermöglicht den Teilnehmern einer Moderation, Themen, Fragen, Ideen, Lösungsansätze und Gedanken (auch anonym) auf Karten zu sammeln. Anschließend werden diese zumeist an der Pinnwand (Meta-Plan) strukturiert und gemeinsam ausgewertet (Meta-Plan-Technik). So handelt es sich bei der Kartenabfrage um eine strukturierte Stoffsammlung mit anschließender Besprechung bei der Auswertung.

Der Einsatz der Kartenabfrage erfolgt hauptsächlich in der zweiten Phase einer Moderation, kann aber auch in anderen Zusammenhängen (Erwartungsabfrage oder Feedback) erfolgen.

Es werden vier Formen des Strukturierens unterschieden:

- Offen: Jeder pinnt seine Moderationskarten selber an.
- Anonym: Der Moderator sammelt verdeckt ein und pinnt an.
- Vorstrukturiert: Der Moderator gibt Ordnungskriterien vor, die Karten werden entsprechend zugeordnet.
- Assoziativ: Erst werden die Karten unstrukturiert gesammelt, dann ordnet die Gruppe oder der Ausbilder als Moderator diese nach selbst gewählten Kriterien.

Anwendungsmöglichkeiten/Rahmenbedingungen/Sinnvolle Einsatzgebiete:
- Die Methode ist einfach zu erklären.
- Mit dieser Methode lassen sich aufgrund der damit verbundenen Anonymität heikle Themen besser als beim Brainstorming abhandeln.
- Alle Beteiligten werden gleich behandelt.
- Redeschwachen und schüchternen Teilnehmern wird eine Chance zur aktiven Mitarbeit gegeben.
- Es findet ein sanfter »Zwang« zur Teilnahme über die ausgeteilten Karten statt.
- Die Konzentration bündelt sich auf ein Thema oder Problem.
- Die Gedanken und Ideen können jederzeit neu geordnet werden.
- Das Ergebnis kann als Gruppenleistung erlebt werden.

Problembereiche/Nachteile:
- Unprofessionelle Moderation
- Fehlende Materialien

Spielregeln/Idealtypischer Ablauf:
- Alle Ideen und Gedanken werden visualisiert.
- Hilfsmittel sind in der Regel Moderationskoffer, Pinnwand (Meta-Plan), Moderationskarten (Meta-Plan-Karten).
- Alle Karten haben die gleiche Form und Farbe.
- Alle Stifte sind gleich, möglichst halb dicke Filzstifte benutzen.
- Maximal ein Gedanke/Schlüsselwort pro Karte, keinesfalls mehr als zwei Zeilen pro Karte.
- Entweder werden Oberbegriffe zuvor festgelegt und den Karten zugeordnet oder Oberbegriffe werden beim Anpinnen festgelegt.

Rolle des Ausbilders: Er
- stellt das Problem oder die Aufgabe vor,
- erläutert den Ablauf und die Spielregeln,
- legt den Zeitrahmen fest und überwacht diesen,
- reicht den Auszubildenden Karten und Stifte,
- sammelt die Karten ein und verdeckt sie,
- liest die Karten vor und stellt Verständnisfragen,
- heftet die Karten an die Pinnwand.

Rolle der Auszubildenden: Sie
- machen sich Gedanken, sind kreativ,
- schreiben ihre Gedanken (anonym) auf die Moderationskarten (in Druckschrift).

Tipps und Tricks:

Eine erfolgreiche Variante des Brainstormings ist die **Umkehrmethode**. Hierbei werden die Sachverhalte auf den Kopf gestellt, um zu einer besseren Lösung zu gelangen.
Man macht sich hierbei die Tatsache zu Nutze, dass das Gehirn, wenn es negativ denkt, sehr produktive Ergebnisse liefern kann. In einem Umkehrschritt muss man die negativen Ergebnisse in positive Ideen umwandeln. Kombiniert man beide Varianten, erhält man in der Regel die besten Ergebnisse.

Führt man das Brainstorming oder die Kartenabfrage als Umkehrmethode in zwei Gruppen durch, kann zudem ein produktiver Wettbewerb entstehen.

1.3.4.1.3.5 Blitzlicht

Grundgedanken:
Auch das Blitzlicht ist eng mit dem Brainstorming verbunden. Hierbei geht es allerdings weniger um das Abrufen oder Vermitteln von Wissen, sondern primär um den affektiven Lernbereich. Die Auszubildenden nehmen nach Aufforderung offen, knapp und direkt Stellung zu einer vorgegebenen Situation (oftmals die Stimmung in der Gruppe oder das eigene Befinden).

Anwendungsmöglichkeiten/Rahmenbedingungen/Sinnvolle Einsatzgebiete:

Einsetzbar ist das Blitzlicht u. a. als:
- Anfangsblitzlicht zu Beginn eines Seminars oder einer Unterweisung. Es betrifft u. a. Erwartungen, Befürchtungen oder Interessen der Auszubildenden.
- Zwischenblitzlicht. Es betrifft offene Fragen, Störungen, Stimmungen, die zwischenzeitlich aufgetreten sind.
- Abschlussblitzlicht. Es betrifft das Feedback, Störungen, Stimmungen, die abschließend reflektiert werden.

Rolle des Ausbilders:
Nach dem Blitzlicht muss der Ausbilder die Stellungnahmen analysieren und ggf. darauf reagieren.

Tipps und Tricks:

Ein sinnvolles Hilfsmittel ist der »Sprechstein« oder der Gummiball. Dieser wird herumgereicht und derjenige, der ihn in der Hand hält, muss ein Statement abgeben.

1.3.4.1.3.6 Mind-Mapping

Grundgedanken:
Die Idee des Mind-Maps geht auf den Engländer Tony Buzan zurück, der die Methode in den 1970er Jahren entwickelte. Mind-Mapping ist eine Technik mit nahezu unbegrenzten Möglichkeiten. Diese reichen von der Problemlösung, der Denkorganisation, dem Lernen, dem Speichern,

dem Präsentieren, der Strukturierung, der kreativen Ideenfindung, der Projektplanung, der Gliederung von schriftlichen Arbeiten, den Zusammenfassungen von Texten bis zur Planung von Reden und Vorträgen. Damit verbunden ist die Möglichkeit, einen Sachverhalt zu entwickeln und sichtbar zu machen. Man kann dann von einem strukturierten Brainstorming sprechen.

Die Vorläufer des Mind-Maps sind Stammbäume. Ebenso wie Mind-Maps können sie komplexe Zusammenhänge überschaubar verdeutlichen. Das Resultat des Mind-Mappings ist eine bildhafte Darstellung der Gedanken; eine Gedankenlandkarte in Form von Schlüsselwörtern. Ausgehend von einem Thema, einem Problem oder einer Fragestellung werden die damit verbundenen Aspekte und Assoziationen logisch geordnet und auf Haupt- und Nebenästen visualisiert. Jedes Mind-Map ist einzigartig.

Das Gliederungsprinzip besteht darin, das Mind-Map vom Allgemeinen (innen) zum Speziellen (außen), von Oberbegriffen zu Unterbegriffen zu entwickeln. Aus einem kreativen Chaos der Gedanken entsteht eine sinnvolle Verknüpfung.

Die Methode Mind-Mapping kann sowohl von den Auszubildenden selbst angewandt werden (Einzel-Mind-Map) oder der Ausbilder tritt als Moderator auf (moderiertes Mind-Map). Bei einem moderierten Mind-Map übernimmt der Ausbilder die Aufgabe des Zeichnens und Strukturierens.

Mind-Map über ein Mind-Map

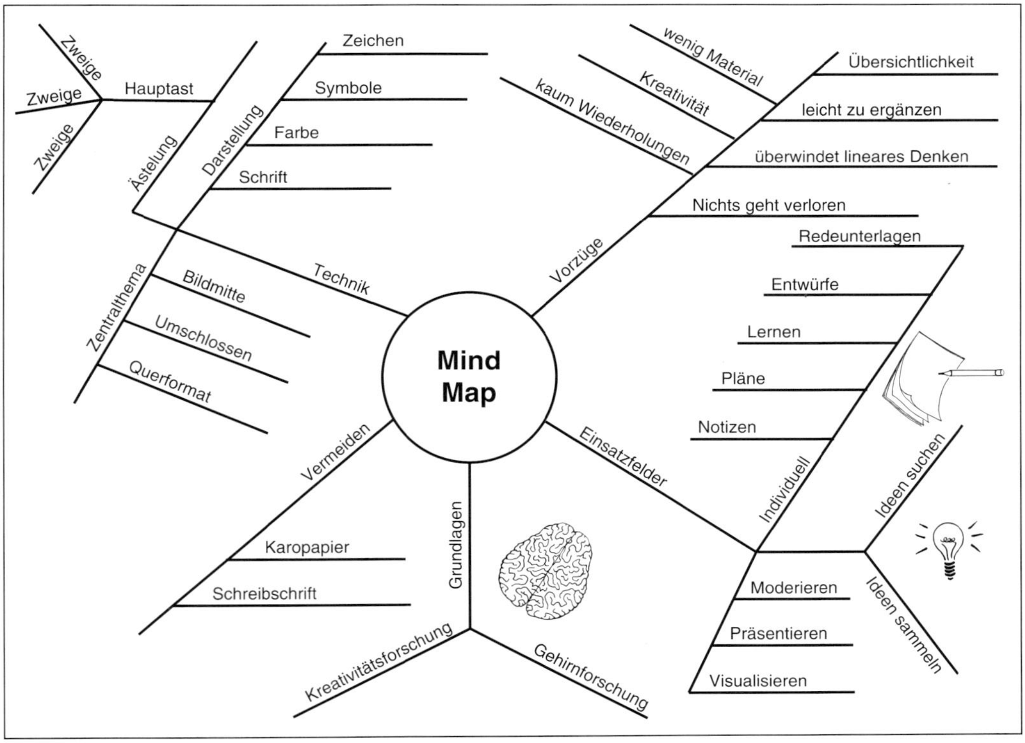

Anwendungsmöglichkeiten:
- Die Methode ist einfach erlernbar und fast überall anwendbar.
- Die Strukturierung der Gedanken erfolgt während der Ideenfindung.

- Kreatives Chaos im Kopf wird strukturiert und visualisiert.
- Gedanken werden nicht eingeengt.
- Beide Gehirnhälften werden angesprochen (gehirngerechte Methode).
- Komplexität wird verständlicher/eingängiger gemacht.
- Ergänzungen sind möglich.
- Zentrales Thema steht im Mittelpunkt.
- Der »rote Faden« bleibt in der Grundstruktur des Mind-Maps erhalten. Wichtige Ideen finden sich in der Nähe der Bildmitte, weniger wichtige eher am Rande.
- Durch den Einsatz von Schlüsselwörtern können viele Gedanken in kurzer Zeit auf engem Raum dargestellt werden.
- Mit dem Mind-Map entsteht nicht nur eine verdichtete Sammlung von Informationen, sondern auch eine sinnvolle Verknüpfung derselben.

Sinnvolle Einsatzgebiete sind u. a.:
- »Abklopfen« von Vorwissen
- Ergebnispräsentationen
- Strukturierung von Zusammenhängen

Unabhängig davon lässt sich die Mind-Map-Technik auch im Privatleben bspw. zur Urlaubsplanung, für den Großeinkauf oder für jede Art von Vorbereitung einer Feierlichkeit einsetzen.

Idealtypischer Ablauf/Spielregeln:
- Möglichst große Papierfläche (evtl. Flip-Chart oder Pinnwand)
- Querformat des Blattes
- Man beginnt mit einer kreativen Phase, der sich eine analytische Phase anschließt.
- Das Thema kommt in die Mitte des Blattes. Hiervon gehen große Äste, die für wichtige Unterthemen stehen, ab. Von diesen gehen wieder kleinere Äste mit Gedanken zu Unterthemen ab. Das Gliederungsprinzip besteht darin, das Mind-Map vom Allgemeinen (innen) zum Speziellen (außen), von abstrakten Oberbegriffen zu den konkreten Unterbegriffen zu konkretisieren.
- Das entstehende Gebilde ähnelt aus der Vogelperspektive betrachtet einem Baum ohne Blätter. In der Mitte befindet sich ein kräftiger Stamm, von dem große tragende Äste ausgehen. Diese unterteilen sich in Zweige und kleine Nebenzweige, die immer weiter nach außen wachsen
- Gute, leserliche Schrift (Druckschrift) verwenden
- Grafiken und Symbole nutzen
- Farben verwenden
- Wenn das Mind-Map zu unübersichtlich wird, das Ergebnis noch einmal sauber nachzeichnen.

Rolle des Ausbilders (beim moderierten Mind-Map): Er
- stellt Problem oder Aufgabe dar,
- erläutert den Ablauf und die Spielregeln und
- legt den Zeitrahmen fest und überwacht diesen,
- übernimmt die Visualisierung.

Rolle der Auszubildenden: Sie
- äußern ihre Gedanken zu dem Thema oder Problem,
- schreiben entweder die Gedanken selber auf die Haupt- und Nebenäste oder der Ausbilder als Moderator übernimmt diese Rolle.

Vermeiden:
- Schreibschrift
- Aus Wörtern Zweige herauszeichnen
- Wörter unter die Linie schreiben
- Zu großes Chaos

1.3.4.1.3.7 Nachbereitung von Moderationen

Ausbilder und Auszubildende sollen abschließend den Verlauf der Moderation reflektieren und daraus Konsequenzen für das weitere Vorgehen ziehen. Dabei sollen vorgegebene Fragestellungen erörtert und die Regeln des Feedbacks (vgl. Kap. 1.3.1.4) eingehalten werden.

1.3.4.1.3.8 (Vier)-Stufen-Methode

Grundgedanken:
Der wesentliche Teil der Ausbildung vollzieht sich zumeist am Arbeitsplatz. In der beruflichen Wirklichkeit muss sich der Auszubildende dort mit (neuen) Problemen/Situationen auseinandersetzen. Die Anwendung der Vier-Stufen-Methode bezieht sich in den meisten Fällen auf einen überschaubaren angeleiteten Arbeitsvorgang (meist am Arbeitsplatz), der anschließend selbstständig ausgeführt werden soll.

Mit der (Vier)-Stufen-Methode lernt der Auszubildende in aufeinander abgestimmten Schritten (Stufen) strukturiert interaktiv die jeweils angestrebte Fertigkeit (insbesondere im psychomotorischen und kognitiven Lernbereich). Bevor der Auszubildende selbstständig arbeiten kann, wird der Lehr-Lern-Prozess mit dieser Methode angeleitet, begleitet und überprüft.

Die Methode besteht aus folgenden Stufen, in denen der Auszubildende und Ausbilder unterschiedliche Rollen haben:

1. Stufe: Vorbereitungs- und Einstiegsphase
2. Stufe: Erklärungs- und Erarbeitungsphase
3. Stufe: Kontrollphase
4. Stufe: Übungsphase

Zu beachten ist dabei, dass je nach Thematik und Vorwissensstand die Stufen 2 und 3 zusammengefasst werden können, damit der Auszubildende aktiver eingebunden wird. Die anschließende Praxisphase kann man auch als fünfte Stufe zählen (siehe Grafik nächste Seite).

Anwendungsmöglichkeiten/Rahmenbedingungen/Sinnvolle Einsatzgebiete:
- Große Effektivität durch die Verbindung von Theorie, Praxis und eigenem Tun und Kontrolle
- Kleine dosierte und strukturierte Lernschritte (»In vier Stufen zum Lernerfolg«)
- Anschaulichkeit durch Vormachen
- Nähe zum Arbeitsplatz
- Interaktive Methode
- Auszubildender ist weitgehend aktiv
- Sofortige unmittelbare Erfolgskontrolle
- Folgt dem Prinzip »Vom Einfachen zum Schweren«
- Es sind Variationen zwischen den Stufen möglich (Flexibilität)
- Ausbilder ist jederzeit ansprechbar/erreichbar
- Wenn noch manuelle Grundfähigkeiten zum Lösen der Aufgabe fehlen
- Wenn das selbstständige Erwerben der Qualifikationen nicht möglich ist
- Wenn das Einüben manueller Arbeitstätigkeiten erst trainiert werden muss
- Wenn Sicherheitsaspekte eine besondere Rolle spielen
- Über- und Unterforderung können vermieden werden

Problembereiche/Nachteile:
- Der Auszubildende arbeitet (zu) wenig selbstständig. In Stufe 2 ist er passiv
- Nur für kleine Gruppen geeignet
- Die Kreativität des Auszubildenden wird nicht gefördert

Idealtypischer Ablauf und Rolle des Ausbilders und der Auszubildenden:

4. STUFE

Daran anschließend kommt es zur **NACHBEREITUNGSPHASE** oder **PRAXISPHASE**, in der die Auszubildenden selbständige Praxisarbeit erledigen. In dieser tauchen ggf. noch Fragen auf, die es zu klären gilt. Ferner hat der Ausbilder in der Praxisphase den Lernerfolg weiterhin zu beobachten. Es handelt sich hierbei sozusagen um die 5. Stufe.

In der abschließenden Stufe soll der Auszubildende seine Leistungsfähigkeit an dem neu Erlernten erproben und einschätzen. Er soll den Arbeitsgang selbständig (ohne Anwesenheit des Ausbilders) ausführen können und Handlungssicherheit gewinnen. Vor der Endkontrolle des Ausbilders (Lehr-Lern-Gespräch) soll eine Selbstkontrolle des Auszubildenden stattfinden.

Die Unterweisung schließt mit der Beurteilung des Arbeitsergebnisses und einem Ausblick ab. Je nach Zielvorgabe kann der Auszubildende selbst sein Ergebnis bewerten. Bis zur Festigung des neuen Arbeitsverhaltens muss das Ergebnis der Tätigkeit durch den Ausbilder regelmäßig kontrolliert werden.

Hinweis: Die 2. und 3. Stufe werden im kaufmännischen Bereich sinnvoller weise oft zusammengefasst.

Rolle des Ausbilders:
- Er überlegt sich, wie umfangreich die Übungsphase sein soll und wie viel Zeit der Auszubildende zum Üben bekommt
- Übungsmaterial bereitstellen
- Schwierigkeiten und Fehlerquellen gemeinsam beheben helfen
- Hinweis geben, dass das Erlernte in den Ausbildungsnachweis einzutragen ist

- Auszubildenden selbstständig arbeiten lassen

Hinweis: Diese Stufe sollte dann beginnen, wenn der Auszubildende in Stufe 3 erfolgreich gewesen ist.
- Wenn nötig in die Stufe 3 zurückführen

ÜBUNGSPHASE UND LERNERFOLGSSICHERUNG (Selbständiges arbeiten lassen/üben)

3. STUFE

Rolle des Ausbilders:
- Auf mögliche Fehler oder Gefahren hinweisen
- Kontrollfragen stellen
- Beobachtung der Tätigkeit des Auszubildenden
- Den Auszubildenden die einzelnen Schritte erklären lassen
- Möglichst nicht eingreifen, aber evtl. Hinweise oder Hilfestellung geben
- Den Auszubildenden zur Selbstkontrolle anleiten
- Feedback geben (Lob oder konstruktive Kritik)

- Bei Fragen und Unsicherheiten ist er für den Auszubildenden erreichbar
- Leistung anerkennen / Lob oder konstruktive Kritik äußern, Sicherheit geben
- Ausblick auf die nächste Unterweisung geben

Rolle des Auszubildenden: Er erhält jetzt die Gelegenheit, den vorher gezeigten Arbeitsvorgang unter Aufsicht des Ausbilders zu wiederholen und sein Vorgehen zu beschreiben.

KONTROLLPHASE (Nachmachen und erklären lassen)

2. STUFE

Rolle des Ausbilders:
- Vormachen und dies mit präziser, für den Auszubildenden verständlichen Erklärungen begleiten (Was?, Wie?, Warum?)
- Für Kontinuität im Ablauf der Arbeitshandlung sorgen
- Überschaubare Lernschritte einplanen
- Wesentliche Punkte verdeutlichen (lassen)
- Durch Medienvielfalt mehrere Sinne ansprechen
- Den Auszubildenden nicht über- und unterfordern
- Kontroll- und Verständnisfragen stellen
- Motivieren, den Vorgang anschließend nachzumachen
- Evtl. Teilvorgänge noch einmal wiederholen oder erläutern lassen

Rolle des Auszubildenden: Er soll in dieser Stufe begreifen, was, wie und warum so getan werden muss. Er soll dem vormachenden Ausbilder zuschauen und den ganzen Vorgang zunächst im Zusammenhang überblicken und Orientierung gewinnen.

ERKLÄRUNGS- UND ERARBEITUNGSPHASE (Vormachen und erklären lassen)

1. STUFE

Im einleitenden Lehr-Lern-Gespräch oder durch Brainstorming wird festgestellt, welche Vorkenntnisse der Auszubildende vor der Unterweisung schon besitzt (Vorwissen abklopfen), worauf aufgebaut werden kann, um eine Über- oder Unterforderung zu vermeiden.

Es geht darum, den Arbeitsvorgang mit den Augen des Auszubildenden zu sehen und für optimale Rahmenbedingungen zu sorgen.

Auszubildenden vorbereiten:
- Zu Beginn der Unterweisung Kontakt zum Auszubildenden herstellen (Auszubildenden auflockern, Small Talk halten)
- Versuchen, beim Auszubildenden Interesse zu wecken (Motivation)
- Zum Fragen und zur Mitarbeit ermuntern/auffordern (Aktivität fordern)
- Für ungestörte Lernatmosphäre sorgen (Telefon umleiten, Kollegen informieren)
- Fehlerziel nennen und auf die Bedeutung der Unterweisung eingehen (Orientierung geben)
- Selbstvertrauen stärken/Hemmungen nehmen

Rolle des Ausbilders:
- Sich selbst vorbereiten
- Lernziele und Lernzielkontrollen festlegen
- Arbeitsplatz vorbereiten, Medien und Hilfsmittel bereitstellen
- Darauf achten, dass der Auszubildende „gut positioniert ist"
- Arbeitsgang gliedern

VORBEREITUNGSPHASE / EINSTIEGSPHASE

Tipps und Tricks:

Die Stufen-Methode niemals isoliert anwenden. Am wirkungsvollsten ist sie, wenn sie mit einem Lehr-Lern-Gespräch (Stufe 1, 2 und 4), Rollenspiel (Stufe 3), Fallmethode (Stufe 4) oder der fragend-entwickelnden Methode (Stufe 1, 2 und 4) kombiniert wird.

Bei manchen Lernzielen (insbesondere im kaufmännischen Bereich) macht es Sinn, die Stufen 2 und 3 zusammenzufassen. Somit kann der Auszubildende aktiver eingebunden werden. Man spricht dann von der modifizierten Vier-Stufen-Methode.

**Gegenüberstellung Stufenmethode und Leittextmethode/
Modell der vollständigen Handlung:**

GEGENÜBERSTELLUNG STUFENMETHODE UND LEITTEXTMETHODE / MODELL DER VOLLSTÄNDIGEN HANDLUNG

Stufenmethode	Lehr-Methode Aktivitäten des AUSBILDERS	Lern-Methode Aktivitäten des AUSZUBILDENDEN	Leittextmethode	Lehr-Methode Aktivitäten des AUSBILDERS	Lern-Methode Aktivitäten des AUSZUBILDENDEN
1. Stufe VORBEREITUNGSPHASE / EINSTIEGSPHASE	erklären, Vorwissen abfragen, Lernzielorientierung geben	zuhören, Vorwissen darstellen	**1. Stufe** INFORMATIONSPHASE	Lernzielbereiche vorgeben, Vorgehen der Auszubildenden beobachten, Zugang zu Informationsquellen ermöglichen	Lern- und Arbeitsauftrag analysieren, Informationsquelle erkennen
2. Stufe ERKLÄRUNGS- UND ERARBEITUNGSPHASE	vormachen, ausführlich erklären und verdeutlichen	zuschauen, aktiv zuhören	**2. Stufe** PLANUNGSPHASE	Vorgehen der Auszubildenden beobachten, ggf. Denkanstöße geben	Möglichkeiten der Arbeitsteilung prüfen, Lösungsvarianten erarbeiten
3. Stufe KONTROLLPHASE	korrigieren, beobachten	nachmachen und ausführlich erklären, verdeutlichen	**3. Stufe** ENTSCHEIDUNGSPHASE	Lehr-Lern-Gespräch führen, Entscheidung begründen lassen, Auszubildende bei Bedarf beraten	Vor- und Nachteile der Lösungen erkennen und begründen, Entscheidung für eine Lösung treffen, Lösungsweg als Arbeitsplan mit dem Ausbilder festlegen, Schritte zur Kontrolle/Bewertung mit dem Ausbilder festlegen
4. Stufe ÜBUNGSPHASE	bewerten, konstruktive Kritik bzw. Lob	selbstständiges Üben, Selbstkontrolle	**4. Stufe** AUSFÜHRUNGSPHASE	Vorgehen der Auszubildenden beobachten, Auszubildende bei Bedarf beraten	Vorschriften zum Arbeits- und Datenschutz einhalten, Handlungen nach Arbeitsplan ausführen, Arbeitshandlungen selbstständig durchführen
5. Stufe PRAXISPHASE	begleitende Beobachtung	Vertiefung durch selbstständiges Arbeiten	**5. Stufe** KONTROLLPHASE	Vorgehen der Auszubildenden beobachten, Auszubildende bei Bedarf beraten	Kontrollschritte einhalten, Ergebnisse nach Kriterien kontrollieren, Ergebnisse der Selbstkontrolle für das anschließende Lehr-Lern-Gespräch festhalten
			6. Stufe AUSWERTUNGSPHASE	Lehr-Lern-Gespräch mit dem Auszubildenden führen, Denkanstöße geben, Bewertung bestätigen oder korrigieren, Transferhilfen geben, neue Lerninhalte ableiten	Lehr-Lern-Gespräch mit dem Ausbilder führen, Ursachen für aufgetretene Fehler erkennen, Selbstbewertung dem Ausbilder gegenüber nach Kriterien durchführen, Handlungsablauf und Ergebnis bewerten, Schlussfolgerungen für Künftiges ziehen

1.3.4.1.4 Gegenüberstellung der Methoden

Gegenüberstellung Methoden – Lernbereiche				
Methode	**Kognitiv**	**Psycho-motorisch**	**Affektiv**	**Selbstständig-keitsförderung**
Vortrag/Präsentation	+	–	–	–
Diskussion/Lehr-Lern-Gespräch	+	+	+	+
Stufen-Methode				
Projektmethode/ Leittextmethode/ Modell der voll-ständigen Handlung				
Rollenspiel				
Mind-Mapping	+	+	o	+
Brainstorming				
Kartenabfrage				
+ = geeignet – = weniger geeignet o = keine verallgemeinerbare Aussage möglich				

Pädagogischer Grundsatz							
Lehr-Lern-Methode	**Motivation**	**Aktive Teilnahme**	**Kreativität**	**Individuelle Lernvoraus-setzungen**	**Strukturierung**	**Rückmeldung**	**Theorie-Praxis-Bezug**
Vortrag	–	–	–	–	+	–	–
Lehr-Lern-Gespräch	+	+	+	+	o	+	o
Rollenspiel, Projekt-methode, Leittext-methode, Modell der vollständigen Handlung	+	+	+	+	+	+	+
Stufen-Methode	+	+	o	+	+	+	+
Mind-Mapping Brainstorming	+	+	+	+	o	+	+
+ = geeignet – = weniger geeignet o = keine verallgemeinerbare Aussage möglich							

1.3.4.2   Aktives Lernen in Gruppen fördern

1.3.4.2.1 Grundlagen der Gruppenarbeit

Mitentscheidend für den Erfolg des Lehr-Lern-Prozesses ist, wer daran beteiligt und wie dieser organisiert ist. Da man es als Ausbilder meist mit Ausbildungsgruppen zu tun hat, gilt es, sich mit den Sozialformen und den Besonderheiten rund um die Gruppenarbeit auseinanderzusetzen. In diesem Zusammenhang spricht man von der Sozialform. Bei der Sozialform geht es um den Kontakt und die Zusammenarbeit einerseits zwischen Ausbilder und Auszubildenden und andererseits zwischen den Auszubildenden untereinander.

Sozialformen sind: Einzel-, Partner- und Gruppenarbeit sowie Teamteaching. Sie sind die äußere soziale Organisation des Lehr-Lern-Prozesses. Damit verbunden sind Interaktionsmöglichkeiten (z. B. Sitzordnung: Blockform, Kreisform) sowie die Rolle und die Aktivitäten des Ausbilders und der Auszubildenden (z. B. Frontalunterricht, Lehr-Lern-Gespräch, Alleinarbeit).

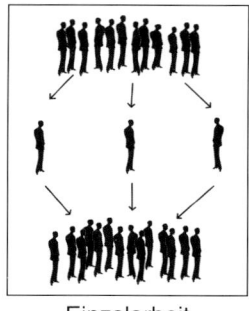

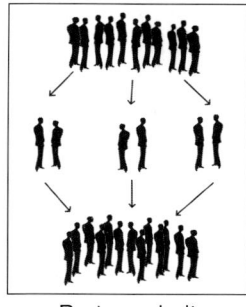

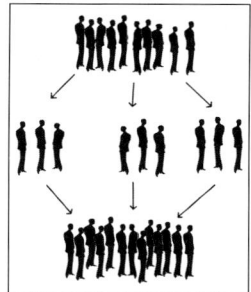

| Einzelarbeit | Partnerarbeit | Gruppenarbeit |

Zu unterscheiden sind die Sozialformen von den Methoden. Die Methoden können in verschiedenen Sozialformen angewandt werden. So sind die Projekt- oder Leittextmethode je nach Anzahl der Beteiligten sowohl in Einzel-, Partner- oder Gruppenarbeit möglich.

Einzelarbeit ist die Sozialform, die das höchste Maß an Individualisierung bietet. Sie ist weder Selbstunterweisung noch Selbstunterricht, sondern unterliegt in der Regel der umfassenden Planung, Leitung und Kontrolle des Ausbilders.

Partner- oder Gruppenarbeit

»Der Irrsinn ist bei Einzelnen etwas Seltenes, aber bei Gruppen die Regel.«
Friedrich Wilhelm Nietzsche

Eine Gruppe ist ein mehr oder minder fester Zusammenschluss einer überschaubaren Anzahl von Personen, die
- miteinander in sozialer Beziehung stehen,
- in der Regel ein gemeinsames Ziel verfolgen,
- Mittel einsetzen, die der Erreichung des Gruppenziels dienlich sein sollen,
- ein Organisationsschema haben (Rollen einnehmen, Aufgaben verteilen, gemeinsame Terminologien entwickeln),
- sich ggf. nach außen abkapseln und
- ein »Wir-Gefühl« besitzen oder entwickeln.

Bei der Gruppenarbeit bearbeiten mindestens drei Auszubildende (zwei Auszubildende = Partnerarbeit!) ohne unmittelbare Hilfe des Ausbilders die durch das Lernziel formulierten Inhalte. Das für die Gruppe vorgegebene Ziel bestimmt weitgehend das Vorgehen bei der Gruppenarbeit. Wie bei allen Tätigkeiten in einer Gruppe sind der Vielfalt der Aufgaben keine Grenzen gesetzt.

Teamteaching: Bei dieser Sonderform des Gruppenunterrichts wird eine Gruppe Auszubildender von einer Gruppe Ausbilder (oder Ausbilder und Experten aus verschiedenen Fachbereichen) unterrichtet. Diese Form eignet sich besonders für fachübergreifende Themen (Arbeitssicherheit kann von Spezialisten – Sicherheitsingenieur, Betriebsarzt, Leiter der Werksfeuerwehr – und Ausbilder gemeinsam vermittelt werden). Unterrichtet wird – im Gegensatz zum konventionellen Unterricht – nicht nacheinander, sondern miteinander zur gleichen Zeit.

Für den Erfolg der Gruppenarbeit ist mitentscheidend, ob die Zielsetzung von »oben« erfolgt, ob die Gruppenmitglieder an der Zielsetzung beteiligt waren oder ob sie die Zielsetzung selbst erarbeitet haben. Die Art der Zielfindung lässt meist auch auf den Führungsstil in der Gruppe schließen. Wichtig ist, dass den Gruppenmitgliedern der Zusammenhang von Gruppenziel und übergeordneter Zielsetzung klar ist und diese Ziele auch akzeptiert werden (Orientierung/Motivation).

Eine große Bedeutung kommt der Gruppenzugehörigkeit zu:

- Die Gruppe gibt dem Auszubildenden die Möglichkeit, den Status zu erwerben, den die Erwachsenen- oder Arbeitswelt ihm (noch) vorenthält.
- Die Gruppe vermittelt dem Auszubildenden ein Gefühl von Geborgenheit und Zugehörigkeit (Peer-Group).
- Die Gruppe liefert den Auszubildenden ein neues Bezugssystem und vermindert ihre Desorientierung.
- Durch die Zugehörigkeit zu einer Gruppe wird den Auszubildenden die Emanzipation vom Elternhaus erleichtert.
- Die Gruppe dient als Bollwerk gegen Autorität. Gemeinsam fühlt man sich stark, setzt Interessen durch und wehrt sich gegen Einmischung von außen.

Gruppenmitglieder sind im Rahmen der Gruppenarbeit verschiedenen dialektischen (in Gegensätzen stehenden) Verhältnissen ausgesetzt. Hierzu zählen:

Ich ⟷	Du
Individuum ⟷	Gruppe
Alleinsein ⟷	Gemeinsamkeit
Einzelarbeit ⟷	Gruppenarbeit
Selbstverantwortung ⟷	Verantwortung der Gemeinschaft gegenüber
Freier Wettbewerb ⟷	Soziale Gebundenheit und Verpflichtung
Selbstführung ⟷	Fremdführung

Um sich für Einzel-, Partner- oder Gruppenarbeit entscheiden zu können gilt es, zwischen den Vorteilen (pro) und Nachteilen bzw. Problembereichen (kontra) dieser Formen abzuwägen.

Vorteile der Partner- und Gruppenarbeit:
- Die Auszubildenden sind aktiv
- Fördert Kooperationsfähigkeit und Schlüsselqualifikationen
- Affektives Lernen ist insbesondere in Gruppenarbeit möglich
- Nutzen der gemeinsamen Arbeit (»Geteiltes Leid ist halbes Leid, geteilte Freude ist doppelte Freude.«)
- Es gibt mehr Lösungsvorschläge bei Problemen sowie ein höheres Kreativitätspotenzial (»Vier Augen sehen mehr als zwei.«)
- Beteiligung an Gruppenproblemlösungen erhöht deren Akzeptanz
- Es kommt zur Erkennung des eigenen Leistungsstandes und zur größeren Aktivität durch den Ansporn der Gruppe. Der Gruppenkontakt wirkt Isolierung entgegen
- Arbeitsteilung und Spezialisierung sind möglich
- Ermöglicht eine kritische Auseinandersetzung mit dem Inhalt, fördert die Kooperationsfähigkeit und soziale Verhaltensweisen und trägt zur Meinungsbildung des Einzelnen bei

Problembereiche/Nachteile der Gruppenarbeit:
- Gefahr des Konformitätsdrucks (Gruppen tendieren zu einmütigen Entscheidungen)
- Extreme Entscheidungen (Gruppen neigen zu größerer oder geringerer Risikobereitschaft als Individuen)
- Veränderte Verantwortungsbereitschaft (persönliche Verantwortungsbereitschaft wird durch einstimmige Gruppenentscheidung auf die Gruppenmitglieder verteilt)
- Hoher Kosten- und Zeitaufwand (infolge größeren Austauschs)
- Dominierung des Gruppengeschehens (je größer die Gruppe, umso mehr nehmen selbstbewusste Mitglieder Einfluss auf das Gruppengeschehen)

- Nicht alle Auszubildenden können ihr eigenes Lerntempo und ihren Lernweg gehen. Sie müssen sich oftmals der Gruppe und deren Vorgehensweise unterordnen
- Auch Auszubildende fürchten oftmals eine zu starke Vereinnahmung durch das Kollektiv und haben Angst vor dem Verlust ihrer Individualität

Hinweis: Die Vorteile der Gruppenarbeit sind die Nachteile der Einzelarbeit und umgekehrt!

Gruppenarbeit ist immer dann einzusetzen, wenn die Gesamtleistung der Gruppe größer als die Einzelleistungen der Auszubildenden ist. Nach allgemeiner Auffassung werden von Gruppen grundsätzlich qualitativ höhere Leistungen erbracht als von einzelnen Individuen. Wichtig ist deshalb, dass die Aufgabenstellung für jede Gruppe eindeutig benannt und eine sorgfältige und großzügig bemessene Zeitplanung und Ressourcenbestimmung vorgenommen werden. Abschließend muss das Gruppenergebnis mit der Zielvorgabe verglichen und präsentiert werden.

Unterschieden werden **informelle und formelle Gruppen**. Die Zusammensetzung formeller Gruppen ist von außen (z. B. durch den Ausbilder) vorgegeben, oder sie haben von außen bestimmte Aufgabenstellungen. Die Ausbildungsgruppe ist eine formelle Gruppe, da sich die Auszubildenden unabhängig voneinander für den Ausbildungsplatz beworben haben und auf die Zusammensetzung der Ausbildungsgruppe bei der Bewerberauswahl selber keinen Einfluss hatten. Es handelt sich dementsprechend um vom Ausbilder gewollte Gruppen zur Erfüllung eines gemeinsamen Zwecks. Wichtig ist, dass der Kommunikationsfluss und die Arbeitszufriedenheit sowie die zwischenmenschlichen Beziehungen in der Gruppe stimmen.

Beispiele für formelle Gruppen sind:
- Auszubildende eines Jahrgangs
- Profi-Fußballmannschaft
- Mitarbeiter einer Abteilung/eines Projektteams

In jeder zielorientierten, formellen Gruppe bilden sich im Zeitablauf informelle Beziehungen. Im Gegensatz zu formellen Gruppen formieren sich informelle Gruppen, die nicht aufgrund definierter Ziele bzw. Zwecke des Betriebes geplant oder organisiert wurden, sondern von den Auszubildenden selber (ggf. spontan). Bilden die Auszubildenden eine Lerngruppe oder eine Fahrgemeinschaft, geht aus der formellen Gruppe eine informelle hervor. Die Organisation und Verteilung der Rollen und Aufgaben werden von der Gruppe selbst vorgenommen. Eine große Rolle spielen dabei Sympathie, Spontanität oder Bedürfnisse der Betroffenen. Informelle Gruppen unterliegen im Gegensatz zu formellen Gruppen oftmals größeren Veränderungen (Gruppendynamik).

Beispiele für informelle Gruppen sind:
- Lerngemeinschaften
- Fahrgemeinschaften
- Arbeitsgruppen
- Freundschaften

Vorteile, Gründe und Aspekte informeller Gruppenbildung sind:
- Bereitschaft zur Kooperation wird gefördert
- Identifikation mit dem Ausbildungsbetrieb wird durch persönliche Beziehungen gefördert und kann zur Senkung der Fluktuationsrate beitragen
- Zusammenarbeit zwischen einzelnen Ausbildungsabteilungen kann erleichtert und beschleunigt werden
- Individuelle Befriedigung sozialer Bedürfnisse der Auszubildenden

Begünstigt wird die informelle Gruppenbildung u. a.
- durch mangelnde Akzeptanz der formellen Organisation der Auszubildenden,

- weil Teile der formellen Organisation nicht (mehr) ihren Aufgaben gerecht werden,
- durch gemeinsame (private) Interessen.

Gruppenzusammensetzung unter dem Aspekt der Leistungsfähigkeit der Mitglieder

Der Gruppenarbeit voran geht die Zusammensetzung der Gruppe. Diese darf nicht dem Zufall überlassen werden. Möglichkeiten der Gruppenzusammensetzung sind bspw. die Vorgabe durch den Ausbilder oder die Selbstfestlegung durch die Auszubildenden. In Abhängigkeit von Ausbildungsziel, Arbeitsaufgabe und den räumlichen Bedingungen hat der Ausbilder unterschiedliche Möglichkeiten der Gruppeneinteilung.

Unterschieden werden homogene und heterogene Gruppen:
Homogene Gruppen sind Gruppen mit ähnlicher Leistungsfähigkeit und Eigenschaften der Mitglieder.
Heterogene Gruppen sind Gruppen mit unterschiedlicher Leistungsfähigkeit und Eigenschaften der Mitglieder.

Damit die Gruppenarbeit erfolgreich ist, gilt es zu beachten, dass
- die Arbeitsziele der Gruppe klar definiert und akzeptiert sind,
- die Arbeitsmittel ausreichend vorhanden sind, um die gesetzten Ziele zu erreichen,
- die Größe der Gruppe der Aufgabe angemessen ist,
- die Zusammensetzungskriterien der Gruppe (Beziehungsebene, Alter, Ausbildung, Einstellung, Fach- und Sozialkompetenz) beachtet werden,
- jedes Gruppenmitglied aktiv an der Zielerreichung mitwirken kann bzw. mitwirkt,
- durch Rückkopplung in der Gruppe das Lernen und das Verständnis der Sache erleichtert wird,
- Lernerfolgskontrollen (Selbst- und Fremdkontrolle) erfolgen,
- Gruppen- und Projektarbeiten das selbstständige Denken, Eigenverantwortung und Handlungsfähigkeit in allen Kompetenzbereichen fördern.

Ein sinnvoller Weg ist, von der Gruppen- über die Partner- zur Einzelarbeit vorzugehen. Damit gewinnen die Auszubildenden zunehmend an Sicherheit und übernehmen Schritt für Schritt mehr Aufgaben in Eigenverantwortung. In der Praxis müssen die Auszubildenden letztlich Probleme und Aufgaben in Einzelarbeit und Eigenverantwortung meistern.

1.3.4.2.2 Rollen der Gruppenmitglieder

Die Gruppenarbeit funktioniert besser, wenn man rollentheoretische Verhalten kennt und berücksichtigt. Wie in allen sozialen Gebilden entstehen bzw. bestehen auch in Gruppen besondere Regeln für das Verhalten der Mitglieder.

Die Rollen der Gruppenmitglieder legen fest:
- Was der Rolleninhaber tun muss/soll/kann
- Was er ausdrücklich nicht tun darf

Darüber hinaus
- bieten sie Schutz und Abwehr,
- geben Orientierung und Sicherheit und
- prägen sie die Hierarchie.

Vor diesem Hintergrund ist die »Rolle« die Summe der Erwartungen, die ihrem Inhaber entgegengebracht werden und damit das Verhaltensmuster, das mit (s)einer Position verbunden ist. Jeder Auszubildende spielt gleichzeitig verschiedene Rollen in seinem Leben, die Berufsrolle ist eine der prägendsten davon. Innerhalb der Ausbildung übernehmen die Auszubildenden freiwillig oder unfreiwillig eine oder mehrere weitere Rollen.

Damit Rollen eingehalten werden und Gruppen funktionieren, gilt es, **Normen** zu beachten. Normen sind inhaltlich festgelegte, relativ konstante und verbindliche Regeln für das Verhalten der Gruppe. Sie bedeuten zum einem Zwang (Rollen- oder Gruppenzwang), zum anderen aber auch Entlastung (bspw. in schwierigen Situationen). Abweichende Ansichten oder Arbeitsweisen werden damit offen oder latent durch den Erwartungsdruck unterdrückt. Wer seine »Rolle nicht spielt«, muss mit negativen Sanktionen rechnen. Welche Rolle ein Gruppenmitglied einnimmt, hängt neben seiner Persönlichkeit davon ab, was es durch seine speziellen Kompetenzen zum Erreichen der Gruppenzielsetzung beiträgt bzw. beitragen kann. Status ist der Platz (die Stellung), den ein Gruppenmitglied in der Gruppe einnimmt und an den bestimmte Rollenerwartungen geknüpft sind.

Eng mit den Rollen und dem Status verbunden sind unterschiedliche **Rollenkonflikte**.

Häufig sind es Rangordnungen, die zur Bestimmung eines **Gruppenführers** beitragen. Der Gruppenführer kann der Beliebteste sein, der Tüchtigste, derjenige mit den meisten Beziehungen oder derjenige mit der größten Erfahrung. Aufgabe des Gruppenführers ist es, die Gruppe zu führen, Ziele zu setzen, Aufgaben und Rollen zu verteilen, die Gruppe zusammenzuhalten und die Gruppe nach außen zu vertreten (z. B. gegenüber der Ausbildungsleitung).

Zu beachten ist, dass auch reife und effektive Lern- oder Arbeitsgruppen selten harmonisch und frei von Spannungen und Konflikten sind. Im fachlichen, sozialen und methodischen Bereich gibt es innerhalb der Gruppe ganz natürliche Konfliktfelder. Auch wenn neue Aufgaben gestellt werden oder andere Auszubildende die Gruppe ergänzen, kann es zu Störungen kommen.

Vor diesem Hintergrund bezeichnet der Begriff **Gruppendynamik** die positiven oder negativen Kräfte, durch die Veränderungen innerhalb einer Gruppe verursacht werden (z. B. Prozesse der Meinungs- und Entscheidungsfreiheit) sowie die Kräfte, die von der Gruppe nach außen hin wirken (z. B. Ausübung von Macht nach außen aufgrund eines starken »Wir-Gefühls«).

Es ist kein Zeichen von Gruppenunreife, wenn Schwierigkeiten auftreten. Eine reife Gruppe kann solche Konflikte allerdings selber lösen (Sozial- bzw. Methodenkompetenz).

Gruppendynamische Prozesse zeigen sich u. a. durch:

- Machtkampf einzelner Gruppenmitglieder um die Führungsrolle
- Synergieleistungen aller Gruppenmitglieder
- Wir-Gefühl der Gruppe
- Entwicklung von Gruppennormen
- Rollenverteilungskonflikte innerhalb der Gruppe
- Kommunikationsprobleme innerhalb der Gruppe
- Ungeklärte Konflikte zwischen den Gruppenmitgliedern
- Hohe Fluktuation
- Hohen Krankheitsstand
- Über oder in der Gruppe kursierende Gerüchte, was besser laufen müsste und könnte
- Spürbare schlechte Stimmung in der Gruppe
- Geringe Innovationsbereitschaft
- In etablierten Gruppen: Neue Mitglieder werden ausgegrenzt oder nur halbherzig integriert (Mobbing).
- In jungen Gruppen: Ältere erfahrene Mitarbeiter bzw. Ausbilder werden ausgegrenzt (Mobbing).

1.3.4.2.3 Entwicklungsphasen einer Gruppe

Auch wenn jede Gruppe in ihrer Entwicklung eine eigene Dynamik besitzt, gelten die folgenden Entwicklungsphasen als typisch:

1. Phase: Formierungsphase (Forming)

Ziel: Aus den einzelnen Personen ein gemeinsames soziales System (Ausbildungsgruppe) bilden. Hierzu zählt: das Kennenlernen der Gruppenmitglieder, höflicher Umgangston, freundliches Miteinander, »Beschnuppern«. Dem ersten Ausbildungstag kommt dabei eine besondere Bedeutung zu.

2. Phase: Konfliktphase (Storming)

Ziel: Klärung der Rollen und Verantwortungsbereiche in der Gruppe.
Beachten: Cliquenbildung, Machtspiele und Konflikte untereinander sind oftmals an der Tagesordnung.

3. Phase: Orientierungs- und Normierungsphase (Norming)

Ziel: Entwicklung von akzeptierten Spielregeln und Methoden für die gemeinsame Arbeit, um aufgabenbezogen und zielorientiert zusammenzuarbeiten.
Jedes Gruppenmitglied hat am Ende dieser Phase seine Rolle(n) gefunden. Es kann losgehen!

4. Phase: Verschmelzungs- und Arbeitsphase (Performing)

Ziel: Ziel- und Ergebnisorientierung für eine erfolgreiche leistungsfähige Zusammenarbeit in der Gruppe erreichen und stabilisieren.

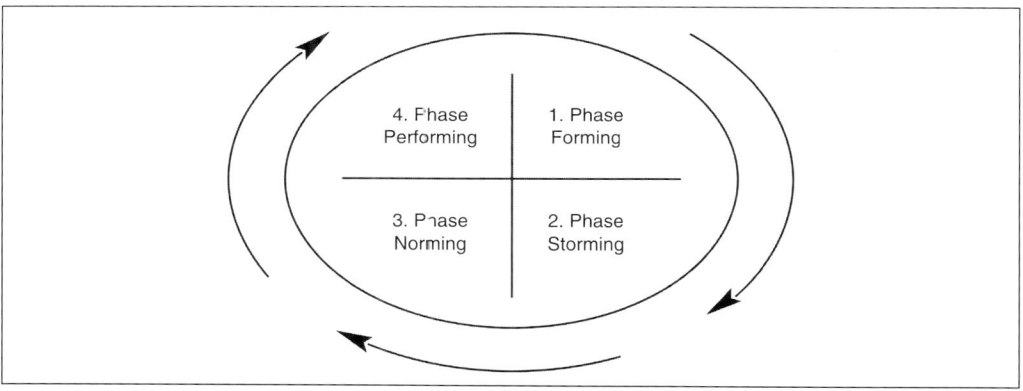

Phase	Gruppenstruktur	Aufgabenverhalten
1. Forming: Testphase oder Formierungsphase	Unsicherheit bis Angst; starke Orientierung am Ausbilder; Ausprobieren, welches Verhalten in der Situation akzeptabel ist.	Gruppenmitglieder definieren Aufgaben, Regeln und geeignete Arbeitsmethoden.
2. Storming: Konfliktphase	Konflikte zwischen den Gruppenmitgliedern durch Polarisierung von Meinungen; Widerstand gegen den Gruppenleiter.	Emotionaler Widerstand gegen die Aufgabenanforderungen, evtl. Positionskämpfe; Ablehnung von Gruppendruck (Kontrolle).
3. Norming: Orientierungsphase und Normierungsphase	Entwicklung von Gruppenkohäsion (Wir-Gefühl), Gruppennormen und Rollendifferenzierung.	Offener Meinungsaustausch; Kooperationen und gegenseitige Unterstützung bahnen sich an.
4. Performing: Verschmelzungsphase und Arbeitsphase	Gruppe ist an der Aufgabenerfüllung orientiert; Rollenverhalten ist flexibel und funktonal.	Problemlösungen tauchen auf und werden konstruktiv bearbeitet; Energie wird auf die Aufgabe konzentriert.

Leitfragen, die Gruppen bzw. Gruppenmitglieder zu Beginn ihrer Arbeit (Formierungsphase) klären und in einzelnen Phasen zu beachten sind:

- Was ist unsere Aufgabe? (Zielfrage)
- Was macht eine gute Gruppe aus? (Anforderungsfrage an die Gruppe)
- Was macht ein »gutes« Gruppenmitglied aus? (Anforderungsfrage an die einzelnen Gruppenmitglieder)
- Wie soll die Kommunikation (optimalerweise) verlaufen? (Kommunikationsfrage)
- Welche Rahmenbedingungen benötigt die Gruppe? (Ressourcenfrage)
- Inwieweit gleicht die Gruppe anderen? (Identitätsfrage an die Gruppe)
- Wer bin ich in der Gruppe? (Identitätsfrage an die Gruppenmitglieder)
- Wer spielt welche Rolle in der Gruppe? (Rollenfrage)
- Auf welchen Vorrat an Wissen und Können kann in der Gruppe zurückgegriffen werden? (Inputfrage)
- Wie organisiert sich die Gruppe? (Organisationsfrage)
- Wie werden Probleme gelöst? (Methodenfrage)
- Wie wirke ich auf die anderen? (Sympathiefrage)
- Wer kann wen beeinflussen? (Machtfrage)
- Wie kann ich mich sowohl unter inhaltlichen als auch menschlichen Gesichtspunkten möglichst vorteilhaft darstellen? (Darstellungsfrage)
- Wie offen kann ich in der Gruppe sein? (Toleranzfrage)
- Was sagen und denken die anderen hinter meinem Rücken? (Vertrauensfrage)
- Welche Erwartungen hat die Gruppe an mich? (Erwartungsfrage)
- Was kann ich mir in der Gruppe leisten und was nicht? (Normenfrage)

Meist sind viele dieser Fragen »tabu«, d. h., man spricht nicht über sie, obwohl man dies sollte. Es hat sich gezeigt, dass die Auseinandersetzung mit diesen vorwiegend persönlichen und sozialen Fragen die Voraussetzung dafür ist, dass in einer Gruppe inhaltlich zielgerichtet und problemfrei gearbeitet werden kann.

1.3.4.3 Medien und Ausbildungsmittel

Wenn die Methodik in der betrieblichen Ausbildung die Suche nach Wegen und Verfahrensweisen zur planvollen Beeinflussung des Lernvorganges ist, so muss sich an die Auswahl der geeigneten Methode die Entscheidung für den zweckmäßigen Einsatz der Ausbildungsmittel (Medien) anschließen. Methoden und Medien sind als didaktische Elemente ergänzend zu sehen.

Medien sind Kommunikationsmittel, die zur Unterstützung und Verbesserung von Lehr-Lern-Prozessen und zur Visualisierung dienen.

Visualisierung heißt: Gedachtes, Gesprochenes, Geschriebenes bildhaft zu erklären, darzustellen, umzusetzen oder zu ersetzen.

1.3.4.3.1 Funktionen von Medien und Formen der Visualisierung

Funktionen von Medien/Vorteile von Visualisierung:

- Sie ist lerneffektiv, weil der Auszubildende in der Regel leichter, besser und nachhaltiger durch das Sehen als durch das Hören oder andere Sinne lernt
- Entspricht der menschlichen Neigung, in Bildern zu denken
- Wer nichts sehen kann, kann auch nichts »einsehen«
- Optische Darstellungen können das Wichtige auf einen Blick hervorheben. Die Informationsaufnahme ist strukturierter
- Schwerlich verständliche Themen lassen sich durch Visualisierung besser zugänglich machen

- Durch Visualisierung werden Informationen verständlicher und einfacher, weil das gesprochene Wort symbolisiert wird (»Ein Bild sagt mehr als tausend Worte!«)
- Bildmitteilungen sind prägnanter und kürzer. Sie konzentrieren sich auf das Wesentliche
- Sie reduziert den Redeaufwand. Die Informationsvermittlung geschieht schneller und zeiteffektiver
- Sie soll nicht das gesprochene Wort ersetzen, sondern ergänzt es als »optische Sprache«
- Unterstützung der Planung, Durchführung und Kontrolle von Lehr-Lern-Prozessen
- Wirkung als Interesse-Wecker
- Führt zur Motivationssteigerung
- Führt zur Entlastung des Ausbilders
- Bietet Abwechslung
- Erhöht die Behaltensquote
- Hilft Verständnis zu erleichtern
- Eignet sich zur Einführung in ein neues Thema
- Eignet sich zur Intensivierung von Informationen
- Eignet sich zur Darstellung von Entwicklungen und Prozessabläufen
- Eignet sich zur Strukturierung und zur zusammenfassenden Darstellung
- Durch gezielten Medieneinsatz und die eng damit verbundene Visualisierung kann der Ausbildungserfolg erheblich gesteigert werden
- Für eine handlungsorientierte Ausbildung sind Visualisierung und gezielter Medieneinsatz unerlässlich

Rolle des Ausbilders

Er muss
- sich immer fragen, welches Medium und welche Form der Visualisierungen sinnvoll sind,
- die Medien bewusst und gezielt einsetzen. Er soll weder zu viele (Media-Overkill) noch zu wenige Medien (Medienmonotonie) auswählen und einsetzen.

Leitfragen sind immer:

Welche Wirkung erzielt man mit welchem Medium?

Kriterien zur Medienauswahl sind:

- Vorwissen der Auszubildenden
- Anzahl der Auszubildenden
- Zeitvorgabe/Lernzeit
- Lernsituation
- Betriebliche Rahmenbedingungen (Verfügbarkeit der Medien)
- Finanzielle Ressourcen
- Lernziel
- Inhalte
- Erfahrungen mit dem Medium
- Angemessenheit

Formen der Visualisierung

Es gibt sehr viele Möglichkeiten, Sachverhalte zu visualisieren. Eine besondere Rolle spielen:

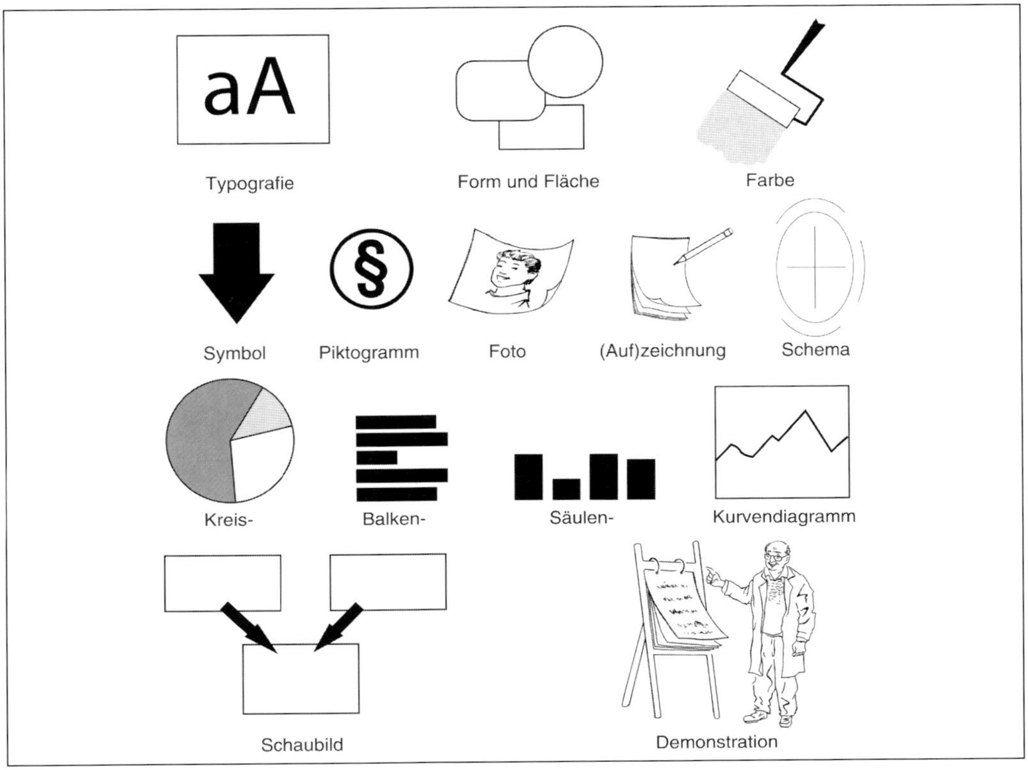

Typografie	Form und Fläche	Farbe
Symbol Piktogramm	Foto (Auf)zeichnung	Schema
Kreis- Balken-	Säulen-	Kurvendiagramm
Schaubild	Demonstration	

Darüber hinaus lohnt es sich, mit Wolken, Blitzen, Sprechblasen, Skalen, Koordinaten, Mind-Maps oder den verbreiteten Clip-Arts zu visualisieren.

Leitsätze zur Visualisierung sind:

- Niemals visuelle Medien ohne vorherige Probe einsetzen
- Visuelle Hilfen gezielt einsetzen
- Klar und sauber schreiben
- Visuelle Mittel wirken lassen
- Entscheidend ist nicht die Schönschrift, sondern die Sinn-Verdeutlichung, Aussagekraft und Lesbarkeit der Visualisierung
- Weniger ist meistens mehr

1.3.4.3.2 Einteilung der Medien

Medien lassen sich in zwei generelle Kategorien einteilen:

Personale Medien (Signale der Persönlichkeit)

Hier geht es um die Rolle des Ausbilders. Ebenso wie die Methodenkompetenz ist die Medienkompetenz für eine professionelle Ausbildung unerlässlich. Im Gegensatz zu allen anderen Medien kann der Ausbilder gezielt interaktiv und situativ agieren und reagieren. Aufgrund seiner

Sinne und Erfahrung kann er Lernschwierigkeiten erkennen und diese flexibel bekämpfen. Außerdem werden nahezu alle Medien durch den Ausbilder ausgewählt und eingesetzt.

Nicht-personale Medien

Hierbei handelt es sich um technische Informationsträger. Diese werden unterschieden in:

- Visuelle Medien = Vermittlung über das Auge
  Hierzu zählen: Dias, Bücher, Zeitschriften, Flip-Charts, Overhead-Projektor, Pinnwand, Whiteboard, Tafel, Folien, Digitalkamera, Informations- und Arbeitsblätter
  Die optische Information ist der akustischen in der Regel überlegen.

- Auditive Medien = Vermittlung über das Ohr
  Hierzu zähen: Radio, CD, Kassette, Hörbuch

- Audiovisuelle Medien = Vermittlung über Ohr und Auge
  Hierzu zählen: TV, Video, DVD, PC und Beamer (mit Boxen)

Wichtig ist, dass der Ausbilder die Medien beherrscht und nicht sie ihn!

1.3.4.3.2.1 Der Overheadprojektor

Grundidee:
Der Overheadprojektor (Lichtbildprojektor) ermöglicht die Projektion von Texten und Bildern durch transparente (farbige) Folien. Man kann entweder auf eine Folie schreiben, diese weiterentwickeln oder eine vorbereitete Folie wieder verwenden.

Voraussetzungen:
- Strom
- Wand/Projektionsfläche
- Ausreichende Dunkelheit

Einsatzgebiete:
- Zur Darstellung
- Als Leitfaden für Vortrag oder Präsentation
- Zum Festhalten von Arbeitsergebnissen

Vorteile:
- Folien können mitgebracht oder erarbeitet werden
- Übereinanderlegen von Folien ist möglich
- Folien können wiederverwendet werden

Problembereiche/Nachteile:
- Overhead muss verfügbar und funktionsfähig sein
- Glühbirne besitzt nur eine begrenzte Lebenszeit
- Lange »Folienschlachten« ermüden die Auszubildenden
- Auszubildende sitzen oftmals nur passiv am Tisch
- Folien sind oftmals unprofessionell erstellt
- Mitschrift bei Dunkelheit ist schwierig
- Folie passt manchmal nicht auf die Projektionsfläche
- Hitze des Projektors wölbt die Folie schnell

Beachten/Tipps und Tricks:
- Ersatzglühbirne einpacken
- Gezielte Wahl der Stifte (Wasserlöslichkeit) und Farben

- Farben überprüfen
- Lichtverhältnisse prüfen
- Nicht zu viele Folien einsetzen. Beschränkung der Information (»Weniger ist mehr!«)
- Visuelle Mittel wirken lassen
- Nur verständliche Folien auflegen
- Sprech- und Blickkontakt zu den Auszubildenden halten
- Nur vorlesen, was auf der Folie steht
- Nicht zur Projektionswand sprechen
- Beim Vorlesen einer vorbereiteten Folie den Text nach und nach aufdecken
- Herstellung der Folien bedarf Zeit
- Overhead abschalten, wenn er nicht benötigt wird (Ermüdung der Augen). Er ist oftmals eine ablenkende Lärmquelle
- Immer beachten: Ist alles zu sehen? Ist das Bild bzw. der Text gerade und scharf?

Die Arbeit mit dem Overheadprojektor lebt von den eingesetzten Folien.

 Leitfrage ist deshalb: Was macht eine gute Folie aus?

- Einheitliche Struktur der Folien
- GROSS- und Kleinschreibung
- Angemessene Schriftgröße
- Lesbarkeit ist gegeben
- Druckbuchstaben werden verwendet
- Sich auf eine Schriftart beschränken
- Gezielter Farbeinsatz. Als Grundschriftfarbe blau oder schwarz wählen
- Folien haben Seitenzahlen (Nummerierung)
- Inhaltliche Struktur durch Elemente wie Spiegelstriche, Farbe oder Einrückungen optisch hervorheben
- Texte sind durch Symbole verkürzt und vereinfacht
- Stichwörter statt ganzer Sätze wählen
- Pro Folie nur ein Thema
- Pro Folie höchstens zehn Zeilen
- Querformat ist meist sinnvoller als Hochformat
- Folie ist nicht bis zum Rand beschrieben
- Großzügige Zeilenabstände werden gewählt

1.3.4.3.2.2 Tafel/Whiteboard

Grundidee:
Die Tafel ist wohl das älteste und bekannteste Medium zum Beschriften mit Informationen. Die traditionelle Kreidetafel hat inzwischen eine Weiterentwicklung erfahren. Heute verbreiteter ist das Whiteboard (die Weißwandtafel), die mit farbigen (wasserlöslichen) Filzstiften beschrieben wird. Ferner gibt es Haft- oder Magnettafeln.

Einsatzgebiete:
- Zur Veranschaulichung
- Für gemeinsame Entwicklungen/Erarbeitungen, bei denen Korrekturen oder Ergänzungen zu erwarten sind
- Zum Anschreiben neuer Aspekte
- Zum Festhalten von Zwischenergebnissen (Speicherfunktion)

Vorteile:
- Große Fläche
- Umweltfreundlich (relativ)
- Leichte Handhabung
- Spontan einsetzbar
- Lange Haltbarkeit
- Tafelbild kann leicht verändert werden
- Das Whiteboard kann aufgrund seiner metallischen Konstruktion auch magnetisch genutzt werden

Problembereiche/Nachteile:
- Gute Sicht für maximal 20 Personen
- Nicht abdeckbar
- Schlecht vorzubereiten
- Schnell voll geschrieben
- Nicht mobil
- Kreide/Filzstifte können quietschen
- Tafel erinnert an die Schulzeit
- Verschmutzung von Händen und Kleidung
- Wasserfeste Stifte kommen zum Einsatz (das Geschriebene lässt sich nur schwerlich wegwischen)
- Gefahr, dass Wichtiges versehentlich weggewischt wird

Beachten/Tipps und Tricks:
- Lesbarkeit prüfen, an der Handschrift arbeiten
- Gliederung vorher überlegen
- Nicht zur Tafel/zum Whiteboard sprechen
- Spiegelungen vermeiden (Sonneneinstrahlung)
- Nur auf trockene Tafel schreiben
- Immer ausreichend Kreide/Stifte und Schwamm/Wischtuch dabei haben

1.3.4.3.2.3 Pinnwand/Meta-Plan-Wand/Moderationswand

Grundidee:
Die Pinnwand ist ein vielfältiges Arbeitsmedium. Auf ihr werden Informationen auf unterschiedliche Art optisch dargestellt. Sie besteht aus einer Hartfaserplatte, die von zwei stabilen Füßen oder mehreren Rollen getragen wird.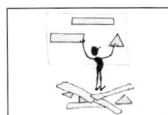

Mit Stecknadeln werden auf ihr Papierbogen oder Karten befestigt. Insbesondere für die Moderationsmethode benötigt man die Pinnwand.

Einsatzgebiete:
- Zum Sammeln von Beiträgen
- Zum Erstellen von Wandzeitungen
- Als Speicherfunktion
- Pinnwände lassen sich auch als Raumteiler (bspw. für Gruppenarbeit) nutzen

Vorteile:
- Große Arbeitsfläche
- Angepinnte Karten sind ggf. wieder verwertbar
- Schrittweises Entwickeln ist möglich
- Änderungen sind leicht durchführbar
- Geringer technischer Aufwand
- Pinnwände können vorbereitet werden

Nachteile:
- Ergebnisse sind (ohne den Einsatz einer Digitalkamera) nicht vervielfältigbar
- Pinnwand ist i. d. R. schlecht zu transportieren

Beachten/Tipps und Tricks:
- Pinnwand vor der Benutzung mit Packpapier bespannen
- Immer ausreichend Papier dabei haben
- Verschiedene Farben bei den Karten gezielt einsetzen
- Nicht zur Pinnwand sprechen
- Ergebnisse ggf. mit Digitalkamera zur Dokumentation abfotografieren
- Ein Spezialeffekt kann mit der »Pinnwandtür« erzielt werden. Man schneidet in den ersten Pinnwandbogen drei Seiten einer Tür und heftet sie mit einem Pinn zu. Es entsteht ein Adventskalender-Effekt, d. h. man kann die Tür später öffnen.

1.3.4.3.2.4 Flip-Chart

Grundidee:
Das Flip-Chart ist eine Weiterentwicklung der Tafel. Es handelt sich um eine Papiertafel auf einem Ständer mit abreißbaren Blättern, wobei einzelne Papierblätter im Format von ca. 70 x 100 cm auf einem Gestell befestigt sind. Die Beschriftung erfolgt mit verschiedenfarbigen Stiften. Neben den Vorzügen der Tafel kann der Ausbilder beliebig viele Unterlagen vorbereiten. Für Wiederholungszwecke kann jederzeit wieder auf alte Blätter zurückgegriffen werden.

Einsatzgebiete:
- Zum Sammeln, Speichern, Entwickeln und Visualisieren von Beiträgen und Ergebnissen
- Zur Präsentation

Vorteile:
- Schrittweise Entwicklung von Ideen und Arbeitsschritten ist möglich
- Einfache Handhabung
- Blätter können bereits vorbereitet sein und sind wieder verwendbar
- Flip-Chart eignet sich gut als Speichermedium
- Blätter können anschließend im Raum aufgehängt werden (Wandzeitung)
- Gerät ist leicht zu transportieren (meist hat ein Flip-Chart Rollen)
- Spontan einsetzbar
- Geringer Platzbedarf
- Filzstifte sind sauberer und oft wirkungsvoller lesbar als Kreide

Problembereiche/Nachteile:
- Relativ kleine Schreibfläche
- Relativ schnell voll geschrieben
- Flip-Chart-Papier ist teuer/nicht immer vorhanden
- Oftmals sind keine Stifte vorhanden

Beachten/Tipps und Tricks:
- Prüfen Sie vorab, ob das Flip-Chart gut positioniert ist
- Prüfen Sie vorher die Brauchbarkeit der Stifte und haben Sie immer Ersatzstifte dabei
- Flip-Charts sind am besten bei kleinen Gruppen einsetzbar
- Nur Druckbuchstaben verwenden
- Große Schriftgröße, aber Klein- und GROSSbuchstaben verwenden
- Blätter anschließend ggf. in den Raum hängen (Wandzeitung)
- Blätter ggf. vorbereiten und wieder verwenden

- Beim Präsentieren nicht zum Flip-Chart sprechen
- An Reservepapier und Ersatzstifte denken
- Ergebnisse mit Digitalkamera zur Dokumentation abfotografieren

1.3.4.3.2.5 Videorekorder/Videofilm/Videokamera/Digitalkamera

Grundidee:
Mit den audio-visuellen Medien können aufgezeichnete Fernsehsendungen oder speziell für die Ausbildung entwickelte Sendungen abgespielt werden. Der Videofilm bietet die Möglichkeit, über Vorgänge und Abläufe Wissen zu vermitteln sowie zum Nachdenken und Diskutieren anzuregen. Mit Hilfe einer kompletten Videoanlage, d. h. mit Kamera und Monitor, können auch eigene Aufzeichnungen vorgenommen und später ausgewertet werden (z. B. beim Rollenspiel).

Einsatzgebiete:
- Zur Visualisierung von Themen, die auf anderen Wegen weniger effektiv oder nicht darstellbar sind (z. B. Videos der Berufsgenossenschaften zur Arbeitssicherheit)
- Zur Analyse von Rollenspielen
- Digitalkamera zur Dokumentation vor Pinnwand- oder Tafelergebnissen, anschließend schnelle und leichte Verbreitung per E-Mail

Vorteile:
- Videos können unterbrochen und kommentiert werden
- Digitalkamera ist jederzeit einsetzbar und kann Arbeitsergebnisse festhalten
- Sorgt für Abwechslung

1.3.4.3.2.6 Fachbücher und aktuelle Berichte

Grundidee:
Die Veränderungen der Ausbildungs- und Arbeitswelt bedingen oftmals die Bereitstellung von Fachbüchern und Berichten. Fachliteratur soll entsprechend dem Ausbildungsbedarf vorrätig und für die Auszubildenden zugänglich sein

Einsatzgebiete:
- Zur Vor- und Nachbereitung der behandelten Thematik sowie deren Vertiefung
- Unterstützend bei der Projekt- und Leittextmethode
- Zum Selbststudium

Vorteile:
- Sind auf Dauer verfügbar und überall nutzbar
- Ermöglichen das Selbststudium

Problembereiche/Nachteile:
- Sind evtl. veraltet/nicht mehr aktuell/teuer

1.3.4.3.2.7 Computer/Notebook

Grundidee:
Der Computer ist heute eines der wichtigsten Arbeitsmittel und Grundlage für das CBT bzw. E-Learning. Die Auszubildenden kennen ihn aus der täglichen Arbeit. Ohne den Computer ist der Wissens- und Informationsdschungel oftmals nicht mehr zu durchdringen.

Einsatzgebiete:
- Zum Selbststudium
- Zur Kontrolle

- Zur Präsentation
- Zur Informationsgewinnung
- Zur Vorbereitung
- Zur Vertiefung
- Als Speichermedium

Vorteile:
- Multimedia möglich (Kombinationsmöglichkeiten zu anderen Medien)
- Praxisnähe
- Bei Laptopnutzung ist Lernort unabhängig
- Lerntempo und Lernzeitpunkt kann selbst bestimmt werden
- Durch Internet nahezu unendliche Möglichkeiten der Informationsbeschaffung
- Teilnahme an Kursen oder Lehrgängen durch Internet flexibler

Nachteile:
- Setzt Computer-Anwendungswissen voraus
- Computer kann abstürzen (Technisches Versagen)
- Vereinsamung bzw. Isolation der Auszubildenden
- Körperliche Beanspruchung (z. B. Ermüdung)
- Lernsoftware ist oftmals teuer und didaktisch schlecht aufbereitet
- Fordert viel Selbstdisziplin von den Auszubildenden
- Oftmals lernortabhängig

1.3.4.3.2.8 Beamer

Grundidee:
Der Beamer ist ein Projektionsgerät, welches Daten aus dem Computer großformatig übertragen kann. Er ist eines der modernsten Ausbildungsmittel und bietet vielfältige Möglichkeiten der Visualisierung.

Einsatzgebiete:
Professionelle Form der Präsentation

Vorteile:
- Unterlagen sind wieder verwendbar und modifizierbar
- Brillante Bildqualität
- Ermöglicht unterschiedliche Formen der Visualisierung
- Wirkt modern, professionell
- Hoher Wirkungsgrad
- Beamerpräsentation ist wieder verwendbar und veränderbar
- Multimedia möglich

Problembereiche/Nachteile:
- Öfter als man denkt, kommt es zu technischen Problemen
- Professionelle »Verpackung« täuscht oft über inhaltliche Schwächen hinweg
- Beamer fördert die Konsumhaltung der Auszubildenden
- Anschaffung ist teuer / Begrenzte Lebensdauer der Leuchtmittel

Beachten/Tipps und Tricks:
- Auf technische Probleme vorbereitet sein (evtl. Overhead-Folien parat haben)
- Achten Sie darauf, dass Ihnen der Beamer nicht die Show stiehlt

1.3.4.3.2.9 Informations- und Arbeitsblätter

Grundidee:

»Was Du schwarz auf weiß besitzt, das kannst Du getrost nach Hause tragen.« Goethe

Der Auszubildende soll von der Unterweisung zur Nachbereitung »etwas mit-nehmen«. Dies kann in Form einer Dokumentation oder zum Nachschauen (Infoblatt) oder als Arbeitsaufgabe zur Lernerfolgskontrolle (Arbeitsblatt) geschehen. Sofern die Auszubildenden Mitschriften machen, kann das Infor-mations- oder Arbeitsblatt als Ergänzung dienen.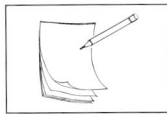

Vorteile:
- Arbeitsblätter können individuell vorbereitet werden
- Informationsblätter können zur Ergänzung von Büchern oder Zusammenfassung der Aus-bildungseinheit genutzt werden.
- Arbeitsblätter können die Grundlage für Arbeitsaufträge bzw. Leittextmethode sein.

Leitfragen rund um Informations- und Arbeitsblätter sind:
- Soll das Informationsblatt alles Vorgetragene enthalten oder soll es nur zur groben Orientie-rung dienen?
- Soll ein »Workbook« (mit Platz für Notizen und Übungen) entstehen?
- Sollen die Blätter nur zur Nachbereitung genutzt werden oder dienen sie als regelmäßige Grundlage (Handbuch) im Lehr-Lern-Prozess?
- Werden die Blätter zu Beginn oder Ende der Unterweisung oder eines Seminars ausgehändigt?

Beachten/Tipps und Tricks:
- Strukturierte Gestaltung vornehmen
- Keine »Bleiwüste« (zu viel Bedrucktes)
- Immer die Quellenangabe benennen
- Immer genug Exemplare oder Kopiervorlagen dabei haben
- Auszubildende sollen einen Ordner für die Informations- und Arbeitsblätter anlegen
- Über- und Unterforderung durch die Materialien vermeiden

Fazit und Konsequenzen für die Rolle des Ausbilders

Traditionelles Lernen	Handlungsorientiertes Lernen
Auswendiglernen ist verbreitet	Handlungsorientierung steht im Vordergrund
Autoritärer Führungsstil	Situativer Führungsstil
Fehler dürften nicht gemacht werden	Lernen ist auch aus Fehlern möglich und sinnvoll
Methoden- und Medienmonotonie	Methoden- und Medienvielfalt
Ausbilder steht im Mittelpunkt der Unter-weisung	Auszubildende stehen im Mittelpunkt der Unterweisung
Analytische Zergliederung der Fachziele	Fachübergreifende Aufgaben
Trennung von Theorie und Praxis	Integration von Theorie und Praxis
Lernen unter Angst und Druck	Lernziel schafft Neugierde und Motivation
Nachmachen	Selbermachen

Aufgrund veränderter Rahmenbedingungen, neuer Methoden und Medien kommt dem Ausbilder dementsprechend eine neue Rolle im Lehr-Lern-Prozess zu. Auch der Ausbilder lernt niemals aus!

1.3.5 Auszubildende bei Lernschwierigkeiten durch individuelle Gestaltung der Ausbildung und Lernberatung unterstützen, bei Bedarf ausbildungsunterstützende Hilfen einsetzen und die Möglichkeit zur Verlängerung der Ausbildungszeit prüfen

1.3.5.1 Lernschwierigkeiten und Verhaltensauffälligkeiten erkennen und unterscheiden

Trotz aller guten Planung, eines angemessenen Ausbilderverhaltens, passender Methoden und Medien sowie optimaler Rahmenbedingungen kann es vorkommen, dass die angestrebten Lernziele aufgrund von Lernschwierigkeiten und/oder Verhaltensauffälligkeiten des Auszubildenden nicht erreicht werden.

Bei den Lernschwierigkeiten werden innere und äußere Barrieren unterschieden. Sie hängen eng zusammen und sind oftmals schwer zu trennen.

Innere Barrieren liegen in der Person des Auszubildenden begründet und sind vielfach mit physiologischen und psychologischen Aspekten und deren Auswirkungen auf den Körper verbunden.

Einflüsse auf die Leistungsbereitschaft bzw. -möglichkeit und Beispiele dafür:
- Bioklima, wie Temperatureinflüsse
- Geräuschpegel
- Hunger/Durst
- Grelles Licht oder fehlendes Tageslicht
- Zeitdruck und Hektik
- Schlafmangel/Schlafprobleme
- Hormonelle und vegetative Funktionen, die oftmals mit der Pubertät verbunden sind
- Körperliche Störungen oder Krankheiten, die sich auf unterschiedlichste Art und Weise äußern
- Tages-, Wochen-, Jahres- oder Lebensleistungsrhythmusstörungen wie der Biorhythmus, das »Montag-Morgen-Syndrom« oder die Frühjahrsmüdigkeit
- Sauerstoffmangel
- Migräne
- Medikamenteneinnahme oder -abhängigkeit
- Ängste oder Phobien
- Ständige Selbstzweifel
- Ermüdung

Bei Ermüdung unterscheidet man:
- Biologische Ermüdung: Sie führt zum Verlust oder Verminderung der Leistungsfähigkeit.
- Arbeitsermüdung: Sie führt zu Unsicherheiten der Arbeitsgriffe und Arbeitshaltung, größer werdenden Anstrengungen, Streben nach Ausgleichsbewegungen und letztlich zum Auftreten von Fehlern.
- Antriebsermüdung: Sie führt zum Nachlassen des Interesses, zum häufigen »Nach-der-Uhr-sehen«, zur Gefahr von Ablenkung, zur Verstimmung und zur Lustlosigkeit.

Biorhythmus und Leistungsfähigkeit:

Eine besondere Rolle kommt dem Biorhythmus und den damit verbundenen Leistungsschwankungen zu. Dieser Rhythmus ist bei jedem Auszubildenden individuell und kann mehr oder weniger beeinflusst werden. Eng damit verbunden sind die Pausenregelung und -gestaltung sowie das Jugendarbeitsschutz- und das Arbeitszeitgesetz mit dessen Vorgaben.

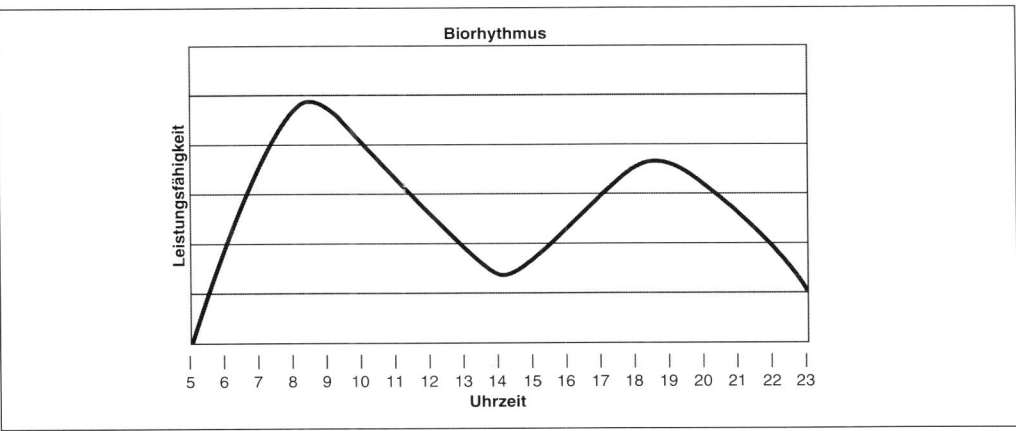

Vor diesem Hintergrund sollten anspruchsvollere Lehr-Lern-Prozesse möglichst in die Vormittagsstunden gelegt werden.

Äußere Barrieren kommen aus der Umgebung des Auszubildenden und wirken ebenso auf den psychischen und physischen Bereich. Sie lassen sich in zwei Gruppen einteilen:

- Gründe im privaten Umfeld:
    - Leistungsdruck aus dem Elternhaus
    - Trennung der Eltern
    - Partnerschaftsprobleme/Beziehungsstress
    - Tod nahestehender Personen
    - Umzug
    - Finanzielle Probleme
    - Überbeanspruchung durch Freizeitverhalten (z. B. Leistungssport)/Freizeitstress

- Gründe im Betrieb:
    - Lärm
    - Grelles Licht
    - Monotonie
    - Unangemessener Führungsstil
    - Schlechtes Arbeitsklima/Betriebsklima
    - Leistungsdruck durch den Ausbilder
    - Konkurrenzsituation
    - Außenseitertum/Isolation
    - Mobbing

Während der Ausbilder bei Ursachen im privaten Bereich ggf. die Intim- und Privatsphäre zu beachten hat, muss er bei Ursachen im Betrieb diesen aufgrund seiner Fürsorge- bzw. Erziehungspflicht ohne Verzug nachgehen.

Nur wenn der Ausbilder die Gründe der Lernbarriere(n)/Verhaltensauffälligkeiten oder mangelnden Leistungsbereitschaft kennt, kann er aktiv eingreifen und diese abbauen (helfen). Eine Ausbilderreaktion setzt Wahrnehmung voraus: Vor jeder Therapie steht die Diagnose.

Die Barrieren können darüber hinaus in zwei weitere Kategorien unterschieden werden:
• Objektive Einflüsse, die für alle Auszubildenden gleich sind
• Subjektive Auswirkungen der objektiven Einflüsse, die von Auszubildenden zu Auszubildenden verschieden sind (z. B. Wetterfühligkeit)

Der Lehr-Lern-Prozess als möglicher Teufelskreis/Auswege

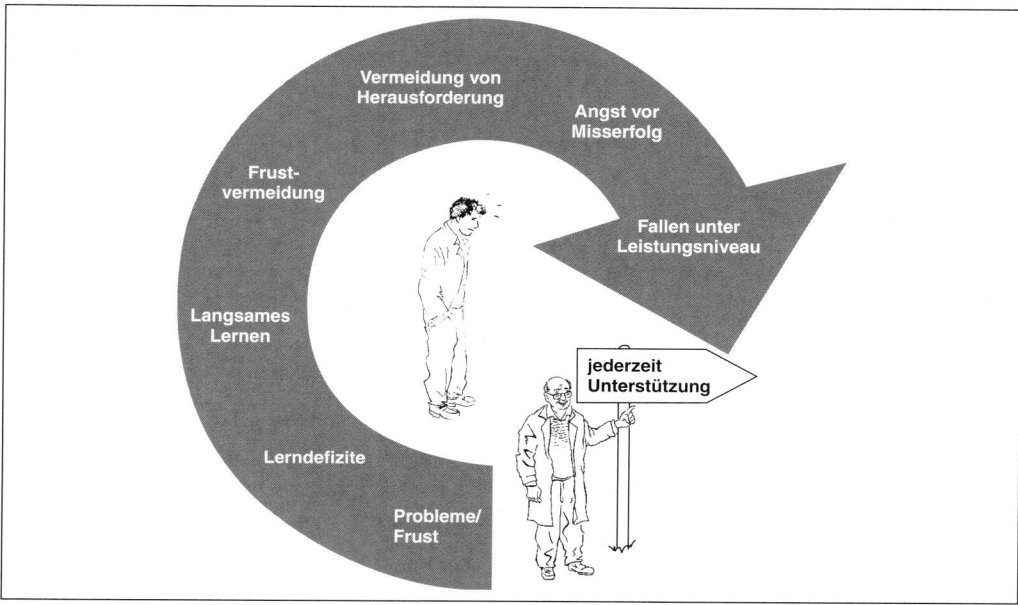

Im Regelfall führt eine Problematik zur nächsten und zur Verschlechterung der Situation.
Der Ausbilder hat nach seinen Möglichkeiten einzugreifen und den Auszubildenden zu fördern.

Hierzu sind Fördergespräche zu führen: Sie

• machen Ansprüche und Erwartungen des Ausbilders deutlich,
• schaffen Orientierung durch Zielvorgaben und
• machen Konsequenzen deutlich, wenn sich das Verhalten oder die Leistung nicht ändert.

Sofern die Lernschwierigkeiten eine Bedrohung für den erfolgreichen Abschluss der Abschlussprüfung darstellen, ist über eine Verlängerung der vereinbarten vertraglichen Ausbildungszeit nachzudenken (vgl. Kap. 1.4.1 und 1.4.2).

1.3.5.2 Lernberatung bei Lernschwierigkeiten und Verhaltensauffälligkeiten

Ein erfolgreicher Ansatz hilft, aus negativen Lernerfahrungen positive zu machen.

Negative Lernerfahrungen ⊖	Positive Lernerfahrungen ⊕
Misserfolgserlebnisse beim theoretischen Lernen	Die Vermittlung von Erfolgserlebnissen in der Praxis. Daran anschließend kann die Theorie aufgearbeitet werden.
Lernen für Noten/Prüfungen	Verdeutlichen, dass sich eine gute Ausbildung weniger in guten Noten als in der beruflichen Handlungsfähigkeit zeigt. Trotzdem ist es sinnvoll, den Auszubildenden mit alten Prüfungen, deren Bearbeitung unter Prüfungsbedingungen stattfinden sollte, an die Prüfungen heranzuführen. Es sollte ihm geholfen werden, Erwartungsangst abzubauen.
Lernen unter Zeitdruck	Dem Auszubildenden zunächst mehr Zeit geben und ihn üben lassen. Er wird dann automatisch schneller und sicherer (»Übung macht den Meister.«)
Lernen im Wettbewerb/Vergleich mit anderen	Auch wenn die Ausbildung in einer Leistungsgesellschaft stattfindet, muss dem Auszubildenden die Bedeutung von Teamarbeit vermittelt werden. Es ist deshalb wichtig, Partner- und Gruppenarbeit gezielt einzusetzen und Einzelleistungen bei Teamarbeit weder positiv noch negativ hervorzuheben. Die Teamleistung ist als solche zu bewerten.

Genereller Umgang mit lernschwachen Auszubildenden:

- Gezielte Motivationsgriffe einsetzen
- Mehr Zeit nehmen
- Mehr Anleitung geben und Wiederholungen einsetzen
- Häufige Rückmeldungen geben und konstruktive Kritik üben
- Fördergespräche führen/Metakommunikation

Im Folgenden werden das Verhalten, die möglichen Ursachen und Lösungsansätze von Lernschwierigkeiten und Verhaltensauffälligkeiten gegenübergestellt:

Verhalten des Auszubildenden	Mögliche Ursachen	Mögliche Lösungsansätze durch den Ausbilder
Aggression Feindliches Verhalten	Negatives Selbstkonzept	Sachlich bleiben
Aufsässigkeit	Gefühl der Benachteiligung	Standpunkte vertreten
Streit	Launenhaftigkeit, mangelnde Kontrolle	Abwertungen vermeiden Konfliktlösungen anbieten
Trotz Wut	Bedürfnis nach Macht und Unterdrückung	Sachlich bleiben
Tätlichkeit	Vergeltung	Grenzen aufzeigen, arbeitsrechtliche Maßnahmen einleiten
Angst Gefühl von Ohnmacht und Bedrohung	Misserfolg	Sicherheit durch Erfolgserlebnisse vermitteln
Hemmungen	Repressive Erziehung	Wertschätzung bieten, Motivation durch den Ausbilder
Passivität, Nervosität, Depression, Kontaktarmut	Psychosomatische Symptome	Angst machende Situationen ansprechen, Selbstwertgefühl des Auszubildenden steigern
Lügen (Absicht) Notlüge	Angst vor Sanktionen	Gespräch unter vier Augen
Angstlüge Zwecklüge	Vertrauensbruch, soziale Schwierigkeiten	Vertrauen fördern, auf Konsequenzen hinweisen
Pseudolüge	Neurotische Störungen, überzogene Phantasievorstellungen	Auf Konsequenzen hinweisen
Leistungsverweigerung/ Widerstand Trägheit	Fehlende Einsicht in notwendige Pflichten	Motivation verstärken
Lustlosigkeit	Über- oder Unterforderung	Ansprüche senken oder steigern
Schwänzen	Interessenlosigkeit, Unreife	Arbeitsrechtliche Maßnahmen
»Null-Bock« Nicht motiviert	Mangelnde Bestätigung und Aufmerksamkeit	Offenes Gespräch Berufswahl überprüfen
Drogenkonsum	Sozialisationseinflüsse	Passende Ansprechpartner vermitteln, arbeitsrechtliche Maßnahmen einleiten

Bei sozialen Störungen (im Verhaltensbereich) ist immer nur individuelles Handeln möglich. Zunächst sollte versucht werden, die Streitigkeiten durch ein klärendes Gespräch der Beteiligten (Konfliktpartner) zu klären (interne Lösung).

 Generelle Handlungsstrategien:

Auf die Ursachen von Lernschwierigkeiten und Verhaltensauffälligkeiten (Abweichung von der Norm) einzugehen, ist nur so weit verantwortbar, wie angemessene Interventionsmöglichkeiten bestehen. Wenn dies nicht gegeben ist, sollten ggf. geeignete Beratungsmöglichkeiten (Kooperation mit dem Elternhaus bei Minderjährigen, Jugendamt, psychologische Beratung, Austausch mit der Berufsschule) in Anspruch genommen werden.

Fazit: Oftmals ist es weniger schwierig, ein Problem zu lösen, als mit ihm zu leben!

1.3.6 Auszubildenden zusätzliche Angebote z. B. in Form von Zusatzqualifikationen machen und die Möglichkeit der Verkürzung der Ausbildungsdauer und die der vorzeitigen Zulassung zur Abschlussprüfung prüfen

1.3.6.1 Zusatzqualifikationen

Generell ist es möglich, besonders talentierte Auszubildende über die verbindlichen Vorgaben des Ausbildungsrahmenplanes hinaus zu fördern. Das BBiG sieht dies sogar ausdrücklich vor:

> **§ 49 Zusatzqualifikationen**
>
> (1) »Zusätzliche berufliche Fertigkeiten, Kenntnisse und Fähigkeiten nach § 5 Abs. 2 Nr. 5 (Ausbildungsordnung) werden besonders geprüft und bescheinigt. Das Ergebnis der Prüfung nach § 37 (Abschlussprüfung) bleibt unberührt.«
>
> (2) »§ 37 Abs. 3 und 4 (Abschlussprüfung) sowie §§ 39–42 (Prüfungsausschüsse, Zusammensetzung und Berufung, Vorsitz, Beschlussfähigkeit und Abstimmung, Beschlussfassung und Bewertung der Abschlussprüfung) und 47 (Prüfungsordnung) gelten entsprechend.«

Vor dem Hintergrund, dass auf dem heutigen Arbeitsmarkt ausgewiesene Qualifikationen eine große Rolle spielen, kommen den bereits in/mit der Ausbildung erworbenen Zusatzqualifikationen eine zunehmende Bedeutung zu. In Ausbildungsordnungen (bspw. in den Einzelhandelsberufen) sind teilweise Zusatzqualifikationen verankert, die freiwillig zwischen dem Auszubildenden und dem Betrieb als Teil der Ausbildung vertraglich vereinbart werden können. Damit können leistungsstarke Auszubildende gefördert und eine Alternative zu anderen akademischen Ausbildungsgängen angeboten werden. Ferner können auf diesem Wege bereits in der Ausbildung Teile einer Aufstiegsfortbildung angeboten werden. Die Zusatzqualifikationen werden in gesonderten Prüfungen neben der Abschlussprüfung geprüft und zertifiziert.

Um Zusatzqualifikationen vermitteln zu können, gilt es:

- Genaue Informationen über Bedingungen, Ziel und Inhalt zum Erwerb der Qualifikationen einzuholen und hieraus ein Vermittlungskonzept zu erarbeiten.
- Die passenden Auszubildenden für den Erwerb der Zusatzqualifikationen auszuwählen.
- Die Unternehmensleitung über das Ergebnis Ihrer Planung zu unterrichten, ihr das Konzept vorzustellen und deren Zustimmung zur Umsetzung einzuholen.
- Sofern es einen Betriebsrat gibt, diesen von dem Vorhaben zu unterrichten, ihm das Konzept vorzulegen und seine Zustimmung für die Umsetzung einzuholen.

1.3.6.2 Möglichkeiten der Verkürzung der Ausbildungsdauer und vorzeitige Zulassung zur Abschlussprüfung

Bei der möglichen Verkürzung der vertraglichen Ausbildungszeit gilt es, sowohl das BBiG als auch die Ausbildungsordnung des betreffenden Ausbildungsberufes zu beachten.

Das BBiG regelt die Abkürzung der Ausbildungszeit:

§ 8 Abkürzung und Verlängerung der Ausbildungszeit

(1) »Auf gemeinsamen Antrag der Auszubildenden und Ausbildenden hat die zuständige Stelle (Kammer) die Ausbildungszeit zu kürzen, wenn zu erwarten ist, dass das Ausbildungsziel in der gekürzten Zeit erreicht wird. Bei berechtigtem Interesse kann sich der Antrag auch auf die Verkürzung der täglichen oder wöchentlichen Ausbildungszeit richten (Teilzeitberufsausbildung).«

Bei Verkürzung muss zwischen Verkürzungspflichten und Verkürzungsmöglichkeiten unterschieden werden. In den Ausbildungsordnungen finden sich Empfehlungen über die Ausbildungsdauer in den jeweiligen Ausbildungsberufen. Sie schwanken zwischen 18 und 42 Monaten. Die meisten Berufe sind auf 36 Monate angelegt. Zu beachten ist, dass die Dauer der Ausbildungszeit nicht unter der Hälfte der zeitlichen Vorgabe der Ausbildungsordnung liegt.

Relevant für die Anrechnung beruflicher Vorbildung auf die Ausbildungszeit ist das BBiG:

§ 7 Anrechnung beruflicher Vorbildung auf die Ausbildungszeit

(1) »Die Landesregierungen können nach Anhörung des Landesausschusses für Berufsbildung durch Rechtsverordnung bestimmen, dass der Besuch eines Bildungsganges berufsbildender Schulen oder die Berufsausbildung in einer sonstigen Einrichtung ganz oder teilweise auf die Ausbildungszeit angerechnet wird. Die Ermächtigung kann durch Rechtsverordnung auf oberste Landesbehörden weiter übertragen werden.

(2) »Die Anrechnung nach Absatz 1 bedarf des gemeinsamen Antrages der Auszubildenden und Ausbildenden. Der Antrag ist an die zuständige Stelle zu richten. Er kann sich auf Teile des höchstzulässigen Anrechnungszeitraumes beschränken.«

Die Ausbildungszeit **kann** darüber hinaus aufgrund anderer Vorkenntnisse oder Leistungen wie Abitur, EQ, Praktika, Berufsfachschule oder Berufsgrundbildungsjahr vertraglich verkürzt werden. Es können auch mehrere Verkürzungsmöglichkeiten nebeneinander berücksichtigt werden.

Darüber hinaus ist eine vorzeitige Zulassung zur Abschlussprüfung zusätzlich möglich, sofern die Leistungen des Auszubildenden dies rechtfertigen und der Ausbildende zustimmt (vgl. Kap. 1.4.2).

Das BBiG klärt solche Fälle:

§ 45 Zulassung in besonderen Fällen

(1) »Auszubildende können nach Anhörung der Ausbildenden und der Berufsschule vor Ablauf ihrer Ausbildungszeit zur Abschlussprüfung zugelassen werden, wenn ihre Leistungen dies rechtfertigen.«

Oftmals möchten die Auszubildenden die Ausbildungszeit verkürzen, indem sie die Abschlussprüfung versuchen vorziehen. Zu beachten ist:

• Das aktuelle Zeugnis der Berufsschule ist den berufsbezogenen Fächern im Durchschnitt besser als die Note 2,49.
• Die vorgegebenen Ausbildungsinhalte können im Rahmen der verkürzten Ausbildungszeit durch den Ausbildenden vermittelt werden.
• Weder der Auszubildende noch der Ausbildende kann eine Verkürzung der Ausbildungszeit erzwingen.

Zusammenfassung: Rund um die Ausbildungsverkürzung

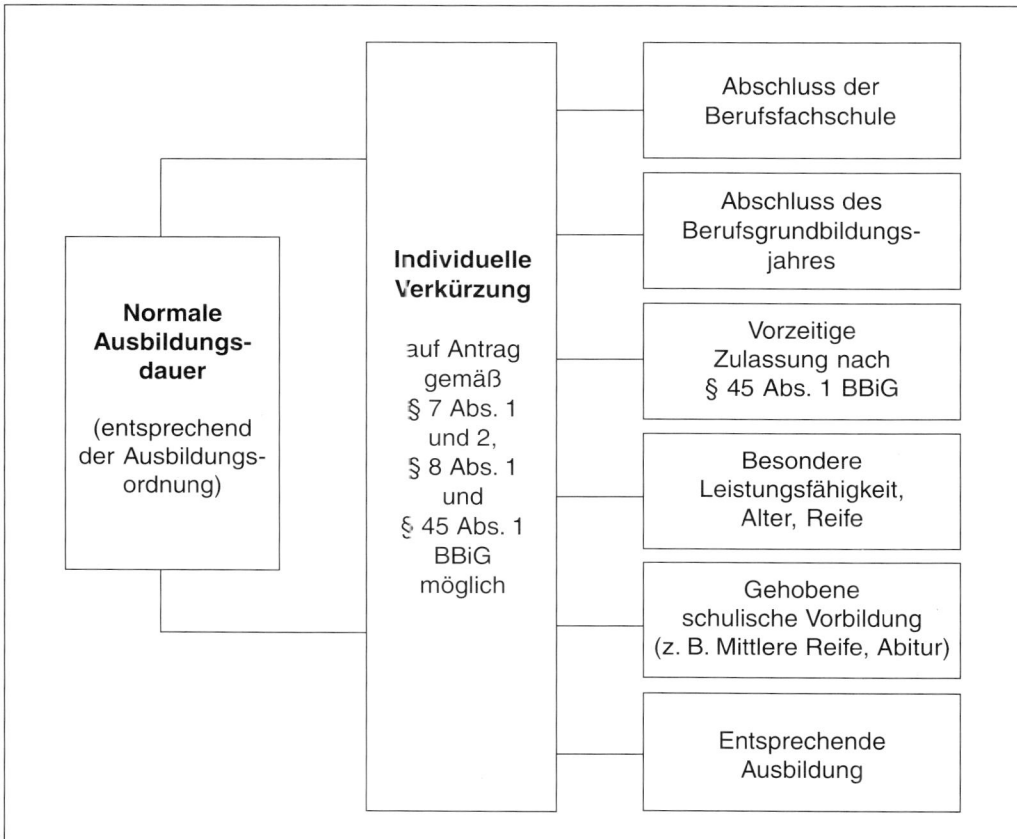

1.3.7 Soziale und persönliche Entwicklung von Auszubildenden fördern, Probleme und Konflikte rechtzeitig erkennen sowie auf eine Lösung hinwirken

1.3.7.1 Soziale Instanzen und Sozialisation bzw. Persönlichkeitsentwicklung

Die Quellen menschlichen Verhaltens liegen zum einen in der genetischen Erbanlage und zum anderen in den Lern- und Umwelterfahrungen. Die Sozialisation ist der Prozess des (bewussten oder unbewussten) Hineinwachsens in die Gesellschaft und der damit verbundenen Aneignung grundlegender Regeln und Normen des Verhaltens in beruflichen und nicht-beruflichen Situationen.

Im Sozialisationsprozess (Sozialisation ist niemals abgeschlossen!) entwickelt der Auszubildende im Spannungsfeld eigener Interessen und dem Normenverständnis seiner Umwelt (s)eine Persönlichkeit. Diese Umwelt besteht aus sogenannten **Sozialisationsinstanzen** wie Freundeskreis, Schule, Kirche, Subkulturen (z. B. Musik, Fußball oder Mode), Familie oder Ausbildungsbetrieb. Die unterschiedlich verlaufenden Sozialisationsprozesse sorgen dafür, dass Auszubildender nicht gleich Auszubildender ist. Jeder entwickelt in diesen Prozessen seine eigene individuelle Persönlichkeit. Vereinfacht gesagt, ist die Sozialisation der Grund dafür, dass der Auszubildende bzw. jeder Mensch so ist, wie er ist.

Das Hineinwachsen in die Sozialisationsinstanz »Ausbildungsbetrieb« fällt den Auszubildenden nach ihrer Schulzeit nicht immer leicht, da vieles neu und ungewohnt für sie ist. Der Ausbilder und der Ausbildungsbetrieb werden deshalb zu einer prägenden Sozialisationsinstanz.

Im Rahmen des Sozialisationsprozesses geraten die Auszubildenden und Ausbilder vermehrt auch in interkulturelle Handlungsfelder, die interkulturelle Kompetenzen erfordern (mehr dazu in Kap. 1.3.9).

Die Kenntnis und die Berücksichtigung kultureller Unterschiede hilft insbesondere bei der Ausbildung von ausländischen Auszubildenden, die immerhin etwa zehn Prozent der Gesamtanzahl der Auszubildenden im Dualen System stellen. Die Ausbildung und die damit verbundene Sozialisation leisten damit einen wertvollen Beitrag zu ihrer Integration. Ausbilder müssen sich dementsprechend über die kulturellen Besonderheiten ihrer Auszubildenden informieren und lernen, diese wertfrei zu akzeptieren.

Sozialisation in verschiedenen Kulturen und damit verbundene Aspekte:

* Patriarchalisch-hierarchische Strukturen in der Familie
* Unterschiede im Lebensrhythmus
* Privates und öffentliches Leben wird u. U. weitgehend durch die Religion (z. B. Ramadan) sowie bestehende Werte und Normen bestimmt

Angemessene Lösungsstrategien:

* Einführungswoche zu Beginn der Ausbildung
* Beziehungsebene fördern
* Hintergrundgespräche bei Problemen anbieten
* Gruppendiskussionen über Gemeinsamkeiten und Unterschiede der Auszubildenden
* Für Respekt und Toleranz bei allen Auszubildenden durch gegenseitiges besseres Kennenlernen sorgen
* Ausgrenzungsversuchen einzelner Auszubildender frühzeitig entgegenwirken
* Es geht darum, sich bewusst zu machen, dass nicht-deutsche Auszubildende oftmals von unseren abweichende Wertvorstellungen besitzen. Diesen Wertvorstellungen ist vorurteilsfrei zu begegnen. Bis zu einem gewissen Grad ist Verständnis zu zeigen.
* Angemessene Hilfen im Sozialisationsprozess durch den Ausbilder
* Kontakt mit dem Elternhaus aufnehmen (bei minderjährigen Auszubildenden)

1.3.7.2 Konfliktmanagement

Verhaltensauffälligkeiten führen oftmals dazu, dass Auszubildende durch andauerndes negatives Sozialverhalten und/oder Leistungsverhalten in Interaktionsprozessen Störungen hervorrufen und Konflikte im Lehr-Lern-Prozess und/oder in der Gruppe/Abteilung verursachen und es zu Konflikten kommt.

Es gibt kaum ein Heilmittel, das bei Lernschwierigkeiten, Verhaltensauffälligkeiten und Konflikten besser wirkt als die **Metakommunikation**. Gemeint ist die Kommunikation über die Kommunikation, also eine Auseinandersetzung über die Art, wie Ausbilder und Auszubildender miteinander umgehen, und über die Art, wie wir die gesendeten Nachrichten und die empfangenen Nachrichten verschlüsseln, senden, entschlüsseln und darauf reagieren.

Zur Metakommunikation begeben sich Ausbilder und Auszubildender gemeinsam auf einen »Feldherrenhügel«, um von dem Getümmel, in dem sie sich verstrickt haben, Abstand zu nehmen. Es geht vor allem darum, die Beziehungsebene zu reparieren und wieder einen gemeinsamen Nenner zu finden. Dabei bieten die vier Seiten der Nachricht (Sach-, Selbstoffenbarungs-, Beziehungs- und Appellebene) ein nützliches Rüstzeug. Dieses ist als Wahrnehmungshilfe hilfreich, um bewusster mitzukriegen, was sich zwischen dem Ausbilder und dem Auszubildenden abspielt. Als Preis winken eine Befreiung von unausgedrückter Spannung und die Chance, aus der Störung dadurch herauszukommen, indem man wirklich hindurchgegangen ist. Gute Metakommunikation verlangt in erster Linie einen vertieften Einblick in die eigene Innenwelt und den Mut zur Selbstoffenbarung. Generell gilt bei Konflikten: Gelassen bleiben!

Darüber hinaus bieten sich folgende Lösungsmöglichkeiten mit zunächst Unbeteiligten an (externe Lösung):

- Einschaltung des Betriebsrates oder der Jugend- und Auszubildendenvertretung
- Anrufung des Schlichtungsausschusses bei der zuständigen Stelle
- Arbeitsgericht. Dieses darf aber erst nach einem gescheiterten Schlichtungsversuch eingeschaltet werden.

1.3.8 Leistungen feststellen und bewerten, Leistungsbeurteilungen Dritter und Prüfungsergebnisse auswerten, Beurteilungsgespräche führen, Rückschlüsse für den weiteren Ausbildungsverlauf ziehen

1.3.8.1 Lernerfolgskontrollen

1.3.8.1.1 Grundlagen der Beurteilung

»Vertrauen ist gut, Kontrolle ist besser.« Lenin

Der Bereich der Lernerfolgskontrollen bzw. Beurteilungen zählt zu den sensibelsten und schwierigsten Aufgaben von Ausbildern, Personalern und Vorgesetzten. Lernerfolgskontrollen sollen Auskunft darüber geben, in welcher Qualität und Quantität die kognitiven, affektiven und psychomotorischen Lernziele erreicht wurden. Grundlage für Lernerfolgskontrollen ist, dass ein beobachtbares oder messbares Endverhalten nach dem Lehr-Lern-Prozess vorliegt.

Leistungsfeststellungen und Beurteilungen sind unverzichtbarer Bestandteil jeder professionellen Ausbildung und benötigen ein angemessenes Beurteilungssystem. Mit der Beurteilung schließt sich der Regelkreis der Didaktik (Zielsetzung, Planung, Durchführung, Kontrolle).

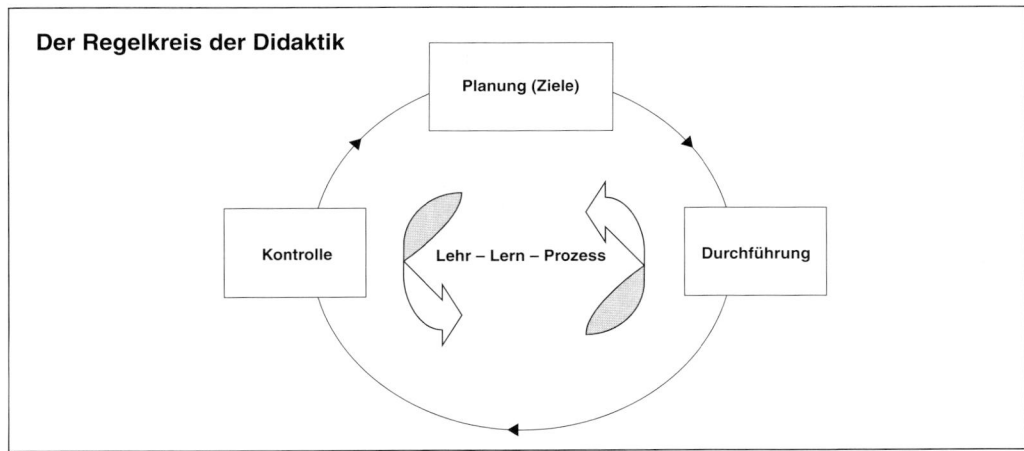

Der Regelkreis der Didaktik

Planung (Ziele)

Kontrolle

Lehr – Lern – Prozess

Durchführung

Bei den Lernerfolgskontrollen ist zu analysieren, ob und wie die vorgegebenen Lernziele erreicht wurden. Primäres Ziel ist es, ein möglichst objektives Gesamtbild der Leistung und des Verhaltens der Auszubildenden zu erhalten. Aufbauend auf der Lernerfolgskontrolle erfolgt die Beurteilung. Der Dreischritt: »**Beobachten ➡ Beurteilen ➡ Bewerten**« stellt die Grundlage einer angemessenen Beurteilung dar.

In den meisten Mittel- und Großbetrieben ist ein Beurteilungssystem für Auszubildende und Mitarbeiter fester Bestandteil. Ist dies nicht der Fall, sollte ein sach- und fachkundiger Kreis mit der Auswahl von Beurteilungskriterien und Beurteilungszielen beauftragt werden. Wenn das erste Grundraster erstellt ist, sollten Auszubildende und Mitarbeiter informiert und gegebenenfalls zur Mitarbeit herangezogen werden.

1.3.8.1.2 Beurteilungssystem festlegen

Bei der Einführung eines Beurteilungssystems sollten folgende Leitfragen/ Aspekte beachtet werden:

- Ziele der Beurteilung (Warum erfolgen Beurteilungen?)
- Anlässe der Beurteilung (Wann erfolgen Beurteilungen?)
- Anforderungen an Lernerfolgskontrollen/Beurteilungen (Welche Anforderungen sind notwendig?)
- Informationsquellen für die Beurteilung (Welche Informationsquellen bieten sich an?)
- Beurteilungsformen (Welche Formen der Beurteilung bieten sich an?)
- Beurteilungsbereiche (Was wird beurteilt?)
- Beurteiler (Wer führt die Beurteilung durch?)
- Beurteilungsfehler (Welche Fehler können bei der Beurteilung gemacht werden?)

Zu den Zielen der Beurteilung/Warum erfolgen Beurteilungen?

Lernerfolgskontrollen sollen:

- Abweichungen vom »Soll-Wert« des angestrebten Verhaltens oder der angestrebten Leistung feststellen bzw. messen
- Rückmeldungen für den Auszubildenden sein, die zeigen, wie es um seinen Lern- und Leistungsstand sowie sein Verhalten bestellt ist
- Positive Leistungen bestätigen
- Rückmeldungen für den Ausbilder sein, die ihm zeigen, wie es um den Lern- und Leistungsstand des Auszubildenden bestellt ist

- Rückmeldungen für den Ausbilder sein, ihm zeigen, ob die Lernziele erreicht wurden und ggf. ein neues Lernziel angegangen werden kann
- Gründe für die Abweichung finden und abstellen helfen
- Korrigierende Maßnahmen veranlassen
- Auszubildende vor Unfällen und Fehlern schützen
- Möglichkeit zur Stellungnahme, Abbau von Missverständnissen oder Problemen geben
- Feststellung der beruflichen Eignung klären
- Zur Feststellung eines besonderen Förderungsbedarfs dienen
- Korrekturen der Personalentwicklung vornehmen helfen
- Leistungs- und Arbeitsbereitschaft fördern
- Auszubildenden ein Gefühl von Sicherheit geben
- Auszubildenden das Gefühl geben, dass ihre Arbeit wichtig ist
- Bedürfnis nach Anerkennung erfüllen helfen
- Motivation fördern
- Ausbildern zeigen, ob die angewandte Methode passend war
- Mitteilungsfunktion für außenstehende Dritte (z. B. Eltern, Kooperationspartnern, Berufsschullehrer) sein
- Zur Versachlichung des Verhältnisses Ausbilder und Auszubildender beitragen
- Der besseren Kenntnis des Auszubildenden mit seinen Wünschen und Problemen dienen
- Übernahmekriterium, Kriterium für die Personalauswahl und Laufbahnförderung sein
- Der Gewinnung von Angaben zum Betriebsklima, zu Arbeitsabläufen und organisatorischen Mängeln dienen
- Grundlage eines qualifizierten Arbeitszeugnisses sein
- Hinweis über das eigene Führungsverhalten des Ausbilders sein

Lernerfolgkontrollen dürfen nicht engstirnig oder kleinkariert sein (der Ausbilder ist kein Kontrolleur!). Stattdessen geht es um vorausschauende Planung, um Steuerung, um Fehlersuche und deren Abstellung, damit die Lernziele bzw. der Ausbildungserfolg erreicht werden.

Kontrolle bedeutet somit ein möglichst frühzeitiges Erkennen von Problemen, die beeinträchtigend auf das Lernziel wirken können. Sie haben in erster Linie eine diagnostische Funktion. Letztlich ist jede Kontrolle ein Soll-Ist-Vergleich und erst in einem zweiten Schritt eine Beurteilung oder sogar eine Benotung.

Anlässe der Beurteilung/Wann erfolgen Beurteilungen?

Bereits bei der Planung des Ausbildungsablaufes muss der Ausbilder ein einheitliches und vergleichbares Beurteilungssystem und dessen (zeitlichen) Ablauf festlegen. Alle am Beurteilungsprozess Beteiligten müssen darüber rechtzeitig und umfassend informiert werden.

Zeitpunkte/Anlässe für Lernerfolgskontrollen können sein:

- Laufende Beurteilung bei Unterweisungen und/oder am Arbeitsplatz am Ende einer Unterweisung
- Beurteilung nach Abteilungswechsel
- Beurteilung durch Prüfungen
- Beurteilung zum Ende der Probezeit
- Beurteilung nach Beendigung eines Projektes
- Beurteilung zum Ende des Ausbildungsverhältnisses

Dosierung von Kontrolle:
- Anzeichen für zu wenig Kontrolle sind, dass sich gleiche Fehler wiederholen und sich Unordnung, Unpünktlichkeit und Gewissenlosigkeit breitmachen.

* Anzeichen für zu viel Kontrolle sind, dass sich die Auszubildenden bei der Arbeit gestört oder belästigt fühlen, dem Ausbilder die Kontrollzeit als Arbeitszeit woanders fehlt.

Anforderungen an Lernerfolgekontrollen/Beurteilungen/Welche Anforderungen sind notwendig?

Zu den Anforderungen an Lernerfolgskontrollen zählen ihre Objektivität, Validität und Reliabilität.

Objektivität: Gefordert ist Subjektunabhängigkeit der Lernerfolgskontrolle. Eine Lernerfolgskontrolle ist dann objektiv, wenn

* mehrere Ausbilder zu einem gleichen Ergebnis bei der Beurteilung eines Auszubildenden kommen. Bei programmierten Aufgaben ist dies in der Regel der Fall.
* gleiche Leistungen unterschiedlicher Auszubildender vom gleichen Ausbilder gleich bewertet werden.
* der Ausbilder die Leistungen unabhängig von äußeren Gegebenheiten (Vorerfahrungen) beurteilt.

Validität: Das Richtige messen. Eine Lernerfolgskontrolle ist dann valide (gültig), wenn sich die Aufgaben auf das beziehen, was vorher vermittelt wurde. Nicht verlangte positive Leistungen bleiben ebenso unberücksichtigt wie Fehlleistungen auf anderen Gebieten.

Reliabilität: »Mess«-Fehler klein halten oder ausschalten. Um die Genauigkeit der Beurteilung zu erhöhen, müssen systematische Fehler in der Aufgabenstellung vermieden werden, da sie eine Abweichung vom wahren Wert (z. B. durch eine zu hohe Anforderung) fördern.

Dabei ist generell zu beachten, dass

* klare Maßstäbe angewendet werden,
* Gerechtigkeit herrscht,
* individuell vorgegangen wird und
* angemessene Reaktionen des Ausbilders erfolgen.

Lernerfolgskontrollen und ihre Bedeutung hängen von folgenden Faktoren ab:

* Schwierigkeitsgrad und Wichtigkeit des Lernziels
* Entwicklungsstand des Auszubildenden
* Unfallgefahr der Arbeitsaufgabe
* Schadensrisiko durch den Auszubildenden
* Rahmenbedingungen

Informationsquellen für die Beurteilung/Welche Informationsquellen bieten sich an?

Es werden verschiedene Formen der Lernerfolgskontrollen als Grundlage für Beurteilungen unterschieden: schriftlich, mündlich und praktisch.

Schriftlich:
Ungebundene oder freie Aufgaben:
Die Kontrolle der Lösung erfolgt mehr oder weniger nach Ermessen des Ausbilders.
Hierzu zählen Aufsätze, Berichte, Fragenkataloge, Rechenaufgaben oder zu ergänzende Zeichnungen. Der Vorteil dieser Verfahren ist, dass ein Erraten der Antworten nicht möglich ist. Es ist ein breites Wissens-, Fähigkeits- und Qualifikationsspektrum überprüfbar.

Halb gebundene Aufgaben:
Die Antwortmöglichkeiten sind durch die Aufgabenstellung eingeengt.
Hierzu zählen Lückentexte, Alternativantwortaufgaben und Reihenfolgeaufgaben.

Gebundene Aufgaben (programmierte Aufgaben):
Die Antwortmöglichkeiten sind vorgegeben. Hierzu zählen Zuordnungsaufgaben oder Multiple-Choice-Aufgaben wie oftmals bei der Zwischenprüfung oder der schriftlichen Abschlussprüfung.

Ausbildungsnachweis: Zu dessen Funktionen zählt auch die Kontrolle.

Mündlich:
Geprüft werden können auf diese Weise die Kommunikationsfähigkeit, das Fachwissen, die Reaktionen und die Verhaltensweisen der Auszubildenden. Möglich sind mündliche Lernerfolgs-kontrollen im Rahmen eines Rollenspiels, eines Lehr-Lern-Gesprächs, eines Fachgespräches (situationsbezogen, fallbezogen, auftragsbezogen oder situativ), eines Vortrags oder einer Präsen-tation des Auszubildenden. Eine besondere Rolle spielt hierbei die Fragetechnik des Ausbilders.

Praktisch:
Denkbar sind eine Präsentation, Demonstration, eine Arbeitsprobe oder ein betrieblicher Auftrag, bei der der Auszubildende die Lernzielerreichung beweisen kann.

Beurteilungsformen/Welche Formen der Beurteilung bieten sich an?

Bei den Beurteilungsformen werden drei verschiedene Formen unterschieden:
Die gebundene (schriftliche), die offene (schriftliche) und die offene (verbale) Form.

Die **gebundene (schriftliche) Beurteilung**

Bei dieser Form der Beurteilung werden i. d. R. Beurteilungsskalen verwendet. Zwar kann die Be-urteilung auch mit Schulnoten vorgenommen werden, in der Praxis findet man allerdings vielfach andere/passendere Rangfolgen/Skalen.

Möchte der Beurteiler einen Mittelwert zulassen, werden Bewertungsskalen mit einer ungeraden Zahl von Bewertungsstufen gewählt. Anderenfalls ist eine Skala mit einer geraden Anzahl an Werten besser. Hierbei wir eine »Tendenz zur Mitte« ausgeschlossen.

Vorteil: Leichte Vergleichbarkeit der Auszubildenden
Nachteil: Beurteilungsvorgaben

Als Hilfe für die Beurteiler sollten die Skalenwerte mit Anmerkungen und Definitionen versehen werden.

Z. B.: Beurteilungskriterium »Ausdrucksvermögen«

1	2	3	4	5	6

Definitionen (z. B.):
Bewertung 1: »Drückt sich sehr korrekt und präzise aus und kann Fachbegriffe richtig anwenden.«
Bewertung 6: »Drückt sich noch unbeholfen und umständlich aus.«

Problematik:
Da den verschiedenen Kriterien i. d. R. nicht das gleiche Gewicht für die Gesamtbeurteilung beizumessen ist, gilt es eine Gewichtung vorzunehmen.

Drei Beurteilungsbögen aus der Praxis:

Beurteilungsbogen für Auszubildende

– Musterbogen –

Personaldaten

Name, Vorname	unter 18 Jahre ☐	über 18 Jahre ☐
Ausbildungsberuf	Einstellungsjahr	Ausbildungsjahr	1	2	3	4

Angaben zur Ausbildung

Ausbildende Abteilung   Ausbilder/Ausbildungsbeauftragter

Ausbildungszeitraum vom   bis

Ausbildungsziele für den Beurteilungszeitraum:

Fertigkeiten:

Kenntnisse:

Konnten die Ausbildungsziele erreicht werden?   ja ☐   teilweise ☐   nein ☐

Begründung falls „teilweise" oder „nein":

Beurteilung der Lernergebnisse

Fertigkeiten

Verfügen über die für den Ausbildungsprozeß bzw. Ausbildungsabschnitt geforderten Fertigkeiten

Verfügt über einen sehr hohen Fertigkeitsgrad. Führt die übertragenen Tätigkeiten mit großer Geschicklichkeit durch.
Verfügt über einen hohen Fertigkeitsgrad. Arbeitet sicher und geschickt.
Die Fertigkeiten ermöglichen eine zufriedenstellende Arbeitsausführung. Ist selten unsicher.
Der erforderliche Fertigkeitsgrad wird nicht immer erreicht. Die Arbeitsausführung wird dadurch erschwert.
Kann die Anforderungen an Fertigkeiten kaum erfüllen. Ist bei vielen Tätigkeiten unsicher und ungeschickt.

Kenntnisse

Verfügen über die für den Ausbildungsprozeß bzw. Ausbildungsabschnitt geforderten Kenntnisse.

Verfügt über besonders umfangreiche Fachkenntnisse und erkennt sicher Zusammenhänge.
Verfügt über umfangreiche Fachkenntnisse. Kann Zusammenhänge herstellen.
Besitzt die erforderlichen Fachkenntnisse, um die übertragenen Aufgaben zufriedenstellend ausführen zu können.
Die erforderlichen Fachkenntnisse sind nicht immer vorhanden. Fehlendes Wissen erschwert den Arbeits- und damit auch den Ausbildungsablauf.
Verfügt kaum über die erforderlichen Fachkenntnisse. Ist häufig auf Erklärungen, Hilfen und Ratschläge angewiesen.

Beurteilung ausbildungs- und berufsrelevanter Verhaltensweisen

Zusammenarbeit

Verhalten im Kontakt mit Kollegen und Vorgesetzten. Fähigkeit zur Zusammenarbeit. Hilfsbereitschaft für andere und deren Unterstützung beim Lernen und Arbeiten

Zeigt besonderes Einfühlungsvermögen im Umgang mit anderen. Gute Zusammenarbeit und Hilfsbereitschaft. Aufgeschlossen und fair.
Hat gutes Einfühlungsvermögen im Umgang mit anderen. Ist hilfsbereit und fähig zu guter Zusammenarbeit.
Zeigt in der Regel Einfühlungsvermögen im Umgang mit anderen. Hat den Willen zu Hilfsbereitschaft und Zusammenarbeit.
Zeigt Unsicherheiten im Umgang mit anderen, wodurch eine problemlose Zusammenarbeit erschwert wird. Arbeitet, von Ausnahmefällen abgesehen, in der Gruppe mit.
Zeigt ungenügendes Einfühlungsvermögen im Umgang mit anderen. Kein ausgeprägtes Gefühl für Zusammenarbeit. Arbeitet lieber allein.

Auffassungsgabe

Sicherheit und Schnelligkeit beim Erfassen von Lerninhalten und -situationen, im Begreifen von Zusammenhängen

Auch schwierige Sachverhalte werden schnell begriffen, Zusammenhänge klar erkannt, Einzeldaten gewichtet und zugeordnet.
Schnelle Auffassung. Der Kern einer Sache wird rasch begriffen. Ist in der Lage, Wesentliches vom Unwesentlichen zu unterscheiden.
Inhalt und Bedeutung eines Sachverhalts werden erfaßt. Das Begriffene wird sachlich richtig eingeordnet.
Anleitungen bzw. wiederholte Erklärungen sind notwendig, damit Lerninhalte und -situationen verstanden werden.
Lerninhalte und -situationen werden selbst nach eingehender, wiederholter Erklärung nur unvollkommen verstanden.

Quelle: Kuratorium der Deutschen Wirtschaft für Berufsbildung

Transfervermögen

Umsetzung vorhandener Erkenntnisse
auf ähnliche Problemstellungen

Sichere und richtige Übertragung gewonnener Erkenntnisse.
Gewonnene Erkenntnisse werden übertragen.
Gewonnene Erkenntnisse werden meist übertragen.
Kann gewonnene Erkenntnisse nur vereinzelt übertragen.
Gewonnene Erkenntnisse werden nicht übertragen.

Sorgfalt

Fähigkeit, die im jeweiligen Ausbildungsabschnitt durchzuführenden Aufgaben
planmäßig und sorgfältig, den Qualitätsanforderungen entsprechend auszuführen

Arbeitet stets planvoll und mit großer Sorgfalt. Arbeitsergebnisse liegen immer im Bereich der Qualitätsanforderungen.
Arbeitet planvoll. Ist sorgfältig in der Arbeitsausführung. Arbeitsergebnisse liegen nur selten außerhalb der gestellten Qualitätsanforderungen.
Es wird im allgemeinen planvoll und sorgfältig gearbeitet. Arbeitsergebnisse liegen zum größten Teil im Bereich der Qualitätsanforderungen.
Planmäßigkeit und Sorgfalt bei der Arbeitsausführung lassen zu wünschen übrig. Arbeitsergebnisse entsprechen häufig nicht den gestellten Qualitätsanforderungen.
Übertragene Aufgaben werden nicht planvoll und sorgfältig durchgeführt. Erreicht kein ausreichendes Arbeitsergebnis.

Lerntempo/Zeitaufwand

Zeit, die – unter Berücksichtigung des
Ausbildungsstandes – für den Erwerb von
Fertigkeiten und Kenntnissen bzw. zur
Erledigung gestellter Aufgaben benötigt wird

Fertigkeiten werden besonders rasch beherrscht. Das Lerntempo ist außerordentlich hoch. Gestellte Aufgaben werden immer schneller erledigt, als der Ausbildungsstand erwarten läßt.
Fertigkeiten werden rasch beherrscht. Das Lerntempo ist hoch. Gestellte Aufgaben werden häufig schneller erledigt, als der Ausbildungsstand erwarten läßt.
Fertigkeiten werden nach Übung beherrscht. Das Lerntempo ist ausreichend. Gestellte Aufgaben werden in einer dem Ausbildungsstand angemessenen Zeit bewältigt.
Fertigkeiten werden meist erst nach längerer Übung beherrscht. Das Lerntempo ist nicht immer ausreichend. Benötigt für die gestellten Aufgaben meist mehr Zeit als vorgesehen.
Fertigkeiten werden auch nach längerer Übung kaum beherrscht. Das Lerntempo ist gering. Kommt bei der Ausführung der gestellten Aufgaben mit der vorgesehenen Zeit nicht aus.

Interesse/Initiative

Interesse an der Aufgabe und Initiative,
Gelerntes und eigene Fähigkeiten effektiv
in der Praxis einzusetzen

Zeigt außergewöhnliches Interesse. Besonders ausgeprägte Initiative. Scheut auch vor schwierigen Aufgaben nicht zurück. Sehr zielstrebig.
Zeigt Interesse und Initiative. Beteiligt sich an der Lösung auch schwieriger Aufgaben.
Ist interessiert und aufgeschlossen. Setzt seine Fähigkeiten effektiv ein. Braucht nur selten Anregungen bei schwierigen Aufgaben.
Zeigt nicht immer Interesse und Initiative. Bedarf der Anregungen.
Zeigt kaum Interesse und Initiative. Meidet schwierige Aufgaben. Bedarf ständiger Anregungen.

Zuverlässigkeit

Bereitschaft, Vorschriften (insbesondere
zur Arbeitssicherheit, Arbeitshygiene, zum
Gesundheits- und Umweltschutz),
Anweisungen und Termine gewissenhaft
einzuhalten und Verantwortung zu übernehmen

Ist sehr zuverlässig und verantwortungsbewußt in der Erledigung der gestellten Aufgaben und insbesondere bei der Einhaltung von Vorschriften, Anweisungen und Terminen.
Ist zuverlässig und verantwortungsbewußt in der Erledigung gestellter Aufgaben. Vorschriften, Anweisungen und Termine werden eingehalten.
Übertragene Aufgaben werden im allgemeinen zuverlässig durchgeführt. In der Regel werden Vorschriften, Anweisungen und Termine eingehalten.
Zuverlässigkeit läßt zu wünschen übrig. Vorschriften und Anweisungen werden oft nicht ausreichend beachtet. Es gibt Schwierigkeiten bei der Einhaltung von Terminen.
Vorschriften und Anweisungen werden nur ungenügend beachtet. Ist nicht zuverlässig bei der Einhaltung von Terminen.

Ausdauer

Beharrlichkeit und Beständigkeit bei der
Erledigung der gestellten Aufgaben und bei
der Erreichung der Ausbildungsziele

Ist außerordentlich ausdauernd auch unter erschwerten Bedingungen.
Ist ausdauernd. Gelegentliche Schwierigkeiten werden überwunden.
Ist im allgemeinen beharrlich und beständig.
Ist unterschiedlich ausdauernd. Schwierigkeiten werden nur mühsam überwunden.
Weniger beharrlich und beständig. Gibt bei Schwierigkeiten schnell auf.

Bemerkungen

Hinweise für Ausbildungshilfen:

_____

Anmerkungen zur Beurteilung bzw. zum Beurteilungsgespräch:

_____

Hinweise auf besondere Fähigkeiten und Interessen; Vorschläge zur weiteren Förderung:

_____

Unterschriften

Beurteiler:	Datum/Unterschrift(en):
Auszubildende(r):	Datum/Unterschrift:
Ausbildungsleitung:	Datum/Unterschrift:

Quelle: Kuratorium der Deutschen Wirtschaft für Berufsbildung

Die **offene (schriftliche) Beurteilung**

Der Ausbilder formuliert seine Beurteilung in eigenen Worten. Hier sind der Beurteilungsfreiheit wenig Grenzen gesetzt.

Vorteile:
- Besser dokumentierbar
- Ausdrucksfreiheiten des Ausbilders
- Größere Möglichkeit der individuellen Beurteilung

Nachteile/Problembereiche:
- Mangelndes Ausdrucksvermögen des Ausbilders
- Fehlende Beurteilungskriterien
- Zeitplanung schwierig/benötigt viel Zeit

Die **offene (verbale) Beurteilung**

Bei dieser Beurteilungsform schildert der Beurteiler die Leistungen und das Verhalten des Auszubildenden verbal in eigenen Worten (vgl. Kap. 1.3.8.1.3).

Beispiele aus den Bereichen Fachkompetenz und Methodenkompetenz:

- »Herr Strauss hat sehr gute Kenntnisse in der Buchhaltung erworben und ist in der Lage, die mit der Debitorenbuchhaltung zusammenhängenden Arbeiten selbstständig und richtig auszuführen.«
- »Frau Wald hat die Fähigkeit, sich relevantes Informationsmaterial zu erschließen und es für die jeweilige Problemsituation sinnvoll zu nutzen.«

Vorteil:
- Lässt einen großen Beurteilungsspielraum zu und kann individueller ausfallen

Nachteile/Problembereiche:
- Ausdrucksschwierigkeiten des Ausbilders
- Fehlende Beurteilungskriterien
- Dokumentation

Beurteilungsbereiche/Was wird beurteilt?

Unterschieden werden Leistungs-, Verhaltens- und Entwicklungsbeurteilungen.

Die Beurteilung der Leistung und des Verhaltens umfasst die Überprüfung, inwieweit die zu erfüllende Arbeitsleistung im definierten Zeitraum erbracht wurde. Ergebniskontrollen müssen sein.

Bei der **Leistungsbeurteilung** wird der Ausbildungsstand in fachlicher Hinsicht betrachtet. Es geht hier in erster Linie um Fachkompetenz.

Bei der **Verhaltensbeurteilung** geht es um Einstellungen und Verhalten gegenüber Kunden, Mitarbeitern, Ausbildern und anderen Auszubildenden, also um Schlüsselqualifikationen.

Verhaltenskontrollen sind notwendig, wenn

- kostspielige Fehler abzusehen sind,
- falsches Verhalten zu schwerwiegenden Fehlern führen kann,
- der Auszubildende deutlich zu langsam oder ungeschickt arbeitet.

Sinnvoll ist es, Verhaltens- und Leistungskontrollen zu trennen.

Neben der eigentlichen Beurteilung der Arbeitsleistung oder des Verhaltens des Auszubildenden müssen auch die vorgegebenen Rahmenbedingungen berücksichtigt werden. Es geht darum, die notwendigen Vorleistungen anderer Beteiligter sowie die allgemeinen Rahmenbedingungen mit in die Beurteilung einzubeziehen, um letztlich zum »zurechenbaren« Anteil des Auszubildenden zu kommen.

Pädagogisch und lernpsychologisch sinnvoll ist es, neben dem Leistungs- und Verhaltensbereich auch eine **Entwicklungsbeurteilung** vorzunehmen. Diese erzielt auf Grundlage der Leistungs- und Verhaltensmessungen und darüber hinausgehender Beobachtungen ein umfassenderes Bild über den Auszubildenden und dessen Potenziale. Während die Leistungs- und Verhaltensbeurteilung mehr oder weniger zeitpunktbezogen sind, ist die Entwicklungsbeurteilung zeitraumbezogen.

Zur Unterscheidung der **Lernzielbereiche**:

Die Beurteilung des Auszubildenden bezieht sich auf bestimmte Lernzielbereiche, wie kognitiv (Wissen- und Wissensverwendung, Denken und Verstehen), affektiv (Verhaltensweisen, Einstellungen) und psychomotorisch (körperliche Fähigkeiten). Die Lernbereiche können allerdings nicht ohne Weiteres als Beurteilungskriterien herangezogen werden. Sie sind zu pauschal und bedürfen einer Konkretisierung.

Vielfach werden die Beurteilungskriterien auch nach Einteilungen wie Fach-, Selbst-, Methoden- und Sozialkompetenz vorgenommen. Die Betrachtung der Schlüsselqualifikationen erweitert die Betrachtung über die eigentliche Arbeitsleistung hinaus. Welche Kriterien zugrunde gelegt werden sollen, muss individuell geklärt werden.

Mögliche (positive) Beurteilungskriterien sind:

Fachwissen/Fachkompetenz:

Der Auszubildende
- wendet Gelerntes im Arbeitsalltag selbstständig und richtig an,
- kennt die gesetzlichen Grundlagen.

Selbst-, Sozial- und Methodenkompetenz (Schlüsselqualifikationen):

Teamfähigkeit:

Der Auszubildende
- stellt Gruppen- bzw. Teamziele vor die eigenen,
- ist bereit, bei Interessenunterschieden zu Kompromissen zu kommen,
- gibt eigenes Wissen an andere Auszubildende oder Mitarbeiter weiter,
- akzeptiert Mehrheitsentscheidungen und vertritt sie auch gegenüber Dritten,
- wird von der Gruppe akzeptiert und akzeptiert andere,
- verzichtet auf (permanente) Selbstdarstellung/Profilierung,
- erkennt »Totpunkte« in der Teamarbeit und hilft, diese zu überwinden.

Fähigkeit, faire Kritik zu äußern:

Der Auszubildende
- konzentriert sich auf Sachpunkte, persönliche Verletzungen werden vermieden,
- übt Kritik offen dem Betroffenen, nicht Dritten gegenüber (»Flurgeflüster«),
- strebt mit dem/den Kritisierten eine gemeinsame Sicht der Situation an,
- zieht Schadensbegrenzung einer Schuldzuweisung vor,
- kann einen »Schlussstrich« ziehen; ist nicht nachtragend.

Belastbarkeit:

Der Auszubildende
- arbeitet konzentriert,
- bleibt auch unter Stress souverän und leistungsfähig.

Zuverlässigkeit/Aufgabenerfüllung/Leistungsbereitschaft:

Der Auszubildende
- erledigt Aufgaben vereinbarungsgemäß, hält Termine ein,
- liefert fertige Ergebnisse bzw. Lösungsalternativen für ein Problem,
- leistet gleichbleibend gute Arbeitsqualität,
- meldet sich korrekt ab.

Selbstständigkeit:

Der Auszubildende
- liefert fertige Ergebnisse oder bietet Lösungsalternativen an,
- macht Vorschläge zur Problemlösung,
- erkennt Probleme oder Störungen und geht sie aus eigener Initiative an,
- arbeitet ohne ständige Anweisungen, setzt sich selbstständig Prioritäten,
- kommt mit Themen und Problemen auf den Ausbilder zu oder macht ihn darauf aufmerksam,
- erschließt sich selbstständig Informationsquellen.

Beurteiler/Wer führt die Beurteilung durch?

In der Regel ist die Lernerfolgskontrolle und Beurteilung Aufgabe des Ausbilders als Fremdkontrolle. Durchaus denkbar und sinnvoll ist es, wenn zunächst eine Selbstkontrolle durch die Auszubildenden erfolgt.

Während die Fremdkontrolle durch den Ausbilder vorgenommen wird, geht es bei der Selbstkontrolle darum, dass der Auszubildende seine eigene Leistung feststellen und beurteilen soll. Dies ist motivationsfördernd und Grundlage für ein erfolgreiches ganzheitliches und selbstständiges Lernen und ist bspw. beim Modell der vollständigen Handlung in der fünften Phase (Kontrollieren) vorgesehen. Im Idealfall kann der Ausbilder die Selbsteinschätzung des Auszubildenden bestätigen.

Selbstkontrolle geht vor Fremdkontrolle! Selbsterkenntnis ist der erste Schritt zur Besserung!

Beurteilungsfehler/Welche Fehler können bei der Beurteilung gemacht werden?

Hinderliche Reaktionsweisen bei der Beurteilung sind alle, die dem Auszubildenden

- das Gefühl einer ungerechten Behandlung/Beurteilung geben,
- seine Gefühle »nehmen«, d. h. ihm vermitteln, dass er die Gefühle gar nicht haben und äußern dürfte,
- Gefühle der Unterlegenheit, die ihm Bedeutungslosigkeit vermitteln,
- vermitteln, dass man ihm nicht zutraut, dass er mit Hilfe unserer Reaktionen allein eine Lösung für Aufgaben und Probleme finden wird,
- keine Orientierung geben, wo er steht.

Beispiele für solche Verhaltensweisen des Ausbilders sind:

- Tendenz zur Mitte:
  Scheu vor stark abweichenden Beurteilungen, wie extrem guter oder schlechter Beurteilung.
- Tendenz zur Überbewertung:
  Überbewertung des Sozialverhaltens oder der fachlichen Leistung.

- Tendenz zur Milde:
  Mit wohlwollender oder gar nachlässiger Beurteilung ist dem Auszubildenden nicht geholfen, da er sich weder mit seinem gezeigten Verhalten auseinandersetzen noch gezielte Verhaltensänderungen einleiten kann.
- Tendenz zur Strenge:
  Man legt einen zu hohen Maßstab an die Arbeit oder das Verhalten des Auszubildenden an.
- Kontrastfehler:
  Der Ausbilder orientiert sich an seinen/seinem eigenen Leistungen/Verhalten. Er sieht den Auszubildenden nicht als Auszubildenden.
- Fehlende oder unangemessene Berücksichtigung von Einflüssen aus dem privaten Bereich.
- Fehlende oder unangemessene Berücksichtigung von Einflüssen aus dem betrieblichen Umfeld.
- Es wird nicht bedacht, dass sich der Auszubildende in einem Entwicklungsprozess befindet, in dem Kompetenzen erst nach und nach erlernt werden.
- Andorra-Effekt:
  Eine sich selbst erfüllende Prophezeiung tritt ein, wenn der Auszubildende sich so verhält, dass die »Erwartungen« des Ausbilders erfüllt werden. Damit wird das Verhalten des Auszubildenden durch die Erwartungen des Ausbilders geprägt.
- Halo-Effekt:
  Hierbei überschattet aus der Sicht des Beurteilenden eine negative Eigenschaft des Auszubildenden alle anderen positiven Eigenschaften. Es kommt somit nicht zu einer ausgewogenen Beurteilung.
- Sympathie-Effekt:
  Hierbei beeinflussen Gefühle wie Sympathie oder Antipathie die Beurteilung.
- Vorgefasste Meinungen über den Beurteilten:
  Es ist nicht immer leicht, das Gehörte von den Gefühlen zu trennen, die wir für den Menschen empfinden, der sich uns mitteilt. Wir sind eher bereit, eine Mitteilung unkritisch aufzunehmen und den Gehalt des Gehörten zu akzeptieren, wenn wir für den Auszubildenden Sympathien hegen, als wenn wir ihn nicht ausstehen können.
- Einfluss der Gruppe:
  Die Gruppe, der wir uns zugehörig fühlen, beeinflusst oftmals unsere Ansichten und Gefühle.
- Nikolaus-Effekt:
  Hier wird eine kürzlich erbrachte Leistung, die noch am besten im Gedächtnis haftet, gegenüber länger zurückliegenden Leistungen überbewertet. So kann es vorkommen, dass die Auszubildenden sich umso mehr anstrengen, je näher das Ende des Beurteilungszeitraums ansteht.
- Prägung durch den letzten Eindruck:
  Der Ausbilder orientiert sich am letzten Eindruck, der oftmals besonders nachhaltig haften bleibt.
- Prägung durch den ersten Eindruck:
  Damit verbunden ist die Gefahr, dass ein erster falscher Eindruck oftmals ein dauerhaftes Bild des Auszubildenden nach sich zieht.
- Projektion:
  Wenn wir einen Menschen hassen, so hassen wir in seinem Bild etwas, was in uns selber sitzt. »Was nicht in uns selber ist, das regt uns nicht auf« (Hermann Hesse).
- Sich von Emotionen leiten lassen:
  Unsere Emotionen beeinträchtigen oftmals unsere Fähigkeit, den eigentlichen Sinn einer Nachricht zu vermitteln oder zu empfangen.
- Gefahr des Einsatzes von Metaphern:
  Metaphern sind bildhafte Ausdrücke. Der mit ihnen verbundene subjektive Bezugsrahmen macht die Metapher oftmals unscharf, da sie jeder unterschiedlich aufnehmen und interpretieren kann.
- Unangemessener Einsatz von Fremdwörtern oder Fachbegriffen (Gründe können sein: Arroganz, Gedankenlosigkeit oder Unfähigkeit).
- Falsche Wortwahl

- Korrekturfehler:
  Der Ausbilder ist nicht genügend bereit, seine Meinung im Laufe der Zeit zu ändern.
- »Wegloben«
- Manipulation (Image einer guten Abteilung)
- Angst, den Auszubildenden durch eine schlechte Bewertung zu verletzen oder zu demotivieren
- Angst vor Schwierigkeiten bzw. Auseinandersetzungen mit dem Auszubildenden bei/nach Beurteilungsgesprächen
- Angst vor der Auseinandersetzung mit dem eigenen Vorgesetzten bzw. der Ausbildungsleitung
- Beurteilungskriterien sind/waren ungenau und wurden nicht glaubhaft kommuniziert
- Es wird zu wenig Zeit für das Gespräch eingeplant.
- Es wird von Seiten des Ausbilders »von-oben-herab« aufgetreten.
- Konsequenzen der Zielabweichung werden nicht kommuniziert.
- Es erfolgt unangemessene(s) Lob bzw. Kritik.
- Einsatz von Killerphrasen
- Auszubildender darf nicht ausreden.
- Es wird durcheinander geredet.

 Möglichkeiten, die Beurteilungsproblematiken und Kommunikationsbarrieren als Ausbilder zu überwinden:

- Versuchen Sie einzuschätzen, welche Wirkung Ihre Botschaft auf die Gefühle des Auszubildenden haben könnte.
- Passen Sie Ihre Mitteilung weitgehend an das Vokabular und Sprachniveau des Auszubildenden an.
- Kommunizieren Sie mit dem Auszubildenden von Angesicht zu Angesicht. Gerade in der hochtechnisierten Zeit geht nichts über ein persönliches Gespräch.
- Untermauern Sie dem Auszubildenden Ihr Anliegen.
- Benutzen Sie verschiedene Ausdrucks- und Eingangskanäle.
- Sorgen Sie dafür, dass Sie vom Auszubildenden eine Nachricht erhalten, aus der hervorgeht, wie er Sie verstanden hat (Rückkopplung).

Zu beachten ist, dass alle Beurteiler in den benutzten Beurteilungssystemen geschult werden und die Auszubildenden als Beurteilte über das System informiert sind.

 Darüber hinaus ist zu beachten, dass der Betriebsrat beim Festlegen und Erstellen des Beurteilungssystems gemäß BetrVG § 94 (Personalfragebogen, Beurteilungsgrundsätze) ein Mitbestimmungsrecht hat.

1.3.8.1.3 Beurteilungsgespräche führen

Üblicherweise werden Beurteilungsgespräche am Ende eines Ausbildungsabschnittes geführt und basieren vor allem auf der Auswertung von Lernerfolgskontrollen und Verhaltensbeobachtungen. Beurteilungen erfordern als Grundlage in der Regel schriftliche Notizen während des Beurteilungszeitraums. Nur so können Beurteilungsfehler und -unsicherheiten im Beurteilungsgespräch vermieden und Tendenzen treffend erkannt werden. Eine Selbstbeurteilung von Auszubildenden ist sinnvoll, darf aber niemals die Beurteilung des Ausbilders unangemessen beeinflussen oder das Gespräch gar ersetzen.

 Ziele des Beurteilungsgesprächs:

- Die Auszubildenden sollen ihren Fähigkeiten entsprechend eingesetzt werden. Dies setzt die Beurteilung der Leistungsbereitschaft, des Leistungsverhaltens und der Person voraus. Das Gespräch dient als Standortbestimmung.

- Eine objektive Beurteilung kann berufliche Qualifikation fördern, zu Leistung motivieren und zu einem offenen Betriebsklima beitragen.
- Die Beurteilung im Gespräch ist ein wesentlicher Führungsfaktor, weil sie die Möglichkeit gibt, den Auszubildenden individuell einzusetzen und zu fördern.
- Der Ausbilder nimmt zur Leistung oder zum Verhalten des Auszubildenden Stellung.
- Es ist eine zeitnahe und möglichst objektive Beurteilung des Leistungsstandes oder der Verhaltensweisen vorzunehmen.
- Es ist Grundlage des gemeinsamen Erarbeitens des weiteren Vorgehens.
- Es soll letztlich als Impuls zur Persönlichkeitsentwicklung und als Leistungsanreiz verstanden werden und somit ein Fördergespräch sein.

Grundhaltung, Rahmenbedingungen und Schwerpunkte des Beurteilungsgespräches:

- Es erfolgt ein Vergleich der »Soll-« und der »Ist-Leistung«, bzw. des »Ist-Verhaltens«.
- Auszubildende haben Anspruch auf eine sachgerechte Beurteilung.
- Oberster Grundsatz ist stets das Bemühen um Objektivität.
- Obwohl das Beurteilungsgespräch im Kern ein hierarchischer Vorgang ist, liegt seine große Chance darin, es prinzipiell partnerschaftlich anzulegen.
- Gekennzeichnet ist das Beurteilungsgespräch durch die damit verbundene Wechselwirkung seiner Kommunikations- und Selektionsfunktion.
- Zu Beginn des Gesprächs werden positive Aspekte herausgestellt.
- Es erfolgt eine Abwägung zwischen Lob und Anerkennung oder konstruktiver Kritik.
- Angestrebt wird immer eine konstruktive Kritik für künftig bessere Leistungen. Das Beurteilungsgespräch ist somit eine Mischung aus einem »Feed-Back« und einem »Feed-Forward«.
- Kritik kann positiv oder negativ ausfallen.
- Kritik erfolgt nur unter vier Augen.
- Kritik erfolgt nur an der Sache, nicht an der Person des Auszubildenden.
- Kritik soll niemals im Erregungszustand erfolgen.
- Lob und Anerkennung sind nicht zu unterschätzende Führungsinstrumente des Ausbilders. Bei gezielter Anwendung werden die Leistungsbereitschaft und -fähigkeit des Auszubildenden oder der Gruppe angespornt und die Arbeitszufriedenheit u. U. gesteigert.
- Es wird eine sachliche und aufbauende Kritik geübt, beobachtete entwicklungsfähige Verhaltensweisen oder Leistungen werden offen angesprochen und nachvollziehbar gemacht.
- Es wird dem Auszubildenden Gelegenheit gegeben, Stellung zu nehmen, um eine Selbstüberprüfung bzw. -reflektierung zu ermöglichen.
- Lösungsmöglichkeiten werden gemeinsam erarbeitet sowie eine Erfolgskontrolle verabredet.
- Der Auszubildende soll das Beurteilungsgespräch abschließend als Fördergespräch empfinden.
- Anwendung der richtigen Fragetechniken. (Mehr zu den Fragetechniken im Kap. 1.2.4.5.3)

Das Beurteilungsgespräch besteht in der Regel aus sechs Phasen:

- 1. Phase: Vorbereitungs- und Einstiegsphase

  - Vorausgegangen ist eine Beobachtung der Arbeitsleistung und des Verhaltens des Auszubildenden
  - Beobachtete Leistungen und Verhaltensweisen müssen aufbereitet werden
  - Termin des Gespräches dem Auszubildenden rechtzeitig mitteilen
  - Gespräch sorgfältig vorbereiten
  - Es ist dafür gesorgt, dass mögliche Störquellen ausgeschaltet sind
  - Zeitrahmen ist festgelegt
  - Vertrauensvolle Atmosphäre schaffen
  - Gespräch wird locker mit einer Aufwärmphase (Small Talk) eingeleitet
  - Ablauf, die geplante Dauer, die Ziele und Inhalte des Gesprächs, werden zu Beginn bekannt gegeben

- 2. Phase: Darstellungsphase der Beobachtungen des Ausbilders

  - Auszubildenden erst die positiven und dann die negativen Beobachtungen mitteilen
  - Zunächst erkennbare positive Entwicklungen herausstellen
  - Auszubildenden ggf. klarmachen, dass eine Verbesserung der Leistungen oder des Verhaltens seit dem letzten Gespräch (nicht) eingetreten ist

- 3. Phase: Beurteilungsphase des Ausbilders

  - Kritik ist sachbezogen, am besten mit Beispielen darzustellen
  - Es ist eine Begründung der Bewertung vorzunehmen

- 4. Phase: Erörterungsphase der Beurteilung durch Ausbilder und Auszubildenden

  - Gelegenheit zur Selbstüberprüfung geben
  - Dem Auszubildenden die Gelegenheit geben, seine Einwände gegen Ihre Beurteilung zu äußern
  - Mit dem Auszubildenden erörtern, woran es liegt, dass Schwierigkeiten bei der Umsetzung aufgetreten sind
  - Sich mit dem Auszubildenden auf eine möglichst einheitliche Bewertung der Situation einigen

- 5. Phase: Veränderungsplanungsphase

  - Gemeinsam Maßnahmen zur Behebung der Mängel vereinbaren
  - Entwicklungsfähige Leistungen und Verhaltensweisen offen ansprechen
  - Neue Ziele festlegen, Maßnahmen gemeinsam mit dem betroffenen Auszubildenden entwickeln
  - Dem Auszubildenden die eventuellen Folgen der Situation für den Fall verdeutlichen, dass sich nichts ändert
  - Vereinbarte Maßnahmen und Ergebnisse des Beurteilungsgesprächs sollten gemeinsam mit dem Auszubildenden schriftlich formuliert und der Beurteilung beigelegt werden

- 6. Phase: Abschlussphase des Gespräche

  - Vereinbarungen werden wiederholt/Zusammenfassung der Ergebnisse
  - Das Gespräch freundlich, aber verbindlich ausklingen lassen
  - Positive und motivierende Verabschiedung
  - Ausblick geben
  - Es darf in einem Beurteilungsgespräch keine(n) Verlierer geben. Beide Seiten müssen das Gespräch als konstruktiv empfunden haben

 ## 1.3.8.2 Leistungsfeststellung und Bewertung durch die zuständige Stelle

Die Leistungsfeststellung der Auszubildenden durch die zuständige Stelle (Kammer) erfolgt in erster Linie durch die Zwischen- und Abschlussprüfungen bzw. Teil 1 und 2 der gestreckten Abschlussprüfung (vgl. 1.4.1.1 und 1.4.1.2) und die daraus abgeleiteten Zeugnisse.

Für alle Kammer-Prüfungen im Bereich der Aus- und Fortbildung gilt folgender Notenschlüssel, der allen Ausbildern geläufig sein sollte:

100 bis 92 Punkte	= Note 1	unter 67 bis 50 Punkte = Note 4
unter 92 bis 81 Punkte =	Note 2	unter 50 bis 30 Punkte = Note 5
unter 81 bis 67 Punkte =	Note 3	unter 30 bis 0 Punkte = Note 6

Weil mit der Leistungsfeststellung der zuständigen Stelle ein Durchschnittswert der Ergebnisse verbunden ist, macht es nicht zuletzt Sinn, das Ergebnis genauer zu analysieren. Letztlich kann dies zur Änderung der künftigen Ausbildungsplanung führen. Da die Note aber selber wenig aussagekräftig ist, macht es Sinn, mit dem Auszubildenden bei der zuständigen Stelle Einsicht in die Prüfung zu nehmen, um zu sehen, was gefordert wurde und was der Auszubildende dazu geleistet hat.

1.3.8.3 Leistungsfeststellung und Bewertung durch die Berufsschule

Als Partner im Dualen System übernimmt die Schule einen großen Teil der Ausbildung. Auch in der Schule werden Leistungsfeststellungen und Bewertungen durchgeführt. Die Leistungsfeststellungen erfolgen durch die Mitarbeit im Schulunterricht und Klassenarbeiten, die letztlich in die Schulnoten münden. Ausbilder sollten immer im Kontakt mit den Berufsschullehrern stehen und sich über die Leistungen ihrer Auszubildenden in der Schule informieren und austauschen. Letztlich lebt das Duale System von der Schnittstelle Ausbilder-Berufsschullehrer bzw. deren Austausch.

Wichtig sind die Schulnoten insbesondere für Auszubildende, die ihre Abschlussprüfung aus einem laufenden Vertrag verkürzen möchten. Sie benötigen einen bestimmten Notendurchschnitt, um die Abschlussprüfung vorziehen zu können (vgl. Kap. 1.3.6.2).

1.3.9 Interkulturelle Kompetenzen fördern

1.3.9.1 Sozialisationsprozess in verschiedenen Kulturen

Die sich wandelnden technischen und organisatorischen Entwicklungen, die in nahezu alle gesellschaftlichen Bereiche hineinwirken, haben dazu geführt, dass auch die Auszubildenden zunehmend in interkulturellen Situationen agieren müssen und mit Kollegen, Kunden oder Geschäftspartnern unterschiedlicher Kulturen auf breiter Front in Beziehung treten.

Ökonomisches und soziales Handeln kann sich heute nicht mehr nur auf ein bestimmtes kulturelles Umfeld begrenzen lassen. Somit zählt die Entwicklung und Entfaltung interkultureller Handlungskompetenz zu den wesentlichen Aufgaben beruflicher Bildung, nicht zuletzt, weil der Bedarf der Wirtschaft an Mitarbeitern mit interkultureller Kompetenz, mit Sprach- und Kulturkenntnissen sowie internationaler bzw. interkultureller Berufserfahrung ständig steigt. Der Sozialisationsprozess findet somit faktisch in und mit verschiedenen Kulturen statt.

Auslöser dieser Situation sind u. a.:

- Internationalisierung und Globalisierung der Weltgesellschaft
- Technologischer Fortschritt und Technologietransfer
- Mobilitäts- und Arbeitsmarktentwicklungen
- Migrationsströme
- Demografische Entwicklungen
- Integrationsbestrebungen auf unterschiedlichen Ebenen
- Veränderte Konsumbedürfnisse
- Neue soziale und politische Verknüpfungen
- Wettbewerbs- und Rationalisierungszwänge
- Wertewandel

1.3.9.2 Fähigkeit, mit Menschen anderer Kulturkreise zu agieren

In der Auseinandersetzung mit anderen Kulturen (und sie finden sich heute immer und überall) geht es darum, aus dem eigenen kulturellen Schatten und den damit verbundenen Einstellungen, Denkhaltungen und Umgangsformen zu treten, Handlungs- und Orientierungssysteme anderer Kulturen wahrzunehmen, zu verstehen und angemessen darauf einzugehen. Als interkulturelle Kompetenz kommt somit analog zu den anderen Kompetenzen (vgl. Kap. 1.3.3.2) das Analysieren, Wahrnehmen und Entscheiden bezogen auf kulturelle Überschneidungsbereiche.

Interkulturelle Kompetenz als Ergebnis interkulturellen Lernens zeigt sich somit in veränderten Einstellungen, Prinzipien, neuen Schlüsselqualifikationen (Wahrnehmungsfähigkeit, Empathie, Kooperationsfähigkeit, systematisches und vernetztes Denken, Offenheit, Kommunikationsfähigkeit) und im Menschenbild und hängt von Rahmenbedingungen (wie Bildungsinstitutionen, Lernorte, Lernklima, Zeitstruktur, Methoden, interkulturelle Situationen und Kommunikationsmitteln) ab.

Aspekte der interkulturellen Kompetenz sind:

* Begegnung und das Kennenlernen fremder Kulturen und Kulturträger (im In- und Ausland)
* Bewusstwerdung der eigenen Kultur im Vergleich dazu
* Aufnahme von Elementen fremder Kulturen
* Anwendung und Weitergabe ausgewählter neuer Kulturelemente in die eigene Kultur
* Wissen über kulturelle Regeln
* Belastbarkeit in kulturellen Überschneidungssituationen
* Kontextangepasste Fachkompetenz
* Bereitschaft zur Mobilität
* Planungs- und Entscheidungsfähigkeit im Kontext anderer Kulturstandards
* Umsetzung von (interkultureller) Empathiefähigkeit und Rollenflexibilität
* Fähigkeit, interkulturellen Missverständnissen vorzubeugen bzw. sie aufzuklären
* Interesse, Offenheit und Toleranz gegenüber anderen Kulturen
* Auseinandersetzung mit unterschiedlichen kulturellen Sichtweisen und der Befähigung zur Konfliktbereinigung bei unterschiedlichen Werte- und Normenorientierungen
* Entdeckung und Betonung von Gemeinsamkeiten
* Aufhebung von Wir-Grenzen in der globalen Verantwortung
* Entwicklung von (neuen) Kommunikations- und Interaktionsformen
* Fähigkeit zur Kooperation und Solidarität
* Integration neuer Ideen und Aspekte
* Reflexion eigener Denk- und Handlungsmuster
* Zurechtfinden in einer sprachlich und kulturell unvertrauten Umwelt
* Fähigkeit, Erfahrungen aus dem Nahbereich in einen globalen Rahmen zu stellen

Beim Erwerb interkultureller Kompetenz handelt es sich weitgehend um »Erfahrungslernen«, welches interkulturelle Situationen voraussetzt. Der interkulturelle Lernprozess stellt dementsprechend einen wechselseitigen, langfristigen und nie abgeschlossenen Prozess dar.

Je nach Zugehörigkeit zu einer bestimmten Branche, Berufsgruppe, Unternehmung und Position setzt sich die interkulturelle Kompetenz für jeden Auszubildenden individuell zusammen. Ausbilder, die Auszubildende zu interkultureller Kompetenz führen wollen, müssen selber interkulturelle Lerner sein. Bedauerlich ist allerdings, dass in den Rahmenlehrplänen der Berufsschulen (außer dem Fremdsprachenunterricht in ausgewählten Berufen) und den Ausbildungsrahmenplänen die interkulturellen Aspekte zu wenig Beachtung finden.

Eine in diesem Zusammenhang sinnvolle und durch das Berufsbildungsgesetz gewollte Maßnahme ist die Ausbildung im Ausland, die bis zu einem Viertel der Ausbildungszeit betragen darf (vgl. Kap. 1.2.6).

1.4 Ausbildung abschließen

1.4.1 Auszubildende auf die Abschluss- oder Gesellenprüfung unter Berücksichtigung der Prüfungstermine vorbereiten und die Ausbildung zu einem erfolgreichen Abschluss führen

Bei den Prüfungen und der damit verbundenen Prüfungsvorbereitung ist in der Regel zwischen der Zwischen- und der Abschlussprüfung zu unterscheiden.

1.4.1.1 Die Zwischenprüfung/Teil 1 der »gestreckten« Abschlussprüfung

Das BBiG klärt die Rolle und Bedeutung der Zwischenprüfung bzw. des Teils 1 der gestreckten Abschlussprüfung:

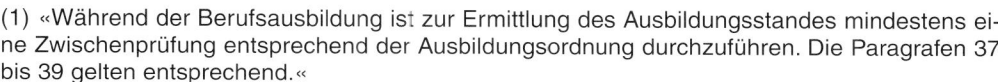

> **§ 48 Zwischenprüfung**
>
> (1) «Während der Berufsausbildung ist zur Ermittlung des Ausbildungsstandes mindestens eine Zwischenprüfung entsprechend der Ausbildungsordnung durchzuführen. Die Paragrafen 37 bis 39 gelten entsprechend.«
>
> (2) «Sofern die Ausbildungsordnung vorsieht, dass die Abschlussprüfung in zwei zeitlich auseinanderfallenden Teilen durchgeführt wird, findet Absatz 1 keine Anwendung.«

Die Prüfung ist somit vorgeschrieben und der Abschlussprüfung vorgeschaltet. Bei der Zwischenprüfung liegt allerdings eine andere Zielsetzung als bei der Abschlussprüfung vor. Die Funktion der Zwischenprüfung ist in erster Linie eine Förder- bzw. Kontrollfunktion und keine Selektionsfunktion. Es geht hier um die Ermittlung des Ausbildungsstandes; eine Standortbestimmung. Sie ist die einzige Lernerfolgskontrolle während der Ausbildung, die dem Ausbilder über den Betrieb und die Berufsschulklasse hinaus einen Vergleich des Ausbildungsstands seiner Auszubildenden mit dem aller anderen Auszubildenden des Kammerbezirks und Ausbildungsjahrgangs bis zur Abschlussprüfung erlaubt.

Zwar gibt es Noten auf die erbrachten Prüfungsleistungen, ein »Durchfallen« gibt es aber nicht. Ebenso wenig lassen sich Prüfungsgebiete gegenseitig ausgleichen. Eine Wiederholung der Zwischenprüfung ist somit nicht vorgesehen. Es besteht lediglich Teilnahmepflicht.

Bei der Auswertung der Zwischenprüfung ist ihre bedingte Aussagekraft zu beachten. Gerade Auszubildenden, die die Ausbildungsdauer verkürzen, steht die Zwischenprüfung früher als im Regelfall bevor. Es fehlt ihnen deswegen vielfach an Berufserfahrung und Berufsschulstoff, der in erheblichem Maße prüfungsrelevant ist.

Geplant ist, mit der Überarbeitung zahlreicher Ausbildungsordnungen, die Abschlussprüfung zu »strecken«, d. h. auch die Ergebnisse der »Zwischenprüfung« gehen dann als Teil 1 der »gestreckten« Abschlussprüfung in die Gesamtausbildungsnote ein (BBiG § 48 (2)). Bei einigen Ausbildungsordnungen (wie bei den Kaufleuten im Einzelhandel seit Juli 2009) ist dies bereits der Fall.

Konkrete Angaben zu Form, Inhalten und Ablauf der Zwischenprüfung macht die jeweilige Ausbildungsordnung.

Hier ein Auszug zur Zwischenprüfung aus der Ausbildungsordnung des Berufs Kaufmann/ Kauffrau im Groß- und Außenhandel:

§ 5 Zwischenprüfung

»Zur Ermittlung des Ausbildungsstandes ist eine Zwischenprüfung durchzuführen. Sie soll in der Mitte des zweiten Ausbildungsjahres stattfinden.
Die Zwischenprüfung erstreckt sich auf die in den Anlagen 1 und 2 für das erste Ausbildungsjahr aufgeführten Fertigkeiten, Kenntnisse und Fähigkeiten sowie auf den im Berufsschulunterricht entsprechend dem Rahmenlehrplan zu vermittelnden Lehrstoff, soweit er für die Berufsausbildung wesentlich ist.

Die Zwischenprüfung ist schriftlich in höchstens 180 Minuten durchzuführen. Der Prüfling soll dabei praxisbezogene Aufgaben oder Fälle aus folgenden Gebieten bearbeiten:

– Arbeitsorganisation
– Warenwirtschaft
– Wirtschafts- und Sozialkunde.«

Leitfragen zur Zwischenprüfung, die in einem anschließenden Auswertungs- bzw. Fördergespräch erörtert werden sollen, sind:

• Wird der vorgesehene Lernstoff beherrscht?
• Wie ist der Leistungsstand im Vergleich zu anderen Prüfungsteilnehmern?
• Was sind die vermutlichen Gründe für die festgestellten Mängel?
• Sind Ausbildungsstationen zu kurz gekommen?
• Was kann getan werden, um die Lücken schnell (spätestens bis zur Abschlussprüfung) zu schließen?
• Gilt es ggf. das Ausbildungskonzept zu ändern?
• Wie ist es um die Motivation des Auszubildenden bestellt?

1.4.1.2   Die Abschlussprüfung und Prüfungsanforderung gemäß Verordnung des Berufsbildes

Das BBiG schreibt vor, dass in anerkannten Ausbildungsberufen Abschlussprüfungen vorgesehen sind.

§ 37 Abschlussprüfung

(1) »In den anerkannten Ausbildungsberufen sind Abschlussprüfungen durchzuführen.«

(2) »Dem Prüfling ist ein Zeugnis auszustellen. Ausbildenden werden auf deren Verlangen die Ergebnisse der Abschlussprüfung der Auszubildenden übermittelt. Sofern die Abschlussprüfung in zwei zeitlich auseinanderfallenden Teilen durchgeführt wird, ist das Ergebnis der Prüfungsleistungen im ersten Teil der Abschlussprüfung dem Prüfling schriftlich mitzuteilen.«

(3) »Dem Zeugnis ist auf Antrag eine englischsprachige und eine französischsprachige Übersetzung beizufügen. Auf Antrag der Auszubildenden kann das Ergebnis berufsschulischer Leistungsfeststellungen auf dem Zeugnis ausgewiesen werden.«

Mit den Abschlussprüfungen sind generelle bildungspolitische Funktionen, Anforderungen und Erwartungen verbunden.

Die Abschlussprüfung

• ist eine punktuelle Prüfung,
• hilft der Sicherung von Ausbildungsstandards,

- sorgt für den Zwang zur Kooperation der Lernorte Schule und Betrieb,
- orientiert sich an bundeseinheitlichen Standards durch die Vorgaben der betreffenden Ausbildungsordnung,
- ist eine Leistungsfeststellung, keine Persönlichkeitsfeststellung,
- dient als Berufseingangsprüfung und Entscheidung über Bestehen oder Nicht-Bestehen der Ausbildung,
- findet entsprechend den Vorgaben der Ausbildungsordnung in unterschiedlichen Berufen unterschiedlich statt,
- ermöglicht die Vergleichbarkeit beruflicher Qualifikationen,
- ist eine Rückmeldung an Auszubildende, Ausbilder, Ausbildende und Berufsschule,
- besitzt oftmals eine hohe Aussagekraft,
- ermöglicht Rangfolge und Vergleichbarkeit der Prüfungsteilnehmer,
- gewährleistet durch die Rolle der zuständigen Stelle (Kammer) Neutralität.

Damit verbunden sind unterschiedliche Erwartungen seitens der Ausbildenden, Auszubildenden, Berufsschule und zuständigen Stelle (Kammer).

Zu den Ausbildenden/Ausbildungsbetrieben:

- Ausrichtung an der Praxis
- Geringe Kosten (Prüfungsgebühren)
- Hohe Aussagekraft der Ergebnisse
- Beschreibung des Leistungsspektrums der Prüfungsteilnehmer

Zu den Auszubildenden:

- Angemessenheit der Prüfungsinhalte
- Gerechtigkeit bei der Auswertung
- Ausweis erworbener Qualifikationen
- Hoffnung auf ein gutes bzw. angemessenes Ergebnis
- Hoffnung auf einen hohen Wert am Arbeitsmarkt
- Grundlage für Fortbildungsprüfungszulassungen
- Vergleichbarkeit des Prüfungsteilnehmers mit den anderen Teilnehmern

Zur Berufsschule:

- Motivation für den Berufsschulunterricht und für den Prüfungsteilnehmer
- Berücksichtigung der Inhalte der Berufsschule (Rahmenlehrplan) in der Prüfung

Zur zuständigen Stelle:

- Leichte Organisation
- Geringe Verwaltungs- und Organisationskosten
- Juristische Haltbarkeit der Prüfungsergebnisse
- Einnahmequelle

Das BBiG klärt den Prüfungsgegenstand:

> **§ 38 Prüfungsgegenstand**
>
> »Durch die Abschlussprüfung ist festzustellen, ob der Prüfling die berufliche Handlungsfähigkeit erworben hat. In ihr soll der Prüfling nachweisen, dass er die erforderlichen beruflichen Fertigkeiten beherrscht, die notwendigen beruflichen Kenntnisse und Fähigkeiten besitzt und mit dem im Berufsschulunterricht zu vermittelnden, für die Berufsausbildung wesentlichen Lehrstoff vertraut ist. Die Ausbildungsordnung ist zugrunde zu legen.«

Wie sieht die Prüfung konkret aus?

In den Ausbildungsordnungen sind die Inhalte und die Dauer der Prüfungen für die jeweiligen Berufe geregelt.

Die Abschlussprüfungen bestehen meist aus einem schriftlichen und aus einem praktischen Teil.

Der schriftliche Teil findet in Form offener Fragen und/oder von Multiple-Choice-Aufgaben (Ankreuzverfahren) statt.

Der praktische/mündliche Teil besteht in der Regel aus einem Prüfungsgespräch über einen Fall aus der Praxis und ggf. aus Fragen zum Ausbildungsnachweis. Im gewerblich-praktischen Teil kommt meist noch eine Arbeitsprobe (Gesellenstück) dazu, während im kaufmännischen Bereich vermehrt Präsentationen stattfinden.

Mittlerweile wird bei der Abschlussprüfung zwischen der »klassischen« und der »gestreckten« Prüfung, die in zwei zeitlich getrennten Terminen und Teilen (etwa nach der Hälfte und zum Abschluss der Ausbildungszeit) durchgeführt wird, unterschieden. Durch die »gestreckte« Prüfung sollen Teile der Abschlussprüfung vorgezogen und bereits im Verlauf der Ausbildung absolviert werden. Unabhängig davon stellt diese neue Form der Abschlussprüfung rechtlich gesehen eine einheitliche Prüfung dar, die lediglich zu verschiedenen Zeitpunkten (Teil 1 und 2) stattfindet. So fließen bei der »gestreckten« Prüfung Ergebnisse des Prüfungsteils 1 in Teil 2 ein und ergeben eine Gesamtnote, was bei einer Zwischenprüfung bisher nicht der Fall war. Der Prüfungsteil 2 kann sich damit auf die berufstypische Handlungskompetenz konzentrieren, die letztlich auch das Ziel der Ausbildung ist. Die Auszubildenden müssen damit von Anfang an ihre Leistungen unter Beweis stellen.

Als Beispiel einer (klassischen) Abschlussprüfung hier Auszüge aus der Ausbildungsordnung des Berufes »Kaufmann für Bürokommunikation/Kauffrau für Bürokommunikation«:

§ 8 Abschlussprüfung

(1) »Die Abschlussprüfung erstreckt sich auf die in der Anlage 1 aufgeführten Fertigkeiten und Kenntnisse sowie auf den im Berufsschulunterricht vermittelten Lehrstoff, soweit er für die Berufsbildung wesentlich ist.«

(2) »Die Prüfung ist schriftlich in den Prüfungsfächern Bürowirtschaft, Betriebslehre und Wirtschafts- und Sozialkunde und praktisch in den Prüfungsfächern Informationsverarbeitung und Sekretariats- und Fachaufgaben durchzuführen.«

(3) »In der schriftlichen Prüfung soll der Prüfling in den nachstehend genannten Prüfungsfächern je eine Arbeit anfertigen:

1. Prüfungsfach Bürowirtschaft:
In 60 Minuten soll der Prüfling praxisbezogene Aufgaben oder Fälle aus folgenden Gebieten bearbeiten und dabei zeigen, dass er grundlegende Fertigkeiten und Kenntnisse dieser Gebiete erworben hat:

a) Organisation und Leistungen,
b) Bürowirtschaft und Statistik,
c) Bürokommunikationstechniken,
d) Assistenz- und Sekretariatsaufgaben.

2. Prüfungsfach Betriebslehre:
In 90 Minuten soll der Prüfling praxisbezogene Aufgaben oder Fälle aus den folgenden Gebieten bearbeiten und dabei zeigen, dass er grundlegende Fertigkeiten und Kenntnisse erworben hat:

a) Bereichsbezogenes Rechnungswesen,
b) Bereichsbezogene Personalverwaltung.

3. Prüfungsfach Wirtschafts- und Sozialkunde:
In 90 Minuten soll der Prüfling praxisbezogene Aufgaben oder Fälle aus der Berufs- und Arbeitswelt bearbeiten und dabei zeigen, dass er allgemeine wirtschaftliche und gesellschaftliche Zusammenhänge der Berufs- und Arbeitswelt darstellen und beurteilen kann.«

(5) »In der praktischen Prüfung soll der Prüfling Aufgaben in den nachstehend genannten Prüfungsfächern bearbeiten:

1. Prüfungsfach Informationsverarbeitung: In 105 Minuten soll der Prüfling je eine praxisbezogene Aufgabe

a) zur Textformulierung und -gestaltung, zur formgerechten Briefgestaltung und
b) zur Aufbereitung und Darstellung statistischer Daten bearbeiten und dabei zeigen, dass er grundlegende Fertigkeiten und Kenntnisse von Bürokommunikationstechniken erworben hat. Für die Aufgaben kommen insbesondere die Gebiete Bürowirtschaft und Statistik, Aufgaben des bereichsbezogenen Rechnungswesens und der bereichsbezogenen Personalverwaltung in Betracht.

2. Prüfungsfach Sekretariats- und Fachaufgaben:
Der Prüfling soll eine von zwei ihm zur Wahl gestellten praxisbezogenen Aufgaben mit Arbeits- und Organisationsmitteln bearbeiten. Für die Aufgaben kommen insbesondere die Gebiete Assistenz- und Sekretariatsaufgaben und Fachaufgaben einzelner Sacharbeitsgebiete in Betracht. Die Aufgabe soll Ausgangspunkt für das folgende Prüfungsgespräch sein. Bearbeitung der Aufgabe und Prüfungsgespräch sollen für den einzelnen Prüfling nicht länger als zusammen 45 Minuten dauern.«

(6) »Sind in der schriftlichen Prüfung die Prüfungsleistungen in bis zu zwei Fächern mit mangelhaft und in den übrigen Fächern mit mindestens ausreichend bewertet worden, so ist auf Antrag des Prüflings oder nach Ermessen des Prüfungsausschusses in einem der mit mangelhaft bewerteten Fächer die schriftliche Prüfung durch eine mündliche Prüfung von etwa 15 Minuten zu ergänzen, wenn diese für das Bestehen der Prüfung den Ausschlag geben kann. Das Fach ist vom Prüfling zu bestimmen. Bei der Ermittlung des Ergebnisses für dieses Prüfungsfach haben die Ergebnisse der schriftlichen Arbeit gegenüber der mündlichen Ergänzungsprüfung das doppelte Gewicht.«

(7) »Bei der Ermittlung des Ergebnisses der praktischen Prüfung hat das Prüfungsfach Informationsverarbeitung das doppelte Gewicht gegenüber dem Prüfungsfach Sekretariats- und Fachaufgaben. Bei der Ermittlung des Gesamtergebnisses haben schriftliche und praktische Prüfung das gleiche Gewicht.«

(8) »Zum Bestehen der Abschlussprüfung müssen im Gesamtergebnis, in der schriftlichen Prüfung und in der praktischen Prüfung sowie in mindestens zwei der in Absatz 3 Nr. 1 bis 3 genannten Prüfungsfächer mindestens ausreichende Prüfungsleistungen erbracht werden. Werden die Prüfungsleistungen in einem Prüfungsfach mit ungenügend bewertet, ist die Prüfung nicht bestanden.«

Rund um die Prüfung gilt es darüber hinaus das BBiG und das JArbSchG zu beachten, welche die Freistellungspflichten für die Auszubildenden rund um die Prüfung klären.

BBiG § 15 Freistellung

»Ausbildende haben Auszubildende für die Teilnahme am Berufsschulunterricht und an Prüfungen freizustellen.«

JArbSchG § 10 Prüfungen und außerbetriebliche Ausbildungsmaßnahmen

(1) »Der Arbeitgeber hat den Jugendlichen
1. für die Teilnahme an Prüfungen und Ausbildungsmaßnahmen, die aufgrund öffentlich rechtlicher oder vertraglicher Bestimmungen außerhalb der Ausbildungsstätte durchzuführen sind,
2. an dem Arbeitstag, der der schriftlichen Prüfung unmittelbar vorangeht, freizustellen.«

1.4.1.3 Maßnahmen zur Sicherung des Lernerfolges und betriebliche Prüfungsvorbereitung

Neben der Prüfungsvorbereitung durch die Berufsschule und den Auszubildenden selber gilt es auch von betrieblicher Seite die Vorbereitung zu unterstützen.

Leitfrage ist: Wie kann der Ausbilder in der Phase der Prüfungsvorbereitung unterstützend wirken? Generell kann/soll/muss er

- den Ausbildungsnachweis regelmäßig kontrollieren. Auf diesem Wege lassen sich noch nicht vermittelte Inhalte erkennen und Vermitteltes überprüfen,
- die Berufsschule kontaktieren. Ggf. ist Unterrichtsausfall im innerbetrieblichen Unterricht nachzuholen,
- Erwartungsangst/Prüfungsangst abbauen helfen. Hierbei sind Informationen zur Prüfung, ihren Inhalten und ihrem organisatorischen Ablauf hilfreich,
- dafür sorgen, dass sich die Auszubildenden nicht gegenseitig »hochschaukeln«,
- die Prüfungsordnung der zuständigen Stelle mit den Auszubildenden besprechen,
- Lerngruppen bilden helfen, evtl. Zeitkontingente für Gruppenlernen oder Selbststudium bereitstellen,
- externe Vorbereitung anbieten/vermitteln,
- hilfreiche Lerntechniken vermitteln,
- bei Fragen/Problemen erreichbar sein.

Speziell zur schriftlichen Prüfung kann/sollte er

- alte Prüfungsaufgaben besorgen und diese unter Prüfungsbedingungen in Einzelarbeit bearbeiten lassen und später gemeinsam in Lehr-Lern-Gesprächen besprechen,
- die Auszubildenden zu Prüfungsvorbereitungskursen bei Bildungsträgern anmelden.

Speziell für die praktische/mündliche Prüfung kann/sollte er

- ehemalige Auszubildende Erfahrungsberichte einbringen lassen,
- Erfahrungen aus der eigenen Prüfertätigkeit vermitteln,
- Rollenspiele organisieren und auswerten helfen.

Generell ist der Ausbilder rund um die Abschlussprüfung Organisator, Motivator und Lernbegleiter.

Er soll dementsprechend aufgrund der Besonderheiten der Prüfungssituation bei der Überwindung von Prüfungsangst und Denkblockaden helfen sowie Maßnahmen zur Sicherung des Lernerfolges gestalten und sich um die Terminplanung kümmern.

Aber Vorsicht:
Es geht nicht darum, primär für die Abschlussprüfung auszubilden! Eine gute Abschlussprüfung ist zwar eine feine Sache, wichtiger ist aber letztlich, dass die Auszubildenden später in der Praxis selbstständig, richtig und flexibel ihre Aufgaben erledigen können und handlungsfähig sind.

Die beste Vorbereitung auf die Abschlussprüfung beginnt bereits am ersten Tag der Ausbildung!

1.4.1.4 Zusammensetzung und Aufgaben von Prüfungsausschüssen und an Prüfungen mitwirken

Nirgendwo kommt das Prinzip der Selbstverwaltung der betrieblichen Ausbildung außerhalb des Betriebes so deutlich zum Tragen wie bei der Besetzung der Prüfungsausschüsse und der Durchführung der praktischen Prüfung. Um optimal bzw. prüfungsgerecht vorzubereiten, ist es durchaus hilfreich zu wissen, wie Prüfungen ablaufen. Am besten erfährt man dies, wenn man selber als Prüfer aktiv ist.

Die gesetzlichen Grundlagen zu den Prüfungsausschüssen finden sich im BBiG (§§ 39–42) und in den Prüfungsordnungen der zuständigen Stelle.

---

§ 39 Prüfungsausschüsse

(1) »Für die Abnahme der Abschlussprüfung errichtet die zuständige Stelle Prüfungsausschüsse. Mehrere zuständige Stellen können bei einer von ihnen gemeinsame Prüfungsausschüsse errichten.«

(2) »Der Prüfungsausschuss kann zur Bewertung einzelner, nicht mündlich zu erbringender Prüfungsleistungen gutachterliche Stellungnahmen Dritter, insbesondere berufsbildender Schulen, einholen.«

(3) »Im Rahmen der Begutachtung nach Absatz 2 sind die wesentlichen Abläufe zu dokumentieren und die für die Bewertung erheblichen Tatsachen festzuhalten.«

---

§ 40 Zusammensetzung, Berufung

(1) »Der Prüfungsausschuss besteht aus mindestens drei Mitgliedern. Die Mitglieder müssen für die Prüfungsgebiete sachkundig und für die Mitwirkung im Prüfungswesen geeignet sein.«

(2) »Dem Prüfungsausschuss müssen als Mitglieder Beauftragte der Arbeitgeber und der Arbeitnehmer in gleicher Zahl sowie mindestens eine Lehrkraft einer berufsbildende Schule angehören. Mindestens zwei Drittel der Gesamtzahl der Mitglieder müssen Beauftragte der Arbeitgeber und Arbeitnehmer sein. Die Mitglieder haben Stellvertreter oder Stellvertreterinnen.«

(3) »Die Mitglieder werden von der zuständigen Stelle längstens für fünf Jahre berufen. Die Beauftragten der Arbeitnehmer werden auf Vorschlag der im Bezirk der zuständigen Stelle bestehenden Gewerkschaften und selbstständigen Vereinigungen von Arbeitnehmern mit sozial- oder berufspolitischer Zwecksetzung berufen. Die Lehrkraft einer berufsbildenden Schule wird im Einvernehmen mit der Schulaufsichtsbehörde oder mit der von ihr bestimmten Stelle berufen. Werden Mitglieder nicht oder nicht in ausreichender Zahl innerhalb einer von der zuständigen Stelle gesetzten angemessenen Frist vorgeschlagen, so beruft die zuständige Stelle insoweit nach pflichtgemäßem Ermessen. Die Mitglieder der Prüfungsausschüsse können nach Anhören der an ihrer Berufung Beteiligten aus wichtigem Grund abberufen werden. Die Sätze 1 bis 5 gelten für die stellvertretenden Mitglieder entsprechend.«

(4) »Die Tätigkeit im Prüfungsausschuss ist ehrenamtlich. Für bare Auslagen und für Zeitversäumnis ist, soweit eine Entschädigung nicht von anderer Stelle gewährt wird, eine angemessene Entschädigung zu zahlen, deren Höhe von der zuständigen Stelle mit Genehmigung der obersten Landesbehörde festgesetzt wird.«

(5) »Von Absatz 2 darf nur abgewichen werden, wenn anderenfalls die erforderliche Zahl von Mitgliedern des Prüfungsausschusses nicht berufen werden kann.«

---

§ 41 Vorsitz, Beschlussfähigkeit, Abstimmung

(1) »Der Prüfungsausschuss wählt ein Mitglied, das den Vorsitz führt, und ein weiteres Mitglied, das den Vorsitz stellvertretend übernimmt. Der Vorsitz und das ihn stellvertretende Mitglied sollen nicht derselben Mitgliedergruppe angehören.«

(2) »Der Prüfungsausschuss ist beschlussfähig, wenn zwei Drittel der Mitglieder, mindestens drei, mitwirken. Er beschließt mit der Mehrheit der abgegebenen Stimmen. Bei Stimmengleichheit gibt die Stimme des vorsitzenden Mitglieds den Ausschlag.«

§ 42 Beschlussfassung, Bewertung der Abschlussprüfung

(1) «Beschlüsse über die Noten zur Bewertung einzelner Prüfungsleistungen, der Prüfung insgesamt sowie über das Bestehen und Nichtbestehen der Abschlussprüfung werden durch den Prüfungsausschuss gefasst.«

(2) «Zur Vorbereitung der Beschlussfassung nach Absatz 1 kann der Vorsitz mindestens zwei Mitglieder mit der Bewertung einzelner, nicht mündlich zu erbringender Prüfungsleistungen beauftragen. Die Beauftragten sollen nicht denselben Mitgliedergruppen angehören.«

(3) «Die nach Absatz 2 beauftragten Mitglieder dokumentieren die wesentlichen Abläufe und halten die für die Bewertung erheblichen Tatsachen fest.«

Nicht vergessen werden darf, dass die beteiligten Personen als Prüfer entscheidend am Ablauf und Ergebnis der Abschlussprüfung mitwirken. Eine Prüfung (praktisch/mündlich) steht und fällt mit der Fach-, Sozial- und Methodenkompetenz der Prüfer.

Die aktive Mitarbeit von Ausbildern im Prüfungsausschuss ist aus unterschiedlichen Gründen von großer Bedeutung:

- Man gewinnt als Prüfer »Insiderwissen«, man weiß, wie die Prüfungen ablaufen.
- Das erworbene Wissen über Ablauf und Schwerpunkte der praktischen Prüfung kann in der täglichen Ausbildungsarbeit und Prüfungsvorbereitung umgesetzt werden.
- Es wird ein Ehrenamt ausgeübt und die zuständige Stelle bei ihrer Arbeit unterstützt.
- Es ist Austausch mit anderen Prüfern möglich.

Es spricht sehr viel dafür, sich bei der zuständigen Stelle um einen Sitz im Prüfungsausschuss zu bewerben, sich dort zu engagieren oder als Gast einer Prüfung beizuwohnen.

Darüber hinaus ist zu beachten:

- Prüfer müssen keinen Prüferlehrgang besuchen. Kammern bieten einen solchen aber sinnvollerweise oftmals an.
- Prüfer müssen die Ausbilder-Eignungsprüfung nicht abgelegt haben (sinnvoll ist es dennoch).
- Die zuständigen Stellen sprechen mit den Prüfern deren Einsatztermine ab.
- Eine erneute Berufung nach fünf Jahren ist möglich.

Letztlich sind Prüfungsausschüsse

- der verlängerte Arm der zuständigen Stelle,
- paritätisch besetzt (BBiG § 40),
- sachkundig,
- unverzichtbar,
- ehrenamtlich tätig,
- objektiv,
- und letztlich doch subjektiv!

1.4.2 Für die Anmeldung der Auszubildenden zu Prüfungen bei der zuständigen Stelle sorgen und diese auf durchführungs- relevante Besonderheiten hinweisen

1.4.2.1 Zulassungsvoraussetzungen für die Abschlussprüfung und Prüfungsanmeldung

Die letzte Phase der Ausbildung ist geprägt vom geplanten Übergang in ein Arbeitsverhältnis. Nach der ersten Schwelle von der Vollzeitschule in den Ausbildungsbetrieb zum Beginn der Ausbildung geht es nun um die zweite Schwelle, den Übergang von der Ausbildung in den Beruf. Denkbar ist aber auch, dass anschließend ein Studium ansteht oder eine Übernahme nicht gewollt oder möglich ist. Im schlimmsten Fall droht nach der Ausbildung Arbeitslosigkeit.

Die wichtigsten Schritte im organisatorischen Ablauf der Abschlussprüfung:

1. Bekanntgabe der Prüfungstermine und des Schlusstermins für die Anmeldung durch die zuständige Stelle.

2. Ermittlung der zur Prüfung anstehenden Auszubildenden aus dem Verzeichnis der Berufsausbildungs- verhältnisse durch die zuständige Stelle.

3. Versenden der Anmeldeformulare mit Hinweis auf den Anmeldeschlusstermin an die betroffenen Betriebe durch die zuständige Stelle.

4. Kontrollieren und registrieren der eingehenden Anmeldungen durch die zuständige Stelle.

5. Zulassung der Bewerber, die die Voraussetzungen erfüllen, durch die zuständige Stelle.

6. Entscheidung des zuständigen Prüfungsausschusses über die Zulassung in besonderen Fällen. Hier- bei gilt es die §§ 45–46 des BBiG zu beachten.

7. Gemeinsame Beratung von zuständiger Stelle und Prüfungsausschuss über den Prüfungsablauf.

8. Organisation der Prüfungsdurchführung (z. B. Räume besorgen, Aufsicht bestellen, Teilnehmerlisten anfertigen usw.) durch die zuständige Stelle.

9. Einladung der Prüflinge zur schriftlichen Prüfung durch die zuständige Stelle. Ab hier wird es für den Prüfling in der Regel ernst.

10. Durchführung der schriftlichen Prüfung einschließlich Protokoll.

11. Korrektur der Prüfungsantworten durch den Prüfungsausschuss.

12. Sitzung des Prüfungsausschusses zur Ergebnisfeststellung und Vorbereitung der mündlichen/prakti- schen Prüfung.

13. Einladen der Prüflinge zur mündlichen Prüfung mit Bekanntgabe der Noten der schriftlichen Prüfung durch die zuständige Stelle.

14. Durchführung der mündlichen Prüfung. Ermittlung des Gesamtergebnisses, Beschlussfassung, Aus- händigung der Bescheinigung des vorläufigen Ergebnisses.

15. Ausfertigung und Versendung der Prüfungsurkunde bzw. Bescheinigung über die (nicht-) bestandene Prüfung.

16. Anfertigung eines Berichts über die Ergebnisse und den Ablauf der Abschlussprüfung.

17. Dokumentation und Archivierung der Prüfungen.

Bei der Prüfungsanmeldung als Formalakt gilt es, sich an die »Spielregeln« bzw. Anmeldeformalitäten der zuständigen Stelle zu halten.

Unterschieden werden im BBiG der Regelfall (§ 43) und die besonderen Fälle der Zulassung (§ 45):

Der Regelfall:

> **§ 43 Zulassung zur Abschlussprüfung**
>
> (1) »Zur Abschlussprüfung ist zuzulassen,
> 1. wer die Ausbildungszeit zurückgelegt hat oder wessen Ausbildungszeit nicht später als zwei Monate nach dem Prüfungstermin endet,
> 2. wer an vorgeschriebenen Zwischenprüfungen teilgenommen sowie vorgeschriebene schriftliche Ausbildungsnachweise geführt hat und
> 3. wessen Berufsausbildungsverhältnis in das Verzeichnis der Berufsausbildungsverhältnisse eingetragen ist oder aus einem Grund nicht eingetragen ist, den weder die Auszubildenden noch deren gesetzliche Vertreter oder Vertreterinnen zu vertreten haben.«
>
> (2) »Zur Abschlussprüfung ist ferner zuzulassen, wer in einer berufsbildenden Schule oder einer sonstigen Berufsbildungseinrichtung ausgebildet worden ist, wenn dieser Bildungsgang der Berufsausbildung in einem anerkannten Ausbildungsberuf entspricht.«

Besondere Fälle:

> **§ 45 Zulassung in besonderen Fällen**
>
> (1) »Auszubildende können nach Anhörung der Ausbildenden und der Berufsschule vor Ablauf ihrer Ausbildungszeit zur Abschlussprüfung zugelassen werden, wenn ihre Leistungen dies rechtfertigen.«
>
> (2) »Zur Abschlussprüfung ist auch zuzulassen, wer nachweist, dass er mindestens das Eineinhalbfache der Zeit, die als Ausbildungszeit vorgeschrieben ist, in dem Beruf tätig gewesen ist, in dem die Prüfung ablegt werden soll. Als Zeiten der Berufstätigkeit gelten auch Ausbildungszeiten in einem anderen einschlägigen Ausbildungsberuf. Vom Nachweis der Mindestzeit nach Satz 1 kann ganz oder teilweise abgesehen werden, wenn durch Vorlage von Zeugnissen oder auf andere Weise glaubhaft gemacht wird, dass der Bewerber oder die Bewerberin die berufliche Handlungsfähigkeit erworben hat, die die Zulassung zur Prüfung rechtfertigt. Ausländische Bildungsabschlüsse und Zeiten der Berufstätigkeit im Ausland sind dabei zu berücksichtigen.«

Anmerkungen zu § 45 (1):

Oftmals möchten die Auszubildenden die Ausbildungszeit verkürzen, indem sie die Abschlussprüfung versuchen vorzuziehen. Dabei gilt es Folgendes zu beachten:

• Das aktuelle Zeugnis der Berufsschule ist in den berufsbezogenen Fächern im Durchschnitt besser als die Note 2,49.

• Auch im Rahmen der verkürzten Ausbildungszeit können die vorgegebenen Ausbildungsinhalte durch den Ausbildenden komprimiert vermittelt werden.

• Weder der Auszubildende noch der Ausbildende oder die Berufsschule können eine Verkürzung der Ausbildungszeit erzwingen.

Anmerkungen zu § 45 (2):

Den Personenkreis des Absatzes 2 bezeichnet man auch als die Adressaten der Externenprüfung. Diese müssen sich alleine um die Anmeldeformalitäten kümmern. Zu den Externen zählen oftmals Prüfungsteilnehmer, die zwar keine formelle Ausbildung durchlaufen haben, dafür aber Berufserfahrung besitzen, den Titel des Ausbildungsberufes aus rechtlichen Gründen (§ 1 der Ausbildungsordnung) nicht tragen dürfen und diesen durch die Prüfung erwerben möchten.

Im Regelfall ist für die Formalitäten der Anmeldung der Ausbildende zuständig. Die Anmeldung erfolgt dementsprechend durch den Ausbildenden mit Zustimmung des Auszubildenden. Die Prüfungsgebühr zahlt im Regelfall der Ausbildende (BBiG § 37 (4)). Bei der Externenprüfung trägt der Prüfungsbewerber die Kosten und ist für die Anmeldung selber zuständig.

Zu beachten ist generell:

- Über die Zulassung entscheidet die zuständige Stelle (BBiG § 46 (1)).
  Hält sie die Zulassungsvoraussetzungen nicht für gegeben, so entscheidet der Prüfungsausschuss.
- Jede zuständige Stelle verfügt über eigene Prüfungsordnungen, die den Ablauf der Prüfung (u. a. Umgang mit Täuschungsversuchen) konkretisieren. Diese sollte man vorher (am besten gemeinsam mit dem Auszubildenden) studieren und klären.

Was ist der Anmeldung beizufügen?

Hier gibt es keine festen Angaben. Beizufügen ist immer, was die zuständige Stelle festlegt.

In der Regel zählen dazu:

- Tabellarischer Lebenslauf des Prüfungsbewerbers
- Bescheinigung über Teilnahme an der Zwischenprüfung
- Ausbildungsnachweis oder die Bestätigung des Ausbildenden, dass dieser ordnungsgemäß geführt ist
- Aktuelles vorliegendes Berufsschulzeugnis
- Angaben über Behinderungen bzw. Beeinträchtigungen, die von Bedeutung sein können
- Beurteilung der betrieblichen Leistungen des Auszubildenden

Unterstützung gibt es oftmals durch die zuständigen Stellen. Diese versenden Kontrollvermerke, die sich aus dem Verzeichnis der eingetragenen Ausbildungsverhältnisse ergeben sowie Anmeldeanträge.

Zu beachten sind immer die festgelegten Anmeldetermine. Durchgeführt werden die Abschlussprüfungen in der Regel zweimal im Kalenderjahr. Die zuständigen Stellen informieren zumeist direkt oder indirekt über ihre Publikationen über die Termine und Fristen.

Beispiele für Anmeldeformulare:

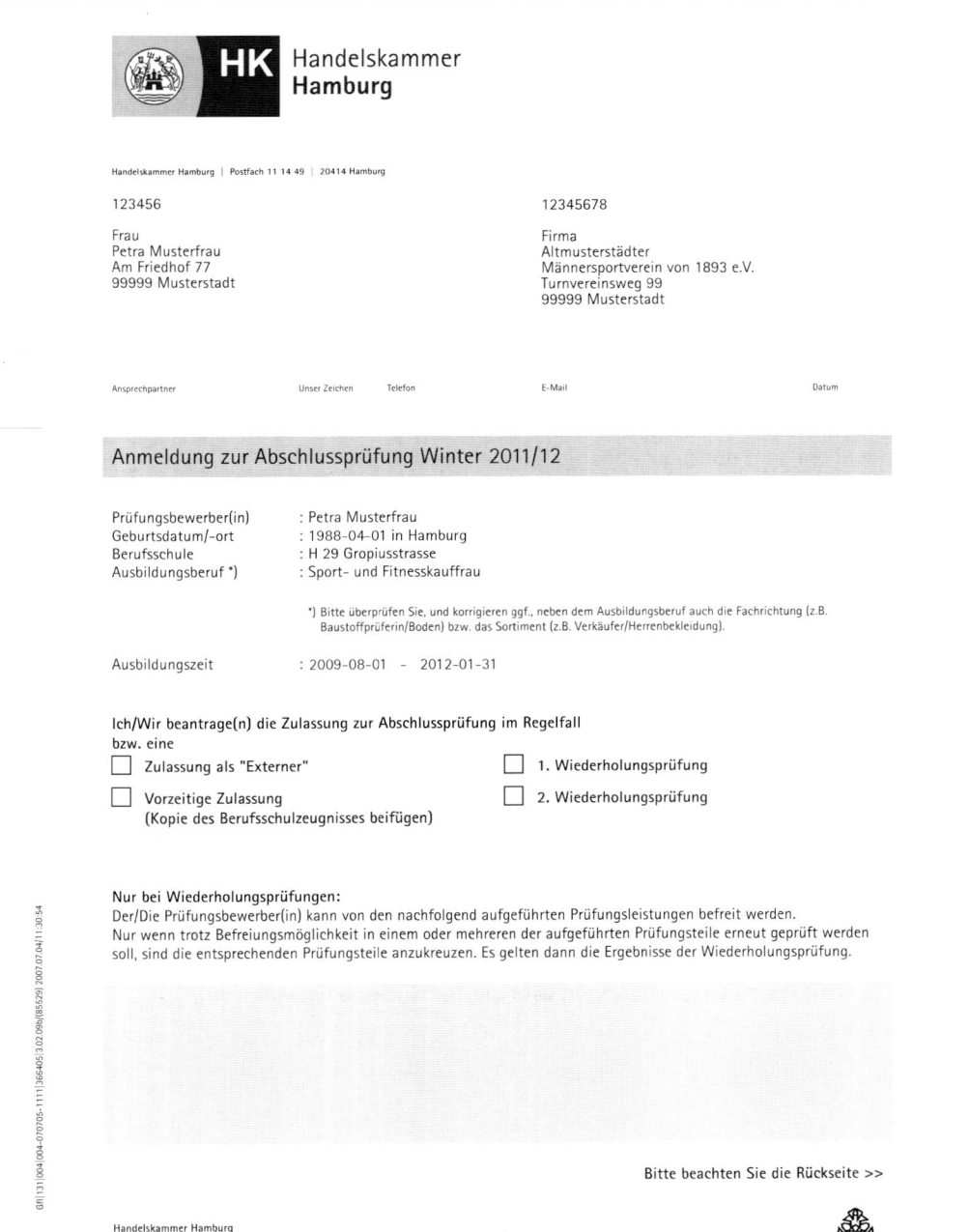

HK Handelskammer **Hamburg**

Handelskammer Hamburg | Postfach 11 14 49 | 20414 Hamburg

123456

Frau
Petra Musterfrau
Am Friedhof 77
99999 Musterstadt

12345678

Firma
Altmusterstädter
Männersportverein von 1893 e.V.
Turnvereinsweg 99
99999 Musterstadt

Ansprechpartner	Unser Zeichen	Telefon	E-Mail	Datum

Anmeldung zur Abschlussprüfung Winter 2011/12

Prüfungsbewerber(in)   : Petra Musterfrau
Geburtsdatum/-ort   : 1988-04-01 in Hamburg
Berufsschule   : H 29 Gropiusstrasse
Ausbildungsberuf *)   : Sport- und Fitnesskauffrau

*) Bitte überprüfen Sie, und korrigieren ggf., neben dem Ausbildungsberuf auch die Fachrichtung (z.B. Baustoffprüferin/Boden) bzw. das Sortiment (z.B. Verkäufer/Herrenbekleidung).

Ausbildungszeit   : 2009-08-01 - 2012-01-31

Ich/Wir beantrage(n) die Zulassung zur Abschlussprüfung im Regelfall
bzw. eine

☐ Zulassung als "Externer"

☐ Vorzeitige Zulassung
(Kopie des Berufsschulzeugnisses beifügen)

☐ 1. Wiederholungsprüfung

☐ 2. Wiederholungsprüfung

Nur bei Wiederholungsprüfungen:
Der/Die Prüfungsbewerber(in) kann von den nachfolgend aufgeführten Prüfungsleistungen befreit werden.
Nur wenn trotz Befreiungsmöglichkeit in einem oder mehreren der aufgeführten Prüfungsteile erneut geprüft werden soll, sind die entsprechenden Prüfungsteile anzukreuzen. Es gelten dann die Ergebnisse der Wiederholungsprüfung.

Bitte beachten Sie die Rückseite >>

Handelskammer Hamburg
Postanschrift: Postfach 11 14 49 | 20414 Hamburg | Büroanschrift: Adolphsplatz 1 | 20457 Hamburg
Tel. (0 40) 3 61 38-0 | Fax (0 40) 3 61 38-4 01 | E-Mail: service@hk24.de | Internet: www.hk24.de
Deutsche Bank AG | Konto 0305292 | BLZ 200 700 00

metropol**region** hamburg

Quelle: Handelskammer Hamburg

Anmeldung zur Abschlussprüfung Winter 2011/12

Beurteilung der erworbenen Fertigkeiten, Kenntnisse und der Leistung der/des Auszubildenden:

Der/Die Auszubildende hat die Ausbildungszeit tatsächlich und nicht nur kalendarisch zurückgelegt.

Bei Fehlzeiten (Betrieb und Schule) von mehr als 10% der Ausbildungszeit sind folgende Unterlagen mit einzureichen: Letztes Berufsschulzeugnis, ggf. Bescheinigungen über vorherige berufliche Tätigkeiten und Ausbildungen sowie eine Stellungnahme des jetzigen Betriebes.

Körperliche, geistige oder seelische Behinderungen des Prüfungsbewerbers/der Prüfungsbewerberin, die für die Prüfung von Bedeutung sind, sind nachzuweisen (bitte Attest beifügen).

Die Berichtshefte (Ausbildungs- und Tätigkeitsnachweise) wurden ordnungsgemäß geführt und vom Ausbildenden bzw. Ausbilder kontrolliert.

Für kaufmännische Ausbildungsberufe (einschl. Florist, Handelsfachpacker, Tierpfleger, Fachkraft für Lagerwirtschaft, Seegüterkontrolleur und Tankwart) sind die Berichtshefte zusammen mit diesem Antrag einzureichen.

Für gewerbliche Ausbildungsberufe und alle Berufe der Informations- und Telekommunikationstechnik (auch: Informatikkaufmann und Inf.- und Telek.system-Kfm. und Berufe der Gastronomie) wird der Abgabetermin für die Berichtshefte mit der Einladung zur Prüfung bekannt gegeben.

Der Ausbildende wünscht, ihm die Ergebnisse der Abschlussprüfung zu übermitteln.

Die Richtigkeit der Angaben dieser Prüfungsanmeldung einschließlich der maschinell ausgedruckten wird bestätigt.

_____   _____   _____
Ort, Datum   Name des Ausbilders / der Ausbilderin   Firmenstempel und rechtsverbindliche Unterschrift

_____   _____   _____
Telefon   Fax   E-Mail

Erklärung des Prüfungsbewerbers

Ich erkläre ausdrücklich, dass ich die Berichtshefte (Ausbildungs- und Tätigkeitsnachweise) ordnungsgemäß geführt habe. Mir ist bekannt, dass bei nicht ordnungsgemäß geführten Berichtsheften die Prüfungszulassung verweigert oder widerrufen werden kann.

Ich bin darüber belehrt worden, dass mir das Ergebnis meiner praktischen und mündlichen Prüfungen erläutert wird, wenn ich dies sofort nach Beendigung der jeweiligen Prüfung verlange. Zur Beweissicherung kann ich außerdem gleichzeitig eine schriftliche Begründung beantragen. Diese wird mir nach der Prüfung zugeschickt.

Mir ist bewusst, dass ich bis zum Beginn des ersten Prüfungsteiles durch schriftliche Erklärung gegenüber der Handelskammer Hamburg von der Prüfung zurücktreten kann. In diesem Fall gilt die Prüfung als nicht abgelegt.

Ich gebe diese Erklärung ab und bestätige die Richtigkeit aller Angaben dieser Prüfungsanmeldung einschließlich der maschinellen Ausdrucke (fehlerhafte Angaben bitte berichtigen).

_____   _____
Ort, Datum   Unterschrift des Prüfungsbewerbers

_____   _____
Telefon (tagsüber)   Fax   E-Mail

Quelle: Handelskammer Hamburg

Geschäftsbereich Berufsbildung

**Anmeldung zur
vorzeitigen Abschlussprüfung**

Handelskammer Hamburg
Geschäftsbereich Berufsbildung
Postfach 11 14 49
20414 Hamburg

Ich beantrage hiermit unter Bezugnahme auf die nachstehenden Bescheinigungen des Ausbildungsbetriebes und der Berufsschule die vorzeitige Zulassung zu der Abschlussprüfung, die dem regulären Prüfungstermin zum Vertragsende vorangeht.

Gewünschter Prüfungstermin: im ☐ Winter 2009/10 ☐ Sommer 2010

Angaben zum/zur Auszubildenden

Name und Vorname: _____

Geburtsdatum: _____

Ausbildungsberuf: _____

Ausbildungszeit laut Vertrag: _____ bis _____

Telefon (tagsüber): _____

Fax: _____

E-Mail: _____

Ich erkläre ausdrücklich, dass ich die Ausbildungsnachweise ordnungsgemäß geführt habe. Mir ist bekannt, dass bei nicht ordnungsgemäß geführten Ausbildungsnachweisen die Prüfungszulassung verweigert oder widerrufen werden kann.*)

Ich bin darüber belehrt worden, dass mir das Ergebnis meiner praktischen und mündlichen Prüfungen erläutert wird, wenn ich dies sofort nach Beendigung der jeweiligen Prüfung verlange. Zur Beweissicherung kann ich außerdem gleichzeitig eine schriftliche Begründung beantragen. Diese wird mir nach der Prüfung zugeschickt.

Mir ist bewusst, dass ich bis zum Beginn des ersten Prüfungsteiles durch schriftliche Erklärung gegenüber der Handelskammer Hamburg von der Prüfung zurücktreten kann. In diesem Fall gilt die Prüfung als nicht abgelegt.

_____   _____
Ort, Datum   Unterschrift des Auszubildenden

_____   _____
Ort, Datum   Bei Minderjährigen Unterschrift des gesetzlichen Vertreters

Weiter auf Seite 2

Quelle: Handelskammer Hamburg

Vorzeitige Zulassung zur Abschlussprüfung (Seite 2) für
Name und Vorname: _____

Bescheinigung der Berufsschule (Vom Antragsteller einzuholen)
Die Leistungen der/des oben genannten Auszubildenden werden in den für die Prüfung wesentlichen Fächern mindestens mit der Durchschnittsnote "gut" (arithmetisches Mittel: 2,49) und in
keinem dieser Fächer mit "mangelhaft" oder "ungenügend" bewertet.

☐ Eine vorzeitige Zulassung zur Prüfung halten wir daher für gerechtfertigt.
☐ Da die genannten Bedingungen nicht erfüllt sind, halten wir eine vorzeitige Zulassung zur
Prüfung nicht für gerechtfertigt.

_____   _____
Ort, Datum   Stempel und Unterschrift der Schulleitung

Bescheinigung des Ausbildungsbetriebes (Vom Antragsteller einzuholen)
Die betrieblichen Leistungen der/des oben genannten Auszubildenden rechtfertigen eine vorzeitige Zulassung zur Abschlussprüfung. Die für die Erreichung des Ausbildungszieles erforderlichen Kenntnisse und Fertigkeiten werden - wie im Berufsbild/ in der Ausbildungsverordnung
vorgeschrieben - bis zur Prüfung vermittelt. Fehlzeiten (Betrieb und Schule) von mehr als 10%
der Ausbildungszeit sind nicht aufgetreten.
Wir erklären ausdrücklich, dass die Ausbildungsnachweise ordnungsgemäß geführt und vom
Ausbildenden bzw. Ausbilder kontrolliert wurden.*)
Wir beantragen, uns die Prüfungsergebnisse mitzuteilen (bitte ggf. streichen).

Hinweise auf körperliche, geistige oder seelische Behinderungen des Prüfungsbewerbers, die
für den Prüfungsausschuss von Bedeutung sein können (bitte Attest etc. beifügen):

_____

_____

_____

Ausbildungsbetrieb: _____

_____

_____

_____

Ausbilder /Ausbilderin: _____

Telefon: _____

Fax: _____

E-Mail: _____

_____   _____
Ort, Datum   Stempel und Unterschrift des Ausbildungsbetriebes

*) Für folgende Ausbildungsberufe sind die Ausbildungsnachweise zusammen mit dieser Anmeldung bei unserer
Handelskammer zum angegebenen Anmeldetermin einzureichen: Automobilkaufleute, Buchhändler, Bürokaufleute,
Fachkräfte für den Brief- und Frachtverkehr, Industriekaufleute (alte Verordnung), Kaufleute für Bürokommunikation,
Kaufleute im Einzelhandel, Kaufleute im Groß- und Außenhandel, Kaufleute in der Grundstücks- und Wohnungswirt-
schaft, Postverkehrskaufleute, Reiseverkehrskaufleute, Schifffahrtskaufleute, Speditionskaufmann, Tankwarte und
Verkäufer.

Quelle: Handelskammer Hamburg

1.4.2.2 Ausbildung beenden

1.4.2.2.1 Bestehen der Abschlussprüfung und das (formale) Ende der Ausbildung

Die Vorgaben des BBiG besagen:

> **§ 42 Beschlussfassung, Bewertung der Abschlussprüfung**
>
> (1) »Beschlüsse über die Noten zur Bewertung einzelner Prüfungsleistungen, der Prüfung insgesamt sowie über das Bestehen und Nichtbestehen der Abschlussprüfung werden durch den Prüfungsausschuss gefasst.«

Genauere Angaben über die Anforderungen zum Bestehen der Prüfungen machen die jeweiligen Ausbildungsordnungen. Im Erfolgsfall hat der Auszubildende alle Prüfungsgebiete mit mindestens 50 % bestanden.

Das BBiG klärt die reguläre Beendigung der Ausbildung:

> **§ 21 Beendigung**
>
> (1) »Das Berufsausbildungsverhältnis endet mit dem Ablauf der Ausbildungszeit. Im Falle der Stufenausbildung endet es mit dem Ablauf der letzten Stufe.«
>
> (2) »Bestehen Auszubildende vor Ablauf der Ausbildungszeit die Abschlussprüfung, so endet das Ausbildungsverhältnis mit Bekanntgabe der Ergebnisse durch den Prüfungsausschuss.«

Generell lassen sich die Möglichkeiten der Beendigung des Berufsausbildungsverhältnisses in drei Kategorien einteilen:

* Durch zweiseitige gleichlautende Willenserklärungen
* Durch einseitige, empfangsbedürftige Willenserklärungen
* Durch »höhere Gewalt«

Die Kategorie »**zweiseitige gleichlautende Willenserklärungen**« ist Ausdruck der Tatsache, dass es sich bei einem Berufsausbildungsvertrag um einen Vertrag mit Doppelnatur handelt.

Einerseits handelt es sich um einen Zeitvertrag (im Vertrag finden sich der geplante Ausbildungsbeginn und das geplante Ausbildungsende) und andererseits um einen Zweckvertrag (Zweck der Ausbildung ist deren Bestehen). Da der Zeitvertrag im Normalfall nicht eingehalten werden kann, weil die Prüfungstermine nicht auf den geplanten Abschlusstermin fallen, gilt hier die Regel: Zweckvertrag geht vor Zeitvertrag!

Hierzu Beispiele:

Ein Ausbildungsvertrag läuft vom 1.8.2010 bis zum 31.7.2013. Die praktische Abschlussprüfung findet am 15.7.2013 statt.

Besteht der Auszubildende die praktische Prüfung am 15.7. und bekommt er vom Prüfungsausschuss die vorläufige Bescheinigung hierüber ausgehändigt, endet das Ausbildungsverhältnis mit diesem Tage (15.7.) durch die Zweckerreichung.

Besteht er die Prüfung am 15.7. nicht und plant er auch nicht die Ausbildung zu verlängern, dann endet die Ausbildung mit Zeitablauf (31.7.).

Praxisbeispiel:

Auszubildende bekommen bei Pleite keine Abfindung

Frankfurt. Auszubildende haben wie befristet beschäftigte Arbeitnehmer bei Betriebsschließungen keinen Anspruch auf Zahlung einer Abfindung. Das hat das Arbeitsgericht Frankfurt entschieden und die Klage eines Auszubildenden gegen ein Reisebüro zurückgewiesen.

Kurz vor Abschluss der Ausbildung und dem damit verbundenen Ende des Beschäftigungsverhältnisses schloss das Reisebüro wegen wirtschaftlicher Schwierigkeiten. Die Firma ermöglichte dem Auszubildenden noch die Teilnahme an der Abschlussprüfung, verweigerte ihm aber eine Abfindung.

Laut Urteil sind Auszubildende wie befristet beschäftigte Arbeitnehmer zu behandeln, die keinen Anspruch geltend machen könnten. Das Ausbildungsverhältnis habe nicht wegen der Pleite, sondern wegen der Abschlussprüfung geendet. Damit entfalle der Sinn einer Abfindung: Entschädigung für den vom Unternehmen verursachten Verlust des Arbeitsplatzes. (Az: 7 Ca 1004/01)

Quelle: Frankfurter Rundschau, 6.6.2002

Zudem ist jederzeit (nach Beendigung der Probezeit) die Aufhebung des Ausbildungsverhältnisses möglich. Hierbei müssen sowohl der Ausbildende als auch der Auszubildende der Aufhebung zustimmen und einen **Aufhebungsvertrag** abschließen.

Bei der Kategorie »**einseitige, empfangsbedürftige**« **Willenserklärung** (Kündigung) wird zunächst unterschieden, ob man sich noch in der oder nach der Probezeit befindet (vgl. Kap. 1.4.2.2.2).

Gründe für ein Ausbildungsende durch »höhere Gewalt« können sein:

- Tod des Ausbildenden (bei Kleinstbetrieben fehlt dementsprechend der Vertragspartner)
- Insolvenz des Ausbildungsbetriebes
- Tod des Auszubildenden

Prüfung bestanden: Was nun?

Bei bestandener Abschlussprüfung ist die Situation ähnlich wie bei der Führerscheinübergabe: Die Erlaubnis zum Fahren bzw. zum selbstständigen und eigenverantwortlichen Arbeiten ist gegeben, die Praxis und Sicherheit fehlen noch. Lebenslanges berufliches Lernen ist nun angesagt!

Bei bestandener Prüfung bieten sich drei Handlungsmöglichkeiten an:

- Keine Übernahme in ein anschließendes Arbeitsverhältnis
- Übernahme in ein befristetes Arbeitsverhältnis
- Übernahme in ein unbefristetes Arbeitsverhältnis

Sofern der Auszubildende nicht Mitglied der Jugend- und Auszubildendenvertretung war bzw. ist oder Betriebsvereinbarungen oder Tarifverträge keine Übernahmeverpflichtungen vorschreiben, ist der Ausbildende nicht zur Weiterbeschäftigung des Auszubildenden verpflichtet.

Bezogen auf die Jugend- und Auszubildendenvertreter und deren Übernahme nach bestandener Prüfung heißt es im BetrVG:

§ 78a Schutz Auszubildender in besonderen Fällen

(1) »Beabsichtigt der Arbeitgeber, einen Auszubildenden, der Mitglied der Jugend- und Auszubildendenvertretung, des Betriebsrates, der Bordvertretung oder des Seebetriebsrates ist, nach Beendigung des Berufsausbildungsverhältnisses nicht in ein Arbeitsverhältnis auf unbestimmte Zeit zu übernehmen, so hat er dies drei Monate vor Beendigung des Berufsausbildungsverhältnisses dem Auszubildenden schriftlich mitzuteilen.«

(2) »Verlangt ein in Absatz 1 genannter Auszubildender innerhalb der letzten drei Monate vor Beendigung des Berufsausbildungsverhältnisses schriftlich vom Arbeitgeber die Weiterbeschäftigung, so gilt zwischen Auszubildendem und Arbeitgeber im Anschluss an das Berufsausbildungsverhältnis ein Arbeitsverhältnis auf unbestimmte Zeit als begründet.«

Ob eine Weiterbeschäftigung in einem unbefristeten oder befristeten Verhältnis erfolgt, legen die beiden Vertragspartner gemeinsam fest. Aus Sicht der Betriebe kommt es vermehrt zu befristeten Arbeitsverhältnissen im Anschluss an die Berufsausbildung. Die Betriebe können sich somit ein besseres Bild von der Leistungsfähigkeit des künftigen Mitarbeiters in der »Ernstsituation« abseits der »Schutzsituation« in der Ausbildung machen. Ein anschließendes unbefristetes Arbeitsverhältnis ist immer noch möglich. Zudem spielt die wirtschaftlich oftmals unsichere Situation eine Rolle bei der Entwicklung hin zu vermehrt befristeten Arbeitsverhältnissen.

Wird der Auszubildende nach der Ausbildung weiterbeschäftigt, ohne dass hierüber eine Vereinbarung getroffen wurde oder eine Übernahmeverpflichtung besteht, ist ein unbefristetes Arbeitsverhältnis entstanden. Es greift das BBiG:

§ 24 Weiterarbeit

»Werden Auszubildende im Anschluss an das Berufsausbildungsverhältnis beschäftigt, ohne dass hierüber ausdrücklich etwas vereinbart worden ist, so gilt ein Arbeitsverhältnis auf unbestimmte Zeit für begründet.«

Zu beachten sind auch die »nichtigen Vereinbarungen« des BBiG:

§ 12 Nichtige Vereinbarungen

(1) »Eine Vereinbarung, die Auszubildende für die Zeit nach Beendigung des Berufsausbildungsverhältnisses in der Ausübung ihrer beruflichen Tätigkeit beschränkt, ist nichtig. Dies gilt nicht, wenn sich Auszubildende innerhalb der letzten sechs Monate des Berufsausbildungsverhältnisses dazu verpflichten, nach dessen Beendigung mit den Ausbildenden ein Arbeitsverhältnis einzugehen.«

Es ist dementsprechend sinnvoll, dass sich Ausbildender und Auszubildender rechtzeitig über die Zeit nach der Ausbildung beratschlagen und die weitere (mögliche) Zusammenarbeit klären.

Leitfragen dieses Reflexions- und Planungsgesprächs können generell sein:

- Was waren die Höhepunkte der Ausbildung?
- Wo und was waren die Problembereiche der Ausbildung?
- Wo bestand Über- und Unterforderung?
- Wie war die Prüfungsvorbereitung?
- Ist der Auszubildende der Berufspraxis gewachsen?

- Wo liegen die Interessen des Auszubildenden?
- Wie wurden das Betriebsklima und die Rahmenbedingungen im Ausbildungsbetrieb empfunden?
- Welche Schlüsse kann der Ausbilder bzw. Ausbildende aus der in Kürze beendeten Ausbildung für die Zukunft ziehen?
- Ist die Ausbildung künftigen Bewerbern zu empfehlen?

Rund um die Beendigung von Ausbildungsverhältnissen:

Möglichkeiten der Beendigung von Berufsausbildungsverhältnissen

- durch beiderseitige Vereinbarung
  - Zeitablauf
  - Zweckerreichung
  - Aufhebungsvertrag (im gegenseitigen Einvernehmen)
- durch einseitige empfangsbedürftige Willenserklärung
  - Kündigung während der Probezeit
    - möglich durch beide Vertragsparteien
  - Kündigung nach Ablauf der Probezeit
    - fristlose Kündigung aus einem »wichtigen« Grund
      - durch den Auszubildenden
      - durch den Ausbildenden
    - fristgerechte Kündigung durch den Auszubildenden
      - wegen Berufswechsels
      - wegen Aufgabe der Berufsausbildung
- durch »höhere Gewalt«
  - z. B. durch Tod des Auszubildenden
  - z. B. durch Insolvenz des Ausbildenden

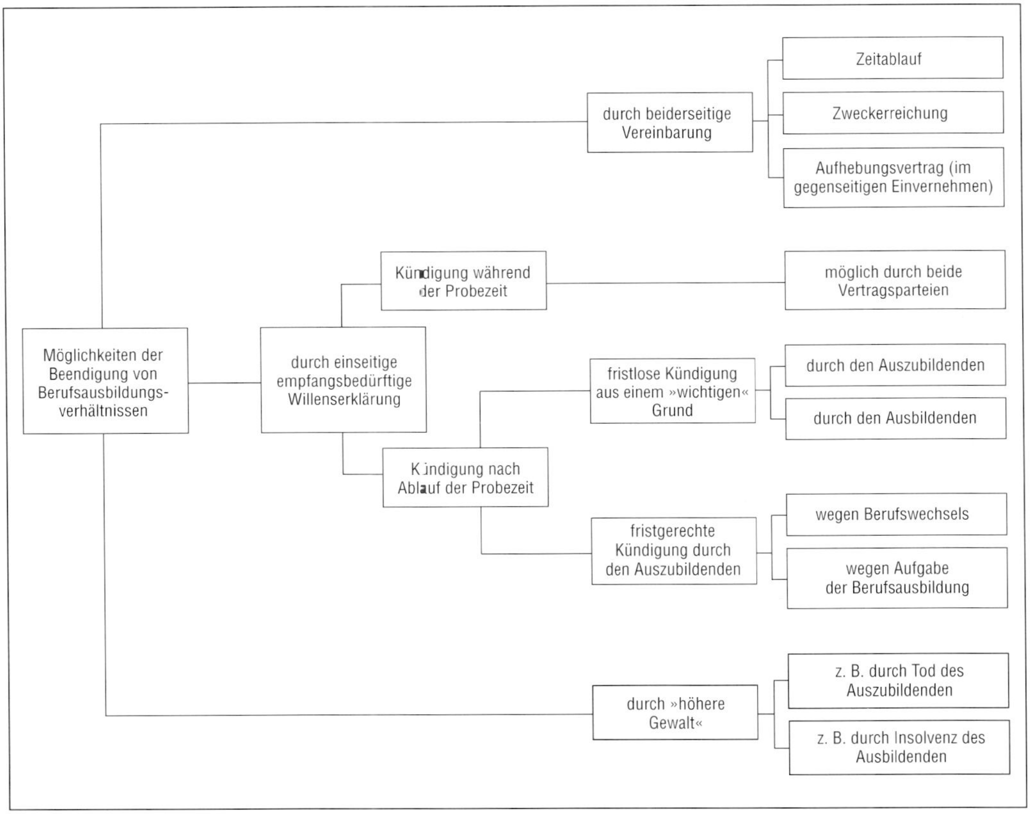

1.4.2.2.2 Formen der Kündigung

Neben dem Bestehen der Abschlussprüfung können eine Reihe unterschiedlicher Gründe zur (vorzeitigen) Beendigung des Ausbildungsverhältnisses führen, die allerdings eine Kündigung während oder nach der Probezeit erfordern.

Hierzu zählen:

- Schwierigkeiten mit Ausbildern und Vorgesetzten
- Gewählter Ausbildungsberuf entspricht nicht den Vorstellungen des Auszubildenden
- Überforderung in der Ausbildung
- Gesundheitliche Gründe
- Private Gründe

1.4.2.2.2.1 Kündigung während der Probezeit

Im Gegensatz zu anderen Arbeitsverhältnissen ist die Probezeit für die Berufsausbildung zwingend vorgeschrieben. Das BBiG klärt hierzu Folgendes:

> **§ 20 Probezeit**
>
> »Das Berufsausbildungsverhältnis beginnt mit der Probezeit. Sie muss mindestens einen Monat und darf höchstens vier Monate betragen.«

> **§ 22 Kündigung**
>
> (1)«Während der Probezeit kann das Berufsausbildungsverhältnis jederzeit ohne Einhalten einer Kündigungsfrist gekündigt werden.«

Es sind keine Angaben über die Gründe notwendig. Zwingend vorgeschrieben ist nur die Schriftform, um affektiven Kündigungen vorzubeugen. Bei der Kündigung in der Probezeit gibt es keine Fristen. Sie kann jederzeit von einem der beiden Vertragspartner erfolgen.

1.4.2.2.2.2 Kündigung nach Beendigung der Probezeit

Bei einseitigen Kündigungen nach der Probezeit muss unterschieden werden, ob diese von Seiten des Auszubildenden oder des Ausbildenden ausgeht.

Sowohl der Auszubildende als auch der Ausbildende können aus einem wichtigen Grunde kündigen. Darüber hinaus kann nur der Auszubildende fristgerecht (ohne einen wichtigen Grund) kündigen.

Das BBiG klärt hierzu:

> **§ 22 Kündigung**
>
> (2) »Nach der Probezeit kann das Berufsausbildungsverhältnis nur gekündigt werden:
> 1. aus einem wichtigen Grund ohne Einhalten einer Kündigungsfrist,
> 2. von den Auszubildenden mit einer Kündigungsfrist von vier Wochen, wenn sie die Berufsausbildung aufgeben oder sich für eine andere Berufstätigkeit ausbilden lassen wollen.«
>
> (3) »Die Kündigung muss schriftlich und in Fällen des Absatzes 2 unter Angabe der Kündigungsgründe erfolgen.«
>
> (4) »Eine Kündigung aus einem wichtigen Grunde ist unwirksam, wenn die ihr zugrunde liegenden Tatsachen dem zur Kündigung Berechtigten länger als zwei Wochen bekannt sind. Ist ein vorgesehenes Güteverfahren von außergerichtlicher Stelle eingeleitet, so wird bis zu dessen Beendigung der Lauf dieser Frist gehemmt.«

Zulässige Gründe für eine (fristlose) Kündigung aus wichtigem Grund können sein, wenn eine der Vertragsparteien massiv gegen ihre Pflichten verstößt:

Von Seiten des Auszubildenden können wichtige Kündigungsgründe sein:

- Überfällige Auszahlung der Ausbildungsvergütung
- Massive Verletzung der Fürsorge- und Erziehungspflicht des Ausbildenden

Von Seiten des Ausbildenden können wichtige Kündigungsgründe sein:

- Andauernde Unpünktlichkeit des Auszubildenden
- Gewalt gegen andere Auszubildende, Mitarbeiter, Ausbilder oder den Ausbildenden
- Diebstahl des Auszubildenden

Sofern es einen Betriebsrat gibt, muss dieser bei Kündigungen durch den Ausbildenden immer – auch bei Kündigungen in der Probezeit – informiert werden. Anderenfalls ist die Kündigung unwirksam.

Gründe für eine fristgerechte Kündigung des Auszubildenden können sein:

- Er will den Ausbildungsberuf wechseln, weil er in seinem derzeitigen Ausbildungsberuf keine Erfüllung findet oder überfordert ist.
- Er hat sich in der Ausbildungsberufswahl geirrt.
- Die Eltern ziehen in eine andere Stadt und der Auszubildende möchte ihnen folgen.

Acht Praxisbeispiele zur Problematik rund um eine Kündigung:

Kündigung für Berufsschulschwänzer

Landesarbeitsgericht: Lehrherr muss erst alle pädagogischen Mittel ausschöpfen

Allein die Tatsache, dass ein Auszubildender – auch noch nach mehrfachen Abmahnungen – den Berufsschulunterricht schwänzt, berechtigt einen Lehrherrn nicht dazu, das Ausbildungsverhältnis fristlos zu kündigen. Eine solche Kündigung kann nach einem jetzt veröffentlichten Urteil des Landesarbeitsgerichts Frankfurt (LAG) nur dann Bestand haben, wenn der Ausbilder zuvor alle pädagogischen Möglichkeiten vergeblich ausgeschöpft hat.

Zu entscheiden hatten die Richter über den Fall eines heute 20-jährigen Mannes, der zum 1. August 1997 bei einer Offenbacher Firma seine Ausbildung zum Kfz-Mechaniker begonnen hatte. Nachdem er bereits ein gutes Jahr seiner Lehre absolviert hatte, begann er damit, sich immer wieder vor dem Berufsschulunterricht zu drücken.

Der Geschäftsführer des Kfz-Betriebs mahnte den damals noch 17-Jährigen zunächst mündlich ab. Das zeigte keinen Erfolg. An vier Tagen im September 1998 fehlte er erneut. Nunmehr erteilte ihm sein Chef schriftliche Abmahnungen und machte deutlich, dass der Berufsschulschwänzer mit einer fristlosen Kündigung rechnen müsse, falls er sein Verhalten nicht ändere. Auch das fruchtete nicht. Wiederum schwänzte er an drei Tagen die Berufsschule. Der Ausbildende machte seine Drohung wahr und sprach die Kündigung aus, gegen die der 17-Jährige beim Arbeitsgericht klagte.

Bei der Kette von Pflichtwidrigkeiten, verteidigte der Arbeitgeber die fristlose Kündigung vor Gericht, seien Sinn und Zweck der Ausbildung gefährdet gewesen. Der Berufsschulunterricht und die praktische Ausbildung seien zwar formal voneinander getrennt. Sie seien aber so aufeinander abgestimmt, dass nur bei der ordnungsgemäßen Erfüllung aller durch Schule und Betrieb gestellten Aufgaben das angestrebte Ausbildungsziel auch erreicht werden könne. Die Berufsschulnoten des Klägers seien im Durchschnitt mangelhaft gewesen.

Eine statt der Kündigung ausgesprochene weitere Abmahnung hätte nur zur Folge gehabt, dass der Auszubildende seinen Ausbilder nicht mehr ernst genommen hätte. Der Auszubildende hielt dagegen: Er habe sich in einem psychischen Tief befunden, das sich in Antriebsschwäche dokumentiert habe. Nur so sei zu erklären, dass er seinen beruflichen Belangen nicht in der erwarteten Weise nachgekommen sei.

Sowohl das Arbeitsgericht Offenbach in erster Instanz als jetzt auch das LAG erklärten die fristlose Kündigung des Auszubildenden mangels eines wichtigen Grundes für unwirksam. Bei Kündigungen von Ausbildungsverhältnissen müssten andere Maßstäbe angelegt werden als bei einem Arbeitsverhältnis eines erwachsenen Arbeitnehmers.

»Nicht jeder Vorfall, der zur Kündigung eines Arbeitnehmers berechtigt«, so die LAG-Richter, kann als wichtiger Grund zur fristlosen Entlassung eines Auszubildenden dienen. »Es sollte vielmehr darauf abgestellt werden, inwieweit eine Verfehlung einer der Parteien die Fortsetzung des Berufsausbildungsvertrages von dessen Sinn und Zweck her unzumutbar macht.« An die Annahme eines wichtigen Grundes zur fristlosen Kündigung seien deshalb strengere Anforderungen zu stellen, da es sich bei Auszubildenden in der Regel um Jugendliche handele, die sich noch in der geistigen, charakterlichen und körperlichen Entwicklung befänden.

Eine fristlose Kündigung komme daher nur in Betracht, wenn alle zur Verfügung stehenden und zumutbaren Erziehungsmittel erschöpfend angewendet worden seien. Davon könne aber im zu entscheidenden Fall keine Rede sein. Die ausbildende Firma hätte mit der Mutter des Jugendlichen Kontakt aufnehmen müssen, um auch von dieser Seite pädagogische Hilfestellung einzufordern. Wie die mündliche Verhandlung gezeigt hat, habe sie erst durch die schriftlichen Abmahnungen vom Oktober 1998 vom Fehlverhalten ihres Sohnes erfahren.

Sie wäre auch bereit und willens gewesen, auf ihren Sohn einzuwirken – allerdings, ohne sofortige Abhilfe garantieren zu können. Von August bis Dezember 1998 sei der damals 17-Jährige nämlich in psychischer Behandlung gewesen, nachdem er während einer Auslandsreise überfallen worden sei.

Die Richter: »Die Kenntnis solcher Umstände hätten aus damaliger Sicht zur Erkenntnis führen müssen, dass das Fehlverhalten des Klägers nur vorübergehender Natur war und nicht seinen Grund in einer Interesselosigkeit dem zu erlernenden Beruf gegenüber zu finden war« (Landesarbeitsgericht Frankfurt a. M., Az. 11SA1107/99).

Quelle: Frankfurter Rundschau, 8.11.2001

Wutausbruch rechtfertigt fristlose Kündigung eines Lehrlings

Grundsätzlich steht bei Ausbildungsverhältnissen der Erziehungsgedanke und nicht die Arbeitsleistung im Vordergrund. Dennoch müssen sich Ausbilder weder anschreien noch bedrohen lassen. Ein solches Verhalten kann grundsätzlich auch die fristlose Kündigung eines Auszubildenden rechtfertigen, so das Arbeitsgericht Frankfurt a. M. (Az. 22 Ca4977/05).

Im konkreten Fall bekam ein Tankstellenlehrling einen Wutausbruch, nachdem er eine Abmahnung wegen Diebstahlverdachts erhalten hatte. Er schrie Kollegen und Kunden an und schlug auf das Inventar ein.

Quelle: faz.net, 27.2.2006

Kein Rauswurf trotz Prügelei – Arbeitsgerichtsurteil

Die Beteiligung an einer Schlägerei außerhalb der Arbeitszeit rechtfertigt keine fristlose Kündigung eines Arbeitnehmers bzw. Auszubildenden. Das hat das hessische Landesarbeitsgericht entschieden. Die Richter gaben der Klage gegen eine fristlose Kündigung statt und erklärten diese für unwirksam.

Ein Mann hatte sich während einer Fahrt seiner Berufsschulklasse mit Klassenkameraden geprügelt, die aber nicht seinem Arbeitgeber angehörten. Laut Urteil kann ein körperlicher Übergriff nur dann als Kündigungsgrund herangezogen werden, wenn dadurch das Ausbildungsverhältnis direkt benachteiligt wird. Da die Kontrahenten jedoch nicht beim selben Betrieb in Ausbildung waren, dürfte die Schlägerei keine Folgen für die weitere Ausbildung haben (Az. 3 Sa 1550/06).

Quelle: Wirtschaftswoche, 25.8.2008

Telefonitis

Eine Auszubildende aus Rheinland-Pfalz frönte ihrem ausgeprägten Mitteilungsdrang auch am Ausbildungsplatz. Nachdem ihr Chef sie wiederholt bei unzulässigen Privatgesprächen erwischt hatte, schickte er ihr eine Abmahnung. Doch die Quasselstrippe ließ sich nicht beeindrucken und führte bereits wenig später mehrere Privatgespräche für je rund einen Euro – woraufhin sie die Kündigung erhielt. Zu Unrecht, entschieden die Arbeitsrichter. Da während der Ausbildung »pädagogische Maßnahmen« im Vordergrund stehen müssten, hätte der ersten Abmahnung nicht sofort der Rauswurf folgen dürfen, so die Juristen. Stattdessen hätte der Arbeitgeber zunächst zu anderen Maßnahmen greifen müssen. Eine Möglichkeit sei in solchen Fällen der Abzug der Telefonkosten vom Gehalt (Landesarbeitsgericht Rheinland-Pfalz 4 Sa 462/04).

Arbeitsgericht stärkt Azubis – Kündigung unwirksam

Auszubildenden darf auch nach wiederholtem Fehlverhalten nicht einfach gekündigt werden. Das geht aus einem Urteil des Landesarbeitsgerichts in Frankfurt hervor. Die Richter gaben der Klage eines Mechatronik-Lehrlings gegen einen Betrieb statt und erklärten die fristlose Kündigung des Ausbildungsverhältnisses für gegenstandslos. Der Lehrling hatte in rascher Folge den Unmut des Meisters auf sich gezogen. Seine Leistungen in der Berufsschule ließen zu wünschen übrig. Zur Kündigung kam es, nachdem er zwei Mal gegen das betriebsinterne Fahrverbot verstoßen und mit einem Lastwagen und einem Bus kleinere Zusammenstöße verursacht hatte. Ein Ausbildungsverhältnis darf laut Urteil aber nur nach ganz erheblichen Verstößen gekündigt werden.

Quelle: Berufsbildung konkret, Oktober 2008

Morddrohung eines Azubis rechtfertigt seinen Rauswurf

»Überleg Dir gut, was Du sagst, sonst steche ich Dich ab!«. Mit diesen Worten drohte ein Auszubildender im Beruf Kfz-Mechatroniker seinem Vorarbeiter in der Werkstatt, wo mehrere Messer und Schnittwerkzeuge offen herumlagen, nach einem Wortwechsel mit gegenseitigen Anfeindungen. Die Konsequenz darauf war die fristlose Kündigung durch den Ausbildenden. Bestätigt wurde dieses Vorgehen durch das Arbeitsgericht Frankfurt (Aktenzeichen: 22 Ca 9143/07), welches die Kündigungsschutzklage des Auszubildenden damit abwies, weil durch diese Drohung der Betriebsfrieden nachhaltig gestört wurde und eine weitere Ausbildung unzumutbar sei. Zwar stehe bei der Ausbildung der Erziehungsgedanke im Vordergrund, dennoch muss man eine solche Drohung nicht hinnehmen.

Quelle: Frankfurter Rundschau, 4.9.2007

Bank-Auszubildende hilft ihrem Freund beim Überfall

Aus Liebe ist offenbar eine 22-jährige Frau zur Komplizin bei einem spektakulären Banküberfall geworden, bei dem drei Männer in Osdorf rund 40.000 Euro erbeuteten. Cansu G. hatte vor einem halben Jahr Gökhan A. (26) kennengelernt. Die junge Türkin war Auszubildende im ersten Ausbildungsjahr bei der Dresdner Bank in Osdorf. Ihr neuer Freund, Hartz-IV-Empfänger aus Hamburg, witterte offenbar die Chance zum großen Coup. Er überredet Cansu G. bei einem Überfall auf die Filiale, in der sie arbeitete, zu helfen. Am 10. Juli war es soweit. Als die junge Frau mit ihren Kollegen während der Mittagspause in der Küche saß, verließ sie unter einem Vorwand den Raum. Sie öffnete ihrem Freund, dessen Brüdern die Tür. Diese bedrohten und fesselten die Angestellten und ließen sich von Cansu G. und einem Mitarbeiter rund 40.000 Euro aus der Kasse geben und verschwanden dann. Beamte des Raubdezernates konnten Gökhan A. als Haupttäter identifizieren. Dass die Auszubildende seine Freundin war, blieb den Beamten aufgrund ihrer widersprüchlichen Aussagen nicht verborgen. In ihrer Vernehmung legte die Frau ein Geständnis ab. Sie und die drei Männer wurden festgenommen. Gegen alle wurde Haftbefehl beantragt. Von der Beute war nicht mehr viel übrig. Die Bankräuber hatten das Geld für neue Möbel und vor allem Elektrogeräte verprasst.

Quelle: Welt am Sonntag, 26.7.2008

Gefeuert! Weil mein Popo zu heiß ist

Halle – An Luisas rundem Po ist eigentlich nichts auszusetzen. Nur ihren Chef, den stört er mächtig.

Die hübsche Hotelfach-Auszubildende Luisa (18) aus Halle ist ihrem Chef zu sexy. Er beurlaubte sie jetzt vom Dienst im »Appart«-Hotel. Luisa hatte sich ab und an für fröhlich-pikante Fotos ablichten lassen. Einige Bilder erschienen in Zeitungen.

Das schlanke Mädchen mit der knackigen Jennifer-Lopez-Rückseite: »Meine Chefs waren sogar einmal dabei, als ich im Hotel Fotos machen ließ. Da hat sich niemand an meinem Hobby gestört.«

Jetzt doch! Aus dem Schreiben des Managers, der Luisa vom Dienst freistellte: »Die Vorkommnisse und das Verhalten Luisas in der Öffentlichkeit geben uns hierzu berechtigten Anlass.« Sogar Luisas Mutter wird sittenstreng gerügt: »Ferner werden wir feststellen müssen, inwiefern Sie Ihrer Erziehungspflicht nicht korrekt nachkommen.«

Auf Bild-Nachfrage wand sich Alexander Treizel (34), stellvertretender Geschäftsführer: »Luisa hat zu oft in der Berufsschule gefehlt.« Luisa empört: »Nur, wenn ich krank war, und nie ohne Attest.«

Die Hotelbosse prüfen jetzt sogar, ob sie Luisa mitten in der Ausbildung kündigen.

Quelle: Bild Zeitung, 6.2.2004

Anmerkungen:

Nebenbeschäftigungen der Auszubildenden bedürfen der Zustimmung des Ausbildenden, wovon man in letzterem Fall ausgehen kann. Sofern für das Fehlen in der Berufsschule Entschuldigungen vorlagen, ist hier eine Kündigung nicht möglich. In diesem Fall gab es sicherlich andere Gründe, warum der Ausbildende Luisa kündigen wollte. Die Kündigung in diesem Fall wäre nicht durchsetzbar.

Zusammenfassung:

Kündigung	fristlos		fristgerecht	Aufhebung im gegenseitigen Einvernehmen
	ohne Angaben von Gründen	aus wichtigem Grund	Berufswechsel und -aufgabe	
In der Probezeit	✓	✓		✓
Nach Ablauf der Probezeit — Ausbildender		✓		✓
Nach Ablauf der Probezeit — Auszubildende		✓	✓	✓

Generell zu beachten: Bei der Kündigung bzw. Beendigung des Ausbildungsverhältnisses sind die Rechte des Betriebsrates zu beachten.

Hierzu klärt das BetrVG:

§ 102 Mitbestimmung bei Kündigungen

(1) »Der Betriebsrat ist vor jeder Kündigung zu hören. Der Arbeitgeber hat ihm die Gründe für die Kündigung mitzuteilen. Eine ohne Anhörung des Betriebsrates ausgesprochene Kündigung ist unwirksam.«

1.4.2.2.3 Abmahnung

Eng verbunden mit der Kündigung ist die Abmahnung, die einer Kündigung oftmals vorausgeht.

Mit einer Abmahnung, die mit einer gelben Karte im Fußball vergleichbar ist, sind vier Funktionen verbunden:

- Beschreibungsfunktion, die den abzumahnenden Sachverhalt beschreibt
- Dokumentationsfunktion, die den abzumahnenden Sachverhalt als Beweismittel festhält
- Erwartungsfunktion, die beschreibt, welches Verhalten künftig erwartet wird
- Androhungsfunktion, die verdeutlicht, was im Wiederholungsfall für Konsequenzen drohen

Eine Abmahnung liegt vor, wenn der Ausbildende in einer für den Auszubildenden hinreichend deutlichen Art und Weise Leistungs- oder Verhaltensmängel beanstandet und damit den Hinweis verbindet, dass im Wiederholungsfall die Fortsetzung des Ausbildungsverhältnisses gefährdet ist.

Der Abmahnung kommt eine nicht unerhebliche Präventivwirkung zu, wenn sie auch anderen Auszubildenden zu Gehör kommt und damit deren Verhalten beeinflusst. Zu beachten ist, dass der Betriebsrat bei einer Abmahnung weder unterrichtet noch angehört werden muss. Mit der Abmahnung sollte ein Abmahnungsgespräch verbunden sein. Die Abmahnung ist ein befristeter Bestandteil der Personalakte (zwei Jahre).

1.4.2.2.4 Ausbildung verlängern

1.4.2.2.4.1 Gründe der Vertragsverlängerung

Vielfach kommt es vor, dass die Ausbildung aus unterschiedlichen Gründen nicht bestanden wird bzw. verlängert werden soll oder muss.

Die Gründe für schlechtes Abschneiden bzw. die Vertragsverlängerung lassen sich vor allem in drei Bereichen finden:

- Beim Auszubildenden
- In der Vorbereitung durch die Berufsschule
- In der Vorbereitung bzw. den Rahmenbedingungen im Ausbildungsbetrieb

Gründe für das Nichtbestehen bzw. die Verlängerung können in folgenden persönlichen Bereichen des Auszubildenden zu finden sein:

- Zu wenig Lernbereitschaft (oftmals Faulheit)
- Einflüsse und Ablenkung aus dem privaten Bereich
- Entwicklungsbedingte Störungen
- Lernbeeinträchtigungen
- Mangelhafte oder ungenügende Leistungen in der Prüfung
- Verhinderungsgründe am Prüfungstag
- Prüfungsangst
- Überforderung
- Schlechtes Zeitmanagement in der Prüfung
- Mangelnde körperliche und geistige Fitness am Prüfungstag
- Längere Krankheit

Gründe für das Nichtbestehen bzw. die Verlängerung können in folgenden schulischen Bereichen zu finden sein:

- Fehlende bzw. veraltete Materialien
- Rückständiger Unterricht
- Unterrichtsausfall
- Fachliche und persönliche Defizite der Lehrer
- Ungünstige Klassengröße

 Gründe für das Nichtbestehen bzw. die Verlängerung können in folgenden betrieblichen Bereichen zu finden sein:

- Fehlende konstruktive Lernerfolgskontrollen
- Zu viel Routinearbeit im Betrieb
- Eher Arbeit als Ausbildung
- Schlechte Prüfungsvorbereitung
- Schlechte Auswahl der Ausbilder / Unangemessener Führungsstil
- Ausbilderversagen
- Mobbing in der Ausbildungsgruppe
- Fehlerhafte Organisation und Gestaltung der betrieblichen Ausbildung

Bevor über die Prüfung und die Ergebnisse gesprochen wird, sollte der Ausbildende bzw. Ausbilder sich die Prüfungsaufgaben und Ergebnisse selbst in Ruhe angeschaut haben, damit er die Anforderungen an den Auszubildenden und dessen Leistungen besser beurteilen kann. Er kann diese mit Zustimmung des Auszubildenden in der Regel bei der zuständigen Stelle einsehen. Die Aufgabenstellungen der Prüfungen darf der Auszubildende nach der Prüfung mitnehmen.

Ähnlich wie in der Medizin kommt vor der Therapie eine analytische Diagnose. Dementsprechend ist zunächst Ursachenforschung zu betreiben.

Im Ursachen- und Beratungsgespräch, welches als Fördergespräch zu verstehen ist, hilft der Ausbilder bei der Ursachensuche, spendet Trost, motiviert, zeigt konstruktiv (aufbauend) Perspektiven auf und bietet Hilfs- und Fördermöglichkeiten für das weitere Vorgehen an.

Keinesfalls sollte mit Vorwürfen, Drohungen und Ängsten gearbeitet werden. In diesem Gespräch zeigt sich auch die menschliche Qualität des Ausbilders, die für den erfolgreichen Ausbildungsabschluss eine wichtige Rolle spielt.

1.4.2.2.4.2 Wiederholung der Prüfung und Verlängerung der Ausbildungszeit

Der Auszubildende kann über den Ausbildenden bis zum Ablauf des Ausbildungsvertrages als Fristvertrag einen Antrag auf Verlängerung bis zum nächsten Prüfungstermin (in der Regel sechs Monate später) stellen. Diesem muss von Seiten der zuständigen Stelle und des Ausbildenden stattgegeben werden. Umgekehrt können der Ausbildende oder die zuständige Stelle keinen Auszubildenden zur Wiederholung der Abschlussprüfung zwingen.

Verlängert der Auszubildende die Ausbildung mit dem Betrieb, ist er weiterhin im letzten Ausbildungsjahr und erhält keine Erhöhung der Ausbildungsvergütung. Für ihn besteht auch weiterhin die Berufsschulpflicht.

Der Auszubildende kann die Wiederholungsprüfung auch ohne einen verlängerten Ausbildungsvertrag als Externer auf eigene Verantwortung ablegen **(externe Wiederholungsprüfung)**.

Die gesetzliche Grundlagen für die Prüfungswiederholung finden sich im BBiG §§ 21 und 37:

---

§ 21 Beendigung

(3) »Bestehen Auszubildende die Abschlussprüfung nicht, so verlängert sich das Berufsausbildungsverhältnis auf ihr Verlangen bis zur nächstmöglichen Wiederholungsprüfung, höchstens um ein Jahr.«

---

§ 37 Abschlussprüfung

(1) »In den anerkannten Ausbildungsberufen sind Abschlussprüfungen durchzuführen. Die Abschlussprüfung kann im Fall des Nichtbestehens zweimal wiederholt werden. Sofern die Abschlussprüfung in zwei zeitlich auseinanderfallenden Teilen durchgeführt wird, ist der erste Teil der Abschlussprüfung nicht eigenständig wiederholbar.«

Auf seinen Antrag wird der Auszubildende bei der Wiederholungsprüfung von den Fächern befreit, in denen er zuvor eine ausreichende Leistung erbracht hat. Wiederholungsprüfungen erstrecken sich oftmals nur auf Teilbereiche der Gesamtprüfung.

Bei erneutem Nichtbestehen muss auf Antrag des Auszubildenden der Vertrag ein weiteres Mal bis zum nächstmöglichen Prüfungstermin verlängert werden. Insgesamt stehen den Auszubildenden maximal drei Anläufe zum Bestehen der Prüfung zu, d. h. es sind zwei Wiederholungsprüfungen möglich.

Auch wenn die Prüfung nicht abgelegt wurde (z. B. wegen Schwangerschaft oder Krankheit), kann der Auszubildende die Möglichkeit der Vertragsverlängerung mit einem Wiederholungstermin nutzen.

Auf der nächsten Seite findet sich ein Beispielformular rund um die Vertragsverlängerung bzw. nicht bestandene Abschlussprüfung.

Dass die Abschlussprüfungen nicht immer problemlos laufen und teilweise zu wenig mit der Berufspraxis zu tun haben, zeigt folgender Zeitungsausschnitt:

Prüfungsergebnisse werden nach oben korrigiert

Rund 8.000 angehende Bankkaufleute in Deutschland können aufatmen. Der Widerspruch der Dienstleistungsgewerkschaft Verdi in Hessen beim Zentralen Prüfungs- und Aufgabenerstellungsausschuss der Industrie- und Handelskammern gegen die schriftlichen Abschlussprüfungen hatte Erfolg. »Die Prüfungsergebnisse werden nach oben korrigiert«, freute sich die Verdi-Fachbereichsleiterin Finanzdienstleistungen, Gudrun Schmidt, im Gespräch mit der FR. Nach den Prüfungen hatten sich zahlreiche Auszubildende bei den Jugend- und Auszubildendenvertretungen beschwert, sie beklagten insbesondere zu knappe Prüfungszeiten, aber auch Fehler in der Gestaltung von Ergebnisfeldern und ungenaue Fragestellungen.

Quelle: Frankfurter Rundschau, 8.11.2001

HK Handelskammer
Hamburg

Stand: **2007**   **Datenfeld Handelskammer Hamburg**

Daten erfasst:

Falls bekannt bitte ausfüllen

Azubi-Identnummer

Antrag auf Verlängerung der Ausbildungszeit zum Berufsausbildungvertrag zwischen

Bitte in 3-facher Ausfertigung einreichen

Ausbildender (Unternehmen)

Auszubildende(r)

Telefon-Nr.   Mitgliedsnummer

Name, Vorname

Name und Anschrift des Ausbildungsbetriebes

Straße, Haus-Nr.

PLZ   Ort

Geburtsdatum   Geburtsort

Ausbilder

Für den Ausbildungsberuf zuständige Berufsschule

Ausbildungsberuf

Fachrichtung/Schwerpunkt

Jetzige Ausbildungszeit vom   bis

Verlängerung der Ausbildungszeit:

☐ Die Ausbildungszeit verlängert sich wegen nicht bestandener Abschlussprüfung nach § 37 Abs. 1 BBiG um ___ Monate.

☐ Die Ausbildungszeit soll wegen Gefährdung des Ausbildungsziels nach § 8 Abs. 2 BBiG um ___ Monate verlängert werden.

Neue Ausbildungszeit vom   bis

Bei einer **Antragstellung einer Verlängerung der Ausbildungszeit nach § 8 Abs. 2 BBiG**

(Verlängerung der Ausbildungszeit in Ausnahmefällen) fügen Sie bitte folgendes als Anlage bei oder nutzen Sie hierfür die Rückseite des Formulars:

☐ Eine Begründung der Antragstellung.

☐ Eine allgemeine Beurteilung über den Leistungsstand des Auszubildenden.

☐ Eine Einschätzung, welche Kenntnisse und Fertigkeiten ohne Verlängerung der Ausbildungszeit nicht vermittelt würden.

☐ Eine Auflistung der ggf. angefallenen Fehltage, mit Angabe in welchen Abteilungen.

☐ Das letzte aktuelle Berufsschulzeugnis.

Wir bitten Sie, die Berufsschule/n nach Genehmigung des Antrages von dieser Änderung in Kenntnis zu setzen.

Ort und Datum

Unterschrift des Auszubildenden

Unterschrift des gesetzlichen Vertreters des Auszubildenden

Stempel und Unterschrift des Ausbildenden

Mit diesem Genehmigungsvermerk ändert die Handelskammer Hamburg antragsgemäß den Inhalt des Berufsausbildungsvertrages.

Siegel, Datum und Unterschrift des Sachbearbeiters

01. April 2007

Quelle: Handelskammer Hamburg

1.4.3 An der Erstellung eines schriftlichen Zeugnisses auf der Grundlage von Leistungsbeurteilungen mitwirken

Zum Abschluss der Ausbildung stehen dem Auszubildenden eine Reihe von Zeugnissen zu, die seine erbrachten Leistungen beurteilen.

Hierzu zählen:

- Das Ausbildungszeugnis des Ausbildungsbetriebes als lernortbezogenes Zeugnis (BBiG § 16)
- Die Prüfungsurkunde der zuständigen Stelle als lernortübergreifendes Zertifikat über das Bestehen der Abschlussprüfung (BBiG § 37 (2))
- Das Abschlusszeugnis der Berufsschule als lernortbezogenes Zeugnis

Diese drei unterschiedlichen Zeugnisse werden ausgestellt, damit man sich ein »rundes Bild« von den Leistungen des Auszubildenden an seinen verschiedenen Lernorten machen kann.

1.4.3.1 Betriebliches Ausbildungszeugnis

1.4.3.1.1 Gesetzliche und betriebliche Vorgaben sowie Inhalte eines Zeugnisses

Dem betrieblichen Ausbildungszeugnis kommt eine Doppelfunktion zu. Einerseits soll es dem beruflichen Fortkommen des Auszubilderden dienen, andererseits soll es künftigen Arbeitgebern eine Entscheidungshilfe bei einer möglichen Einstellung sein.

Grundlage des Ausbildungszeugnisses sind die laufenden Beurteilungen während der Ausbildung und ein Abschlussbeurteilungsgespräch, an dem neben dem Auszubildenden und Ausbildenden auch ausgewählte Ausbilder beteiligt sein sollen.

Rechtliche Grundlagen des betrieblichen Zeugnisses finden sich im BBiG:

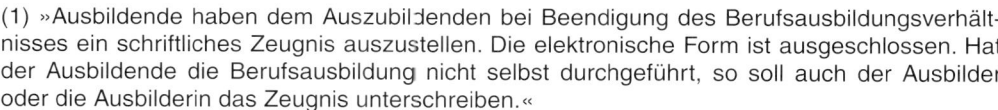

§ 16 Zeugnis

(1) »Ausbildende haben dem Auszubildenden bei Beendigung des Berufsausbildungsverhältnisses ein schriftliches Zeugnis auszustellen. Die elektronische Form ist ausgeschlossen. Hat der Ausbildende die Berufsausbildung nicht selbst durchgeführt, so soll auch der Ausbilder oder die Ausbilderin das Zeugnis unterschreiben.«

(2) »Das Zeugnis muss Angaben enthalten über Art, Dauer und Ziel der Berufsausbildung sowie über die erworbenen beruflichen Fertigkeiten, Kenntnisse und Fähigkeiten der Auszubildenden. Auf Verlangen Auszubildender sind auch Angaben über Verhalten und Leistung aufzunehmen.«

Im zweiten Absatz zeigt sich eine Unterscheidung zwischen einem einfachen und einem qualifizierten Zeugnis.

Anforderungen an das **einfache betriebliche Zeugnis** sind:

- Überschrift »Ausbildungszeugnis«
- Firmenbriefbogen
- Angemessene äußere Form
- Fehlerfreiheit

- Anschriftfeld sollte auf Wunsch des Auszubildenden leer sein
- Vor- und Nachname, Geburtsdatum und -ort des Auszubildenden
- Dauer der Ausbildung
- Art und Ziel der Ausbildung (i. d. R. in Anlehnung an die Ausbildungsordnung)
- Angaben über erworbene (spezielle) Kenntnisse und Fähigkeiten
- Ausstellungsdatum, Unterschrift des Ausbildenden (ggf. auch des Ausbilders)

Das Ausbildungszeugnis darf den Hinweis auf Nichtbestehen der Abschlussprüfung nicht enthalten. Ebenso ist eine Tätigkeit in der Jugend- und Auszubildendenvertretung nicht zu erwähnen, es sei denn, dass der Auszubildende dies ausdrücklich verlangt.

Beim **qualifizierten betrieblichen Zeugnis** geht es ferner um die Beurteilung von

- Leistungen,
- Fertigkeiten,
- Kenntnissen,
- Potenzialen,
- Verhalten.

Ist eine Übernahme in ein anschließendes Beschäftigungsverhältnis nicht vorgesehen oder ist das Zeugnis für Fortbildungsmaßnahmen notwendig, kommt es zur Änderung des Gefüges des Ausbildungsbetriebes (z. B. durch Fusion oder Umwandlung) oder zum Wechsel des Ausbildenden, ist es sinnvoll, dem Auszubildenden ein Zwischenzeugnis auszustellen.

1.4.3.1.2 Betriebliche Beurteilungen für das Zeugnis

In der Praxis haben sich weitgehend codierte Formulierungen für das qualifizierte Zeugnis durchgesetzt. Zu diesen zählen:

- »Er hat sich bemüht, den Anforderungen gerecht zu werden.«
  Mit dieser Beschreibung ist alles andere als ein Kompliment verbunden. Bemühen ist die Grundlage jeden Erfolges und damit eine Selbstverständlichkeit. Schließlich hat der Auszubildende eine Lernpflicht.

- »Er setzte sich im Rahmen seiner Möglichkeiten ein.«
  Seine Möglichkeiten waren allerdings nicht ausreichend. Mindeststandards wurden nicht erreicht.

- »Seine umfangreiche Bildung machte ihn stets zu einem gefragten Gesprächspartner.«
  Da bei manchen Auszubildenden – leider – nicht von einer umfangreichen Bildung die Rede sein kann, sind in diesem Fall eher Geschwätzigkeit, zahlreiche Privatgespräche (Stichwort Privat-Handy am Arbeitsplatz) und übertriebener Small Talk gemeint.

- »Er hatte Gelegenheit, sich das notwendige Wissen anzueignen.«
  Diese Beschreibung sagt aus, dass der Ausbildende seinen Pflichten nicht ausreichend nachgekommen ist bzw. die Gelegenheit der Wissensaneignung nicht genutzt hat.

- »Er arbeitete mit größter Genauigkeit.«
  Wenn es sich nicht gerade um handwerklich sehr anspruchsvolle und sicherheitsrelevante Arbeiten handelt, ist diese Formulierung eine Beschreibung für zu langsames und unflexibles Arbeiten.

- »Für die Belange der Belegschaft erwies er stets Einfühlungsvermögen.«
  Auch wenn Einfühlungsvermögen eine – leider – nicht häufig anzutreffende Sozialkompetenz ist, dreht sich diese Formulierung mehr darum, dass der Auszubildende zu geschwätzig ist und sich leicht von anderen ablenken lässt.

- »Er ist immer gut mit seinen Vorgesetzten ausgekommen.«
  Diese Formulierung zielt mehr auf Unterwürfigkeit, mangelnde Kreativität und Persönlichkeits-entwicklung hin.

- »Wir wünschen ihm für den weiteren Weg in einem anderen Unternehmen viel Erfolg.«
  Allerdings nicht im Ausbildungsunternehmen...

Weitere verbreitete Codierungen sind:

- »Stets zu unserer vollsten Zufriedenheit.«
  Hierbei handelt es sich um das größtmögliche Kompliment in der Zeugnissprache. Es entspricht in etwa der Schulnote 1.

- »Stets zu unserer vollen Zufriedenheit.«
  Auch diese Beschreibung ist sehr positiv. Sie ist mit der Schulnote 2 vergleichbar.

- »Stets zu unserer Zufriedenheit.«
  Hierbei kommt es zu einer Einschränkung der Zufriedenheit. Diese Beschreibung ist vergleich-bar mit der Schulnote 3.

- »Zu unserer Zufriedenheit.«
  In diesem Fall nimmt die Einschränkung weiter zu. Die Beurteilung ist vergleichbar mit der Schulnote 4.

- »Hat sich bemüht.«
  Diese Beschreibung ist wenig positiv. Das Arbeitsgericht Neubrandenburg hat hierzu entschie-den, dass diese Beschreibung Platz für eine negative Interpretation lässt. Mit der Formulierung wird verbunden, dass der Mitarbeiter zwar guten Willens war, letztlich aber keine Leistung ge-zeigt hat (ArbG Neubrandenburg, Az.: 1 Ca 1579/92).

Mit der Zeugnissprache hat sich eine Parallelsprache in der Personal- und Ausbildungswelt ver-breitet. Auch wenn es einem nicht passt: Man muss sie sich aneignen und selber anwenden. Auszubildende kennen die Sprachcodes allerdings zumeist noch nicht. Oftmals melden sich die Eltern und beschweren sich über Formulierungen, wenn diese nicht im Interesse des Beurteilten sind. Fakt ist, dass Arbeitszeugnisse immer ein heikles Thema sind.

Beispielentwurf für ein (qualifiziertes) hervorragendes Ausbildungszeugnis:

Meyer GmbH

AUSBILDUNGSZEUGNIS

Frau Corina Brähler

geboren am 12.12.1988 in Frankfurt/Main
ist in der Zeit vom 1. August 2007 bis 15. Februar 2010 in unserem Unternehmen im staatlich
anerkannten Ausbildungsberuf

IT-System-Kauffrau

am Ausbildungsort Frankfurt am Main ausgebildet worden.
Frau Brähler hat alle im Ausbildungsberufsbild vorgeschriebenen Fertigkeiten und Kenntnisse
gemäß der aktuellen Ausbildungsordnung bei uns erworben.

Frau Brähler war eine äußerst engagierte Auszubildende, die sowohl quantitativ als auch
qualitativ ihre Aufgaben in bemerkenswert kurzer Zeit erledigte. Die Fachkenntnisse wurden
von ihr ausgezeichnet beherrscht. Erlerntes wurde stets auf andere und schwierige Aufgaben
mit großem Erfolg übertragen. Dies führte neben einer rasch steigenden Selbstständigkeit
auch zu einer sehr sicheren Erledigung der Aufgaben. Mit der Qualität ihrer Arbeitsergebnisse
waren wir jederzeit überaus zufrieden.

Ihre Arbeitsausführung war stets sehr sorgfältig, genau, zuverlässig und weitestgehend
fehlerfrei. Darüber hinaus wurden die von ihr durchgeführten Arbeiten und Projekte selbstständig und gewissenhaft kontrolliert. Ferner zeichnete sie sich durch eine weit überdurch-
schnittliche Auffassungsgabe, Belastbarkeit, Vielseitigkeit und Initiative aus.

Frau Brähler hatte einen ausgesprochen positiven Einfluss auf die gesamte Ausbildungsgruppe und fügte sich trotzdem problemlos in das Ausbildungsteam und die Abteilung ein.
Ferner hat sie sich im Rahmen des Patensystems um die neu eingestellten Auszubildenden
gekümmert und diesen den Berufseinstieg erleichtert. Für Anregungen des Ausbildungs-
teams war sie sehr aufgeschlossen und arbeitete bei gemeinsam zu lösenden Aufgaben stets
kreativ und kooperativ mit.

Neben ihrer betrieblichen Berufsausbildung besuchte Frau Brähler einen Sprachkurs in technischem Englisch bei einer lokalen Sprachschule und hat die erworbenen Kenntnisse in der
täglichen Arbeit zielgerichtet eingesetzt.

Frau Brähler verlässt unseren Betrieb auf eigenen Wunsch, um ein Studium der Informatik zu
beginnen. Wir bedauern, diese engagierte und einsatzfreudige Auszubildende zu verlieren
und wünschen ihr für den weiteren Berufs- und Lebensweg alles Gute.

Frankfurt, 15.2.2010

R. Meyer   M. Strauss
(Geschäftsführerin)   (Ausbildungsleiter)

1.4.3.1.3 Möglichkeiten des Widerspruchs

Gibt es im Bereich des betrieblichen Zeugnisses Meinungsverschiedenheiten, trägt der Beurteilte die Beweislast, dass das Zeugnis nicht der Realität entspricht. Fällt ein Zeugnis allerdings recht positiv aus, gibt es fast nie ein Feedback.

Zu beachten ist die Verjährungsfrist von drei Jahren gemäß BGB §195.

1.4.3.2 Zeugnis der zuständigen Stelle

Die rechtliche Grundlage des Zeugnisses der zuständigen Stelle (Kammer) bildet das BBiG:

> **§ 37 Abschlussprüfung**
>
> (2) »Dem Prüfling ist ein Zeugnis auszustellen. Ausbildenden werden auf deren Verlangen die Ergebnisse der Abschlussprüfung der Auszubildenden übermittelt. Sofern die Abschlussprüfung in zwei zeitlich auseinanderfallenden Teilen durchgeführt wird, ist das Ergebnis der Prüfungsleistungen im ersten Teil der Abschlussprüfung dem Prüfling schriftlich mitzuteilen.«
>
> (3) »Dem Zeugnis ist auf Antrag des Auszubildenden eine englischsprachige und eine französischsprachige Übersetzung beizufügen. Auf Antrag der Auszubildenden kann das Ergebnis berufsschulischer Leistungsfeststellungen auf dem Zeugnis ausgewiesen werden.«

Eine Aufstellung des einheitlichen Punkte- und Notensystems der zuständigen Stelle findet sich in Kap. 1.3.8.2.

In der Regel wird der Auszubildende das Zeugnis der zuständigen Stelle bei allen folgenden Bewerbungen im weiteren Arbeitsleben vorlegen (müssen). Insofern kann die Bedeutung des Zeugnisses nicht überschätzt werden

1.4.3.3 Zeugnis der Berufsschule

Auch die Berufsschule stellt ein Zeugnis aus. Dieses Abschlusszeugnis hat aber im Vergleich zu den beiden anderen Zeugnissen in der Regel einen untergeordneten Stellenwert. Insbesondere Jahre nach Ausbildungsende wird es bei Bewerbungen nicht mehr beigefügt. Mit der möglichen Aufnahme der Berufsschulnoten in das Zeugnis der zuständigen Stelle hat die Leistungsbeurteilung durch die Berufsschule dagegen eine Aufwertung erfahren.

Das BBiG klärt hierzu, dass auf Antrag des Auszubildenden das Ergebnis berufsschulischer Leistungsfestellungen auf dem Zeugnis ausgewiesen werden kann (BBiG § 37 (3)).

1.4.4 Auszubildende über betriebliche Entwicklungswege und berufliche Weiterbildungsmöglichkeiten informieren und beraten

»Also lautet der Beschluss, dass der Mensch was lernen muss. Lernen kann man Gott sei Dank, aber auch sein Leben lang.« Wilhelm Busch

1.4.4.1 Die verschiedenen Formen und Stellenwerte der Fort- bzw. Weiterbildung

Ausbildung ist der erste Schritt in einen Beruf. Hier werden eine berufliche Basis und die Grundlagen für das lebenslange Lernen gelegt. Berufliches Lernen lässt sich somit nicht auf eine Ausbildung am Anfang des Arbeitslebens beschränken, sondern ist ein fortdauernder Prozess. Was sich an die Ausbildung anschließt, ist vor dem Hintergrund des zwingend notwendigen lebenslangen Lernens die Fortbildung in ihren vielfältigen Formen.

 Gemäß BBiG § 1 (4) (Ziele und Begriffe der Berufsbildung) soll es die berufliche Fortbildung ermöglichen, die berufliche Handlungsfähigkeit zu erhalten, anzupassen oder zu erweitern und beruflich aufzusteigen.

Vor diesem Hintergrund heißt das relevante Gesetz nicht Berufs**aus**bildungsgesetz, sondern Berufsbildungsgesetz, da Fortbildung (auch wenn im Sprachgebrauch oft von Weiterbildung die Rede ist, nennt es das BBiG Fortbildung!) unmittelbar mit der Ausbildung verbunden gesehen werden muss. Inhalte des Gesetzes sind die Fortbildungsordnung (§ 53), die Fortbildungsprüfungsregelungen der zuständigen Stellen (§ 54), die Berücksichtigung ausländischer Vorqualifikationen (§ 55) und die Fortbildungsprüfungen (§§ 56 und 57).

Zu den persönlichen Entwicklungszielen und Aspekten, die Auszubildende nach der Ausbildung mit der Fortbildung verbinden, zählen die

- Grundlage für den beruflichen Aufstieg,
- Erhöhung des Selbstwertgefühls,
- Erhöhung der individuellen beruflichen Mobilität,
- Anpassung der persönlichen Qualifikation an die Anforderungen der Arbeitswelt im Allgemeinen und des Arbeitsplatzes im Speziellen,
- Sicherung und Verbesserung der erreichten Stellung in Beruf und Gesellschaft,
- Minderung von Risiken, die sich aus dem wirtschaftlichen und technischen Wandel ergeben,
- Übernahme größerer Verantwortungsbereiche,
- Erschließung bisher ungenutzter persönlicher Potenziale.

Zu der beschriebenen persönlichen und betrieblichen Bedeutung der Fortbildung kommt noch eine volkswirtschaftliche Dimension hinzu. So hängt der künftige Lebensstandard einer Nation auch stark von ihrem ökonomisch wirksamen Humankapital ab. Das »Berichtssystem Weiterbildung« des Bundesministeriums für Bildung und Forschung gibt jährlich Auskunft über den Stand der Weiterbildung in Deutschland (www.bmbf.de).

Die Fortbildungslandschaft ist dadurch gekennzeichnet, dass der Staat sich hier mit Ausnahme der Universitäten, der berufsbildenden Schulen und Prüfungsinstanzen weitgehend zurückhält und dieses Feld der freien Wirtschaft überlässt.

Kennzeichen der Fortbildungslandschaft sind:

- Pluralismus der Anbieter (von privat bis staatlich)
- Marktwirtschaftliche Organisation (Angebot und Nachfrage entscheiden über die Maßnahmen und das Entstehen und Überleben von Bildungsträgern)
- Schwere Vergleichbarkeit der Maßnahmen und Abschlüsse

Unterschieden werden verschiedene Formen der Fortbildung:

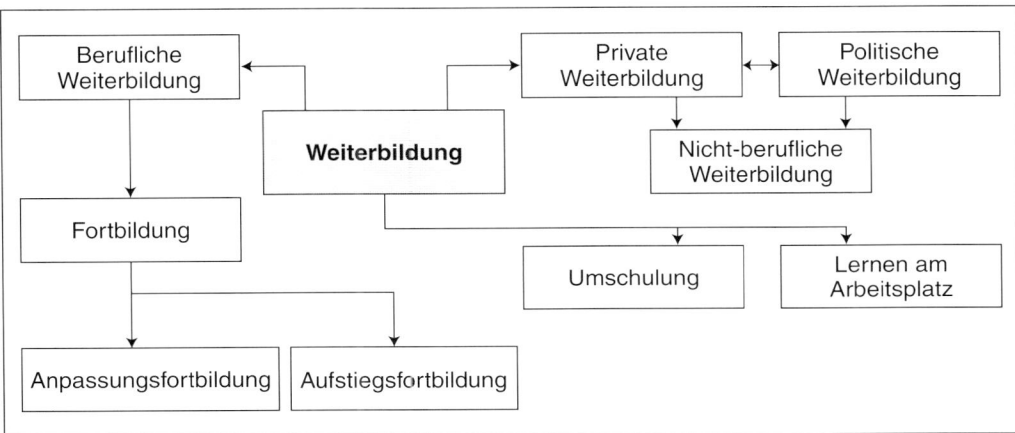

Auf der ersten Ebene wird die berufliche Weiterbildung (im Berufsbildungsgesetz ist nur von Fortbildung die Rede), als Fortbildung der allgemeinen und politischen Weiterbildung gegenübergestellt. Während sich die allgemeine Weiterbildung vielfach in den Volkshochschulen abspielt und privaten Interessen folgt, ist die politische Weiterbildung stark durch die Stiftungen der politischen Parteien (z. B. Konrad-Adenauer-Stiftung oder Friedrich-Ebert-Stiftung) geprägt. Bei der nicht-beruflichen Weiterbildung spricht man auch von der Erwachsenenbildung. Sie findet in der Regel außerhalb der täglichen Arbeitszeit statt. Eine Besonderheit kommt hierbei dem Bildungsurlaub zu, der allerdings nicht in allen Bundesländern gewährt wird.

Berufliche Weiterbildung gliedert sich zudem in die beiden formellen Bereiche Fortbildung und Umschulung sowie das Lernen am Arbeitsplatz.

Während die Anpassungsfortbildung der Erhaltung und damit der Anpassung der beruflichen Handlungsfähigkeit an veränderte technische, organisatorische und rechtliche Entwicklungen dient, zielt die Aufstiegsfortbildung auf den beruflichen Aufstieg.

Die Grafik stellt unterschiedliche Kriterien der Unterscheidung von Anpassungs- und Aufstiegs-fortbildung gegenüber:

Kriterium	Anpassungsfortbildung	Aufstiegsfortbildung
Qualifikationsziel	Zielgenaue, aktuellere, enge, begrenzte, konkrete Qualifizierung	Breit angelegtes, dauerhaftes Qualifikationsprofil
Bezug zur Qualifikations-struktur	Keine Veränderung des Qualifikations-Profils, des Qualifikations-Niveaus und des bisherigen Status	Höheres Qualifikations-Niveau, höhere Berufsebene, beruflicher Aufstieg
Initiative	In der Regel durch den Betrieb und die Beschäftigten, oftmals zur Behebung unmittelbarer Qualifikationsdefizite	In der Regel durch den Beschäftigten, hier als Privatperson
Aufwand der Teilnehmer	Meist gering, da in der Regel kurze Maßnahmedauer, häufig während der Arbeitszeit und Finanzierung durch den Arbeitgeber	Hoch, da es sich um längere Maß-nahmen handelt, die in der Regel in der Freizeit stattfinden und selbst finanziert werden, Förderungen sind möglich (Meister-Bafög)
Maßnahmeträger	Oftmals Betriebe, freie Träger, Trainer, Wirtschaftsverbände und Kammern	In der Regel freie Träger oder staatliche Einrichtungen
Nutzen	Zielt eng auf die direkte betriebliche Umsetzung ab. In der Regel ist unmittelbare Verwertungskontrolle möglich	Breiter Zuwachs an dauerhaftem Wissen und Fertigkeiten. Oft ver-bunden mit werthaltigen Zertifi-katen oder anderen Abschlüssen. Der Nutzen stellt sich oftmals nicht unmittelbar ein
Risiken	Geringes Investitionsrisiko an Zeit und Kosten. In der Regel nur Teilnehmerzertifikat	Hohes Investitionsrisiko an Zeit und Kosten. Keine unmittelbare Verwertungskontrolle
Beispiele	Das Neuste aus dem Lohnsteuer-recht für Buchhalter, arbeitsrecht-liche Änderungen zum Jahres-wechsel für Rechtsanwälte oder Personaler	Ausbildung der Ausbilder (Ausbilder-Eignung), Verkehrs-fachwirt, Industriemeister, Personalfachkaufleute

1.4.4.2 Berufsbildbezogene Weiterbildungsmöglichkeiten

Unterscheidungsmerkmale der Fortbildungsmaßnahmen sind vor allem die Ziele, die zeitliche Organisation, die von Vollzeit- über Teilzeitmaßnahmen bis zum Fernunterricht reichen, und die Orte der Maßnahmen, die als interne Varianten (am Arbeitsplatz, Literaturstudium in der Firma, Unterweisungen, Workshops, Arbeitsgruppen, interne Seminare) oder als externe Maßnahmen (Messebesuche, Seminare, Tagungen, Erfa-Kreise oder Selbststudium daheim) stattfinden können. Darüber hinaus stehen die Bildungsanbieter mit unterschiedlichen Inhalten und Qualitäten bezogen auf Trainer/Dozenten, Organisation und Erfahrung als Kooperationspartner bereit.

Um einen Durchblick im Fortbildungsdschungel zu bekommen, bieten sich regionale Beratungsdienste außerhalb der Betriebe durch die Agenturen für Arbeit, die Studienberatung bei den Hochschulen und Fachhochschulen, das Medium Internet sowie andere Datenbanken und Publikationen an. Am besten ist aber immer die Empfehlung von ehemaligen Teilnehmern.

Eine große Rolle kommt den berufsbildbezogenen Abschlüssen mit anerkannter IHK-Prüfung auf Grundlage des BBiG als Ausdruck der IHK-Weiterbildungskonzeption zu. Diese Maßnahmen sind im Gegensatz zu Hochschulstudien mehr auf den Bedarf der Wirtschaft bezogen und aufgrund ihrer einheitlichen Rahmenstoffpläne und Abschlussprüfungen bundesweit vergleichbar und anerkannt. Ferner sind ihre Dauer und der damit verbundene Aufwand überschaubar, und die Maßnahmen sind zumeist berufsbegleitend machbar.

Grundlage der Fortbildung ist zumeist der Abschluss einer Berufsausbildung, eine gewisse Berufspraxis, Lernbereitschaft und ein gewisser zeitlicher und finanzieller Aufwand. Aufbauend auf einer abgeschlossenen Berufsausbildung und mehrjähriger Berufserfahrung qualifizieren die Lehrgänge, die sowohl von den IHK als auch von freien Trägern (i. d. R. die bessere Alternative) durchgeführt werden, mindestens für die mittlere betriebliche Führungsebene.

Im Jahr 2002 wurde für die IT-Branche eine eigene Weiterbildungs-Verordnung verabschiedet. Diese ermöglicht sowohl den Fachkräften betriebliche Aufstiegsmöglichkeiten als auch kompetenten Seiteneinsteigern anerkannte IT-Fortbildungsabschlüsse zu erlangen. Das IT-Weiterbildungssystem orientiert sich weitgehend an den konkreten Anforderungen, die in der täglichen Arbeit in IT-Unternehmen gemeistert werden müssen. Angeboten werden Fortbildungsprofile mit den unterschiedlichen Qualifikationsebenen wie Spezialisten, Operative und Strategische Professionals.

Im Bereich der Industrie- und Handelskammern haben 2008 insgesamt 64.027 Berufstätige eine Weiterbildungsprüfung abgelegt (und 69,99 % auch bestanden).

Bereich	Prüfungen	davon bestanden
Kaufmännisch	40.972	65,28 %
Industriell-technisch	14.390	80,78 %
IT und Medien	2.021	75,16 %
Querschnittsthemen	6.644	74,10 %

Unterschieden werden verschiedene Ebenen der Fortbildung im kaufmännischen und industriell-gewerblich-technischem Bereich:

IHK Kaufmännischer Bereich ⟸ **Fortbildung** ⟹ Industriell-gewerblich-technischer Bereich

3. Ebene / Betriebswirt/in (IHK):

Betriebswirt/-in:
Betriebswirt/-in stellt die höchste Stufe der Fortbildung im kaufmännischen Bereich für Fachkaufleute und Fachwirte dar. Als Universalmanager geht es hier um die Besetzung von Führungspositionen. Führungs- und Managementtechniken spielen hierbei eine große Rolle. Es handelt sich um eine attraktive Alternative zum Hochschulstudium, weil hier Theorie und Praxis verbunden werden.

2. Ebene / Fachkaufmann/-frau oder Fachwirt/in:

Fachkaufmann/-frau:
Für die zunehmenden Anforderungen der Wirtschaft werden zuverlässige Fachleute mit Spezialkenntnissen in einem besonderen betrieblichen Bereich funktionsbezogen ausgebildet und eingesetzt. Zu diesen Bereichen zählen u. a. die Bilanzbuchhaltung (Bilanzbuchhalter/in IHK), das Personalwesen (Personalfachkaufmann/-frau IHK), das Marketing (Marketingfachkaufmann/-frau IHK) oder das Controlling (Controller/-in IHK).

Fachwirt/in:
Fachwirte gelten als Allrounder für die Breite eines Wirtschaftszweiges. Sie kennen ihre Branche (z. B. Verkehrs als Verkehrsfachwirt, Bank als Bankfachwirt oder Handel als Handelsfachwirt) und die betriebswirtschaftliche Funktion ihres Unternehmens genau und sind für die Koordination zwischen unterschiedlichen betrieblichen Abteilungen verantwortlich.

Auf der zweiten Ebene stehen den funktionsbezogenen Fachkaufleuten dementsprechend branchenbezogene Generalisten als Fachwirt gegenüber.

3. Ebene / Technische/r Betriebswirt/in (IHK):

Technische/r Betriebswirt/-in:
Aufbauend auf der Meisterqualifikation bringen die technischen Betriebswirte vertiefte volks- und betriebswirtschaftliche Kenntnisse mit, die zusammen mit Führungs- und Managementtechniken die Verbindung zwischen Management und Produktion koordinieren können. Oftmals werden sie als Projektmanager eigenverantwortlich eingesetzt.

2. Ebene / Industriemeister/-in oder Fachmeister/-in:

Industriemeister/-in
Hierbei geht es um die Bereiche, in denen technische Betriebsabläufe gesteuert und überwacht werden müssen, um einen reibungslosen Betriebsablauf zu gewährleisten. Dementsprechend werden unterschiedliche betriebliche Stellen koordiniert, Mitarbeiter geführt und Nachwuchskräfte ausgebildet. Gefragt sind neben technischem Know-how auch betriebswirtschaftliche Kenntnisse.

Fachmeister/-in:
Im Gegensatz zu den Industriemeister/innen sind sie in anderen Gewerben als »Meister ihres Faches«, z. B. in der Gastronomie als Küchen-, Restaurant- oder Hotelmeister, tätig. Hier tragen sie Verantwortung für die reibungslosen Abläufe in ihren Betriebseinheiten.

1. Ebene / Kaufmännische oder industriell-gewerblich-technische Ausbildung:

Grundlage der Fortbildung ist eine abgeschlossene Ausbildung, z. B. Bankkaufmann/-frau oder Tischler/in. Zu dieser kommen i. d. R. zwei oder drei Jahre Berufserfahrung bis zum Einstieg in die nächste Ebene hinzu.

1.4.4.3 Betriebliche und staatliche Aus- und Fortbildungsförderung

»Die Grundlage eines jeden Staates ist die Ausbildung seiner Jugend.« Diogenes

Betriebliche Förderung

Nach der fünften Weiterbildungserhebung des Instituts der deutschen Wirtschaft investierten 2004 mehr als vier Fünftel aller Unternehmen in die Qualifikation ihrer Mitarbeiter, wobei der Weiterbildungsgrad mit zunehmender Betriebsgröße anstieg. Rund 84 % der Unternehmen bildeten 2004 in Seminaren oder Fachtagungen weiter oder sorgten für Anpassungsfortbildung am Arbeitsplatz. Durchschnittlich wurden für Fortbildung 1.072 € pro Mitarbeiter aufgebracht. Am häufigsten bildeten sich die Mitarbeiter über Schulungen am Arbeitsplatz weiter, gefolgt von selbstständigem Lernen mit Hilfe von Medien. Mehr als drei Viertel der Fortbildungsstunden wurden während der Arbeitszeit absolviert. Für die restlichen 24 % nutzten die Mitarbeiter unbezahlte Überstunden oder Freizeit. 56 % der Unternehmen erwarten auch zukünftig einen steigenden Fortbildungsbedarf und nur knapp 5 % gehen von einer Abnahme aus.

Eine besondere Rolle bei der Motivation und Wahl von Fortbildungsmaßnahmen kommt dem Ausbilder zu, der ein Fortbildungspotenzial bei den Auszubildenden erkennen und dieses durch Information und Beratung fördern kann.

Denkbar sind folgende betriebliche Förderungen:

* Bezahlte/unbezahlte Freistellung von der Arbeit
* Maßnahmen zur Arbeitszeitflexibilisierung
* Job Rotation
* Job Enlargement
* Job Enrichment
* Beförderungen
* Auslandsentsendungen
* Bereitstellung von Lernmitteln (PC, Fachbücher)
* Seminare
* Lehrgänge
* Fernlehrgänge
* Berufsbegleitende Seminare
* Darlehen/Zuschüsse
* Übernahme nach der Ausbildung
* Karriereplanung

Wegen des Fortbildungschaos (der Bereich der Fortbildung lässt sich wegen seiner mangelnden Transparenz auch als Labyrinth oder Dschungel bezeichnen) und der hohen Investitionskosten und -risiken gewinnt das betriebliche Fortbildungscontrolling als Kontrollinstrument über die Kosten, die Methoden und den Nutzen der Fortbildung an Bedeutung.

Leitfragen zum Fortbildungscontrolling sind:

* Was soll gelernt werden? (Evaluierung der Lernziele)
* Wie wird tatsächlich gelernt? (Evaluierung des Lern-Prozesses)
* Was wird davon behalten? (Evaluierung der Lernerfolge)
* Was wird in der Praxis angewendet? (Evaluierung der Anwendungserfolge)

Die entscheidende Frage lautet: In welchem Verhältnis stehen Aufwand und Nutzen der Fortbildungsinvestition zueinander? (Evaluation des ökonomischen Erfolges)

Zu beachten ist, dass es im Bereich der betrieblichen Fortbildung für den Betriebsrat Mitwirkungsrechte gibt (Betriebsverfassungsgesetz §§ 96–98).

Staatliche Förderung

Da der Staat um die Bedeutung der Fortbildung für die wirtschaftliche und gesellschaftliche Entwicklung weiß, bietet er auf unterschiedliche Art und Weise Fördermöglichkeiten an. Gefördert werden insbesondere die Anpassungs- und Aufstiegsfortbildung, das Nachholen fehlender Abschlüsse und die Wiedereingliederung älterer und weiblicher Arbeitnehmer.

Hierzu zählen:

- **Gewährung von Bildungsurlaub**

  Es handelt sich dabei um die bezahlte Freistellung von der Arbeit zum Zweck der beruflichen und persönlichen Fortbildung. Auszubildende haben hierauf allerdings keinen Anspruch. Zu beachten sind die Bildungsurlaubsgesetze der jeweiligen Bundesländer.

  Gewährt werden i. d. R. fünf Arbeitstage jährlich. In Baden-Württemberg, Bayern, Sachsen und Thüringen gibt es keinen gesetzlich festgelegten Anspruch. In den meisten anderen Ländern muss der Urlaub spätestens sechs Wochen vor Beginn der Freistellung schriftlich beantragt werden. Der DGB hat Anfang 2006 geschätzt, dass nur knapp zwei Prozent den Berechtigten Bildungsurlaub beantragen, was angesichts der Situation auf dem Beschäftigungsmarkt verständlich ist. Die ausgewählte Bildungsmaßnahme muss nichts mit beruflicher Aus- oder Weiterbildung zu tun haben – von Fremdsprachenkursen über Seminare zur politischen Bildung bis hin zu kulturellen Veranstaltungen ist vieles »bildungsurlaubsgeeignet«. Voraussetzung ist, dass die Bildungsurlaubsthematik in dem jeweiligen Bundesland von einer Zertifizierungsstelle genehmigt worden ist.
  In Hessen bspw. findet man unter www.bildungsurlaub.hessen.de mehr Informationen.

- **Umschulungsmaßnahmen**

  Umschulungsmaßnahmen sollen zu einer andersartigen, neuen beruflichen Handlungsfähigkeit befähigen, wenn die bisherige Arbeit nicht mehr erforderlich ist oder aus persönlichen, strukturellen oder arbeitsplatzbedingten Gründen nicht mehr ausgeübt werden kann. Eine Umschulungsmaßnahme ist somit eine Reaktion auf Veränderungen unterschiedlicher Art und ein Schutz vor drohender Arbeitslosigkeit. Für Umschulungsmaßnahmen können Fördermittel nach dem Sozialgesetzbuch (SGB) beantragt werden. Finanziert werden die Maßnahmen durch die Beiträge zur Arbeitsförderung. Örtlich zuständig ist die Agentur für Arbeit.

Das BBiG regelt in den §§ 58–63 die Umschulungsordnung, die Umschulungsprüfungsregelungen der zuständigen Stellen, die Umschulungen für anerkannte Ausbildungsberufe, die Berücksichtigung ausländischer Vorqualifikationen, die Umschulungsmaßnahmen, die Umschulungsprüfungen und die Gleichstellung von Prüfungszeugnissen.

- **Ausbildungsbegleitende Hilfen (ABH)**

  Hierbei handelt es sich um Stützunterricht für lernschwache, sozial benachteiligte und sprachlich defizitäre Auszubildende. Beantragt wird die Maßnahme über die Agentur für Arbeit (vgl. Kap. 1.2.3).

- **Aufstiegsfortbildungsförderungsgesetz (AFBG)** (»Meister-Bafög«):

  Die Förderberechtigung konzentriert sich auf Teilnehmer an öffentlich-rechtlichen Prüfungen und den vorbereitenden Lehrgängen. Lehrgänge, die auf Fachwirte-, Fachkaufleute-, Meister- und Betriebswirtsprüfungen vorbereiten, erfüllen die Voraussetzungen zur Förderung nach dem AFBG. Die Förderungshöchstsumme für die Lehrgangs- und Prüfungsgebühren beträgt zzt. 10.226 €. 30,5 % der Fördersumme werden vom Staat als Zuschuss vergeben, müssen also nicht zurückgezahlt werden. Die restlichen 69,5 % werden als zinsgünstiges Darlehen gewährt. Die Förderung erfolgt alters-, einkommens- und vermögensunabhängig. Darüber hinaus gibt es einen Bonus bei bestandener Prüfung.

Förderfähig sind Fortbildungsmaßnahmen in Vollzeit- oder Teilzeitform, schulischer oder außerschulischer Form sowie Fernunterricht. Die Anträge sind je nach Bundesland bei den Ämtern für Ausbildungsförderung, bei den Studentenwerken oder den kommunalen Ämtern für Ausbildungsförderung bei den Kreisen oder kreisfreien Städten zu stellen. Mehr hierzu unter www.meister-bafoeg.info.

- **Begabtenförderung für besonders erfolgreiche Auszubildende**

Hiermit wird Absolventen einer dualen Berufsausbildung die Chance für eine persönliche und berufliche Weiterqualifizierung gegeben. Gefördert werden begabte Ausbildungsabsolventen, die zu Beginn der Förderung unter 25 Jahren alt sind. Die Qualifikation wird nachgewiesen durch das Ergebnis der Berufsabschlussprüfung der zuständigen Stelle mit besser als »gut« (bei mehreren Prüfungsteilen Durchschnittsnote 1,9 oder besser) oder durch eine besonders erfolgreiche Teilnahme an einem überregionalen beruflichen Leistungswettbewerb oder durch einen begründeten Vorschlag eines Betriebs oder der Berufsschule.
Es gibt eine Vielzahl von Angeboten verschiedener Bildungsträger. Die Stipendiaten und Stipendiatinnen wählen ihre Maßnahme selbst aus, über die Förderungsfähigkeit entscheidet die zuständige Stelle. Die Förderhöchstbeträge betragen derzeit insgesamt 5.100 € über drei Jahre. Mehr hierzu unter www.begabtenfoerderung.de.

Förderung durch die Eltern

Die Eltern haben die Erstausbildung ihrer Kinder – gleich ob Ausbildung oder Studium – ihren Erfahrungen und finanziellen Möglichkeiten entsprechend zu unterstützen.

2 Die Prüfung der Ausbilder

Kleider machen Leute, Prüfungen auch! Am Ende des Vorbereitungskurses auf die Ausbilder-Eignungsprüfung steht die Prüfung selbst. Sie umfasst gemäß § 4 Abs. 1 der AEVO einen schriftlichen und einen praktischen Teil.

Im schriftlichen Teil soll der Prüfungsteilnehmer in höchstens drei Stunden aus mehreren Handlungsfeldern fallbezogene Aufgaben unter Aufsicht bearbeiten.

Der praktische Teil besteht aus der Präsentation oder praktischen Durchführung einer vom Prüfungsteilnehmer auszuwählenden Ausbildungseinheit und einem Prüfungsgespräch, in dem der Prüfungsteilnehmer Kriterien für die Auswahl und Gestaltung der Ausbildungseinheit zu begründen hat. Die Prüfung im praktischen Teil soll höchstens 30 Minuten dauern.

Die konkrete Durchführung der Prüfung regelt die Prüfungsordnung der Kammer. Diese sollte man aufmerksam durchlesen.

2.1 Die schriftliche Prüfung

Der schriftliche Teil der Ausbilder-Eignungsprüfung bezieht sich auf die von der DIHK-Bildungs-GmbH erstellten fallbezogenen Aufgaben zu den vier Handlungsfeldern der Ausbilder-Eignungsverordnung. Dabei soll der Teilnehmer fallbezogene Aufgaben bearbeiten.

Unterschieden werden zwei Formen von Aufgabensätzen: rein programmierte Aufgabensätze und gemischte Aufgabensätze.

Rein programmierte Aufgabensätze (PA)
Ein solcher Aufgabensatz beinhaltet ausschließlich programmierte (gebundene) Aufgabenstellungen im Multiple-Choice-Verfahren.

Aus vier bis sechs Auswahlmöglichkeiten (a – f) sind eine oder mehrere richtige anzukreuzen. Es erwarten den Prüfling ca. 72 Aufgaben (teilweise mit Anlagen). Zu jeder Aufgabe ist die Anzahl der richtigen Lösungen angegeben. Zu übertragen sind die Lösungen durch Ankreuzen des entsprechenden Feldes auf eine beigefügte Lösungsschablone aus Pergamentpapier. Dabei muss man vorsichtig vorgehen, da nur die Lösungsschablone korrigiert wird. Auch diese ist mit der Prüfungsnummer zu versehen. Manche Kammern arbeiten bereits mit einer EDV-Prüfungsversion. Hierbei wird die Prüfung am Computer bearbeitet, den die Kammer stellt.

Hilfreich ist hierzu die Homepage http://www.dihk-bildungs-gmbh.de/index.php?id=492 (Ausbildung der Ausbilder, Testprüfung, Pop-ups beachten), auf der sich 26 Übungsfragen befinden und die zur Übung sowohl für die konventionelle Prüfung, wie auch für die EDV-Prüfung nützlich sind. Die Bewertung erfolgt nach dem so genannten »Alles-oder-Nichts-Prinzip«, d. h., eine Aufgabe wird nur dann als korrekt bewertet, wenn alle richtigen Antworten angekreuzt sind.

Gemischte Aufgabensätze

Ein solcher Aufgabensatz beinhaltet gebundene unterschiedliche Arten von Aufgabenformen. Hierzu zählen:

- Zuordnungsaufgaben: Hierbei gilt es u. a. Begriffe, Zahlen oder Bilder als Lösungsmöglichkeiten zuzuordnen.

- Reihenfolgeaufgaben: Hierbei gilt es Lernschritte oder Vorgehensweisen in die angemessene Reihenfolge zu bringen.

- Lückentextaufgaben (Freifelderaufgaben): Hierbei gilt es Lösungen (Worte oder Zahlen) in ein dafür vorgesehenes Kästchen oder Formular einzutragen.

- Offene Aufgaben: Hierbei gilt es Handlungsaufträge von den Teilnehmern schriftlich zu bearbeiten.

- Multiple-Choice-Aufgaben: Hierbei gilt es wie bei den rein programmierten Aufgabensätzen richtige Antwortmöglichkeit(en) anzukreuzen.

Die jeweiligen Kammern entscheiden, welche Aufgabenform in ihrem Bereich angewendet wird. Die meisten Kammern wählen die Form der programmierten Aufgaben (Multiple-Choice).

Die Bearbeitungszeit beträgt jeweils 180 Minuten; ein Zeitrahmen, der ausreicht. Zugelassene Hilfsmittel sind dokumentenechtes Schreibmaterial (also kein Bleistift), unkommentierte Gesetzestexte zur Berufsbildung und ein netzunabhängiger Taschenrechner (der allerdings meist nicht benötigt wird).

Die schriftlichen Prüfungen finden in der Regel am ersten Dienstag eines Monats statt.

Die zu erreichende Gesamtpunktzahl beträgt jeweils 100 Punkte. Zum Bestehen werden 50 Punkte benötigt. Oft geht mehreren Aufgaben eine – mehr oder weniger – ausführliche Situationsbeschreibung voraus.

Die in den Abschnitten 2.1.1 und 2.1.2 abgedruckten Aufgaben entsprechen den Anforderungen der schriftlichen Prüfung. Zum Üben verweisen wir darüber hinaus auf die von der DIHK-Gesellschaft für berufliche Bildung herausgegebene Aufgabensammlung zur ADA-Prüfungsvorbereitung, Quellen im Internet und die nachfolgenden Kontrollaufgaben auf Prüfungsniveau. Auf unserer Homepage www.ausbildungfuerausbilder.de bieten wir Ihnen weiteres Übungsmaterial an.

Probleme bei der schriftlichen Prüfung bereiten hin und wieder unklare Fragestellungen, Praxisferne sowie eine zu geringe Trennschärfe der Antwortmöglichkeiten.

2.1.1 Beispiele für gebundene (programmierte) Aufgabensätze

2.1.1.1 Beispiele für Multiple-Choice-Aufgaben

Erster Aufgabensatz mit Kontrollaufgaben

Ausgangssituation zu den Aufgaben 1–19

In Ihrem tarifgebundenen kaufmännischen Betrieb in Frankfurt wurde bisher noch nicht ausgebildet. Sie wollen dem Geschäftsführer ein Konzept vorlegen, das ihn überzeugen soll, damit zum nächsten Sommer mit der Ausbildung begonnen werden kann und Ihnen die Verantwortung für die Ausbildung übertragen wird. Hierzu haben Sie eine Reihe von Fragen zu beantworten und Voraussetzungen zu klären.

Aufgabe 1

Als Gründe für die Ausbildung zählen für Sie: (3)

a) Durch die Ausbildungstätigkeit wird das Image des Unternehmens verbessert. ☐

b) Die Ausbildung lässt sich durch massive Zuschüsse von der Agentur für Arbeit refinanzieren. ☐

c) Die Auszubildenden können den Fachkräftemangel im Betrieb mittelfristig beseitigen helfen. ☐

d) Die Auszubildenden helfen die angestrebte Verjüngung im Unternehmen voranzubringen. ☐

e) Die Auszubildenden können sofort als produktive Arbeitskräfte eingesetzt werden. ☐

Aufgabe 2

Welche Behörde bzw. Stelle ist für Sie Ansprechpartner bezogen auf die Genehmigung ausbilden zu dürfen? (1)

a) Die örtliche Industrie- und Handelskammer. ☐

b) Die örtliche Agentur für Arbeit. ☐

c) Die Handwerkskammer. ☐

d) Das Kultusministerium in Wiesbaden. ☐

Aufgabe 3

Welche Personen oder Stellen sind aus welchen Gründen externe Partner bzw. Anlaufstellen auch im Bereich der Ausbildung von minderjährigen Auszubildenden? (2)

a) Die Berufsberater der Agentur für Arbeit, denen Sie die Vorauswahl Ihrer Bewerber und Bewerberinnen überlassen. ☐

b) Der Ausbildungsberater der IHK, bezogen auf die sachliche und zeitliche Gliederung der Ausbildung bei Unklarheiten in diesem Bereich. ☐

c) Der zuständige Gewerkschaftssekretär, bezogen auf finanzielle Zuschussquellen für die Ausbildung. ☐

d) Die Eltern der Auszubildenden, sofern die Auszubildenden gegen ihre vertraglichen Pflichten verstoßen. ☐

e) Die Berufsschullehrer, mit denen Sie die Inhalte von Schule und Betrieb abstimmen müssen. ☐

Aufgabe 4

Mit welchen Argumenten können Sie Ihren Geschäftsführer von Ihrem Eignungsprofil
als Ausbilder bzw. Ausbildungsleiter überzeugen? (3)

a) Sie verstehen Ihre Aufgabe sowohl als Vertrauens- als auch als Bezugsperson
für die Auszubildenden. ☐

b) Sie planen den betrieblichen (individuellen) Ausbildungsplan unter allen Umständen durchzuziehen. ☐

c) Sie sehen sich als Bindeglied und Vermittler unterschiedlicher Interessen wie
beispielsweise von Vorgesetzten, Betriebsrat und Auszubildenden. ☐

d) Sie planen die Ausbildungsgruppe ganztags zu betreuen und Sprechstunden einzurichten. ☐

e) Sie planen die Ausbildungsinhalte mit angemessenen Methoden und Zeitkontingenten zu vermitteln. ☐

f) Sie haben soeben das 40-jährige Dienstjubiläum erreicht. ☐

Aufgabe 5

Eine besondere Stärke sehen Sie in Ihrer Sozialkompetenz. Welche Argumente können
den Geschäftsführer in diesem Bereich überzeugen? (2)

a) Sie sind seit zehn Jahren Trainer der B-Jugend des örtlichen Handballvereins. ☐

b) Sie sind selbstbewusst und erwarten, dass alle Kollegen und Auszubildenden Sie
als Persönlichkeit akzeptieren. ☐

c) Im Jahresgespräch wurde Ihnen von Ihrem Vorgesetzten eine hohe Kooperations-
und Kommunikationsfähigkeit bescheinigt. ☐

d) Mit Ihren Abteilungskollegen unterhalten Sie sich oft über politische Themen. ☐

e) Sie besitzen ein starkes Durchsetzungsvermögen und viel Eigeninitiative. ☐

Aufgabe 6

Bezogen auf Ihr Engagement und Ihre Leistungsfähigkeit im Betrieb können welche
Argumente überzeugen? (2)

a) Um Ihren Kollegen gegenüber einen Wissensvorsprung zu haben, haben Sie
zwei Fachmagazine abonniert, die Sie allerdings den Kollegen nicht ausleihen. ☐

b) Kein Kollege hat im Vorjahr mehr prämierte Ideen als Sie beim betrieblichen
Vorschlagswesen (BVW) eingereicht. ☐

c) Fehler bei Kollegen melden Sie stets bei der Qualitätskontrolle. ☐

d) Die Qualität der Produkte basiert für Sie auf Ordnung, Sauberkeit und Konzentration. ☐

e) In Arbeitskreisen diskutieren Sie am liebsten über ineffiziente Fertigungsverfahren. ☐

Aufgabe 7

Welche Fragen gilt es bezogen auf die inhaltlichen Anforderungen der Ausbildung zu klären? (3)

a) Wird es den Auszubildenden anhand von realen Unternehmens- und Branchenabläufen
ermöglicht, eine Einschätzung über die Unternehmens- und Branchenentwicklung abzugeben? ☐

b) Wird es den Auszubildenden ermöglicht, dass alle im Ausbildungsrahmenplan
vorgegebenen Inhalte im notwendigen Umfang vermittelt werden, oder sind ggf.
überbetriebliche Maßnahmen zu ergänzen? ☐

c) Können den Auszubildenden die für die Berufsschule notwendigen Schulbücher
gemäß dem Schulpflichtgesetz bereitgestellt werden? ☐

d) Ist es den Auszubildenden anhand von fachpraktischen Aufgaben und Lernaufträgen
möglich, eine praxisnahe Berufserfahrung zu gewinnen? ☐

e) Kann eine inhaltliche Überforderung jedes Auszubildenden in den Fachabteilungen
ausgeschlossen werden? ☐

Aufgabe 8

Bezogen auf die Anzahl der Auszubildenden gilt es, folgende Leitfragen zu klären: (3)

a) Wird die Anzahl der Auszubildenden bzw. Ausbildungsplätze entsprechend einer Kosten-Nutzen-Abwägung ausschließlich nach betriebswirtschaftlichen Kriterien festgelegt? ☐

b) Lässt der betriebliche Ablauf bzw. die betriebliche Organisation eine ständige fachliche Betreuung der Auszubildenden zu? ☐

c) Sind die notwendigen Maschinen und Geräte für jeden Auszubildenden vorhanden? ☐

d) Ist für jeden Auszubildenden ein eigener Ausbildungs- bzw. Arbeitsplatz vorhanden? ☐

e) Ist es gewährleistet, dass die Anzahl der Auszubildenden in einem angemessenen Verhältnis zur Anzahl der beschäftigten Fachkräfte gemäß Berufsbildungsgesetz steht? ☐

Aufgabe 9

Zu klären ist die Frage, wie viele Ausbildungsplätze Sie entsprechend den gesetzlichen Vorgaben des Berufsbildungsgesetzes mindestens einrichten müssen. So viele, dass (2)

a) die bereitgestellten Ausbildungsplätze in einem angemessenen Verhältnis zur Anzahl der beschäftigten Fachkräfte stehen, ☐

b) alle Ausbildungsplätze bzw. Arbeitsplätze nach modernsten ergonomischen Gesichtspunkten genutzt werden können, ☐

c) für alle Auszubildenden angemessene Ausbildungsplätze bereitgestellt werden, ☐

d) jeweils für zwei Auszubildende ein angemessener Ausbildungsplatz bereitgestellt wird, ☐

e) die bereitgestellten Ausbildungsplätze für alle Formen der Berufsbildung (Erstausbildung, Fortbildung und Umschulung) genutzt werden können. ☐

Aufgabe 10

Bezogen auf die vertraglichen bzw. gesetzlichen Pflichten des Ausbildenden gilt es, Folgendes zu beachten: Der Ausbildende hat (3)

a) alle mit der Berufsschule verbundenen Kosten zu übernehmen, ☐

b) die notwendigen persönlichen Arbeitsmittel und Schutzkleidung für die Auszubildenden bereitzustellen, ☐

c) die mit dem Ausbildungsziel verbundenen Aufgaben – sofern er nicht selber als Ausbilder aktiv ist – an geeignete Personen zu übertragen, ☐

d) den Auszubildenden für außerbetriebliche Veranstaltungen freizustellen, ☐

e) einen betrieblichen Ausbildungsplan zu erstellen und die mit dem Ausbildungsziel verbundenen Aufgaben zu benennen und zu vermitteln, ☐

f) sich jede Woche mit dem Berufsschullehrer über die Leistungen der Auszubildenden auzutauschen. ☐

Aufgabe 11

Ferner gilt es zu klären, welchen weiteren Pflichten der Ausbildende aufgrund des Berufsbildungsgesetzes nachkommen muss: (1)

a) Damit die didaktische Parallelität mit der Berufsschule reibungslos verläuft, muss er regelmäßig Kontakt mit den Berufsschullehrern aufnehmen. ☐

b) Er hat auf jeden Fall die Fahrtkosten der Auszubildenden zwischen der Berufsschule und deren Wohnort zu übernehmen. ☐

c) Er hat persönlich für die geistige, charakterliche und körperliche Entwicklung der Auszubildenden zu sorgen. ☐

d) Er hat den von ihm beauftragten Ausbildern die notwendigen Weisungsrechte und Handlungsvollmachten für eine ordnungsgemäße Ausbildung zu übertragen. ☐

e) Er muss gemäß Berufsbildungsgesetz fachlich geeignet sein. ☐

Aufgabe 12
Bezogen auf die vertraglichen bzw. gesetzlichen Pflichten des Auszubildenden gilt es Folgendes zu beachten:
Der Auszubildende hat (3)

a) grundsätzlich nach dem zweiten Ausbildungsjahr gemäß Jugendarbeitsschutzgesetz
eine ärztliche Nachuntersuchung vornehmen zu lassen. ☐

b) an außerbetrieblichen Ausbildungsmaßnahmen, für die er vom Ausbildenden freigestellt wird,
teilzunehmen. ☐

c) alle ihm während der Ausbildung ausgehändigten Ausbildungsmittel am Ende der
Ausbildung dem Ausbildenden zurückzugeben. ☐

d) eine Lernpflicht, d. h. er muss sich um den Ausbildungserfolg bemühen. ☐

e) seinen Ausbildungsnachweis regelmäßig zu führen und diesen dem Ausbilder vorzulegen. ☐

Aufgabe 13
Was gilt es, bezogen auf den Vertragsabschluss, mit den Auszubildenden ferner zu beachten? (3)

a) Der Vertrag muss schriftlich abgeschlossen werden. ☐

b) Der Ausbildungsbeginn darf nur auf den 1.8. oder 1.9. des Kalenderjahres terminiert werden. ☐

c) Bei den Vertragsinhalten sind neben den gesetzlichen Bestimmungen Vorgaben des
Tarifvertrages und der Betriebsvereinbarung zu beachten. ☐

d) Die Unterschrift der Erziehungs- bzw. Personensorgeberechtigten ist in keinem Fall notwendig. ☐

e) Es ist eine jährlich steigende Ausbildungsvergütung zu leisten. Diese ist jeweils bis
zum Monatsende zu zahlen. ☐

Aufgabe 14
Zu klären gilt es, was es im Vertragspunkt »Sonstige Vereinbarungen«, bezogen auf
den Ausbildenden, zu beachten ist. Zulässig sind welche Vereinbarungen? (2)

a) Bei besonders guten Leistungen darf der Auszubildende an Leistungswettbewerben
auf nationaler Ebene teilnehmen. ☐

b) Sie werden die sicherlich zustande kommenden Überstunden von der Ausbildungsdauer
abziehen. ☐

c) Bei besonders guten Leistungen in Betrieb und Berufsschule ermöglichen Sie ihm die vorzeitige Zulassung zur Abschlussprüfung, die dann ggf. ein halbes Jahr vorgezogen wird. ☐

d) Sollte sich der Auszubildende nach dem ersten Ausbildungsjahr als überfordert erweisen,
wird der Ausbildungsvertrag automatisch um ein Jahr verlängert. ☐

e) Sollte er die Abschlussprüfung nicht bestehen, ist eine Verlängerung der Ausbildungsdauer
in Ihrem Betrieb ausgeschlossen, da er alternativ die Externenprüfung ablegen kann. ☐

Aufgabe 15
Auch bezogen auf die Rechte und Pflichten des Auszubildenden möchten Sie
»Sonstige Vereinbarungen« festlegen. Zulässig sind welche Vereinbarungen? (2)

a) Die Benutzung seines Bildschirmarbeitsplatzes zur Versendung privater Mails ist verboten. ☐

b) Nach dem erfolgreichen Ausbildungsende darf der Auszubildende keinen
Arbeitsvertrag mit dem Konkurrenzbetrieb am Ort abschließen. ☐

c) Bereits mit dem Ausbildungsvertrag verbunden ist eine für beide Seiten bindende
befristete Weiterbeschäftigung um ein Jahr. ☐

d) Informationen über die Auftragssituation und Bezugsquellen des Ausbildungsbetriebes
dürfen nicht an Dritte weitergegeben werden. ☐

e) Der Auszubildende hat auf Schadensersatz gegenüber dem Ausbildenden bei dessen Verstößen gegenüber dem Arbeitszeitgesetz bzw. Jugendarbeitsschutzgesetz zu verzichten. ☐

Aufgabe 16
Bezogen auf die Ausbildungsvergütung möchten Sie weitere »Sonstige Vereinbarungen«
festlegen. Zulässig sind welche Vertragsinhalte? (2)

a) Fehlzeiten in der Berufsschule werden von der Ausbildungsvergütung anteilig abgezogen. ☐

b) Es ist ein verbilligter Mitarbeitereinkauf möglich. ☐

c) Bei guten Leistungen in der Zwischenprüfung (durchweg bessere Noten im Vergleich
zum Kammerdurchschnitt) erhält der Auszubildende eine Prämie in Form einer
DVD nach Wahl. ☐

d) Bei einer Kündigung während der Probezeit durch den Ausbildenden ist die bisher
gezahlte Ausbildungsvergütung durch den Auszubildenden zur Hälfte zurückzuerstatten. ☐

e) Fehlzeiten der jugendlichen Auszubildenden für die Zeit der ärztlichen Nachuntersuchungen
gemäß Jugendarbeitsschutzgesetz werden von der Ausbildungsvergütung anteilig abgezogen. ☐

Aufgabe 17
Nachdem Sie den passenden Auszubildenden gefunden haben und der Vertrag vorbereitet ist,
gilt es den betrieblichen Ausbildungs- und Durchlauf- bzw. Versetzungsplan zu erstellen.
Welche Entscheidungen müssen von Ihnen bezogen auf den Durchlauf- bzw. Versetzungsplan
getroffen werden? (3)

a) Es gilt die jeweiligen Tage der Berufsschulzeit (Blockunterricht) auszuweisen. ☐

b) Es gilt die betreffenden Ausbildungsinhalte hinreichend genau zu beschreiben. ☐

c) Es gilt die notwendigen Zeitkontingente für die Auszubildenden und Ausbilder bzw.
Ausbildungsbeauftragten auszuweisen. ☐

d) Es gilt die Gesamturlaubszeiten des Auszubildenden auszuweisen. ☐

e) Es gilt die Tage, die der Auszubildende bei dem überbetrieblichen Ausbildungspartner
verbringt, auszuweisen. ☐

Aufgabe 18
Bezogen auf die Inhalte des Ausbildungsvertrages gilt es folgende Fehler zu vermeiden: (3)

a) Ausbildungsbeginn ist der 6.10.2010. ☐

b) Bei Minderjährigen hat nur ein Personensorgeberechtiger den Vertrag unterschrieben. ☐

c) Die Fahrtkosten zwischen Wohnort und Betrieb sowie Wohnort und Berufsschule werden
nicht vom Betrieb übernommen. ☐

d) Der Kauf von Produkten des Konkurrenzbetriebes ist verboten. ☐

e) Die Ausbildungsvergütung beträgt im ersten Ausbildungsjahr 400 €, im zweiten und
dritten Ausbildungsjahr je 500 €. ☐

Aufgabe 19
Welche Materialien bzw. Unterlagen haben zum Ausbildungsstart dem Ausbildenden vorzuliegen? (3)

a) Der betriebliche Ausbildungsplan für die Auszubildenden. ☐

b) Bei minderjährigen Auszubildenden die Bescheinigung über die ärztliche
Erstuntersuchung gemäß Jugendarbeitsschutzgesetz. ☐

c) Der Führerschein des Auszubildenden. ☐

d) Der Ausbildungsvertrag, ggf. mit den Unterschriften der Personensorgeberechtigten. ☐

e) Das Führungszeugnis des Auszubildenden. ☐

Ausgangssituation zu den Aufgaben 20–25
Ihre Spedition beschäftigt 20 Auszubildende in unterschiedlichen Ausbildungsberufen. Ferner besteht seit Jahren ein Betriebsrat. Eine Jugend- und Auszubildendenvertretung besteht bisher nicht. Sie beschäftigen sich mit dem Studium des Betriebsverfassungsgesetzes. Beurteilen Sie die rechtliche Situation rund um die mögliche Errichtung einer Jugend- und Auszubildendenvertretung auf Grundlage des Gesetzes.

Aufgabe 20
Ist bei dieser Ausgangssituation die Errichtung einer Jugend- und Auszubildendenvertretung möglich? (1)

a) Ja, grundsätzlich ist in allen Betrieben mit jugendlichen Arbeitnehmern eine Jugend- und Auszubildendenvertretung vorgeschrieben. ☐

b) Nein, denn eine Jugend- und Auszubildendenvertretung ist nur in Handwerksbetrieben, nicht in kaufmännischen Betrieben zu errichten. ☐

c) Ja, denn um eine Jugend- und Auszubildendenvertretung zu errichten, müssen weniger als fünf jugendliche Arbeitnehmer beschäftigt sein. ☐

d) Ja, denn Sie beschäftigen mehr als fünf Jugendliche und Auszubildende unter 25 Jahren. ☐

e) Nein, denn in Ihrem Betrieb sind zu wenige Auszubildende unter 25 Jahren beschäftigt. ☐

Aufgabe 21
Die Wahl der Jugend- und Auszubildendenvertretung steht unmittelbar bevor.
Geben Sie an, welche Auszubildenden und Arbeitnehmer Ihrer Firma in die Jugend- und Auszubildendenvertretung gewählt werden könnten. Auszubildende und Arbeitnehmer, die (1)

a) Mitglied des Betriebsrates sind. ☐

b) einen Führerschein besitzen. ☐

c) minderjährig sind (das 18. Lebensjahr noch nicht vollendet haben). ☐

d) das 25. Lebensjahr noch nicht vollendet haben. ☐

e) bekannt gegeben haben, dass sie Mitglied einer Gewerkschaft sind. ☐

Aufgabe 22
Andersherum gefragt: Welche Mitarbeiter dürften nicht in die Jugend- und Auszubildendenvertretung gewählt werden? Auszubildende und Arbeitnehmer, die (1)

a) vorbestraft sind. ☐

b) das 18. Lebensjahr noch nicht vollendet haben. ☐

c) das 25. Lebensjahr noch nicht vollendet haben. ☐

d) Betriebsratsmitglied sind. ☐

e) Gewerkschaftsmitglied sind. ☐

f) keine deutsche Staatsbürgerschaft besitzen. ☐

Aufgabe 23
Nachdem die Jugend- und Auszubildendenvertretung gewählt ist, stellt sich die Frage, ob die Sprechstunden der Vertretung während der Arbeitszeiten stattfinden dürfen.
Prüfen Sie, ob das möglich ist. (2)

a) Die Jugend- und Auszubildendenvertretung hat die Sprechstunde bei der Geschäftsführung schriftlich – jeweils ein Geschäftsjahr im Voraus – zu beantragen. ☐

b) Um die Sprechstunde festzulegen, muss die Jugend- und Auszubildendenvertretung Zeit, Dauer und Ort mit der Geschäftsleitung vereinbaren. ☐

c) Zur Einrichtung von Sprechstunden der Jugend- und Auszubildendenvertretung bedarf es einer Vereinbarung von Arbeitgeber und Betriebsrat. ☐

d) Grundsätzlich ist es unzulässig, dass die Sprechstunde während der Arbeitszeit im Betrieb stattfindet. ☐

e) Der Betriebsratsvorsitzende muss der Einrichtung der Sprechstunde der Jugend- und Auszubildendenvertretung zustimmen. ☐

f) Werden mehr als 50 Jugendliche und Auszubildende unter 25 Jahren beschäftigt, kann auf Antrag der Jugend- und Auszubildendenvertretung die Sprechstunde für diese während der Arbeitszeit stattfinden. ☐

Aufgabe 24
Nachdem die Jugend- und Auszubildendenvertretung gewählt ist, gibt es Probleme mit dem Auszubildenden Daniel (16 Jahre) aus dem ersten Ausbildungsjahr. Er weigert sich, Ihren Arbeitsauftrag auszuführen und möchte deswegen die Jugend- und Auszubildendenvertretung sprechen. Wie beurteilen Sie die Lage? (1)

a) Sie behaupten, dass die Jugend- und Auszubildendenvertretung für diese Situation nicht zuständig ist und er sich direkt an die Geschäftsführung wenden muss. ☐

b) Sie schicken ihn umgehend nach Hause, damit er sein Verhalten dort reflektiert. ☐

c) Sie bestätigen ihm, dass es sein gutes Recht ist, die Jugend- und Auszubildendenvertretung als seine Interessenvertretung zu kontakten. ☐

d) Sie verbieten ihm die Jugend- und Auszubildendenvertretung während der Arbeitszeit deswegen zu kontakten. ☐

e) Da Ihnen die Situation unangenehm ist, übertragen Sie den Arbeitsauftrag statt an Daniel an einen Praktikanten. ☐

Aufgabe 25
Ein Ausbilderkollege in einem anderen Ausbildungsbetrieb mit nur 13 Mitarbeitern (davon drei jugendliche Auszubildende) und einem Betriebsrat fragt Sie, welche Vorgaben er nach dem Betriebsverfassungsgesetz zu beachten hat.

Nach dem Betriebsverfassungsgesetz gilt für Betriebe dieser Größenordnung Folgendes: (3)

a) Der Betriebsrat ist über beabsichtigte Einstellungen zu unterrichten. ☐

b) Der Betriebsrat hat sich an der Förderung der Berufsbildung zu beteiligen. ☐

c) Der Betriebsrat ist berechtigt, der Bestellung von Ausbildern zu widersprechen. ☐

d) Es kann eine Jugend- und Auszubildendenvertretung gewählt werden. ☐

e) Für den Betriebsrat ist in bestimmten Bereichen der Berufsausbildung ein Informations-, Mitwirkungs- und Mitbestimmungsrecht vorgesehen. ☐

Ausgangssituation zu den Aufgaben 26–36
Um sich einen Überblick über den Leistungsstand Ihrer Auszubildenden zu machen, planen Sie am Ende eines Ausbildungsabschnittes eine umfangreiche Projektarbeit der Auszubildenden. Zum Projektteam zählen jeweils zwei Fachinformatiker und zwei Systemelektroniker. Die Projektarbeit soll sich in folgende aufeinander aufbauende Schritte gliedern:

1. **Informieren und motivieren (Start-up)**
2. **Sammlung von Projektideen**
3. **Bestimmung der Ideen/Strategien zur Umsetzung**
4. **Durchführung des Projektes in Teamarbeit**
5. **Auswertung des Projektergebnisses und des Vorgehens (Evaluation)**

Entscheiden Sie, welches Vorgehen in den jeweiligen Schritten organisatorisch und pädagogisch sinnvoll ist, wenn auch die Sozialkompetenz der Auszubildenden gefördert werden soll.

Aufgabe 26
Zunächst machen Sie sich Gedanken über Ihre Rolle als Ausbilder bei dieser Methode.
Was zählt zu Ihren Aufgaben? (4)

a) Sie haben sich bei der Umsetzung des Projektes mit Hinweisen und Tipps weitgehend zurückzuhalten. ☐

b) Sie müssen während der Umsetzung des Projektes durch die Auszubildenden ständig erreichbar und ansprechbar sein. ☐

c) Sie sind als Motivator, Organisator und Unterstützer tätig. ☐

d) Sie sollen den Projektverlauf so vorbereitet und organisiert haben, dass die Auszubildenden das Projekt weitestgehend selbstständig umsetzen können. ☐

e) Sie erklären den Auszubildenden wichtige Arbeitsschritte und machen diese vor. ☐

f) Sie protokollieren das gesamte Vorgehen. ☐

Aufgabe 27
1. Schritt: Informieren und motivieren. Sie wollen in einem Kurzvortrag oder Lehrgespräch (3)

a) die erforderliche Methoden-, Kooperations- und Teamfähigkeit vermitteln. ☐

b) die Rollenaufteilung und Verantwortlichkeiten zwischen Ihnen und den Auszubildenden verdeutlichen. ☐

c) die wichtigsten Kenntnisse und Fertigkeiten zum Lösen der Projektaufgabe vermitteln. ☐

d) die Bedeutung dieses Projektes für den weiteren Ausbildungsverlauf verdeutlichen. ☐

e) die Ausgangssituation darstellen und die zu beachtenden betrieblichen Rahmenbedingungen beschreiben. ☐

Aufgabe 28
2. Schritt: Sammlung von Projektideen. Sie wollen (2)

a) zunächst Ihre eigenen Ideen zur Problemlösung vorstellen und die Auszubildenden von Ihrem Erfahrungsschatz profitieren lassen. ☐

b) nur Ideen zulassen, die unter den gegebenen betrieblichen Bedingungen umsetzbar und sinnvoll sind. ☐

c) ein Brainstorming oder eine Kartenabfrage mit allen Auszubildenden durchführen. ☐

d) jede vorgebrachte Lösungsidee sofort als sinnvoll oder nicht sinnvoll bewerten. ☐

e) die Ideen der Auszubildenden durch ein Mind-Map ermitteln und visualisieren. ☐

Aufgabe 29
Was ist Ihre Intention für den Einsatz der Methode Brainstorming? (2)

a) Die Methode hilft, bei den Auszubildenden Denkprozesse zur Planung, Durchführung und Kontrolle des Projektauftrages in Gang zu bringen. ☐

b) Das Brainstorming hilft, besonders schüchterne Auszubildende zu aktivieren. ☐

c) Das Brainstorming spricht besonders den psychomotorischen Lernzielbereich an. ☐

d) Mit einem Brainstorming gelingt es, branchentypische Zusammenhänge besser zu verstehen. ☐

e) Mit dem Brainstorming kann es gelingen, dass die Auszubildenden sich gegenseitig »kreativ« bereichern und Ideen anderer weiterentwickelt werden können. ☐

Aufgabe 30
Auf was haben Sie beim Brainstorming, bezogen auf die Aktivitäten der Auszubildenden, zu achten? (3)

a) Keiner der beteiligten Auszubildenden darf das Brainstorming dominieren. ☐

b) Jeder der Beteiligten hat mindestens eine Idee zu äußern. ☐

c) Insbesondere die schüchternen Auszubildenden gilt es, von Ihrer Seite nach Möglichkeit zu aktivieren. ☐

d) Sie haben eine Schutzfunktion gegenüber den Auszubildenden, die aufgrund ihrer wenig passenden oder schlecht formulierten Inputs von den anderen abwertend behandelt werden könnten. ☐

e) Es gilt, den kreativsten Beteiligten besonders bei der Auswertung des Brainstormings als Ihren Assistenten und Co-Moderator einzubinden. ☐

Aufgabe 31
Welche »Spielregeln« haben die Auszubildenden beim Brainstorming zu beachten? (2)

a) Die Beiträge/Ideen der anderen Auszubildenden sollen sofort kommentiert werden. ☐

b) Die bereits vorgetragenen Beiträge/Ideen können von anderen Auszubildenden weitergeführt werden. ☐

c) Es wird im Vorfeld festgelegt, wie viele Beiträge/Ideen jeder Auszubildende machen darf. ☐

d) Die Beiträge/Ideen werden, bevor sie auf dem Flip-Chart festgehalten werden, einer Wertung unterzogen. ☐

e) Es sollen alle Ideen, die die Auszubildenden zur Projektbearbeitung nennen, schriftlich festgehalten und später besprochen werden. ☐

Aufgabe 32
Welche Rolle kommt dem Ausbilder als Moderator des Brainstormings zu? (3)

a) Er stellt keine vertiefenden Fragen. ☐

b) Er sorgt dafür, dass die »Spielregeln« eingehalten werden. ☐

c) Er hält die Beiträge/Ideen der Auszubildenden am Flip-Chart fest. ☐

d) Er regt die Auszubildenden an, Beiträge/Ideen ungezwungen zu äußern. ☐

e) Er lobt spontan gute Beiträge/Ideen. ☐

Aufgabe 33
3. Schritt: Bestimmung der Ideen/Strategien zur Umsetzung.
Sie wollen die beste Idee/Strategie (2)

a) durch Vergleich der Vor- und Nachteile in einem moderierten Gruppengespräch
    mit den Auszubildenden herausfinden. ☐
b) selbst bestimmen und die Auswahl in einem Kurzvortrag begründen. ☐
c) mit allen Auszubildenden durch eine Punktabfrage oder Abstimmung ermitteln. ☐
d) durch zwei Auszubildende festlegen lassen, die durch Losentscheid bestimmt werden. ☐
e) durch den ältesten und leistungsstärksten Auszubildenden bestimmen lassen. ☐

Aufgabe 34
4. Schritt: Durchführung des Projektes in Teamarbeit. Sie wollen (2)

a) das Konkurrenzdenken durch zwei Teams mit themengleichen Aufgabenstellungen fördern. ☐
b) Grüppchenbildung durch rotationsmäßiges Ändern der Teamzusammensetzungen
    vermeiden. ☐
c) soziale Spannungen durch zufällige Teamzusammensetzungen verhindern. ☐
d) Auszubildende mit unterschiedlicher Leistungsfähigkeit und Nationalität in Teams
    zusammenführen. ☐
e) durch den Beitrag der Teams zum Gesamtergebnis das »Wir-Gefühl« fördern. ☐

Aufgabe 35
5. Schritt: Auswertung des Projektergebnisses und des Vorgehens.
Sie wollen in einem anschließenden Beurteilungs- und Bewertungsgespräch (3)

a) als Erstes eine Selbstbewertung durch die Auszubildenden vornehmen lassen. ☐
b) die Arbeitsergebnisse nach zuvor festgelegten Kriterien bewerten lassen. ☐
c) die besten Einzelleistungen eines Auszubildenden in den jeweiligen Schritten
    herausstellen. ☐
d) die Kooperation und Kommunikation zwischen den Teams und den Teammitgliedern
    thematisieren. ☐
e) insbesondere die Fachinformatiker wegen ihres schnellen und logischen Vorgehens
    lobend hervorheben. ☐

Aufgabe 36
Worauf achten Sie bei der Fragetechnik im Beurteilungs- und Bewertungsgespräch? (2)

a) Sollten die Auszubildenden nicht gleich auf die Antworten kommen,
    ist die Frage zu wiederholen. ☐
b) Am effektivsten ist es, die Fragen als Fragenblock mit Suggestivfragen zu formulieren. ☐
c) Die Fragen werden zunächst an die leistungsstärksten und erfahrensten
    Auszubildenden gestellt. ☐
d) Es gilt die Fragen verständlich und klar zu formulieren. ☐
e) Nach Möglichkeit sind die Fragen als offene Fragen zu stellen. ☐

Ausgangssituation zu den Aufgaben 37–44
Die Selbstständigkeit Ihrer Auszubildenden ist Ihnen wichtig. Vor diesem Hintergrund sollen Ihre zwei kaufmännischen Auszubildenden in Partnerarbeit die Bearbeitung eines Auftragseinganges planen und später ausführen. Sie erklären den Auszubildenden das Ziel und die Handlungsschritte der selbstständigen Planung, Durchführung und Kontrolle und überreichen ihnen als Handlungshilfe die folgende Bilderserie.

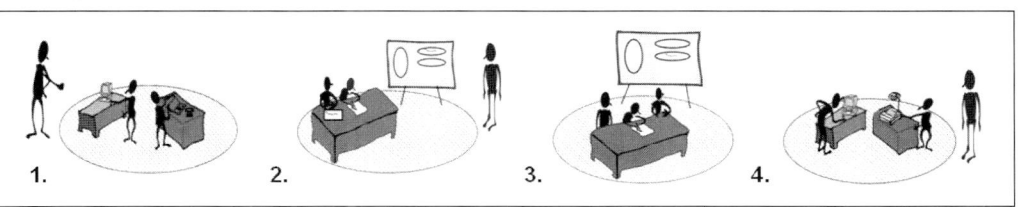

Die erste Grafik steht für die Phase »Informieren«, die zweite für die Phase »Planen«, die dritte für die Phase »Entscheiden« und die vierte für die Phase »Ausführung«.

Aufgabe 37
Inwiefern trägt diese methodische Entscheidung zur Förderung eigener Aktivitäten
der Auszubildenden bei? (3)

a) Dieses Vorgehen steigert die Motivation der Auszubildenden. ☐

b) Sie können während der Aufgabenerledigung der Auszubildenden ungestört anderen und wichtigeren Tätigkeiten nachgehen. ☐

c) Sie übertragen Ihre Vorbildfunktion und Führungsverantwortung auf die Auszubildenden. ☐

d) Das Vorgehen steigert die berufliche Handlungsfähigkeit der Auszubildenden. ☐

e) Die Übertragung der Auftragsbearbeitung auf die Auszubildenden führt zur Förderung der Eigenaktivität und führt damit letztlich zur Stärkung der Selbstständigkeit der Auszubildenden. ☐

Im nächsten Schritt bitten Sie die Auszubildenden die Erklärungen zusammenzufassen und die Grafiken zu interpretieren.

Entscheiden Sie, welche Aussagen der Auszubildenden sachlich richtig sind.

Aufgabe 38
Die Bearbeitung soll selbstständig geplant werden, weil (3)

a) auch selbstständiges Planen zum Berufsalltag gehört und geübt werden muss. ☐

b) selbstständiges Planen die Grundlage für selbstständiges Durchführen ist. ☐

c) es zu umständlich wäre, wenn der Ausbilder nach der 4-Stufen-Methode alles erklären würde. ☐

d) die meisten modernisierten Ausbildungsordnungen selbstständiges Planen vorsehen. ☐

e) der Ausbilder derweil ungestört seinem Tagesgeschäft nachgehen kann. ☐

Aufgabe 39
Im Schritt der Planungsphase sollen die Auszubildenden: (3)

a) Die vom Ausbilder vorgegebenen Lösungshinweise notieren. ☐

b) Keine Fragen stellen und den Ausbilder nicht ansprechen. ☐

c) Geeignete Hilfsmittel und Informationsquellen auswählen und nutzen. ☐

d) Bei nicht selbst lösbaren Problemen/Situationen den Ausbilder um Unterstützung bitten. ☐

e) Die zur Lösung der Aufgabe benötigten Informationen selbstständig ermitteln. ☐

Aufgabe 40

Außerdem sollen die Auszubildenden in der Planungsphase: (3)

a) Den Ausbilder um Unterstützung bitten, wenn sich unvorhergesehene nicht selber lösbare Probleme auftun. ☐

b) Das Büro abschließen, um ungestört planen/arbeiten zu können. ☐

c) Im Gespräch selbstständig nach sinnvollen Ideen zur Lösung der Auftragsbearbeitung suchen. ☐

d) Die im Gespräch erarbeiteten Ideen zur Auftragsbearbeitung an der Pinnwand visualisieren. ☐

e) Die zuvor vom Ausbilder vorgegebenen Hinweise zur Auftragsbearbeitung an der Pinnwand visualisieren. ☐

Aufgabe 41

Im folgenden Schritt der Entscheidungsphase sollen die Auszubildenden: (3)

a) Im Gespräch mit dem Ausbilder die Bewertungskriterien zur Bewertung des Arbeitsergebnisses bestimmen. ☐

b) Ihren eigenen Vorschlag zur Lösung der Auftragsbearbeitung in einem Gespräch mit dem Ausbilder begründen. ☐

c) Den Entscheidungsvorschlag zum sinnvollsten Lösungsweg dem Ausbilder überlassen. ☐

d) Sich den vom Ausbilder vorgegebenen Lösungsvorschlag erklären lassen. ☐

e) Im Gespräch mit dem Ausbilder die Planung reflektieren und Folgerungen für das weitere Vorgehen ziehen. ☐

Aufgabe 42

Im Schritt der Ausführungs-/Bearbeitungsphase ist Ihre Rolle als Ausbilder: (2)

a) Den Auszubildenden die Arbeitsschritte vorzumachen. ☐

b) Bei groben Fehlern oder Gefahren in den Arbeitsvorgang einzugreifen. ☐

c) Ihrem Tagesgeschäft nachzugehen. ☐

d) Einzugreifen, sofern sich damit das Arbeitsergebnis verbessern lässt. ☐

e) Bei Unsicherheiten oder Unklarheiten der Auszubildenden im Arbeitsablauf sind Sie jederzeit erreichbar und geben die notwendige Unterstützung. ☐

Aufgabe 43

Nachdem der Auftragseingang selbstständig geplant und durchgeführt wurde, erfolgt nach der Selbstkontrolle der Auszubildenden ein gemeinsames Auswertungsgespräch zur Lernerfolgskontrolle. Welches sind allgemeine Ziele einer Lernerfolgskontrolle? (2)

a) Lernerfolgskontrollen dienen in erster Linie der differenzierten Leistungsmessung und Notenverteilung der Auszubildenden. ☐

b) Anhand von Lernerfolgskontrollen können Sie den Erfolg angestrebter Transferleistungen der Auszubildenden feststellen. ☐

c) Ziel der Lernerfolgskontrollen ist es lediglich festzustellen, ob Zusammenhänge erkannt und verstanden werden. ☐

d) Regelmäßig stattfindende Lernerfolgskontrollen sind unentbehrlich für die weitere Steuerung des Lehr-Lern-Prozesses. ☐

e) Bei Lernerfolgskontrollen geht es in erster Linie um die Überprüfung bzw. Wiedergabe von kognitiven Lernzielen (Faktenwissen). ☐

f) Das Ergebnis der betrieblichen Lernerfolgskontrollen ist dem Berufsschullehrer mitzuteilen. ☐

Aufgabe 44

Welche Fragetechniken haben Sie bei Lernerfolgskontrollen und anderen Arten von
Lehrgesprächen bzw. Lehr-Lern-Gesprächen mit Auszubildenden generell zu beachten,
wenn Ihre Gesprächspartner Ihre Fragen falsch beantworten?   (2)

a)   Sie wechseln die Thematik und fragen zu einem anderen Themenbereich.   ☐

b)   Sie erklären die gesuchte richtige Lösung.   ☐

c)   Sinnvoll ist es, die Frage neu zu formulieren, um den Auszubildenden eine neue
     Zugangsmöglichkeit zu geben.   ☐

d)   Die Frage ist so oft zu wiederholen, bis sie verstanden wird.   ☐

e)   Wenn die Frage überfordert, wird sie in kleineren Phasen gestellt.   ☐

Ausgangssituation zu den Aufgaben 45–54

**Ihre Auszubildenden Albert (minderjährig), Volker und Hardy haben die Zwischenprüfung abgelegt.
Einen Teil der Ausbildung hat ein überbetrieblicher Partner für Sie übernommen. Ihre Aufgabe ist es
nun, die Prüfungsergebnisse aus rechtlicher und pädagogischer Sicht auszuwerten und einen Blick
auf den weiteren Ausbildungsverlauf zu werfen.**

Ergebnis der Zwischenprüfung

Name: Albert Glas
Geboren am: 28.4.1991
Beschäftigt bei der Firma: Dumm AG in Offenbach
Ausbildungsberuf: Fertigungsmechaniker

Der Auszubildende hat in der Zwischenprüfung nach § 42 BBiG folgende Ergebnisse erreicht:

		Punkte	Kammerdurchschnitt
1.	Fertigungsprüfung		
1.1	Information und Planung	76	71
1.2	Funktions- und Sichtkontrolle	83	77
1.3	Maßkontrolle »Handfertigkeiten«	88	69
1.4	Maßkontrolle »Bohren, Senken, Reiben«	25	56
1.5	Maßkontrolle »Drehen«	98	82
1.6	Maßkontrolle »Fräsen«	79	73
2.	Kenntnisprüfung		
2.1	Werkstofftechnik	73	56
2.2	Längenprüftechnik	47	50
2.3	Manuelle Fertigungsverfahren	72	80
2.4	Maschinelle Fertigungsverfahren	71	74
2.5	Fügen	65	82
2.6	Grundlagen der Elektro-, Steuerungs- und Informationstechnik	85	83
2.7	Technische Mathematik	69	73
2.8	Technische Kommunikation	81	78

Die Leistungen in den Prüfungsgebieten, in denen weniger als 50 Punkte erreicht wurden, entsprechen
nicht den Anforderungen. Eine Verbesserung der Fertigkeiten bzw. Kenntnisse ist dringend notwendig.
Auch bei den Prüfungsergebnissen, in den zwischen 50 und 75 Punkte erreicht wurden, sind die Fertigkeiten bzw. Kenntnisse verbesserungsbedürftig. Eine Vertiefung wird empfohlen.

Aufgabe 45
Welches sind generelle Kriterien, nach denen Sie die Auswertung der Prüfung von Albert
durchführen? (4)

a) Sie werden die von Albert erreichten Punkte mit dem IHK-Durchschnitt vergleichen. ☐

b) Sie werden das Erfüllen der Leistungsanforderungen des Betriebes überprüfen. ☐

c) Sie werden Albert in den Prüfungsgebieten mit unter 50 Punkten künftig besonders fördern. ☐

d) Sie ermitteln Unterschiede in den durch die Prüfung festgestellten Ergebnissen
zwischen der Kenntnis- und Fertigkeitsprüfung. ☐

e) Unabhängig von den durch die zuständige Stelle festgestellten Ergebnissen werden
Sie Alberts Stärken und Defizite in den Prüfungsbereichen feststellen. ☐

Aufgabe 46
Welche Konsequenzen können sich aus der Auswertung der Zwischenprüfung ergeben? (3)

a) Sie werden Alberts Lernverhalten künftig regelmäßig überprüfen. ☐

b) Das bisherige Ausbildungskonzept wird einer Überprüfung unterzogen. ☐

c) Sie denken über eine mögliche Verlängerung des Ausbildungsvertrages von Albert nach. ☐

d) Es wird überprüft, ob das Ausbildungsverhältnis weitergeführt werden soll. ☐

e) Sie überlegen sich, ob und wie Sie Albert eine weitergehende Unterstützung anbieten können. ☐

Aufgabe 47
Welche Erkenntnisse ergeben sich aus der Punkteerreichung von Albert? (3)

a) Die im Prüfungsgebiet 1.3 erreichten Punkte gleichen das ungenügende Ergebnis
im Prüfungsgebiet 1.4 aus. Sie sehen keinen Handlungsbedarf. ☐

b) Alberts Stärke liegt in der praktischen Tätigkeit. Die Einzelergebnisse liegen hier
mit Ausnahme von Punkt 1.4 über dem Kammerdurchschnitt. ☐

c) Die Ergebnisse der Fertigkeitsprüfung entsprechen etwa dem Kammerdurchschnitt
und bestätigen somit Ihre ausgezeichnete Ausbildertätigkeit. ☐

d) Alberts Leistungen in den Prüfungsgebieten 1.4 und 2.2 entsprechen nicht den
Anforderungen. Es besteht Handlungsbedarf zur Leistungsverbesserung. ☐

e) Das Ergebnis in Punkt 2.2 ist ein Hinweis auf zu behebende Defizite bei der
Längenprüftechnik. ☐

Aufgabe 48
Da die schlechten Punktzahlen in den Bereichen 1.4 und 2.2 behoben werden sollen, prüfen
Sie, wer aus rechtlicher Sicht für den Ausgleich der festgestellten Defizite verantwortlich ist. (2)

a) Albert hat sich nach § 13 BBiG zu bemühen, die berufliche Handlungsfähigkeit zu erwerben. ☐

b) Als Erziehungsberechtigte tragen Alberts Eltern als Vertragspartner Verantwortung
für den Ausbildungserfolg. ☐

c) Laut Berufsbildungsgesetz ist die Berufsschule für das Schließen der Defizite
bzw. Wissenslücken aus der Zwischenprüfung verantwortlich. ☐

d) Nach § 14 BBiG hat der Ausbildende dafür zu sorgen, dass das Ausbildungsziel erreicht wird. ☐

e) Der zuständige Ausbilder ist nur für die Defizite in der Kenntnisprüfung verantwortlich. ☐

Aufgabe 49

Welche Maßnahmen bieten sich aus pädagogischer und organisatorischer Sicht an, die
vorliegenden Ausbildungsdefizite konkreter ermitteln zu können? Als Ausbilder werden Sie (3)

a) Gespräche mit den für die Prüfungsgebiete zuständigen Berufsschullehrern zu den
Ursachen der in der Prüfung festgestellten Defizite führen. ☐

b) zusammen mit Albert bei der zuständigen Stelle – nach Voranmeldung – seine konkreten
Ergebnisse einsehen und gemeinsam mit ihm besprechen. ☐

c) die Prüfungsanforderungen der Ausbildungsordnung mit den Eintragungen des
Ausbildungsnachweises vergleichen. ☐

d) die Prüfungsaufgaben mit den Ausbildungsinhalten des Rahmenlehrplans vergleichen. ☐

e) ein vertrauensvolles und konstruktives Gespräch mit dem Auszubildenden zur
Ursachenforschung des unbefriedigenden Prüfungsergebnisses führen. ☐

Aufgabe 50

Nachdem die konkreten Defizite des Auszubildenden in einem Gespräch festgestellt sind,
überlegen Sie sich, welche Maßnahmen für den weiteren Ausbildungsverlauf von Albert
sinnvoll sind, um diese fachlichen Mängel zu beheben. (4)

a) Sie stellen ihm Arbeitsaufgaben, bei denen es auch um Längenprüftechnik geht. ☐

b) Da er sowohl Schwächen in der Fertigkeits- wie auch Kenntnisprüfung aufweist,
stellen Sie ihm Aufgaben, die auf eine Theorie-Praxis-Verschränkung abzielen. ☐

c) Sie machen ihm unmissverständlich klar, dass er so nicht weitermachen kann und
verstärken seine Versagensängste. ☐

d) Sie stellen ihm Leittextaufgaben, bei denen es um selbstständiges Planen,
Durchführen und Kontrollieren geht. ☐

e) Bisher gab es kein systematisches Beurteilungssystem. Sie führen ein solches ein.
Im Mittelpunkt stehen hierbei kontinuierliche Beurteilungsgespräche zu den
Lernzielen und deren Erreichen. ☐

Aufgabe 51

Welche konkreten pädagogisch sinnvollen Elemente sind mit diesem Beurteilungssystem
verbunden? (2)

a) Nach Möglichkeit vergleichen Sie Alberts Selbstbewertung mit Ihrer Bewertung
und bestätigen oder korrigieren seine Ansicht (Selbstkontrolle vor Fremdkontrolle). ☐

b) Als wichtigstes Beurteilungskriterium sehen Sie vor, dass er jeden Monat eine alte Zwischenprüfung
bearbeitet, die anschließend in einem Lehr-Lern-Gespräch besprochen wird. ☐

c) Um sicherzugehen, dass die Maßnahmen erfolgreich sind, melden Sie ihn zur
Wiederholung der Zwischenprüfung an und vergleichen später die Bewertungen
der beiden Zwischenprüfungen. ☐

d) Sie weisen ihn an, jeden Tag seine erreichten Lernfortschritte in seinem
Ausbildungsnachweis einzutragen und kontrollieren diese jeden Tag zum Arbeitsende. ☐

e) Seine Lern- und Arbeitsergebnisse werden künftig in einem Beurteilungssystem erfasst.
Die Kriterien hierzu werden ihm vorher bekannt gegeben. Mit dem System sind
regelmäßig Beurteilungs- bzw. Fördergespräche verbunden. ☐

Aufgabe 52
Ihr anderer Auszubildender Hardy schneidet in der Zwischenprüfung wesentlich besser als Albert ab. Zudem kommt er im folgenden Berufsschulzeugnis auf einen Notendurchschnitt in den berufsbezogenen Fächern von 1,5 und auch seine betrieblichen Ausbildungsleistungen überzeugen Sie. Vor diesem Hintergrund spricht er Sie an, ob er die weiteren betrieblichen Ausbildungsabteilungen schneller durchlaufen kann, um so ein halbes Jahr früher die Abschlussprüfung ablegen zu können. Beurteilen Sie die rechtliche Situation. (1)

a) Alle Auszubildenden die in ihrem Berufsschulzeugnis nach der Zwischenprüfung einen Notendurchschnitt von 2,0 oder besser erreichen, müssen von der zuständigen Stelle auf jeden Fall zur vorzeitigen Abschlussprüfung zugelassen werden. ☐

b) Ein Vorziehen der Abschlussprüfung ist nur bei einem Notendurchschnitt im Berufsschulzeugnis von 1,5 oder besser möglich. ☐

c) Sollte im Ausbildungsvertrag bereits eine verkürzte Ausbildungszeit vereinbart gewesen sein, ist eine weitere Verkürzung der Ausbildungsdauer durch ein Vorziehen der Abschlussprüfung nicht möglich. ☐

d) Die vertragliche Vereinbarung ist unabänderlich. Das Vorziehen der Abschlussprüfung ist generell nicht möglich. ☐

e) Sofern die betrieblichen und schulischen Leistungen von Hardy die Verkürzung rechtfertigen und Sie bzw. der Ausbildende diesem Vorhaben zustimmt, ist eine Verkürzung der Ausbildungszeit möglich. ☐

f) Nur Abiturienten dürfen die Prüfung vorziehen. ☐

Aufgabe 53
Ein halbes Jahr später vor der nächsten Zwischenprüfung stellen Sie mit Schrecken fest, dass einige im Ausbildungsrahmenplan vorgesehenen Inhalte nicht mehr wie vorgesehen vermittelt werden können. Wie wird Ihr weiteres Vorgehen aussehen? (1)

a) Ein erfahrener Mitarbeiter soll den Auszubildenden die betreffenden theoretischen Inhalte näherbringen. ☐

b) Sie verschweigen dem Auszubildenden den Sachverhalt. ☐

c) Sie sorgen dafür, dass die betreffenden Inhalte komprimiert in möglichst kurzer Zeit noch praktisch und theoretisch vermittelt werden können. ☐

d) Sie vertrauen darauf, dass diese praktischen Inhalte in der Berufsschule abgedeckt werden. ☐

e) Sie klären die Auszubildenden darüber auf, dass man in der Zwischenprüfung nicht durchfallen kann und die Situation dementsprechend unproblematisch ist. ☐

Aufgabe 54
Volker hat die Zwischenprüfung mit sehr guten Noten abgeschlossen, ist aber später im letztem halben Jahr insgesamt zwölf Wochen am Stück wegen eines Motorradunfalls arbeitsunfähig gewesen. Wie sieht Ihre Strategie aus, damit er die Abschlussprüfung bestehen wird? (2)

a) Sie machen Volker klar, dass er sich die versäumten Inhalte bis zur Prüfung in Form von Selbstunterweisungen anzueignen hat. ☐

b) Sie kontakten den zuständigen Berufsschullehrer und tauschen sich mit ihm über Volkers derzeitigen Leistungsstand und die anstehenden Anforderungen der Abschlussprüfung aus. ☐

c) Bei der betrieblichen Prüfungsvorbereitung gehen Sie mit Volker auch angemessen die Inhalte des Ausbildungsrahmenplans durch, die wegen seiner Abwesenheit nicht im geplanten Umfang fachpraktisch vermittelt werden konnten. ☐

d) Da die Vorbereitung auf den schriftlichen Teil der Prüfung in den Aufgabenbereich der Berufsschule fällt, ist Ihre Aufgabe nur die Vorbereitung auf den fachpraktischen Teil, der sich dem schriftlichen Teil anschließt. ☐

e) Sie melden Volker nicht zur Abschlussprüfung an, da Sie sein Bestehen für unwahrscheinlich halten. ☐

Ausgangssituation zu den Aufgaben 55–59
Nach bestandener Abschlussprüfung bittet Sie die Auszubildende Tina Ost um ein qualifiziertes betriebliches Zeugnis. Sie kennen die Auszubildende seit Beginn der Ausbildung. Es liegt folgender Zeugnisentwurf vor, der von der Geschäftsführerin Frau Weiss unterschrieben werden soll. Vor der Unterzeichnung führen Sie mit ihr ein Reflexionsgespräch über Tina. Beurteilen Sie die rechtliche Situation rund um das Zeugnis.

Kickers OHG
Waldstraße 345
63065 Offenbach

Offenbach, den 15.7.2008

Tina Ost
Bieberweg 7
63067 Offenbach

Zeugnis für Tina Ost, geboren am 12. Mai 1987 in Obertshausen.

Frau Ost hat vom 1. September 2005 bis 15. Juli 2008 in unserem Betrieb den Beruf der Gärtnerin erlernt und die Abschlussprüfung vorzeitig bestanden.

Während der Ausbildung zeigte sie sich interessiert. Ihr Verhalten gegenüber Kunden, Vorgesetzten und Mitarbeitern war stets einwandfrei.

Aufgrund des eingeleitenden Insolvenzverfahrens ist keine Übernahme in ein anschließendes Arbeitsverhältnis möglich.

Wir wünschen Frau Ost für ihre berufliche Entwicklung alles Gute.

Gerda Weiss
Geschäftsführerin

Aufgabe 55
Bisher waren sie es nur gewohnt, dass die Auszubildenden – wenn überhaupt – nach einem einfachen Zeugnis fragten. Wie reagieren Sie rechtlich richtig? (1)

a) Sie sagen Tina, dass sie erst die Ergebnisse des Berufsschulabschlusszeugnisses anfordern müssen, bevor Sie ein qualifiziertes Zeugnis ausstellen können. ☐

b) Sie weigern sich, ein Zeugnis auszustellen und verweisen auf die Prüfungsurkunde der zuständigen Stelle und das Abschlusszeugnis der Berufsschule. ☐

c) Sie versichern Tina, das gewünschte Zeugnis zum Ausbildungsende auszustellen. ☐

d) Sie behaupten, dass Tina nach § 16 BBiG nur das Recht auf ein einfaches Zeugnis hat. ☐

e) Sie versichern Tina, zum Jahresende ein einfaches und qualifiziertes Zeugnis auszustellen. ☐

Aufgabe 56
Welche allgemeinen formellen Inhalte sollten in einem betrieblichen Ausbildungszeugnis zwingend enthalten sein? (3)

a) Name und Geburtsdatum der Auszubildenden. ☐

b) Die Religionsgemeinschaft der Auszubildenden. ☐

c) Die Fehlzeiten in der Berufsschule. ☐

d) Anfang und Ende (Datum der Ausstellung des Zeugnisses der Abschlussprüfung) der Ausbildungszeit. ☐

e) Unterschrift des Ausbilders bzw. des Ausbildenden. ☐

Aufgabe 57
Welche fachlichen Angaben zur Berufsausbildung haben Sie zu machen? (3)

a) Art der Berufsausbildung. ☐

b) Beschreibung der Bereiche der Gärtnerei, in denen Tina eingesetzt wurde. ☐

c) Angaben zu den während der Ausbildung von Tina erworbenen Fertigkeiten,
Kenntnissen und Fähigkeiten. ☐

d) Angaben zur vorzeitigen Beendigung der Ausbildung (Abschlussprüfung vorgezogen) von Tina. ☐

e) Die Bezeichnung des Ausbildungsberufes, in dem Tina gemäß dem Verzeichnis
der Ausbildungsberufe ausgebildet wurde. ☐

Aufgabe 58
Ihr Ausbilderkollege Herr Müller macht Sie darauf aufmerksam, dass Tina oftmals langsam
arbeitete und wenig Eigeninitiative während der Ausbildung zeigte. Ist dieser Sachverhalt
in der Zeugnissprache im vorliegenden Fall berücksichtigt? (1)

a) Mit der Aussage über die Nicht-Übernahme ist alles Nennenswerte beschrieben. ☐

b) Nein, deshalb sollte eine entsprechende Formulierung eingefügt werden. ☐

c) Es ist eine Umbewertung der betrieblichen Beurteilung vorzunehmen. ☐

d) Die Formulierung »zeigte sich interessiert« benennt den Sachverhalt ausreichend. ☐

Aufgabe 59
Nach Meinung der Ausbildenden Frau Weiss fehlen in diesem Zeugnis wichtige Aussagen,
z. B. das häufige Schulschwänzen, die Ergebnisse der Zwischen- und Abschlussprüfung,
die ausgesprochene Abmahnung aus dem ersten Ausbildungsjahr und ihre Leistungen.
Welche Änderungen des Zeugnisses sind dementsprechend vorzunehmen? (1)

a) »In der Probezeit sprachen wir eine Abmahnung aus.« ☐

b) »Die schulischen Ergebnisse wurden durchweg mit »befriedigend« bewertet.« ☐

c) »In der Abschlussprüfung schnitt Tina Ost überraschend gut ab.« ☐

d) »Die Zwischenprüfung wurde knapp bestanden.« ☐

e) »Die betrieblichen fachlichen Leistungen von Tina Ost entsprachen unseren Anforderungen.« ☐

f) »Tina hat ihre Schulpflicht nicht ernst genug genommen.« ☐

Ausgangssituation zu den Aufgaben 60–69
**Einer Ihrer Auszubildenden macht Ihnen Sorgen. Es handelt sich um den volljährigen Tim, der sich in
der Mitte der Ausbildungszeit zum Bankkaufmann befindet.**

Es fällt Ihnen zum Jahresende auf, dass er
– öfters zu spät und übermüdet im Betrieb erscheint.
– die ihm übertragenen Aufgaben vielfach unkonzentriert ausführt.
– in seiner Teamfähigkeit nachlässt.
– öfters unentschuldigt in der Berufsschule fehlt.
– übermäßig häufig Arbeitsunfähigkeitsbescheinigungen abgibt, die Ihnen suspekt vorkommen.

Dies überrascht Sie, da er bisher ein vorbildlicher Auszubildender war und diese Verhaltensweisen unge-
wöhnlich für ihn sind. Sie planen ein Motivationsgespräch mit Tim.

Aufgabe 60

Aus dem Kurs zur Ausbilder-Eignungsprüfung ist Ihnen noch der Begriff »Sozialisation«
im Ohr. Inwiefern spielt die Sozialisation in dieser Situation eine Rolle? (2)

a) Tims Sozialisation spielt keine Rolle in dieser Situation, da es in erster Line um das
   Erreichen der Lernziele geht. ☐

b) Tim befindet sich ungewollt in einem Spannungs- und Konfliktfeld seiner eigenen
   Interessen und Vorstellungen einerseits und andererseits dem Normen- und
   Werteverhältnis seiner Umwelt (u. a. Elternhaus und Ausbildungsbetrieb). ☐

c) Mehr denn je benötigt Tim in seiner Situation die Fürsorge und das Verständnis der Ausbilder. ☐

d) Es scheint so, dass Tim der Ausbildung keine große Bedeutung beimisst. Sie akzeptieren das. ☐

e) Sie versuchen Tim zu verdeutlichen, dass zwischen der Ausbildung als Start ins
   Berufsleben, seinen Freizeitaktivitäten, den Familienverhältnissen und seiner Motivation
   eine enge Verbindung besteht. ☐

Aufgabe 61

Legen Sie die Kriterien fest, die Sie bei dem angestrebten Motivationsgespräch beachten
sollten. (2)

a) Zu dem Gespräch werden Sie die Erziehungsberechtigten hinzuziehen. ☐

b) Das Gespräch werden Sie im Beisein des Betriebsrates führen. ☐

c) Das Gespräch werden Sie außerhalb der Arbeitszeit führen. ☐

d) Das Gespräch werden Sie unter vier Augen führen. ☐

e) Als Gesprächsort wählen Sie einen Ort, an dem Sie ungestört sind. ☐

Aufgabe 62

Durch welche Gesprächstechniken und Ansprechpartner bringen Sie in Erfahrung,
wo die Ursachen für Tims Verhaltensänderungen liegen? (2)

a) Sie bitten seine Eltern zu einem Gespräch und erhoffen sich von diesen Unterstützung. ☐

b) Sie hören sich in seinem Freundeskreis um und erhoffen sich von dort relevante Informationen. ☐

c) Sie befragen andere Ausbilderkollegen, ob sie ebenfalls Verhaltensveränderungen
   wahrgenommen und ob diese nähere Informationen haben. ☐

d) Sie befragen andere Auszubildende und Arbeitskollegen, ob sie mehr über Tims
   Situation wissen. ☐

e) Sie fragen Tim in einem Vier-Augen-Gespräch nach dem bisherigen Ausbildungsverlauf
   und seiner Zufriedenheit im Betrieb. ☐

Aufgabe 63

Wie sieht die Situation rechtlich aus? (2)

a) Sie können Tim vorschreiben, wann er am Wochenende von der Disco wieder daheim
   zu sein hat. ☐

b) Tim hat das Recht seine Freizeit nach eigenen Vorstellungen zu gestalten. ☐

c) Die Freizeit ist so zu gestalten, dass Tim seiner Lernpflicht gemäß § 13 BBiG
   nachkommen kann. ☐

d) Sie können Tim aufgrund des Berufsausbildungsvertrages von seiner Lernverpflichtung
   befristet entbinden, wenn Sie dies für richtig halten. ☐

e) Sie können Tim zur Strafe zwingen, bei Verspätung über das eigentliche Arbeitsende des
   Arbeitstages so lange im Betrieb zu bleiben, bis er das Arbeitspensum nachgeholt hat. ☐

Aufgabe 64
Wie gehen Sie mit den Arbeitsunfähigkeitsbescheinigungen um? (2)

a) Sie halten es für möglich, dass Tim weniger fehlen würde, wenn er mit interessanteren Aufgaben im Betrieb beschäftigt wäre. ☐

b) Sie halten es für angemessen, dass Tim bisher in diesem Jahr auf 21 Fehltage kam. ☐

c) Sie haben den ärztlich ausgestellten Bescheinigungen zunächst zu vertrauen. ☐

d) Sie kontakten den Arzt, der die Bescheinigungen ausgestellt hat und erbitten von diesem genauere Informationen. ☐

e) Sie halten eine Abmahnung wegen der 21 Fehltage in diesem Jahr für angemessen. ☐

Aufgabe 65
Welche zielorientierten Fragen über die Situation in seinem persönlichen Bereich stellen Sie Tim in dem möglichen Gespräch? (3)

a) Sieht er sich durch die Ausbildungsaufgaben im Betrieb in seiner persönlichen Entfaltung eingeschränkt? ☐

b) Ist er mit den ihm übertragenen Ausbildungsaufgaben zufrieden? ☐

c) Bestehen in seinem privaten Umfeld Schwierigkeiten (bspw. Beziehungsstress)? ☐

d) Steht er noch persönlich zur Ausbildung im Betrieb? ☐

e) Sieht er seine getroffene Entscheidung für das angestrebte Berufsziel durch die bisherigen Ausbildungserfahrungen als bestätigt? ☐

Aufgabe 66
Nach dem Gespräch möchten Sie konkrete Maßnahmen zur Verbesserung der Situation ergreifen. Welches Vorgehen ist für Sie am sinnvollsten? (3)

a) Sie informieren die anderen Ausbilder und Ausbildungsbeauftragten von den Erkenntnissen des Gespräches und erarbeiten mit diesen gemeinsam Lösungsstrategien für Tim. ☐

b) Sie kontakten die Jugend- und Auszubildendenvertretung und bitten diese, sich der Situation anzunehmen. ☐

c) Sie informieren die Unternehmensleitung und bitten diese, als Motivationsinstrument eine Abmahnung gegen Tim vorzubereiten. ☐

d) Sie planen ein weiteres Gespräch mit Tim, in welchem Sie ihm Ihre Erkenntnisse aus dem ersten Gespräch und die damit verbunden Folgen bzw. Strategien aufzeigen. ☐

e) Gemeinsam mit Tim erarbeiten Sie Strategien, wie seine Leistungen und sein Verhalten wieder zu alter Form kommen. ☐

Aufgabe 67
Beim weiteren Vorgehen beziehen Sie die anderen Ausbilder und Ausbildungsbeauftragten in Ihre Strategie mit ein. Sinnvolle und angemessene organisatorische und pädagogische Maßnahmen sind: (3)

a) Tim darf sich künftig die anstehenden Ausbildungsaufgaben selber auswählen. ☐

b) Es werden ihm künftig Aufgaben übertragen, die bei ihm zu Erfolgserlebnissen führen und die ihn fordern, aber nicht überfordern. ☐

c) Sie beobachten sein künftiges Verhalten und sprechen ihn gezielt an, wenn wieder ein Fehlverhalten vorliegt. ☐

d) Es werden ihm seinem Leistungsstand entsprechend selbstständig zu erledigende Arbeiten übertragen. ☐

e) Sollte sich die Situation nicht umgehend verbessern, erfolgt zeitnah eine Abmahnung. ☐

Aufgabe 68
Welche Maßnahmen können Sie künftig präventiv bei Tim und den anderen
Auszubildenden einsetzen, damit Leistung und Verhalten nicht aus dem Ruder geraten? (3)

a) Die Auszubildenden sollen Ihnen regelmäßig über ihre private/persönliche Situation
berichten. ☐

b) Die Ausbilder und Ausbildungsbeauftragen informieren Sie regelmäßig über ihre
Verhaltenseindrücke der Auszubildenden. ☐

c) Sie halten engen Kontakt zu den Eltern, die Sie über die private/persönliche Situation
der Auszubildenden informieren sollen. ☐

d) Sie suchen und halten den Kontakt mit den Berufsschullehrern und erhoffen sich von
dieser Seite Informationen und Erkenntnisse. ☐

e) Die Ausbilder und Ausbildungsbeauftragen informieren Sie regelmäßig über ihre
Leistungseindrücke und über das Verhalten der Auszubildenden. ☐

Aufgabe 69
Welche Konsequenzen würden Sie ziehen, wenn sich Tims Verhalten nicht ändert
und es erneut zum mehrmaligen unentschuldigten Schulschwänzen kommt? (1)

a) Sie teilen ihm mit, dass seine Zulassung zur Abschlussprüfung gefährdet ist, wenn er dem
Berufsschulunterricht mehr als 25 % fernbleibt. ☐

b) Da er deswegen vor einem halben Jahr einmal mündlich ermahnt wurde, denken Sie über
eine fristlose Kündigung nach. ☐

c) Sie werden ihn erneut streng ermahnen und seine Eltern schriftlich über sein Verhalten
informieren. ☐

d) Sie entschließen sich zu einer schriftlichen Abmahnung, in der sie die Konsequenzen
der weiteren Nichteinhaltung der Schulpflicht verdeutlichen. ☐

e) Sie stellen ihn vor die Wahl, ob Sie ihm für die unentschuldigten Fehlzeiten in der Berufsschule
den Jahresurlaub anteilig kürzen oder seine Ausbildungsvergütung um diese Tage reduzieren sollen. ☐

Ausgangssituation zu den Aufgaben 70–74
**Sie entscheiden sich, dass die zahlreichen Auszubildenden des 3. Ausbildungsjahres Ihres Software-
hauses im Beruf IT-Systemprogrammierer je einen Arbeitsauftrag nach der Leittextmethode in Einzel-
oder Gruppenarbeit lösen sollen. Zuvor stimmen Sie sich mit den anderen Ausbildern über das methodische Vorgehen und die Aspekte der Sozialformen und Methodik ab. Sie wollen von deren Erfahrungen profitieren und hoffen, dass nach diesen Vorüberlegungen die Lernziele erreicht werden.
Wichtig ist Ihnen dabei, dass die Handlungskompetenz der Auszubildenden nachhaltig gefördert wird
und sie in Eigenverantwortlichkeit Arbeitsaufträge selbstständig erledigen können.**

Aufgabe 70
Wie können Sie erreichen, dass Ihre Ansprüche erreicht werden? (3)

a) Die Auszubildenden sollen sich die berufliche Fachkompetenz ausschließlich nach
der 4-Stufen-Methode aneignen. ☐

b) Die Auszubildenden sollen den Lernstoff des Berufsschulblockes vertiefen können. ☐

c) Die Auszubildenden sollen die Lernziele unter Nutzung von Informationsquellen
(wie bspw. Intranet) aneignen können. ☐

d) Die Auszubildenden sollen selbstständig Lösungsvarianten für neue Aufgabenstellungen finden. ☐

e) Die Auszubildenden sollen die sich angeeigneten Kompetenzen auf ähnliche Aufgabensituationen
transferieren können. ☐

Aufgabe 71
Sie machen sich Gedanken zur Sozialform bzw. Gruppengröße. Was gilt es dabei
zu beachten? (3)

a) Bei Einzelarbeit wird die Sozialkompetenz am besten gefördert. ☐

b) Bei Partnerarbeit ist i. d. R. die Zusammenarbeit der beiden Beteiligten weniger
problematisch als bei größeren Gruppen. ☐

c) Bei Dreiergruppen besteht die Gefahr, dass die Konstellation »zwei gegen einen«
eintritt und damit Spannungen auftreten. ☐

d) Bei Viergruppen kommt es automatisch zu einer kontraproduktiven zeitraubenden
Gruppenfindungsphase. ☐

e) Bei Fünfergruppen besteht i. d. R. ein umfangreicher Informationsaustausch in der Gruppe,
um hier das Wissen und die Fertigkeiten aller austauschen und anwenden zu können. ☐

Aufgabe 72
Was gilt es, bezogen auf die Zusammensetzung bei Gruppenarbeit, zu beachten? (3)

a) Wenn eine Gruppe über einen längeren Zeitraum kooperiert, ist die vorhersehbare
große Gefahr gegeben, dass sie in ihrer Leistung abfällt. ☐

b) Wenn bei den Kompetenzen der Gruppenmitglieder große Differenzen gegeben sind,
ist es möglich, dass die Personen mit weniger ausgeprägten Kompetenzen auf den
Leistungen der anderen ohne eigenen Input »mitschwimmen« (Mitläufereffekt). ☐

c) Eine Trennung nach Nationalitäten und Geschlechtern ist prinzipiell produktiv. ☐

d) Die Gruppenzusammensetzung sollte nicht zu häufig verändert werden, da jedes
Mal Zeit aufgewandt werden muss, bis die Gruppe einsatzfähig ist. ☐

e) Wenn es sich in vielen Aspekten um eine homogene Gruppe handelt, gibt es die
Gefahr, dass die Aufgabenstellung an das Niveau der Gruppe angepasst wird und
nicht alle Potenziale abgerufen werden. ☐

Aufgabe 73
Was gilt es bei der Bildung von Gruppen, die auf unterschiedliche Art und Weise
geschehen kann, zu beachten? (3)

a) Wenn die Auszubildenden die Gruppenzusammensetzung selbst in die Hand nehmen,
besteht die Gefahr von Grüppchenbildung und Ausgrenzung bestimmter Teilnehmer
und Teilnehmerinnen. ☐

b) Wenn die Auszubildenden die Gruppenzusammensetzung selbst in die Hand nehmen,
werden neue Teilnehmer und Teilnehmerinnen am besten integriert. ☐

c) Wird die Gruppenzusammensetzung durch ein Losverfahren vorgenommen, ist das
eine neutrale Variante, bei der keiner der Betroffenen von Bevormundung oder Willkür
sprechen kann. ☐

d) Es spielt generell keine Rolle für den Lernerfolg, wie und durch wen die Gruppe
zusammengesetzt wird. ☐

e) Bei der Gruppenzusammensetzung durch den Ausbilder lassen sich durch diesen
mögliche Lernziele festlegen (bspw. Integration neuer Auszubildender). ☐

Aufgabe 74
Was können darüber hinaus Verhaltensweisen sein, die im Zusammenhang
mit der Gruppenarbeit zumeist auftreten? (3)

a) Es wird sich rasch eine Rangordnung innerhalb der Auszubildendengruppe sowie
die Entstehung von Gruppennormen ergeben. ☐

b) Sie können davon ausgehen, dass sofort ein ausgeprägtes »Team-Gefühl« herrscht. ☐

c) Zu Beginn des ersten Tages ist mit eher defensivem Auftreten der Auszubildenden zu rechnen,
man wird sich »beschnuppern« und ausprobieren, welches Verhalten und Auftreten in dieser
Gruppe möglich ist. ☐

d) Die Gesamtgruppe wird sich insbesondere in den Pausen in informelle Gruppe aufteilen. ☐

e) Mit Positionsrangeleien innerhalb einer Gruppe ist generell nicht zu rechnen. ☐

Ausgangssituation zu den Aufgaben 75–80
Bei der Vorbereitung auf ein Tagesseminar beschäftigen Sie sich eingehend mit didaktischen Prinzipien sowie der Planung, Durchführung und Kontrolle dieser Veranstaltung.

Aufgabe 75
Bei der Ausbildungsplanung versuchen Sie eine weitgehend didaktische Parallelität
anzustreben. Welche Koordination ist hiermit gemeint? (2)

a) Die Orientierung der Ausbildungsplanung am Stundenplan der Berufsschule. ☐

b) Sie bitten den Berufsschullehrer, dass er sich an Ihrem betrieblichen Ausbildungsplan orientiert. ☐

c) Abstimmung der betrieblichen Ausbildungsinhalte in zeitlicher Hinsicht – so weit wie
möglich – mit den Inhalten der Berufsschule (Rahmenlehrplan). ☐

d) Abstimmung des Ausbildungsrahmenplans und des Rahmenlehrplans der Berufsschule. ☐

e) Abstimmung des betrieblichen individuellen Ausbildungsplans – so weit wie möglich –
an den Rahmenlehrplan der Berufsschule. ☐

Aufgabe 76
Welche didaktischen Maßnahmen sind bei der Planung des Seminartages zwingend
zu berücksichtigen, damit das Seminar seinen Sinn erfüllt? (3)

a) Sie müssen Feinlernziele festlegen. ☐

b) Sie müssen den Lernerfolg bestimmen. ☐

c) Sie müssen ein Richtlernziel erarbeiten. ☐

d) Sie müssen die Lernschritte festlegen. ☐

e) Sie müssen das erwartete Endverhalten festlegen. ☐

f) Sie müssen für Verpflegung sorgen. ☐

Aufgabe 77
Welche organisatorischen und pädagogischen Aspekte haben Sie in der
Ausbildungsplanung ferner zu berücksichtigen? (3)

a) Die Auszubildenden zu motivieren, sich allgemeine Informationen zu dem Seminar selber zu besorgen. ☐

b) Einen räumlich, technisch und atmosphärisch passenden Seminarraum zu wählen
und diesen für das Seminar entsprechend vorzubereiten. ☐

c) Es sind der Termin und der Zeitrahmen für das Seminar festzulegen. ☐

d) Sie haben bereits vor dem Seminar eine gute Beziehungsebene unter den
Auszubildenden zu vermitteln. ☐

e) Die benötigten Medien und Arbeitsmittel bereitzustellen und auszuprobieren. ☐

Aufgabe 78
Welche methodischen Entscheidungen müssen Sie, bezogen auf den Seminartag, treffen? (3)

a) Die Lernziele lassen Sie von den Auszubildenden festlegen. ☐
b) Es sind geeignete Methoden auszuwählen. ☐
c) Es sind angemessene Medien auszuwählen. ☐
d) Auf keinen Fall darf der Moderator bei bestimmten Methoden von der
   Auszubildendengruppe selber bestimmt werden. ☐
e) Es sind Maßnahmen für die Lernerfolgssicherung festzulegen. ☐

Aufgabe 79
Welche didaktischen Prinzipien sind aus Ihrer Sicht sinnvoll bei der Vermittlung
psychomotorischer Lernziele im Seminar? (4)

a) Vom Einfachen zum Zusammengesetzten. ☐
b) Vom Einfachen zum Schweren. ☐
c) Vom Einfachen zum Komplexen. ☐
d) Vom Kognitiven zum Abstrakten. ☐
e) Vom Bekannten zum Unbekannten. ☐
f) Vom Bekannten zum Einfachen. ☐

Aufgabe 80
Welche Maßnahmen wählen Sie, um den Lernerfolg des Seminartages sicherzustellen? (3)

a) Sie bitten die Auszubildenden, nach von ihnen selbst bestimmten Kriterien eine
   Lernerfolgskontrolle vorzunehmen. ☐
b) Sie bitten die Auszubildenden, die am Seminartag erarbeiteten Unterlagen und die von
   Ihnen ausgehändigten Seminarunterlagen nachzubereiten und als Nachschlagewerk
   aufzubewahren. Sie lassen sich dieses regelmäßig vorlegen. ☐
c) Zum Ende des Seminars überprüfen Sie in einem Lehr-Lern-Gespräch das erworbene
   Wissen der Auszubildenden anhand offener Fragen und geben ihnen die Gelegenheit,
   offene Fragen und Unsicherheiten zu klären. ☐
d) Die Eintragung des Erlernten in den Ausbildungsnachweis reicht Ihnen zur
   Lernerfolgskontrolle. ☐
e) Gemeinsam mit den Auszubildenden führen Sie nach bekannten Kriterien eine
   Lernerfolgskontrolle durch. ☐

Zweiter Aufgabensatz mit Kontrollaufgaben

Ausgangssituation zu den Aufgaben 1–17

Ihr Unternehmen möchte in einem für Sie neuen Beruf ausbilden und hat im Vorfeld einige Fragen bzw. Voraussetzungen zu klären. Sie sind der neue Ausbildungsleiter und beschäftigen einen Meister und sechs Hilfskräfte. Geplant ist, zum neuen Ausbildungsjahr erstmals mit der Ausbildung eines jugendlichen Lackierers zu beginnen.

Aufgabe 1
Warum erlässt der Verordnungsgeber (neue) Ausbildungsordnungen?
Neue Ausbildungsordnungen werden verabschiedet, (2)

a) um den Forderungen der zuständigen Stellen nach neuen notwendigen Berufen nachzukommen. ☐

b) um den Wünschen der Ausbildungsplatzbewerber nach ihren Traumberufen nachzukommen. ☐

c) um den Forderungen der Arbeitgeber- und Arbeitnehmerorganisationen nachzukommen. ☐

d) um den Forderungen einzelner Großunternehmen nach Allroundkräften nachzukommen. ☐

e) um der technologischen Entwicklung und den damit einhergehenden veränderten Anforderungen an die Berufs- und Arbeitswelt gerecht zu werden. ☐

Aufgabe 2
Zu klären ist, ob der für Sie neue Ausbildungsberuf in Ihrem Betrieb ausgebildet werden kann. Welche Vergleiche stehen an? (1)

a) Vergleich der neuen Ausbildungsordnung mit den Ausbildungsordnungen der Berufe, die bereits in der Lackiererei ausgebildet werden. ☐

b) Vergleich der Lernziele des Rahmenlehrplans mit den Ausbildungszielen. ☐

c) Vergleich der Prüfungsanforderungen entsprechend der Ausbildungsordnung mit den Unternehmenszielen. ☐

d) Vergleich des Ausbildungsrahmenplans mit den Möglichkeiten in der Lackiererei. ☐

e) Vergleich des Ausbildungsrahmenplans mit den Zielen des Firmeninhabers. ☐

Aufgabe 3
Überprüfen Sie, welche rechtlichen Voraussetzungen das Unternehmen erfüllen muss, damit ausgebildet werden kann. (3)

a) Sie als Ausbildender und der Meister (Ausbilder) müssen persönlich und fachlich geeignet sein. ☐

b) Einer Ihrer Mitarbeiter/-innen benötigt die arbeitspädagogische Eignung gemäß AEVO, alle anderen benötigen diese nicht. ☐

c) Der Ausbildende muss persönlich und die zu bestellenden Ausbilder müssen persönlich und fachlich geeignet sein. ☐

d) Das Unternehmen muss nach Art und Einrichtung für die Ausbildung in diesem Beruf geeignet sein. Zu berücksichtigen ist ferner das angemessene Verhältnis von Fachkräften und Auszubildenden. ☐

e) Die Eignung als Ausbildungsstätte liegt dann vor, wenn in Ihrem Unternehmen alle vorgeschriebenen Ausbildungsinhalte vermittelt werden können. Das Verhältnis Fachkräfte zu Auszubildenden ist ohne Bedeutung. ☐

f) Die Tätigkeit als Ausbilder ist unter Auflagen gestattet. ☐

Aufgabe 4

Welche Materialien, Gesetzestexte bzw. Bescheinigungen müssen Ihnen als Ausbilder
zum Ausbildungsstart im Betrieb vorliegen? (3)

a) Der Rahmenlehrplan der Berufsschule. ☐

b) Das Betriebsverfassungsgesetz. ☐

c) Das Jugendarbeitsschutzgesetz und das Berufsbildungsgesetz. ☐

d) Die Ausbildungsordnung des Ausbildungsberufes Lackierer. ☐

e) Die ärztliche Bescheinigung der Erstuntersuchung gemäß dem Jugendarbeitsschutzgesetz. ☐

f) Die Geburtsurkunde. ☐

Aufgabe 5

Zur Planung des betrieblichen Teils der Ausbildung benötigen Sie eine Reihe von
Informationen und Unterlagen. Welche Stellen können Sie mit welchen Informationen
und Unterlagen unterstützen? (1)

a) Sie kontakten Ihre zuständige Agentur für Arbeit und bitten diese um Ausbildungsmaterial. ☐

b) Sie kontakten die zuständige Berufsschule und bitten um Zusendung des
Rahmenlehrplans und des Stundenplans. ☐

c) Sie wenden sich an den Arbeitgeberverband und bitten diesen um die Zusendung
der Ausbildungsvertragsformulare. ☐

d) Sie kontakten die zuständige Stelle und bitten diese um die Zusendung einer Übersicht
über das Anforderungsprofil von Lackierern. ☐

e) Sie kontakten die zuständige Stelle und bitten diese um die Zusendung der
Ausbildungsordnung des Lackierers und der Ausbildungsvertragsvordrucke. ☐

Aufgabe 6

Wer kann Ihnen als Ansprechpartner bei Unklarheiten und Unsicherheiten im Zusammenhang
mit der Planung der Ausbildung weiterhelfen? (1)

a) Der Berufsbildungsausschuss der zuständigen Stelle. ☐

b) Der Berufsschullehrer. ☐

c) Die Berufsberatung der Agentur für Arbeit. ☐

d) Der Ausbildungsberater der zuständigen Stelle. ☐

e) Der Prüfungsausschuss der zuständigen Stelle. ☐

Aufgabe 7

Welche Unterlagen und Rahmenbedingungen benötigen Sie für die konkrete Planung
des Einsatzes der Auszubildenden in den Fachabteilungen des Betriebes? (4)

a) Notwendige Ausbildungsmaterialien. ☐

b) Der Rahmenlehrplan. ☐

c) Unterweisungspläne. ☐

d) Sachliche und zeitliche Gliederung (Ausbildungsrahmenplan). ☐

e) Ausbildungsplätze in den jeweiligen Bereichen/Werkstätten. ☐

f) Das Berufsbildungsgesetz. ☐

Aufgabe 8
Welche Leitfragen haben Sie bei der Ausbildungsplanung noch zu berücksichtigen? (3)

a) Kann auf die entsprechende Anzahl an Fachkräften im Betrieb zurückgegriffen werden? ☐

b) Besteht die Möglichkeit der Nachbereitung der schulischen theoretischen Unterrichtsinhalte im Betrieb? ☐

c) Stehen die notwendigen Ausbildungsmittel in ausreichendem Umfang zur Verfügung? ☐

d) Gibt es für die Auszubildenden genügend geeignete Arbeitsplätze in den Fachabteilungen? ☐

e) Können die Auszubildenden im Rahmen der Ausbildung in allen Abteilungen und Niederlassungen des Unternehmens eingesetzt werden? ☐

Aufgabe 9
Bezogen auf die betriebliche Lernort- bzw. Arbeitsplatzkontrolle gilt es folgende Leitfragen zu beantworten: (3)

a) Befinden sich die Lernorte bzw. Arbeitsplätze ständig in Ihrem Sichtfeld? ☐

b) Entsprechen die Lernorte bzw. Arbeitsplätze den Bestimmungen der Berufsgenossenschaft? ☐

c) Sind die Lernorte bzw. Arbeitsplätze auch für Außenstehende gekennzeichnet? ☐

d) Können an den Lernorten bzw. Arbeitsplätzen die in der Ausbildungsordnung vorgegebenen Lernziele angemessen vermittelt werden? ☐

e) Gibt es an den Lernorten bzw. Arbeitsplätzen ausreichend erfahrene Ausbildungsbeauftragte bzw. Ausbilder mit ausreichenden Zeitkontingenten? ☐

Aufgabe 10
Sie fragen sich als Nächstes, aus welchen Quellen Sie die Informationen entnehmen können, welche Kenntnisse, Fähigkeiten und Fertigkeiten im Rahmen der Ausbildung im Betrieb zu vermitteln sind. (2)

a) Prüfungszulassungsbestimmungen ☐

b) Ausbildungsberufsbild ☐

c) Rahmenlehrplan ☐

d) Ausbildungsrahmenplan ☐

e) Lehrplan der Kfz-Innung ☐

Aufgabe 11
In einem nächsten Schritt überlegen Sie sich, welche Mitarbeiter Sie bei der Ausbildung in der Werkstatt unterstützen können. Welche Kriterien spielen bei der Auswahl der Personen, die Sie mit der Ausbildung beauftragen, eine besondere Rolle? Die Mitarbeiter (3)

a) müssen seit fünf Jahren im Betrieb beschäftigt sein. ☐

b) müssen für den Umgang mit Jugendlichen bzw. jungen Leuten geeignet sein. ☐

c) müssen fundierte fachliche Fähigkeiten (Fachkompetenz) besitzen. ☐

d) sollten eine gehobene Stellung im Betrieb einnehmen. ☐

e) sollten die notwendigen Zeitkontingente für die Ausbildung besitzen. ☐

f) müssen den Meisterbrief besitzen. ☐

Aufgabe 12
Mit viel Aufwand verbunden ist die Erstellung des betrieblichen Ausbildungsplans.
Muss diese aufwendige Arbeit überhaupt sein? (1)

a) Nein, weil dies in Ihrem Ermessenspielraum liegt. ☐
b) Ja, weil die Formulierungen des betrieblichen Ausbildungsplans in den
   Ausbildungsnachweis zu übernehmen sind. ☐
c) Ja, weil der betriebliche Ausbildungsplan zusammen mit dem Ausbildungsvertrag
   vor Ausbildungsbeginn bei der zuständigen Stelle eingereicht werden muss. ☐
d) Nein, weil der Ausbildungsrahmenplan als Teil der Ausbildungsordnung ausreichend
   genaue Angaben zur sachlichen und zeitlichen Gliederung der Ausbildung macht. ☐

Aufgabe 13
Was gilt es bei der Erstellung des betrieblichen Ausbildungsplans zu berücksichtigen? (3)

a) Es gilt zusätzliche betriebstypische Anforderungen, die bei der Ausbildung von
   Bedeutung sind, zu beachten und einzuplanen. ☐
b) Es sind angemessene Arbeitsplätze für die Ausbildung auszuwählen. ☐
c) Es gilt die Ausbildung primär unter Berücksichtigung der Arbeiten der Zwischen-
   und Abschlussprüfung zu gestalten. ☐
d) Es gilt den zeitlichen Ablauf der Ausbildung entsprechend den Vorgaben des
   Ausbildungsrahmenplans zu gestalten. ☐
e) Es gilt den zeitlichen Ablauf der Ausbildung gemäß betrieblicher Prozesse festzulegen. ☐

Aufgabe 14
Woran haben Sie sich bei der sachlichen und zeitlichen Gestaltung der Ausbildung
zu orientieren? (2)

a) An den Anforderungen des Unternehmens. ☐
b) An der Prüfungsordnung der zuständigen Stelle. ☐
c) An den Vorgaben im Ausbildungsrahmenplan. ☐
d) An den im Unternehmen von allen Mitarbeitern zu erfüllenden Anforderungsprofilen. ☐
e) An allen anfallenden berufs- und betriebsbezogenen Arbeiten und Aufgaben im Unternehmen. ☐

Aufgabe 15
Sie wollen über die in der Ausbildungsordnung vorgeschriebenen Inhalte hinaus Fertigkeiten und
Kenntnisse in einem Speziallackierverfahren vermitteln.
Wie berücksichtigen Sie dieses Vorhaben im betrieblichen Ausbildungsplan? (1)

a) Sie planen zusätzlich an drei Samstagen (Mehrarbeit) die Vermittlung dieser Fertigkeiten
   und Kenntnisse ein. ☐
b) Sie berücksichtigen diese nicht, da Sie während der vereinbarten Ausbildungszeit nur
   die Inhalte der Ausbildungsordnung bzw. des Ausbildungsrahmenplans vermitteln dürfen. ☐
c) Sie ersetzen für Ihre Lackiererei unwichtige Inhalte durch die Vermittlung von Fertigkeiten
   und Kenntnissen in dem Speziallackierverfahren. ☐
d) Sie planen entsprechende Zeiträume für die Vermittlung von Fertigkeiten und Kenntnissen
   in dem Speziallackierverfahren ein. ☐
e) Sie ersetzen nicht-prüfungsrelevante Inhalte durch die Vermittlung von Fertigkeiten
   in dem Speziallackierverfahren. ☐

Aufgabe 16
Nachdem Sie mit der Ausbildung begonnen haben, stellen Sie mit Schrecken fest, dass
im Betrieb eine Maschine fehlt, die zur Vermittlung eines wichtigen Ausbildungsabschnitts
laut Ausbildungsrahmenplan notwendig ist. Wie kann dieses Problem behoben werden? (1)

a) Indem sich die Inhalte im Rahmenlehrplan wiederfinden und die Berufsschule
diesen Inhalt vermittelt. ☐

b) Es besteht gar kein Problem, da über diese Situation hinweggesehen werden kann. ☐

c) Anstelle der praktischen Umsetzung werden das Gerät und die damit verbundenen
Tätigkeiten theoretisch beschrieben. ☐

d) Der Ausbildungsberater der zuständigen Stelle wird in diesem Fall Verständnis zeigen
und Ihnen freie Hand lassen. ☐

e) Ein anderes Unternehmen wird diesen Ausbildungsabschnitt als überbetrieblicher
Ausbildungspartner für Sie übernehmen. ☐

Aufgabe 17
Ende des ersten Ausbildungsjahres kündigt der zuständige Ausbilder, da er zu einem Konkurrenten
wechselt. Überprüfen Sie die organisatorischen und personellen Konsequenzen dieser Situation für
den weiteren Ausbildungsverlauf. (2)

a) Sie benennen der zuständigen Stelle als zuständigen Ausbilder den Ausbilder
aus dem Nachbarunternehmen. ☐

b) Sie vereinbaren mit einer anderen Lackiererei, die in diesem Ausbildungsberuf
ebenfalls ausbildet, die Fortsetzung der Ausbildung in diesem Bereich. ☐

c) Sie übertragen die Ausbildung Ihrem erfahrensten Vorarbeiter. ☐

d) Sie stellen zeitnah einen neuen Mitarbeiter ein, der persönlich und fachlich geeignet
ist und ausreichend Ausbildungserfahrung in dieser Branche besitzt. ☐

e) Sie übertragen einzelnen Mitarbeitern die Verantwortung für bestimmte
Ausbildungsabschnitte. ☐

Ausgangssituation zu den Aufgaben 18–24
**Ihre Auszubildenden Hans und Peter packen einen gelieferten Scanner aus und blättern interessiert
in der umfangreichen Gerätebeschreibung des Herstellers. Beide wollen Industriekaufmann werden
und befinden sich im dritten Ausbildungsjahr.**

**Sie als Ausbilder überlegen, wie die beiden Auszubildenden die Handhabung des neuen und für sie
unbekannten Gerätes am sinnvollsten erlernen können. Von besonderer Bedeutung ist Ihnen dabei
die Förderung von Schlüsselqualifikationen wie Teamfähigkeit, Selbstständigkeit und Medienkompetenz.**

Die Ausbildungsordnung enthält dazu folgende Vorgaben:

§ 3: Struktur und Zielsetzung der Ausbildung
(1) Die in dieser Verordnung genannten Fertigkeiten und Kenntnisse sollen funktions- und prozessbezogen vermittelt werden. Die Berufsbildpositionen sind während der gesamten Ausbildungszeit
arbeitsfeldübergreifend zu vermitteln.

(2) Die in dieser Verordnung genannten Fertigkeiten und Kenntnisse sollen so vermittelt werden, dass
der Auszubildende zur Ausübung einer qualifizierten an Geschäftsvorfällen ausgerichteten kaufmännischen Berufstätigkeit … befähigt wird, die insbesondere selbstständiges Planen, Durchführen und
Kontrollieren einschließt. Diese Befähigung ist auch in den Prüfungen nach §§ 8 und 9 nachzuweisen.

Im Ausbildungsrahmenplan finden Sie folgende Angaben:

§ 4 (1) Nr. 3.1: Informationsbeschaffung und -verarbeitung
b)   Daten und Informationen erfassen, ordnen, verwalten und auswerten.

§ 4 (1) Nr. 3.3: Planung und Organisation
c)   Organisations- und Arbeitsmittel wirtschaftlich und ökologisch einsetzen.

Sie interpretieren die Vorgaben der Ausbildungsordnung und machen sich über Lernziele und die methodisch/didaktische Gestaltung des Lernprozesses Gedanken. Dabei beschäftigen Sie sich mit den folgenden Leitfragen:

Aufgabe 18
Welche Kriterien wählen Sie für die Beurteilung der überfachlichen Qualifikationen
»Ökologisch angemessenes Arbeiten« und/oder »Verantwortungsbewusstes Handeln«?   (3)

a)   Qualitätsbewusstes und umweltbewusstes Ausführen der übertragenen Arbeitsaufgaben
     und Weitergabe fehlerfreier Arbeitsergebnisse.   ☐

b)   Fachgerechter, sparsamer und kostenbewusster Umgang mit den benutzten Arbeitsmitteln
     und Energiereserven.   ☐

c)   Das Verhalten zwischen den Teammitgliedern.   ☐

d)   Das Entwickeln von Eigeninitiative und Flexibilität bei der Aufgabenlösung.   ☐

e)   Die Berücksichtigung von möglichen Fehlern als Folgen von mangelnder Konzentration
     bei den Scannvorgängen.   ☐

Aufgabe 19
Wie sind die Vorgaben der Ausbildungsordnung bzw. des Ausbildungsrahmenplans
zu interpretieren und umzusetzen? Die Angaben   (3)

a)   im Verordnungsteil (§ 3) sind unverbindliche Empfehlungen zur handlungsorientierten
     Ausbildungsgestaltung.   ☐

b)   im Ausbildungsrahmenplan (§ 4) stellen ein weiter zu konkretisierendes, verbindliches
     Groblernziel dar.   ☐

c)   im Verordnungsteil (§ 3) sind verbindliche Ausbildungsziele, deren Erreichen spätestens
     in der Abschlussprüfung nachgewiesen werden soll und überprüft werden kann.   ☐

d)   im Ausbildungsrahmenplan (§ 4) sind als Feinlernziel Grundlage für den Soll-Ist-Vergleich
     bei der Lernerfolgskontrolle.   ☐

e)   im Verordnungsteil (§ 3) finden sich verbindliche berufsübergreifende Lernziele.   ☐

Aufgabe 20
Welche Lernziele entsprechen den Absichten des § 3 der Ausbildungsordnung?   (3)
Die Auszubildenden sollen

a)   lediglich drei Nutzungsmöglichkeiten des Scanners aufzählen können.   ☐

b)   das Umsetzen der Bedienungsanleitung selbstständig planen können.   ☐

c)   den Scanner selbstständig bedienen können.   ☐

d)   den fachlich richtigen Umgang mit dem Scanner nach Ihrer Demonstration nachmachen können.   ☐

e)   die Richtigkeit des eigenen Vorgehens einschätzen können.   ☐

Aufgabe 21
Welche Lernziele betreffen überwiegend den psychomotorischen Lernzielbereich? (2)
Die beiden Auszubildenden sollen

a) lediglich drei Nutzungsmöglichkeiten des Scanners nennen können. ☐

b) die Umsetzung der Bedienungsanleitung selbstständig planen können. ☐

c) den Scanner selbstständig handhaben können. ☐

d) das Bedienen des Scanners bei komplizierten Funktionen nachmachen können. ☐

e) die Richtigkeit ihres eigenen Handelns einschätzen können. ☐

Aufgabe 22
Welche Lernziele betreffen überwiegend den kognitiven Lernzielbereich?
Die beiden Auszubildenden sollen (2)

a) den Scanner an das Stromnetz anschließen können. ☐

b) konzentriert bei der Sache sein. ☐

c) drei Nutzungsmöglichkeiten des Scanners nennen können. ☐

d) die zu beachtenden Urheberrechte kennen. ☐

e) die Glasplatte des Scanners putzen können. ☐

f) den Scanner sorgfältig auspacken können. ☐

Aufgabe 23
Welche Gestaltung des Lernprozesses entspricht den Absichten des § 3 der
Ausbildungsordnung und ist in diesem Fall anzuwenden? Als Ausbilder werde ich (1)

a) beim Vormachen und Erklären der Handhabung an Vorkenntnisse der Auszubildenden
aus der Berufsschule anknüpfen und sie die Handhabung nachmachen lassen. ☐

b) den Lernprozess als Leittextmethode gestalten und die Leittexte für jeden Lernschritt
durch die Auszubildenden selbst erstellen lassen. ☐

c) den Lernprozess als Projektmethode gestalten und die dokumentierten Lernergebnisse
von den Auszubildenden auswerten lassen. ☐

d) das Lernen durch einen Lernauftrag in Gang setzen und die Auszubildenden beim
selbstständigen Lernen mit der Bedienungsanleitung beobachten und beraten. ☐

e) mit den beiden Auszubildenden Möglichkeiten zur Gestaltung des Lernprozesses erarbeiten
und gemeinsam mit ihnen eine Unterweisungsmethode und die notwendigen Medien auswählen. ☐

Aufgabe 24
Welche methodische Gestaltung des Lernprozesses ermöglicht das Fördern der
Schlüsselqualifikation Sozialkompetenz der beiden Auszubildenden und ist in dieser
Situation zu wählen? Die Auszubildenden werden (2)

a) Ihnen die Handhabung des Gerätes gemeinsam in einem mediengestützten Vortrag oder
einer Präsentation erklären und sich die Kernaussagen von Ihnen bestätigen lassen. ☐

b) eine Kurzbeschreibung des Scanners in Partnerarbeit erstellen und gemeinsam die
Handhabung praktisch ausprobieren. ☐

c) den umfangreichen Text der Gerätebeschreibung zusammen lesen und die neuen
Kenntnisse nacheinander einzeln ausprobieren. ☐

d) die Handhabung des Scanners ohne Beschreibung einzeln ausprobieren und die dabei
gesammelten Erkenntnisse (Erfolge oder Misserfolge) ohne den Ausbilder austauschen. ☐

e) die umfangreiche Gerätebeschreibung gemeinsam stichpunktartig vereinfachen
und die Handhabung bei wechselseitiger Kontrolle einzeln durchführen. ☐

Ausgangssituation zu den Aufgaben 25–31

Zu Ihrer Ausbildungsphilosophie zählt, dass Sie die Selbstständigkeit Ihrer Auszubildenden durch aktive Methoden fördern möchten. Zwei Ihrer Auszubildenden sollen dementsprechend an ihrem Arbeitsplatz selbstständig eine komplexe Aufgabe bearbeiten. Geplant ist, dass die Aufgabe nach dem Modell der vollständigen Handlung (hier verstanden als Leittext-Methode) bearbeitet wird. Beschreiben Sie, welche Aufgaben einerseits die Auszubildenden und andererseits der Ausbilder in den jeweiligen Schritten gemäß der Grafik idealtypisch zu übernehmen haben, damit die angestrebten Lernziele erreicht werden.

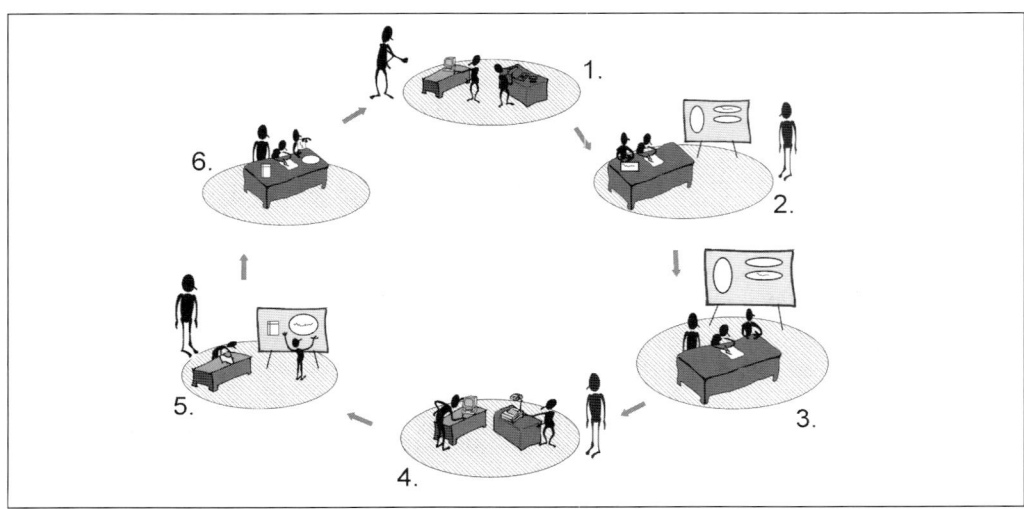

Aufgabe 25

Welche Argumente sprechen für den Einsatz des Modells der vollständigen Handlung? (3)

a) Die Auszubildenden bekommen die wichtigsten Arbeitsschritte von Ihnen vorgemacht. ☐

b) Die Methode ist auszubildendenzentriert und fördert die Selbstständigkeit der Auszubildenden. ☐

c) Sie können, während die Auszubildenden beschäftigt sind, andere Dinge tun. Ihre Anwesenheit ist nicht erforderlich. ☐

d) Selbstständiges Planen, Durchführen und Kontrollieren zählt zu den Zielsetzungen handlungsorientierter Ausbildungsphilosophie. ☐

e) Je aktiver die Auszubildenden in die Ausbildung integriert werden, desto erfolgreicher ist zumeist der Umsetzungstransfer in die Praxis. ☐

f) Die Methode führt am schnellsten zum Lernerfolg. ☐

Aufgabe 26

1. Handlungsschritt: (3)

Aktivitäten der Auszubildenden **Aktivitäten des Ausbilders**

a) Lösungsweg mit Ausbilder im Gespräch abstimmen. Lösungsvorschläge bewerten. ☐

b) Ausbildungsziele ableiten. Lernzielbereiche vorgeben. ☐

c) Lern- und Arbeitsauftrag analysieren. Vorgehen der Auszubildenden beobachten. ☐

d) Informationsdefizite erkennen. Auszubildende beraten. ☐

e) Informationsquellen auswählen. Zugang zu den Informationsquellen ermöglichen. ☐

Aufgabe 27
2. Handlungsschritt: (3)

Aktivitäten der Auszubildenden	**Aktivitäten des Ausbilders**	
a) Lösungsvarianten erarbeiten und festlegen der weiteren Schrittfolge.	Vorgehen der Auszubildenden beobachten und falls nötig, Hilfe geben.	☐
b) Bewertung der Lösungen.	Begründungen zur Bewertung geben.	☐
c) Erkenntnisse für künftiges Arbeiten ableiten.	Sinnvolle Transfermöglichkeiten erläutern.	☐
d) Richtigkeit der Lösungen bestätigen lassen.	Bestätigung zur Motivation einsetzen.	☐
e) Möglichkeit der Arbeitsteilung und Spezialisierung prüfen.	Denkanstöße geben, aber nicht die Kreativität der Auszubildenden unterdrücken.	☐
f) Bewertung der in der Phase »Informieren« gesammelten Informationen und Fakten sowie Entscheidung über die nächsten Schritte.	Die Auszubildenden auf deren Bitte hin beraten und ggf. Lösungsvorschläge machen.	☐

Aufgabe 28
3. Handlungsschritt: (4)

Aktivitäten der Auszubildenden	**Aktivitäten des Ausbilders**	
a) Vor- und Nachteile der Lösungsvorschläge erkennen.	Moderiertes Gruppengespräch führen.	☐
b) Ausbildervorgaben mit eigener Lösung vergleichen.	Vorgabe der passenden Lösung vom Ausbilder.	☐
c) Entscheidung für einen Lösungsweg treffen.	Entscheidung begründen lassen.	☐
d) Lösungsweg als Arbeitsplan erstellen.	Auszubildende gegebenenfalls beraten.	☐
e) Kontrollschritte festlegen.	Auszubildende gegebenenfalls beraten.	☐

Aufgabe 29
4. Handlungsschritt: (3)

Aktivitäten der Auszubildenden	**Aktivitäten des Ausbilders**	
a) Vorschriften zum Arbeits- und Datenschutz einhalten.	Vorgehen der Auszubildenden beobachten.	☐
b) Arbeitshandlungen nachmachen.	Arbeitshandlungen den Auszubildenden vormachen.	☐
c) Handlungen nach Arbeitsplan ausführen.	Auszubildende bei Bedarf beraten.	☐
d) Arbeitsschritte selbstständig durchführen.	Vorgehen der Auszubildenden beobachten.	☐
e) Arbeitsergebnisse nach Kriterien bewerten.	Bewertungen bestätigen oder korrigieren.	☐

Aufgabe 30
5. Handlungsschritt: (3)

Aktivitäten der Auszubildenden	**Aktivitäten des Ausbilders**	
a) Vorgehen durch Ausbilder bestätigen lassen.	Bestätigung der Arbeitsleistung der Auszubildenden.	☐
b) Festgelegte Kontrollschritte einhalten.	Vorgehen der Auszubildenden beobachten.	☐
c) Ergebnisse nach Kriterien kontrollieren.	Vorgehen der Auszubildenden beobachten.	☐
d) Ergebnisse bestätigen lassen.	Fehler mit den Auszubildenden auswerten.	☐
e) Ergebnisse der Selbstkontrolle dokumentieren.	Auszubildende gegebenenfalls beraten.	☐

Aufgabe 31
6. Handlungsschritt: (4)

Aktivitäten der Auszubildenden	**Aktivitäten des Ausbilders**	
a) Ursachen für auftretende Fehler erkennen.	Moderiertes Auswertungsgespräch mit den Auszubildenden führen.	☐
b) Selbstbewertung nach Kriterien vornehmen.	Denkanstöße geben.	☐
c) Vorgehen und Ergebnis bewerten.	Bewertung bestätigen oder korrigieren.	☐
d) Schlussfolgerungen für künftiges Vorgehen ziehen.	Sinnvolle Transferhilfen für die Praxis geben.	☐
e) Arbeitsanteile der einzelnen Auszubildenden benennen.	Individuelle Leistungen eines Auszubildenden loben.	☐
f) Den Arbeitstag beenden.	Benotung der Ergebnisse.	☐

Ausgangssituation zu den Aufgaben 32–41

Bei der Ausbildungsplanung müssen Sie auf die Ausbildungsordnung bzw. den Ausbildungsrahmenplan zurückgreifen. Am Beispiel des Ausbildungsberufes »Hotelkaufmann/Hotelkauffrau« gilt es die Inhalte und Vorgaben der Ausbildungsordnung bzw. des Ausbildungsrahmenplanes zu interpretieren. Was sagen die Vorgaben konkret aus?

Lfd. Nr.	Teil des Ausbildungsberufsbildes	Kernqualifikationen bzw. Fertigkeiten und Kenntnisse, die unter Einbeziehung selbstständigen Planens, Durchführens und Kontrollierens integriert mit berufsspezifischen Fachqualifikationen zu vermitteln sind.*	Zeitliche Richtwerte in Wochen im Ausbildungsjahr		
			1	2	3
1	2	3	4		
5	Umgang mit Gästen, Beratung und Verkauf (§ 4 Nr. 5)	a) Auswirkungen des persönlichen Erscheinungsbildes und Verhaltens auf Gäste darstellen und begründen b) Gastgeberfunktion wahrnehmen c) Erwartungen von Gästen hinsichtlich Beratung, Betreuung und Dienstleistung ermitteln d) Aufgaben, Befugnisse und Verantwortungen im Rahmen der Ablauforganisation berücksichtigen e) Gäste empfangen und betreuen f) berufsbezogene fremdsprachliche Fachbegriffe anwenden g) Gäste über das Angebot an Dienstleistungen und Produkten informieren h) Mitteilungen und Aufträge entgegennehmen und weiterleiten i) berufsbezogene Rechtsvorschriften anwenden	10		
6	Einsetzen von Geräten, Maschinen und Gebrauchsgütern, Arbeitsplanung (§ 4 Nr. 6)	a) Arbeitsschritte planen b) Arbeitsplatz unter Berücksichtigung hygienischer und ergonomischer Anforderungen vorbereiten c) Arbeitsvorbereitungen bereichsbezogen durchführen d) Geräte, Maschinen und Gebrauchsgüter wirtschaftlich einsetzen e) Geräte, Maschinen und Gebrauchsgüter reinigen und pflegen	2		
7	Hygiene (§ 4 Nr. 7)	a) Vorschriften und Grundsätze zur Personal- und Betriebshygiene anwenden	2		

* In Verbindung mit den laufenden Nummern 11–14 zu vermitteln

Aufgabe 32
Für die Vorgaben des vorliegenden Ausbildungsrahmenplans gilt: (3)

a) Die Inhalte werden jedes Jahr vom Verordnungsgeber aktualisiert. ☐

b) Es sind sowohl Kern- als auch Fachqualifikationen zu vermitteln. ☐

c) Es sind neben der Fachkompetenz auch die Schlüsselqualifikationen zu fördern. ☐

d) Für die Ausbildungspraxis gilt es zuerst Feinlernziele mit hohem Taxononmiegrad aus den Groblernzielen abzuleiten. ☐

e) Es sind nicht nur Kenntnisse und Fertigkeiten zu vermitteln. ☐

Aufgabe 33
Was gilt es beim Beruf des Hotelkaufmanns bezogen auf die Spalten 1, 2, 3 und 4 des Ausbildungsrahmenplans zu beachten? (2)

a) In Spalte 3 werden die Vorgaben aus Spalte 2 verfeinert. ☐

b) Spalte 1 gibt die zwingende Vorgabe für die Vermittlung der Reihenfolge der Inhalte an. ☐

c) Spalte 2 enthält unverbindliche Vorgaben. ☐

d) Die Spalten 1 und 2 entsprechen den Vorgaben des Ausbildungsberufsbildes. ☐

e) Spalte 4 gibt die Nettoausbildungszeit für die Vermittlung der Inhalte an. ☐

Aufgabe 34
Die Vorgaben in der Spalte 3 (3)

a) sollen in der Ausbildung von jedem Auszubildenden, der das Berufsziel anstrebt, in Theorie und Praxis beherrscht werden. ☐

b) dienen als Richtlernziele zur groben Orientierung sowie zur Vorbereitung auf die Zwischenprüfung. ☐

c) müssen als Groblernziele für die Ausbildung noch betriebsbezogen konkretisiert werden. ☐

d) sind als Feinlernziele unmittelbare Grundlage für die Lernerfolgskontrolle am Ende der Unterweisung. ☐

e) betreffen im Kontakt mit Gästen unterschiedliche Lernzielbereiche der Auszubildenden. ☐

Aufgabe 35
Die Vorgaben in der Spalte 3 (2)

a) sind verbindlich zu erreichende Ausbildungsziele. ☐

b) sind verbindlich vorgegebene Unterweisungsthemen im Umgang mit Gästen. ☐

c) müssen zwingend in der angegebenen Reihenfolge vermittelt und beherrscht werden. ☐

d) sollen praxisnah und handlungsorientiert vermittelt werden. ☐

e) sind unverbindliche Empfehlungen des Rahmenlehrplanes. ☐

Aufgabe 36
Um was handelt es sich bei den Angaben in Spalte 3? (2)

a) Um verbindliche Ziele für betriebliche Unterweisungen und Maßnahmen. ☐

b) Um Feinlernziele als Grundlage für die Planung, Durchführung und Kontrolle der Ausbildung. ☐

c) Um unverbindliche Empfehlungen für die Planung und Durchführung der Ausbildung im Betrieb. ☐

d) Um verbindliche Groblernziele, die betriebsspezifisch für das Hotel konkretisiert werden müssen. ☐

e) Um Richtlernziele als Oberbegriff zu den Groblernzielen. ☐

Aufgabe 37
Die beschriebenen Fertigkeiten und Kenntnisse in der Spalte 3 (3)

a) sind Inhalte, die in der Berufsschule theoretisch vermittelt werden. ☐

b) können teilweise auch von einem Partnerbetrieb (überbetriebliche Ausbildung) überbetrieblich vermittelt werden. ☐

c) setzen eine Verschränkung von Theorie und Praxis voraus. ☐

d) sind zusammen mit anderen Teilen des Ausbildungsberufsbildes zu vermitteln. ☐

e) sind lediglich Empfehlungen des Verordnungsgebers, die durch betriebstypische Inhalte ersetzt werden können. ☐

Aufgabe 38
Für die Vorgaben in der Spalte 3 unter der laufenden Nummer 5 gilt: (3)

a) Position i) betrifft den kognitiven und affektiven Lernzielbereich. ☐

b) Position a) betrifft überwiegend den kognitiven Lernzielbereich. ☐

c) Position c) betrifft überwiegend den psychomotorischen Lernzielbereich. ☐

d) Position d) betrifft überwiegend den psychomotorischen Lernzielbereich. ☐

e) Position f) betrifft überwiegend den kognitiven Lernzielbereich. ☐

f) Position e) betrifft überwiegend den kognitiven Lernzielbereich. ☐

Aufgabe 39
Für welche der Vorgaben in der Spalte 3 unter der laufenden Nummer 6 gilt: (2)

a) Position a) betrifft den affektiven Lernzielbereich. ☐

b) Position a) betrifft den psychomotorischen Lernzielbereich. ☐

c) Position a) betrifft den kognitiven Lernzielbereich. ☐

d) Position e) betrifft überwiegend den kognitiven Lernzielbereich. ☐

e) Position e) betrifft überwiegend den psychomotorischen Lernzielbereich. ☐

Aufgabe 40
Der zeitliche Richtwert in Spalte 4 (für die laufende Nummer 5) gibt (2)

a) das Vermitteln der Ausbildungsinhalte im zehnten Ausbildungsmonat vor. ☐

b) das Erreichen der Ausbildungsziele in der zehnten Ausbildungswoche vor. ☐

c) für das Vermitteln der Ausbildungsinhalte 10 Wochen x 5 Arbeitstage = 50 Tage vor. ☐

d) die Bruttoausbildungszeit vor. Es sind davon die Berufsschulzeit und der Urlaub abzuziehen. Die betriebliche Nettoausbildungszeit beträgt dementsprechend etwa 30 Tage. ☐

e) das Vermitteln der Ausbildungsinhalte im ersten Ausbildungsjahr vor. ☐

Aufgabe 41
Die Vorgaben erfordern eine Ausbildung, die (4)

a) sich (wenn möglich) am Modell der vollständigen Handlung bzw. der Leittextmethode orientiert. ☐

b) das Vormachen und Erklären (4-Stufen-Methode) als Grundprinzip der Vermittlung ansieht. ☐

c) die Fähigkeit des Auszubildenden zur Selbstkontrolle fördert. ☐

d) nach Möglichkeit auszubildendenzentriert zu gestalten ist. ☐

e) ausreichend Möglichkeiten zum selbstständigen Lernen bieten. ☐

f) nach Möglichkeit ausbilderzentriert zu gestalten ist. ☐

Ausgangssituation zu den Aufgaben 42–64
Ihr Betrieb, die Eintracht AG mit 200 Mitarbeitern und einem Betriebsrat, will zum 1. August dieses Jahres erstmals vier Auszubildende im Beruf Bürokaufmann/frau ausbilden. Sie sind für die Auswahlmaßnahmen und Formalitäten rund um die Ausbildungsverträge sowie die Planung der Ausbildung zuständig.

Aufgabe 42
Da das Verhältnis mit dem Betriebsrat nicht das Beste ist, wollen Sie sicher sein,
in welchen Bereichen seine Zustimmung vorliegen muss. In welchen der folgenden
Bereiche ist dies der Fall? (4)

a) Als Einstellungskriterium wollen sie einen Realschulabschluss festlegen. ☐

b) Da erstmals ausgebildet werden soll, muss der Betriebsrat diesem Vorhaben zustimmen. ☐

c) Sie möchten nur minderjährige Auszubildende einstellen. ☐

d) Sie möchten einen selbst erstellten Einstellungstest verwenden. ☐

e) Sie als Ausbilder sind für das Auswahlverfahren zuständig. ☐

Aufgabe 43
Welche Aktivitäten setzen Sie ein, um geeignete Bewerber erreichen zu können? (3)

a) Sie greifen auf das Internet zurück und platzieren ein Stellenangebot bspw.
auf der Homepage der Agentur für Arbeit. ☐

b) Sie bitten den Ausbildungsberater der IHK um Unterstützung. ☐

c) Sie sprechen in erster Linie Mitarbeiter an, ob in ihrem Verwandten- bzw.
Freundeskreis mögliche Bewerber zu finden sind. ☐

d) Sie geben aussagekräftige Stellenanzeigen in der regionalen Tagespresse auf. ☐

e) Sie kontakten die Agentur für Arbeit und bitten diese um Unterstützung bei der Ausbildungsvermittlung. ☐

Aufgabe 44
Sie entscheiden sich, auch in der regionalen Tageszeitung neun Monate vor dem geplanten
Ausbildungsstart eine Stellenanzeige zu schalten. Welche Informationen werden in dieser enthalten sein? (3)

a) »Da die Quote der weiblichen Arbeitskräfte ab diesem Jahr gesteigert werden soll,
werden Bewerbungen von Frauen bevorzugt behandelt.« ☐

b) »Die Bewerber sollten mindestens 21 Jahre alt und deutsche Staatsbürger sein«. ☐

c) »Es handelt sich um den Ausbildungsberuf »Kaufmann/Kauffrau für Spedition
und logistische Dienstleistungen«. ☐

d) »Die BewerberInnen sollten mindestens über einen Realschulabschluss und
gute Englischkenntnisse verfügen«. ☐

e) »Die Ausbildung startet mit dem Berufsschuljahr«. ☐

Aufgabe 45
Welche Bewerbungsunterlagen bitten Sie die potenziellen Bewerber auf dem schriftlichen
Wege einzureichen? (2)

a) Die beiden aktuellen Zeugnisse aus der Realschule ☐

b) Einen tabellarischen und unterschriebenen Lebenslauf ☐

c) Die Bescheinigung über die ärztliche Erstuntersuchung gemäß dem Jugendarbeitsschutzgesetz ☐

d) Von der derzeitigen oder zuletzt besuchten Schule eine qualifizierte Beurteilung
durch den Klassenlehrer ☐

e) Kopien von Mitgliedsbescheinigungen in Vereinen und politischen Vereinigungen ☐

f) Eine Kopie der Geburtsurkunde ☐

Aufgabe 46

Nachdem Sie den vier Bewerbern am 2. Mai im Rahmen der Einstellungsgespräche in Anwesenheit ihrer Erziehungsberechtigten die Zusage für das Ausbildungsverhältnis gegeben haben und diese freudig eingewilligt haben, senden Sie einen Tag später diesen die Verträge zu. Klaus Strom ist minderjährig. Er sendet Ihnen seinen auch von den Eltern am 10. Mai unterschriebenen Vertrag zurück.

Welches ist das Datum, an dem der Vertrag rechtsgültig abgeschlossen wurde? (1)

a) 1. August, da dies der Beginn der Berufsausbildung ist. ☐

b) 2. Mai, da an diesem Tag der Ausbildungsvertrag verbindlich vereinbart wurde. ☐

c) 10. Mai, da Klaus Strom und seine Eltern an diesem Tag den Vertrag unterzeichnet haben. ☐

d) 1. November, da hier die Probezeit abgelaufen ist. ☐

e) 30. Juli, da an diesem Tag der Vertrag bei der zuständigen Stelle in das Verzeichnis der Ausbildungsverträge aufgenommen wurde. ☐

Aufgabe 47

Was gilt es bei der Vorbereitung der Auswertung der Bewerbungsunterlagen generell zu beachten? (3)

a) Aussagen oder Interessen des Bewerbers wie z. B. die Aktivität beim Roten Kreuz können Ausdruck von Schlüsselqualifikationen sein. ☐

b) Die berufsrelevanten Noten sind für Sie von besonderer Bedeutung. Sie notieren sich diese und achten auch auf die Notenentwicklung der letzten Zeugnisse, sofern diese vorliegen. ☐

c) Der Blick auf die unentschuldigten Fehlzeiten kann Ihnen bei der Einschätzung der Verlässlichkeit der Schülers weiterhelfen. ☐

d) Wichtig ist Ihnen ein ausführlicher handgeschriebener Lebenslauf, dessen Inhalt Sie als Ausdruck von Schlüsselqualifikationen werten. ☐

e) Die Bewerbungen von Schülern, die keinen Schulabschluss vorweisen können, dürfen Sie wegen formaler Voraussetzungen gemäß dem Berufsbildungsgesetz nicht in die engere Wahl nehmen. ☐

Aufgabe 48

Bei der konkreten Auswertung der schriftlichen Bewerbungen liegen Ihnen die Zeugnisse von Bewerbern unterschiedlicher Realschulen vor. Vor welcher Auswertungsproblematik stehen Sie? (3)

a) Aus dem Vergleich der Noten der Bewerber in unterschiedlichen Unterrichtsfächern können Rückschlüsse auf Begabungs- und Interessenschwerpunkte gezogen werden. ☐

b) Eine verlässliche Leistungseinstufung in einem bestimmten Fach ist nahezu unmöglich, weil der schwachen Schulnote eines Bewerbers eine bessere Leistung zugrunde liegen kann, als der guten Schulnote eines anderen Bewerbers. Auch Schulnoten sind teilweise subjektiv. ☐

c) Der Notendurchschnitt der Zeugnisse ist das beste Kriterium für die Bewerberauswahl zum Einstellungsgespräch. ☐

d) Die Schulnoten der Fächer Deutsch und Mathematik haben den höchsten Aussagewert für die Eignung im angestrebten Beruf als Bürokaufmann. ☐

e) Da Sie einen Einstellungstest mit Rechenaufgaben und einem Diktat planen, können Sie die Schulnoten in diesen Fächern gänzlich ignorieren. ☐

Aufgabe 49
Was gilt es bei der Erstellung eines Eignungstests für den angestrebten Beruf sinnvollerweise
zu beachten? (3)

a) Die Bewerber sollen einen Aufsatz schreiben, dessen Thema sie selber wählen dürfen.
Ihnen kommt es bei der Auswertung desselben auf die Rechtschreibstärke und
Kommasetzung an. ☐

b) Gezielt wählen Sie Aufgaben aus, mit deren Hilfe Sie das logische Denkvermögen
der Bewerber einschätzen können. ☐

c) Anhand von unterschiedlichen Mathematikaufgaben wollen Sie testen,
ob die Bewerber Grundlagen kaufmännischen Rechnens beherrschen. ☐

d) Sie lassen die Bewerber Aufgaben aus der letzten Zwischenprüfung bearbeiten. ☐

e) Sie wählen eine praktische Aufgabe aus, die Konzentration und analytisches Denken erfordert. ☐

Aufgabe 50
Nach der Auswertung der Eignungstests führen Sie mit einigen Bewerbern ein Einstellungsgespräch.
Worauf achten Sie in der Vorbereitung und Durchführung der Gespräche? (3)

a) Sie nutzen bei allen Gesprächen einen schriftlich vorbereiteten Gesprächsleitfaden. ☐

b) Mit Ihren Fragen wollen Sie in erster Linie überprüfen, welche Aussagekraft die
Schulnoten der Bewerber haben. ☐

c) Jedes Gespräch dauert mindestens 60 Minuten. ☐

d) Sie bieten dem Betriebsrat an, an den Einstellungsgesprächen teilzunehmen. ☐

e) Neben Ihnen und ggf. dem Betriebsrat beteiligen Sie noch einen Mitarbeiter,
der als Ausbilder tätig ist. ☐

Aufgabe 51
Welche Leitfragen sollen und dürfen Sie den Bewerbern im Bewerbungsgespräch stellen,
um herauszufinden, ob die Bewerber zum Ausbildungsbetrieb passen? (2)

a) Zu bestehenden und überstandenen Krankheiten ☐

b) Zur ihrer familiären Situation ☐

c) Zu ihren Lebensgewohnheiten ☐

d) Zu ihrer intrinsischen Motivation für die Bewerbung ☐

e) Zu einer möglichen Gewerkschaftsmitgliedschaft und Religionszugehörigkeit ☐

f) Zu möglichen Vorstrafen ☐

Aufgabe 52
Wichtig ist es, die Aussagen der Bewerber richtig zu werten. Was zählt zu den wesentlichen Zielen
des Vorstellungsgespräches? (3)

a) Das Gespräch soll einen persönlichen Eindruck über den Bewerber ermöglichen und muss
somit über die schriftlichen Bewerbungsunterlagen und deren Aussagen hinausgehen. ☐

b) Das Gespräch soll Ihnen Informationen über die Persönlichkeitsstruktur des Bewerbers geben.
Isoliert betrachtet ist es jedoch nicht aussagekräftig über die Gesamtqualifikation des Bewerbers. ☐

c) Um sich die Dokumentation des Gespräches zu ersparen, ist es sinnvoller, stattdessen
über einen Personalfragebogen relevante Informationen über den Bewerber zu erhalten. ☐

d) Statt sich an einem standardisierten Fragebogen zu orientieren, legen sie
größtmöglichen Wert auf ein Gespräch ohne Leitfragen. ☐

e) Es ist Ihnen wichtig, dass in dem Gespräch Informationen sowohl über die Person
des Bewerbers, als auch über den Ausbildungsbetrieb ausgetauscht werden. ☐

Aufgabe 53
Nachdem das Auswahlverfahren abgeschlossen ist und Sie sich für zwei Bewerber entschieden haben, stehen weitere organisatorische Schritte an. Was zählt zu Ihren nächsten Aufgaben auf dem Weg zum Ausbildungsstart? (3)

a) Sie benachrichtigen die Bewerber über die für sie positive Entscheidung zu deren Gunsten. ☐

b) Sie melden die neuen Auszubildenden bei der zuständigen Berufsschule an, nachdem der Vertrag von beiden Vertragspartnern unterschrieben wurde. ☐

c) Sie teilen dem Ausbildungsberater der IHK mit, wer wann eingestellt werden soll. ☐

d) Sie informieren den Betriebsrat über die geplanten Einstellungen gemäß § 99 des Betriebsverfassungsgesetzes und bitten um seine Zustimmung. ☐

e) Sie teilen dem Betriebsrat mit, dass die beiden Bewerber eingestellt wurden. Er hat dies zu akzeptieren. ☐

Aufgabe 54
Im nächsten Schritt erstellen Sie die Ausbildungsverträge. Welche Vertragsinhalte entsprechen dem Berufsbildungs-, dem Bundesurlaubs-, dem Arbeitszeit- bzw. dem Jugenarbeitsschutzgesetz und können problemlos in den Vertrag aufgenommen werden? (4)

a) »Der Urlaubsanspruch des Auszubildenden beträgt im ersten Kalenderjahr 14 Werktage«. ☐

b) »Die Probezeit beträgt drei Monate.« ☐

c) »Ausbildungsort wird im dritten Ausbildungsjahr für zehn Wochen unsere Zweigniederlassung in Freiburg sein.« ☐

d) »Die regelmäßige tägliche Arbeitszeit beträgt 7,5 Stunden.« ☐

e) »Während der Probezeit ist eine Kündigung von den Vertragspartnern nur mit einer Frist von zwei Wochen möglich.« ☐

Aufgabe 55
Nachdem die Verträge ausgestellt sind, fragen Sie sich, ob die Erstellung eines betrieblichen Ausbildungsplans notwendig ist und was Inhalt des Plans ist. Prüfen Sie den Sachverhalt. (2)

a) Das Erstellen des betrieblichen Ausbildungsplans ist nicht notwendig, da betriebliche Erfordernisse im Ausbildungsrahmenplan bereits ausreichend berücksichtigt sind. ☐

b) Sie müssen den betrieblichen Ausbildungsplan nur erstellen, wenn Inhalte teilweise von einem überbetrieblichen Ausbildungsbetrieb übernommen werden. ☐

c) Sie können sich diese Arbeit sparen, da die Fertigkeiten und Kenntnisse des Berufsbildes bereits in einer zeitlichen Vorgabe beschrieben sind. ☐

d) Die Erstellung des betrieblichen Ausbildungsplans ist zwingend erforderlich, da eine zeitliche und inhaltliche Anpassung der Vorgaben des Ausbildungsrahmenplans an die betriebliche Situation erfolgen muss. ☐

e) Im betrieblichen Ausbildungsplan wird u. a. beschrieben, welche betrieblichen Inhalte bis zur Zwischenprüfung vermittelt werden. ☐

Aufgabe 56
Bei der anschließenden Erstellung des betrieblichen Ausbildungsplans stellen Sie fest, dass ein Teil des Berufsbildes (Bestelldurchführung) bei Ihnen im Unternehmen nicht vermittelt werden kann. Was werden Sie unternehmen? (1)

a) Sie versuchen, die betreffenden Inhalte in kurzer Zeit theoretisch zu vermitteln. ☐

b) Sie sehen kein Problem, da diese zeitliche und inhaltliche Lücke nach Ihrer Ansicht problemlos übergangen werden kann. ☐

c) Sie gehen davon aus, dass der Ausbildungsberater der IHK hier »ein Auge zudrückt«. ☐

d) Sie werden ein anderes Unternehmen als Kooperationspartner suchen, welches diesen Ausbildungsabschnitt für Sie übernimmt. ☐

Aufgabe 57

Zudem gilt es eine sachliche und zeitliche Gliederung des Ausbildungsverlaufs
vorzunehmen. Welche Aspekte sind bei der zeitlichen Planung zu beachten? (2)

a) Die Ausbildungszeit ist nach Vorgaben der IHK zu planen. ☐

b) Die Ausbildungszeit ist nach den Anforderungen der Zwischen- und
Abschlussprüfungen zu planen. ☐

c) Die Dauer der Ausbildungsabschnitte wird von den Ausbildungsbeauftragen
in den Fachabteilungen bestimmt. ☐

d) Die zeitliche Länge eines Ausbildungsabschnitts darf sechs Wochen nicht übersteigen. ☐

e) Sollten mit den Auszubildenden individuell verkürzte Ausbildungsverträge
abgeschlossen werden, ist dies bei der Planung zu berücksichtigen. ☐

Aufgabe 58

Welche Aspekte sind bei der sachlichen Planung zu beachten? (2)

a) Die einzelnen Ausbildungsabschnitte müssen sich mit dem vermittelten
Unterrichtsstoff der Berufsschule decken. ☐

b) Es ist sinnvoll, den an bestimmten Lernorten vermittelten Inhalten des
Ausbildungsrahmenplans Ausbildungsabschnitte zuzuordnen. ☐

c) Die Ausbildung im Betrieb soll losgelöst von der außerbetrieblichen Ausbildung stattfinden. ☐

d) Das primäre Kriterium der sachlichen Gliederung ist die Orientierung an den Inhalten
der Zwischen- und Abschlussprüfung. ☐

e) Bei der Planung soll das didaktische Prinzip »Vom Allgemeinen zum Speziellen«
beachtet werden. ☐

Aufgabe 59

Abschließend müssen die Verträge vor Ausbildungsbeginn bei der IHK eingereicht werden.
Wer ist für die Einreichung verantwortlich? (1)

a) Die Berufsberatung der Agentur für Arbeit. ☐

b) Die zuständige Berufsschule, bei der Sie die Auszubildenden angemeldet haben. ☐

c) Die Eltern der minderjährigen Auszubildenden. ☐

d) Die Auszubildenden selbst ☐

e) Die Eintracht AG. ☐

Aufgabe 60

Welche Unterlagen werden Sie den Ausbildungsverträgen beifügen und der zuständigen
Stellen zukommen lassen? (2)

a) Die ärztlichen Bescheinigungen über die Erstuntersuchungen der minderjährigen
Auszubildenden gemäß § 32 (1) des Jugendarbeitsschutzgesetzes. ☐

b) Die Anmeldebestätigung der Berufsschule, bei der Sie die Auszubildenden angemeldet haben. ☐

c) Den betrieblichen Ausbildungsplan (sachliche und zeitliche Gliederung) der beiden Auszubildenden. ☐

d) Die Lohnsteuerkarten der Auszubildenden. ☐

e) Die Mitgliedschaftsbescheinigungen der Krankenkassen der Auszubildenden. ☐

Aufgabe 61
Da Sie die Ausbildungsverträge auch mit minderjährigen Auszubildenden abgeschlossen
haben, prüfen Sie, welche rechtlichen Vorgaben zu beachten sind. (2)

a) Jugendliche dürfen durch die ihnen übertragenen Arbeiten nicht in ihrer geistigen,
   charakterlichen und körperlichen Entwicklung beeinträchtigt werden. ☐

b) Es sind Erholungsmöglichkeiten außerhalb der Arbeitsräume und -plätze zu
   gewährleisten, sofern die Arbeit in diesen Räumen während der Pausenzeit nicht
   eingestellt ist und auch sonst die notwendige Erholung beeinträchtigt wird. ☐

c) Es sind speziell psychologisch und pädagogisch geschulte Berater als Ansprechpartner
   für die jugendlichen Auszubildenden zu benennen. ☐

d) Die Arbeitsräume und -plätze sowie die sanitären Einrichtungen müssen für die Nutzung
   von Jugendlichen zugelassen werden. ☐

e) Die betrieblichen Arbeitszeit- und Pausenregelungen für die Jugendlichen müssen
   sich am Jugendschutzgesetz orientieren. ☐

Aufgabe 62
Kurz vor dem Ausbildungsbeginn machen Sie sich Gedanken, wie der erste Tag zu gestalten
ist. Welche Maßnahmen sind geeignet, damit die Erwartungsängste der Auszubildenden
abgebaut werden und sie einen ersten Überblick über das Unternehmen erhalten? (1)

a) Begrüßung der neuen Auszubildenden, Austausch mit den anderen Auszubildenden
   und Verteilung des letzten Jahresabschlusses. ☐

b) Begrüßung der neuen Auszubildenden und später eine Führung durch das
   Unternehmen sowie Besuch der Abteilung, in der sie zuerst eingesetzt werden. ☐

c) Begrüßung der neuen Auszubildenden und kurze Vorstellung des Unternehmens
   (Geschichte und wichtigste Produkte). ☐

d) Begrüßung der neuen Auszubildenden, Vorstellung der Geschäftsleitung,
   des Betriebsrates und aller mit der Ausbildung beschäftigten Mitarbeiter. ☐

e) Begrüßung der neuen Auszubildenden und Bekanntmachen mit den in den
   Abteilungen tätigen Mitarbeitern und anderen Auszubildenden. Klärung der
   Bundesdatenschutzbestimmungen. ☐

Aufgabe 63
Kurz vor Ende der Probezeit wollen Sie die Eindrücke der anderen Ausbilder von den
neuen Auszubildenden durch einen Beurteilungsbogen auswerten. Welche Hinweise geben
Sie den Kollegen rund um die Beurteilungen? (3)

a) Sie sollen die Auffassungsgabe und das Handlungsgeschick der Auszubildenden beobachten. ☐

b) Sie sollen sich nicht von einmaligen besonders guten oder schwachen Leistungen
   beeinflussen lassen. ☐

c) Die erzielten Eindrücke im Verhalten und der Leistung der Auszubildenden sollen
   regelmäßig schriftlich festgehalten werden. ☐

d) Am Ende jedes Arbeitstages sollen die Beobachtungen schriftlich notiert werden. ☐

e) Es gilt die Ausführung von Arbeitsaufträgen jederzeit zu beobachten bzw. zu überwachen. ☐

Aufgabe 64

Im letzten Schritt gilt es die Beobachtungen und Beurteilungen der Kollegen auszuwerten.
Wie gehen Sie damit um, wenn andere Ausbilder zu anderen Ergebnissen als Sie kommen?   (1)

a) Sie orientieren sich bei der Gesamtbeurteilung an der besten Beurteilung Ihrer Kollegen.   ☐

b) Sie nehmen die Bewertungen der Kollegen zur Kenntnis und begründen diesen
   erneut Ihre eigene Bewertung.   ☐

c) Sie bitten Ihre Kollegen, Ihre Bewertungen zu überdenken und sich diesen anzuschließen.   ☐

d) Sie werden mit den Kollegen so lange über die Bewertungen diskutieren,
   bis alle Beteiligten einer Meinung sind.   ☐

e) Sie diskutieren die unterschiedlichen Bewertungen und ändern möglicherweise Ihre
   eigene Beurteilung und damit die Gesamtbewertung.   ☐

Ausgangsituation zu den Aufgaben 65–72
Sie sind Ausbildungsleiter in einer internationalen Werft mit Hauptsitz in Flensburg. Ausbilderkollegen von ausländischen Niederlassungen haben sich heute am Hauptsitz angekündigt und wollen sich ein Bild über die Art der Ausbildung in Deutschland im Allgemeinen sowie die Rolle der Berufsschule und die betriebliche Ausbildung im Speziellen machen.

Aufgabe 65

Zunächst erklären Sie, was unter dem Dualen System der Berufsausbildung zu verstehen ist.   (2)

a) Darunter versteht man das Zusammenwirken bzw. die Kooperation der Lernorte Berufsschule
   und Betrieb, vertreten insbesondere durch die Ausbilder und Berufsschullehrer.   ☐

b) Die Auszubildenden bekommen in der Schule die praktischen Inhalte und im Betrieb
   die theoretischen Inhalte vermittelt.   ☐

c) Die Auszubildenden verbringen gleich viel Zeit in der Berufsschule und im Ausbildungsbetrieb.   ☐

d) Die Inhalte der Ausbildungsordnung bzw. des Ausbildungsrahmenplans und
   des Rahmenlehrplans sind verzahnt und aufeinander abgestimmt.   ☐

e) Bei guten Leistungen im Betrieb müssen die Auszubildenden im dritten
   Ausbildungsjahr die Berufsschule nicht mehr besuchen.   ☐

Aufgabe 66

Darüber hinaus klären Sie darüber auf, welche Zugangsvoraussetzungen für eine
Ausbildung im Dualen System herrschen.   (2)

a) Für Abiturienten muss grundsätzlich die Ausbildungsdauer um ein Jahr verkürzt werden.   ☐

b) Die Zulassungsvoraussetzungen für die Ausbildung sind unabhängig vom Schulabschluss.   ☐

c) Das Mindestalter für die Ausbildung beträgt 14 Jahre.   ☐

d) Hauptschüler können jeden Beruf erlernen, sofern sie einen Vertragspartner finden.   ☐

e) Hauptschüler dürfen nur eine dreijährige Ausbildung machen.   ☐

Aufgabe 67

Über die Rolle des Ausbildungspersonals gilt es nach Ihren Ausführungen Folgendes
zu beachten: (2)

a) Der Gesetzgeber gestattet unter Auflagen die Tätigkeit als Ausbilder im Betrieb.   ☐

b) Der Ausbilder muss mindestens 24 Jahre alt sein.   ☐

c) Der Ausbilder muss Gewerkschaftsmitglied sein.   ☐

d) Der Ausbildende muss persönlich und fachlich geeignet sein.   ☐

e) Der Ausbilder muss persönlich und fachlich geeignet sein.   ☐

Aufgabe 68
Zur Rolle der Berufsschule und zum Jugendarbeitsschutzgesetz können Sie folgende
Vorschriften hervorheben: (2)

a) In Berufsschulwochen mit einem planmäßigen Blockunterricht von 25 Stunden an
   mindestens fünf Tagen sind zusätzliche betriebliche Ausbildungsveranstaltungen von
   bis zu vier Stunden wöchentlich möglich. ☐

b) Jugendliche dürfen an einem Berufsschultag mit mehr als fünf Unterrichtsstunden von mindestens
   45 Minuten zweimal die Woche nicht mehr anschließend im Betrieb beschäftigt werden. ☐

c) Auszubildende haben generell nach der Berufsschule im Betrieb zu erscheinen. ☐

d) Jugendliche dürfen an einem Berufsschultag mit mehr als fünf Unterrichtsstunden von
   mindestens 45 Minuten einmal die Woche nicht mehr anschließend im Betrieb.
   beschäftigt werden. ☐

e) An Berufsschultagen, an denen der Unterricht vor 9 Uhr beginnt, dürfen alle
   Auszubildenden (unabhängig vom Alter) nicht im Betrieb beschäftigt werden. ☐

Aufgabe 69
Einer der ausländischen Kollegen möchte wissen, ob die Ausbildungsurkunde von der
zuständigen Stelle – vor dem Hintergrund des europäischen Binnenmarktes – auch in
andere Sprachen übersetzt wird. (1)

a) Das Berufsbildungsgesetz garantiert dem Auszubildenden, wenn er Staatsbürger
   eines anderen EU-Landes ist, auf seinen Antrag hin, dass das Zeugnis in seine
   Muttersprache übersetzt wird. ☐

b) Das Berufsbildungsgesetz garantiert dem Auszubildenden, dass auf seinen
   Antrag das Zeugnis in einer EU-Sprache seiner Wahl als Übersetzung beizufügen ist. ☐

c) Das Berufsbildungsgesetz garantiert dem Auszubildenden, dass auf seinen
   Antrag das Zeugnis ausschließlich in Englisch als Übersetzung beizufügen ist. ☐

d) Das Berufsbildungsgesetz garantiert dem Auszubildenden, dass auf seinen Antrag
   dem Zeugnis eine englischsprachige und eine französischsprachige Übersetzung
   beizufügen ist. Auf seinen Antrag hin kann auch das Ergebnis berufsschulischer
   Leistungsfeststellungen auf dem Zeugnis ausgewiesen werden. ☐

Aufgabe 70
Einen anderen Kollegen interessiert es, in welchen Formen die berufliche Ausbildung in
Deutschland möglich ist. (2)

a) Ein Teilzeitausbildung ist ausschließlich für weibliche Auszubildende aufgrund des
   Mutterschutzgesetzes möglich. ☐

b) Ein möglicher Grund der Teilzeitausbildung wäre gegeben, wenn der Auszubildende
   seine pflegebedürftigen Eltern versorgen muss. Hierzu ist ein gemeinsamer
   Antrag des Auszubildenden und Ausbildenden bei der zuständigen Stelle notwendig. ☐

c) Eine Teilzeitausbildung ist generell nicht möglich. ☐

d) Eine Teilzeitausbildung ist bei berechtigtem Interesse des Auszubildenden in
   Ausnahmefällen möglich, wenn zu erwarten ist, dass das Ausbildungsziel auch in
   der verkürzten Zeit erreicht werden kann. ☐

e) Die unterste zeitliche Grenze einer Teilzeitausbildung liegt bei 70 % der in der
   Ausbildungsordnung angegebenen Regelausbildungszeit. ☐

Aufgabe 71

Darüber hinaus möchten die Kollegen wissen, ob Teile der Ausbildung im Ausland
stattfinden können. (2)

a) Dies ist möglich. Der Auslandseinsatz muss im Ausbildungsvertrag gemäß § 11 ausdrücklich
   benannt werden. Es sind auch Ausbildungsmaßnahmen außerhalb der EU möglich. ☐

b) Dies ist möglich, sofern dies dem Ausbildungsziel dient und die Gesamtdauer ein Viertel der
   in der Ausbildungsordnung festgelegten Ausbildungsdauer nicht überschreitet. ☐

c) Bei einer dreijährigen Ausbildungszeit soll als Maximum die Hälfte der Ausbildung
   im Ausland erfolgen. ☐

d) Im Rahmen des EU-Förderprogramms »Leonardo da Vinci« ist eine
   Auslandsentsendung in eines der EU-Länder in beliebiger Dauer möglich. ☐

e) Dies ist nur möglich, wenn als Minimum ein Viertel der Ausbildung im Ausland stattfindet. ☐

Aufgabe 72

Abschließend klären Sie über die Bedeutung der Ausbildungsordnung auf.
Welche Aussagen stimmen? (2)

a) Die Ausbildungsordnung macht für alle Auszubildenden des jeweiligen
   Ausbildungsberufes verbindliche Vorgaben. ☐

b) Die Ausbildungsordnung ist nicht nur Grundlage für die betriebliche Ausbildung,
   sondern auch für die Berufsschule. ☐

c) Die Kooperationspartner Berufsschule und Betrieb können zur Verbesserung
   der Lernortkooperation bestimmte Inhalte autonom verändern. ☐

d) Die Ausbildungsordnung macht für alle Auszubildenden des jeweiligen
   Ausbildungsberufes unverbindliche Vorgaben. Es handelt sich dabei lediglich
   um Empfehlungen für die Ausbildung. ☐

e) In der Ausbildungsordnung werden bundesweit einheitliche Mindeststandards
   und -anforderungen für die Ausbildung festgelegt. ☐

Ausgangssituation zu den Aufgaben 73–79

**Dem in den Ausbildungsordnungen vorgeschriebenen selbstständigen Planen, Durchführen und
Kontrollieren durch die Auszubildenden und dem gezielten Medieneinsatz wurde in Ihrem Ausbildungsbetrieb bisher wenig Beachtung geschenkt. In einem Ausbilder-Workshop beschäftigen Sie
sich nun mit Handlungsorientierung, dem professionellen Einsatz von Methoden und Medien und erhoffen sich damit eine Verbesserung der Ausbildungsqualität.**

Aufgabe 73

Was sind Zielsetzungen handlungsorientierter Ausbildung? (3)

a) Nachdem den Auszubildenden die Arbeitsschritte vorgemacht wurden,
   sollen sie Arbeits- und Lernaufträge künftig selbstständig bearbeiten können. ☐

b) Es gilt Grundlagen für die selbstständige Bewältigung der beruflichen Praxis
   sowie einer möglichen späteren Aufstiegsfortbildung zu legen. ☐

c) Die Auszubildenden sollen fähig sein, übertragene Kunden- und Arbeitsaufträge
   selbstständig zu planen, durchzuführen und zu kontrollieren und nach einer möglichen
   Übernahme im Anschluss an das Ausbildungsende ohne eine ausführliche
   Einarbeitung im Betrieb den Anforderungen gerecht zu werden. ☐

d) Es gilt die Gewinnung einer breiten betrieblichen und beruflichen Handlungsfähigkeit,
   die Flexibilität und Problemlösungsfähigkeit mit einschließt. ☐

e) Dafür zu sorgen, dass Sie als Ausbilder hauptsächlich Ihrer eigentlichen Tätigkeit nachkommen können und nur relativ wenig Zeit mit den Auszubildenden verbringen müssen. ☐

Aufgabe 74

Wie lassen sich die Vorgaben der Ausbildungsordnungen bezogen auf das selbstständige
Planen, Durchführen und Kontrollieren durch die Auszubildenden zielgerichtet erreichen? Es gilt   (2)

a) Aufgaben an die Auszubildenden zu übertragen, die diese aufgrund ihres Vorwissens
    und ihrer Erfahrungen ohne Ihre Unterstützung selbstständig umsetzen können. ☐
b) vor allem die 4-Stufen-Methode anzuwenden. ☐
c) Aufgaben an die Auszubildenden zu delegieren, die Ihre Unterstützung bei der Umsetzung benötigen. ☐
d) angemessene Leittexte zu erarbeiten und die Leittextmethode gezielt einzusetzen. ☐
e) den Auszubildenden zu verdeutlichen, dass Arbeitsergebnisse generell
    vom Abteilungsleiter überprüft werden müssen. ☐

Aufgabe 75

Auf was gilt es bei der Formulierung von Lern- und Arbeitsaufträgen zu achten,
wenn deren Einsatz handlungsorientiert geplant ist?   (3)

a) Es gilt angemessene Zeitvorgaben zu geben. ☐
b) Es sind die sinnvollsten Lösungsstrategien vorzugeben. ☐
c) Es gilt angemessene Informationsquellen anzudeuten. ☐
d) Das mit dem Lernauftrag verbundene Lernziel soll dargestellt werden. ☐
e) Es sind zahlreiche Informationen anzugeben. ☐

Aufgabe 76

Welche der folgenden Methoden bieten sich zur Umsetzung einer handlungsorientierten
Ausbildung besonders an?   (2)

a) Das Rollenspiel ☐
b) Der Vortrag ☐
c) Die Projektmethode ☐
d) Das Modell der vollständigen Handlung ☐
e) E-Learning ☐

Aufgabe 77

Was ist Ihre Intention beim gezielten Einsatz von Medien?   (3)

a) Durch Medieneinsatz wird in erster Linie der psychomotorische Lernzielbereich gefördert. ☐
b) Medien sollen den Lernprozess der Auszubildenden fördern. ☐
c) Nur mit Medieneinsatz lassen sich Schlüsselqualifikationen verbessern. ☐
d) Medien helfen, die zu vermittelnden Inhalte des Lernprozesses besser darzustellen
    und nahezubringen. ☐
e) Durch Medieneinsatz kann es gelingen, die Motivation der Auszubildenden für
    die Inhalte zu steigern. ☐

Aufgabe 78

Was sind Tipps, die Sie im Umgang mit dem Overheadprojektor geben können?   (2)

a) Damit die Birne des Gerätes geschont wird, ist das Gerät nach fünf Minuten auszuschalten. ☐
b) Bei der Folienerstellung ist auf ganze Sätze zu achten. ☐
c) Bei der Folienerstellung sind ganze Sätze und ausführlicher Fließtext zu vermeiden. ☐
d) Es ist bei den Folien auf eine gezielte Farbwahl zu achten. ☐
e) Im kaufmännischen Bereich ist der Overheadprojektor das wichtigste Medium. ☐
f) Der Overheadprojektor ist generell in der Mitte des Raumes aufzustellen. ☐

Aufgabe 79
Wie sieht es mit dem Einsatzspektrum und den Vorteilen von Medien in der Ausbildung aus? (3)

a) Medien können helfen, komplexe Sachverhalte gehirngerecht zu veranschaulichen. ☐

b) Medien können helfen, große Informationstexte in verkleinerter Form aufzubereiten. ☐

c) Medien sind vor allem für psychomotorische Lernziele einzusetzen. ☐

d) Medien helfen, komplizierte Sachverhalte visuell aufzubereiten. ☐

e) Medien helfen, Sachverhalte darzustellen, die sonst nicht zugänglich oder nur
schwer vermittelbar sind. ☐

Dritter Aufgabensatz mit Kontrollaufgaben

Ausgangssituation zu den Aufgaben 1–9
In Ihrem Ausbildungsunternehmen steht ein Generationenwechsel an. Der alte Ausbildungsleiter geht in seinen verdienten Ruhestand und Sie übernehmen seine Position. Zu der neuen Ausbildungsphilosophie, die Sie vertreten, zählen vor allem Handlungsorientierung, Teilnehmeraktivität, eine auszubildendenzentrierte Ausbildung, der Einsatz von Lern- und Arbeitsaufträgen sowie das Modell der vollständigen Handlung. Zusammengefasst heißt das, dass Sie die Auszubildenden ganzheitlich ausbilden wollen, also unterschiedliche Fähigkeiten fordern und fördern werden. Wie lässt sich diese Philosophie erklären und welches methodische Vorgehen bietet sich hierzu an?

Aufgabe 1
Was verstehen Sie unter einer handlungsorientierten Ausbildung? (3)

a) Eine besondere Bedeutung kommt hierbei dem Lernen verbunden mit dem Verwenden,
Bearbeiten bzw. Lösen betrieblicher praxisnaher Aufgabenstellungen zu. ☐

b) Sie orientieren sich stark am Rahmenlehrplan und vermitteln die Inhalte erst,
nachdem in der Berufsschule die theoretischen Grundlagen gelegt wurden. ☐

c) Hierbei geht es darum, dass weitgehend selbstlernfördernde sowie
kooperationsfördernde Methoden angewendet werden. ☐

d) Den Auszubildenden werden weitgehende Mitbestimmungsrechte bei der Festlegung
der Ausbildungsinhalte und Lernziele eingeräumt. ☐

e) Die beruflichen Fertigkeiten und Kenntnisse werden überwiegend in Verbindung
mit betrieblichen Aufgabenstellungen und Situationen erlernt und eingeübt. ☐

Aufgabe 2
Den an der Ausbildung beteiligten Personen stellen Sie Ihr Konzept mit handlungsorientierten Lernprozessen vor. Dabei gilt es, künftig auf folgende Aspekte zu achten: (3)

a) Wichtig ist, dass selbstständiges Planen, Durchführen und Kontrollieren anhand
betrieblicher Situationen und Aufgabenstellungen in Kombination mit konkreten
Arbeitsaufgaben ermöglicht wird und geschieht. ☐

b) Mit Unterweisungen nach der 4-Stufen-Methode lässt sich das angestrebte Lernziel
i. d. R. am schnellsten und effektivsten erreichen. ☐

c) In erster Line geht es hier um den Erwerb von Faktenwissen (kognitiver Lernzielbereich). ☐

d) Die Auszubildenden haben die notwendigen Informationen zum Bearbeiten der
betrieblichen Aufgabenstellungen weitgehend ohne Unterstützung des Ausbilders zu gewinnen. ☐

e) Bei den Lernprozessen gilt es, dass die Auszubildenden nicht nur alleine lernen, sondern nach
Möglichkeit auch gemeinsam Aufgaben durch Austausch und Arbeitsteilung bewältigen. ☐

Aufgabe 3
Worum handelt es sich bei einem Lern- und Arbeitsauftrag? (3)

a) Es geht hierbei um die Lernpflicht der Auszubildenden gemäß § 13 des Berufsbildungsgesetzes und ihres Ausbildungsvertrags. ☐

b) Hierbei werden betriebliche Aufgabenstellungen und branchentypische Situationen zu konkreten Ausbildungsaufgaben (um)formuliert. ☐

c) Es geht hierbei um praxisnahes Lernen in betriebstypischen Situationen. Die zu vermitteln den Inhalte entnehmen Sie dem Ausbildungsrahmenplan und ergänzen diese ggf. entsprechend der betrieblichen und situativen Gegebenheiten. ☐

d) In Kooperation mit der Berufsschule geht es darum, die Inhalte des Rahmenlehrplans im Betrieb auf ihre Relevanz hin zu überprüfen. ☐

e) Im Mittelpunkt steht die Verzahnung von Arbeiten und Lernen durch die gezielte Auswahl und Aufbereitung von Arbeitsaufgaben zum Zwecke der Handlungsaktivierung und Teilnehmeraktivität der Auszubildenden. ☐

Aufgabe 4
Welche Voraussetzungen sollten idealtypisch herrschen, damit betriebliche Aufgaben-stellungen und Situationen als Grundlage für Lern- und Arbeitsaufträge sinnvoll nutzbar sind? (3)

a) Die Aufgabenstellung kann durch den Auszubildenden innerhalb einer festgelegten Zeitvorgabe ohne Überforderung weitgehend selbstständig und richtig erfüllt werden. ☐

b) Der Kunde muss aufgrund des Bundesdatenschutzgesetzes seine Erlaubnis geben, damit der Lern- und Arbeitsauftrag von Auszubildenden bearbeitet werden kann. ☐

c) Es handelt sich hierbei weitgehend um berufs-, betriebs- und branchentypische Aufgaben. ☐

d) Lern- und Arbeitsaufträge sind nur im kaufmännischen Bereich einzusetzen. ☐

e) Für den Auszubildenden ist zu gewährleisten, dass er genug Freiräume besitzt, um den Lern- und Arbeitsauftrag selbstständig erfüllen zu können. ☐

Aufgabe 5
Was gilt es zu beachten, damit ein Kundenauftrag bzw. eine Kundenanfrage als Lern- und Arbeitsauftrag zielorientiert genutzt werden kann? (3)

a) Die Bearbeitungs- bzw. Lösungsschritte müssen zwingend vorformuliert sein. ☐

b) Der Kundenauftrag bzw. die Kundenanfrage müssen in Teilaufgaben bzw. einzelne Tätigkeitsschritte strukturiert untergliederbar sein. ☐

c) Es lassen sich auch Teilaspekte des Kundenauftrages bzw. der Kundenanfrage als Lern- und Arbeitsauftrag nutzen. ☐

d) Sie müssen generell recht hohe Anforderungen an die Vorkenntnisse der Auszubildenden stellen und können Lern- und Arbeitsaufträge dementsprechend erst zum Ende des dritten Ausbildungsjahres einsetzen. ☐

e) Es gilt, die mit dem Lern- und Arbeitsauftrag verbundenen Arbeitsaufgaben mit den verbindlichen Vorgaben des Ausbildungsrahmenplans abzugleichen. ☐

Aufgabe 6
Mit der handlungsorientierten Ausbildung und dem Einsatz von Lern- und Arbeitsaufträgen geht
auch ein bestimmtes Rollenverständnis der Ausbilder und Ausbildungsbeauftragten einher.
Was sind dabei die Aufgaben und die Rolle der Ausbilder und Ausbildungsbeauftragten? (2)

a) Als Unterweisender die relevanten Lernschritte strukturiert vorzumachen und zu kontrollieren. ☐

b) Als Moderator und Lernberater unterstützend und beratend tätig zu sein. ☐

c) Als Sozialpädagoge zu agieren. ☐

d) Als Sozialpsychologe zu agieren. ☐

e) Als Organisator, Koordinator und Planer von Lern- und Arbeitsaufträgen im Vorfeld
des Lernprozesses zu agieren und während deren Umsetzung ständig erreichbar zu sein. ☐

f) Als Protokollant zu agieren. ☐

Aufgabe 7
Im Bereich der kognitiven Fähigkeiten sollen die Auszubildenden nach Ihrer Philosophie (3)

a) bei der Arbeit am Bildschirmarbeitsplatz regelmäßig Rückenübungen machen. ☐

b) ihre Behaltensquote durch regelmäßige Bearbeitung von Sudoku-Aufgaben verbessern. ☐

c) Wissen, dass ihnen zum Lösen einer Projektaufgabe fehlt, sich selber aneignen, sich dieses
merken und später gezielt einsetzen können. ☐

d) ihre Vorgehensvorschläge beim Modell der vollständigen Handlung begründen und die
notwendigen Arbeitsschritte erklären können. ☐

e) ihre Arbeitsergebnisse beim Modell der vollständigen Handlung bewerten und die
stattgefundenen Arbeitsschritte erklären können. ☐

Aufgabe 8
Im Bereich der persönlichen Fähigkeiten sollen die Auszubildenden (3)

a) die Organisation der Weihnachtsfeier übernehmen. ☐

b) die regelmäßigen Kopierarbeiten der Abteilung übernehmen. ☐

c) an der Gestaltung der Firmenhomepage kreativ mitwirken. ☐

d) regelmäßig den Kaffee für die Abteilung kochen. ☐

e) dienstleistungsorientiert denken und handeln. ☐

Aufgabe 9
Im Bereich der sozialen Fähigkeiten sollen die Auszubildenden (3)

a) die schüchtern sind, Projektaufgaben in Einzelarbeit lösen. ☐

b) bei Lern- und Arbeitsaufträgen nach Möglichkeit in Teams arbeiten und sich bei der
Auftragsbearbeitung gegenseitig unterstützen. ☐

c) sich in das Abteilungsgefüge integrieren und sich nicht immer in den Pausen für Handytelefonate
zurückziehen. ☐

d) ihr Privatleben komplett vor den anderen Auszubildenden und Kollegen verheimlichen. ☐

e) beim Lehr-Lern-Prozess neben der inhaltlichen Ebene auch eine Beziehungsebene
zu den Ausbildern zulassen. ☐

Ausgangssituation zu den Aufgaben 10–16

In Ihrem Ausbildungsbetrieb fällt Ihnen auf, dass die Ausbilder in den verschiedenen Abteilungen unterschiedliche Führungs- bzw. Unterweisungsstile anwenden. Sie als Ausbildungsleiter halten das für normal und haben das bisher dem Verantwortungsbereich der Ausbilder überlassen.

In letzter Zeit beschweren sich die beiden Auszubildenden aus der Abteilung Buchhaltung aus dem dritten Ausbildungsjahr, dass Herr Gruber als Ausbilder der »alten Schule« das selbstständige Arbeiten der Auszubildenden massiv beschränkt, ihre Kreativität unterdrückt, sehr streng kontrolliert und sie darüber hinaus regelmäßig mit Kopierarbeiten, privaten Einkaufsdiensten und dem Spüldienst in der Teeküche beauftragt. Die Auszubildenden kommen sich wie Befehlsempfänger und teilweise isoliert vor, sprechen von Demotivation und würden sich gerne mehr einbringen.

Da Ihnen das selbstständige Planen, Durchführen und Kontrollieren der Auszubildenden ein Anliegen ist, wollen Sie sich über die Situation genauer informieren und ggf. Herrn Gruber Ihre Ausbildungsphilosophie noch einmal verdeutlichen.

Aufgabe 10

Wie reagieren Sie sinnvollerweise, um genauere Informationen über die Situation in der Abteilung Buchhaltung zu gewinnen? (3)

a) Sie bitten Herrn Gruber um eine Verhaltens- und Leistungsbeurteilung der Auszubildenden seiner Abteilung, um so auch seine Sicht der Dinge zu erfahren. ☐

b) Sie befragen die anderen Mitarbeiter in der Abteilung Buchhaltung, ob Sie den Führungs- und Unterweisungsstil von Herrn Gruber als angemessen empfinden. ☐

c) Sie suchen ein Gespräch mit Herrn Gruber, in dem es um dessen Führungs- und Unterweisungsphilosophie gegenüber Auszubildenden in seiner Abteilung geht. ☐

d) Sie betrachten die vorliegenden Beurteilungen der Auszubildenden von den Abteilungen, die sie zuvor durchlaufen haben, aber auch Ihre eigenen Aufzeichnungen. Sie wollen damit überprüfen, ob die beiden bisher durch Abfall im Leistungsniveau und/oder verändertes Verhalten aufgefallen sind und, ob dazu Ursachen bekannt sind. ☐

e) Sie bitten die beiden Auszubildenden, Ihnen einen ausführlichen schriftlichen Bericht über die Situation in der Abteilung und den Unterweisungsstil von Herrn Gruber zu verfassen. Diesen wollen Sie auch Herrn Gruber zur Stellungnahme vorlegen. ☐

f) Sie bitten den Betriebsrat, sich der Angelegenheit anzunehmen. ☐

Aufgabe 11

Nachdem Sie feststellen konnten, dass die beiden Auszubildenden für ihre Äußerungen offenbar gute Gründe haben, überlegen Sie sich Strategien, damit Herr Gruber sich Ihrer Philosophie der auszubildendenzentrierten Ausbildung in seiner Abteilung anschließt und sich die Zustände ändern. Wie sieht Ihr Vorgehen aus? (2)

a) Sie lassen Herrn Gruber weiterhin freie Hand bei der Wahl seines Unterweisungsstils, so lange gewährleistet ist, dass die Auszubildenden die Abschlussprüfung bestehen werden. ☐

b) Sie verdeutlichen Herrn Gruber in einem Gespräch Ihre Ausbildungsphilosophie, in der selbstständiges Planen, Durchführen und Kontrollieren der Arbeitsaufgaben durch die Auszubildenden eine große Rolle spielen. ☐

c) Sie stellen Herrn Gruber mit Frau Bach eine Kollegin zur Seite, die Ihre Ausbildungsphilosophie vertritt. ☐

d) Sie ziehen die Auszubildenden sofort aus der Abteilung ab, verzichten künftig auf die Ausbildung in der Abteilung Buchhaltung bei Herrn Gruber und begründen ihnen dieses Vorgehen. ☐

e) Sie verdeutlichen Herrn Gruber, dass das Ziel der Ausbildung die berufliche Handlungsfähigkeit der Auszubildenden ist und, dass darauf in allen Abteilungen hinzuarbeiten ist. ☐

Aufgabe 12
Darüber hinaus wollen Sie für die Zukunft klären, welche Dienste Auszubildende in der Abteilung
zu erledigen haben und welche nicht. Was zählt zu Ihren Vorgaben? (2)

a) Umfangreiche Kopierarbeiten und regelmäßiges Kaffee kochen fallen in den Aufgabenbereich
   der Auszubildenden und sind von diesen widerspruchslos zu erledigen. ☐

b) Herr Gruber hat eigenständig zu entscheiden, wo die Trennlinie zwischen Handlangerarbeiten
   und ausbildungsrelevanten Themen verläuft. ☐

c) Sie werden Arbeitspläne für die Auszubildenden erstellen, um die Zuarbeiten und Hilfsdienste
   zeitlich einzuschränken. ☐

d) Kopierarbeiten und Kaffee kochen zählen dann zu den Aufgaben der Auszubildenden, wenn
   andere Mitarbeiter der Abteilung diese Aufgaben ebenfalls regelmäßig übernehmen. ☐

e) Private Einkäufe der Auszubildenden für Herrn Gruber und andere Abteilungskollegen werden
   Sie ab sofort nicht mehr zulassen. ☐

Aufgabe 13
Was sollte Herr Gruber – sofern das Gespräch mit ihm konstruktiv verläuft und er für Ihre Ratschläge
offen ist – künftig beachten? (3)

a) Er sollte den beiden Auszubildenden, soweit wie es sinnvoll ist, Gestaltungsspielräume zur
   selbstständigen Bearbeitung der Arbeitsaufträge gewähren. ☐

b) Er sollte bevorzugt die 4-Stufen-Methode einsetzen. ☐

c) Er soll durch ständige Kommunikation mit den Auszubildenden deren Ideen zur Durchführung
   einer arbeitsteiligen Aufgabenstellung besprechen und mit ihnen zusammen festlegen. ☐

d) Er soll die Bearbeitung von anfallenden Arbeiten durch die Auszubildenden ständig mit Ihnen
   als Ausbildungsleiter koordinieren. ☐

e) Er sollte die Kreativität der Auszubildenden nicht unterbinden und kreative Methoden einsetzen. ☐

f) Er soll deutlich machen, dass er das Sagen hat. ☐

Aufgabe 14
Darüber hinaus werden Sie Herrn Gruber und auch den anderen an der Ausbildung beteiligten
Abteilungskollegen Ihre Rolle als Ausbildungsleiter verdeutlichen.
Was gilt es dabei aus Ihrer Sicht zu verdeutlichen? (3)

a) Sollten Herr Gruber oder die Kollegen Ihren Vorstellungen nicht folgen, haben diese mit einer
   Abmahnung zu rechnen. ☐

b) Sollte jemand bei der Vermittlung von bestimmten Themen Unterstützung von Ihrer Seite
   benötigen, sind Sie bereit, diese zu leisten. ☐

c) Sollte jemand Fortbildungsseminare für Ausbilder in den Bereichen Kommunikation oder
   Methodik besuchen wollen, werden Sie dies unterstützen. ☐

d) Sofern Herr Gruber oder die Kollegen der Abteilung dies für notwendig halten, übertragen Sie
   ihnen die Verantwortung bei der Auswahl der relevanten Ausbildungsthemen. ☐

e) Sie werden vor allem Herrn Gruber bei der Planung, Durchführung und Kontrolle der Ausbildung
   in seiner Abteilung mehr als bisher einbinden. ☐

Aufgabe 15

Sie überlegen, wie Sie wegen des Sozialverhaltens der Abteilungsmitglieder gegenüber den
Auszubildenden aktiv werden können: (2)

a) Sie werden die Notwendigkeit von Empathiefähigkeit und Teamgeist der Abteilungskollegen
beim nächsten Abteilungsmeeting thematisieren. ☐

b) Sie halten sich aus der Problematik heraus, da eine Abteilung als soziales Gebilde nicht von
außen beeinflusst werden soll. ☐

c) Sie fordern von den Abteilungsmitgliedern, dass sie die Auszubildenden in allen Mittagspausen
an ihren Tisch holen und mit ihnen Konversation betreiben. ☐

d) Sie werden das Verhalten der Abteilungsmitglieder gegenüber den Auszubildenden in einem
Gespräch mit der Unternehmensleitung und dem Betriebsrat thematisieren. ☐

e) Zunächst gilt es die Gründe für das Sozialverhalten der Abteilungsmitglieder in Erfahrung
zu bringen. ☐

Aufgabe 16

Anschließend informieren Sie die beiden Auszubildenden über das Ergebnis des Gespräches
mit Herrn Gruber. Was bringen Sie dabei zur Sprache? (3)

a) Sie vermitteln den Auszubildenden, dass Herr Gruber Gründe für seinen Führungs- bzw.
Unterweisungsstil hat und alle Beteiligten dies zu respektieren haben. ☐

b) Sie bitten die Auszubildenden, sich weiterhin aktiv in die Ausbildung einzubringen und konstruktive
Vorschläge zu einer verbesserten Ausbildung zu thematisieren. ☐

c) Sie werden die Auszubildenden auffordern, mit Herrn Gruber konstruktiv und ergebnisorientiert
zu kooperieren. ☐

d) Sie werden den Auszubildenden unmissverständlich verdeutlichen, dass sie die Vorgaben und
den Unterweisungsstil ihrer Ausbilder kritiklos zu akzeptieren haben. ☐

e) Sie teilen den Auszubildenden mit, dass ein Gespräch mit Herrn Gruber stattgefunden hat und
er zu Änderungen in den Vermittlungsformen bereit ist. ☐

Ausgangssituation zu den Aufgaben 17–22
**Ihre Geschäftsleitung entscheidet sich, erstmals in zwei Berufen auszubilden und Ihnen die Ausbil-
dungsleitung zu übertragen. Aus dem Bewerberkreis fällt die Wahl auf Daniel (16 Jahre/Hauptschul-
abschluss) für den Beruf Handelsfachpacker und Scott (18 Jahre/Realschulabschluss) für den Beruf
Industriekaufmann. Vor Ausbildungsbeginn machen Sie sich Gedanken zu den rechtlichen Vorschriften und organisatorischen Anforderungen rund um die Einstellung und den Ausbildungsstart.**

Aufgabe 17

Welche Leitfragen gilt es, bezogen auf die rechtlichen Anforderungen der
Ausbildungsvoraussetzungen, zu überprüfen? (3)

a) Sind angemessene Ausbildungs- bzw. Arbeitsplätze im Betrieb vorhanden? ☐

b) Ist es möglich, dass die Auszubildenden unbeeinflusst von den Ausbildern, den Mitarbeitern
sowie dem Geschäftsablauf die angestrebte berufliche Handlungskompetenz erlangen? ☐

c) Sind im Betrieb die zur Vermittlung der Ausbildungsziele notwendigen Maschinen, Geräte und
Medien vorhanden? ☐

d) Sind die gemäß dem Jugendarbeitsschutzgesetz für die Auszubildenden notwendigen
Pausenräume vorhanden? ☐

e) Ist es dem Betrieb aufgrund seiner Organisationsform und seiner operativen Tätigkeit möglich,
eine angemessene Ausbildung zu gewährleisten? ☐

Aufgabe 18

Was sind Voraussetzungen und Kompetenzen, die Sie von den eingesetzten Ausbildern
im Betrieb erwarten? (3)

a) Sie sollen über Wissen über Jugendkunde verfügen und angemessene Schlüsselqualifikationen
im Umgang mit den (jugendlichen) Auszubildenden besitzen. ☐

b) Sie sollen als Organisatoren und Gestalter der Lehr-Lern-Prozesse der Auszubildenden aktiv sein. ☐

c) Sie erwarten deren Bereitschaft sich sowohl in berufsfachlichen als auch pädagogischen
Bereichen weiterbilden zu wollen. ☐

d) Im Mittelpunkt ihrer Tätigkeit hat durchweg die Umsetzung betrieblicher Interessen zu stehen. ☐

e) Alle an der Ausbildung beteiligten Mitarbeiter müssen selbst gelernte Handelsfachpacker sein. ☐

f) Sie erwarten eine Berufserfahrung von mindestens fünf Jahren. ☐

Aufgabe 19

Was haben Sie bei Daniel entsprechend dem Jugendarbeitsschutzgesetz zu beachten? (2)

a) Das Jugendarbeitsschutzgesetz gilt es, bezogen auf die Ausbildung, weniger zu beachten.
Es betrifft nur den Umgang mit Alkohol in seinem Privatleben. ☐

b) Daniel darf vertraglich am Tag maximal neun Stunden arbeiten. ☐

c) Daniel darf in der Kalenderwoche maximal 40 Stunden arbeiten. ☐

d) Der Jahresmindesturlaub für Daniel muss 30 Werktage betragen. ☐

e) Daniel darf nur ins Berufsleben eintreten, wenn er zuvor von einem Arzt untersucht worden ist
(Erstuntersuchung). ☐

f) Daniel darf sechs Tage in der Woche arbeiten. ☐

Aufgabe 20

Bezogen auf die gesundheitliche Betreuung von Daniel gilt es vor Ende des ersten Ausbildungsjahres
Folgendes zu beachten: (1)

a) Seine Eltern als Personensorgeberechtigte sind aufzufordern, dass sie sich darum kümmern,
dass Daniel die Nachuntersuchung noch während des ersten Ausbildungsjahres vornehmen lässt. ☐

b) Sie haben Daniel nicht auf die Nachuntersuchung hinzuweisen, es ist seine Pflicht, sich selber
darum zu kümmern. ☐

c) Sie haben Daniel unmittelbar vor dem Ende des ersten Ausbildungsjahres auf die
Nachuntersuchung schriftlich hinzuweisen. ☐

d) Zehn Monate nach Aufnahme der Ausbildung ist es Ihre Aufgabe, Daniel eindringlich auf die
Nachuntersuchung hinzuweisen und ihn aufzufordern, Ihnen die Bescheinigung zum Ablauf
des ersten Ausbildungsjahres vorzulegen. ☐

e) Neun Monate nach Aufnahme der Ausbildung ist es Ihre Aufgabe, Daniel eindringlich auf die
Nachuntersuchung hinzuweisen und ihn aufzufordern, Ihnen die Bescheinigung bis zum Ablauf
des ersten Ausbildungsjahres vorzulegen. ☐

Aufgabe 21
Wie haben Sie sich rechtlich korrekt zu verhalten, wenn Daniel Ihrer Aufforderung
zur Nachuntersuchung nicht termingerecht und ordnungsgemäß nachkommt? (4)

a) Es ist Ihre Aufgabe, Daniel über ein drohendes Verbot der weiteren Ausbildung schriftlich zu informieren. ☐

b) Sie lassen den Eltern als Personensorgeberechtigten von Daniel das Aufforderungsschreiben auf dem Postweg in Kopie zukommen. ☐

c) Sie werden am Ende des 14. Monats die Ausbildung unterbrechen, bis Daniel Ihnen die Bescheinigung der Nachuntersuchung überreicht. ☐

d) Sie fordern Daniel innerhalb eines Monats schriftlich auf, Ihnen die notwendige Bescheinigung über die Nachuntersuchung zu beschaffen. ☐

e) Sie informieren als Erstes die IHK als zuständige Stelle über die Situation und bitten diese, sich um das weitere Vorgehen zu kümmern. ☐

Aufgabe 22
Welche weiteren gesetzlichen Bestimmungen haben Sie bezüglich der Arbeitszeit von Daniel, der eine
40-Stunden-Woche mit einer täglichen Arbeitszeit von mehr als acht Stunden haben soll, gemäß dem
Jugendarbeitsschutzgesetz bezüglich der Pausenzeiten und der Schichtarbeit bzw. Schichtzeit zu
beachten? (2)

a) Die Schichtzeit darf maximal acht Stunden dauern. ☐

b) Die Schichtzeit darf maximal zehn Stunden dauern. ☐

c) Schichtarbeit von jugendlichen Auszubildenden ist grundsätzlich verboten. ☐

d) Die tägliche Pausenzeit beträgt 60 Minuten. ☐

e) Die tägliche Pausenzeit beträgt 45 Minuten ☐

f) Schichtarbeit ist nur als Frühschicht erlaubt. ☐

Ausgangssituation zu den Aufgaben 23–27
**In Ihrem Einzelhandelsbetrieb bilden Sie zwei Verkäuferinnen aus. Beide befinden sich am Ende des
zweiten Ausbildungsjahres. Immer wieder fällt Ihnen und auch den Kollegen der Fachabteilungen auf,
dass**

• **die Auszubildenden im Kopfrechnen viele Fehler machen und die Grundrechenarten nicht berufs-
typisch fundiert beherrschen.**
• **die Rechtssicherheit in Sachen Handelsgesetzbuch (HGB) erhebliche Mängel aufweist.**
• **die jungen Damen im Kundenkontakt bei der Beratung Defizite im Wissen über das Sortiment des
Betriebes haben.**
• **die beiden Auszubildenden im Kontakt mit den Kunden scheu und teilweise überfordert scheinen.**

**Letztlich lässt die von Ihnen geforderte Kundenorientierung zu wünschen übrig.
Dies erschreckt Sie umso mehr, da bald die Abschlussprüfung ansteht.**

Aufgabe 23

Es gilt also, im Bereich der Mathematik vor allem das Kopfrechnen zu verbessern.
Welches methodische Vorgehen wählen Sie in diesem Fall? (3)

a) Die Auszubildenden bekommen Rechenaufgaben zum Üben als Hausaufgabe, die am Folgetag im Betrieb besprochen werden. ☐

b) Sie trainieren mit den Auszubildenden konkrete Kopfrechenaufgaben in Rollenspielen zum Verkaufstraining. ☐

c) Sie schaffen sich Zeitkontingente, in denen Sie mit den beiden Auszubildenden Kopfrechenaufgaben trainieren. ☐

d) Sie geben den Auszubildenden regelmäßig Rechenaufgaben zum Üben, die sie ohne Taschenrechner bzw. Handy bearbeiten sollen. ☐

e) Sie machen den Auszubildenden unmissverständlich klar, dass sie in der Berufsschule im Fach Wirtschaftsrechnen besser aufpassen müssen und, dass Sie im Betrieb keine Zeit haben Nachhilfe in Mathematik zu geben. ☐

Aufgabe 24

Bezogen auf die Inhalte des HGB wollen Sie nach folgenden Strategien die offensichtlichen Defizite beheben: (2)

a) Sie halten einen Vortrag zur Gliederung des HGB. ☐

b) Sie händigen allen Auszubildenden ein HGB aus, welches sie während der Ausbildung nutzen sollen. In einem Lehr-Lern-Gespräch besprechen Sie mit den Auszubildenden jeden Monat ein Kapitel. ☐

c) Anhand von Leittextaufgaben sollen die Auszubildenden Fälle zu Praxisfragen aus dem HGB beantworten und Ihnen ihre Ergebnisse präsentieren. ☐

d) Die Auszubildenden sollen die relevanten Paragraphen auswendig lernen. ☐

e) Sie bitten den Berufschullehrer, sich im Berufsschulunterricht intensiver mit dem HGB zu befassen. ☐

Aufgabe 25

Welchen Beitrag können Sie als Ausbilder leisten, damit die lückenhafte Sortimentskunde der Auszubildenden verbessert wird? (3)

a) Gemeinsam mit den Auszubildenden führen Sie regelmäßig Lehr-Lern-Gespräche über die Produkte, die Sie im Angebot haben. ☐

b) Anhand von Leitfragen sollen sich die Auszubildenden das Produktangebot selbstständig erarbeiten. Anschließend führen Sie mit ihnen ein Lehr-Lern-Gespräch zur Auswertung. ☐

c) Sie lassen sich von den Auszubildenden die Produktbeschreibungen der Hersteller vorlesen. ☐

d) Sie bitten die Auszubildenden, Präsentationen über die Produkte ausgewählter Lieferanten zu halten. ☐

e) Sie bitten den Berufsschullehrer, die Produkte Ihres Betriebes im Schulunterricht vorzustellen. ☐

Aufgabe 26
Durch welches methodische Vorgehen können Sie die Auszubildenden dabei unterstützen, im Umgang mit den Kunden ihre Scheu und mangelnde Professionalität abzulegen? (3)

a) Sie halten die Auszubildenden an Tagen mit hoher Kundenfrequenz weitgehend von Kunden fern. ☐

b) Sie trainieren mit den Auszubildenden professionelles Kundenverhalten in Rollenspielen und werten diese anschließend gemeinsam aus. ☐

c) Sie melden die Auszubildenden für einen Workshop mit dem Thema »Professionelles Auftreten und Verkaufen für Auszubildende« bei einem anerkannten Bildungsträger in Ihrer Region an. ☐

d) Sie führen mit den Auszubildenden ein Lehr-Lern-Gespräch über professionelles Verhalten gegenüber Kunden. ☐

e) Die Auszubildenden sollen einen Aufsatz über verkaufsorientierte Beratung schreiben und Ihnen diesen innerhalb einer Woche vorlegen. ☐

Aufgabe 27
Da das bisher unprofessionelle Verhalten der beiden Auszubildenden kein gutes Licht auf die Dienstleistungsmentalität Ihrer Abteilung wirft, ist es Ihnen wichtig, dass künftig die angesprochenen Defizite der Auszubildenden bereits im Vorfeld weitgehend ausgeschlossen werden. Wie sieht Ihre Strategie diesbezüglich aus? (2)

a) Die Auszubildenden haben in den ersten Tagen in der Abteilung primär die Produktplatte der Abteilung auswendig zu lernen. ☐

b) Sie setzen die Auszubildenden erst kurz vor Ausbildungsende in der Beratung und im Verkauf ein. ☐

c) Sie setzen schon in den ersten Ausbildungsmonaten verstärkt Rollenspiele, bezogen auf Umgang mit Kunden, ein und werten diese gemeinsam mit den Auszubildenden aus. ☐

d) In Form von Lehr-Lern-Gesprächen und Produktpräsentationen informieren Sie die Auszubildenden über aktuelle und neue Produkte der Abteilung. ☐

e) Sie achten bei den Bewerbungsunterlagen darauf, dass nur noch Bewerber mit der Note »Gut« in Mathematik in die engere Auswahl kommen. ☐

Ausgangssituation zu den Aufgaben 28–38
Ihr Unternehmen der Elektrobranche beschließt, in den Berufen Elektroniker für Automatisierungstechnik und Elektroniker für Betriebstechnik erstmals nach vielen Jahren wieder auszubilden. Sie sind als Ausbildungsleiter vorgesehen und haben zahlreiche organisatorische Fragen zu klären, bevor die Ausbildung beginnen kann. Da Sie nicht alle gemäß dem Ausbildungsrahmenplan vorgeschriebenen Inhalte in Ihrem Betrieb vermitteln können, denken Sie über eine Lernortkooperation mit einem überbetrieblichen Ausbildungspartner im Nachbarort nach.

Aufgabe 28
Zunächst wollen Sie in Erfahrung bringen, wie das Anforderungsprofil der Fachkräfte dieses Berufes aussehen soll. Wie gehen Sie hierbei vor? (3)

a) Sie fahren zur örtlichen Agentur für Arbeit und fragen den dortigen Berufsberater nach dem Tätigkeits- und Anforderungsprofil des betreffenden neuen Ausbildungsberufes in Ihrem Unternehmen. ☐

b) Sie unterhalten sich mit den Fachkräften der Abteilungen über deren Tätigkeits- und Anforderungsprofil des von Ihnen ausgewählten Berufes. ☐

c) Sie analysieren betriebliche Arbeitsabläufe, -aufträge und -prozesse und verschaffen sich auf Grundlage dessen einen aussagekräftigen Eindruck über die Anforderungen an den neuen Ausbildungsberuf. ☐

d) Sie machen eine Aufstellung über die von den künftigen Fachkräften benötigten Anforderungen auf Grundlage der betrieblichen Arbeitsaufträge und -abläufe. ☐

e) Bei der Festlegung des Tätigkeits- und Anforderungsprofils im neuen Ausbildungsberuf orientieren Sie sich an den Vorgaben des Arbeitgeberverbandes. ☐

Aufgabe 29
Wie gehen Sie vor, wenn Sie überprüfen möchten, ob sich die vorgeschriebenen Ausbildungsinhalte
des Ausbildungsrahmenplans mit ihren betrieblichen Anforderungen decken? (1)

Hierzu gleichen Sie das angestrebte Anforderungsprofil der Mitarbeiter in den Fachabteilungen
mit den

a) aufgelisteten Tätigkeitsauflistungen der von der örtlichen Agentur für Arbeit veröffentlichten
»Berufskundlichen Blätter« ab. ☐

b) Lernzielen und Inhalten des Rahmenlehrplans ab. ☐

c) Vorgaben der Ausbildungsordnung bzw. des Ausbildungsrahmenplans ab. ☐

d) vom Berufsschullehrer vorgegebenen Lernfeldern ab. ☐

Aufgabe 30
Im nächsten Schritt ist zu klären, ob die Möglichkeiten im Ausbildungsbetrieb dem neuen
Ausbildungsberuf entsprechen. Welche Überprüfungen stehen an? Lassen sich (2)

a) alle in der Ausbildungsordnung bzw. im Ausbildungsrahmenplan aufgelisteten Inhalte im
Ausbildungsbetrieb angemessen praxisnah vermitteln? ☐

b) die in der Ausbildungsordnung bzw. im Ausbildungsrahmenplan aufgelisteten Inhalte unabhängig
bzw. außerhalb des Geschäftsprozesses beibringen? ☐

c) die in der Ausbildungsordnung bzw. im Ausbildungsrahmenplan aufgelisteten Inhalte und Lernziele
nach Möglichkeit an Geschäftsprozessen orientiert beibringen? ☐

d) die in der Ausbildungsordnung aufgelisteten Prüfungsinhalte im Ausbildungsbetrieb vermitteln? ☐

e) die Lernziele des Rahmenlehrplans in den betrieblichen Geschäftsprozessen umsetzen? ☐

Aufgabe 31
Woran orientieren Sie sich bei der inhaltlichen und zeitlichen Gliederung der Ausbildung? (3)

a) An den von allen im Unternehmen Beschäftigten zu erledigenden Aufgaben und Arbeiten ☐

b) An der Form des Berufsschulunterrichts (Teilzeit vs. Blockform) ☐

c) An den Eigenheiten und Bedürfnissen der Kunden ☐

d) An den im Unternehmen anfallenden berufsbezogenen Aufgaben und Arbeiten ☐

e) An den Vorgaben der Ausbildungsordnung bzw. des Ausbildungsrahmenplans ☐

Aufgabe 32
Was gilt es rund um den betrieblichen Ausbildungsplan zu beachten? (3)

a) Es gilt die typischen im Betrieb anfallenden Tätigkeiten aufzulisten und in einem nächsten Schritt
dem Ausbildungsrahmenplan zuzuordnen. ☐

b) Sie werden einen Versetzungsplan für den Auszubildenden erstellen und den Kollegen aller
Abteilungen unterschiedliche Inhalte und Lernziele zuordnen. ☐

c) Sie werden die zeitlichen Vorgaben des Ausbildungsplanes bezogen auf Ihren Betrieb konkretisieren. ☐

d) Sie werden für die Inhalte, die nicht im Betrieb vermittelt werden können, überbetriebliche
Kooperationspartner auswählen. ☐

e) Sie planen, den Ausbildungsrahmenplan ohne Änderungen und Konkretisierungen auf Ihren
Betrieb zu übertragen. ☐

Aufgabe 33

Gesetzt den Fall, dass Sie nachträglich Änderungen im betrieblichen Ausbildungsplan vornehmen müssen, mit wem stimmen Sie sich ab? (3)

a) Mit dem Ausbildenden ☐

b) Mit dem Ausbildungsberater der IHK ☐

c) Mit dem Klassenlehrer der Berufsschulklasse Ihrer Auszubildenden ☐

d) Mit den betroffenen Auszubildenden ☐

e) Mit den ausbildenden Fachkräften bzw. betroffenen Ausbildern ☐

f) Mit dem Berufsberater der Agentur für Arbeit ☐

Aufgabe 34

Was gilt es bei der Kooperation mit dem Lernortpartner Berufsschule zu beachten? (3)

a) Sie werden im Rahmen der angestrebten Abstimmung persönliche Kontakte zu den Lehrern der Berufsschule anstreben und sich mit diesen regelmäßig über die Auszubildenden austauschen. ☐

b) Sie streben einen genauen zeitlichen Gleichlauf von betrieblicher und schulischer Ausbildung an. ☐

c) Sie werden sich über die Unterrichtsplanung des Partners Berufsschule informieren und die Erkenntnisse in der Ausbildung gezielt einbeziehen. ☐

d) Sie werden bei der Erstellung des betrieblichen Ausbildungsplanes die schulische Planung berücksichtigen. ☐

e) Sie verlassen sich auf die Arbeit der Berufsschule und vermeiden, sich über deren Planung zu informieren. ☐

Aufgabe 35

Welche Aspekte gilt es bezüglich der Lernortkooperation zu klären? (2)

a) Es muss ein Kooperationsvertrag mit dem überbetrieblichen Partner abgeschlossen werden. ☐

b) Sie müssen den Auszubildenden mindestens einmal wöchentlich im Kooperationsbetrieb besuchen. ☐

c) Die Ausbildungsvergütung muss anteilig vom überbetrieblichen Ausbildungspartner übernommen werden. ☐

d) Für die Vermittlung der Inhalte tragen Sie die Verantwortung. ☐

e) Der überbetriebliche Kooperationspartner muss von der Agentur für Arbeit zertifiziert sein. ☐

Aufgabe 36

Bezogen auf die Auswahl und Vorbereitung der Lernorte bzw. Arbeitsplätze gilt es, folgende Aspekte zu überprüfen: (2)

a) Es muss ständig gewährleistet sein, dass die Ausbildung in Teamarbeit möglich ist. ☐

b) An den unterschiedlichen Lernorten und Arbeitsplätzen muss eine geordnete Ausbildung möglich sein. ☐

c) Es muss gewährleistet sein, dass die Auszubildenden an den Lernorten und Arbeitsplätzen die betriebliche Realität praxisnah erleben und erlernen können. ☐

d) Die Lernorte und Arbeitsplätze müssen von Ihrem Arbeitsplatz in 15 Minuten erreichbar sein. ☐

e) Die Lernorte und Arbeitsplätze müssen Tageslicht haben. ☐

Aufgabe 37

Was muss, bezogen auf die Erstellung des betrieblichen Ausbildungsplans, ferner beachtet werden? (3)

a) Die Inhalte, die bei dem überbetrieblichen Kooperationspartner vermittelt werden, sind besonders auszuweisen. ☐

b) Die in der Ausbildungsordnung vorgegebene Ausbildungsdauer entspricht genau der des betrieblichen Ausbildungsplans. ☐

c) Es sind die zu vermittelnden Inhalte Ihres Betriebes sowie des überbetrieblichen Ausbildungspartners sachlogisch und terminlich zu gliedern. ☐

d) Die Berufsschulblöcke, in denen die Auszubildenden nicht im Ausbildungsbetrieb oder bei dem überbetrieblichen Ausbildungspartner anwesend sind, gilt es zu beachten. ☐

e) Es gilt, die Inhalte des Rahmenlehrplans lückenlos zu berücksichtigen. ☐

Aufgabe 38

Was gilt es, bezogen auf den betrieblichen Durchlaufplan, zu berücksichtigen? (3)

a) Es gilt, die zu vermittelnden Inhalte der Fachabteilungen konkret zu beschreiben. ☐

b) Es ist die Ausbildungsdauer in den jeweiligen Fachabteilungen festzulegen. ☐

c) Es sind die Zeiten der überbetrieblichen Ausbildungszeiten beim Kooperationspartner zu berücksichtigen. ☐

d) Es sind die Urlaubszeiten der Auszubildenden in ihrer Gesamtheit aufzunehmen. ☐

e) Es sind die Blöcke des Berufsschulaufenthaltes zu berücksichtigen. ☐

f) Er muss zwingend erstellt werden. ☐

Ausgangssituation zu den Aufgaben 39–46

Vor Beginn des neuen Ausbildungsjahres machen Sie ein Methodentraining mit den Ausbildern und Ausbildungsbeauftragten. In diesem wollen Sie sich mit Didaktik und Methodik beschäftigen. Unter anderem stellen Sie die Methoden Mind-Map, Brainstorming und Lehrgespräch vor und hoffen, dass diese künftig verstärkt in der Ausbildung eingesetzt werden.

Aufgabe 39

Zu klären sind dabei die Begriffe »Didaktik« und »Methodik«.
Was versteht man darunter? (2)

a) Didaktik ist die Beschäftigung mit den rechtlichen Bedingungen der Ausbildung. ☐

b) Unter Didaktik versteht man die Strukturierung von Lehr-Lern-Prozessen, unter Methodik ihre Umsetzung. ☐

c) Als Ausbilder gilt es, stets die Balance der didaktischen Elemente anzustreben. ☐

d) Unter Didaktik versteht man die Vorbereitung eines Lehr-Lern-Prozesses, unter Methodik die Nachbereitung. ☐

e) Die Methodik betrifft die betriebliche Seite der Ausbildung, die Didaktik die schulische Seite im Dualen System. ☐

f) Didaktik und Methodik sind dasselbe. ☐

Aufgabe 40
Welche »Spielregeln« gilt es seitens der Ausbilder oder Ausbildungsbeauftragten einzuhalten,
damit das Brainstorming zielorientiert eingesetzt werden kann? (3)

a) Es muss gewährleistet sein, dass jeder Auszubildende seine Gedanken äußern darf,
   unabhängig von deren Realisierungschancen. ☐

b) Jeder beteiligte Auszubildende darf maximal drei Ideen einbringen. ☐

c) Auch der Ausbilder soll seine Ideen einbringen. ☐

d) Es muss gewährleistet sein, dass alle beteiligten Auszubildenden ihre Ideen ungestört von
   Kommentaren und Bemerkungen der anderen Beteiligten darstellen dürfen. ☐

e) Es gilt, die Kreativität der beteiligten Auszubildenden nicht einzuschränken. ☐

Aufgabe 41
Nachdem die kreative Phase des Brainstormings beendet ist, gilt es die Äußerungen der
Auszubildenden aufzubereiten, auszuwerten und zu bewerten. Was ist dabei Ihre Aufgabe? (3)

a) Sie werden die geäußerten Beiträge zunächst festhalten und auf geeigneten Medien visualisieren. ☐

b) Sie haben die geäußerten Beiträge nach Themengebieten zu strukturieren.
   Ein Flipchart kann hierbei hilfreich sein. ☐

c) Sie geben der Ausbildungsgruppe ein Feedback zum Brainstorming. ☐

d) Weniger relevante Beiträge erst gar nicht festzuhalten und zu visualisieren. ☐

e) Sie verdeutlichen den Auszubildenden, dass die zuletzt geäußerten Beiträge meist die sinnvollsten
   bzw. besten sind. ☐

Aufgabe 42
Aus welchen Gründen lässt sich die Methode Mind-Map sinnvollerweise einsetzen? (3)

a) Mit dieser Methode wird die Kreativität der Auszubildenden gefördert. ☐

b) Die Einsatzdauer der Methode lässt sich zeitlich gut planen. ☐

c) Es lassen sich gut Zusammenhänge darstellen. ☐

d) Das Wissen der Auszubildenden lässt sich durch die Visualisierung gut strukturieren. ☐

e) Mind-Map spricht alle Lernzielbereiche im gleichen Verhältnis an. ☐

Aufgabe 43
Bei welcher Gelegenheit lässt sich die Methode Lehrgespräch sinnvollerweise einsetzen? (3)

a) Sie bietet sich besonders zweckmäßig bei kognitiven Inhalten zur Vermittlung von Faktenwissen an. ☐

b) Sie hilft bei der Verbesserung der psychomotorischen Fähigkeiten. ☐

c) Wenn man mindestens eine Stunde Zeit dafür hat. ☐

d) Sie hilft bei der Verbesserung von Entscheidungs- und Handlungsfähigkeit. ☐

e) Sie unterstützt die Erweiterung des bestehenden Wissensstandes. ☐

Aufgabe 44
Was gilt es im Vorfeld des Lehrgespräches von Ihrer Seite zu beachten? (3)

a) Sie haben sich zielgerichtete Leitfragen zu überlegen. ☐

b) Das Gespräch darf nur 30 Minuten dauern. ☐

c) Sie haben sich Faktenmaterial zu besorgen, welches ggf. in das Gespräch zur Verdeutlichung
   eingebaut werden kann. ☐

d) Sie haben die zu thematisierenden Aspekte für die abschließende Zusammenfassung vorzubereiten. ☐

e) Es gilt, den gewünschten Lernerfolg des Lehrgespräches jedes einzelnen Auszubildenden
   bereits im Vorfeld festzulegen. ☐

Aufgabe 45
Was gilt es zu beachten, damit das Lehrgespräch zielorientiert geführt werden kann? (2)

a) Die Auszubildenden müssen sich für das Lehrgespräch ausführlich vorbereiten und haben sich hierfür im Vorfeld selbstständig notwendiges Vorwissen anzueignen. ☐

b) Das Gespräch lebt von den Leitfragen des Ausbilders oder Ausbildungsbeauftragten. Diese sollten gut vorbereitet sein. ☐

c) Die Fragen der Ausbilder oder Ausbildungsbeauftragten sollen als Impuls die Denkprozesse der Auszubildenden anstoßen. ☐

d) Es wird ein hohes Vorwissen (kognitiver Lernzielbereich) der Auszubildenden vorausgesetzt. ☐

e) Es gilt für Ausbilder oder Ausbildungsbeauftragte, auch spontan nach Wünschen der Auszubildenden entsprechend das Thema des Lehrgespräches zu wechseln. ☐

Aufgabe 46
Was können Ursachen dafür sein, wenn das Lehrgespräch sein Ziel verfehlt? (3)

a) Der hohe Vorwissensstand der Auszubildenden, der dazu führt, dass Sie flexibel reagieren müssen. ☐

b) Die Auszubildenden lenken das Gespräch durch ihre Beiträge in eine andere als die beabsichtigte Richtung. Sie gehen darauf ein. ☐

c) Das Lehrgespräch wird durch einen dominanten Auszubildenden mehr zu einem Dialog zwischen Ihnen und ihm. ☐

d) Die Auszubildenden sind zu schüchtern und lassen sich von Ihnen nicht für das Gespräch aktivieren und verweigern sich. ☐

e) Die Redeanteile der Auszubildenden sind größer als Ihre. ☐

Ausgangssituation zu den Aufgaben 47–53
Ihr Betrieb bildet fünf weibliche Hotelkaufleute im dritten Ausbildungsjahr aus. Da die Prüfungsergebnisse in den Vorjahren nicht gerade rosig ausfielen, wollen Sie in diesem Jahr die Prüfungsvorbereitung professioneller angehen und studieren zu diesem Zweck die Ausbildungsordnung des Berufes und finden hierin Angaben zur Abschlussprüfung. Diese liefern Ihnen hilfreiche Informationen für die betriebliche Prüfungsvorbereitung und zielen vor allem auf das selbstständige, flexible und serviceorientierte Handeln der Prüflinge ab.

Aufgabe 47
Bezogen auf die selbstständige Planung des Service für eine Veranstaltung und eines damit verbundenen gastorientierten Kundengespräches, planen Sie wie folgt vorzugehen: (3)

a) Sie werden die Planungsschritte für die Jubiläumsveranstaltung gemeinsam mit den Auszubildenden durchsprechen, nachdem diese sich Gedanken zur Planung gemacht haben. ☐

b) Sie lassen die Auszubildenden von Ihrem Erfahrungsschatz profitieren und geben die wichtigsten Planungsschritte vor. ☐

c) Es wird ein gastorientiertes Kundengespräch in Form eines Rollenspiels simuliert. Nach Rücksprache mit den Auszubildenden werden die Gespräche jeweils von einem der Auszubildenden gefilmt. Anschließend werden die Aufzeichnungen in einem moderierten Gruppengespräch ausgewertet. ☐

d) Die Auszubildenden sollen den Service für eine am Wochenende anstehende Jubiläumsveranstaltung des örtlichen Tierschutzvereins weitgehend selbstständig planen. ☐

e) Das vorgeschriebene gastorientierte Kundengespräch soll in Form einer Gruppendiskussion mit den Auszubildenden aller Ausbildungsjahre geübt werden. ☐

Aufgabe 48

Bezogen auf das Servieren einer Menüfolge und dazugehöriger Getränke sieht Ihr methodisches
Vorgehen wie folgt aus: (2)

a) Sie lassen das Servieren an »echten« Gästen regelmäßig durchführen.   ☐

b) Sie bereiten einen Leittext vor, anhand dessen die Auszubildenden das Servieren üben sollen. ☐

c) Sie wählen die Methode Rollenspiel. Dabei übernehmen die Auszubildenden wechselweise
    die Rollen Servierkraft, Kunde und Beobachter.   ☐

d) Sie wählen die Methode Lehrgespräch.   ☐

e) Sie machen den Auszubildenden das Servieren nach der 4-Stufen-Methode vor.
    Die Auszubildenden machen die Arbeitsschritte nach und üben diese dann.   ☐

Aufgabe 49

Bezogen auf das Zubereiten, Präsentieren und Servieren von Getränken lassen Sie die Auszubildenden (2)

a) das Zubereiten von Tee in Partnerarbeit üben.   ☐

b) das Zubereiten von Longdrinks in Einzelarbeit mit Ihnen als simuliertem Gast ausführen und
    besprechen anschließend das Vorgehen in einem Lehr-Lern-Gespräch.   ☐

c) das Zubereiten von Kaffee als Projektarbeit durchführen.   ☐

d) eine Hausarbeit über das Dekantieren von Rotwein schreiben.   ☐

e) den Zapfdienst für die heutige Abendveranstaltung des örtlichen Kegelvereins übernehmen.
    Sie beobachten dabei deren Vorgehen, welches später gemeinsam ausgewertet wird.   ☐

Aufgabe 50

Bezogen auf das Erstellen einer Abrechnung   (3)

a) führen Sie mit den Auszubildenden zunächst ein Lehr-Lern-Gespräch über den richtigen
    Umgang mit Kreditkarten.   ☐

b) halten Sie einen mediengestützten Vortrag über den Ablauf des Abrechnungsvorgangs.   ☐

c) setzen Sie auch hier ein Rollenspiel mit wechselnden Rollen (Beobachter, Kunde und
    Servicekraft) an.   ☐

d) machen Sie mit den Auszubildenden Kopfrechenübungen.   ☐

e) verweisen Sie darauf, dass es sich um Unterrichtsstoff aus der Berufsschule handelt und Sie
    dies nicht vermitteln müssen.   ☐

Aufgabe 51

Bezogen auf die Vorbereitung auf die schriftliche Prüfung sieht Ihr methodisches
Vorgehen wie folgt aus: (1)

a) Sie lassen die Auszubildenden alte Prüfungsaufgabensätze in Partnerarbeit unter
    Prüfungsbedingungen lösen und besprechen diese anschließend in einem moderierten
    Gruppengespräch.   ☐

b) Sie lassen die Auszubildenden alte Prüfungsaufgabensätze in Einzelarbeit unter
    Prüfungsbedingungen lösen und besprechen diese anschließend in einem moderierten
    Gruppengespräch.   ☐

c) Sie lassen die Auszubildenden alte Prüfungsaufgabensätze auswendig lernen.   ☐

d) Sie lassen die Auszubildenden Einsicht in alte Prüfungsaufgabensätze nehmen.   ☐

Aufgabe 52
Mit welchen organisatorischen bzw. psychologischen Maßnahmen können Sie die Lern- bzw.
Leistungsbereitschaft der Auszubildenden steigern? (3)

a) Durch Erfolgerlebnisse bei Lern- und Arbeitsaufträgen. ☐

b) Durch die Auswahl möglichst abwechslungsreicher Arbeitsaufgaben. ☐

c) Durch weitestgehende Anwendung der 4-Stufen-Methode. ☐

d) Sie geben den Auszubildenden die Gelegenheit zur selbstständigen Bearbeitung von Lern-
und Arbeitsaufträgen. ☐

e) Sie thematisieren besonders Misserfolge und Fehlleistungen. ☐

f) Bei Misserfolgen müssen die Auszubildenden Überstunden machen. ☐

Aufgabe 53
Auf was achten Sie darüber hinaus, damit die Lern- bzw. Leistungsbereitschaft erhalten bleibt bzw.
noch weiter gefördert wird? (3)

a) Unter- und Überforderungen der Auszubildenden werden gezielt angestrebt. ☐

b) Es sollen die individuellen Lern- und Leistungsgrenzen der Auszubildenden ausgelotet und
gemeistert werden. ☐

c) Sie legen Wert darauf, dass die Auszubildenden regelmäßig durch Fehler und Misserfolge lernen. ☐

d) Sie versuchen die Auszubildenden durch passende individuelle Motivationsgriffe voranzubringen. ☐

e) Fordern und fördern gehören nach Ihrer Ansicht zusammen. Über- und Unterforderungen sollten
aber nach Möglichkeit vermieden werden. ☐

Ausgangssituation zu den Aufgaben 54–56
**In Ihrer Ausbildungsgruppe der Köche gibt es immer wieder Schwierigkeiten mit dem Auszubilden-
den Uwe. Einerseits will er sich nicht in das Sozialgefüge der anderen Auszubildenden einfügen, andererseits lässt er es an Respekt gegenüber den Ausbildern fehlen und kritisiert zudem deren Unter-
weisungs- und Führungsstil. Sie halten ein 4-Augen-Gespräch mit Uwe für notwendig und führen
dies mit ihm. Zuvor unterhalten Sie sich mit den anderen Ausbildern über Uwe.**

Aufgabe 54
Bei dem Austausch mit den anderen Ausbildern geht es Ihnen bei der Ursachenforschung in erster
Linie um welche Informationen? (2)

a) Werden alle Auszubildenden von den Ausbildern gleich behandelt? ☐

b) Gibt es von Uwes Seite Akzeptanzprobleme mit dem ihm zugewiesenen Ausbildungsplatz
und Ausbildungsplan? ☐

c) Hält Uwe die Unfallverhütungs- und Hygienevorschriften ein? ☐

d) Liegt die Ursache für Uwes Verhalten in der Person anderer Auszubildender, der Ausbilder oder
den ihm übertragenen Aufgaben? ☐

e) Geht Uwe gerne in die Berufsschule? ☐

Aufgabe 55

Anschließend kommt es zum Gespräch mit Uwe, in dem es um seine Beschreibung und Einschätzung der Situation geht. Sie erfahren, dass er sich von den anderen Auszubildenden – wohl auch wegen seiner sozialen Herkunft – nicht ernst genommen fühlt.
Was ist Ihnen bei diesem Gespräch wichtig? (3)

a) Uwe zu verdeutlichen, dass Sie auch mit den anderen Auszubildenden reden und diese auffordern werden, ihn respektvoller zu behandeln. ☐

b) Uwe ist klarzumachen, dass er mit den anderen Auszubildenden sachlich und nicht persönlich umzugehen hat. ☐

c) Dass Uwe sich in ähnlichen Situationen zunächst an den Ausbildungsberater der zuständigen Stelle oder den Betriebsrat wendet. ☐

d) Dass Uwe Ihre sachliche Kritik nicht persönlich nimmt, sondern konstruktiv versteht. ☐

e) Um sein Selbstwertgefühl zu steigern, sorgen Sie dafür, dass Uwe in den nächsten Wochen nur recht einfache Aufgaben übertragen werden. ☐

Aufgabe 56

Zu Ihrer großen Freude verbessert sich die Situation mit Uwe innerhalb der nächsten sechs Wochen. Welche Gründe sehen Sie als Ursache für diese positive Entwicklung? (3)

a) Uwe hat sich den anderen Auszubildenden und den Ausbildern gegenüber geöffnet. ☐

b) Uwe hat aus Angst vor einem weiteren Gespräch mit Ihnen sein Verhalten geändert. ☐

c) Ihre Gespräche mit den anderen Ausbildern haben dafür gesorgt, dass auch diese ihren Umgang mit Uwe geändert haben. ☐

d) Die anderen Auszubildenden beweisen nach dem Gespräch mit Ihnen Empathiefähigkeit gegenüber Uwe. ☐

e) Uwe hat sich in eine Klassenkameradin in der Berufsschule verliebt. ☐

Ausgangssituation zu den Aufgaben 57–61

Nachdem der Auszubildende Bernd (drittes Ausbildungsjahr) als Energieanlagenelektroniker die ersten Wochen in Ihrer Abteilung die Aufgaben sehr zu Ihrer Zufriedenheit erledigte, überlegen Sie sich, ob er künftige Aufgaben weitgehend nach eigenen Ideen planen und durchführen darf. Zu beachten ist dabei, dass die Arbeitssicherheit und Qualität der Arbeitsergebnisse gewährleistet sind. Auf was haben Sie dementsprechend bei der Planung der methodischen Aspekte und des Lern- und Arbeitsauftrages pädagogisch zu achten?

Aufgabe 57

Ihre Entscheidung fällt zugunsten der 4-Stufen-Methode, sofern (3)

a) Bernd ein auditiver Lerntyp ist und das Lernen bei ihm am besten durch Zuhören anstatt durch Ausprobieren und Nachmachen funktioniert. ☐

b) sich selbstständiges Planen, Durchführen und Kontrollieren nicht mit dem Lernziel vereinbaren lässt. ☐

c) noch psychomotorische Defizite bei Bernd bestehen und Ihre Demonstration und sein anschließendes Üben unter Ihrer Beobachtung hilfreich sind. ☐

d) Sie Bernds Kreativität ausschöpfen wollen. ☐

e) das Einüben und Festigen einzelner vorgegebener Arbeitsschritte nach Ihren Vorgaben geübt werden muss und hierbei besonders die Arbeitssicherheit eine Rolle spielt. ☐

Aufgabe 58
Was sind Aspekte, die es beim Einsatz von Lern- und Arbeitsauftrag generell zu beachten gilt? (3)

a) Sollten bei Bernd Defizite im kognitiven Bereich bestehen, ist er in der Lage, sich die fehlenden Informationen selbstständig zu beschaffen. ☐

b) Wenn Sie den Prozess der Bearbeitung des Lern- und Arbeitsauftrages durch Beobachtung, ggf. durch Beratung verfolgen und ggf. unterstützen können. ☐

c) Das Lernziel erfordert weder selbstständiges Planen, Durchführen noch Kontrollieren. ☐

d) Ihnen fehlt es an Zeitkontingenten, den Lernauftrag nach der 4-Stufen-Methode durchzuführen und dabei die einzelnen Arbeitsschritte ausführlich zu erklären. ☐

e) Bernds Vorwissen und seine Fähigkeiten erlauben ein weitgehend selbstständiges Planen, Durchführen und Kontrollieren des Lern- und Arbeitsauftrages. ☐

Aufgabe 59
Sie entscheiden sich für die Variante, dass Bernd das Lernziel anhand eines Lern- und Arbeitsauftrags weitgehend selbstständig bearbeiten soll und beschäftigen sich daraufhin mit der konkret anstehenden Arbeitsaufgabe und müssen (3)

a) zuerst Bernds Vorkenntnisse aus dem Berufsschulunterricht herausfinden. ☐

b) analysieren, welches Vorwissen und welche Fertigkeiten zum Bewältigen der Arbeitsaufgabe notwendig sind. ☐

c) Annahmen treffen, welche Konsequenzen ein unkonzentriertes und fehlerhaftes Vorgehen von Bernd der Lern- und Arbeitsauftrag nach sich ziehen würde. ☐

d) sich Gedanken machen, in welchen Lernzielbereichen starke Defizite bei Bernd bestehen. ☐

e) klären, inwieweit Bernds Gestaltungsspielraum bei der Bearbeitung der Arbeitsaufgabe sinnvollerweise einzuschränken ist. ☐

Aufgabe 60
Ferner gilt es zu klären, (3)

a) ob Bernds Allgemeinbildung zum Lösen des Lern- und Arbeitsauftrages ausreicht. ☐

b) ob er ähnliche Arbeitsaufgaben in der Vergangenheit bereits erfolgreich selbstständig bearbeiten konnte. ☐

c) ob sein Intelligenzquotient zum Bearbeiten der Aufgabe hoch genug ist. ☐

d) welche Fertigkeiten (psychomotorischer Lernzielbereich) er zum Bearbeiten des Lern- und Arbeitsauftrages besitzt. ☐

e) welche Fachkenntnisse (kognitiver Lernzielbereich) er zum Bearbeiten des Lern- und Arbeitsauftrages besitzt. ☐

Aufgabe 61
Nachdem Sie die Anforderungen an die Arbeitsaufgabe und das Vorwissen bzw. die bisherigen Fertigkeiten von Bernd ermittelt haben, stellen Sie diese gegenüber.
Welche Erkenntnisse haben Sie daraus zu ziehen? (3)

a) Welche Defizite bei Bernd bis zum Bearbeiten der Aufgabe noch zu beheben sind. ☐

b) Ob der Berufsschullehrer sich an die Vorgaben des Rahmenlehrplans gehalten hat und Bernd fachtheoretisch durch den Lernort Berufsschule optimal für die Praxisbewältigung vorbereitet ist. ☐

c) Welche besonderen Qualifikationen Bernd in die Bearbeitung der Aufgabe einbringen kann. ☐

d) Welche Richt- und Groblernziele entsprechend der Ausbildungsordnung zu ignorieren sind. ☐

e) Welche pädagogischen Prinzipien Sie bei diesem Vorgehen zu beachten haben. ☐

Ausgangssituation zu den Aufgaben 62–66

In Kürze steht für Ihre Auszubildenden im Beruf Industriekaufmann die Abschlussprüfung an. Sie sind als Ausbildender für die Organisation bzw. die Formalitäten zuständig. Darüber hinaus denken Sie darüber nach, künftig selber als Prüfer aktiv zu werden.

Aufgabe 62
Sie machen sich Gedanken, welche Formalitäten von Ihnen im Rahmen der Prüfungsanmeldung zu klären sind. Welche Sachverhalte müssen Sie überprüfen und was haben Sie der IHK als der zuständigen Stelle zur Prüfungsanmeldung zu schicken? (3)

a) Es sind die Originalanmeldeformulare innerhalb der vorgegebenen Frist bei der IHK einzureichen. ☐

b) Der Prüfungsanmeldung sind alle Berufsschulzeugnisse der Auszubildenden beizufügen. ☐

c) Sie fügen den Anmeldeunterlagen die Teilnahmebescheinigungen Ihrer Auszubildenden von der Zwischenprüfung bei. ☐

d) Sie überprüfen, ob die Ausbildungsnachweise ordnungsgemäß geführt sind. ☐

e) Sie schicken der IHK die Bescheinigung über die ärztlichen Untersuchungen entsprechend dem Jugendarbeitsschutzgesetz. ☐

f) Sie sammeln die Fehlzeiten der Auszubildenden aus der Berufsschule und übermitteln diese der IHK. ☐

Aufgabe 63
Prüfen Sie, welche Vorteile sich aus der Prüfertätigkeit (praktische Abschlussprüfung) für Ihre Ausbildungspraxis und für das Unternehmen ergeben können. (3)

a) Bei den Prüfungsauswertungen können Sie auf die Noten Ihrer Auszubildenden positiv einwirken. ☐

b) Durch die Arbeit in den Prüfungsausschüssen haben Sie die Möglichkeit, sich mit anderen Ausbildern und Berufsschullehrern auszutauschen und die gewonnen Erkenntnisse künftig in der betrieblichen Praxis umzusetzen. ☐

c) Sie gewinnen über die Arbeit im Ausschuss und über die Kooperation mit der IHK Informationen über die Entwicklung von Ausbildungsberufen sowie über den Ablauf von Prüfungen. Vor diesem Hintergrund können sie z. B. die Prüfungsvorbereitung verbessern. ☐

d) Sie bekommen einen Einblick in künftige Prüfungsaufgaben. Das hilft Ihnen bei der betrieblichen Prüfungsvorbereitung. ☐

e) Sie können u. U. betriebliche Erfahrungen bei der Gestaltung von Prüfungen einbringen. ☐

Aufgabe 64
Wie können Sie Ihren Vorgesetzten darüber hinaus davon überzeugen, dass der Nutzen der Prüfertätigkeit den damit verbundenen Aufwand übersteigt? (2)

a) Es entstehen durch die Prüfertätigkeit keine unmittelbaren Aufwendungen für den Betrieb. Für finanzielle Auslagen und Zeitversäumnisse erhalten Prüfer eine Aufwandsentschädigung von der IHK. ☐

b) Die Tätigkeit als Prüfer ist eine ehrenamtliche. Vor diesem Hintergrund sind betriebliche Belange den Prüfungsaktivitäten unterzuordnen. Es gibt keine Aufwandsentschädigung seitens der IHK. ☐

c) Ein Ausbilder kann nicht zur Prüfungsaktivität gezwungen werden. Allerdings versucht die IHK, betriebliche Belange und das Zeitkontingent der Prüfer bei der Terminplanung zu berücksichtigen. ☐

d) Ihre Aktivität als Prüfer erfolgt im Interesse der Wirtschaft. Das Unternehmen hat deshalb Prüfer bereitzustellen und anfallende Kosten zu tragen. ☐

e) Da die Prüfertätigkeit im Interesse des eigenen Ausbildungsunternehmens stattfindet, kann die IHK von den Betrieben verlangen, dass diese alle anfallenden Kosten selber übernehmen. ☐

Aufgabe 65
Welche weiteren Informationen sollten Sie über die Arbeit und Zusammensetzung eines
Prüfungsausschusses besitzen? (3)

a) Prüfer werden von der zuständigen Stelle für maximal fünf Jahre berufen. Eine erneute Berufung
   ist möglich. ☐

b) Ein Prüfungsausschuss muss paritätisch besetzt sein, d. h. es finden sich in ihm Beauftragte der
   Arbeitgeber, der Arbeitnehmer und der Lehrer einer berufsbildenden Schule oder eines anderen
   Bildungsträgers. ☐

c) Prüfer dürfen das Rentenalter noch nicht erreicht haben. ☐

d) Ein Prüfungsausschuss muss aus mindestens drei berufenen Mitgliedern bestehen. ☐

e) Der Prüfungsausschuss muss von der zuständigen Stelle vereidigt werden. ☐

f) In Prüfungsausschüssen müssen weibliche und männliche Prüfer im gleichen Verhältnis
   vertreten sein. ☐

Aufgabe 66
Nachdem Ihre Unternehmensleitung Ihnen die Möglichkeit zur Aktivität als Prüfer gegeben hat,
prüfen Sie, ob Ihre Berufung als Prüfer an den Anforderungen der IHK scheitern könnte.
Welche Voraussetzungen haben Sie zu erfüllen? (2)

a) Sie müssen zunächst einen theoretischen und praktischen Prüferlehrgang bei der IHK belegen. ☐

b) Sie müssen mindestens drei Jahre Ausbildungserfahrung besitzen und die Ausbildereignungsprüfung mit Erfolg abgeschlossen haben. ☐

c) Da Sie selber den Beruf des Industriekaufmanns erlernt haben und Berufspraxis besitzen,
   kann Ihre Fachkenntnis zum Prüfen vorausgesetzt werden. ☐

d) Da Sie vor Jahren die Ausbilder-Eignungsprüfung vor der IHK bestanden haben und als Ausbilder
   tätig sind, kann Ihre persönliche und pädagogische Eignung zum Prüfen vorausgesetzt werden. ☐

e) Sie müssen der IHK nachweisen, dass Sie sich ständig durch Lehrgänge fachlich wie auch
   pädagogisch weiterbilden. ☐

Ausgangssituation zu den Aufgaben 67–72
**Ihr Betrieb, ein überregionaler Drogeriemarkt mit mehreren Filialen in Hessen, begann in diesem Jahr
erstmals mit der dezentralen Ausbildung von sechs jugendlichen Verkäuferinnen und Bürokauffrau-
en. Damit verbunden ist ein organisatorischer Aufwand und eine Reihe rechtlicher Bestimmungen
rund um die Verträge mit den Auszubildenden, um die Sie sich verlässlich zu kümmern haben.**

Aufgabe 67
Welchen Spielraum haben Sie bei der Ausgestaltung der individuellen Ausbildungsdauer mit den
Bewerbern, die vor ihrer Bewerbung das Berufsvorbereitungsjahr im gleichen Berufsfeld erfolgreich
abgeschlossen haben oder das Abitur bestanden haben? (2)

a) Sie müssen die Ausbildungsdauer bei Bewerbern aus dem Berufsgrundbildungsjahr aufgrund
   des Besuches des Berufsgrundbildungsjahres um ein Jahr verkürzen. ☐

b) Sie können die Ausbildungsdauer um ein Jahr verkürzen, sofern die Bewerber mindestens gute
   schulische Leistungen im Berufsgrundbildungsjahr nachweisen können. ☐

c) Bei Abiturienten ist eine Verkürzung der vertraglichen Ausbildungsdauer generell nicht zulässig. ☐

d) Bei Abiturienten muss die vertragliche Ausbildungsdauer grundsätzlich um ein halbes Jahr
   verkürzt werden. ☐

e) Bei Abiturienten können Sie die vertragliche Ausbildungsdauer verkürzen, wenn zu erwarten ist,
   dass auch in einer verkürzten Zeit die Erreichung des Ausbildungszieles nicht gefährdet ist. ☐

Aufgabe 68
Welches sind Aspekte, die bei der Auswahl von dezentralen Lernorten zu beachten sind? (2)

a) Dezentrale Lernorte garantieren eine intensivere Ausbildung. ☐

b) Dezentrale Lernorte bedeuten für Sie weniger Organisationsaufwand. ☐

c) Die Ausbildung kann an den unterschiedlichen Lernorten praxisgerechter erfolgen. ☐

d) An jedem der Lernorte gilt es auf eine geordnete Ausbildung zu achten. ☐

e) Dezentrale Lernorte ermöglichen den Ausbildern automatisch ein größeres Methodenspektrum. ☐

Aufgabe 69
Da Sie nicht alle Ausbildungsinhalte der Kaufleute in Ihrem Betrieb vermitteln können, greifen Sie auf die Unterstützung einer Filiale in einem anderen Stadtteil zurück. Sie benennen einen dortigen Mitarbeiter als Ausbilder. Die Industrie- und Handelskammer (IHK) weigert sich aber, den Vertrag in das Verzeichnis der Ausbildungsverträge aufzunehmen, da dieser Mitarbeiter weder fachlich noch persönlich geeignet erscheint. Was bedeutet diese Situation für die Gültigkeit des Vertrages? (1)

a) Bis zu dem Zeitpunkt, zu dem Sie der IHK keinen neuen fachlichen und persönlich geeigneten Ausbilder benennen, ist der Vertrag ungültig. ☐

b) ·Sofern die IHK den Vertrag nicht in das Verzeichnis der Ausbildungsverträge einträgt, ist er damit automatisch ungültig. ☐

c) Sofern Sie der IHK keinen fachlich und persönlich geeigneten Ausbilder benennen können, können Sie vom Vertrag zurücktreten. ☐

d) Sofern Sie innerhalb einer Woche der IHK keinen fachlich und persönlich geeigneten Ausbilder benennen können, verliert Ihr Ausbildungsbetrieb die Möglichkeit, in den nächsten drei Jahren auszubilden. ☐

e) Der Vertrag ist weiterhin rechtsgültig. Ihre Aufgabe ist es aber, der IHK einen fachlich und persönlich geeigneten Ausbilder zeitnah zu benennen. Anschließend erfolgt von dieser die Eintragung in das Verzeichnis der Ausbildungsverhältnisse. ☐

Aufgabe 70
Darüber hinaus bittet Sie die IHK, bei weiteren unzulässigen Vertragspunkten Änderungen vorzunehmen. Welche Eintragungen betrifft dies? (3)

a) Die wöchentliche Arbeitszeit beträgt 45 Stunden. ☐

b) Bei dem minderjährigen Auszubildenden hat nur ein Erziehungsberechtigter den Vertrag unterschrieben. ☐

c) Ausbildungsbeginn ist der 2. August 2009, Ausbildungsende der 1. August 2012. ☐

d) Die Ausbildungsvergütung beträgt jährlich 370 € (brutto). ☐

e) Sonstige Vertragspunkte: Die Buskosten zwischen Wohnort des Auszubildenden und Ausbildungsbetrieb bzw. Berufsschule hat der Auszubildende allein zu tragen. ☐

f) Die Probezeit beträgt vier Monate. ☐

Aufgabe 71

Im Vertrag haben Sie eine Probezeit von vier Monaten vereinbart. Zu Ihrer Verwunderung liegt in dieser Zeit ein Berufsschulblock von fünf Wochen Länge. Sie sind der Meinung, dass diese Dauer nicht zur Probezeit zählt und wollen diese um die Schulzeit verlängern. Ist dies rechtlich möglich? (1)

a) Eine Verlängerung der Probezeit – egal aus welchem Grund – ist unzulässig. ☐

b) Eine Verlängerung der Probezeit ist nur möglich, wenn die Ausbildung während der Probezeit um mehr als ein Drittel der Dauer der Probezeit – bspw. durch Krankheit – unterbrochen wird. Die Berufsschulzeit zählt nicht als Unterbrechung, da sie einen Teil der Ausbildung im Dualen System darstellt. ☐

c) Sie müssen gar nichts unternehmen, da sich die Probezeit automatisch um die Zeit des Berufsschulblockes verlängert. ☐

d) Sofern der Auszubildende als Vertragspartner Ihrer Idee zustimmt, lässt sich die Probezeit um die fünf Wochen des Berufsschulblockes verlängern. ☐

e) Die Probezeit kann jederzeit von Ihnen einseitig angepasst werden, Sie müssen darüber die IHK informieren. ☐

Aufgabe 72

Da in Ihrer Branche ein Fachkräftemangel herrscht, wollen Sie in den Vertrag mit einem minderjährigen Bewerber bereits vereinbaren, dass Sie ihn nach der Ausbildung in ein unbefristetes Arbeitsverhältnis übernehmen werden. Ist diese Vereinbarung vor Ausbildungsbeginn rechtlich möglich? (1)

a) Dieser Vertragsinhalt ist generell nichtig. Eine solche Vereinbarung können Sie erst in den letzten sechs Monaten abschließen. ☐

b) Da die beiden Erziehungsberechtigten den Vertrag mit unterschrieben haben, ist er in allen Vertragspunkten gültig. ☐

c) Wäre der Bewerber bei Vertragsunterzeichnung volljährig, wäre dieser Vertragsinhalt gültig. Da er minderjährig ist, ist er es nicht. ☐

d) Der Auszubildende ist trotz dieses Vertragsinhalts nicht daran gebunden. Für ihn ist diese Vereinbarung nichtig. Der Ausbildende dagegen ist an die Vereinbarung gebunden. ☐

e) Da dieser Vertragsinhalt von allen betreffenden Personen unterschrieben wurde, ist er für alle rechtsgültig. ☐

Ausgangssituation zu den Aufgaben 73–80

Sie sind der Besitzer des Eissalons »Atalanta« und des Restaurants »Bergamo«. Bisher haben Sie noch nicht ausgebildet. Beim Studium der monatlich erscheinenden IHK-Nachrichten erfahren Sie, dass eine neue Ausbildungsordnung zum »Speiseeishersteller« verabschiedet wurde. Nachdem Sie diese studiert haben, sind Sie der Meinung, dass dieser Beruf wie auch der des »Restaurantfachmanns« in Ihren beiden Lokalitäten ausgebildet werden sollte. In einem nächsten Schritt gilt es zu prüfen, ob der neue Beruf in Ihrem Salon auch wirklich ausgebildet werden kann, oder ob dies an technischen, rechtlichen oder organisatorischen Problemen scheitern könnte. Zudem werfen Sie einen Blick auf die Ausbildungsordnung des Restaurantfachmanns und versuchen, diese zu interpretieren.

Lfd. Nr.	Teil des Aus-bildungsberufs-bildes	Kernqualifikationen die unter Einbeziehung selbständigen Planens, Durchführens und Kontrollierens integriert mit berufsspezifischen Fachqualifikationen zu vermitteln sind	Zeitliche Richtwerte in Wochen im Ausbildungsjahr		
			1	2	3
1	2	3	4		
2	Arbeiten am Tisch des Gastes (§ 5 Nr. 2)	a) Getränke zubereiten, präsentieren und servieren b) Speisen zubereiten, präsentieren und servieren			14
9	Servicebereich (§ 4 Nr. 9)	a) Verkaufsfähigkeit von Produkten prüfen b) Aufguss- und Heißgetränke zubereiten sowie Getränke ausschenken c) Speisen und Getränke servieren und ausheben d) Bei Service- und Menübesprechungen mitwirken e) Betriebliches Kassensystem bedienen	12		

Aufgabe 73

Was gilt es zu studieren, bzw. zu überprüfen, um die Übereinstimmung der vorgegebenen Ausbildungsinhalte der Berufe mit den Anforderungen des Betriebes zu gewährleisten? (1)

a) Die vorgegebenen Aufgabenbereiche aus den »Berufskundlichen Blättern« der örtlichen Agentur für Arbeit ☐

b) Die im Ausbildungsrahmenplan vorgegebenen zu vermittelnden Kernqualifikationen ☐

c) Die in der Ausbildungsordnung vorgegebenen Angaben zur Zwischen- und Abschlussprüfung ☐

d) Die Vermittlung der Inhalte an der Testsiegermaschine der »Stiftung Warentest« ☐

e) Den Rahmenlehrplan der Berufsschule mit seiner sachlichen und zeitlichen Gliederung ☐

Aufgabe 74

Zunächst prüfen Sie, ob die Ausbildungsmöglichkeiten in Ihrem Eissalon gegeben sind. Was sind hierbei sinnvolle Leitfragen? (2)

a) Kann der Salon eine optimale Prüfungsvorbereitung gewährleisten? ☐

b) Lassen sich alle im Ausbildungsrahmenplan genannten Kernqualifikationen in Ihrem Salon praxisgerecht vermitteln? ☐

c) Kann der Salon garantieren, dass die im Ausbildungsrahmenplan vorgegebenen Inhalte durch Vermittlung fernab der eigentlichen Geschäftsprozesse vermittelt werden? ☐

d) Ist im Salon die Gelegenheit gegeben, den Auszubildenden bei der Vermittlung der vorgegebenen Inhalte in den Arbeits- und Geschäftsprozess aktiv zu integrieren? ☐

e) Lassen sich die Lernfelder des Rahmenlehrplanes im Rahmen der Arbeitsabläufe vermitteln? ☐

Aufgabe 75

Bei der Ausbildung werden Sie mehrere Kollegen mit Ausbildungserfahrung unterstützen.
Sie möchten durch die fachkundige Hilfe mehr Informationen über das Anforderungsprofil
der zukünftigen Speiseeishersteller gewinnen. Wie gehen Sie dabei am sinnvollsten vor? (3)

a) Es gilt eine Zusammenstellung, die Auskunft über die von den Fachkräften bezogen auf die typischen Geschäftsprozesse anfallenden Anforderungen und Tätigkeiten gibt, zu erstellen. ☐

b) In einem Meeting sammeln Sie mit den Kollegen die bei der Speiseeisherstellung anfallenden Aufgaben und Tätigkeiten und reflektieren diese bezogen auf die Ausbildung. ☐

c) Sie vertrauen dem Verband der Deutschen Speiseeishersteller und erstellen nach dessen Angaben ein Anforderungsprofil der künftigen Fachkräfte. ☐

d) Sie machen nach der Betrachtung der betrieblichen Arbeitsabläufe und -aufträge eine aussagekräftige Zusammenstellung über die Anforderungen der zukünftigen Fachkräfte. ☐

e) Sie bitten den Berufsberater der örtlichen Agentur für Arbeit um Angaben und Tipps und erstellen daraufhin ein Anforderungsprofil an die Bewerber für den Beruf des Speiseeisherstellers. ☐

Aufgabe 76

Als Grundlage für die Ausbildungsplanung macht die Ausbildungsordnung u. a. Angaben,
dass im ersten Ausbildungsjahr eine berufsfeldbezogene Grundbildung vermittelt werden soll.
Was bedeutet das für Ihre konkrete Ausbildungsplanung des ersten Ausbildungsjahres? (2)

a) Es gilt die betriebliche Ausbildung auf Grundlage des Ausbildungsrahmenplans zu planen und aus diesem einen betrieblichen (individuellen) Ausbildungsplan für jeden Auszubildenden zu erstellen. ☐

b) Den Schwerpunkt der Ausbildung auf betriebsbezogene Inhalte zu setzen. ☐

c) Sie haben die betriebliche Ausbildung für das erste Ausbildungsjahr entsprechend den Vorgaben des Rahmenlehrplans vorzunehmen. ☐

d) Sie haben die betriebliche Ausbildung nach den Anforderungen der Zwischenprüfung vorzunehmen. ☐

e) Sie werden den Schwerpunkt der Inhalte auf berufsfeldbezogene Inhalte setzen. ☐

Aufgabe 77

Da eine gemäß dem Ausbildungsrahmenplan ausbildungsrelevante Eismaschine fehlt, gilt es diesen
Mangel zu beheben, um die geplante Ausbildung nicht zu gefährden. Was ist Ihre Strategie hierbei? (2)

a) Sie prüfen, ob es einen überbetrieblichen Ausbildungsträger bzw. -partner gibt, der die Ihnen nicht möglichen Inhalte übernimmt. ☐

b) Sie werden die künftigen Auszubildenden anweisen, sich die Inhalte im Selbststudium anzueigen und verweisen auf deren Lernpflicht nach § 13 des Berufsbildungsgesetzes. ☐

c) Sie streben eine ausführliche theoretische Behandlung der fachpraktischen Inhalte an und ergänzen diese durch einen Messebesuch. ☐

d) Sie bitten den Berufsschullehrer diese Inhalte im Berufsschulunterricht zu behandeln. ☐

e) Sie vereinbaren mit einem technisch besser ausgestatteten Eissalon im Nachbarort, dass dieser die Vermittlung der Ihnen nicht möglichen Inhalte übernimmt. ☐

Aufgabe 78

Was gilt es bezogen auf die Kopfzeile der Spalte 3 zu beachten? (3)

a) Kundenorientierung spielt hier keine Rolle. ☐

b) Die Handlungskompetenz der Auszubildenden soll gefördert werden. ☐

c) Es gilt nicht nur Kernqualifikationen, sondern auch Schlüsselqualifikationen zu vermitteln. ☐

d) Es gilt Theorie und Praxis bei der Ausbildung zu verbinden. ☐

e) Statt Kernqualifikationen spielen hier Schlüsselqualifikationen eine übergeordnete Rolle. ☐

Aufgabe 79
Wie lassen sich die Lernbereiche dem Gliederungspunkt der Spalte 3 (laufende Nummer 9)
zuordnen? (2)

a) Lernziel e) ist überwiegend affektiv. ☐

b) Lernziel d) ist überwiegend kognitiv. ☐

c) Lernziel a) ist überwiegend affektiv. ☐

d) Lernziel b) ist überwiegend kognitiv. ☐

e) Lernziel c) betrifft alle drei Lernbereiche. ☐

Aufgabe 80
Was ist ein didaktisch und methodisch sinnvolles Vorgehen, um die angegegebenen
Lernziele entsprechend den Vorgaben in der Kopfzeile zu vermitteln? (3)

a) Auf Rollenspiele sollte verzichtet werden. ☐

b) Es wird eine handlungsorientierte Ausbildung angestrebt. ☐

c) Es werden zahlreiche Vorträge und ausbilderzentrierte Methoden angewandt. ☐

d) Sie setzen gezielt Leittexte und das Modell der vollständigen Handlung ein. ☐

e) Es gilt nach Möglichkeit auszubildendenzentrierte Methoden anzuwenden. ☐

Vierter Aufgabensatz mit Kontrollaufgaben

Ausgangssituation zu den Aufgaben 1–5
**Als neue Ausbildungsleiterin besuchen Sie zur Vorbereitung auf die neue Tätigkeit ein Seminar zum
Berufsbildungsrecht, bei dem es auch um das Jugendarbeitschutzgesetz, das Betriebsverfassungs-
gesetz und das Mutterschutzgesetz geht. Nach dem Seminar können Sie die neuen Erkenntnisse im
Betrieb umsetzen.**

Aufgabe 1
Wie sieht es mit der Berufschulpflicht der Auszubildenden und den damit verbundenen Kosten aus? (1)

a) Die Fahrtkosten vom Wohnort des Auszubildenden zur Berufsschule muss der Ausbildende
übernehmen. ☐

b) Auch außerhalb der Berufsschulferien steht den Auszubildenden ein vierwöchiger Auslandsurlaub zu. ☐

c) Betriebliche Belange dürfen dem Schulbesuch grundsätzlich vorgezogen werden. ☐

d) Nach dem Berufsschulbesuch ist eine Beschäftigung im Betrieb generell nicht mehr erlaubt. ☐

e) Sofern Teile der Berufsausbildung im Ausland durchgeführt werden, ist der Auszubildende
für diese Zeit von der Berufsschulpflicht befreit. ☐

Aufgabe 2
Wie sieht es mit der Organisation und der Berufsschulpflicht bei Blockunterricht aus? (2)

a) Eine Blockunterrichtswoche darf maximal 30 Stunden betragen. ☐

b) Bei einem planmäßigen Blockunterricht von 26 Stunden an mindestens fünf Tagen in einer Woche
können zusätzliche betriebliche Ausbildungsveranstaltungen bis zu zwei Stunden für jugendliche
Auszubildende anberaumt werden. ☐

c) Der Auszubildende kann wählen, ob er lieber Blockunterricht oder Teilzeitunterricht möchte. ☐

d) Blockunterricht in der Berufsschule gibt es nur im kaufmännischen Bereich. ☐

e) Auf die Arbeitszeit werden Berufsschulwochen mit 26 Stunden nach dem Jugendarbeitschutzgesetz
für Jugendliche mit 40 Stunden angerechnet. ☐

Aufgabe 3

Wie sieht es mit den Pausenregelungen bei Jugendlichen aus? (2)

a) Als Ruhepause gilt eine Arbeitsunterbrechung von mindestens fünf Minuten. ☐

b) Länger als vier Stunden hintereinander dürfen Jugendliche nicht beschäftigt werden. ☐

c) Als Ruhepause gilt eine Arbeitsunterbrechung von mindestens 15 Minuten. ☐

d) Die Gesamtpausendauer an einem Arbeitstag mit mehr als sechs Stunden muss 45 Minuten betragen. ☐

e) Die Gesamtpausendauer an einem Arbeitstag mit mehr als sechs Stunden muss 60 Minuten betragen. ☐

f) Die Pausenregelungen sind altersunabhängig und gelten für alle Auszubildenden gleich. ☐

Aufgabe 4

Bei der Einführung eines neuen Arbeitszeitmodells mit Gleitzeitinhalten gilt es Folgendes in Bezug auf jugendliche Auszubildende zu beachten: (3)

a) An einem Berufsschultag mit mehr als fünf Schulstunden ist keine Erweiterung des Gleitzeitkontos realisierbar. ☐

b) Gleitzeitmodelle sind nur in industriell-technischen Berufen erlaubt. ☐

c) Auch jugendliche Auszubildende dürfen unter Beachtung der gesetzlichen Bestimmungen daran partizipieren. ☐

d) Auch an einem Berufsschultag mit mehr als fünf Schulstunden ist eine Erweiterung des Gleitzeitkontos realisierbar. ☐

e) Sofern die jugendlichen Auszubildenden die Vorgaben des Jugendarbeitsschutzgesetzes einhalten, können Sie sich bei diesem Modell arbeitsfreie Tage erarbeiten. ☐

Aufgabe 5

Welche Angaben zur täglichen bzw. wöchentlichen Arbeitszeit jugendlicher Auszubildener sind richtig? (2)

a) Eine Samstagsbeschäftigung ist generell verboten. ☐

b) Die ununterbrochene Freizeit nach Beendigung der täglichen Arbeitszeit beträgt mindestens 14 Stunden. ☐

c) Eine wöchentliche Arbeitszeit von 38,5 Stunden ist möglich. ☐

d) Die normale tägliche Arbeitszeit beträgt sieben Stunden, freitags allerdings acht Stunden. ☐

e) Die maximale tägliche Arbeitszeit beträgt neun Stunden. ☐

Ausgangssituation zu den Aufgaben 6–13

Ihr Ausbildungsbetrieb ist die Holz-Müller KG, bei der Sie als Meister, Ausbildender und Ausbilder tätig sind. Angestellt sind acht Auszubildende und 43 Mitarbeiter im gewerblichen und kaufmännischen Bereich. Ferner gibt es einen Betriebsrat. Es haben sich zwei Probleme mit den Auszubildenden gebildet, die Sie zu klären haben.

Tina (19 Jahre), mit einer Ausbildungsdauer von drei Jahren, hat soeben das zweite Ausbildungsjahr vollendet. In den letzten Wochen fallen Ihnen und den Kollegen vermehrt ein Leistungsabfall und ungewohnte Verhaltensweisen von ihr auf. Als Sie Tina darauf ansprechen, erwidert sie, dass sie sich in einem persönlichen Tief befinde und damit kämpfe, dieses zu überstehen. Zu Ihrer großen Überraschung erfahren Sie von Tina nun, dass Sie ihre Ausbildung vorzeitig und ohne Abschluss beenden möchte. Da ihr Leistungsstand in Theorie und Praxis bisher gut war und Sie ihr zutrauen, eine gute Holzverkäuferin zu werden, versuchen Sie, sie von dieser Absicht abzubringen und streben ein klärendes Gespräch mit ihr an. Inhalte sollen sein: Die Motive für den geplanten Ausbildungsabbruch zu ergründen sowie ihr die Folgen, die sich aus dieser weitreichenden Entscheidung ergeben können/werden, aufzuzeigen.

Heute fällt Ihnen zudem auf, dass der volljährige Auszubildende Nino (im letzten Ausbildungsjahr) an der Hobelbank die vorgeschriebene Schutzbrille nicht trägt und seinen MP3-Player eingeschaltet hat. Zudem trägt er beim Arbeiten einen Schal, was sehr gefährlich sein kann. Selbstverständlich reagieren Sie auf diese Zustände und sprechen ihn daraufhin an. Unerwarteterweise ist Nino nicht einsichtig, sondern kontert: »Die Sicherheitsbelehrungen habe er nicht nötig, da bisher auch noch nichts passiert sei und die Musik seine Leistung ankurbelte.«

Aufgabe 6
Auf welche Aspekte gilt es von Ihrer Seite bei der Vorbereitung und Durchführung des Gesprächs mit Tina zu achten? (2)

a) Sie wählen einen Raum, in dem Sie ohne Ablenkungen und Störungen sind. ☐
b) Sie laden zu dem Gespräch auch den Betriebsrat und den Klassenlehrer ein. ☐
c) Sie legen den Termin auf das Wochenende. ☐
d) Sie laden hierzu ihre Mutter ein. ☐
e) Sie führen das Gespräch nur mit Tina. ☐
f) Sie laden hierzu alle Auszubildenden ein, die mit Tina zu tun haben. ☐

Aufgabe 7
Wenn Sie die betrieblichen Motive für den Abbruch der Ausbildung von Tina erfahren wollen, welche Aspekte werden Sie diesbezüglich mit ihr besprechen? (3)

a) Ihr privates Umfeld sowie den Umgang von Tina in ihrer Freizeit. ☐
b) Die Vorstellungen von Tina zu ihrer Entwicklung im Betrieb. ☐
c) Das Verhalten der Kunden und Mitarbeiter im Laden gegenüber Tina. ☐
d) Das Verhalten der Mitschüler in der Berufsschule gegenüber Tina. ☐
e) Die Einstellung von Tina zum Ausbildungsberuf und der weiteren Ausbildungszeit. ☐

Aufgabe 8
Was sind Aspekte aus dem persönlichen Bereich von Tina, die Sie im Gespräch thematisieren wollen? (4)

a) Ihre gesundheitliche Situation ☐
b) Den Einfluss und die Rolle ihrer Eltern und ihrer Freunde auf die Entscheidung ☐
c) Ihre Interessen, Verpflichtungen und Neigungen in der Freizeit ☐
d) Ihre zeitintensiven Hobbys ☐
e) Ihr momentaner Leistungsstand in der Berufsschule und im innerbetrieblichen Unterricht ☐

Aufgabe 9
Was sind Argumente, mit denen Sie Tina im Gespräch versuchen, die weitreichenden Folgen des Ausbildungsabbruchs zu verdeutlichen? (3)

a) Sollte sie die Ausbildung erfolgreich abschließen, wäre eine automatische Übernahme in ein unbefristetes Beschäftigungsverhältnis gegeben. ☐
b) Mit dem Abbruch der Ausbildung wird dem Unternehmen finanzieller Schaden zugefügt. Tina muss diesen ersetzen. ☐
c) Sofern Tina keine neuen konkreten beruflichen Pläne hat, wird es ihr ohne Berufsbildungsabschluss wahrscheinlich schwerfallen, in bestimmte qualifizierte Positionen einzusteigen. ☐
d) Mit dem Abbruch der Ausbildung wird die angestrebte und von Ihnen geplante anschließende Übernahme als fest angestellte Verkäuferin ausgeschlossen. ☐
e) Mit einer erfolgreich abgeschlossenen Berufsausbildung hätte Tina eine Chance auf eine spätere qualifizierte berufliche Tätigkeit in der Branche und die Zulassung zur Aufstiegsfortbildung zur Handelsfachwirtin (IHK) verbessert. ☐

Aufgabe 10

Welche Aspekte haben Sie bei der Planung und Durchführung des Gespräches mit Nino
besonders zu berücksichtigen? (3)

Geführt wird das Gespräch

a) nur in Anwesenheit seiner Eltern. ☐

b) während der Arbeitszeit. ☐

c) an einem ungestörten Ort im Betrieb. ☐

d) allein mit Nino. ☐

e) im Beisein des Betriebsrats. ☐

Aufgabe 11

Wie haben Sie auf Ninos Verhalten angemessen zu reagieren? (2)

a) Nino wird aufgefordert, sich von der Hobelbank zurückzuziehen und darf an dieser erst wieder
ohne den Schal und den MP3-Player arbeiten. ☐

b) Sie wollen ein Gespräch mit Nino führen und bitten ihn nach der Frühstückspause zu sich,
damit Sie sein Verhalten mit ihm besprechen können. ☐

c) Da es zu keinen Verletzungen bei Nino kam, sehen Sie über die Situation hinweg und bitten
ihn, aber künftig noch besser aufzupassen. ☐

d) Sie weisen Nino unmittelbar auf seine Verhaltensfehler hin und belehren ihn eindringlich, in Zukunft
die Sicherheitsvorschriften einzuhalten. ☐

e) Sie erteilen Nino für einen Monat ein Werkstattverbot. ☐

Aufgabe 12

Ferner erzählt Ihnen ein Ausbilderkollege einen Tag später, dass Nino sich den neuen Auszubildenden
des ersten Ausbildungsjahres gegenüber damit gebrüstet hat, sich von Ihnen keine Vorgaben geben zu
lassen und erneut mit einem MP3-Player an der Hobelbank arbeitet.
Wie reagieren Sie angemessen auf diese neue Situation? (2)

a) Sie laden Nino zeitnah zu einem weiteren Gespräch mit Ihnen. ☐

b) Sie planen eine Abteilungsversammlung, um dort Ninos Verhalten zu thematisieren. ☐

c) Im Gespräch machen Sie ihm sein inakzeptables Verhalten deutlich und machen ihm klar,
dass Sie über arbeitsrechtliche Konsequenzen nachdenken, falls sich sein Verhalten nicht
umgehend verbessert. ☐

d) Sie ignorieren die Situation, denn Sie wollen keinen Konflikt mit Nino. ☐

e) Ihre Geduld ist erschöpft und Sie sprechen unmittelbar eine Abmahnung gegenüber Nino aus. ☐

Aufgabe 13

Nun wollen Sie den Blick in die Zukunft richten und hoffen, dass sich das Verhalten von
Nino nachhaltig verbessert. Was ist Ihre Strategie hierfür? (2)

a) Sie machen Nino seine »Vorbildfunktion« für die Auszubildenden des ersten Ausbildungsjahres
deutlich und erwarten deshalb ab sofort ein angemessenes Verhalten von ihm. ☐

b) Sie übertragen Nino die Verantwortung der Arbeitssicherheit für alle Auszubildenden und erhoffen
sich dadurch einen Motivationsschub bei ihm. ☐

c) Nino hat die nächsten Tage in erster Linie Büroarbeit zu verrichten und darf erst wieder in
die Werkstatt, wenn er eine Verpflichtungserklärung zum Verhalten betreffend der Arbeitssicherheit
unterschreibt. ☐

d) Sie wählen den autoritären Führungsstil und drohen Nino mit der Reduzierung seiner
Ausbildungsvergütung. ☐

e) Nino und die zwei anderen Auszubildenden seines Ausbildungsjahrganges werden angehalten,
für die neuen Auszubildenden eine mediengestützte Präsentation über die Arbeitssicherheit
in der Werkstatt zu halten. ☐

Ausgangssituation zu den Aufgaben 14–21

Zu Ihrem Verantwortungsbereich in einer tarifgebundenen Veranstaltungsagentur mit 45 Mitarbeitern zählt die Organisation der Ausbildung und der damit verbundene bürokratische Aufwand, die rechtliche Beratung der Auszubildenden sowie die Zusammenarbeit mit dem Betriebsrat. Die beiden Auszubildenden Dirk (19 Jahre) und Bartek (18 Jahre) haben bereits 16 Monate ihrer dreijährigen Ausbildungszeit im Beruf »Veranstaltungskaufmann« hinter sich gebracht. Dirks Berufsschulnotendurchschnitt beträgt 1,0 und auch in der Zwischenprüfung hatte er im Schnitt 93 %. Er strebt nun an, die Ausbildung bereits ein halbes Jahr früher zu beenden, als es der Vertrag ausweist. Er wendet sich mit dem Vorhaben der Verkürzung der Ausbildungsdauer vertrauensvoll an Sie als Ansprechpartner. Da Sie sich ein Bild von seinen Leistungen und seinem Verhalten gemacht haben und eine betriebliche Planstelle bald zu besetzen ist, möchten Sie ihm Unterstützung anbieten und werden auch diese Stelle thematisieren.

Darüber hinaus ist eine Woche vor der schriftlichen Abschlussprüfung zur Bürokauffrau Ihre Auszubildende Christel, die ihre Prüfung ebenso ein halbes Jahr vorziehen wollte, wegen eines Nasenbeinbruches von ihrem Hausarzt arbeitsunfähig geschrieben worden. Als Ausbildender teilten Sie der Industrie- und Handelskammer (IHK) den Sachverhalt vorzeitig mit. Unabhängig davon nahm Christel an der Prüfung teil, konnte diese aber nicht erfolgreich bestehen. Als Ursache benennt sie Ihnen Schmerzen an der Nase. Sie hofft mit dieser Argumentation, dass die Prüfung als nicht abgelegt gewertet wird und wendet sich an Sie.

Aufgabe 14
Welche Auskunft werden Sie Christel zu dieser Situation geben? (2)

a) Sie weisen Christel darauf hin, dass sie in der Berufsschule eine Ergänzungsprüfung ablegen kann, die zum Ausgleich der beiden nicht bestandenen Prüfungsbereiche dienen kann. ☐

b) Christel hat sich am Tag der Abschlussprüfung vor der IHK zur Teilnahme an der Prüfung bereit erklärt. Vor diesem Hintergrund ist das unerfreuliche Ergebnis ein Faktum. ☐

c) Christel hatte – trotz Arbeitsunfähigkeitsbescheinigung – die Pflicht zur vorgesehenen Teilnahme an der Abschlussprüfung, da die vertragliche Ausbildungsdauer dies vorsah. ☐

d) Die IHK hätte Christel aufgrund der Vorlage der Arbeitsunfähigkeitsbescheinigung zwingend nicht an der Prüfung teilnehmen lassen dürfen. Sie kann dementsprechend Widerspruch gegen das Ergebnis einlegen. ☐

e) Sie klären Christel darüber auf, dass die IHK als zuständige Stelle und nicht Sie als der Ausbildende über ihre Teilnahme und das Prüfungsergebnis zu entscheiden hat. ☐

Aufgabe 15
Wie gehen Sie rechtlich und organisatorisch vor, damit sich der Plan von Dirk realisieren lässt? (1)

a) Es ist die Aufgabe von Dirk, den Antrag auf Verkürzung der Ausbildungsdauer direkt bei der IHK zu stellen. ☐

b) Sie bitten den Agenturleiter (als Ausbildenden), zusammen mit Dirk den notwendigen Antrag auf Verkürzung der Ausbildungsdauer bei der IHK als zuständiger Stelle zu stellen. ☐

c) Sie als Ausbilder teilen der IHK zeitnah den Wunsch von Dirk über die Verkürzung seiner Ausbildungsdauer mit. ☐

d) Sie stellen eigenmächtig den Antrag auf Verkürzung der Ausbildungsdauer bei der IHK. ☐

e) Gemeinsam mit Dirk stellen Sie den Antrag auf Verkürzung der Ausbildungszeit an die IHK und unterschreiben diesen. ☐

Aufgabe 16

Was gilt es darüber hinaus im Fall von Dirk noch zu erledigen? (2)

a) Sie informieren Dirks Eltern über das Vorhaben. ☐

b) Sie haben den betrieblichen Ausbildungsplan anzupassen. ☐

c) Sie haben Dirk die Ausbildungsvergütung zu erhöhen. ☐

d) Sie legen Dirk unverzüglich den anschließenden Arbeitsvertrag für die Planstelle
vor und drängen ihn zur Unterschrift. ☐

e) Sie informieren den Betriebsrat über die neue Vertragssituation. ☐

Aufgabe 17

Was gilt es, bezogen auf den Anschlussvertrag mit Dirk, zu beachten? (1)

a) Aufgrund der verkürzten Ausbildungsdauer darf Dirk nach Ausbildungsende 10 %
unter Tarif entlohnt werden. ☐

b) Der Betriebsrat hat keine Informationsrechte bezogen auf die neue Vertragssituation. ☐

c) Der Anschlussvertrag muss der IHK vorgelegt werden. ☐

d) Sofern der Vertrag mehr als ein halbes Jahr vor Ausbildungsende von Dirk unterschrieben wird,
ist er für ihn gemäß §12 BBiG aufgrund einer nichtigen Vereinbarung nicht bindend. ☐

e) Auch Bartek kann aufgrund des Gleichbehandlungsgrundsatzes eine verkürzte
Ausbildungsdauer vom Ausbildenden verlangen. ☐

Aufgabe 18

Was müssen Sie als Ausbilder tun, wenn die zuständige Stelle einer vorzeitigen
Beendigung der Ausbildung von Dirk Berg zugestimmt hat? (3)

Der Agenturleiter als Ausbildender hat unverzüglich

a) Dirk als Vertragspartner die Vertragsänderungsniederschrift zukommen zu lassen. ☐

b) die Vertragsänderung schriftlich niederzulegen. ☐

c) mit Dirk die neue Vertragssituation zu besprechen und einen Aktenvermerk
für die Personalakte anzufertigen. ☐

d) die Vertragsänderungsniederschrift der IHK zur Eintragung bzw. Änderung
in das Verzeichnis der Berufsausbildungsverhältnisse zukommen zu lassen. ☐

e) die IHK als zuständige Stelle mündlich innerhalb von vier Wochen über die vertragliche
Änderung und den Anschlussvertrag für die Planstelle zu informieren. ☐

Aufgabe 19

Was bedeutet die neue vertragliche Situation für Dirk, bezogen auf seine
Ausbildungsvergütung im fünften und letzten Ausbildungshalbjahr? (1)

a) Sie ist entsprechend der Höhe des sechsten Ausbildungshalbjahres anzupassen. ☐

b) Sie läuft wie bisher weiter. Er bekommt weiterhin die gleiche Vergütung wie Bartek,
der nicht verkürzt. ☐

c) Sie ist entsprechend dem Tarifvertrag sofort zu erhöhen. ☐

d) Sie wird beibehalten. Bei erfolgreicher vorgezogener Abschlussprüfung erhalt Dirk einen Bonus. ☐

Aufgabe 20

Was können die Folgen für Dirk aufgrund der verkürzten Ausbildungsdauer sein? (2)

a) Er kann nicht vom Agenturleiter erwarten, dass er die fehlenden Ausbildungs- und Prüfungsinhalte ebenso ausführlich wie Bartek mit längerer Ausbildungszeit vermittelt bekommt. ☐

b) Da ihm prüfungsrelevanter Berufsschulstoff fehlen wird, muss er sich für einen separaten Prüfungsvorbereitungskurs bei der IHK anmelden. ☐

c) Der Agenturleiter darf Dirk für die ursprünglich vorgesehene Ausbildungszeit nur befristet einstellen. Erst nach der abgelaufenen ursprünglichen Ausbildungszeit ist eine unbefristete Übernahme in die Agentur möglich. ☐

d) Für Dirk ist es unerlässlich, dass er sich einen größeren Teil der Ausbildungsinhalte gemäß dem Ausbildungsrahmenplan im Betrieb selbstständig aneignen muss. ☐

e) Wenn Dirk auf das Angebot mit der Planstelle nicht eingeht, endet sein Vertragsverhältnis mit der Agentur mit der Bekanntgabe über das Bestehen der Abschlussprüfung durch den Prüfungsausschussvorsitzenden. ☐

Aufgabe 21

Was gilt es, bezogen auf die Ausbildungsplanung im Allgemeinen und den individuellen betrieblichen Ausbildungsplan von Dirk und Bartek im Speziellen, zu unternehmen? (2)

a) Dirk muss künftig nur noch jeden zweiten Berufsschulblock besuchen und kann vermehrt zur Bearbeitung von Kundenaufträgen eingesetzt werden. ☐

b) Bartek und Dirk müssen beide nach erfolgreicher Abschlussprüfung im Betrieb weiter unbefristet beschäftigt werden und im letzten Monat der Ausbildung bereits in ihrer künftigen Abteilung eingesetzt werden. ☐

c) Es gilt Dirk alle verbleibenden Inhalte gemäß des Ausbildungsrahmenplanes in der verbleibenden (verkürzten) Zeit komprimiert zu vermitteln. ☐

d) Dirk und Bartek sind die verbleibenden betrieblichen Ausbildungsinhalte ständig gemeinsam zu vermitteln. ☐

e) Dirk und Bartek sind in den verschiedenen betrieblichen Zeitschienen alle relevanten Ausbildungsinhalte gemäß dem Ausbildungsrahmenplan zu vermitteln. ☐

Ausgangssituation zu den Aufgaben 22–29

Ihnen liegt das mittelmäßige Ergebnis der schriftlichen Zwischenprüfung des volljährigen Auszubildenden Frank vor. Sie machen sich Gedanken über die Ursachen der schwachen Leistungen und überlegen, was in dieser Situation zu tun ist, damit die Leistungen sich verbessern und der angestrebte Ausbildungserfolg im Beruf »Versicherungskaufmann« erreicht wird. Vor diesem Hintergrund planen Sie auch ein neues Beurteilungssystem mit Beurteilungsbögen und Beurteilungsgesprächen einzuführen.

Aufgabe 22

Als Gründe bzw. Ursachen für die Defizite in der Prüfung von Frank können Sie welche der folgenden Aspekte ausschließen? (2)

a) Den Vorwissensstand von Frank ☐

b) Private Probleme, die Frank mit seiner Freundin hat ☐

c) Die Aufsicht führenden Prüfer ☐

d) Die Qualität der betrieblichen Ausbildung ☐

e) Die Qualität der vom zentralen Aufgabenerstellungsausschuss erstellten Prüfungsaufgaben ☐

f) Die körperliche Verfassung von Frank ☐

Aufgabe 23

Wie können Sie die konkreten Defizite von Frank ermitteln? (3)

a) Sie kontakten den Berufsschullehrer von Frank und besprechen mit diesem
   die Ergebnisse Ihres Auszubildenden. ☐

b) Sie gleichen die Prüfungsanforderungen mit den Eintragungen in seinem
   Ausbildungsnachweis ab. ☐

c) Sie führen mit Frank ein Vier-Augen-Gespräch, in dem Sie mit ihm den Ursachen
   seiner Leistungen auf den Grund gehen. ☐

d) Sie fahren gemeinsam mit Frank zur IHK und analysieren dort mit ihm die
   Prüfungsaufgaben und seine Ergebnisse. ☐

e) Sie befragen die anderen Auszubildenden, wie sie die Leistungen von Frank einschätzen. ☐

Aufgabe 24

Welche Maßnahmen bieten sich an, um die Defizite von Frank nachhaltig abzubauen? (2)

a) Sie verpflichten Frank, die nächsten drei Monate täglich eine Stunde länger im Betrieb
   zu bleiben und alte Zwischenprüfungsaufgaben zu bearbeiten. ☐

b) Sie kontakten den Ausbildungsberater der IHK und bitten um Unterstützung. ☐

c) Sie werden Frank künftig vermehrt angemessene und zielgerichtete Kontrollaufgaben stellen. ☐

d) Sie werden Frank motivieren, künftig intensiver und konzentrierter zu lernen
   und das Ausbildungsziel im Auge zu behalten. Sie bieten ihm hierzu Unterstützung an. ☐

e) Sie verpflichten Frank, sich einen Nachhilfelehrer zu suchen. ☐

Aufgabe 25

Welche Möglichkeiten bieten sich Ihnen, den Erfolg der eingeleiteten Maßnahmen zu
kontrollieren? (3)

a) Sie machen sich regelmäßig in einem Lehr-Lern-Gespräch mit Frank ein Bild
   von seinen Lern- und Leistungsfortschritten. ☐

b) Sie stellen Frank Aufgaben auf Zwischenprüfungsniveau und werten diese mit
   ihm in einem Lehr-Lern-Gespräch aus. ☐

c) Sie lassen Frank Aufgaben von Zwischenprüfungen der letzten Jahre unter
   Prüfungsbedingungen bearbeiten und besprechen diese mit ihm. ☐

d) Sie überprüfen künftig verstärkt seine Eintragungen im Ausbildungsnachweis. ☐

e) Frank wird zur Wiederholung der Zwischenprüfung bei der IHK angemeldet
   und die Prüfungsgebühr von seiner Ausbildungsvergütung abgezogen. ☐

Aufgabe 26

Welches sind Gründe, warum Sie regelmäßig Beurteilungs- bzw. Fördergespräche
mit allen Auszubildenden führen sollten? (2)

a) Es gilt die Auszubildenden zu motivieren, dass ihre Schulnoten besser als die
   der Klassenkameraden sein sollen. ☐

b) Es gilt den Auszubildenden klarzumachen, dass sie in ihrer Freizeit weniger
   »World of Warcraft« spielen sollen. ☐

c) Es gilt die Auszubildenden dahinzuführen, dass sie ihre eigenen Potenziale
   und Defizite erkennen lernen und die Bedeutung der Selbstkontrolle verinnerlichen. ☐

d) Die Gespräche sollen zur Persönlichkeitsentwicklung der jungen Menschen
   beitragen helfen. ☐

e) Im Gespräch sollen die Auszubildenden ihre eigene Selbstkompetenz erleben. ☐

Aufgabe 27

Worauf gilt es bei den Beobachtungen, die der Beurteilung vorausgehen, zu achten? (2)

a) Den Beobachtungen des Betriebrats ist eine besondere Bedeutung beizumessen. ☐

b) Fehlerhafte Beurteilungen können auch zurückgenommen und angepasst werden. ☐

c) Nur Ihre eigenen Beobachtungen sollen in die Beurteilung eingehen. ☐

d) Beobachtungen von den Ausbildungsbeauftragten werden nicht berücksichtigt. ☐

e) Um sich ein besseres Gesamtbild machen zu können, sollen die gesamten Ausbildungsabschnitte – nicht nur Teile davon – in die Beurteilung einfließen. ☐

Aufgabe 28

Welches sind Beurteilungsfehler, die es bei Nachlässigkeit und unpassendem äußeren Auftreten zu vermeiden gilt? (3)

a) »Antipathie-/Sympathiefehler« ☐

b) Befragung mehrerer Ausbilderkollegen ☐

c) Orientierung an der Betriebsordnung ☐

d) »Tendenz zur Mitte« ☐

e) »Hof- und Halo Effekt« ☐

Aufgabe 29

Nachdem Sie die neuen Beurteilungsgespräche eingeführt haben, können Sie der Auszubildenden Ina ausgezeichnete betriebliche Leistungen bescheinigen. Am Folgetag fragt Sie eine Auszubildende, ob es möglich sei, die Abschlussprüfung ein halbes Jahr vorzuziehen. Sofern Sie diesem Ansinnen zustimmen, gilt es von Ihrer Seite einige organisatorische Maßnahmen zu ergreifen, damit das Ausbildungsziel auch in der verkürzten Zeit erreicht werden kann. Was zählt dazu? (1)

a) Es gilt eine Modifizierung des betrieblichen Ausbildungsplanes anzugehen; damit verbunden ist die Festlegung der Prioritäten betriebsspezifischer Fertigkeiten, Fähigkeiten und Kenntnisse. ☐

b) Der Wunsch der Auszubildenden bedeutet für Sie, dass Sie dafür Sorge zu tragen haben, dass alle laut Ausbildungsrahmenplan noch zu vermittelnden Inhalte auch in der verkürzten Zeit noch angemessen vermittelt werden können. ☐

c) In der verkürzten Ausbildungszeit gilt es sich bis zum Ausbildungsende in erster Linie um die Prüfungsvorbereitung zu kümmern. ☐

d) Da die Ausbildung sich bereits dem Ende neigt, sind keine zusätzlichen organisatorischen Aktivitäten von Ihrer Seite zu erledigen. ☐

e) Sie müssen zunächst den Ausbildungsberater in den Betrieb einladen und dessen Zustimmung einholen und den Berufschullehrer hierüber informieren. ☐

Ausgangssituation zu den Aufgaben 30–34

Sie haben erkannt, dass sich im Ausbildungsberuf IT-Systemkaufmann vor allem die Projektmethode in Teamarbeit (auch zwischen Auszubildenden verschiedener Niederlassungen und Ausbildungsjahre) anbietet und dieses Vorgehen den Anforderungen des Ausbildungsrahmenplans sowie der beruflichen Praxis entspricht. Nachdem diese Methode bisher noch nicht eingesetzt wurde, haben Sie zunächst die typischen Entwicklungsphasen formeller Teams zu reflektieren und Ihre Rolle als Ausbilder zu klären. Ferner gilt sich zu überlegen, wie Sie den Entwicklungsprozess (Start- bzw. Orientierungsphase, Konfliktphase und Kooperationsphase) der Teams zielorientiert unterstützen können und welche Rolle Sie im Rahmen der Durchführung spielen.

Aufgabe 30
Was zählt zu Ihrer Rolle bzw. zu Ihren Aufgaben in der Start- und Orientierungsphase
zum Start der Projektarbeit? (3)

a) Die Spielregeln für die Projektarbeit vorgeben ☐

b) Durchgänig Ansprechbarkeit gewährleisten und Beratung für die Projektbearbeitung anbieten ☐

c) Überlegenheit demonstrieren ☐

d) Der Gruppe Zeit geben, sich auszutauschen ☐

e) Die Aufgaben zur Projektbearbeitung festlegen und verteilen ☐

Aufgabe 31
Was sind Verhaltensmuster und Aktivitäten der Auszubildenden, die anfangs voraussichtlich
auftreten werden? (3)

a) Machtkämpfe ☐

b) Abtastaktivitäten ☐

c) Reserviertheit ☐

d) Verunsicherung bzw. Unsicherheit ☐

e) Ein großes Gemeinschaftsgefühl ☐

Aufgabe 32
Welche Rolle kommt Ihnen als Ausbilder in der folgenden Konfliktphase zu? (3)

a) Sie haben die Sach- und Beziehungsebene zwischen allen Beteiligten zu trennen. ☐

b) Sie haben den Projektleiter zu bestimmen. ☐

c) Sie haben die Auszubildenden zu aktivieren. ☐

d) Sie haben den Auszubildenden konstruktive Hilfen zur Konfliktbearbeitung anzubieten. ☐

e) Sie haben auftretende Konflikte zu definieren. ☐

Aufgabe 33
Welche Rolle kommt Ihnen als Ausbilder in der abschließenden Kooperationsphase zu? (2)

a) Sie haben den Auszubildenden Verantwortung zu übergeben und die
Projektbearbeitung durch die Auszubildenden starten zu lassen. ☐

b) Sie haben sich mit Ihrer Beratung gänzlich auszuklinken. ☐

c) Sie haben Einzelleistungen von besonders kreativen Auszubildenden lobend
hervorzuheben und zu vermerken. ☐

d) Sie können während dieser Phase Termine außer Haus erledigen. ☐

e) Die Auszubildenden haben sich auszutauschen. Sie halten sich weitgehend
im Hintergrund und drängen sich nicht auf. ☐

Aufgabe 34
Worauf haben Sie bei der Projektmethode mit mehreren Gruppen in der Durchführungsphase zu achten? (3)

a) Sie achten auf die Einhaltung der vereinbarten Spielregeln und des Ablaufs. ☐

b) Sie sorgen dafür, dass selbstständiges Arbeiten der Projektgruppe möglich ist.
Nach Möglichkeit greifen Sie nicht ein. ☐

c) Bei Problemen oder Unklarheiten geben Sie auf keinen Fall Hilfestellungen. ☐

d) Bei Problemen innerhalb der Gruppen sorgen Sie rasch für eine neue
Zusammensetzung der Gruppenmitglieder. ☐

e) Wenn notwendig, werden Sie ein moderiertes Gruppengespräch nutzen und dieses moderieren. ☐

Ausgangssituation zu den Aufgaben 35–40
In Ihrem Hotel »Obere Säge« im Hunsrück bilden Sie Köche aus. Paul, einer der drei Auszubildenden, steht kurz vor der Abschlussprüfung. Er soll weitgehend selbstständig einen Kundenauftrag für das Menü einer Familienfeier übernehmen. Sie haben mit dem Kunden ausgemacht, dass Paul bereits im Vorfeld in direkter Kommunikation mit dem Auftraggeber die notwendigen Details abstimmt. Die Bearbeitung der Feier soll durch einen verbalen Lern- und Arbeitsauftrag erfolgen.

Sie werden Paul zunächst das Ziel der selbstständigen Auftragsbearbeitung verdeutlichen und anschließend Hinweise zum geplanten Ablauf geben. Das dabei zugrunde gelegte Vorgehen ist mit dem Modell der vollständigen Handlung vergleichbar.

Aufgabe 35
Paul soll sich zunächst zu folgenden Leitfragen Gedanken machen: (3)

a) Aus welchen Gründen gilt es den Auftrag von mir selbstständig auszuführen? ☐

b) Was sind wichtige Punkte, die ich mit dem Kunden abstimmen werde? ☐

c) Ist jemand der Gäste vorbestraft? ☐

d) Welche Planungen sind zum Bearbeiten des Auftrages erforderlich? ☐

e) Wie lassen sich die notwendigen Informationen zur zielorientierten Bearbeitung der Feier gewinnen? ☐

Aufgabe 36
Paul soll in der Phase der Entscheidungsfindung (4)

a) Ihnen das von ihm ausgewählte und angestrebte Vorgehen bezogen auf die Feier erklären und begründen. ☐

b) Ihnen die Kriterien für den Vergleich der möglichen Vorgehensstrategien nennen und begründen. ☐

c) Ihnen einerseits die Vorteile/Chancen und andererseits die Nachteile/Problembereiche der Varianten erklären und begründen. ☐

d) die zumeist von Ihnen zugrunde gelegte Vorgehensweise wählen und schriftlich begründen. ☐

e) unterschiedliche zielorientierte Vorgehensweisen beschreiben. ☐

Aufgabe 37
Bei der Durchführung bzw. Umsetzung des Auftrages hat Paul Folgendes zu beachten: (3)

a) Er hat die Bearbeitung möglichst selbstständig auszuführen. ☐

b) Er muss für auftretende Fehler die gesamte Verantwortung übernehmen. ☐

c) Er darf – wenn es nötig ist – auf Ihre Unterstützung zurückgreifen. ☐

d) Er hat systematisch entsprechend der abgesprochenen Planung vorzugehen. ☐

e) Er muss die Durchführung bzw. Umsetzung ohne Ihre Hilfe durchführen. ☐

Aufgabe 38
Paul soll nach Abschluss des Gastbesuches (4)

a) den Ablauf eines ähnlichen Auftrages (am gleichen Tag) planen. ☐

b) das Einhalten der geplanten Arbeitsschritte in einem Gespräch mit Ihnen reflektieren und bewerten. ☐

c) einen »Soll-Ist-Vergleich« der angefallenen Kosten und Zeiten durchführen. ☐

d) das gesamte Arbeitsergebnis und den Ablauf der Feierlichkeit in einem Reflexionsgespräch mit Ihnen bewerten. ☐

e) sinnvolle Erkenntnisse für das zukünftige Bearbeiten von Feierlichkeiten dieser Art gewinnen. ☐

Aufgabe 39

Die gemeinsame Auswertung mit Paul findet in welcher Form am sinnvollsten statt? (2)

a) Ihre Bewertung orientiert sich am IHK-Prüfungs-Notensystem. ☐

b) Sie werten mit ihm gemeinsam in einem Lehr-Lern-Gespräch das Vorgehen
und den Erfolg der Veranstaltung aus. ☐

c) Sie bitten ihn zunächst um eine Selbstbewertung nach vorgegebenen ihm bekannten Kriterien. ☐

d) Sie teilen ihm zunächst Ihre Bewertung mit. Dazu bekommt er Gelegenheit Stellung zu nehmen. ☐

e) Sie verzichten auf eine eigene Bewertung und verlassen sich auf das Feedback des Kunden. ☐

f) Über einen Chatroom mit anderen Auszubildenden. ☐

Aufgabe 40

Abschließend hat Paul seine Tätigkeiten in den Ausbildungsnachweis einzutragen.
Welche generellen Gründe hat diese Dokumentation? (2)

a) Der Ausbildungsnachweis ist die Grundlage der betrieblichen Beurteilungen. ☐

b) Schwächen im Ausbildungsverlauf werden hier schriftlich festgehalten,
damit sie später behoben werden können. ☐

c) In der mündlichen Abschlussprüfung können die Prüfer hieraus Fragen stellen.
Das sollte dem Prüfling Sicherheit geben, da er die Inhalte bereits erlernt hat
und hierzu Stellung beziehen könnte. ☐

d) Aufgrund des Ausbildungsnachweises können Sie überprüfen, ob die an der
Ausbildung beteiligten Personen fachlich und pädagogisch gute Arbeit geleistet haben. ☐

e) Sie ist eine Art »Soll-Ist«-Vergleichsinstrument, bezogen auf die vermittelten Inhalte
und den betrieblichen Ausbildungsplan bzw. Ausbildungsrahmenplan. ☐

Ausgangssituation zu den Aufgaben 41–49

Sie haben zu Monatsbeginn die Ausbildungsleitung einer Spedition übernommen. Damit verbunden ist auch die Motivationslage der Auszubildenden zu verbessern. Bei vier Auszubildenden aus verschiedenen Ausbildungsjahren liegen folgende Sachverhalte vor:

Ronny aus dem 1. Ausbildungsjahr: Er ist noch in der Probezeit und macht bisher noch keinen gefestigten Eindruck. Auch seine ersten Berufsschulnoten sind nicht besser als ausreichend. Es gilt in erster Linie seine Schlüsselqualifikationen wie Belastbarkeit, Zuverlässigkeit, Konfliktfähigkeit und Teamfähigkeit zu verbessern.

Fredrik aus dem 2. Ausbildungsjahr: Er ist recht ruhig. Die Ergebnisse der Zwischenprüfung waren nicht zu Ihrer Zufriedenheit. Er leidet unter der Trennung seiner Eltern und seiner schlechten finanziellen Situation.

Kurt aus dem 2. Ausbildungsjahr: Er macht einen guten Eindruck. Er erledigt die Arbeiten zur vollen Zufriedenheit und ist aus Ihrer Sicht ein Glücksfall für den Betrieb. Sie können sich gut vorstellen, ihn nach Ausbildungsende zu übernehmen.

Gerre aus dem 3. Ausbildungsjahr: Er zeigt schlechte Berufsschulnoten. Ihm geht es vor allem darum, die Ausbildung rasch zu beenden. Da er gerade den Führerschein bestanden hat, ist es ihm wichtig, bald einen gebrauchten Mercedes zu kaufen.

Sie möchten Ihr motivatorisches, pädagogisches und psychologisches Geschick so einsetzen, dass die Leistungen sowie die Lernbereitschaft der Auszubildenden wieder bzw. weiter steigen.

Aufgabe 41
Bezogen auf Ronny sehen Sie Anzeichen einer erkennbaren Antriebsermüdung bzw. Konzentrationsprobleme. Was festigt Ihre Annahme? (2)

a) Unfreundlichkeit gegenüber den Kunden ☐

b) Eine ständige Verlängerung der Pausen ☐

c) Eine zunehmende Abwehrreaktion, wenn Sie ihm neue Arbeitsaufgaben zuweisen ☐

d) Seine unleserliche Handschrift ☐

e) Das regelmäßige ungenaue Ausfüllen der Zollformulare nach 15 Uhr ☐

Aufgabe 42
Darüber hinaus meinen Sie auch eine ungewöhnliche Arbeitsermüdung bei ihm zu beobachten. Was festigt Ihre Annahme? (3)

a) Die Fehlerhäufigkeit steigt im Tagesverlauf an. ☐

b) Die sinkende Konzentration am Nachmittag. ☐

c) Sein Wunsch, in erster Linie Routinetätigkeiten machen zu dürfen. ☐

d) Die erkennbare Anstrengung bei der Erledigung der ihm zugewiesenen Aufgaben. ☐

e) Seine nachlässige Kleidung und sein ungepflegtes Äußeres. ☐

Aufgabe 43
Wie lässt sich bei Ronny sein Durchhaltevermögen, aber auch sein Umgang mit Routinetätigkeiten darüber hinaus steigern? (3)

a) Routinetätigkeiten lassen Sie ihn an die Praktikanten delegieren. ☐

b) Sie erhöhen gezielt die Arbeitsanforderungen, ohne ihn dabei zu überfordern. ☐

c) Sie zeigen sich als Vorbild beim Umgang mit monotonen Routinearbeiten. ☐

d) Die Belastbarkeitsgrenze soll erst unmittelbar vor der Abschlussprüfung gesteigert werden. ☐

e) Sie unterstützen ihn bei möglichen negativen Ergebnissen in der Berufsschule und bei der Prüfungsvorbereitung. ☐

Aufgabe 44
Wie können Sie die Zuverlässigkeit von Ronny verbessern helfen? (3)

a) Sie führen einen Strafenkatalog ein, wenn der Ausbildungsnachweis Ihnen nicht pünktlich jeweils zum Wochenstart vorgelegt wird. ☐

b) Sie verdeutlichen ihm in einem Lehr-Lern-Gespräch die Konsequenzen von falsch ausgefüllten Zollformularen. ☐

c) Zunehmend reduzieren Sie die Überwachung seiner Arbeitshandlungen. ☐

d) Sein Selbstbewusstsein bei den Arbeitshandlungen beweist seine Zuverlässigkeit. ☐

e) Die in der Selbstkontrolle erkannten Fehler bitten Sie Ronny künftig zu vermeiden. ☐

Aufgabe 45
Wie können Sie die Konfliktfähigkeit von Ronny verbessern helfen? (3)

a) Sie sorgen dafür, dass er beim Austausch von Meinungen in der Abteilung mit einbezogen wird. ☐

b) Damit er vom rüden Umgangston in der Abteilung nicht weiter schockiert wird, lassen Sie ihn bei Abteilungsmeetings künftig nicht mehr teilnehmen. ☐

c) Sie verdeutlichen ihm, wie man konstruktiv mit andersartigen Standpunkten umgeht. ☐

d) Sie verdeutlichen ihm die Chancen und Notwendigkeiten konstruktiver und sachbezogener Kritik. ☐

e) Konflikte, die auch ihn betreffen, versuchen Sie durch ein rasches Einlenken Ihrerseits zu beenden. ☐

Aufgabe 46

Wie lässt sich die Teamfähigkeit von Ronny verbessern? (3)

a) Sie lassen den Auszubildenden an Teambesprechungen teilnehmen und fordern
dort seine Aktivität. ☐

b) Sie treten für ihn als Vorbild beim Bearbeiten von Arbeitsaufgaben in Teamarbeit auf. ☐

c) Wenn der Auszubildende überfordert erscheint, entlasten Sie ihn und übernehmen
seine Arbeitsaufgaben bis zur nächsten Pause. ☐

d) Sie vermitteln dem Auszubildenden die Vorteile und Chancen der Kooperation und Kommunikation. ☐

e) Sie weisen den Auszubildenden an – zur gemeinsamen Vorbereitung auf die Zwischenprüfung –
mit seinen Klassenkameraden aus der Berufsschulklasse eine Lerngruppe zu bilden. ☐

Aufgabe 47

Wie können Sie positiv auf die Situation von Fredrik reagieren? (3)

a) Sie machen ihm klar, dass er auf Ihre Unterstützung bauen kann und erarbeiten
kooperativ Strategien zum Aufholen der Lernlücken. ☐

b) Sie verdeutlichen ihm, dass Sie als Ansprechpartner für alle seine Sorgen
bereitstehen, die sich negativ auf die Ausbildung auswirken können. ☐

c) Sie vereinbaren quartalsmäßig persönliche Gespräche zu seiner unangenehmen Situation. ☐

d) Sie raten ihm, sich mit der örtlichen Schuldnerberatung zu beraten.
Deren Telefonnummer besorgen Sie ihm auf Wunsch. ☐

e) Sie bieten ihm ein zinsfreies Darlehen an. ☐

Aufgabe 48

Kurt hat Ihrer Meinung nach seine Potenziale noch nicht ausgeschöpft,
welche Motivationsgriffe gilt es zielorientiert anzuwenden? (3)

a) Ihm eine Erhöhung der Ausbildungsvergütung in Aussicht stellen. ☐

b) Den Firmenwagen über das Wochenende ausleihen. ☐

c) Sie werden ihm mitteilen, dass er auf dem richtigen Weg ist und wenn er so weiter
macht, die Abschlussprüfung bestehen sollte. ☐

d) Sie werden ihm im weiteren Verlauf der Ausbildung gezielt anspruchsvollere Tätigkeiten anvertrauen. ☐

e) Da die Zwischenprüfung recht gut ausgefallen ist, sprechen Sie ihn (nach Rücksprache
mit anderen Ausbildern, dem Ausbildenden und dem Berufsschullehrer) auf die
Möglichkeit einer vorzeitigen Beendigung der Ausbildung an. ☐

f) Sie werden ihm seine Faulheit vorwerfen. ☐

Aufgabe 49

Bezogen auf Gerre gilt es Motivationsinstrumente für die Restlaufzeit der Ausbildung
anzuwenden. Welche Maßnahmen bieten sich an? (2)

a) Ihm die Anforderungen der Abschlussprüfung gemäß der Ausbildungsordnung verdeutlichen.
Zudem Bereitschaft demonstrieren, ihn bei der Prüfungsvorbereitung zu unterstützen. ☐

b) Sich mit ihm bevorzugt über die Formel-1-Aktivitäten von Mercedes zu unterhalten. ☐

c) Ihm die Bedeutung der Abschlussprüfung verdeutlichen und damit in Aussicht stellen,
dass ein guter Abschluss auch Grundlage für eine höhere spätere Vergütung sein wird. ☐

d) Ihn aufmerksamer und strenger beaufsichtigen. ☐

e) Ihn weitgehend zu ignorieren. ☐

Ausgangssituation zu den Aufgaben 50–56

Da Sie als Ausbildungsleiterin in Kürze drei Jahre in Elternzeit gehen, gilt es Ihre Vertretung für diese Zeit sicher einzuarbeiten. Damit es in Ihrer künftigen Abwesenheit keine Probleme gibt, nehmen Sie sich hierfür ausreichend Zeit und betrachten unterschiedliche Aufgabenbereiche und Schnittstellen, die eine Rolle bei der Planung und Durchführung der strategischen und täglichen Ausbildungsarbeit spielen. Ausgebildet werden in Ihrer Fluggesellschaft die Berufe des Luftverkehrskaufmannes sowie der Bürokauffrau. Sie kooperieren mit einem überbetrieblichen Ausbildungspartner. Die Auszubildenden sind teilweise minderjährig und haben unterschiedliche Schulabschlüsse.

Aufgabe 50
An welche externen Partner hat sich Ihre Vertretung bei der Planung der betrieblichen
Ausbildung aus welchen Gründen zu wenden? (2)

a) Sie bittet die Industrie- und Handelskammer um Zusendung der betreffenden Ausbildungsordnungen. ☐

b) Sie kontaktet die zuständige Berufsschule und bittet um Zusendung der notwendigen Planungsunterlagen für den Unterricht, um damit eine didaktische Parallelität der Lernorte anzustreben. ☐

c) Sie fragt bei der Industrie- und Handelskammer nach einer Aufstellung über die Anforderungsprofile der Berufe in der Verkehrsbranche nach. ☐

d) Sie informiert die betreffenden Gewerkschaften und Arbeitgeberverbände über die geplanten weiteren Ausbildungsaktivitäten im Betrieb. ☐

e) Sie kontaktet die Agentur für Arbeit und bittet diese um die Zusendung von Anforderungsprofilen und Ausbildungsmaterial über die betreffenden Berufe. ☐

Aufgabe 51
Auf Grundlage des Berufsbildungsgesetzes und des Ausbildungsrahmenplans ist die Ausbildung
sachlich gegliedert durchzuführen. Inwiefern müssen Sie dabei die inhaltlichen Vorgaben der
Ausbildungsordnung bzw. des Ausbildungsrahmenplans beachten? (3)

a) Bei der Planung achten Sie darauf, dass Inhalte der vorgeschriebenen Prüfungen (Zwischen- und Abschlussprüfung) angemessen berücksichtigt werden. ☐

b) Es ist wichtig, dass die Auszubildenden alle betrieblichen Abteilungen kennenlernen. ☐

c) Es gilt die Probezeit (die in Ihrem Betrieb vier Monate dauert) so zu planen, dass in dieser Zeit aussagekräftige Hinweise über die Neigung und Eignung der Auszubildenden gewonnen werden können. ☐

d) Die Inhalte sind so zu gliedern, dass abgeschlossene und überschaubare Ausbildungseinheiten vorgesehen sind. ☐

e) Die Ausbildung soll sich inhaltlich einerseits nach den Interessen der Auszubildenden und andererseits nach den Bedürfnissen des Ausbildungsbetriebes richten. ☐

Aufgabe 52
Für die Ausbildungsplanung spielt die Ausbildungsordnung bzw. der Ausbildungsrahmenplan
eine besondere Rolle. Inwiefern haben Sie diese Vorgaben als Grundlage zu nutzen? (3)

a) Sie überreichen die Unterlagen den Ausbildungsbeauftragten und bitten diese Ihnen mitzuteilen, welche darin aufgelisteten Inhalte Sie übernehmen wollen. ☐

b) Vor dem Hintergrund der inhaltlichen Vorgaben überprüfen Sie, welche Inhalte an den betreffenden Arbeitsplätzen im Betrieb vermittelt werden können. ☐

c) Sie analysieren die Arbeitsplätze und wählen die aus, die sich dazu eignen, die relevanten Inhalte praxisgerecht zu vermitteln. ☐

d) Sie machen eine Auflistung, in der aufgeführt wird, welche Inhalte an welchen Lernorten und Arbeitsplätzen angemessen vermittelt werden können. ☐

e) Sie überprüfen, welche Inhalte nicht prüfungsrelevant sind, und vermitteln diese mit wesentlich geringerer Intensität wie die prüfungsrelevanten Inhalte. ☐

Aufgabe 53
Auf Grundlage des Berufsbildungsgesetzes gilt es einen betrieblichen (individuellen)
Ausbildungsplan zu erstellen. Was haben Sie bei der Erstellung zu beachten? (3)

a) Es ist darauf zu achten, dass die Ausbildungszeit sich exakt mit der
des Ausbildungsrahmenplans deckt. ☐

b) Es ist darauf zu achten, dass die Auszubildenden in allen Abteilungen des
Unternehmens eingesetzt werden. ☐

c) Es sind die zu vermittelnden Inhalte sachlogisch und zeitlich zu gliedern. ☐

d) Zu berücksichtigen sind die Zeiten, an denen die Auszubildenden nicht im
Ausbildungsbetrieb sein werden. ☐

e) Zu berücksichtigen sind die Inhalte, die von einem überbetrieblichen
Ausbildungspartner vermittelt werden. ☐

Aufgabe 54
Bezogen auf die Rechte und Pflichten der Vertragspartner gilt es einige Vorgaben zu beachten.
Welche Pflichten sind für den Ausbildenden gesetzlich vorgeschrieben, die Ihre Vertretung zu kennen hat? (3)

a) Die Übertragung der dem Ausbildungszweck dienenden Aufgaben an die Auszubildenden ☐

b) Die Bereitstellung der notwendigen persönlichen Schutzkleidung für die Auszubildenden ☐

c) Kostenübernahme der Fahrtkosten zur Berufsschule und der dort notwendigen Lernmittel ☐

d) Die Benennung weisungsberechtigter Personen, die hierfür geeignet sind ☐

e) Die Freistellung für außerbetriebliche Veranstaltungen ☐

f) Die kostenlose Verpflegung in der Kantine ☐

Aufgabe 55
Bezogen auf die Rechte und Pflichten der Vertragspartner gilt es einige Vorgaben zu
beachten. Welche Pflichten sind für den Auszubildenden gesetzlich vorgeschrieben? (2)

a) Die Aushändigung der Ausbildungsmittel am Ende der Ausbildung ☐

b) Eine abschließende ärztliche Untersuchung zum Ausbildungsende bei minderjährigen
Auszubildenden ☐

c) Die Teilnahme an außerbetrieblicher Ausbildung, für welche sie freigestellt werden ☐

d) Die Lernpflicht, d. h. die ihm im Rahmen der Ausbildung übertragenen Aufgaben sorgfältig
auszuführen und den Weisungen, die ihm im Rahmen der Berufsausbildung von
weisungsberechtigten Personen erteilt werden, zu folgen ☐

e) Am Wochenende jeweils vor Mitternacht daheim zu sein ☐

Aufgabe 56
Da Ihre Vertretung sich nicht allein um die Auszubildenden kümmern kann, weil diese
in den Fachabteilungen eingesetzt werden, geben Sie ihr Tipps für die Auswahl der
Fachkräfte (Ausbildungsbeauftragte) in den Abteilungen. (3)

a) Die Fachkräfte müssen berufs- und arbeitspädagogische Kenntnisse gemäß der
Ausbilder-Eignungsverordnung (AEVO) besitzen. ☐

b) Aufgrund ihrer Position haben die Fachkräfte Autorität auszustrahlen und sollten
mindestens fünf Jahre im Unternehmen beschäftigt sein. ☐

c) Zwingend notwendig ist, dass die betroffenen Personen die nötigen Zeitkontingente
für eine anspruchsvolle Ausbildung zur Verfügung haben. ☐

d) Unverzichtbar ist, dass die Fachkräfte für den Umgang mit Jugendlichen und jungen
Menschen geeignet sind. ☐

e) Die erforderlichen beruflichen Qualifikationen zur Vermittlung der vorgegebenen
Inhalte müssen zwingend vorhanden sein. ☐

Ausgangssituation zu den Aufgaben 57–61

Am Freitag war die halbjährlich stattfindende Abschlussprüfung (Kenntnisprüfung) Ihrer drei Aus-zubildenden Bill, David (minderjährig) und Gerd im Beruf Koch. Die Abschlussprüfung gliedert sich gemäß der Ausbildungsordnung in eine Kenntnisprüfung und die anschließende Fertigkeitsprüfung. Während Bill sich ganz sicher ist, diese nicht bestanden zu haben, konnte David an ihr erst gar nicht teilnehmen, da die S-Bahn wegen eines Selbstmordattentäters zwei Stunden in einem Tunnel aufge-halten wurde. Im Falle von Gerd wird sich in ein paar Wochen zeigen, dass ihm im Fach »Wirtschafts-und Sozialkunde« ein Punkt zum Bestehen fehlt. Er geht aber fest davon aus, dass seine Leistung ausreichend war. Gemeinsam mit den Auszubildenden überlegen Sie, wie es nun weitergeht, da die Verträge der Auszubildenden am 31.8. auslaufen.

Aufgabe 57
David interessiert vor allen Dingen, wann er die verpasste Prüfung ablegen kann.
Welche Informationen geben Sie ihm? (2)

a) Er muss erst die Fertigkeitsprüfung nächsten Monat ablegen und kann dann in einem Jahr die Kenntnisprüfung nachholen. ☐

b) Er kann die Prüfung zum Termin der nächsten Halbjahresprüfung nachholen. ☐

c) Die Prüfung muss innerhalb der verbleibenden sechs Wochen der Vertragslaufzeit nachgeholt werden, da sein Zeitvertrag dann ausläuft. ☐

d) Zum nächsten von der Industrie- und Handelskammer festgelegten Termin. Diesen werden Sie erfragen. ☐

e) Es steht ihm zu, die verpasste Prüfung als Externenprüfung noch vor Vertragsende nachzuholen. ☐

Aufgabe 58
Wie sieht es bei David mit dem Ende bzw. der Verlängerung der Ausbildungszeit aus? (2)

a) Die Ausbildungszeit endet am 31.8. mit dem Tag, an dem die vertragliche Ausbildungszeit abgelaufen ist. ☐

b) Die Ausbildungszeit verlängert sich ohne Beantragung, bis der Auszubildende die folgende Kenntnisprüfung in einem halben Jahr bestanden hat. ☐

c) Die Ausbildung hätte auch auf Antrag verlängert werden können, wenn David bei der Kenntnisprüfung anwesend gewesen wäre und dabei durchgefallen wäre. ☐

d) Die Ausbildung kann jederzeit beliebig verlängert werden, wenn beide Vertragspartner dies möchten. ☐

e) Die Ausbildungszeit wird unmittelbar beendet, wenn er unpünktlich zur Kenntnisprüfung erscheint. ☐

Aufgabe 59
Da David die Prüfung nachholen möchte, befragt er Sie zum Anmeldetermin und zur Anmeldung der nächsten Kenntnisprüfung. Welche verbindliche Auskunft können Sie ihm geben? (1)

a) Der Anmeldetermin ist mit der Industrie- und Handelskammer zu klären. ☐

b) Bei der Anmeldung ist vom Verkehrsträger eine Bescheinigung über die Verspätung bei der Anreise anzugeben. ☐

c) Der Anmeldetermin ist durch den Prüfungsausschuss zu bestätigen. ☐

d) Die Anmeldung muss per Einschreiben erfolgen. ☐

e) Der Anmeldetermin zur Prüfung setzt bei minderjährigen Auszubildenden die Unterschrift der Eltern voraus. ☐

Aufgabe 60

Welche Möglichkeiten hat Gerd, gegen die vorliegende Bewertung vorzugehen? (1)

a) Er kann vom Prüfungsausschuss eine erneute Auswertung der Prüfung verlangen. ☐

b) Er kann innerhalb einer vorgegebenen Frist bei der zuständigen Stelle gegen das Ergebnis Widerspruch einlegen. ☐

c) Er kann den Schlichtungsausschuss mit der Prüfung des Ergebnisses beauftragen. ☐

d) Er kann beim Arbeitsgericht gegen die vorliegende Benotung klagen. ☐

Aufgabe 61

Welches rechtliche Vorgehen ist von Gerd hierbei zu beachten? (3)

a) Der Widerspruch ist innerhalb eines Monats nach Mitteilung der Ergebnisse einzulegen. ☐

b) Zunächst ist eine schriftliche Stellungnahme des Prüfungsausschusses anzufordern. ☐

c) Der Widerspruch ist in schriftlicher Form einzureichen. ☐

d) Der Widerspruch ist entsprechend zu begründen. ☐

e) Der Widerspruch muss auch vom Ausbildenden unterstützt werden. ☐

Ausgangssituation zu den Aufgaben 62–68

Die Abschlussprüfungen von Ihren Auszubildenden Georg, Achim, Rudi und Valentin sind gelaufen. Während Rudi an der Prüfung wegen Krankheit nicht teilgenommen hat, da er bereits unmittelbar vor der Prüfung arbeitsunfähig geschrieben war, sind Georg und Achim wegen ihrer ungenügenden Leistungen im praktischen Teil durchgefallen. Valentin hat dagegen die Prüfung problemlos gemeistert. Es ist nun zu klären, wie es mit den Auszubildenden weitergehen soll und wie die rechtliche Situation aussieht.

Aufgabe 62

Rudi ist sich unsicher, wie die Nicht-Teilnahme rechtlich zu werten ist. Sie beraten ihn. (1)

a) Er hätte an der Prüfung teilnehmen können, das Ergebnis wäre nur gewertet worden, wenn er die Prüfung bestanden hätte. ☐

b) Die zuständige Stelle hätte ihn von der Prüfung ausschließen müssen, da eine Arbeitsunfähigkeitsbescheinigung vorlag. ☐

c) Die zuständige Stelle bzw. der Prüfungsausschuss darf angemeldete Prüfungsteilnehmer von der Prüfung – egal aus welchen Gründen – nicht ausschließen. ☐

d) Als Ausbilder mussten Sie die zuständige Stelle über die Arbeitsunfähigkeit von Rudi unterrichten. Somit war seine Teilnahme nicht möglich. ☐

e) Wenn Rudi sich ausdrücklich zur Teilnahme an der Prüfung bereit erklärt hätte, hätte er sie auch ablegen und möglicherweise bestehen können. ☐

Aufgabe 63

Über das schlechte Ergebnis der Prüfung von Georg sind Sie nicht sonderlich überrascht. Welche Ihrer Beobachtungen während der Ausbildungszeit untermauern Ihre Einschätzung zum Misserfolg von Georg? (2)

a) Bereits das Ergebnis der Zwischenprüfung war nur »ausreichend«. ☐

b) Die Umgangsformen und der Modestil des Auszubildenden entsprachen während der Ausbildungszeit nicht Ihren Wünschen und den Standards der anderen Auszubildenden. ☐

c) Am einwöchigen externen Prüfungsvorbereitungskurs fehlte er wegen Krankheit. ☐

d) Die erteilten Arbeitsaufträge während der Ausbildungszeit entsprachen in der Regel nicht Ihren Kriterien/Erwartungen. ☐

e) Während der gesamten Ausbildungszeit fehlte Georg wegen eines chronischen Leidens insgesamt sechs Wochen. ☐

Aufgabe 64

Wunsch von Georg ist es, damit er die Prüfung wiederholen kann, das Berufsausbildungsverhältnis bis zum nächstmöglichen Termin zu verlängern. Wie reagieren Sie rechtlich und pädagogisch richtig? (1)

a) Sie verwehren sich gegen seinen Wunsch, bieten ihm aber an, künftig auch ohne Ausbildungsabschluss im Unternehmen befristet jobben zu können. ☐

b) Sie raten ihm, hiermit keine Zeit zu verschwenden und seinen Marktwert auf dem Arbeitsmarkt auch ohne Abschluss zu testen. ☐

c) Sie verwehren sich gegen seinen Wunsch, da seine betrieblichen Beurteilungen und die Ergebnisse der Zwischenprüfung nicht ausreichend waren. ☐

d) Sie kommen seinem Wunsch nach und melden ihn bei der IHK zur nächstmöglichen Wiederholungsprüfung an. ☐

Aufgabe 65

Auch Achim möchte in die Wiederholungsprüfung und beantragt die Verlängerung der Ausbildung im Betrieb. Wie reagieren Sie rechtlich richtig? (1)

a) Sie informieren ihn darüber, dass ein Antrag bei der zuständigen Stelle nicht notwendig sei, da sein Vertrag erst mit erfolgreichem Bestehen der Ausbildung endet. ☐

b) Sie informieren ihn darüber, dass Sie der Verlängerung nicht nachkommen werden, da er als »Externer« nach § 45 (2) des Berufsbildungsgesetzes die erneute Prüfung auch ohne den Betrieb angehen kann. ☐

c) Sie kommen seinem Wunsch nach und verlängern den Vertrag bis zum nächsten Prüfungstermin, der laut Auskunft der zuständigen Stelle in einem halben Jahr sein wird. ☐

d) Sie kommen seinem Wunsch nicht nach. Zur Wiederholungsprüfung soll er sich selber vorbereiten und die Berufsschule weiterhin besuchen. ☐

e) Sie erinnern ihn daran, dass Sie ihm bereits nach der Zwischenprüfung mitgeteilt haben, dass eine Übernahme bzw. Weiterbeschäftigung nicht möglich ist und beharren darauf. ☐

Aufgabe 66

Die Schwächen von Georg lagen in erster Linie im fachpraktischen Teil der Prüfung. Damit es bei der Wiederholungsprüfung besser laufen wird, unterstützen Sie ihn bei der Strategie für den »zweiten Anlauf«. Welche der folgenden Maßnahmen sind am Erfolg versprechendsten? (3)

a) Sie raten ihm, sich zusammenzureißen und im Selbststudium seine Mängel selber zu schließen. ☐

b) Sie raten ihm, einen Prüfungsvorbereitungskurs bei einem Bildungsträger außerhalb der Ausbildungszeit zu besuchen. Sie unterstützen ihn hierzu finanziell. ☐

c) Gerade in den Bereichen, in denen er in der Prüfung Schwächen zeigte, stellen Sie ihm praxisnahe Aufgaben im Betrieb und kontrollieren diese gemeinsam. ☐

d) Sie raten ihm, die Berufsschule weiterhin zu besuchen. ☐

e) Sie raten ihm, praktische Prüfungsaufgaben der letzten Jahre genau zu reflektieren und sich an diesen zu probieren. ☐

Aufgabe 67

Da sich Valentin unmittelbar nach der schriftlichen Prüfung nicht über sein Abschneiden sicher war, befragt er Sie über die Konsequenzen eines möglichen mangelhaften oder ungenügenden Abschneidens. Wie antworten Sie rechtlich richtig? (1)

a) Bei nicht-ausreichenden Prüfungsleistungen wird der Ausbildungsvertrag von der zuständigen Stelle automatisch bis zum nächstmöglichen Prüfungstermin verlängert. ☐

b) Das Ausbildungsverhältnis läuft bis zum terminierten Ende weiter. Eine Wiederholung der Prüfung ist nur möglich, wenn der Ausbildungsvertrag mit dem Betrieb auf Antrag des Auszubildenden verlängert wird. ☐

c) Der Ausbildungsvertrag muss auf Wunsch des Ausbildungsbetriebes um ein halbes Jahr bis zum nächsten Prüfungstermin verlängert werden. ☐

d) Der Ausbildungsvertrag läuft bis zum vertraglich terminierten Ende weiter. Valentin kann auch ohne eine Verlängerung des Vertrages die Prüfung wiederholen (Externenprüfung). ☐

e) Valentin hat die Möglichkeit, die Prüfung dreimal zu wiederholen. ☐

f) Valentin hat nur die Möglichkeit, die Prüfung einmal zu wiederholen. ☐

Aufgabe 68

Das vertragliche Ausbildungsende von Valentin ist auf den 31. Juli terminiert.
Am Ende der praktischen Prüfung am 15. Juli gratuliert ihm der Prüfungsausschuss
zur bestandenen Prüfung. Wann ist das Ausbildungsverhältnis somit beendet? (1)

a) Sofern Valentin das Vertragsverhältnis nicht vorzeitig kündigt, am 31. Juli. ☐

b) Valentin kann sein Ausbildungsende zwischen dem 15. und 31. Juli wählen. ☐

c) Am Ende der Arbeitswoche, in der der letzte Prüfungsteil stattfand. ☐

d) An dem Tag, an dem er Ihnen das Ausbildungszeugnis vorlegt. ☐

e) Am 15. Juli mit der Bekanntgabe des Bestehens durch den Prüfungsausschuss. ☐

Ausgangssituation zu den Aufgaben 69–73

Personalentwicklung beginnt für Sie mit der Ausbildung. Ihr Auszubildender Ulf (Volljährig, fachgebundene Hochschulreife, Ausbildungsdauer 3,5 Jahre) überzeugt Sie im Bereich der betrieblichen Ausbildung. Auch sein Berufsschulzeugnis mit durchweg guten Noten erfreut Sie und bestätigt Ihre Einschätzung, dass er ein guter Facharbeiter wird und eine Menge Potenzial besitzt. Vor diesem Hintergrund planen Sie Ulf besonders zu fördern und haben eine Planstelle nach Beendigung der Ausbildung für ihn vorgesehen. Angestrebt wird ein Konzept, welches die laufenden betrieblichen Belange berücksichtigt, aber vor allem in der Zeit nach der Ausbildung greift.
Anders sieht es bei Tom (17 Jahre) aus. Er erfüllt Ihre Erwartungen nicht zufriedenstellend. Sie möchten mit ihm deshalb ein Beurteilungs- und Fördergespräch – auch im Hinblick auf das baldige Ende der Probezeit – führen und dabei insbesondere seine Unpünktlichkeit, seine mangelnde Beachtung der Unfallverhütungsmaßnahmen und die fehlende ordnungsgemäße Führung des Ausbildungsnachweises thematisieren.

Aufgabe 69

Um sich ein ganzheitliches Bild von den Leistungen und vom Verhalten von Ulf zu machen, entscheiden Sie, dazu zahlreiche Aspekte mit einzubeziehen und Informationen von anderen intern und extern an der Ausbildung beteiligten Personen einzuholen. Worum geht es hierbei konkret? (3)

a) Um die kurz- und mittelfristig zu erwartende Auftragssituation des Ausbildungsbetriebes ☐

b) Um die Einschätzung seiner Berufsschullehrer, bezogen auf die geplanten Förderungsmaßnahmen ☐

c) Um die Vorstellung von Ulf über seine berufliche Zukunft für die Zeit nach der Ausbildung ☐

d) Um die persönlichen Interessen, Neigungen und Motive von Ulf ☐

e) Um die konjunkturelle Situation der Branche ☐

Aufgabe 70
Welches sind Elemente, die in dem Personalentwicklungskonzept für Ulf eine besondere
Rolle spielen sollen? (3)

a) Anmeldung zu einem Workshop zur Verbesserung der Arbeitstechniken und des
   Projektmanagements ☐

b) Vermittlung von fach- und berufsübergreifenden Zusatzqualifikationen
   (Schlüsselqualifikationen) für einen konkreten späteren betrieblichen Einsatz ☐

c) Einführung eines innerbetrieblichen Unterrichts, der darauf abzielt, den Berufsschulstoff
   zu wiederholen ☐

d) Anmeldung zum Vorbereitungskurs auf die Abschlussprüfung bei der Volkshochschule ☐

e) Unterstützung für eine Aufstiegsfortbildung – wie dem IT-Professional – nachdem Ulf
   eine gewisse berufliche Praxis gesammelt hat ☐

Aufgabe 71
Unabhängig von Ihren Plänen zieht Ulf nach Beendigung der Ausbildung ein Studium
an der örtlichen Fachhochschule vor. Welches Vorgehen bietet sich für ihn an? (2)

a) Er bemüht sich mit Ihnen um eine vertragliche Änderung. Aufgrund seines Schulabschlusses,
   der guten Zwischenprüfung sowie der hervorragenden Berufsschulnoten möchte er die
   Ausbildungsdauer um ein halbes Jahr verkürzen. Sie bieten ihm an, während des Studiums
   – in den Semesterferien – im Betrieb als Werksstudent zu arbeiten. ☐

b) Er bittet Sie, das Ausbildungsverhältnis bis zur Prüfung ruhen zu lassen, damit er sich neben dem
   Studium auf die Abschlussprüfung vor der IHK vorbereiten kann. ☐

c) Ulf strebt an, dass er sich vom Besuch der Berufsschule befreien lässt, um so schon an zwei Tagen
   der Woche ins Studium »reinschnuppern« zu können. ☐

d) Er strebt die vorzeitige Zulassung zur Abschlussprüfung zu einem sechs Monate früheren
   Termin an. Sie kommen diesem Wunsch aufgrund seiner guten Leistungen in der
   Berufsschule und im Betrieb nach. ☐

e) Ein umgehender Einstieg in das Studium zum Wintersemester. Dazu müsste die wöchentliche
   Arbeitszeit im Betrieb erheblich reduziert werden. ☐

Aufgabe 72
Was haben Sie bei der Organisation und Vorbereitung des Gesprächs mit Tom zu beachten? (2)

a) Sie sprechen vor dem anberaumten Gespräch mit dem anderen Auszubildenden
   über das Verhalten von Tom und dessen Leistung. ☐

b) Tom wird im Vorfeld des Gesprächs nicht über dessen Thematik informiert,
   damit er in dessen Verlauf spontaner argumentiert. ☐

c) Sie teilen Tom mit, dass Sie mit ihm am Freitag (also in zwei Tagen) ein Beurteilungs-
   und Fördergespräch auch zu den o. g. Themen führen möchten. Tom kann sich somit
   im Vorfeld mit der Thematik beschäftigen. ☐

d) Ihnen ist eine angenehme und ungestörte Gesprächsatmosphäre wichtig.
   Sie sorgen dementsprechend im Vorfeld für angemessene Rahmenbedingungen. ☐

e) Sie laden Toms Klassenlehrer aus der Berufsschule vorab zu einem Gespräch in Ihre Firma
   ein und tauschen sich mit ihm über Toms negatives Verhalten aus. ☐

Aufgabe 73

Was gilt es – bezogen auf den Gesprächsverlauf mit Tom – zu beachten? (3)

a) Zu Beginn des Gesprächs bringen Sie die enttäuschenden Fakten auf den Tisch und drohen Tom mit einer Beendigung der Ausbildung während der Probezeit. ☐

b) Am Ende des Gesprächs sollte eine gemeinsame Vereinbarung über das künftige Verhalten von Tom und mögliche Konsequenzen bei deren Nichtbefolgung stehen. ☐

c) Sie bitten Tom, zu der Situation Stellung zu nehmen, und hören sich seine Situationsbeschreibung an. ☐

d) Die Meinung von Tom ist für Sie irrelevant, auf eine Stellungnahme von ihm verzichten Sie. ☐

e) Tom wird von Ihnen freundlich begrüßt. Dadurch werden ihm Hemmungen genommen und ein positiver Gesprächseinstieg geschaffen. ☐

Ausgangssituation zu den Aufgaben 74–78

Der Personalleiter Ihres Unternehmens möchte Sie als neue Ausbildungsleiterin künftig stärker in die Personalplanung und -entwicklung einbeziehen. Da bisher in dem Betrieb noch nicht ausgebildet wurde und Sie selber den geplanten Ausbildungsberuf erlernt haben, die Ausbilder-Eignungsprüfung bestanden haben und im letzten Monat die Prüfung zur Personalfachkauffrau absolviert haben, bringen Sie die notwendigen Voraussetzungen hierfür mit und können die nötigen Impulse geben.

Aufgabe 74

Welche Ihrer Kompetenzen und Erfahrungen zeichnen Sie für die neue Position aus? (2)

a) Ihre guten Kontakte zum Kultusminister ☐

b) Ihre Prüfertätigkeit bei der IHK und Ihr Wissen über mögliche Anpassungen bestehender Berufsbilder der Branche ☐

c) Ihre Arbeit bei den Wirtschaftsjunioren bei der Industrie- und Handelskammer ☐

d) Ihre Fachbuchveröffentlichung zum Thema »Formen der betrieblichen Altersversorgung« ☐

e) Ihr Wissen über den betrieblichen Aufbau und Funktionszusammenhänge des Unternehmens ☐

Aufgabe 75

Welches sind Aussagen, die eine Rolle im Rahmen der Personalentwicklung des Betriebes spielen sollten? (2)

a) In der Produktion sollten ausschließlich männliche Auszubildende eingestellt werden. ☐

b) Der starke Auftragseingang im Bereich der Produktion scheint längere Zeit anzuhalten, da das Unternehmen ein Monopol auf ein bestimmtes Herstellungsverfahren besitzt. ☐

c) Informationen zur Altersstruktur in der Produktion spielen keine Rolle. ☐

d) In vier Jahren wird ein Fünftel der Belegschaft das Renteneintrittsalter erreicht haben. ☐

e) Der Bedarf an Auszubildenden und Hochschulpraktikanten ist losgelöst von der betrieblichen Entwicklung auf einem konstanten Niveau zu planen. ☐

Aufgabe 76

Was gilt es über die Anerkennung von Ausbildungsberufen zu wissen? (2)

a) Die Anerkennung von Ausbildungsberufen klärt das Berufsausbildungsgesetz. ☐

b) In anderen als anerkannten Ausbildungsberufen dürfen Jugendliche unter 16 Jahren nicht ausgebildet werden, soweit die Ausbildung nicht auf den Besuch weiterführender Bildungsgänge vorbereitet. ☐

c) Für einen anerkannten Ausbildungsberuf darf nur nach der Ausbildungsordnung ausgebildet werden. ☐

d) Ausbildungsordnungen werden in der Regel vom Bundesministerium für Wirtschaft und Technologie durch eine Rechtsverordnung erlassen. ☐

e) Jedes Jahr werden maximal fünf neue Ausbildungsberufe anerkannt. ☐

Aufgabe 77

Was gilt es über die Ausbildungsordnungen zu wissen und wie gehen Sie bei der
Festlegung auf bestimmte Ausbildungsberufe aufgrund der Ausbildungsordnungen vor? (3)

a) Für die staatlich anerkannten Ausbildungsberufe gibt es verbindliche Ausbildungsordnungen. Das Verzeichnis der anerkannten Ausbildungsberufe führt das Bundesinstitut für Berufsbildung. ☐

b) Die Ausbildungsordnung bzw. der Ausbildungsrahmenplan ist die Grundlage für die Erstellung des betrieblichen (individuellen) Ausbildungsplans. ☐

c) Ein Teil der Ausbildungsordnung ist der Rahmenlehrplan. ☐

d) Ausbildungsordnungen gelten bundesweit und machen verbindliche An- und Vorgaben zur Ausbildung und Ausbildungsplanung. ☐

e) Ausbildungsordnungen sind sehr vage gehalten und bieten einen umfassenden Interpretationsspielraum für die betriebliche Umsetzung. ☐

Aufgabe 78

Basis für Ihre Ausbildungsplanung ist die Ausbildungsverordnung bzw. der Ausbildungsrahmenplan.
Wie ist Ihr Vorgehen, um den Aufgaben und Vermittlungspflichten gemäß dem Berufsbildungsgesetz
nachzukommen? (3)

a) Sie fragen die in Frage kommenden Ausbilder und Ausbildungsbeauftragten, welche Inhalte diese am liebsten zu welchen Zeitpunkten vermitteln möchten. ☐

b) Sie listen auf, welche der verbindlich zu vermittelnden Inhalte wo im Betrieb vermittelt werden können. ☐

c) Es gilt zu überprüfen, welche der vorgeschriebenen Inhalte an den einzelnen Lernorten ausgebildet werden. ☐

d) Sie entscheiden sich für konkrete Arbeitsplätze bzw. Abteilungen, an welchen die vorgegebenen Inhalte ausgebildet werden können. ☐

e) Inhalte, die in den anstehenden Prüfungen weniger relevant sind, delegieren Sie an die Berufsschule. ☐

2.1.1.2 Beispiele für Zuordnungsaufgaben

Stellen Sie fest, welche Begriffe zueinander passen. Ordnen Sie dazu die Begriffe aus der linken
Spalte den Begriffen aus der rechten Spalte zu. Schreiben Sie dazu die Kennziffern rechts neben
die Begriffe.

1.	Rahmenplan	Bundesinstitut für Berufsbildung	
2.	Flip-Chart	Ausbilder	
3.	Mind-Map	Zuständige Stelle	
4.	Ausbildungsordnung	Berufsschule	
5.	Verzeichnis der Ausbildungsberufe	Betrieb	
6.	Arbeitszeit minderjähriger Auszubildender	Medium	
7.	Urlaub von volljährigen Auszubildenden	Ausbildender	
8.	Persönliche Eignung	Methode	
9.	Persönliche und fachliche Eignung	Jugendarbeitschutzgesetz	
10.	Überprüfung der Rechtmäßigkeit des Ausbildungsvertrages	Agentur für Arbeit	
11.	Berufsberatung	Bundesurlaubsgesetz	

2.1.1.3 Beispiele für Reihenfolgeaufgaben

Aufgabe 1
Bringen Sie die sechs Schritte des Modells der vollständigen Handlung in die richtige Reihenfolge:

	Ausführen
	Planen
	Informieren
	Entscheiden
	Bewerten
	Kontrollieren

Aufgabe 2
Ordnen Sie folgende Rechtsgrundlagen nach ihrer Hierarchie:

	Verordnungen
	Grundgesetz
	Tarifverträge
	Gesetze
	Ausbildungsverträge

Aufgabe 3
Bringen Sie die Schritte der 4-Stufen-Methode in die richtige Reihenfolge:

	Erklärungs- und Erarbeitungsphase
	Vorbereitungs- und Einstiegsphase
	Übungsphase
	Kontrollphase

2.1.1.4 Beispiele für Freifelderaufgaben

Aufgabe 1
Der Ausbildungsvertrag läuft bis zum 31.7. Die schriftliche Prüfung findet am 5.5. statt. Die praktische Prüfung findet am 15.7. statt. Der Auszubildende besteht alle Prüfungen.
Die Ausbildung ist am _____ beendet.

Aufgabe 2
Am 2.2. findet ein Einstellungsgespräch statt. An diesem erhält der Auszubildende von Ihnen die mündliche Zusage für einen Ausbildungsplatz. Am 4.2. bestätigen Sie ihm dies schriftlich, der Brief kommt am 6.2. beim Bewerber an. Den Vertrag stellen Sie ihm am 5.5. unterschrieben zu. Er unterschreibt diesen am 7.5. und Sie erhalten diesen am 10.5. Der Vertrag wird am 11.6. bei der zuständigen Stelle eingetragen.
Rechtsgültig wurde der Vertrag am _____ abgeschlossen.

2.1.2 Beispiele für offene Aufgaben

Ausgangssituation zu den Aufgaben 1–4
Sie bilden bei der Minerva-Büroausstattung GmbH Kaufleute für Bürokommunikation aus. Die Firmenadresse lautet: Greifenbergstr. 18, 07749 Jena. Sie als Ausbilder haben sich in Übereinstimmung mit dem Geschäftsführer und dem Betriebsrat für Daniela Gross als Auszubildende entschieden und erstellen den Berufsausbildungsvertrag unterschriftsreif. Frau Gross, geb. 1. August, wohnt bei ihren Eltern mit folgender Anschrift: Am Lindberg 4 in 07745 Jena. Sie beginnt ihre Ausbildung am 1. August als Siebzehnjährige. Ihre Bewerbungsunterlagen enthielten das Abschlusszeugnis der einjährigen Berufsfachschule für Wirtschaft und Verwaltung, die auf die vertragliche Ausbildungszeit – in beidseitigem Einvernehmen – angerechnet werden soll. Für die Minerva GmbH gültige Tarifverträge schreiben eine Wochenarbeitszeit von 38 Stunden vor. Als Ausbildungsvergütung sind im 1. Ausbildungsjahr 530 €, im zweiten Ausbildungsjahr 610 € und im 3. Ausbildungsjahr 710 € bestimmt. Der Jahresurlaub wird gemäß den gesetzlichen Vorgaben gewährt.

Aufgabe 1
Füllen Sie die als Anlage abgedruckte erste Seite (übernächste Seite) des Berufsausbildungsvertrages für Frau Gross aus! (16 Punkte)

Aufgabe 2
Wer muss den Vertrag vor der Eintragung in das Verzeichnis der Berufsausbildungsverhältnisse bei der IHK unterschreiben? (3 Punkte)

Aufgabe 3
In welchen Gesetzen finden Sie die Vorschriften für den Jahresurlaub während der Laufzeit des Vertrages und wie viele Werktage beträgt der Urlaub für Frau Gross in den drei Ausbildungsjahren? (4 Punkte)

Aufgabe 4
Welche Anlagen zum Berufsausbildungsvertrag müssen der zuständigen Stelle vor Eintrag in das Verzeichnis der Berufsausbildungsverhältnisse vorgelegt werden? (2 Punkte)

Ausgangssituation zu Aufgabe 5–10
Im Rahmen einer zweitägigen Ausbilder- und Ausbildungsbeauftragtenschulung informieren Sie die Teilnehmer am ersten Tag über Pflichten aus dem Berufsausbildungsvertrag bzw. Berufsbildungsgesetz und über die Tätigkeit der Industrie- und Handelskammer (IHK). Am zweiten Tag gehen Sie auf die Kompetenzen und Sozialformen ein. Ferner stellen sie das neue Beurteilungsverfahren für Auszubildende vor. Sie greifen dabei auf den Beurteilungsbogen für Auszubildenden des Kuratoriums der Deutschen Wirtschaft für Berufsbildung zurück.

Aufgabe 5
Stellen Sie wesentliche Pflichten der beiden Ausbildungsvertragspartner (15 Punkte) und die Aufgaben der IHK (10 Punkte) übersichtlich zusammen!

Aufgabe 6
Der Musterbogen trennt die Beurteilung von Lernergebnissen, von berufsrelevanten Verhaltensweisen. Erläutern Sie dem Betriebsrat, warum Sie als Ausbilder die Verhaltensweisen für recht aussagefähig halten und wie Sie diese erfassen wollen! (12 Punkte)

Aufgabe 7
Stellen Sie acht häufige Beurteilungsfehler dar! (8 Punkte)

Aufgabe 8
Der Auszubildende Hans Hurtz ist mit seiner Beurteilung nicht einverstanden und verweigert seine Unterschrift unter dem Beurteilungsbogen. Wie sollten Sie in dieser Konfliktsituation angemessen handeln? (5 Punkte)

Aufgabe 9
Nach der Auswertung eines Selbstbeurteilungsverfahrens der Auszubildenden wird festgestellt, dass sich einige der Auszubildende selbst strenger beurteilen, als ihre Ausbilder dies tun; ein Auszubildender hingegen sieht sich wesentlich besser. Erläutern Sie den Auszubildenden, warum Sie Selbstbeurteilungen im ersten Ausbildungsjahr ermöglichen! (5 Punkte)

Aufgabe 10
Definieren Sie den Begriff »Sozialkompetenz« (5 Punkte) und erklären Sie vier wichtige Sozialformen der betrieblichen Ausbildung (15 Punkte).

Antrag auf Eintragung
in das Verzeichnis der Berufsausbildungsverhältnisse
zum nachfolgenden
Berufsausbildungsvertrag

Zwischen dem Ausbildenden (Ausbildungsbetrieb)　　　　　und der / dem Auszubildenden　　männlich ☐　　weiblich ☐

KNR	Firmenident-Nr.	Tel.-Nr.

Anschrift des Ausbildenden

Straße, Hausnummer

PLZ	Ort

E-Mail-Adresse des Ausbildenden

Verantwortlicher Ausbilder
Herr / Frau　　　　　　　　　　　geb. am

Name	Vorname

Straße, Hausnummer

PLZ	Ort

Geburtsdatum	Geburtsort

Staatsangehörigkeit	Gesetzliche Vertreter[1]

Namen, Vornamen der gesetzlichen Vertreter

Straße, Hausnummer

PLZ	Ort

Wird nachstehender Vertrag zur
Ausbildung im Ausbildungsberuf
mit der Fachrichtung/dem Schwerpunkt

nach Maßgabe der Ausbildungsordnung[2] geschlossen.

Vom Auszubildenden besuchte Schulen
zuletzt　　　　　　　　　　Name der Schule

Abgangsklasse	abgeschlossen mit	davor

Berufsfeld[7]　　　　　　　Zuständige Berufsschule

A Die Ausbildungszeit beträgt nach der Ausbildungsordnung
_____ Monate.
Die vorausgegangene Berufsausbildung/Vorbildung:

wird mit _____ Monaten angerechnet, bzw. es wird eine
entsprechende Verkürzung beantragt.

Das Berufsausbildungsverhältnis

beginnt am　　　　　endet am

B Die Probezeit (§ 1 Nr. 2) beträgt _____ Monate.)

C Die Ausbildung findet vorbehaltlich der Regelungen nach D
(§ 3 Nr. 12) in

und den mit dem Betriebssitz für die Ausbildung üblicherweise
zusammenhängenden Bau-, Montage- und sonstigen
Arbeitsstellen statt.

D Ausbildungsmaßnahmen außerhalb der Ausbildungsstätte
(§ 3 Nr. 12) (mit Zeitraumangabe)

E Der Ausbildende zahlt dem Auszubildenden eine
angemessene Vergütung (§ 5); diese beträgt zur Zeit
monatlich brutto

EUR				
im	ersten	zweiten	dritten	vierten

Ausbildungsjahr.

F Die regelmäßige tägliche Ausbildungszeit (§ 6 Nr. 1)
beträgt _____ Std.[4]

G Der Ausbildende gewährt dem Auszubildenden Urlaub nach
den geltenden Bestimmungen.
Es besteht ein Urlaubsanspruch

Im Jahr				
Werktage				
Arbeitstage				

H Sonstige Hinweise auf anzuwendende Tarifverträge und
Betriebsvereinbarungen

[1] Vertretungsberechtigt sind beide Eltern gemeinsam, soweit nicht die Vertretungsberechtigung nur
einem Elternteil zusteht. Ist ein Vormund bestellt, so bedarf dieser zum Abschluss des Ausbildungsvertrages der Genehmigung des Vormundschaftsgerichtes.
[2] Solange die Ausbildungsordnung nicht erlassen ist, sind gem. § 104 Abs. 1 BBiG die bisherigen
Ordnungsmittel anzuwenden.

[3] Die Probezeit muss mindestens einen Monat und darf höchstens vier Monate betragen.
[4] Das Jugendarbeitsschutzgesetz sowie für das Ausbildungsverhältnis geltende tarifvertragliche
Regelungen und Betriebsvereinbarungen sind zu beachten.
[7] Bei Berufsgrundschuljahr bzw. Berufsfachschule bitte besuchtes Berufsfeld eintragen.

Beurteilungsbogen für Auszubildende

– Musterbogen –

Personaldaten

Name, Vorname   unter 18 Jahre ☐   über 18 Jahre ☐

Ausbildungsberuf   Einstellungsjahr   Ausbildungsjahr | 1 | 2 | 3 | 4 |

Angaben zur Ausbildung

Ausbildende Abteilung   Ausbilder/Ausbildungsbeauftragter

Ausbildungszeitraum vom   bis

Ausbildungsziele für den Beurteilungszeitraum:

Fertigkeiten: _____

Kenntnisse: _____

Konnten die Ausbildungsziele erreicht werden?   ja ☐   teilweise ☐   nein ☐

Begründung falls „teilweise" oder „nein": _____

_____

_____

Beurteilung der Lernergebnisse

Fertigkeiten

Verfügen über die für den Ausbildungsprozeß bzw. Ausbildungsabschnitt geforderten Fertigkeiten

Fertigkeiten
Verfügt über einen sehr hohen Fertigkeitsgrad. Führt die übertragenen Tätigkeiten mit großer Geschicklichkeit durch.
Verfügt über einen hohen Fertigkeitsgrad. Arbeitet sicher und geschickt.
Die Fertigkeiten ermöglichen eine zufriedenstellende Arbeitsausführung. Ist selten unsicher.
Der erforderliche Fertigkeitsgrad wird nicht immer erreicht. Die Arbeitsausführung wird dadurch erschwert.
Kann die Anforderungen an Fertigkeiten kaum erfüllen. Ist bei vielen Tätigkeiten unsicher und ungeschickt.

Kenntnisse

Verfügen über die für den Ausbildungsprozeß bzw. Ausbildungsabschnitt geforderten Kenntnisse.

Verfügt über besonders umfangreiche Fachkenntnisse und erkennt sicher Zusammenhänge.
Verfügt über umfangreiche Fachkenntnisse. Kann Zusammenhänge herstellen.
Besitzt die erforderlichen Fachkenntnisse, um die übertragenen Aufgaben zufriedenstellend ausführen zu können.
Die erforderlichen Fachkenntnisse sind nicht immer vorhanden. Fehlendes Wissen erschwert den Arbeits- und damit auch den Ausbildungsablauf.
Verfügt kaum über die erforderlichen Fachkenntnisse. Ist häufig auf Erklärungen, Hilfen und Ratschläge angewiesen.

Beurteilung ausbildungs- und berufsrelevanter Verhaltensweisen

Zusammenarbeit

Verhalten im Kontakt mit Kollegen und Vorgesetzten. Fähigkeit zur Zusammenarbeit. Hilfsbereitschaft für andere und deren Unterstützung beim Lernen und Arbeiten

Zusammenarbeit
Zeigt besonderes Einfühlungsvermögen im Umgang mit anderen. Gute Zusammenarbeit und Hilfsbereitschaft. Aufgeschlossen und fair.
Hat gutes Einfühlungsvermögen im Umgang mit anderen. Ist hilfsbereit und fähig zu guter Zusammenarbeit.
Zeigt in der Regel Einfühlungsvermögen im Umgang mit anderen. Hat den Willen zu Hilfsbereitschaft und Zusammenarbeit.
Zeigt Unsicherheiten im Umgang mit anderen, wodurch eine problemlose Zusammenarbeit erschwert wird. Arbeitet, von Ausnahmefällen abgesehen, in der Gruppe mit.
Zeigt ungenügendes Einfühlungsvermögen im Umgang mit anderen. Kein ausgeprägtes Gefühl für Zusammenarbeit. Arbeitet lieber allein.

Auffassungsgabe

Sicherheit und Schnelligkeit beim Erfassen von Lerninhalten und -situationen, im Begreifen von Zusammenhängen

Auffassungsgabe
Auch schwierige Sachverhalte werden schnell begriffen, Zusammenhänge klar erkannt, Einzeldaten gewichtet und zugeordnet.
Schnelle Auffassung. Der Kern einer Sache wird rasch begriffen. Ist in der Lage, Wesentliches vom Unwesentlichen zu unterscheiden.
Inhalt und Bedeutung eines Sachverhalts werden erfaßt. Das Begriffene wird sachlich richtig eingeordnet.
Anleitungen bzw. wiederholte Erklärungen sind notwendig, damit Lerninhalte und -situationen verstanden werden.
Lerninhalte und -situationen werden selbst nach eingehender, wiederholter Erklärung nur unvollkommen verstanden.

Transfervermögen

Umsetzung vorhandener Erkenntnisse auf ähnliche Problemstellungen

Sichere und richtige Übertragung gewonnener Erkenntnisse.
Gewonnene Erkenntnisse werden übertragen.
Gewonnene Erkenntnisse werden meist übertragen.
Kann gewonnene Erkenntnisse nur vereinzelt übertragen.
Gewonnene Erkenntnisse werden nicht übertragen.

Sorgfalt

Fähigkeit, die im jeweiligen Ausbildungsabschnitt durchzuführenden Aufgaben planmäßig und sorgfältig, den Qualitätsanforderungen entsprechend auszuführen

Arbeitet stets planvoll und mit großer Sorgfalt. Arbeitsergebnisse liegen immer im Bereich der Qualitätsanforderungen.
Arbeitet planvoll. Ist sorgfältig in der Arbeitsausführung. Arbeitsergebnisse liegen nur selten außerhalb der gestellten Qualitätsanforderungen.
Es wird im allgemeinen planvoll und sorgfältig gearbeitet. Arbeitsergebnisse liegen zum größten Teil im Bereich der Qualitätsanforderungen.
Planmäßigkeit und Sorgfalt bei der Arbeitsausführung lassen zu wünschen übrig. Arbeitsergebnisse entsprechen häufig nicht den gestellten Qualitätsanforderungen.
Übertragene Aufgaben werden nicht planvoll und sorgfältig durchgeführt. Erreicht kein ausreichendes Arbeitsergebnis.

Lerntempo/Zeitaufwand

Zeit, die – unter Berücksichtigung des Ausbildungsstandes – für den Erwerb von Fertigkeiten und Kenntnissen bzw. zur Erledigung gestellter Aufgaben benötigt wird

Fertigkeiten werden besonders rasch beherrscht. Das Lerntempo ist außerordentlich hoch. Gestellte Aufgaben werden immer schneller erledigt, als der Ausbildungsstand erwarten läßt.
Fertigkeiten werden rasch beherrscht. Das Lerntempo ist hoch. Gestellte Aufgaben werden häufig schneller erledigt, als der Ausbildungsstand erwarten läßt.
Fertigkeiten werden nach Übung beherrscht. Das Lerntempo ist ausreichend. Gestellte Aufgaben werden in einer dem Ausbildungsstand angemessenen Zeit bewältigt.
Fertigkeiten werden meist erst nach längerer Übung beherrscht. Das Lerntempo ist nicht immer ausreichend. Benötigt für die gestellten Aufgaben meist mehr Zeit als vorgesehen.
Fertigkeiten werden auch nach längerer Übung kaum beherrscht. Das Lerntempo ist gering. Kommt bei der Ausführung der gestellten Aufgaben mit der vorgesehenen Zeit nicht aus.

Interesse/Initiative

Interesse an der Aufgabe und Initiative, Gelerntes und eigene Fähigkeiten effektiv in der Praxis einzusetzen

Zeigt außergewöhnliches Interesse. Besonders ausgeprägte Initiative. Scheut auch vor schwierigen Aufgaben nicht zurück. Sehr zielstrebig.
Zeigt Interesse und Initiative. Beteiligt sich an der Lösung auch schwieriger Aufgaben.
Ist interessiert und aufgeschlossen. Setzt seine Fähigkeiten effektiv ein. Braucht nur selten Anregungen bei schwierigen Aufgaben.
Zeigt nicht immer Interesse und Initiative. Bedarf der Anregungen.
Zeigt kaum Interesse und Initiative. Meidet schwierige Aufgaben. Bedarf ständiger Anregungen.

Zuverlässigkeit

Bereitschaft, Vorschriften (insbesondere zur Arbeitssicherheit, Arbeitshygiene, zum Gesundheits- und Umweltschutz), Anweisungen und Termine gewissenhaft einzuhalten und Verantwortung zu übernehmen

Ist sehr zuverlässig und verantwortungsbewußt in der Erledigung der gestellten Aufgaben und insbesondere bei der Einhaltung von Vorschriften, Anweisungen und Terminen.
Ist zuverlässig und verantwortungsbewußt in der Erledigung gestellter Aufgaben. Vorschriften, Anweisungen und Termine werden eingehalten.
Übertragene Aufgaben werden im allgemeinen zuverlässig durchgeführt. In der Regel werden Vorschriften, Anweisungen und Termine eingehalten.
Zuverlässigkeit läßt zu wünschen übrig. Vorschriften und Anweisungen werden oft nicht ausreichend beachtet. Es gibt Schwierigkeiten bei der Einhaltung von Terminen.
Vorschriften und Anweisungen werden nur ungenügend beachtet. Ist nicht zuverlässig bei der Einhaltung von Terminen.

Ausdauer

Beharrlichkeit und Beständigkeit bei der Erledigung der gestellten Aufgaben und bei der Erreichung der Ausbildungsziele

Ist außerordentlich ausdauernd auch unter erschwerten Bedingungen.
Ist ausdauernd. Gelegentliche Schwierigkeiten werden überwunden.
Ist im allgemeinen beharrlich und beständig.
Ist unterschiedlich ausdauernd. Schwierigkeiten werden nur mühsam überwunden.
Weniger beharrlich und beständig. Gibt bei Schwierigkeiten schnell auf.

Bemerkungen

Hinweise für Ausbildungshilfen:

_____

_____

Anmerkungen zur Beurteilung bzw. zum Beurteilungsgespräch:

_____

_____

Hinweise auf besondere Fähigkeiten und Interessen; Vorschläge zur weiteren Förderung:

_____

_____

Unterschriften

Beurteiler:	Datum/Unterschrift(en):
Auszubildende(r):	Datum/Unterschrift:
Ausbildungsleitung:	Datum/Unterschrift:

2.2 Lösungshinweise

2.2.1 Lösungshinweise für gebundene (programmierte) Aufgabensätze

2.2.1.1 Lösungshinweise für Multiple-Choice-Aufgaben

Nr.	Lösung 1. Satz	Lösung 2. Satz	Lösung 3. Satz	Lösung 4. Satz	Nr.	Lösung 1. Satz	Lösung 2. Satz	Lösung 3. Satz	Lösung 4. Satz
1.	a, c, d	c, e	a, c, e	e	41.	a, b, e	a, c, d, e	a, b, c	c, e
2.	a	d	a, d, e	b, e	42.	b, e	a, c, d, e	a, c, d	a, b, d
3.	b, d	c, d, f	b, c, e	c, e	43.	b, d	a, d, e	a, d, e	b, c, e
4.	a, c, e	c, d, e	a, c, e	a, c, e	44.	c, e	c, d, e	a, c, d	b, c, e
5.	a, c	e	b, c, e	c, d	45.	a, c, d, e	a, b	b, c	a, c, d
6.	b, d	d	b, e	a, e	46.	a, b, e	b	b, c, d	a, b, d
7.	a, b, d	a, c, d, e	c, d, e	b, c, e	47.	b, d, e	a, b, c	a, c, d	a, b, d
8.	b, c, e	a, c, d	a, c, e	a, b, c, d	48.	a, d	a, b, d	a, c	c, d, e
9.	a, c	b, d, e	b, c, e	c, d, e	49.	a, b, e	b, c, e	b, e	a, c
10.	b, c, e	b, d	a, c, d	b, c, d	50.	a, b, d,e	a, d, e	a, c, d	a, b
11.	d	b, c, e	b, e	a, d	51.	a, e	b, d	b	a, c, d
12.	b, d, e	c	d, e	a, c	52.	e	a, b, e	a, b, d	b, c, d
13.	a, c, e	a, b, d	a, c, e	a, e	53.	c	a, b, d	b, d, e	c, d, e
14.	a,c	a, c	b, c, e	b, e	54.	b, c	a, b, c, d	a, d	a, b, d
15.	a, d	d	a, e	b	55.	c	d, e	a, b, d	c, d
16.	b, c	e	b, c, e	b, e	56.	a, d, e	d	a, c, d	c, d, e
17.	a, c, e	b, d	a, c, e	d	57.	a, c, e	b, e	b, c, e	b, d
18.	b, d, e	a, b, e	a, b, c	a, b, d	58.	d	b, e	a, b, e	a, c
19.	a, b, d	b, c, e	c, e	b	59.	e	e	b, c, e	a
20.	d	b, c, e	e	a, e	60.	b, e	a, c	b, d, e	b
21.	d	c, d	a, b, c, d	c, e	61.	d, e	a, b	a, c, e	a, c, d
22.	d	c, d	b, d	c, e	62.	c, e	b	a, c, d	e
23.	c, f	d	b, c, d	a, c, d	63.	b, c	a, b, c	b, c, e	c, d
24.	c	b, e	b, c	c, d	64.	a, c	e	a, c	d
25.	b, c, e	b, d, e	a, b, d	a, b, c	65.	c, d, e	a, d	a, b, d	c
26.	a, b, c, d	c, d, e	b, c, d	c, d	66.	a, d, e	b, d	c, d	b, c, e
27.	b, d, e	a, e, f	c, d	b, e	67	b, c, d	a, e	b, e	d
28.	c, e	a, c, d, e	b, c, d	a, d, e	68.	b, d, e	d, e	c, d	e
29.	a, e	a, c, d	c	b	69.	d	d	e	b, c, d
30.	a, c, d	b, c, e	a, c	a, b, d	70.	c, d, e	b, d	a, b, d	a, b, e
31.	b, e	a, b, c, d	b, d, e	b, c, d	71.	b, c, e	a, b	b	a, d
32.	b, c, d	b, c, e	a, c, d	a, d, e	72.	b, d. e	a, e	d	c, d
33.	a, c	a, d	a, d, e	a, e	73.	a, c, e	b, c, d	b	b, c, e
34.	d, e	a, c, e	a, c, d	a, b, e	74.	a, c, d	a, d	b, d	b, e
35.	a, b, d	a, d	a, d	b, d, e	75.	c, e	a, c, d	a, b, d	b, d
36.	d, e	a, d	b, c	a, b, c, e	76.	a, d, e	c, d	a, e	c, d
37.	a, d, e	b, c, d	a, c, d	a, c, d	77.	b, c, e	b, d, e	a, e	a, b, d
38.	a, b, d	a, b, e	b, c, e	b, c, d, e	78.	b, c, e	c, d	b, c, d	b, c, d
39.	c, d, e	c, e	b, c	b, c	79.	a, b, c, e	a, d, e	b, e	
40.	a, c, d	d, e	a, d, e	c, e	80.	b, c, e		b, d, e	

Mehr Übungsaufgaben: www.dihk-bildungs-gmbh.de/index.php?id=492 (Ausbildung der Ausbilder, Testprüfung, Popups beachten)

2.2.1.2 Lösungshinweise für Zuordnungsaufgaben

Bundesinstitut für Berufsbildung	5.
Ausbilder	9.
Zuständige Stelle	10.
Berufsschule	1.
Betrieb	4.
Medium	2.
Ausbildender	8.
Methode	3.
Jugendarbeitschutzgesetz	6.
Agentur für Arbeit	11.
Bundesurlaubsgesetz	7.

2.2.1.3 Lösungshinweise für Reihenfolgeaufgaben

Aufgabe 1

4.	Ausführen
2.	Planen
1.	Informieren
3.	Entscheiden
6.	Bewerten
5.	Kontrollieren

Aufgabe 2

1.	Grundgesetz
2.	Gesetze
3.	Verordnungen
4.	Tarifverträge
5.	Ausbildungsverträge

Aufgabe 3

1.	Vorbereitungs- und Einstiegsphase
2.	Erklärungs- und Erarbeitungsphase
3.	Kontrollphase
4.	Übungsphase

2.2.1.4 Lösungshinweise für Freifelderaufgaben

Aufgabe 1
Die Ausbildung ist am 15.07. beendet. Zweckvertrag geht vor Zeitvertrag!

Aufgabe 2
Rechtsgültig wurde der Vertrag am 02.02. abgeschlossen.

2.2.2 Lösungshinweise für offene Aufgaben

Aufgabe 1

Antrag auf Eintragung
in das Verzeichnis der Berufsausbildungsverhältnisse
zum nachfolgenden
Berufsausbildungsvertrag

Zwischen dem Ausbildenden (Ausbildungsbetrieb)   und der / dem Auszubildenden   männlich ☐   weiblich ☒

KNR Firmenident-Nr. Tel.-Nr.	Name Vorname
	Gross *Daniela*
Anschrift des Ausbildenden	Straße, Hausnummer
	Am Lindberg 4
Minerva-Büroausstattung GmbH	PLZ Ort
	07745 *Jena*
	Geburtsdatum Geburtsort
Straße, Hausnummer	*01.08.XXXX* *Jena*
Greifenbergstraße 18	Staatsangehörigkeit Gesetzliche Vertreter[1]
PLZ Ort	*deutsch* *Eltern*
07749 *Jena*	Namen, Vornamen der gesetzlichen Vertreter
E-Mail-Adresse des Ausbildenden	*Gross, Horst und Margot*
	Straße, Hausnummer
Verantwortlicher Ausbilder	*Am Lindberg 4*
Herr / Frau geb. am	PLZ Ort
	07745 *Jena*

Wird nachstehender Vertrag zur Ausbildung im Ausbildungsberuf mit der Fachrichtung/dem Schwerpunkt   *Kauffrau für Bürokommunikation*

nach Maßgabe der Ausbildungsordnung[2] geschlossen.

Vom Auszubildenden besuchte Schulen
zuletzt   Name der Schule

Abgangsklasse   abgeschlossen mit   davor

Berufsfeld[3]   Zuständige Berufsschule

A Die Ausbildungszeit beträgt nach der Ausbildungsordnung __36__ Monate.
Die vorausgegangene Berufsausbildung/Vorbildung:
1 Jahr Berufsfachschule (BFS)
wird mit __12__ Monaten angerechnet, bzw. es wird eine entsprechende Verkürzung beantragt.

Das Berufsausbildungsverhältnis
beginnt am __01.08.XX__   endet am __31.07.XX__

B Die Probezeit (§ 1 Nr. 2) beträgt __4__ Monate.)

C Die Ausbildung findet vorbehaltlich der Regelungen nach D (§ 3 Nr. 12) in

am Firmensitz/Jena

und den mit dem Betriebssitz für die Ausbildung üblicherweise zusammenhängenden Bau-, Montage- und sonstigen Arbeitsstellen statt.

D Ausbildungsmaßnahmen außerhalb der Ausbildungsstätte (§ 3 Nr. 12) (mit Zeitraumangabe)

E Der Ausbildende zahlt dem Auszubildenden eine angemessene Vergütung (§ 5); diese beträgt zur Zeit monatlich brutto

EUR	–	610	710	
	im ersten	zweiten	dritten	vierten

Ausbildungsjahr.

F Die regelmäßige tägliche Ausbildungszeit (§ 6 Nr. 1) beträgt __7,6__ Std.[4]

G Der Ausbildende gewährt dem Auszubildenden Urlaub nach den geltenden Bestimmungen.
Es besteht ein Urlaubsanspruch

Im Jahr	XXXX	XXXX	XXXX	
Werktage	11	25	24	
Arbeitstage				

H Sonstige Hinweise auf anzuwendende Tarifverträge und Betriebsvereinbarungen

Lohn- und Gehaltstarifvertrag

[1] Vertretungsberechtigt sind beide Eltern gemeinsam, soweit nicht die Vertretungsberechtigung nur einem Elternteil zusteht. Ist ein Vormund bestellt, so bedarf dieser zum Abschluss des Ausbildungsvertrages der Genehmigung des Vormundschaftsgerichtes.
[3] Solange die Ausbildungsordnung nicht erlassen ist, sind gem. § 104 Abs. 1 BBiG die bisherigen Ordnungsmittel anzuwenden.

[2] Die Probezeit muss mindestens einen Monat und darf höchstens vier Monate betragen.
[3] Das Jugendarbeitsschutzgesetz sowie für das Ausbildungsverhältnis geltende tarifvertragliche Regelungen und Betriebsvereinbarungen sind zu beachten.
[4] Bei Berufsgrundschuljahr bzw. Berufsfachschule bitte besuchtes Berufsfeld eintragen.

Aufgabe 2

Unterschrift des Ausbildenden, des Auszubildenden und der gesetzlichen Vertreter (Eltern).

Aufgabe 3

Für jugendliche Auszubildende ist der Jahresurlaubsanspruch in § 19 des Jugendarbeitsschutzgesetzes, für volljährige Auszubildende in § 3 des Bundesurlaubsgesetzes geregelt. Zugunsten der Auszubildenden abweichende Angaben können sich im Tarifvertrag oder der Betriebsvereinbarung finden (es gilt das Günstigkeitsprinzip!).

Frau Gross erhält im 1. Kalenderjahr ihrer Ausbildungszeit für fünf Monate den Jahresurlaub für »noch nicht 17-Jährige« (Alter zu Beginn des Kalenderjahres) = 27 Tage. Da sie aber nur fünf Monate in diesem Jahr in Ausbildung ist, muss diese Zahl anteilig umgerechnet werden. 11,25 = 11 Werktage ((27:12) x 5). Im 2. Kalenderjahr = 25 Werktage lt. JArbSchG und im 3. Kalenderjahr 24 Werktage lt. BUrlG.

Aufgabe 4

Ärztliche Bescheinigung über die Erstuntersuchung gem. § 32 JArbSchG, der Ausbildungsplan und das Zeugnis der Berufsfachschule.

Aufgabe 5

Die Pflichten des Ausbildenden sind im BBiG §§ 14 bis 16 niedergelegt.

Der Ausbildende

- hat dafür zu sorgen, dass dem Auszubildenden die berufliche Handlungsfähigkeit zum Erreichen des Ausbildungszieles in der vertraglich vereinbarten Zeit vermittelt wird,
- hat einen Ausbilder zu bestellen oder selbst auszubilden,
- hat dem Auszubildenden kostenlos die betrieblichen Ausbildungsmittel aller Art zur Verfügung zu stellen,
- muss den Auszubildenden zum Besuch der Berufsschule anhalten und hierzu sowie zu den Prüfungen freistellen,
- hat dafür zu sorgen, dass der Auszubildende charakterlich gefördert sowie sittlich und körperlich nicht gefährdet wird,
- muss bei Beendigung der Ausbildung ein betriebliches Zeugnis ausstellen und ggf. ein Zwischenzeugnis anfertigen.

Die Pflichten des Auszubildenden ergeben sich aus BBiG § 13.

Der Auszubildende

- hat so gut wie möglich am Erreichen des Ausbildungszieles mitzuwirken, insbesondere die erforderlichen Kenntnisse und Fertigkeiten an beiden Lernorten zu erwerben,
- muss den Weisungen der im Rahmen der Ausbildung weisungsberechtigten Personen folgen und diese sorgsam ausführen,
- muss an allen Ausbildungsmaßnahmen teilnehmen, für die er freigestellt wird,
- hat die geltende Betriebsordnung zu beachten,
- hat Einrichtungen und Material pfleglich zu behandeln,
- hat über Betriebs- und Geschäftsgeheimnisse Stillschweigen zu bewahren,
- hat den Ausbildungsnachweis zu führen und vorzulegen.

Das BBiG bestimmt die Kammern als zuständige Stellen für die Regelung der Durchführung der Berufsausbildung und die Überwachung der Durchführung der Berufsausbildung.

Dazu gehören im Einzelnen:

- Feststellen der Eignungsvoraussetzungen des Ausbildenden, des Ausbilders und der Ausbildungsstätte (BBiG § 32)
- Entscheiden über Anträge zur Verkürzung bzw. Verlängerung der Ausbildungszeit (BBiG § 8)
- Einrichten und Führen des Verzeichnisses der Berufsausbildungsverhältnisse (BBiG § 34)
- Errichten von Prüfungsausschüssen zur Abnahme von Prüfungen (BBiG §§ 39, 40)
- Zulassen zur Abschlussprüfung (BBiG §§ 43, 44)
- Erlass von Prüfungsordnungen (BBiG § 47)
- Überwachen und Fördern der Berufsbildung durch Ausbildungsberater (BBiG § 76)
- Durchführen von Prüfungen im Rahmen der Fortbildung und der Umschulung (BBiG §§ 54, 62)

Aufgabe 6
Wenn Fachkenntnisse immer schneller veralten und neue Kenntnisse immer schneller beschafft werden können, kommt dem Verhalten im Beruf, der persönlichen Einstellung zur Berufstätigkeit eine immer größere Bedeutung zu.

Zu dem notwendigen Verhalten zählen:

- Fähigkeit im Team zu arbeiten und seine eigene Leistungsbereitschaft und sein eigenes Leistungsvermögen optimal einzubringen
- Sorgfalt, Zuverlässigkeit und Ausdauer bei der Lösung der Aufgabenstellungen zu beweisen
- Den Zeitaufwand kosten- und leistungsgerecht zu beachten
- Die Persönlichkeitsfaktoren Intelligenz, Zusammenhänge erkennen sowie das Transfervermögen zielgerichtet einsetzen zu können

Problematisch ist bei Verhaltensweisen das Festsetzen von Wertungsstufen. Keinesfalls ist dies nummerisch möglich (Stufen 1 bis 5 oder 1 bis 9). Es kann nur verbal bzw. beschreibend erfolgen. Der Beurteilungsbogen des Kuratoriums liefert aussagefähige Einstufungsmöglichkeiten. Die Meinungen aller Fachkräfte – die den Auszubildenden bei der Arbeit kennengelernt haben – sollten gesammelt und vom Ausbildungsleiter zusammengefasst werden. Wenn Wertstufen erstmals eingeführt werden, sollten alle mit der Ausbildung Betrauten, der Betriebsrat und die Auszubildenden selbst zum ersten Raster Stellung nehmen können. Die Festlegung der Stufen bleibt aber im Verantwortungsbereich des – kooperativen – Ausbildungsleiters.

Aufgabe 7
Beurteilungsfehler können bei der Bewertung der Lernergebnisse (kognitiver und psychomotorischer Bereich) wie auch bei der Bewertung von Verhaltensweisen (affektiver Bereich) auftreten. Bei Letzteren muss gezielt darauf geachtet werden, dass nicht Charaktereigenschaften zur Bewertung anstehen, sondern berufsrelevantes Verhalten – die Abgrenzung ist nicht immer leicht.

Zu den häufigsten Beurteilungsfehlern zählen:

Der Halo-(Hof-)Effekt
Eine Verhaltensweise überstrahlt alle anderen. Der Ausbilder schließt von einer nachhaltig erlebten Situation (z. B. Pünktlichkeit) auf das Gesamtverhalten und unterliegt dem Fehler der ungerechtfertigten Verallgemeinerung.

Erster Eindruck, letzter Eindruck
Wenn der erste Eindruck unberichtigt weiterläuft, können Vorurteile entstehen, die das Beurteilungsergebnis verfälschen. Wenn sich der Ausbilder am letzten Eindruck orientiert – der ja besonders gut haften bleibt –, hat dies die gleiche Auswirkung.

Kontrastfehler
Hier vergleicht der Ausbilder den Auszubildenden mit sich selbst und berücksichtigt nicht die voneinander stark abweichende Ausgangssituation.

Tendenz zum Durchschnitt
Der Ausbilder vermeidet aufgrund von Unsicherheit oder Mangel an Konfliktfähigkeit besonders gute und besonders schlechte Beurteilungen.

Tendenz zur Milde
Mit wohlwollender oder gar nachlässiger Beurteilung ist dem Auszubildenden nicht geholfen, da er sich weder mit seinem gezeigten Verhalten auseinandersetzen noch gezielte Verhaltensänderungen einleiten kann.

Tendenz zur Strenge
Man legt einen zu hohen Maßstab an die Arbeit oder das Verhalten des Auszubildenden an.

Nikolaus-Effekt
Hier wird eine kürzlich erbrachte Leistung, die noch am besten im Gedächtnis haftet, gegenüber länger zurückliegenden Leistungen überbewertet. So kann es vorkommen, dass die Auszubildenden sich umso mehr anstrengen, je näher das Ende des Beurteilungszeitraums ansteht.

Sich selbst erfüllende Prophezeiung (Andorra-Effekt)
Dieser Fall liegt vor, wenn der Auszubildende sich so verhält, dass die Erwartungen des Ausbilders erfüllt werden: Die Erwartungen prägen das Verhalten. Das Verhalten des Auszubildenden wird durch die Erwartungshaltung (den Erwartungsdruck) des Ausbilders zu stark geprägt. Dies kann zu negativen (resignierenden) aber auch zu positiven (anspornenden) Verhaltensweisen führen.

Aufgabe 8
Hans Hurtz will (und muss) Dampf ablassen. Der Ausbilder muss zuhören können und ausreden lassen. Dabei kann er schon erkennen, ob der Auszubildende »den Aufstand probt« oder, ob er sich tatsächlich ungerecht beurteilt fühlt. Dabei helfen schriftliche Notizen aus dem Beobachtungszeitraum (ohne die eine Beurteilung grundsätzlich nicht erfolgen sollte) sehr. Ist die Kritik an Hans Hurtz berechtigt, sollte sie in sachlicher und aufbauender Form erneut vorgebracht werden, indem die Leistungs- und/oder Verhaltensschwächen offen angesprochen und nachvollziehbar erläutert werden. Neutralisiert werden kann die Situation durch die Anwesenheit eines Betriebsrats oder eines Jugend- und Auszubildendenvertreters. Bleibt Hans Hurtz bei seiner Unterschriftsverweigerung, muss dies auf dem Bewertungsbogen festgehalten werden.

Wenn die Beurteilung in der Tat Schwächen aufweist, kann zusätzlich eine eigene Darstellung von Hans Hurtz aufgenommen werden. Hilfen und Fördermaßnahmen für die Zukunft können gemeinsam entwickelt und verabredet werden: Herr Hurtz wird eingebunden und damit verpflichtet.

Bei unberechtigtem und uneinsichtigem Widerstand kann Herrn Hurtz die Möglichkeit einer Abmahnung – die Bestandteil seiner Personalakte ist – angekündigt werden.

Ausbilder dürfen keinesfalls »ihr Gesicht verlieren«. Davor schützt – vor allem bei Fehlverhalten und Leistungsschwächen – nur eine sehr sorgfältige und ggf. auch nachweisbare Beurteilung.

Aufgabe 9
Zu den Pflichten des Ausbilders gehört das Feststellen des Ausbildungserfolges während der Ausbildungszeit. Dies ist grundsätzlich eine Fremdbeurteilung, die niemals durch eine Selbstbeurteilung des Auszubildenden ersetzt werden kann.

Zum Selbstfindungsprozess des Berufsanfängers gehört aber auch, dass er sich selbst und seine eigene Entwicklung im Berufsleben beobachten kann und damit auch sich bewerten lernen muss. Seine Eigeneinschätzung bedarf aber einer Messlatte. Sie bringt wenig bis nichts, wenn sie dem Ausbilder nicht zur Kenntnis kommt. Nicht wenige Betriebe sind inzwischen dazu übergegangen, schon in der Probezeit von ihren Auszubildenden schriftliche Selbstbeurteilungen anzufordern (Selbstkontrolle vor Fremdkontrolle).

Dies dient
* der Sozialisation und damit der Standortgewinnung des Auszubildenden in einem ihm bislang unbekannten Gefüge,
* dem besseren Einfügenkönnen des Auszubildenden in das Berufsleben durch die Ausbilder,
* dem Erkennenkönnen von Maßstäben für das Einordnen in einen neuen wichtigen Lebensraum durch den Auszubildenden.

Diese Positionen sollten nach einem Jahr Betriebszugehörigkeit erkannt und auch in etwa stabilisiert sein. Abgesehen von der Fehleinschätzung durch Beurteilungsfehler (Eigenoptik ist immer subjektiv) muss der Auszubildende aber auch durch Erfahrung lernen, mit Fremdbeurteilung umzugehen – er ist ihr bis zum Ausscheiden aus der Berufstätigkeit ausgesetzt.

Aufgabe 10
Sozialkompetenz besitzt, wer konstruktiv mit sich und anderen umgehen kann. Sie beinhaltet die Fähigkeiten zur mitmenschlichen Sensibilität, zur Zusammenarbeit im Team und zum konstruktiven Agieren in Problemsituationen (Konfliktfähigkeit). Die Sozialkompetenz zählt neben der Selbst- und Methodenkompetenz zu den Schlüsselqualifikationen.

Zu den Sozialformen des betrieblichen Ausbildens zählen:

Einzelarbeit (Alleinarbeit): Der Auszubildende erarbeitet das Lernziel ohne direkte fremde Hilfe. Prinzip der Aktivität und Individualisierung. Die programmierte Unterweisung oder das CBT und die Selbstunterweisung sind Beispiele für Einzelarbeit. Bei zu häufiger Anwendung von Einzelarbeit besteht die Gefahr, dass später die Ich-Bezogenheit des Auszubildenden überwiegt.

Partnerarbeit: Zwei Auszubildende erarbeiten gemeinsam das Lernziel ohne direkte fremde Hilfe. Sie bietet die Möglichkeit des Einübens eines kooperativen Arbeitsstils, die Gewöhnung an gemeinsame Übernahme von Verantwortung, die gegenseitige Kontrolle des Verhaltens und der Ergebnisse, die Möglichkeit der gegenseitigen Hilfe und Anregung sowie die Möglichkeit zum Besprechen von Problemen, Methoden und Zielen sowie die Arbeitsteilung.

Gruppenarbeit: Drei oder mehr Auszubildende erarbeiten das Lernziel ohne direkte fremde Hilfe. Die Gruppenmitglieder legen die Vorgehensweise fest und vertreten das Ergebnis gemeinsam. Bei der Gruppenzusammensetzung muss der Ausbilder darauf achten, dass die Gruppen etwa gleich leistungsstark zusammengesetzt sind, damit nicht die Leistungsstarken das Ziel allein erarbeiten.

Teamteaching: Bei dieser Sonderform des Gruppenunterrichts wird eine Gruppe Auszubildender von einer Gruppe Ausbilder (oder Ausbilder und Experten aus verschiedenen Fachbereichen) unterrichtet. Diese Form eignet sich besonders für fachübergreifende Themen (Arbeitssicherheit kann von Spezialisten – Sicherheitsingenieur, Betriebsarzt, Leiter der Werksfeuerwehr – und Ausbilder gemeinsam vermittelt werden). Unterrichtet wird – im Gegensatz zum konventionellen Unterricht – nicht nacheinander, sondern miteinander zur gleichen Zeit.

2.3 Die praktische Prüfung

Während man den schriftlichen Teil der Ausbilder-Eignungsprüfung als den »Pflicht-Teil« bezeichnen kann, stellt der praktische Teil die »Kür« dar, weil der Teilnehmer hierbei Einfluss auf das Thema und den Ablauf der Prüfung hat.

Grundlage der praktischen Prüfung ist § 4 Nr. 3 der AEVO:

> »Der praktische Teil der Prüfung besteht aus der Präsentation einer Ausbildungssituation und einem Fachgespräch mit einer Dauer von insgesamt höchstens 30 Minuten. Hierfür wählt der Prüfungsteilnehmer eine berufstypische Ausbildungssituation aus. Die Präsentation soll 15 Minuten nicht überschreiten. Die Auswahl und Gestaltung der Ausbildungssituation sind im Fachgespräch zu erläutern. Anstelle der Präsentation kann eine Ausbildungssituation auch praktisch durchgeführt werden.«

Eine Ausbildungssituation ist ein realistisches Szenario einer berufstypischen betrieblichen Handlung mit klarer Zielvorstellung, abgegrenzter Thematik, definierten Adressaten, geplanter Umsetzungsmethode und erkennbarem Bezug zur Ausbildung. Sie steht in einem betrieblichen Kontext – im Prozess der Dienstleistung oder der Produktion – und hat gleichzeitig ausbildenden Charakter. Im praktischen Teil der Prüfung soll dargestellt werden, wie mit dieser Ausbildungssituation in der betrieblichen Praxis umgegangen werden kann.

Der Prüfungsteilnehmer entscheidet sich für eine der beiden Möglichkeiten und bestimmt selber das Thema. Thema einer Ausbildungssituation kann ein Lehr-Lern-Prozess zu einem konkreten Lernziel sein. Denkbar ist aber auch eine andere sonstige typische betriebliche Ausbildungssituation oder ein von den/dem Auszubildenden durchzuführendes Projekt. Die Ausbildungseinheit ist dem Ausbildungsrahmenplan des entsprechenden Berufs zu entnehmen oder abzuleiten. Sie kann sich auf ein vollständiges kleines Thema (Unterweisung) beziehen oder auf einen abgrenzbaren Teil einer größeren Thematik (Präsentation). Dabei soll ein übergeordnetes Lernziel (Richtlernziel) mit der Untergliederung in konkrete Teilziele (Grob- und Feinlernziel(e)) verbunden werden.

Spätestens am Tag der praktischen Prüfung hat der Prüfling einen schriftlichen Entwurf seiner Ausbildungseinheit für den Prüfungsausschuss und für die Kammer zur Dokumentation vorzulegen und diesen zu präsentieren (Präsentation) oder in Form eines Rollenspiels mit einem Kursteilnehmer oder Auszubildenden durchzuführen (Unterweisung). Das anschließende Prüfungsgespräch bezieht sich ausschließlich auf die Durchführung (Unterweisung) oder auf die Präsentation. Der Teilnehmer soll dabei seine Auswahl und die Gestaltung der Ausbildungseinheit begründen.

Unbedingt zu beachten ist, dass trotz der Vorgaben der AEVO jede Kammer ihre eigenen »Vorlieben« hat, was den Ablauf und die Organisation der Prüfung betrifft. Es sollte deshalb auf jeden Fall bei der Kammer nach dem genauen Ablauf nachgefragt werden. Unterschiede gibt es u. a. in der Dauer des Ablaufs der Unterweisungen und Präsentationen (15 oder 20 Minuten), bei der Einreichung der Themen und Konzepte, bei der Anzahl der Auszubildenden bei einer Unterweisung sowie beim Medieneinsatz bei Präsentationen.

Die Ausarbeitung der Konzeption ist in schriftlicher Form (ca. vier bis zehn Seiten) zumeist in vierfacher Ausfertigung mit Unterschrift und Erklärung, dass das Konzept selbstständig erstellt wurde, vorzulegen.

Das Konzept sowohl für die Präsentation wie auch Unterweisung hat folgende Mindestinhalte zu berücksichtigen:

- Beschreibung bzw. Charakterisierung einer Ausgangs- bzw. Ausbildungssituation (Auszubildende/r, Projektdaten, Beruf u. a.)
- Beschreibung und Analyse der Aufgaben- bzw. Problemstellung
- Angabe der Zielformulierung (Lernziele)

- Begründung der gewählten Lösung und des pädagogischen Handelns, der Methoden und Medien
- Ggf. Lösungsalternativen mit Vor- und Nachteilen

Es ist eine inhaltliche und zeitliche Ablaufbeschreibung zu erstellen, die präsentiert oder durchgespielt wird. Die Ausbildungsmethode(n), die Medien und die Sozialform sind frei wählbar.

Nach der Unterweisung in Form eines Rollenspiels oder der Präsentation folgt das Prüfungsgespräch. Darin hat der Teilnehmer die Auswahl seiner Ausbildungseinheit insbesondere unter folgenden Gesichtspunkten zu begründen: Beruf, Ausbildungsabschnitt, Thema, Inhalte, Lernziele, Methoden, Medien, Lernort, Vorkenntnisse, Lernerfolgskontrollen und Alternativen.

Bewertet werden bei beiden Varianten der praktischen Prüfung:

- Das Konzept der Ausbildungseinheit.
- Die praktische Durchführung bzw. die Präsentation der Ausbildungseinheit. Hierbei stehen mehr die berufs- und arbeitspädagogischen Fähigkeiten des Prüfungsteilnehmers im Vordergrund, weniger die fachliche Substanz.
- Das Prüfungsgespräch.

Die separate Erläuterung der Abläufe der beiden Formen folgt in den nächsten beiden Kapiteln.

2.3.1 Präsentation der Ausbildungseinheit und Prüfungsgespräch

Eine Präsentation – im Sinne der AEVO – ist die Darstellung einer Unterweisung, (zumeist) eines Seminars oder eines Projekts. Der Prüfungsteilnehmer stellt i. d. R. in 15 Minuten dem Prüfungsausschuss als Zielgruppe dar, wie er eine Unterweisung (die sich bspw. aufgrund der fehlenden Rahmenbedingungen – wie bspw. einer Hebebühne – nicht in der Prüfungssituation simulieren lassen), ein Seminar (i. d. R. ein Tagesseminar) oder ein Projekt bzw. ein Modell der vollständigen Handlung konzipieren würde. Es muss deutlich werden, welches die Lernziele sind, wie diese vermittelt bzw. erarbeitet und kontrolliert werden.

Die Variante sollte dann gewählt werden, wenn eine Thematik oder Methode zum Einsatz kommen soll, die sich für die praktische Durchführung im Rahmen der Prüfung nicht eignet (z. B.: Planspiel oder Projektmethode). In diesem Fall ist die Aufbereitung der Präsentation besonders wichtig. Konkret heißt das, dass entsprechende Präsentationsmedien (z. B. Poster, Overhead oder Flip-Charts) zur Verdeutlichung vorbereitet und dargestellt werden müssen. Ferner kommt den rhetorischen und präsentierenden Fähigkeiten des Prüfungsteilnehmers als Präsentator eine besondere Rolle zu. Ziel der Präsentation ist es, dass die Prüfer von der Präsentationseinheit überzeugt sind und dieses Konzept in der Praxis umsetzbar ist.

Der Präsentation schließt sich ein didaktisches Prüfungsgespräch über die Präsentation und damit verbundene Aspekte an.

 Mögliche Bewertungskriterien einer Präsentation:

- Eröffnung der Präsentation
- Beschreibung der Ausgangs- bzw. Ausbildungssituation
- Analyse der Problemstellung
- Zielformulierung der Ausbildungssituation
- Begründung der Lösung bzw. Methodenwahl
- Medieneinsatz, Visualisierung, Umgang mit den eingesetzten Medien
- Kommunikation (Ausdrucksweise, Verständlichkeit, Rhetorik, Gestik, Mimik)
- Thematische Durchdringung
- Umsetzung(smöglichkeit) des Konzeptes
- Verwendung von Fachbegriffen
- Zeitlicher Rahmen der Präsentation

Beispiel 1 zum Präsentationskonzept eines Tagesseminars:

Präsentation eines Tagesseminars zum Thema:

Dokumentenabwicklung im Exportgeschäft

Praktische AdA-Prüfung IHK Frankfurt

Ausbilder	Daniel Dittmar
Ausbildungsberuf	Kaufmann für Spedition und Logistikdienstleistungen
Ausbildungsjahr	1. Ausbildungsjahr (2. Halbjahr) bei 3-jähriger Regelausbildungszeit
Ausbildungsort	Besprechungszimmer
Ausgangssituation	Im Rahmen der Ausbildung zum Kaufmann für Spedition und Logistikdienstleistungen werden die sechs Auszubildenden umlaufend in den verschiedenen Abteilungen des Ausbildungsunternehmens ausgebildet.
	Mit diesem Seminar sollen den Auszubildenden Kenntnisse und Fertigkeiten vermittelt werden, bevor sie in der Abteilung »Order Processing« ausgebildet werden.
	Der Ausbilder für dieses Seminar ist der Gruppe noch unbekannt.
	Die Auszubildenden haben geringe Vorkenntnisse über das Exportgeschäft, soziale Konflikte innerhalb der Ausbildungsgruppe sind nicht bekannt.
Thema	»Dokumentenabwicklung im Exportgeschäft mit Schwerpunkt: Dokumenten-Akkreditiv«
Richtlernziel	k) Prozessorientierte Leistungserstellung in Spedition und Logistik (Ausbildungsordnung § 4, Nr. 4)
Groblernziel	Begleitpapiere und Dokumente beschaffen, vervollständigen und ausstellen
Feinlernziele	Nach der Teilnahme am Seminar sollen die Auszubildenden selbstständig und richtig ...
	- Liefer- und Frankaturvorschriften anwenden können
	- Begleitpapiere und Dokumente beschaffen, vervollständigen und ausstellen können
	- das Akkreditivverfahren erläutern und im Rahmen betrieblicher Abläufe daran mitwirken können.
Nachfolgendes Seminar	Zollrecht
Seminardauer	09.00 bis ca. 16:30 Uhr
Ausbildungsmittel	- Overhead-Projektor (mit Ersatzlampe) mit vorbereiteten Folien - Flipchart und Meta-Plan mit ausreichenden Moderationskarten - Schreib- und Befestigungsmaterial (= Moderationskoffer) - Digitalkamera - Handout - Einheitliche Richtlinien und Gebräuche für Dokumenten-Akkreditive (ERA 500) veröffentlicht von ICC

Hiermit versichere ich, die Präsentation des Unterweisungskonzeptes »Dokumentenabwicklung im Exportgeschäft mit Schwerpunkt: Dokumenten-Akkreditiv« selbstständig erarbeitet zu haben.

_____
Ort, Datum

_____
Unterschrift

Unterweisungskonzept zum Thema »Dokumentenabwicklung im Exportgeschäft«

Zeitplan	Dauer (Minuten)	Thema / Inhalt	Methode	Medien
09:00 - 09:20 Uhr	20	**Vorstellungsrunde** Die Auszubildenden und der Ausbilder haben fünf Minuten Zeit, einen Steckbrief über ihre Person zu erstellen. Danach Präsentation der Steckbriefe, jedoch nicht des eigenen!	**Präsentation** durch alle Beteiligten	
09:20 - 09:40 Uhr	20	**Welche Erwartungen habe ich als Teilnehmer an das Seminar?** Die Auszubildenden erhalten jeweils drei Karten mit der Bitte, ihre Erwartungen darauf zu schreiben. Die Karten werden vom Ausbilder eingesammelt, gemischt und danach auf die Metaplanwand gepinnt und besprochen.	**Kartenabfrage/ Moderiertes Gruppengespräch**	
09:40 - 09:50 Uhr	10	**Vorstellung der Agenda** - Darstellung der Inhalte und Ziele des Seminars - Klärung der »Seminarspielregeln«	**Kurzvortrag** durch den Ausbilder	
09:50 - 10:45 Uhr	25	**Incoterms 2000** - Ermittlung des Kenntnisstands der Auszubildenden (»Abklopfen des Vorwissens«)	**Brainstorming/Moderiertes Gruppengespräch** der Auszubildenden	
	30	- Vorstellung der Incoterms - Unterscheidung in vier Gruppen (»E« / »F« / »C« / »D«) - Hinweis auf die Besonderheiten	**Präsentation** durch den Ausbilder	
10:45 - 11:00 Uhr	15	**Pause** - Getränke bereitstellen - Besprechungszimmer lüften		
11:00 - 12:00 Uhr	30	**Prozessablauf** - Gemeinsame Erarbeitung über die Aufgaben der verschiedenen Abteilungen innerhalb des Unternehmens - Aufzeigen der Schnittstellen innerhalb des Unternehmens	**Lehr-Lern-Gespräch** (fragend-entwickelnde Methode)	
	30	- Aufzeigen der Schnittstellen zwischen ISL und unseren Kunden - Vorstellung der Verantwortlichkeiten - Veranschaulichung des logischen Ablaufs	**Präsentation** durch den Ausbilder	
12:00 - 12:45 Uhr	45	**Pause** - Gemeinsames Mittagessen - Besprechungszimmer lüften		

Die Ausbilder-Eignung © FELDHAUS VERLAG Hamburg

Unterweisungskonzept zum Thema »Dokumentenabwicklung im Exportgeschäft«

Zeitplan	Dauer (Minuten)	Thema / Inhalt	Methode	Medien
12:45 - 13:00 Uhr	15	**Spiel zu Aktivierung** Motto: »Ich packe meinen Koffer…«	**Aktivierende / spielerische Methode**	
13:00 - 13:15 Uhr	15	**Zahlungsarten** - Ermittlung des Kenntnisstands der Auszubildenden (»Abklopfen des Vorwissens«)	**Brainstorming** der Auszubildenden **Lehr-Lern-Gespräch**	
13:15 - 13:30 Uhr	15	**Dokumenten-Inkasso** - Wesen des Dokumenten-Inkassos - Verkäuferrisiko - Käuferrisiko - Ablauf eines Dokumenten-Inkassos	**Präsentation** durch den Ausbilder	
13:30 - 13:45 Uhr	15	**Dokumenten-Akkreditiv** - Wesen des Dokumenten-Akkreditivs - Wirtschaftliche Risiken beim Dokumenten-Akkreditiv - Politische Risiken beim Dokumenten-Akkreditiv - Ablauf eines Dokumenten-Akkreditivs	**Präsentation** durch den Ausbilder	
13:45 - 14:00 Uhr	15	**Pause** - Getränke bereitstellen - Besprechungszimmer lüften		
14:00 - 14:15 Uhr	15	**Aufbau eines Akkreditivs** - Aufzeigen der Struktur - Nennung der wichtigen Abschnitte	**Präsentation** durch den Ausbilder	
14:15 - 15:00 Uhr	45	**Bearbeitung eines Akkreditivs** - Verteilung eines »richtigen« Akkreditivs aus der Praxis	**Selbsterarbeitung** in Gruppen (zwei Gruppen)	
15:00 - 15:15 Uhr	15	**Präsentation der Gruppenarbeit der 1. Gruppe** - Fehlende Punkte werden durch den Ausbilder notiert	**Präsentation** durch die Auszubildenden in ihrer Arbeitsgruppe	
15:15 - 15:30 Uhr	15	**Präsentation der Gruppenarbeit der 2. Gruppe** - Fehlende Punkte werden durch den Ausbilder notiert	**Präsentation** durch die Auszubildenden in ihrer Arbeitsgruppe	

Unterweisungskonzept zum Thema »Dokumentenabwicklung im Exportgeschäft«

Zeitplan	Dauer (Minuten)	Thema / Inhalt	Methode	Medien
15:30 - 16:00 Uhr	30	**Besprechung der beiden Präsentationen** - Was war gut? - Was hätte man besser machen können? - Was blieb offen? Die Auszubildenden werden durch Fragetechniken auf nicht erkannte Punkte geführt und diese gemeinsam geklärt	**Lehr-Lern-Gespräch** (fragend-entwickelnde Methode)	
16:00 - 16:20 Uhr	15	**Feedbackrunde/Abschluss** Klärung offener Fragen - »Der Tag war für mich.....« - »Von dem Erlernten verspreche ich mir.....« - Abgleich der Erwartungen vom Vormittag.	**Moderiertes Gruppengespräch** **Feedback-Gespräch**	
	5	**Ausfüllen des Feedbackbogens** - Das Ausfüllen des Feedbackbogens erfolgt anonym!		Feedbackbogen
16:20 - 16:30 Uhr	10	- Ausgabe der Handouts und der »ERA 500« - Ausblick auf das nächste Seminar (»Zollrecht«) geben - Hinweis auf den Eintrag des Erlernten in den Ausbildungsnachweis geben - Verabschiedung der Auszubildenden		

Die an diesem Seminar angefertigten Flipcharts und Metaplanwände wurden vom Ausbilder mit der Digitalkamera fotografiert und werden den Auszubildenden in den nächsten Tagen per E-Mail zugesendet!

Beispielfolie aus den Seminarunterlagen:

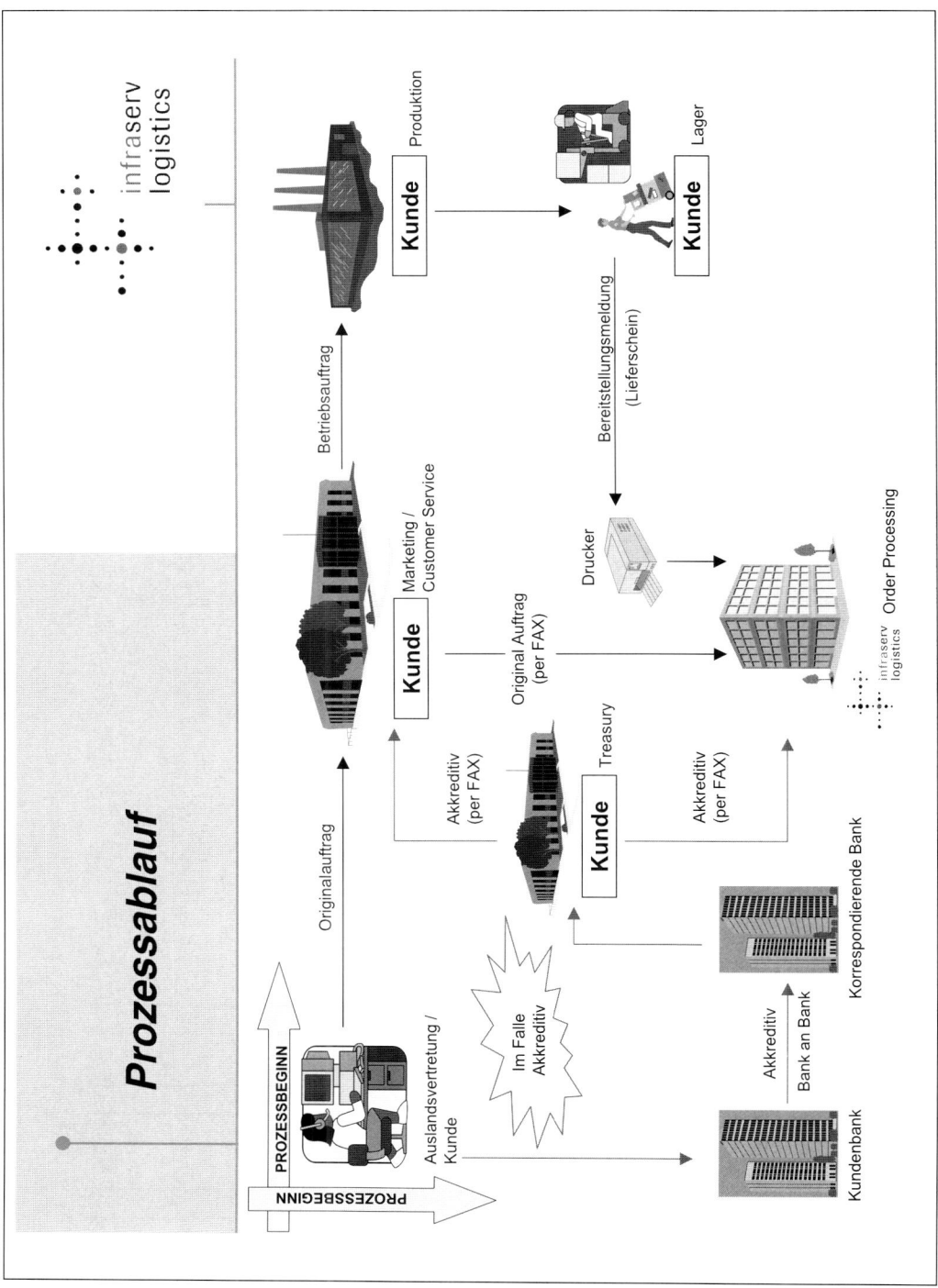

Ihre Meinung ist uns wichtig!

Seminar: Dokumentenabwicklung im Exportgeschäft
mit Schwerpunkt: Dokumenten-Akkreditiv

Wie beurteilen Sie...

Inhalt

Umfassend	○	○	○	○	○	○	unzureichend
Praxisgerecht	○	○	○	○	○	○	zu theoretisch

Begleitende Unterlagen

Angemessen	○	○	○	○	○	○	zu wenig / zu viel
Sehr hilfreich	○	○	○	○	○	○	wenig hilfreich

Ausbilder

Fachliche Kompetenz	sehr gut	○	○	○	○	○	○	unbefriedigend
Wissensvermittlung	sehr gut	○	○	○	○	○	○	unbefriedigend
Diskussionsführung	sehr gut	○	○	○	○	○	○	unbefriedigend
Vortrag, Präsentation	sehr gut	○	○	○	○	○	○	unbefriedigend

Seminarraum

Angenehm	○	○	○	○	○	○	dürftig

Meine Erwartungen wurden alles in allem

Voll erfüllt	○	○	○	○	○	○	nicht erfüllt

Das Seminar beurteile ich insgesamt mit

Sehr gut	○	○	○	○	○	○	mangelhaft

Was hat Ihnen an diesem Seminar gefallen?

_____

Was hat Ihnen an diesem Seminar nicht gefallen?

_____

_____

Sonstige Anmerkungen

_____

_____

Beispiel 2 zum Präsentationskonzept eines Tagesseminars:

Präsentation eines Tagesseminars
»VR-Maxi«

zur Ausbildereignungsprüfung vor der IHK-Frankfurt / Main

****

Ausbilder	Dirk Stein Volks- und Raiffeisenbank eG
Ausbildungsberuf	Bankkauffrau / Bankkaufmann
Auszubildende	Sechs Auszubildende des zweiten Ausbildungsjahres (2. Halbjahr) (Dauer der Ausbildung: drei Jahre)
Ausbildungsort	Seminar- und Sitzungsraum sowie zwei Beratungsräume im Obergeschoss der Hauptstelle der Volks- und Raiffeisenbank
Thema	»VR-Maxi« Das Kombiprodukt der R+V Versicherung und Union-Investment
Ausgangssituation	Die Auszubildenden haben in der Berufsschule sowie während ihrer Tätigkeit in den Geschäftsstellen Kenntnisse über Lebensversicherungen und Investmentfonds sowie deren steuerliche Behandlung erfahren. Zu diesen Themen wurden bereits zwei Tagesseminare durchgeführt. Die Notwendigkeit zur Durchführung dieses Seminars ergibt sich aus der aktuellen Diskussion um eine Besteuerung von Kapitalversicherungen sowie der Einführung von »VR-Maxi« in den Genossenschaftsbanken. Da zu diesen Themen ein hoher Informations- und Beratungsbedarf der Kunden zu decken ist, werden die Auszubildenden demnächst zur Unterstützung der Kundenberater eingesetzt. Die Auszubildenden besuchen gemeinsam die Berufsschule und nehmen auch an den externen Fortbildungsmaßnahmen der Bank gemeinsam teil. Der Ausbilder betreut die Gruppe seit Beginn der Ausbildung. Soziale Konflikte sind bisher nicht bekannt.
Richtlernziel	§ 3 Nr. 4.3 der Ausbildungsordnung: Anlage in anderen Finanzprodukten
Groblernziel	c) Kunden über Möglichkeiten der Kapitalanlage und der Risikovorsorge durch Abschluss von Lebensversicherungen informieren.
Feinlernziele	Die Auszubildenden sollen nach Abschluss des Seminartages selbstständig und richtig… • den Kunden über die steuerliche Behandlung von Erträgen aus Kapitalversicherungen sowie Investmentfonds informieren können. • den Kunden aktiv auf das neue Produkt »VR-Maxi« ansprechen können. • den Kunden zum Produkt »VR-Maxi« abschlussorientiert beraten können.
Pädagogische Prinzipien	Prinzip der Handlungsorientierung, Prinzip der Aktivierung des Lernenden, Theorie-Praxis-Verbindung, Prinzip der Lernerfolgskontrolle vom Einfachen zum Schweren
Dauer	08.30 Uhr – 16.30 Uhr
Ausbildungsmittel	Flipchart, Overhead-Projektor, Digitalkamera, Moderationskoffer, Arbeits- und Informationsmittel
Anlagen	- Ablaufplan - Arbeitsaufträge und Rollenspiele - Feedbackbogen - Transferauftrag

****

Hiermit versichere ich, die Präsentation zum Thema »VR-Maxi« selbstständig erarbeitet zu haben.

Präsentation eines Tagesseminars zum Thema »VR-Maxi«

(zur Ausbildereignungsprüfung vor der IHK Frankfurt)

Uhrzeit (von) (bis)	Dauer (Minuten)	Thema/Inhalt	Beschreibung	Methode	Medien
08.30 09.00	30	Einstieg und Begrüßung Information über aktuelle Themen	> Begrüßung der Auszubildenden > Vorstellung des geplanten Tagesablaufs > Aktuelle Informationen über Neuerungen und/oder Veränderungen in der Bank	Kurzvortrag	Metaplanwand Metaplankarten
09.00 09.30	30	Wiederholung der Themen > Lebensversicherung > Investmentfonds	> Wiederholung von vorhandenem Wissen aus den vorangegangenen Seminaren zu den Themen Lebensversicherung und Investmentfonds	Kartenabfrage Brainstorming	Metaplanwand Metaplankarten Flipchart
09.30 10.00	30	Gruppenarbeit Fachwissen	> Einteilung in zwei Gruppen à drei Auszubildende > Gruppe 1: Thema Lebensversicherungen > Gruppe 2: Thema Investmentfonds	Arbeitsauftrag Gruppenarbeit	Verwendung aller vorhandenen Medien
10.00 10.30	30	Präsentation Gruppenarbeit Teil 1	> Präsentation Thema Lebensversicherung Gruppe 1 > Anschließend Besprechung der Präsentation	Präsentation Lehr-Lern-Gespräch	Verwendung aller vorhandenen Medien
10.30 10.45	15		Pause		
10.45 11.15	30	Präsentation Gruppenarbeit Teil 2	> Präsentation Thema Investmentfonds Gruppe 2 > Anschließend Besprechung der Präsentation	Präsentation Lehr-Lern-Gespräch	Verwendung aller vorhandenen Medien
11.15 12.00	45	Vorstellung VR-Maxi (Kombiprodukt)	> Vorstellung des neuen Kombiproduktes durch den Seminarleiter	Kurzvortrag Lehr-Lern-Gespräch	Nutzung der Medien aus der Präsentation Flipchart
12.00 12.30	30	Wiederholung Verkaufsmethoden	> Wiederholung Beratungsansätze unter Einbeziehung des gerade Wiederholten und Gelernten	Lehr-Lern-Gespräch	Metaplanwand Metaplankarten Flipchart

Uhrzeit		Dauer	Thema/Inhalt	Beschreibung	Methode	Medien
(von)	(bis)	(Minuten)				
12.30	13.30	60		Mittagspause		
13.30	14.45	75	Verkaufstraining Teil 1	> Je ein Auszubildender führt mit einem anderen Auszubildenden ein Beratungsgespräch > Die anderen Auszubildenden und der Seminarleiter beobachten und bewerten die Situationen > Jedes Gespräch sollte max. 15 Minuten dauern	Rollenspiele Feedback durch Lehr-Lern-Gespräch	Beratungsplatz und Verkaufshilfen
14.45	15.00	15		Pause		
15.15	16.00	45	Verkaufstraining Teil 2	> Durchführung analog Teil 1	Rollenspiele Feedback durch Lehr-Lern-Gespräch	Beratungsplatz und Verkaufshilfen
16.00	16.20	20	Kartenkontrolle und Feedback	> Gemeinsame »Nachkontrolle« anhand der Übersicht > Die Auszubildenden stellen noch Fragen an den Seminarleiter zu den bearbeiteten Themen > Die Auszubildenden und der Seminarleiter geben ein Feedback über das Seminar	Kartenabfrage Feedback Blitzlicht	Metaplanwand Metaplankarten eventuell Flipchart Feedbackbogen
16.20	16.40	20	Transferauftrag und Verabschiedung	> Die Auszubildenden werden beauftragt, bis zum nächsten Meeting mind. je 10 Kundengespräche gemeinsam mit einem Kundenberater durchzuführen Die Ergebnisse sind jeweils zu dokumentieren > Terminbekanntgabe zur Auswertung > Verabschiedung und Hinweis auf Dokumentation im Ausbildungsnachweis	Transferauftrag Kurzvortrag	keine

Am folgenden Tag erhalten die Seminarteilnehmer das Seminarprotokoll und die Arbeitsergebnisse in Kopie bzw. die Fotos der Digitalkamera.

Im Vorfeld wird der Ausbilder ...
> den Sitzungssaal sowie die Beratungsräume für die Gruppenarbeit reservieren,
> sich um die Verpflegung in den Pausen kümmern,
> die benötigten Medien und Arbeitsmaterialien besorgen,
> die Einladung (per Mail) an die Auszubildenden verteilen.

Arbeitsaufträge

Arbeitsauftrag Gruppe 1 – Thema Lebensversicherung

Ihre Gruppe hat den Auftrag, das Thema Lebensversicherung aufzubereiten und anschließend den anderen Seminarteilnehmern zu präsentieren. Nutzen Sie dazu Ihr Wissen aus dem zu diesem Thema durchgeführten Tagesseminar. Gehen Sie bei Ihrer Präsentation auf folgende Aspekte besonders ein:

- steuerliche Mindestanforderungen
- Funktionsweise, Kosten und Arten
- garantierte Erträge und Überschüsse
- Anlagemöglichkeiten von Sparbeiträgen und Überschüssen
- Vorteile und Einsatzmöglichkeiten für den Kunden

Es können alle Medien verwendet werden. Weiterhin haben Sie die Möglichkeit, aus Ihren »alten« Seminarunterlagen sowie den Kundenbroschüren fehlendes Wissen zu rekapitulieren.

Arbeitsauftrag Gruppe 2 – Thema Investmentfonds

Ihre Gruppe hat den Auftrag, das Thema Investmentfonds aufzubereiten und anschließend den anderen Seminarteilnehmern zu präsentieren. Nutzen Sie dazu Ihr Wissen aus dem zu diesem Thema durchgeführten Tagesseminar. Gehen Sie bei Ihrer Präsentation auf folgende Aspekte besonders ein:

- Funktionsweise, Kosten und Arten
- Verwendung der Erträge (Thesaurierung/Ausschüttung)
- Steuerliche Behandlung von Gewinnen und Ausschüttungen
- Aufzeichnungs- und Aufklärungspflichten nach WpHG
- Vorteile und Einsatzmöglichkeiten für den Kunden

Es können alle Medien verwendet werden. Weiterhin haben Sie die Möglichkeit, aus Ihren »alten« Seminarunterlagen sowie den Kundenbroschüren fehlendes Wissen zu rekapitulieren.

Rollenspiele Beratungsgespräch (Auszug)

1.

Kunde Max Meier, 35 Jahre, kommt zu Ihnen an den Schalter. Er erzählt, dass er in den Nachrichten vom Wegfall der Steuerfreiheit von Kapitalversicherungen gehört hat. Lediglich einen Bestandsschutz solle es noch geben. Herr Meier möchte von Ihnen wissen, welche Auswirkungen dies auf seine Lebensversicherung hat und »wollte sich sowieso wegen der Altersvorsorge beraten lassen«.

Führen Sie mit dem Kunden ein Beratungsgespräch!

2.

Sie beobachten Herrn und Frau Müller, beide ca. 40 Jahre alt, im SB-Bereich Ihrer Bank, wie sie über das Werbeplakat »VR-Maxi« diskutieren. Sie gehen auf die Kunden zu und fragen, ob Sie ihnen helfen können. Als Antwort erhalten Sie: »Immer diese Werbung für Versicherungen. Wozu diese Panikmache mit der Altersvorsorge. Die Rente ist doch sicher. Schließlich zahlen wir jeden Monat in die Kasse ein«.

Laden Sie die Kunden zu einem kurzen Beratungsgespräch ein! Erklären Sie die Gründe für die Notwendigkeit eigener Vorsorge und gehen Sie dabei auf die Vorteile von VR-Maxi ein!

3.

Nach der Kontoeröffnung für den 20-jährigen Auszubildenden Uli Alster fragen Sie diesen, ob er sich schon mit dem Thema Risikoabsicherung und Vermögensbildung beschäftigt hat. Nachdem er verneint, gehen Sie auf verschiedene Möglichkeiten ein, um dann die VR-Maxi-Rente vorzustellen.

4.

Die Kundin Stella Wald, 25 Jahre alt, hat gerade ihr Studium beendet. Sie haben Frau Wald eingeladen, weil die Sonderkonditionen für ihr Girokonto nach dem Studium ausgelaufen sind. Frau Wald erzählt, dass sie nun »richtiges« Geld verdiene und monatlich etwas zurücklegen möchte.

Beraten Sie Frau Wald über verschiedene Möglichkeiten und stellen Sie VR-Maxi als sinnvolle Ergänzung vor!

Transferauftrag »VR-Maxi«

Sie haben den Auftrag, bis zum nächsten Seminartermin mindestens zehn Beratungsgespräche durchzuführen. Der für Sie zuständige Kundenberater wird Sie dabei unterstützen. Nehmen Sie zunächst an mehreren Gespächen teil, um Ihre Kentnisse zu vertiefen. Ergreifen Sie die Initiative und dokumentieren Sie Ihre Aktivitäten in der nachstehenden Tabelle.

Name: _____

Datum	Abteilung	Kundenname / Kundennummer	Initiative durch Kunde	Initiative durch Bank	Thema	Ergebnis

Datum: _____   Unterschrift: _____

Feedbackbogen

(Tagesseminar »VR-Maxi«)

Wie hat Ihnen die Atmosphäre während des Seminars gefallen?

〇 〇 〇 〇 〇 〇

▶ ....

....

Wie verständlich wurden die Seminarinhalte vermittelt?

〇 〇 〇 〇 〇 〇

▶ ....

....

Inwieweit konnten Sie eigene Ideen/Vorschläge einbringen?

〇 〇 〇 〇 〇 〇

▶ ....

....

Wie wurden Methoden und Medien eingesetzt?

〇 〇 〇 〇 〇 〇

▶ ....

....

Wie abwechslungsreich fanden Sie das Seminar?

〇 〇 〇 〇 〇 〇

▶ ....

....

Wie können Sie das Gelernte in der Praxis anwenden?

〇 〇 〇 〇 〇 〇

▶ ....

....

Welche Anmerkungen haben Sie?

▶ ....

▶ ....

Beispiel 3 zu einem Präsentationskonzept für ein Projekt bzw. zum Modell der vollständigen Handlung:

Präsentationskonzept
zum praktischen Teil der Ausbilder-Eignungsprüfung
vor der Industrie- und Handelskammer Frankfurt

Organisation und Durchführung eines Neujahresempfangs für die spanische Wirtschaftsvereinigung
(nach dem Modell der vollständigen Handlung)

Ausbilder:	Santiago Espada
Ausbildungsberuf:	Bürokauffrau/-mann
Ausbildungsbetrieb:	Spanische Wirtschaftsvereinigung

1. Ausgangssituation/Didaktische Analyse

Auszubildende:	Pilar Moraza, Dolores Perez, Maria Suarez (alle volljährig)
Ausbildungsberuf:	Kauffrau/-mann für Bürokommunikation
Ausbildungsjahr:	3. Ausbildungsjahr, 2. Monat (von drei Ausbildungsjahren)
Schulbildung:	Mittlere Reife
Vorkenntnisse:	Alle Auszubildenden haben bereits mehrere Abteilungen im Unternehmen durchlaufen und kennen das Unternehmen gut.
Ausgangssituation/ Hintergrund:	Die Auszubildenden sollen den nächsten Neujahrsempfang der spanischen Wirtschaftsvereinigung organisieren und durchführen. Sie sind sehr zuverlässig, zielstrebig, besitzen eine rasche Auffassungsgabe, arbeiten schnell und sind sehr sorgfältig.
	Jedes Jahr veranstaltet die spanische Wirtschaftsvereinigung einen Empfang für die Mitglieder und Gäste. Ziel und Zweck dieser Auftaktveranstaltung ist es, den Teilnehmern einen Überblick über die geplanten Aufgaben und Aktivitäten im kommenden Jahr zu geben sowie ein Forum anzubieten, um sich auszutauschen.

2. Lernziele

Thema:	Neujahrsempfang organisieren und durchführen

Richtlernziel: Das Richtlernziel laut Auszug aus dem Ausbildungsberufsbild zum Kauffmann/-frau für Bürokommunikation: Betriebliche Organisation und Funktionszusammenhänge (§ 3 Abs. 1 Nr. 2.2)

Groblernziele: Daraus lassen sich mehrere Groblernziele laut Auszug aus der sachlichen und zeitlichen Gliederung des Ausbildungsrahmenplans zusammenfassen:

e) Informationswege im Ausbildungsbetrieb darstellen und die Zusammenarbeit zwischen Funktionsbereichen beschreiben

h) Formen der Arbeitsorganisation im Ausbildungsbetrieb darstellen und zur Verbesserung von Arbeitsvorgängen im eigenen Arbeitsbereich beitragen

Feinlernziele: Nach dem Projekt sollen die Auszubildenden richtig und selbstständig

- die Bedeutung des Neujahrsempfangs kennen und erklären können.
- Reservierungen durchführen können.
- Sitzungen und Besprechungen nach sachlichen und zeitlichen Vorgaben vor- und nachbearbeiten können.
- Telefongespräche vorbereiten, führen und die Ergebnisse aufbereiten und weiterleiten können.
- Anfragen entgegennehmen, weiterleiten und Auskünfte erteilen können.
- Besucher empfangen, anmelden und informieren können.
- Einladungen für Sitzungen, Besprechungen erstellen und verteilen können.

3. Organisatorische Elemente

Projektdauer: Das Vorgehen verteilt sich auf insgesamt 15 Tage

Ausbildungsmittel:
- Telefon
- Computer und Drucker
- Flipchart

Ausbildungsort: Arbeitsplatz der Auszubildenden und Veranstaltungsraum des Neujahrsempfangs (im Unternehmen)

Methodenwahl:

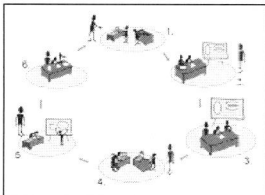

Durch die Vermittlung der Lerninhalte mit dem Modell der vollständigen Handlung sollen die Auszubildenden im Rahmen eines ganzheitlichen Arbeitsauftrages mit Unterstützung des Ausbilders zum selbstständigen Planen, zur selbstständigen Arbeitsausführung und zur eigenen Bewertung der Arbeitsergebnisse befähigt werden. Dies bringt die Auszubildenden näher an ihr eigentliches Ausbildungsziel: berufliche Handlungsfähigkeit zu erlangen!

Weitere Vorteile der Methode sind:

+ Die Auszubildenden arbeiten überwiegend aktiv.
+ Es herrscht Realitätsorientierung/Praxisbezug.
+ Förderung unternehmerischen Denkens.
+ Auszubildenden wird Raum für Kreativität und Selbstständigkeit bei Planung, Durchführung und Kontrolle gelassen.
+ Die Methode folgt dem didaktischen Prinzip der Handlungsorientierung.

Die Auszubildenden sollen sich bei ihrer Vorgehensweise an folgenden Phasen orientieren:

1. Phase: Informieren → 2. Phase: Planen → 3. Phase: Entscheiden →
4. Phase: Durchführen → 5. Phase: Kontrollieren → 6. Phase: Bewerten

Das Vorgehen folgt folgenden pädagogischen Prinzipien: Prinzip der Aktivierung der Auszubildenden, Prinzip der Lernerfolgskontrolle, Prinzip der Theorie-Praxis-Verknüpfung

4. Lernbereiche

Bei der Vermittlung des Feinlernziels sollen folgende Lernbereiche angesprochen werden:

Kognitiver Lernbereich
Erwerb des Fachwissens rund um das selbstständige Planen, Kontrollieren des Neujahrsempfangs.

Psychomotorischer Lernbereich
Die Auszubildenden sollen den Neujahrsempfang eigenständig planen und umsetzen, von der Erstellung der Einladungen und Herrichten des Veranstaltungsraumes liegt alles in ihrer Hand.

Affektiver Lernbereich
Gewissenhafte und sorgfältige Planung, freundliches Auftreten und verantwortungsvolles Arbeiten beim Neujahrsempfang.

5. Der Ablauf / Die sechs Phasen

Der folgende Abschnitt beschreibt einen geplanten Unterweisungsablauf nach dem Modell der vollständigen Handlung, welches sich in sechs Phasen gliedert. In der Praxis können Abweichungen durch Fragen oder Vorwissen der Auszubildenden auftreten.

5.1 Phase 1: Informieren (1. – 2. Tag / jeweils 4 Stunden)

Nach den Herbstferien (Urlaub) werde ich die Auszubildenden auf ein gemeinsames Frühstück einladen. Danach werde ich sie über die vergangenen Neujahrsempfänge der spanischen Wirtschaftsvereinigung, bei denen sie nicht anwesend waren und über die geplante Veranstaltung informieren. Wir führen ein Lehr-Lern-Gespräch zur Bedeutung von Geschäftskontakten anlässlich von Empfängen.
Ich informiere die Auszubildenden, dass sie den nächsten Neujahrsempfang selbstständig planen, durchführen und kontrollieren sollen. Darüber hinaus gebe ich ihnen Informationen zum Budget und zu weiteren zu beachtenden Aspekten. Anschließend führen wir ein ausführliches Lehr-Lern-Gespräch zu unterschiedlichen Aspekten unseres Neujahrsempfangs.
Am nächsten Tag werden wir uns gemeinsam mit dem kompletten Vorstand treffen. Der Vorstand entscheidet, an welchem Tag und unter welchem Thema/Motto der Neujahrsempfang stattfindet. Der Vorstand bestimmt ferner, welche Gäste eingeladen werden. Die Auszubildenden können Fragen stellen und sind am Gespräch aktiv beteiligt. Sie sollen erfahren, welche Informationen zur Erledigung des Auftrags benötigt werden und wie sie die notwendigen Informationen erhalten können. Ich stehe jederzeit für weitere Fragen zur Verfügung.

→Die Phase dient der Lernzielnennung, Informationsvermittlung und Orientierung.

5.2 Phase 2: Planen (3. – 6. Tag / jeweils 8 Stunden)

In Phase 2 werden die Azubis ihre Vorgehensweise selbstständig planen. Dabei gehen sie voraussichtlich wie folgt vor:
- Einen Arbeitsplan in Form einer To-do-Liste erstellen.
- Mögliche Gestaltungsvorschläge unter Berücksichtigung der Kosten erarbeiten.
- Eine Budgetkalkulation erstellen.
- Sich Gedanken um eine mögliche Arbeitsteilung machen.
- Erstellen eines Zeitplans zur Vorgehensweise.

Mit dem Arbeitsplan sollen Aufgaben festgelegt werden, die die Auszubildenden untereinander aufteilen und erledigen, z. B.
a) Angebote für geeignete Räumlichkeiten einholen,
b) Einladungen schreiben, verschicken und Zusagen sammeln,
c) Angebote für das Catering einholen,
d) Kooperationspartner und/oder Sponsoren anschreiben,
e) Programmheft/Informationsmaterial planen und schreiben.

Die Auszubildenden visualisieren ihre Ideen anschließend auf der Metaplanwand.

→ Die Auszubildenden arbeiten in dieser Phase selbstständig. Ich befinde mich an meinem Arbeitsplatz. Bei auftretenden Fragen bin ich dort erreichbar und gebe den Auszubildenden ggf. Hilfestellung.

5.3 Phase 3: Entscheiden (7. Tag / 6 Stunden)

Zunächst präsentieren mir die Auszubildenden ihr geplantes Vorgehen in Form einer Kurzpräsentation via Power-Point. Anschließend führen wir ein moderiertes Gruppengespräch über den geplanten Ablauf und die Realisierungsmöglichkeiten. Dabei ist es wichtig, bei der Entscheidungsfindung auf die Budgetvorgaben zu achten. Es werden die Vor- und Nachteile der erarbeiteten Gestaltungsvorschläge abgewogen und gemeinsam bezüglich der folgenden Punkte Entscheidungen getroffen, z. B.
a) Auswahl eines repräsentativen Raums für ausreichend Gäste,
b) Sitzordnung der Gäste bestimmen,
c) Catering auswählen und Essen/Getränke bestellen,
d) Kooperationspartner/ Sponsoren auswählen,
e) Start, Pause und Ende der Veranstaltung festlegen,
f) Gestaltung des Einladungsschreibens.

→ Ziel dieser Phase ist es, die Grundlagen für das weitere Vorgehen zu legen. Die Auszubildenden können nun selbstständig das geplante Vorgehen umsetzen.

5.4 Phase 4: Durchführen (8. – 12. Tag)

Die vierte Phase verteilt sich auf mehrere Tage. Die in der To-do-Liste aufgeführten Tätigkeiten werden möglichst selbstständig von den Auszubildenden durchgeführt. Ich gebe den Auszubildenden freie Hand bei der Ausführung, stehe ihnen aber selbstverständlich weiterhin jederzeit für Fragen und Hilfe zur Verfügung. Es ist darauf zu achten, dass Absprachen innerhalb des Teams eingehalten werden. Der zuvor ausgearbeitete Durchführungsplan gibt den Auszubildenden zusätzliche Sicherheit zum Erreichen des Lernziels.

Am Tag des Neujahrsempfangs ist jede Auszubildende für einen bestimmten Aufgabenbereich der Veranstaltung verantwortlich, z. B.
a) Raum vorbereiten (Stühle anordnen, Tische mit Namensschildern bestücken),
b) Empfang der Gäste und Teilnehmerliste führen,
b) Garderobe besetzen,
c) Essen und Getränke austeilen,
e) Ansprechpartner sein.

→ Ziel dieser Phase ist die erfolgreiche Durchführung der Veranstaltung, unter Einhaltung der festgelegten Maßnahmen.

5.5 Phase 5: Kontrollieren (13.– 14. Tag)

Haben die Auszubildenden die Durchführungsphase beendet, folgt am nächsten Tag die Kontrollphase. Die Auszubildenden sollen dabei ihre Arbeit eigenverantwortlich und selbstständig kontrollieren.

Sie werden so prüfen, ob die geplanten Arbeitsschritte der To-do-Liste eingehalten wurden. Weiterhin werden sie vergleichen, ob die Budgetvorgaben eingehalten wurden und den Vorstand fragen, ob er mit der Gestaltung des Neujahrsempfangs zufrieden war. Darüber hinaus senden die Auszubildenden den Gästen einen Feedbackbogen zu.

5.6 Phase 6: Bewerten (15. Tag / 6 Stunden)

Die Auszubildenden stellen mir ihr Gesamtergebnis anhand einer kurzen Präsentation vor. Daran anschließend führen wir ein moderiertes Gruppengespräch. Nach der Präsentation bitte ich die Auszubildenden um eine Selbsteinschätzung und Reflektion des Neujahrsempfangs. Der Fokus liegt hierbei auf:

• Der Qualität der Ausarbeitung und Arbeitsweise.
• Der Effektivität des angewandten Lösungsweges.

Die anschließende Auswertung dient der Sicherung des Lernerfolges und der Verbesserung der Arbeits- und Lernqualität.

Im Anschluss daran bewerte ich als Ausbilder mit Bedacht das Vorgehen und die Zielerreichung. Dabei beginne ich zunächst mit Lob für die Auszubildenden. Die von den Auszubildenden formulierten Selbsteinschätzungen bestätige, korrigiere oder ergänze ich gegebenenfalls. Hierbei sind Fingerspitzengefühl und gesunder Menschenverstand – oder kurz: Empathie gefragt. Für eventuell aufgetretene Fehler oder Probleme ermitteln wir gemeinsam die möglichen Ursachen. In diesen Fall übe ich konstruktive Kritik.

Nachdem ich die Auszubildenden aus meiner Sicht bewertet habe, erfrage ich, ob der zeitliche Ansatz für die Erreichung des Lernziels ausreichend und die Arbeitsmittel geeignet waren. Das dient mir als Ausbilder dazu, eventuelle zeitliche Defizite oder Unklarheiten in Zukunft vermeiden zu können. Auch für mich als Ausbilder ist ein regelmäßiges Feedback der Auszubildenden wichtig, um mich auf jeden Auszubildenden individuell einstellen und die geeignete Unterweisungsmethode wählen zu können. Die gewonnenen Erkenntnisse nutze ich zur Erstellung neuer Arbeitsaufträge.

Zum Abschluss des Gesprächs werden die Auszubildenden gebeten, die erhaltenen Kenntnisse zur Sicherung des Lernerfolges in ihr Berichtsheft zu übertragen.

Als nächstes Projekt werden die Auszubildenden an der Überarbeitung der Homepage mitwirken dürfen.

Hiermit versichere ich, dass ich das vorliegende Unterweisungskonzept selbstständig erstellt und erarbeitet habe.

_____   _____
Ort, Datum   Unterschrift

Checkliste, Hinweise und Leitfragen für den praktischen Teil (Präsentation):

☞ Ein Tagesseminar, ein Projekt bzw. das Modell der vollständigen Handlung oder eine Unterweisungseinheit werden in Form einer Präsentation vorgestellt.

☞ Bewertet werden der schriftliche Entwurf, die Präsentation (zumeist 15 Minuten) und das anschließende Gespräch. In diesem sollen die Teilnehmer die Kriterien für die Auswahl und die Gestaltung der Ausbildungseinheit begründen. Die praktische Prüfung umfasst insgesamt max. 30 Minuten (Präsentation und Fachgespräch).

Deshalb beachten und hinterfragen:

☞ Es ist kein reiner Fachvortrag zu halten. Es geht um alle didaktischen Elemente!

☞ Das Thema, das Richt-, Grob- und Feinlernziel(e) richtig benennen!

☞ Haben das Thema und die Lernziele einen Bezug zur Ausbildungsordnung des jeweiligen Berufes?

☞ Die Ausarbeitung ist optisch interessant zu gestalten! Farbliche Gestaltung und ein eingescanntes Firmenlogo kommen gut an.

☞ Ist das Deckblatt richtig ausgefüllt?

☞ Im Konzepttext Fachbegriffe ausschreiben, nicht abkürzen!

☞ Mit den verwendeten Fachbegriffen und Fremdwörtern sicher umgehen können (Bedeutung kennen und Bezug zur Präsentation herstellen)!

☞ Zur Prüfung ausreichend unterschriebene Exemplare des Konzepts mitbringen.

☞ Die Ausarbeitung auf Rechtschreib- und Tippfehler überprüfen! Kurze Sätze!

☞ An Anlagen/Anhänge (z. B. Formulare, Skizzen, Fallbeispiele) denken!

☞ Ist die Präsentation in 15 Minuten durchführbar. Genau auf die Zeit achten, dabei aber nicht verkrampfen!

☞ Auf ein flüssiges Vorgehen achten!

☞ Das Thema professionell präsentieren und visualisieren!

☞ Als Präsentator die Stimme variieren (Monotonie vermeiden / Akzente setzen)!

☞ Falls ein Präsentationsposter erstellt wird (sinnvolle Idee), sollte es auch auf drei Meter Entfernung leserlich sein. Auch die Farbwahl ist dabei zu bedenken!

☞ Sicher im Umgang mit den eingesetzten Medien (evtl. Overhead-Projektor, Flipchart, Poster o. Ä.) sein!

☞ Nichts wörtlich ablesen, sondern frei vortragen!

☞ Medienmix sinnvoll: Möglich: Overhead, Beamer, Pinnwand und ggf. Flipchart!

☞ Bei einer Overhead-Präsentation nicht im Bild stehen (am besten links vom Gerät positionieren). Das Gerät abschalten, wenn es nicht mehr gebraucht wird!

☞ Die Wahl der Medien und Methoden begründen!

☞ Sicher sein im Ablauf. Nicht die Reihenfolge der Phasen verwechseln.

☞ Einen selbstsicheren Auftritt bieten!

☞ Wird das Vorwissen des Auszubildenden »abgeklopft«? Zu Beginn eines Seminartages ein Brainstorming, eine Kartenabfrage, ein Lehr-Lern-Gespräch oder ein Mind-Map einsetzen.

☞ Auf Lernerfolgskontrollen achten. Es gilt, die angestrebten Lernziele nicht aus dem Auge zu verlieren.

☞ Nicht von Handout, sondern von Informations- oder Arbeitsblättern sprechen!

☞ Handy aus!

☞ Werden die Auszubildenden am Ende des Seminartages oder Projektes auf den Eintrag des Gelernten in den Ausbildungsnachweis hingewiesen?

☞ Immer darauf hinweisen, dass die Auszubildenden abschließend etwas zum Mitnehmen bekommen!

☞ Abschließend Feedback einholen (schriftlich und/oder mündlich) und einen Ausblick auf das nächste Seminar oder Projekt geben.

☞ Es werden während der Präsentation von den Prüfern manchmal Fragen gestellt. Davon nicht aus der Ruhe bringen lassen. Dafür kommen dann nach der Präsentation weniger Fragen!

☞ Wenn ein Prüfer andere Ideen zum Vorgehen hat, diese mitdenken, darüber offen sprechen und ggf. die Alternativen des Prüfers als mögliches Vorgehen akzeptieren.

Klassische Fragen:

• Zur Bedeutung des Ausbildungsnachweises:
Funktionen: Nachbereitung, Nachweis, Kontrolle, Dokumentation, Zulassungskriterium für die Abschlussprüfung. Er muss regelmäßig geführt und kontrolliert werden.

• Zu den Funktionen der Ausbildungsordnung:
Berufsbild, sachliche und zeitliche Gliederung der Ausbildung, Angaben zur Zwischen- und Abschlussprüfung, Regelausbildungsdauer.

• Zur Unterscheidung Ausbildungsordnung und Rahmenlehrplan:
Ausbildungsordnung bezieht sich auf den Betrieb, der Rahmenlehrplan auf die Berufsschule.

• Zum Eignungsfeld des Ausbilders:
Fachliche und persönliche Eignung laut Berufsbildungsgesetz, pädagogische Eignung nach AEVO (Ausbilder-Eignungsverordnung).
Warum ist man persönlich geeignet? (Da man: nicht vorbestraft ist, Ausbildungserfahrung besitzt, eine Autorität ist, eine Persönlichkeit ist, da man ein Vorbild ist).

• Welche Gesetze kennen Sie, die in der Ausbildung eine Rolle spielen?
U. a.: Berufsbildungsgesetz, Jugendarbeitsschutzgesetz (bei Minderjährigen), Betriebsverfassungsgesetz (rund um den Betriebsrat und die JAV), ggf. Mutterschutzgesetz, Arbeitszeitgesetz (bei Volljährigen), Allgemeines Gleichbehandlungsgesetz.

• Gibt es gesetzliche Grundlagen für die Pausen bei einem Seminartag?
Für Jugendliche das Jugendarbeitsschutzgesetz, für volljährige Auszubildende das Arbeitszeitgesetz.

• Welche Gründe gibt es, dass die Ausbildungszeit verkürzt werden kann?
Sie **kann** erfolgen bei besonderer Vorbildung, bspw. Abitur, EQ, Berufsfachschule oder Berufsgrundbildungsjahr.

• Fragen zur Unterscheidung von Didaktik und Methodik:
Bei der Didaktik geht es mehr um die Strukturierung des Lehr-Lern-Prozesses, bei der Methodik mehr um die Umsetzung.

- Zur Wahl der Ausbildungsmethoden:
  - »Warum haben Sie diese Methode(n) gewählt?«
  - »Kennen Sie andere Methoden oder Alternativmethoden?«

- Warum benötigt man unterschiedliche Methoden und Medien?
  Methoden und Medien dienen der Lernzielerreichung, sie helfen bei der Planung, Durchführung und Kontrolle zum Vorgehen, sie sorgen für Abwechslung und ermöglichen Selbstlernen und Handlungsorientierung. Anzustreben ist ein geschickter Methoden- und Medienmix.

- Fragen zur Unterscheidung der Lernzielbereiche:
  Die Lernzielbereiche sind der kognitive Bereich (Wissensbereich), der affektive Bereich (Gefühle, Einstellungen) und der psychomotorische Bereich (körperlich).

- Fragen zur Bedeutung und Unterscheidung von Richt-, Grob- und Feinlernzielen:
  Richt- und Groblernziele finden sich im Ausbildungsrahmenplan und sind verbindliche Vorgaben. Feinlernziele werden daraus abgeleitet und werden benötigt, um das Lernziel planen, durchführen und kontrollieren zu können.

- Welche Rolle spielt der Bio-Rhythmus bei einem Tagesseminar?
  - Anspruchsvolle Inhalte in den Vormittag legen.
  - Wichtig! Nach der Mittagpause keine zu anspruchsvollen bzw. monotonen Inhalte. Der Bio-Rhythmus ist bei jedem Auszubildenden unterschiedlich.

- Welche Fragetechniken wenden Sie in einem Seminar an?
  Am besten offene und zielgerichtete Fragen, da der Auszubildende hier mitdenken muss. Vermieden werden sollen nach Möglichkeit geschlossene Fragen, rhetorische Fragen und Suggestivfragen, die keine Reflexion erfordern.

- Wie ist die Mittagspause organisiert?
  Erklären, ob man die Pause mit den Auszubildenden verbringt oder nicht. Auf keinen Fall einen »Mutterkomplex« zeigen. In der Regel geht man in der Pause getrennte Wege. Die Pause dient der Erholung, nicht der inhaltlichen Reflexion des Vormittages.

- Fragen zur Gruppenarbeit:
  - Wo halten Sie sich als Ausbilder bei Gruppenarbeiten auf?
  - Sie sind in der Nähe, um ggf. Hilfestellungen zu geben. Sie drängen sich aber nicht auf und lassen die Gruppen in Ruhe arbeiten.
  - Wie werden die Gruppen bei Gruppenarbeiten eingeteilt? (gezielt)

- Was sind Vorteile der Gruppenarbeit?
  Austausch, Arbeitsteilung, Förderung der Sozialkompetenz, Kommunikation, Förderung der Selbstständigkeit.

- Fragen zur Motivation:
  - Was ist Motivation? (ein Mittel zur Lernzielerreichung)
  - Welche Arten der Motivation gibt es? (intrinsische und extrinsische Motivation)
  - Wie kann man motivieren? (Hängt stark vom Lernziel ab. In der Regel motiviert man den Auszubildenden zielorientiert über die Aussicht, dass er das Lernziel bald selbstständig und richtig beherrschen kann.)

- Fragen zu Lob und Tadel bzw. Kritik:
  - Was versteht man unter konstruktiver Kritik?
  - Aufbauende Kritik, dass Gegenteil ist destruktive (zerstörerische) Kritik.

- Anzuwenden ist konstruktive (aufbauende Kritik). Lob und Tadel müssen sein, damit der Auszubildende weiß, wo er steht und wie er vom Ausbilder eingeschätzt wird.

- Fragen zur Über- und Unterforderung:
Beides ist zu vermeiden. Bei Überforderung bekommt der Auszubildende Angst vor der Aufgabe, bei Unterforderung fühlt er sich nicht genug gefordert und wird sich wenig konzentrieren.

- Was versteht man unter Transferfähigkeit?
Inhalte bzw. Sachverhalte auf ähnlich gelagerte Situationen angemessen zu übertragen.

- Was ist die Basis der Kommunikation?
Unterschieden werden verbale und non-verbale Kommunikation. Die Basis ist die gesprochene Sprache. Ausbildung bedeutet immer noch weitgehend unmittelbare Kommunikation zwischen dem Ausbilder und dem Auszubildenden.

- Welche Ansprache bevorzugen Sie in der Kommunikation mit den Auszubildenden? »Du oder Sie«?
Der Respekt sollte nicht vom »Sie« oder »Du« abhängen. Die Ansprache hängt oftmals von der Firmenphilosophie und der Branche ab. Wird ein Auszubildender geduzt, gilt es alle zu duzen. Einmal duzen, immer duzen!

- Warum wollen Sie Ausbilder werden?
Pädagogisches Interesse, Neigung zur Arbeit mit jungen Menschen, Vorbildfunktion, Zertifizierung der pädagogischen Kenntnisse durch die ADA-Urkunde, Interesse an Aus- und Weiterbildung.

- Wie beschreiben Sie Ihren Führungsstil?
So weit wie möglich situativ, also der Situation angemessen. In der Regel wird kooperativ geführt, ggf. aber auch mal autoritär. Dies aber immer vor dem Hintergrund, dass man als Ausbilder eine Erziehungs-, Fürsorge- und Vorbildfunktion besitzt.

- Wie gehen Sie mit schwierigen Auszubildenden um?
Ein Gespräch unter vier Augen führen. Dabei den Auszubildenden auf seine Lernpflicht hinweisen und zur aktiven Mitarbeit motivieren. Im Extremfall ist eine Abmahnung denkbar.

2.3.2 Praktische Durchführung der Ausbildungseinheit und Prüfungsgespräch

Eine Unterweisung ist eine praktische Demonstration einer Ausbildungseinheit mit einem oder mehreren Auszubildenden. Die Unterweisung simuliert in Form eines Rollenspiels die betriebliche Unterweisungssituation.

Am besten kann dies durch einen Methoden-Mix erfolgen, z. B. ein Mix aus Lehr-Lern-Gespräch (evtl. mit Kartenabfrage) und Vier-Stufen-Methode, denkbar ist aber auch ein reines Lehr-Lern-Gespräch. Hierbei wird das vorliegende Ausbildungskonzept in etwa 15 Minuten als Rollenspiel praktisch umgesetzt, meist mit einem anderen Prüfungsteilnehmer. In der Prüfung wird in der Regel nicht die gesamte ausgearbeitete Unterweisung durchgeführt. So wird z. B. die Übungsphase stark reduziert bzw. nur im Ablauf geschildert.

Der Prüfungsteilnehmer hat alle benötigten Materialien für die Unterweisung mitzubringen und einzusetzen. Der Unterweisung schließt sich ein Prüfungsgespräch an.

Wichtig für die Bewertung ist ein klar strukturierter Aufbau. Die interaktive Unterweisung sollte die Motivationsphase, das Anknüpfen an Vorkenntnisse, die Vermittlung der Lernschritte, die abschließende Lernerfolgskontrolle und einen Ausblick auf die nächste Unterweisung beinhalten.

Auf gar keinen Fall sollte während der Ausbildungseinheit der Ausbilder dominieren. Die hohe Kunst ist es hier, sich zurückzuhalten und den Auszubildenden so aktiv wie möglich einzubeziehen und zum Feinlernziel zu führen.

Mögliche Bewertungskriterien einer Präsentation:

- Eröffnung der Durchführung/Unterweisung
- Strukturierter Aufbau der Unterweisung
- Methodische Vorgehensweise
- Motivierung des Auszubildenden
- Lernerfolgskontrollen
- Einsatz von Lern- oder Hilfsmitteln
- Kommunikation (Ausdrucksweise, Verständlichkeit, Rhetorik, Gestik, Mimik, Interaktion)
- Thematische Durchdringung
- Umsetzung(smöglichkeit) des Konzeptes
- Verwendung von Fachbegriffen
- Zeitlicher Rahmen der Unterweisung

Beispiel 1 zum Unterweisungskonzept:

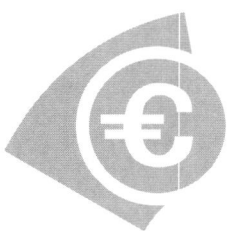

Unterweisungskonzept zum praktischen Teil
der Ausbilder-Eignungsprüfung
vor der IHK Frankfurt

Thema:
Umgang mit Fremdwährungen

Didaktische Analyse/Ausgangssituation

Ausbilderin:	Iris Brähler, Privatkundenberaterin (gelernte Bankkauffrau)
Auszubildender:	Stefan Bug, 20 Jahre, Abitur
Ausbildungsberuf:	Bankkaufmann/Bankkauffrau
Ausbildungsjahr:	2. Ausbildungsjahr, 2. Monat (bei 2 ½ -jähriger Ausbildungszeit; Verkürzung der Ausbildung durch Abitur)
Ausbildungsort:	Ruhiges Besprechungszimmer mit Tageslicht (ohne Kundenverkehr) bei der Privatbank von Radney AG, Königstein/Ts.
Vorkenntnisse:	Im Rahmen des Berufschulunterrichts erworbene theoretische Grundkenntnisse über Reisezahlungsmittel/Währungen. Grundlagenseminar »Kommunikation« und »Reisezahlungsmittel«. Der Auszubildende ist bereits über den vertrauensvollen Umgang mit personenbezogenen Daten (Bundesdatenschutzgesetz) informiert und hat dieses verinnerlicht. Der Auszubildende ist seit Beginn seiner Ausbildung in dieser Filiale eingesetzt. Hierbei steht die Tätigkeit in der Finanzberatung im Vordergrund.
Ausgangssituation:	Der Auszubildende soll die Kollegen bei der täglich anfallenden Arbeit unterstützen und später selbstständig Kundengespräche führen. Bisher hat der Auszubildende gut mitgearbeitet, er ist engagiert, interessiert, zuverlässig und hat alle Lernziele problemlos erreicht.
Thema:	Umgang mit Fremdwährungen
Richtlernziel:	Internationaler Zahlungsverkehr (gemäß Ausbildungsrahmenplan § 3 Nr. 3.3)
Groblernziel:	Kunden über Reisezahlungsmittel beraten (gemäß Ausbildungsrahmenplan § 3 Nr. 3.3 a)
Feinlernziel:	Der Auszubildende soll am Ende der Unterweisung selbständig und richtig einen Kunden über Reisezahlungsmittel informieren und die entsprechenden Beantragungsformulare ausfüllen können.
Nachgelagertes Lernziel:	Auslandsüberweisung
Lernerfolgskontrollen:	Die Lernerfolgssicherung erfolgt durch: Kontrollfragen während der Unterweisung, die Ergebnisse der Kontroll- und Übungsphase sowie meine Beobachtung des Lernfortschrittes. Nach der Unterweisung beobachte ich die Umsetzung in die Praxis und führe nach der Vorlage des Ausbildungsnachweises ein Gespräch mit dem Auszubildenden. Auch von den anderen Ausbildern lasse ich mir Feedbacks zu deren Beobachtungen zu Stefan und seinen Lernfortschritten geben.

Ausbildungsmittel:	Kugelschreiber, Notizblock, US-Dollar, Formular »Bestellung von Sorten«
Methode:	Modifizierte 4-Stufen-Methode in Verbindung mit einem Lehr-Lern-Gespräch
Dauer:	15 Minuten (in der Praxis mit ausführlicher Einstiegs- und Übungsphase ca. 35 Minuten)

Angesprochene Lernzielbereiche:

- Kognitiver Lernbereich: Erwerb von Fachwissen im Bereich Reisezahlungsmittel, d. h. benötigte Formulare zur Beantragung von Reisezahlungsmittel kennen und wissen, wie sie auszufüllen sind. Er kann den Kunden auf dieser Grundlage professionell und umfassend hierzu beraten.

- Psychomotorischer Lernbereich: Das praktische Bearbeiten, bzw. das handschriftliche Ausfüllen der Antragsformulare.

- Affektiver Lernbereich: Sorgfältiges, eigenständiges, diskretes, engagiertes, und verantwortungsvolles Arbeiten.

Zur Methodenwahl

Um einen effektiven Ablauf der Unterweisung zu erreichen, wurde die modifizierte 4-Stufen-Methode in Verbindung mit einem Lehr-Lern-Gespräch gewählt (Methoden-Mix).

- Mit der 4-Stufen-Methode lernt der Auszubildende in aufeinander abgestimmten Schritten die jeweils angestrebten Fertigkeiten und Kenntnisse in einem interaktiven Lehr-Lern-Prozess. Durch gemeinsames Erarbeiten wird die Aktivität des Auszubildenden gefordert und gefördert.
- Mit der Methode lassen sich gut theoretische Kenntnisse und praktische Bearbeitung verbinden.
- Eine Über- und Unterforderung des Auszubildenden ist weitgehend ausgeschlossen.
- Es findet eine ständige Kommunikation statt.
- Das Lehr-Lern-Gespräch dient zu Beginn, um das Vorwissen des Auszubildenden abzuklopfen, später die Inhalte zu erarbeiten und abschließend zur Besprechung des Ergebnisses. Als Ausbilderin stelle ich hierbei gezielt offene Leitfragen.

Dementsprechend teilt sich die praktische Unterweisung in folgende Stufen:

1. Stufe: Vorbereitungs- und Einstiegsphase
2. Stufe: Erklärungs- und Erarbeitungsphase
3. Stufe: Zusammenfassung und Kontrollphase
4. Stufe: Übungsphase

Die Stufen 2 und 3 werden bewusst zusammengelegt. Ziel ist ein aktives Einbinden des Auszubildenden, bei dem das gemeinsame Erarbeiten und Wiederholen im Vordergrund steht (Prinzip der Aktivierung des Auszubildenden).

1. Stufe: Vorbereitungs- und Einstiegsphase

Unterweisungsphase	Begründung
• Vorbereitung des eigenen Arbeitsplatzes (Telefon umstellen, Besprechungszimmer reservieren, eigene Termine koordinieren, benötigte Arbeitsmittel bereitstellen)	• Herstellen einer ungestörten Lernatmosphäre
• Ich als Ausbilderin und der Auszubildende sollen über Eck sitzen	• Passende Rahmenbedingungen schaffen, Blickkontakt ermöglichen und Dialog fördern
• Begrüßung des Auszubildenden mit anschließendem kurzen Gespräch/ Small Talk über das vorangegangene Wochenende	• Angenehme Gesprächs- und Arbeitsatmosphäre schaffen • Belastbarkeit des Auszubildenden überprüfen • Beziehungsebene stärken
• Bezugnahme auf bisher erworbene Fähigkeiten und Tätigkeiten; Lob aussprechen	• Feedback zur letzten Unterweisung geben und somit das Selbstvertrauen des Auszubildenden stärken
• Ziel der Unterweisung aufzeigen, Ablauf der Unterweisung grob darstellen	• Feinlernziel nennen, Orientierung geben, Motivation
• Klärung der Vorkenntnisse und entsprechende Reaktion hinsichtlich des Unterweisungsablaufes in einem Lehr-Lern-Gespräch (Fragend-entwickelnd)	• Anknüpfen an Vorkenntnisse sowie ggf. Lernerfolgskontrolle, Überforderung vermeiden • Basis für die Unterweisung legen
• Aufforderung zur aktiven Mitarbeit; der Auszubildende soll bei Unklarheiten unmittelbar nachfragen sowie sich entsprechend Zeit für Notizen nehmen	• Motivieren des Auszubildenden, sich aktiv an der Unterweisung zu beteiligen • Festigen des Gelernten

☛ **Ziele der Phase: Vorbereitung, Grundlagen legen, Vorwissen klären, Orientierung geben**

2. Stufe: Erklärungs- und Erarbeitungsphase und
3. Stufe: Zusammenfassung und Kontrollphase

Unterweisungsphase	Begründung
• Klärung der verschiedenen Reisezahlungsmittel und Visualisierung der Produkte (Lehr-Lern-Gespräch)	• Interesse wecken und durch den Praxisbezug motivieren • Grundlagen legen
• Vorstellung des Formulars (siehe Anhang) und Aufforderung, dieses kurz durchzulesen	• Förderung der aktiven Mitarbeit • Vertrautheit mit dem Formular schaffen
• Gemeinsames Erarbeiten der relevanten Daten, die für das vollständige und richtige Ausfüllen des Formulars benötigt werden (Lehr-Lern-Gespräch)	• Aktive Herleitung und Transfer durch den Auszubildenden, Förderung des logischen Denkens, Zusammenhänge herstellen

- Erarbeitung, warum, welche Kundendaten besonders wichtig sind (Lehr-Lern-Gespräch)

- Hervorheben der wichtigsten Punkte
- Grundlagen schaffen

- Gemeinsame, schrittweise Bearbeitung (Lehr-Lern-Gespräch) der benötigten Angaben zum richtigen Ausfüllen der Formulare und gleichzeitige aktive Übertragung durch den Auszubildenden auf die jeweiligen vorliegenden Formulare

- Praktische Umsetzung des Erarbeiteten

- Hinweis an Auszubildenden, sich Notizen zur Bearbeitung zu machen

- Verständnis, Dokumentation

- Begleitende Erläuterungen; Beantwortung von Fragen bei Verständnisschwierigkeiten

- Eventuelle Unsicherheiten oder fachliche Verständnisschwierigkeiten werden ausgeräumt

- Auszubildenden auffordern, in kurzen Worten die wichtigsten Arbeitsschritte zusammenzufassen

- Lernerfolgskontrolle für Ausbilder und Auszubildenden
- Verinnerlichung des Wesentlichen durch den Auszubildenden

- Auszubildenden die Möglichkeit geben, noch offene Fragen zu klären

- Letzte Unklarheiten beseitigen, Sicherheit geben

- Weitere Vorgehensweise sowie die Weiterleitung der Formulare erläutern

- Zusammenhänge aufzeigen, Abrundung des Lernziels

- Kurzes Feedback geben

- Standortbestimmung
- Lob oder ggf. konstruktive Kritik aussprechen

☞ **Ziele der Phase: Der Auszubildende soll aktiv mitmachen, Sicherheit gewinnen und den Ablauf verinnerlichen**

4. Stufe: Übungsphase

Unterweisungsphase

- Drei aktuelle Kundenaufträge aus der Praxis sollen vom Auszubildenden selbstständig und richtig, unter Einhaltung einer vorgegebenen Zeit (20 Minuten), bearbeitet werden. Hierzu werden neben US-Dollar auch Yen und Pfund gewählt

- Umsetzung des Erlernten (Transferleistung) sowie Vertiefung des Lernzieles

- Der Auszubildende wird für die Bearbeitungszeit allein gelassen; der Ausbilder steht ihm aber bei evtl. auftretenden Rückfragen an seinem Arbeitsplatz jederzeit zur Verfügung

- Übernahme von Eigenverantwortung und Selbstständigkeit
- Gewährleistung von Hilfestellung
- Übung macht den Meister

Die Ausbilder-Eignung © FELDHAUS VERLAG Hamburg

- Gemeinsame Überprüfung des Arbeitsergebnisses durch Ausbilder und Auszubildenden nach Ablauf der vorgegebenen
Bearbeitungszeit durch ein Lehr-Lern-
Gespräch

- Entsprechend des Ergebnisses werden
konstruktive Kritik oder produktives Lob
ausgesprochen

- Hinweis, dass der Auszubildende diese
Tätigkeit – für die Zeit seines Einsatzes
in diesem Bereich – von nun an eigenständig durchführen kann

- Hinweis auf Eintragung der Unterweisung
in den Ausbildungsnachweis

- Ausblick auf die nächste Unterweisung
geben: »Auslandsüberweisung«

- Durchführung der Ergebniskontrolle (Selbsteinschätzung und Ausbildereinschätzung)
- Standortbestimmung
- Stärkung des Selbstvertrauens durch Lob
und Anerkennung

- Vermittlung eines Erfolgserlebnisses,
Standortbestimmung

- Eigenverantwortliche Vertiefung des fachlichen Know-hows
- Stärkung des Selbstwertgefühls und der
intrinsischen Motivation
- Motivation durch Übertragung von Verantwortung

- Funktionen:
Nachbearbeitung, Dokumentation,
Kontrolle, späteres Zulassungskriterium
für die Abschlussprüfung

- Orientierung, Motivation

☛ **Ziel der Phase: Sicherstellung der Erreichung des Feinlernzieles**

Hiermit bestätige ich, dass ich das Unterweisungskonzept selbstständig erarbeitet und erstellt
habe.

_____
Ort, Datum

_____
Unterschrift

Anlage: Beantragungsformular

Beispiel 2 zum Unterweisungskonzept:

Unterweisungskonzept zum praktischen Teil der Ausbilder-Eignungsprüfung vor der IHK Frankfurt

Messerwechsel bei einer Abricht-Dickenhobelmaschine

Didaktische Analyse:

Name des Ausbilders:	Alfred Pfaff
Ausbildungsberuf:	Tischler
Ausbildungsbetrieb:	Tischlerei Adler
Alter des Auszubildenden:	17 Jahre
Schulbildung:	Mittlere Reife
Ausbildungsjahr:	2. Ausbildungsjahr, 3. Monat (von drei Ausbildungsjahren)
Fachliche Vorkenntnisse:	Erfolgreich besuchter Maschinenlehrgang (überbetrieblich), theoretische Grundlagen des Berufsschulunterrichts. Beherrschen der Unfallverhütungsvorschriften.

Lernziele:

Richtlernziel:	Einrichten, Bedienen und Warten von Maschinen, Anlagen und Vorrichtungen (§ 4 Nr. 10 der Ausbildungsordnung)
Groblernziel:	c) Maschinen, Anlagen und Vorrichtungen auswählen, einrichten und rüsten
Feinlernziel:	Der Auszubildende soll die Hobelmesser der Abricht-Dickenhobelmaschine selbstständig und fachgerecht wechseln können.
Nachgelagertes Lernziel:	Störungen an Maschinen erkennen, Maßnahmen zur Störungsbeseitigung ergreifen.

Arbeitsmittel:	Abricht-Dickenhobelmaschine, Hobelmesser, Maulschlüssel, Einstellehre, Arbeitsblatt, Handfeger, ein gehobeltes Holzstück.
Lernort:	Maschinenraum in der Tischlerei.
Angewandte Methode:	Vier-Stufen-Methode in Verbindung mit einem Lehr-Lern-Gespräch
Dauer der Unterweisung:	ca. 15 Minuten bei der Prüfung, in der Praxis ca. 90 Minuten

Angesprochene Lernbereiche:

Kognitiver Lernbereich:	Erwerb des Fachwissens zum selbstständigen und fachgerechten Wechseln der Hobelmesser.
Psychmotorischer Lernbereich:	Messerwechsel handwerklich richtig ausführen und den sicheren Umgang mit den Arbeitsmitteln beherrschen.
Affektiver Lernbereich:	Sorgfältiges, motiviertes und verwantwortungsbewusstes Handeln.

Methodische Vorüberlegungen

Ich habe die Vier-Stufen-Methode gewählt, da auf diesem Wege theoretische und praktische Kenntnisse und Fertigkeiten kombiniert vermittelt werden können. Mit dieser Methode lernt der Auszubildende in aufeinander abgestimmten Schritten das angestrebte Feinlernziel. Die Unterweisung bezieht sich dabei auf einen überschaubaren Arbeitsvorgang, der anschließend selbstständig und fachgerecht vom Auszubildenden ausgeführt werden kann.

Ein großer Vorteil der Methode liegt darin, dass man bei Bedarf zwischen den Stufen variieren kann, um den Auszubildenden weder Über- noch Unterforderung auszusetzen. Er bekommt ferner bei dieser kooperativen und interaktiven Methode ständig Rückmeldungen vom Ausbilder und wird von diesem auf dem Weg zum Lernziel begleitet.

Durch das Lehr-Lern-Gespräch findet ein kontinuierlicher Austausch statt.

Durchführung der Ausbildungseinheit

1. Stufe: Vorbereitungs- und Einstiegsphase

Dem Auszubildenden teile ich einen Tag vor der Unterweisung das Thema und den genauen Zeitpunkt mit, so dass er sich darauf vorbereiten kann.

Ich richte die Abricht-Dickenhobelmaschine so her, dass ein Messerwechsel durchgeführt werden kann. Des Weiteren lege ich scharfe Messer und das Werkzeug für einen Messerwechsel bereit.

Die Unterweisung plane ich in der Zeit von 8.30 Uhr bis 10 Uhr, da hier die Aufnahmebereitschaft des Auszubildenden voraussichtlich am höchsten ist.

Um die Unterweisung so effektiv wie möglich zu gestalten, schalte ich möglichst alle Störfaktoren aus (ich leite das Telefon um, lasse keine Vertreterbesuche zu und wähle einen Tag, an dem der Maschinenraum frei ist).

Zu Beginn der Unterweisung begrüße ich den Auszubildenden und führe ein kurzes Einführungsgespräch (Small Talk) mit ihm, um eine angenehme Atmosphäre zu schaffen, Unsicherheiten zu nehmen. Anschließend leite ich auf das heutige Thema über.

Ich frage den Auszubildenden in einem Lehr-Lern-Gespräch, welche Vorkenntnisse er zu der heutigen Unterweisung hat, um festzustellen, wo wir bei der Unterweisung anfangen.

Anschließend nenne ich ihm das Feinlernziel (Messerwechsel bei der Abricht-Dickenhobelmaschine selbstständig und fachgerecht durchführen zu können) und erarbeite mit ihm in einem Lehr-Lern-Gespräch die Gründe, die einen Messerwechsel notwendig machen.

Ich gebe dem Auszubildenden den Hinweis, sich Notizen während der Unterweisung zu machen und bitte ihn um aktive Mitarbeit.

Ziel der Vorbreitungs- und Einstiegsphase:
Durch die Vorbereitung sorge ich für optimale Rahmenbedingungen und stelle sicher, dass alle benötigten Materialien vorhanden sind und Störungen weitgehend ausgeschlossen sind. Mit der Begrüßung soll eine ungezwungene Atmosphäre geschaffen werden. Die Feinlernzielnennung dient der Orientierung und Motivation des Auszubildenden. Durch das »Abklopfen« seines Vorwissens möchte ich sowohl eine Unter- als auch Überforderung des Auszubildenden vermeiden.

2. Stufe: Erklärungs- und Erarbeitungsphase

In dieser Stufe bin ich als Ausbilder aktiv, zeige und erkläre dem Auszubildenden zunächst anhand der folgenden Schritte das Wechseln eines Hobelmessers. Er schaut mir dabei zu, stellt, wenn nötig, Fragen und macht sich zu den einzelnen Arbeitsschritten Notizen auf dem ihm ausgehändigten Arbeitsblatt.

	Was wird gemacht?	Wie wird es gemacht?	Warum wird es gemacht?	Womit wird es gemacht?
1.	Hauptschalter auf »Einschalten«.	Mit der Hand durch Drehung nach rechts.	Um die Bedienung der Messerwellenbremse zu ermöglichen.	Mit dem Hauptschalter der Maschine.
2.	Wahlschalter auf »0« = Bremslösung stellen.	Durch Drehen mit Hand auf »0«.	Um ein Einschalten der Maschine zu verhindern.	Mit dem Schlüssel des Wahlschalters.
3.	Lösen und Aufstellen der Abrichttische.	Durch Ziehen der Sicherungsbolzen und Anheben der Tische.	Um das Arbeiten an der Messerwelle zu ermöglichen.	Mit den Sicherungsbolzen.
4.	Reinigen der Messerwelle.	Durch Abkehren.	Um den Messerwechsel durchführen zu können.	Mit einem Handfeger.
5.	Bremse der Messerwelle lösen.	Durch Drücken des Einschalters (grüner Druckschalter).	Um die Messerwelle drehen zu können.	Mit dem Einschalter.
6.	Messerwelle drehen.	Durch Drehen der Messerwelle.	Um das zu wechselnde Messer nach oben zu bekommen.	Mit der Hand.
7.	Spannschrauben lösen.	Durch Drehen der Schrauben nach links.	Um die Messer herausnehmen zu können.	Mit dem dazugehörenden Maulschlüssel.
8.	Messer herausnehmen.	Nach oben herausnehmen.	Damit man scharfe Messer einsetzen kann.	Mit den Händen.
9.	Scharfe Messer einsetzen.	Messer in die Aufnahme der Messerwelle einsetzen.	Um die Betriebsbereitschaft der Maschine herzustellen.	Mit den Händen.
10.	Messer einstellen.	Messer mit der Einstelllehre nach unten drücken, so dass die Lehre auf der Welle aufsitzt.	Um einen genauen Sitz der Messer zu gewährleisten.	Mit der Messereinstelllehre.

11.	Befestigen der Messer.	Schrauben der Spann-backen anziehen, bei gleichzeitigem An-drücken der Messer durch die Messerein-stelllehre (Schrauben von der Mitte nach außen anziehen).	Um die Messer zu befestigen.	Mit einem dazu ge-hörenden Maul-schlüssel und der Messereinstelllehre.
12.	Abrichttische herunterklappen.	Durch Ziehen der Sicherungsbolzen und Umlegen der Tische.	Um die Maschine zum Abrichten nutzen zu können.	Mit den Händen.
13.	Einstellen des Ab-nahmetisches.	Durch das Auflegen eines gehobelten Holz-stückes auf den Ab-nahmetisch, so dass es über die Messerwelle hinaussteht. Dann die Welle mit der Hand drehen. Die Messer dürfen das Holz nur leicht berühren. Ist dies nicht der Fall, muss der Abnahme-tisch mit dem Hand-knopf nachgestellt werden.	Um ein sauberes Abrichten zu ge-währleisten.	Mit einem geho-belten Holzstück und dem Handknopf.
14.	Betriebsbereitschaft der Abricht-Dickenhobelmaschine herstellen.	»Aus-Schalter« (roter Druckknopf) drücken und Wahlschalter auf Hobeln drehen.	Um die Abricht-Dickenhobelma-schine einschalten zu können.	Mit dem »Aus-schalter« und dem »Wahlschalter«.
15.	Probelauf der Abricht-Dicken-hobelmaschine.	»Ein-Schalter« (grüner Druckknopf) drücken und ein Stück Holz abrichten.	Um die Einstellung der Messer zu über-prüfen.	Mit dem Ein-schalter und einem Stück Holz.

Ziel der Erklärungs- und Erarbeitungsphase:

Durch das Vormachen gewinnt der Auszubildende den Überblick über die Arbeitsschritte. Meine Erklärungen und Demonstrationen zeigen ihm, wie, wer, was zu tun hat.

3. Stufe: Kontrollphase

Der Auszubildende soll nun aufgrund der vermittelten Kenntnisse ein anderes Messer der Messerwelle selbstständig und fachgerecht wechseln und mir sein Vorgehen erklären.
Ich werde ihm dabei beratend zur Seite stehen, die Arbeitsschritte be-obachten.

Abschließend lasse ich mir von ihm sein Vorgehen nochmals zusammenfassen. Er erklärt mir, was er, wie und warum gemacht hat.

Bei erfolgreichem Vorgehen lobe ich den Auszubildenden. Anderenfalls übe ich konstruktive Kritik.

Ziel der Kontrollphase:
Durch das eigenständige Wechseln der Messer kann festgestellt werden, ob die zuvor vermittelten Kenntnisse und Fertigkeiten auch verstanden und fachgerecht umgesetzt wurden. Mein Lob gibt dem Auszubildenden Anerkennung und Sicherheit.

4. Stufe: Übungsphase

Um das Gelernte zu vertiefen, lasse ich den Auszubildenden die restlichen zwei Messer der Messerwelle selbstständig wechseln. Dazu gebe ich ihm einen Zeitrahmen von 20 Minuten. Wenn der Auszubildende Fragen oder Probleme hat, kann er mich jederzeit an meinem Arbeitsplatz erreichen.

Nach Ablauf der Zeit oder wenn er früher fertig ist, erfolgt im Rahmen eines Lehr-Lern-Gesprächs eine Besprechung und Auswertung des Messerwechsels. Bei Fehlern erfolgt wiederum konstruktive Kritik, bei Erreichen des Lernziels erfolgt Lob.

Ferner bekommt der Auszubildende bei Erreichen des Lernziels künftig die Aufgabe und Verantwortung übertragen, fällige Messerwechsel selbstständig durchzuführen.

Zum Abschluss der Unterweisung gebe ich dem Auszubildenden den Hinweis, die Unterweisung zur Nachbereitung und Dokumentation in seinen Ausbildungsnachweis einzutragen. Ferner gibt es einen Ausblick auf die nächste Unterweisung.

Ziel der Übungsphase:
Anhand des Ergebnisses dieser Phase kann ich überprüfen, ob der Auszubildende das Feinlernziel erreicht hat. Unklarheiten können durch die Besprechung geklärt werden. Für uns beide ist diese Standortbestimmung wichtig.

Durch das Übertragen neuer Aufgaben und Verantwortungen soll das Selbstvertrauen des Auszubildenden gestärkt werden. Er ist nun für die Praxis vorbereitet.

Checkliste/Leitfragen für den praktischen Teil der Prüfung in Form einer Unterweisung

☞ Die Ausbildungseinheit wird in Form eines Rollenspiels durchgeführt.

☞ Bewertet werden der schriftliche Entwurf, das Rollenspiel als Unterweisung und das anschließende Gespräch. In diesem sollen die Teilnehmer die Kriterien für die Auswahl und die Gestaltung der Ausbildungseinheit begründen. Die praktische Prüfung umfasst insgesamt max. 30 Minuten (Unterweisung und Gespräch zumeist jeweils 15 Minuten).

Deshalb beachten und hinterfragen:

☞ Das Thema, das Richt-, Grob- und Feinlernziel richtig benennen!

☞ Haben das Thema und das Feinlernziel einen Bezug zur Ausbildungsordnung des jeweiligen Berufes?

☞ Ist das Deckblatt (Didaktische Analyse bzw. Adressatenanalyse) vollständig ausgefüllt? Einen Auszubildenden ausführlich vorstellen (Alter, Vorwissen, Schulbildung, Eigenschaften).

☞ Die Ausarbeitung optisch interessant gestalten! Farbliche Gestaltung und Firmenlogo kommen gut an.

☞ Im Konzepttext Fachbegriffe ausschreiben, nicht abkürzen!

☞ Mit den verwendeten Fachbegriffen und Fremdwörtern sicher umgehen können (Bedeutung kennen und Bezug zur Unterweisung herstellen)!

☞ Ausreichend unterschriebene Exemplare des Konzepts zur Prüfung mitbringen.

☞ Die Ausarbeitung auf Rechtschreib- und Tippfehler überprüfen! Kurze Sätze und Absätze!

☞ An Anlagen/Anhänge (z.B. Formulare, Skizzen) oder Fallbeispiele denken!

☞ Ist das Rollenspiel in 15 Minuten durchführbar? Genau auf die Zeit achten, dabei aber nicht verkrampfen!

☞ Auch für die Prüfer – nach Möglichkeit – Materialien, Werkzeuge, Formulare (zum Anschauen oder Anfassen) mitbringen.

☞ Die Lernzielbereiche (kognitiv, affektiv und psychomotorisch) im Konzept richtig benennen.

☞ Den Vorwissensstand des Auszubildenden ausführlich beschreiben. Es gilt Unter- und Überforderung zu vermeiden.

☞ Wird ein Auszubildender (wenn die Unterweisung z. B. im Personalbüro stattfindet), darauf hingewiesen, personenbezogene Daten vertraulich zu behandeln (laut Bundesdatenschutzgesetz)?

☞ Wird der/die Auszubildende (wenn die Unterweisung in der Gastronomie stattfindet), auf Hygiene- und Sicherheitsvorschriften (HACCP) hingewiesen?

☞ Wird der/die Auszubildende (wenn die Unterweisung im Handwerk stattfindet), auf Unfallverhütungsvorschriften (UVV) hingewiesen?

☞ Auf ein flüssiges Vorgehen achten!

☞ Einen selbstsicheren Auftritt bieten!

☞ Sicher im Umgang mit den ggf. eingesetzten Medien (evtl. Overhead-Projektor, Flipchart, Poster o. Ä.) sein!

☞ Nichts vom Konzept ablesen, sondern frei vortragen!

☞ Wird das Vorwissen des Auszubildenden »abgeklopft« (Lehr-Lern-Gespräch zu Beginn)?

☞ Steht der Auszubildende wirklich im Mittelpunkt der Unterweisung?

☞ Blickkontakt zum Auszubildenden halten.

☞ Nimmt der Auszubildende aus der Unterweisung etwas mit? Wird der Auszubildende motiviert, sich Aufzeichnungen zu machen (wichtig für Behaltensquote)?

☞ Wird der Auszubildende auf den Eintrag des Gelernten in den Ausbildungsnachweis hinge- wiesen?

☞ Am Ende der Unterweisung einen Ausblick auf die nächste Unterweisung geben.

☞ Wenn ein Prüfer andere Ideen zur Unterweisung hat, diese mitdenken, darüber offen spre- chen und ggf. die Alternativen des Prüfers als mögliches Vorgehen akzeptieren.

☞ Nicht von Handout, sondern von Informations- oder Arbeitsblättern sprechen!

☞ Handy aus!

Klassische Fragen

* Bedeutung des Ausbildungsnachweises:
  Funktionen: Nachbereitung, Nachweis, Kontrolle, Dokumentation, Zulassungskriterium für die Abschlussprüfung. Er muss gemäß BBiG regelmäßig geführt und kontrolliert werden.

* Funktionen der Ausbildungsordnung:
  Berufsbild, sachliche und zeitliche Gliederung der Ausbildung, Angaben zur Zwischen- und Abschlussprüfung, Regelausbildungsdauer.

* Unterscheidung Ausbildungsordnung und Rahmenlehrplan:
  Die Ausbildungsordnung bezieht sich auf den Betrieb, der Rahmenlehrplan auf die Berufs- schule.

* Zum Eignungsfeld des Ausbilders:
  Fachliche und persönliche Eignung laut Berufsbildungsgesetz, pädagogische Eignung nach AEVO.

* Warum ist man persönlich geeignet?
  Da man: nicht vorbestraft ist, Ausbildungserfahrung besitzt, eine Autorität ist, eine Persönlich- keit ist. Da man ein Vorbild ist.

* Zur Wahl der Ausbildungsmethode:
  – »Warum haben Sie die 4-Stufen-Methode gewählt?«
  – »Kennen Sie andere Methoden oder Alternativmethoden?«

* Was kann bei der Umsetzung in der Praxis schiefgehen?

* Welche Gesetze spielen in der Ausbildung eine Rolle?
  U. a. Berufsbildungsgesetz, Jugendarbeitsschutzgesetz (bei Minderjährigen), Arbeitszeit- gesetz (bei Volljährigen), evtl. Mutterschutzgesetz, Betriebsverfassungsgesetz (in Sachen Be- triebsrat und JAV), Allgemeines Gleichbehandlungsgesetz.

* Welche Gründe gibt es, dass die Ausbildungszeit verkürzt werden kann?
  Sie **kann** erfolgen bei besonderer Vorbildung, bspw. Abitur, EQ, Berufsfachschule oder Berufs- grundbildungsjahr.

* Fragen zur Unterscheidung von Didaktik und Methodik:
  Bei der Didaktik geht es mehr um die Strukturierung des Lehr-Lern-Prozesses, bei der Metho- dik mehr um die Umsetzung.

* Warum benötigt man unterschiedliche Methoden und Medien?
  Methoden und Medien dienen der Lernzielerreichung, sie helfen bei der Planung, Durchfüh- rung und Kontrolle der Unterweisung, sie sorgen für Abwechslung und ermöglichen Selbstler- nen und Handlungsorientierung. Anzustreben ist ein geschickter Methoden- und Medienmix.

- Fragen zur Unterscheidung der Lernzielbereiche:
Die Lernzielbereiche sind der kognitive Bereich (Wissensbereich), der affektive Bereich (Gefühle, Einstellungen) und der psycho-motorische Bereich (körperlich).

- Fragen zur Bedeutung und Unterscheidung von Richt-, Grob- und Feinlernzielen:
Richt- und Groblernziele finden sich im Ausbildungsrahmenplan und sind verbindliche Vorgaben. Feinlernziele werden daraus abgeleitet und werden benötigt, um das Lernziel planen, durchführen und kontrollieren zu können.

- Welche Rolle spielt der Bio-Rhythmus bei einem Tagesseminar?
Wichtig! Nach der Mittagpause keine zu anspruchsvollen bzw. monotonen Inhalte wählen. Der Bio-Rhythmus ist bei jedem Auszubildenden unterschiedlich. In der Regel sind die Auszubildenden am Vormittag am leistungsfähigsten.

- Welche Fragetechniken wenden Sie bei der Unterweisung an?
Am besten offene und zielgerichtete Fragen, da der Auszubildende hier mitdenken muss. Vermieden werden sollen nach Möglichkeit geschlossene Fragen, rhetorische Fragen und Suggestivfragen, die keine Reflexion erfordern.

- Fragen zur Motivation:
  – Was ist Motivation? (Eine Mittel zur Lernzielerreichung).
  – Welche Arten der Motivation gibt es? (Intrinsische und extrinsische Motivation).
  – Wie kann man motivieren? (Hängt stark vom Lernziel ab. In der Regel motiviert man den Auszubildenden zielorientiert über die Aussicht, dass er das Lernziel bald selbstständig und richtig beherrschen kann).

- Fragen zu Lob und Tadel bzw. Kritik:
Anzuwenden ist konstruktive (aufbauende Kritik). Das Gegenteil davon ist destruktive (zerstörerische) Kritik. Lob und Tadel müssen sein, damit der Auszubildende weiß, wo er steht und wie er vom Ausbilder eingeschätzt wird.

- Warum wollen Sie Ausbilder werden?
Pädagogisches Interesse, Neigung zur Arbeit mit jungen Menschen, Vorbildfunktion, Zertifizierung der pädagogischen Kenntnisse durch die ADA-Urkunde, Interesse an Aus- und Weiterbildung.

- Wie beschreiben Sie Ihren Führungsstil?
So weit wie möglich situativ, also der Situation angemessen. In der Regel wird kooperativ geführt, ggf. aber auch mal autoritär. Dies aber immer vor dem Hintergrund, dass man als Ausbilder eine Erziehungs-, Fürsorge- und Vorbildfunktion besitzt.

- Wie gehen Sie mit schwierigen Auszubildenden um?
Ein Gespräch unter vier Augen führen. Dabei den Auszubildenden auf seine Lernpflicht hinweisen und zur aktiven Mitarbeit motivieren. Im Extremfall ist eine Abmahnung denkbar.

- Was ist das Duale System?
Es handelt sich um eine Lernortkooperation zwischen dem Betrieb und der Berufsschule laut BBiG. Beide Partner haben unterschiedliche didaktische Grundlagen. Während sich die Berufsschule am Rahmenlehrplan orientiert, geht es im Betrieb um den die Ausbildungsordnung. Beide Seiten sollten durch Austausch und Kommunikation eng zusammenarbeiten.

- Fragen zur Über- und Unterforderung:
Beides ist zu vermeiden. Bei Überforderung bekommt der Auszubildende Angst vor der Aufgabe, bei Unterforderung fühlt er sich nicht genug gefordert und wird sich wenig(er) konzentrieren.

- Was versteht man unter Transferfähigkeit?
  Inhalte bzw. Sachverhalte auf ähnlich gelagerte Situationen angemessen zu übertragen.

- Was ist die Basis der Kommunikation?
  Die Basis ist die gesprochene Sprache. Ausbildung bedeutet immer noch weitgehend unmittelbare Kommunikation zwischen dem Ausbilder und dem Auszubildenden.

- Welche Ansprache bevorzugen Sie in der Kommunikation mit den Auszubildenden? »Du oder Sie«?
  Der Respekt sollte nicht vom »Sie« oder »Du« abhängen. Die Ansprache hängt oftmals von der Firmenphilosophie und der Branche ab. Wird ein Auszubildender geduzt, gilt es alle zu duzen. Einmal duzen, immer duzen!

Zur 4-Stufen-Methode:

☞ In der Prüfung wird das Konzept (»Drehbuch«) durchgespielt.

Die vierte Stufe wird nur begonnen, d. h. man sagt dem Auszubildenden, dass er jetzt allein üben soll (dazu eine Mengen- und Zeitvorgabe nennen), dann unterbrechen die Prüfer in der Regel und man erklärt, wie es dann weitergehen würde (Auszubildender übt allein, der Ausbilder ist aber erreichbar, anschließende Auswertung im Lehr-Lern-Gespräch, Lob oder ggf. konstruktive Kritik, Hinweis auf Eintragung in den Ausbildungsnachweis (da Zulassungskriterium für die Prüfung) Ausblick auf die nächste Unterweisung, Verabschiedung).

☞ Zusammenhang der Stufen auf Nachfrage erklären können. Am wichtigsten ist – obwohl alle Stufen wichtig sind – die Erarbeitungs- und Erklärungsphase, weil was falsch erklärt oder erarbeitet wurde oder nicht verstanden wird, dann nicht richtig in der Kontrollphase nachgemacht werden kann.

☞ Begründung, warum die 4-Stufen-Methode gewählt wurde:
  Sie ist etwas Interaktives; der Auszubildende steht im Mittelpunkt, er wird dabei angeleitet und kontrolliert. Es lassen sich hiermit gut Theorie und Praxis verbinden. Eine Überforderung kann weitgehend ausgeschlossen werden, da der Ausbilder jederzeit die Unterweisung steuern kann. Die Methode ist strukturiert, d. h. eine Stufe baut auf der anderen auf. Der Ausbilder kann bei Fehlern eingreifen. Bei dieser Methode geht es in erster Linie um das Nachmachen.

Stichwortverzeichnis

ABC-Analyse 76
Abmahnung 239
Abschlussprüfung 215 ff., 223 ff.
AEVO-Prüfung (praktisch) 367 ff.
AEVO-Prüfung (schriftlich) 257 ff.
Affektiv 135 f.
Agentur für Arbeit 65 f.
Aktives Lernen 99 ff, 148 ff.
Anforderungsprofil 70 f.
Anmeldung zu den Prüfungen 223 ff., 242
Anpassungsfortbildung 249 f.
Anrechnung der Vorbildung 86 f., 196 f.
Arbeitgeberverbände 32 f.
Arbeitsplatz 113 ff.
Ärztliche Bescheinigung 94
Assessment Center 84
Ausbildungsplatzangebot 12 f.
Aufhebungsvertrag 231
Aufstiegsfortbildung 249 ff.
Aus- und Fortbildungsförderung 253 ff.
Ausbildender 48
Ausbilder 44 ff., 112
Ausbildung im Ausland 97 f.
Ausbildungsangebot 12 f.
Ausbildungsbeauftragte 47 f.
Ausbildungsbegleitende Hilfen 66
Ausbildungsberufe 33 ff.
Ausbildungsbetrieb 36 ff.
Ausbildungscontrolling 12 f.
Ausbildungsdauer 51
Ausbildungsmarketing 73 ff.
Ausbildungsmethoden 143 ff.
Ausbildungsnachweis 58
Ausbildungsplan 54 ff.
Ausbildungsordnung 49 ff.
Ausbildungsrahmenplan 50 ff.
Ausbildungsvergütung 17, 91
Ausbildungsvertrag 85, 88 ff.
Ausbildungszeugnis (Betrieb) 243 ff.
Ausbildungszeugnis (Zuständige Stelle) 247
Äußere Barrieren 191
Auszubildender 112 f.
Auswahl von Auszubildenden 69 f.
Auswahlkriterien 70 f.

Bachelor-Studium 29
Balance der didaktischen Elemente 111
Barrieren, äußere 191
Barrieren, innere 190
BBiG 18 ff.
Beamer 188
Bedingungsfelder 112 f.
Beendigung der Ausbildung 230 ff.
Behinderte in der Ausbildung 41 f.

Berichtsheft 58
Berufe 33 ff.
Berufsakademie 67 f.
Berufsausbildung 11 ff.
Berufsausbildungsförderungsgesetz 22
Berufsbild 51 f.
Berufsbildungsgesetz 18 ff.
Berufsbildungsrecht 14 ff.
Berufsbildungssystem 25 ff.
Berufsfachschule 42 f., 86, 196
Berufsschule 27 ff., 64 f.
Berufsgrundbildungsjahr 41
Berufsvorbereitende Bildungsmaßnahmen 40
Berufsvorbereitungsjahr 41
Betrieblicher Ausbildungsplan 54 ff.
Betriebliches Ausbildungszeugnis 243 ff.
Betriebsrat 59 ff.
Betriebsverfassungsgesetz 58 ff.
Beurteilung 199 ff.
Beurteilungsbereiche 206
Beurteilungsbogen 204 f.
Beurteilungsfehler 208 ff.
Beurteilungsformen 203 ff.
Beurteilungsgespräch 210 ff.
Beurteilungssystem 200
Bewerbungsunterlagen 75 f.
Beziehungsebene 101
BGB 22
BiBB 31 f.
Bildungsurlaub 254
Biorhythmus 190 f.
Blitzlicht 167
Boys' Day 44
Brainstorming 165 f.
Bruttoausbildungszeit 55 f.
Bundesurlaubsgesetz 23, 92

Computer 187 f.
Computer Based Training (CBT) 149

Demotivation 109 f.
Didaktik 110 f.
Didaktische Elemente 111
Didaktische Parallelität 27
Digitalkamera 187
Diskussion 164
Duales System 25 ff.
Durchlaufplan 56

Eignung des Ausbildungsbetriebes 36 ff.
Eignungsfeststellung 75 ff.
Eignungsprofil 72
Eignungstests 76 f.
Einfaches Zeugnis 243 f.

Die Ausbilder-Eignung © FELDHAUS VERLAG Hamburg

Einführung	127 ff.
Einzelarbeit	174
Einzelversetzungsplan	56
Elterngeld und Elternzeit	23 f.
Entwicklungsphasen (Gruppen)	178 ff.
EQ	38 f.
Erstuntersuchung	95
Europass Berufsbildung	98
Externe Bildungsträger	68 f.
Expertenbefragung	164
Externenprüfung	224 f., 240
Extrinsische Motivation	108
Fachbücher	187
Fachliche Eignung	45 f.
Fachkompetenz	138 f.
Fähigkeitsprofil	72
Fallmethode	157
Feedback	119 ff.
Feedbackbogen	124 f.
Feedbackformen	123 ff.
Feedbackregeln	120 ff.
Feinlernziele	132 ff.
Flip-Chart	186 f.
Formen des Lernen	101 f.
Formelle Gruppe	176
Fortbildung	248 ff.
Fortbildungsförderung	254 f.
Fragearten	80 f.
Fragetechniken	79 f.
Fragetypen	80 f.
Führungsstile	116 ff.
Führungsverhalten	116 ff.
Funktionen der Ausbildung	13
Funktionales Lernen	136
Gesamtversetzungsplan	56
Gesetze	18 ff.
Gesetzliche Vertreter	30
Gestreckte Abschlussprüfung	215 ff.
Gewerkschaften	32
Girls' Day	44
Gliederung, sachlich und zeitlich	54 f.
Groblernziele	132 ff.
Gruppenarbeit	173 ff.
Gruppendynamik	178 f.
Gruppendynamische Prozesse	178 f.
Handlungsfelder:	
1. Ausbildungsvoraussetzungen prüfen und Ausbildung planen	11
2. Ausbildung vorbereiten und bei der Einstellung mitwirken	49
3. Ausbildung durchführen	99
4. Ausbildung abschließen	215
Handlungskompetenz	140 f.
Handlungsorientierung	142
Hemisphärenmodell	100
Heterogene Gruppe	177
Hochschulbereich	29
Homogene Gruppe	177
Informations- und Arbeitsblätter	189
Informelle Gruppe	176 f.
Inhaltsebene	101
Innere Barrieren	190 f.
Intentionales Lernen	136
Interkulturelle Kompetenzen	214
Intrinsische Motivation	108
Jugendarbeitsschutzgesetz	21ff., 91 f., 95
Jugendschutzgesetz	22
Jugend- und Auszubildendenvertretung	61 ff.
Juniorfirma	160 f.
Kammer	31, 36, 64, 223 f.
Kartenabfrage	166 f.
Kognitiv	134 f.
Kompetenzen	138 ff.
Konfliktmanagement	198 ff.
Kooperationspartner	63 ff.
Kosten der Ausbildung	12 f.
Kritik, destruktive	123
Kritik, konstruktive	123
Kündigung	233 ff.
Kurzvortrag	145 f.
Kurzzeitgedächtnis	103 f.
Langzeitgedächtnis	103 f.
Lehr-Lern-Prozess	99 ff.
Lehr-Lern-Gespräch	163 f.
Lehrgespräch	164
Leittextmethode	151 ff.
Lern- und Arbeitsauftrag	141 f., 153 ff.
Lernbereiche	134 f.
Lernbüro	160 f.
Lernen	99 ff.
Lernen, handlungsorientiertes	141 f.
Lernen, traditionelles	189
Lernerfolgskontrollen	199 f.
Lernformen	101 f.
Lernorte	63 ff., 113 ff.
Lernortkooperation	37, 63 ff.
Lernschwierigkeiten	199 ff.
Lernzielbereiche	134 ff.
Lernziele	130 ff.
Master-Studium	29
Medien	180 ff.
Medien, personale und nichtpersonale	182 f.
Methoden	143 ff.
Methodenkompetenz	139
Mind-Mapping	167 f.
Modell der vollständigen Handlung	151 ff.
Moderationsmethode	161 f.
Moderationswand	185 f.
Moderator	161 f.
Moderiertes Gruppengespräch	164

Motivation	106 ff.
Motivationsgriffe	108 f.
Mutterschutzgesetz	23
Nachuntersuchung	95
Nettoausbildungszeit	55 f.
Neuordnungen	53
Nichtige Vereinbarungen	88, 232
Normen	178
Nutzen der Ausbildung	12
Objektivität	83, 202
Öffentliches Recht	14 f.
Overheadprojektor	183 f.
Pädagogische Prinzipien	102
Partnerarbeit	174 f.
Personalentwicklung	11
Persönliche Eignung	44 ff.
Pinnwand	185 f.
Planspiel	159 f.
Praktika	43 f., 74
Präsentation	147 f.
Privatrecht	14 ff.
Probezeit	126 ff.
Problemlösendes Denken	137
Projektmethode	149 ff.
Prüfungsanmeldung	223 ff.
Prüfungsausschuss	221 ff.
Prüfungsvorbereitung	220 f.
Prüfungswesen	223 ff.
Pubertät	112
Psychomotorisch	135 f.
Qualifiziertes Zeugnis	243 f.
Rechte und Pflichten	92 ff.
Rechtshierarchie	17
Reliabilität	77, 202
Richterrecht	17
Richtlernziele	132 ff.
Rollenkonflikte	178
Rollenspiel	158 f.
Sachlogische Planung	55
Schlüsselqualifikationen	141
Schulpflicht	24, 33, 39f.
Schulwesen, allgemein/beruflich bildend	25 f.
Selbstkompetenz	140
Selbstunterweisung	148
SGB	23
Signallernen	101
Sinnesorgane	103
Situatives Führen	118 f.
Sozialformen	173 ff.
Sozialisation	197 f., 213 f.
Sozialkompetenz	139 f.
Statuarisches Recht	17
Stellenanzeige	72 ff.
Stufenausbildung	53
Tafel/Whiteboard	184 f.
Teamteaching	174
Teilzeitausbildung	37 f.
Thema	134
Transfer	156, 158
Überbetriebliche Ausbildung	37, 66
Übungsfirma	160 f.
Übungswerkstatt	160 f.
Umkehrmethode	167
Unterweisungsstil	117 ff.
Urlaub	91 f.
Validität	77, 202
Veränderungen der Arbeitsorganisation	115 f.
Verbundausbildung	37, 67
Verhaltensauffälligkeit	109 ff., 198 f.
Verkürzung der Ausbildungszeit	85 ff.
Verlängerung der Ausbildungszeit	239 f.
Verordnungen	24
Verordnungsgeber	52
Versetzungsplan	56
Verstärkungslernen	102
Versuch und Irrtum	101
Vertragsabschluss	85
Vertragsinhalte	87 ff.
Vertragsformular	89 ff.
Vertragspartner (Rechte und Pflichten)	85, 92 ff.
Verzeichnis Berufsausbildungsverhältnisse	64
Videofilm	187
Vier-Stufen-Methode	170 ff.
Visualisierung	180 f.
Vorstellungsgespräch	78 ff.
Vortrag	145 ff.
Vorzeitige Zulassung	195 ff.
Wahrnehmungsspeicher	103 f.
Weiterarbeit	232
Weiterbildungsmöglichkeiten	248 ff.
Whiteboard	184 f.
Wiederholung der Prüfung	240 ff.
Zeitliche Planung	54 ff.
Zeitvertrag	88, 230
Zeugnisse	243 ff.
Zulassung in besonderen Fällen	224 f
Zusatzqualifikationen	195
Zuständige Stelle	31, 36, 64, 212 f., 223 ff.
Zweckvertrag	88, 230
Zwischenprüfung	215 f.

Ratgeber Berufsausbildung

Der Ratgeber richtet sich in eigenständigen Abschnitten an (künftige) Azubis und an (potenzielle) Ausbildende und Ausbilder. Im Ratgeber-Teil für Ausbilder und Ausbildende wird davon ausgegangen, dass das Unternehmen bereits seit einiger Zeit ausbildet, der Ausbilder hingegen seine so verantwortungsvolle Tätigkeit zum ersten Mal ausüben soll.

Abschnitt 1 richtet sich an den Ausbildenden, der prinzipiell für zwei Bereiche zuständig ist: das Beachten der vertragsrechtlichen Vorschriften und die Sorgfaltspflicht für die Qualität der Ausbildung im Unternehmen und damit auch für die Qualität der Ausbilder und der Ausbildungsbeauftragten. Die rechtlichen Vorschriften sind als »Checkliste« aufgeführt, die Ihnen gute Dienste leisten wird. Aber Ausbildung bedeutet viel mehr als die Vermittlung aller Kenntnisse, die bei der Berufsausübung vorhanden sein müssen – sie ist auch eine erzieherische Aufgabe, die aus ehemaligen Schülern fähige Berufstätige machen soll. Diese müssen über die so genannten Schlüsselqualifikationen verfügen, die aus Kenntnissen Erkenntnisse gewinnen lassen und zu einsichtigem Handeln befähigen. Auf diesem anspruchsvollen Weg soll Sie Abschnitt 2 begleiten: von der ersten Ausbildungswoche bis hin zur gut bestandenen Erstausbildungs-Abschlussprüfung. Dazu gehört nicht zuletzt: Welche Kontrollinstrumente stehen Ihnen zur Verfügung, und wie setzen Sie diese für Ihr Unternehmen und für die Auszubildenden richtig ein? Alles dazu finden Sie in Abschnitt 3.

Bischoff/Stein · **Berufsausbildung – Richtig vorbereitet zum Erfolg** · 72 Seiten · ISBN 978-3-88264-419-7 · € 7,80

Das Ausbilder-Lexikon

Das »Ausbilder-Lexikon« enthält über 1.300 alphabetisch geordnete Stichwörter aus der Pädagogik, insbesondere der Betriebspädagogik, sowie den Nachbarwissenschaften, der Psychologie und der Soziologie.

Das Buch ist ein zeitgemäßes Nachschlagewerk für alle, die sich auf die Ausbilder-Prüfung vorbereiten oder bereits als Ausbilder tätig sind. Es wendet sich aber auch an Studierende aller pädagogischen Fachrichtungen und an alle anderen mit Ausbildungsfragen befassten Personen, wie Personalchefs, Abteilungsleiter, Betriebs- und Personalräte oder Jugend- und Auszubildendenvertreter. Ebenso kann es von Dozenten zur Begleitung berufs- und arbeitspädagogischer Lehrgänge und von Prüfern genutzt werden.

Wilhelm · **Das Ausbilder-Lexikon** · 144 Seiten · ISBN 978-3-88264-458-6 · € 14,80

Der Ausbilder vor Ort

Das Buch gibt in leicht verständlicher Form eine Vielzahl von praktischen Anregungen und Tipps für eine ganzheitliche und handlungsorientierte Ausbildung im Betrieb. Dabei wird aus einer Fülle von pädagogischen Handlungsfeldern in der betrieblichen Ausbildung deren Weg von der Planung bis zur Beendigung beschrieben. Die einzelnen Themenfelder enthalten realistische Anwendungsbeispiele aus der Praxis für die Praxis sowie Tabellen und Übersichten. Am Ende eines jeden Kapitels ist weiterführende Literatur zum jeweiligen Thema angegeben und zur praktischen Abrundung enthält das Buch einen Anhang aus Empfehlungen, Formularen u. a. Dieses Kompendium für Praktiker wendet sich vor allem an ausbildende Fachkräfte, Ausbildungsbeauftragte und Ausbilder in Betrieben, aber auch an Studierende der entsprechenden Fachrichtungen, weil darin zahlreiche konkrete Vorschläge für die tägliche Bildungsarbeit vorzufinden sind – von großem Nutzen ist es aber auch für Personalchefs, Abteilungsleiter, Betriebs- und Personalräte, Jugend- und Auszubildendenvertreter und für Dozenten und Teilnehmer von Vorbereitungskursen zur AEVO-Prüfung.

Wilhelm · **Der Ausbilder vor Ort** · 232 Seiten · ISBN 978-3-88264-349-7 · € 24,50

Die Auswahl von Auszubildenden

Das Buch präsentiert praxisgerechte Auswahlverfahren, die nicht nur die leicht feststellbaren Fähigkeiten wie Grundfertigkeiten und Intelligenz sondern auch die Persönlichkeitsstruktur, Motivation, Kooperationsfähigkeit, Urteilsvermögen, Leistungsbereitschaft u. a. umfassen.

Rischar · **Die Auswahl von Auszubildenden** · 90 Seiten · ISBN 978-3-88264-418-0 · € 12,80

Objektives Beurteilen von Auszubildenden

Die gerechte Beurteilung der Auszubildenden ist eine der schwierigsten Aufgaben des Ausbilders. Das Buch zeigt, wie gut durchdachte, objektive Beurteilungssysteme entwickelt werden können.

Rischar/Titze/Mück · **Objektives Beurteilen von Auszubildenden** · 104 Seiten · ISBN 978-3-88264-376-3 · € 14,50

Die betriebliche Beurteilung von Auszubildenden

Dieses kleine Lehrbuch soll zur Verbesserung der Beurteilungssysteme für Auszubildende beitragen – es bietet Hinweise und Ratschläge für die Praxis für alle innerhalb der Berufsausbildung »professionell« Tätigen.

Wilhelm · **Die betriebliche Beurteilung von Auszubildenden** · 143 Seiten · ISBN 978-3-88264-240-7 · € 14,50

Rhetorik und Kinesik für Ausbilder

Das Buch vermittelt die Grundlagen der Rhetorik und Körpersprache, soweit sie für die Unterrichtstätigkeit des Ausbilders im Betrieb von Bedeutung sind. Mit praktischen Hinweisen zu Vorbereitung, Aufbau, Zeitplanung u. a.

Rischar · **Rhetorik und Kinetik für Ausbilder** · 176 Seiten · ISBN 978-3-88264-144-8 · € 14,50

Ausbildungsnachweise

Die Pflicht zur Führung eines schriftlichen Ausbildungsnachweises ergibt sich aus den Ausbildungsverordnungen der einzelnen Berufe. Hier heißt es übereinstimmend: »Die Auszubildenden haben einen schriftlichen Ausbildungsnachweis zu führen. Ihnen ist Gelegenheit zu geben, den schriftlichen Ausbildungsnachweis während der Ausbildungszeit zu führen. Die Ausbildenden haben den schriftlichen Ausbildungsnachweis regelmäßig durchzusehen.« Nach Berufsbildungsgesetzes und Handwerksordnung ist der schriftliche Ausbildungsnachweis Voraussetzung für die Zulassung zur Abschlussprüfung.

FELDHAUS-Ausbildungsnachweise gibt es für eine Vielzahl für Berufe und Kammerbezirke, sowohl in Heftform als auch in Loseblattform mit praktischen Karton- oder Plastikheftern. Wir informieren Sie gerne!

FELDHAUS VERLAG · 22122 Hamburg · Telefon 040 6794300 · Fax 040 67943030 · **www.feldhaus-verlag.de**

Grundwissen-Test für Auszubildende

Die vier Testreihen bestehen jeweils aus acht bzw. neun Testheften mit unterschiedlichem Inhalt – damit ist eine Anpassung an die Schulbildung der Bewerber und an die geplante Berufsausbildung (kaufmännisch/verwaltend oder gewerblich/technisch) möglich. Testhefte mit der gleichen Ziffer hinter der Reihenbezeichnung entsprechen einander in Schwierigkeit und Aufbau (z. B. B3 und D3), sodass diese alternativ eingesetzt werden können. Jede Reihe enthält außerdem ein Testheft (9) mit Fragen zur Allgemeinbildung. Für jeden Test gibt es eine Lösungsschablone, die eine schnelle und sichere Auswertung nach Fehlerzahl und -kategorien ermöglicht. Wir informieren Sie gerne!

Ausbildungsordnungen und Ausbildungsrahmenpläne

Grundlage der Berufsausbildung sind die nach dem Berufsbildungsgesetz erlassenen Ausbildungsordnungen für die einzelnen Berufe sowie die darin als Anlage enthaltenen Ausbildungsrahmenpläne. Nach dem bundeseinheitlichen Berufsausbildungsvertrag ist die betr. Ausbildungsordnung jedem Auszubildenden vor Beginn der Ausbildung vom Betrieb auszuhändigen. FELDHAUS-Ordnungsmittel sind für alle Berufe lieferbar und werden einheitlich im praktischen und übersichtlichen DIN A4-Format hergestellt. Neue und modernisierte Verordnungen erscheinen bei FELDHAUS grundsätzlich kurz nach Veröffentlichung.

Taschenbuch Personalbeurteilung

Grundlage erfolgreicher Personalführung ist das Mitarbeitergespräch mit klarem gegenseitigen Feedback. Dazu gehört die schriftliche Personalbeurteilung als eines der wichtigsten Instrumente bei Auswahl-, Entwicklungs-, Förderungs-, Zielvereinbarungs- sowie Anerkennungs- und Kritikgesprächen. Dieses Buch ist ein »Klassiker«: Einfach und praxisnah zeigt es Möglichkeiten und Wege der Handhabung der Personalbeurteilung. Die Neuauflage greift die Veränderungen der letzten Zeit auf. Beispiele und Beurteilungsbogen haben sich bewährt und entsprechen den aktuellen Anforderungen.

Bernd-Uwe Kiefer/Heinz Knebel · **Taschenbuch Personalbeurteilung** · 288 Seiten · ISBN 978-3-937444-78-9 · € 28,00

Die Stellenbeschreibung

Konsequent aktuell sowie hinreichend dynamisch und flexibel gestaltete Stellenbeschreibungen sind in Unternehmen und Verwaltung nach wie vor von enormer Bedeutung für Arbeitsorganisation und Personaleinsatz. Das Buch zeigt Wege zur Einführung oder Verbesserung von Stellenbeschreibungen auf und verhilft dazu, dieses Organisations- und Führungsinstrument effizient einzusetzen. Das Buch ist inzwischen in vielen Besprechungen zum »Klassiker« erklärt worden und wird aufgrund seiner verständlichen und praxisnahen Beschreibung von Personalverantwortlichen und Führungskräften sehr geschätzt.

Heinz Knebel/Helmut Schneider · **Die Stellenbeschreibung** · 276 Seiten · ISBN 978-3-937444-76-5 · € 25,00

Das Vorstellungsgespräch

Das Vorstellungsgespräch ist noch immer das meist verwendete Mittel zur Entscheidungsfindung bei Neueinstellungen. Dieses Buch ist ein »Klassiker« zum Thema und erscheint nun schon in 18. Auflage – das spricht für sich. Das Buch verarbeitet die Anforderungen an neue Mitarbeiter in der veränderten, vom globalen Markt geprägten Arbeitswelt. Persönlichkeit, Lernfähigkeit, Lernwilligkeit sowie Flexibilität und Teamfähigkeit sind die ausschlaggebenden Potenziale bei der Auswahl. Doch wie sind diese herauszufinden, welche Gesprächsstrategien und Taktiken ermöglichen eine wirklichkeitsnahe Einschätzung der Fähigkeiten des Bewerbers? Hier wird gezeigt, wie es geht. Ein unentbehrliches Standardwerk!

Heinz Knebel/Fritz Westermann · **Das Vorstellungsgespräch** · 232 Seiten · ISBN 978-3-937444-86-4 · € 25,00

Techniken der Personalentwicklung

Dieses Buch informiert auf anschauliche und systematische Weise über Trainings- und Seminarmethoden für die Personalentwicklung. Es schließt die Lücke in der sehr umfangreichen Literatur zur Personalentwicklung (PE), indem es sich vor allem mit der konkreten Umsetzung, dem »Wie« von PE-Zielen in Trainings, Seminaren und Workshops beschäftigt und weniger mit dem »Was« und »Warum«. Neben theoretischen Aspekten des Lehrens und Lernens im Rahmen der Erwachsenenbildung steht die Vermittlung von Methoden zu bestimmten Themengruppen im Mittelpunkt. So bietet das Buch z. B. Vorgehensweisen zu den Themen Kommunikation, Mitarbeiter-Coaching, Team-Entwicklung, Outdoor-Training, interkulturelle Zusammenarbeit und Serviceorientierung. Inhaltlich geht das Buch mit einem Kapitel zum Neuro-Linguistischen-Programmieren (NLP) auch auf neueste Methodenentwicklungen ein. Fazit: Hohe Praxisrelevanz durch reichhaltiges Methodenspektrum mit Techniken, Übungen und Spielen!

Ralf D. Brinkmann · **Techniken der Personalentwicklung** · 304 Seiten · ISBN 978-3-937444-88-8 · € 38,00

Schwierige Mitarbeitergespräche

Die Neuauflage dieses bewährten Buches ist eine hervorragende Sammlung alltäglicher Gesprächssituationen im Betrieb und bietet detaillierte Beschreibungen aller Gesprächsarten, die Vorgesetzte gelegentlich führen: Gespräche zur Auswahl von Bewerbern; Rückkehrgespräche (z. B. nach längerer Krankheit); Motivations-, Beurteilungs-, Personalentwicklungs- und Karrieregespräche; Gespräche in betrieblichen Überraschungssituationen; Mitarbeitergespräche (z. B. Beschwerden, Konfliktschlichtung); Gespräche zu Problemen mit Vorgesetzten und Kollegen; Kündigungs- und Trennungsgespräche. Die Überlegungen und Handlungsvorschläge gehen zurück auf jahrzehntelange Erfahrungen des Autors bei der Führung unterschiedlicher Mitarbeiter und auf viele Verhaltenstrainings und Coachings mit Einzelpersonen und Gruppen.

Klaus Rischar · **Schwierige Mitarbeitergespräche** · 232 Seiten · ISBN 978-3-937444-84-0 · € 22,00

FELDHAUS VERLAG · 22122 Hamburg · Telefon 040 6794300 · Fax 040 67943030 · **www.feldhaus-verlag.de**